東邦大学付属東邦中学校

〈収録内容〉

2024 年度 ……………………………… 推薦 (算・理・社・国)
帰国生 (英)
前期 (算・理・社・国)
後期 (算・理・社・国)

※帰国生の算・国は推薦と同一問題。

2023 年度 ……………………………… 推薦 (算・理・社・国)
帰国生 (英)
前期 (算・理・社・国)
後期 (算・理・社・国)

※帰国生の算・国は推薦と同一問題。
※後期国語の大問二は、問題に使用された作品の著作権者が二次使用の許可を出していないため、問題を掲載しておりません。

2022 年度 ……………………………… 推薦 (算・理・社・国)
帰国生 (英)
前期 (算・理・社・国)
後期 (算・理・社・国)

※帰国生の算・国は推薦と同一問題。

DL 2021 年度 ……………………………… 推薦 (算・理・社・国)
帰国生 (英)
前期 (算・理・社・国)
後期 (算・理・社・国)

※帰国生の算・国は推薦と同一問題。
※推薦・帰国生国語の大問二は、問題に使用された作品の著作権者が二次使用の許可を出していないため、問題を掲載しておりません。

DL 2020 年度 ……………………………… 推薦 (算・理・社・国)
帰国生 (英)
前期 (算・理・社・国)
後期 (算・理・社・国)

※帰国生の算・国は推薦と同一問題。

DL 2019 年度 ……………………………… 推薦 (算・理・社・国)
帰国生 (英)
前期 (算・理・社・国)
後期 (算・理・社・国)

※帰国生の算・国は推薦と同一問題。

DL 平成 30 年度 ………………………… 推薦 (算・理・社・国)
帰国生 (英)
前期 (算・理・社・国)
後期 (算・理・社・国)

※帰国生の算・国は推薦と同一問題。

便利な DL コンテンツは右の QR コードから
解答用紙
過去年度
国語の問題は紙面に掲載

JN101268

※データのダウンロードは 2025 年 3 月末日まで。
※データへのアクセスには、右記のパスワードの入力が必要となります。 ⇒ 971814

〈合格最低点〉

	推薦／帰国生	前 期	後 期		推薦／帰国生	前 期	後 期
2024年度	218点／168点	264点	231点	2021年度	203点／160点	263点	245点
2023年度	188点／140点	278点	237点	2020年度	206点／173点	249点	231点
2022年度	173点／152点	246点	179点	2019年度	223点／181点	251点	233点

本書の特長

実戦力がつく入試過去問題集

- 問題 …………… 実際の入試問題を見やすく再編集。
- 解答用紙 …… 実戦対応仕様で収録。
- 解答解説 …… 詳しくわかりやすい解説には、難易度の目安がわかる「基本・重要・やや難」の分類マークつき（下記参照）。各科末尾には合格へと導く「ワンポイントアドバイス」を配置。採点に便利な配点つき。

入試に役立つ分類マーク

基本 確実な得点源！
受験生の 90%以上が正解できるような基礎的、かつ平易な問題。
何度もくり返して学習し、ケアレスミスも防げるようにしておこう。

重要 受験生なら何としても正解したい！
入試では典型的な問題で、長年にわたり、多くの学校でよく出題される問題。
各単元の内容理解を深めるのにも役立てよう。

やや難 これが解ければ合格に近づく！
受験生にとっては、かなり手ごたえのある問題。
合格者の正解率が低い場合もあるので、あきらめずにじっくりと取り組んでみよう。

合格への対策、実力錬成のための内容が充実

- 各科目の出題傾向の分析、合否を分けた問題の確認で、入試対策を強化！
- その他、学校紹介、過去問の効果的な使い方など、学習意欲を高める要素が満載！

解答用紙ダウンロード 解答用紙はプリントアウトしてご利用いただけます。弊社ＨＰの商品詳細ページよりダウンロードしてください。トビラのＱＲコードからアクセス可。

famima PRINT 原本とほぼ同じサイズの解答用紙は、全国のファミリーマートに設置しているマルチコピー機のファミマプリントで購入いただけます。※一部の店舗で取り扱いがない場合がございます。詳細はファミマプリント（http://fp.famima.com/）をご確認ください。

UD FONT 見やすく読みまちがえにくいユニバーサルデザインフォントを採用しています。

東邦大学付属東邦中学校

生徒数　923名
〒275-8511
千葉県習志野市泉町2-1-37
☎047-472-8191
京成本線京成大久保駅　徒歩10分
総武線津田沼駅　バス15分

有名大学合格者の多い トップクラスの進学校 特に理系学部への進学に実績

URL	https://www.tohojh.toho-u.ac.jp

プロフィール　「自然・生命・人間」の東邦教育

「自然・生命・人間」の尊重を建学の精神とする東邦大学の付属校で、向上心に燃え、自主的学習に励み、個性の開発に努める若者の育成をめざしている。医・薬・理工など理系学部への進学に実績がありながら、有名大学の文系学部へも毎年多数の生徒を送り込む、県内でもトップクラスの進学校だ。

1952（昭和27）年に高等学校、1961年に中学校を開校。以来、中高一貫教育を行い、多様な学習活動で成果を上げており、理系総合大の付属校だけに、特に数・理に重点を置いている。また、学習・部活動・行事・大学受験すべてを、生徒にとっての自己研鑽、自己実現の場ととらえ、特に進路に関しては熱心な対応で取り組んでいる。

環境　設備の整った快適な環境

中学・高校は同じキャンパスにあり、付近には系列の東邦大薬学部・理学部や日大など、学校も多く、静かで文教的な雰囲気のある好環境である。

敷地内には、約2万6000㎡の広大な人工芝グラウンド、第1・第2体育館（室内温水プール、柔道・剣道場等）、弓道場、テニスコートをはじめ、特別教室棟には、CALL教室、コンピュータ教室、蔵書約8万冊の図書館、多目的ホールなどを完備。その他、中高合わせて9つの理科実験室、カフェテリア・IT教室群等を含むセミナー館がある。全教室にWi-Fiが完備され、ICT環境も整っている。

図書館は広い自習スペースも完備

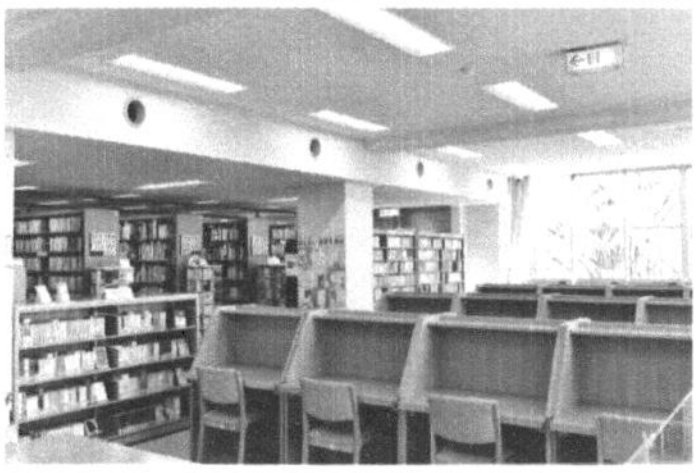

カリキュラム　基礎教養重視「リベラルアーツ型」

中学では、基礎学力を徹底して充実させつつ、高校の分野へも入る。特に英・数・理は公立の標準時数と比べるとかなり多く、厚みのある演習や実験が可能。

高校では、1年次は全員共通のカリキュラムでバランスよく学習し、2年次には進路に応じて、文系・理系に分かれ、さらに科目選択の仕方によって国公・私立それぞれの大学受験に対応できるようになっている。その他、実験の多い理科の授業や、大学の施設や医療センターで実施される「学問体験講座」など、多様で高度なカリキュラムが特徴である。

学校生活　学習と両立させて楽しむ部活動

進学校ながら、クラブ活動も盛んである。サッカー、ハンドボールなど、広いグラウンドで日々練習を重ね、対外試合も積極的に行っている。水泳部は25m7コースの温水プールで練習を重ね、全国大会にも出場実績がある。また、オーケストラ部が、毎年開かれる定期演奏会でレベルの高い演奏を披露している。その他、美術陶芸、地形模型などの個性的なクラブもあり、それぞれ独自の活動を続けている。

学校行事も盛んで、体育祭、文化祭などは、生徒が実行委員会を組織して実施しているほか、校外学習、SPORTS DAY、修学旅行と多彩だ。

[運動系]　バスケットボール、サッカー、硬式テニス、ハンドボール、バレーボール、水泳、剣道、陸上競技、卓球、スキー、軟式野球、ソフトテニス、柔道

[文化系]　英語、地形模型、演劇、オーケストラ、科学、文芸、美術陶芸、書道、考古学、生物、合唱、吹奏楽

学問体験講座の１つ『症候学入門』

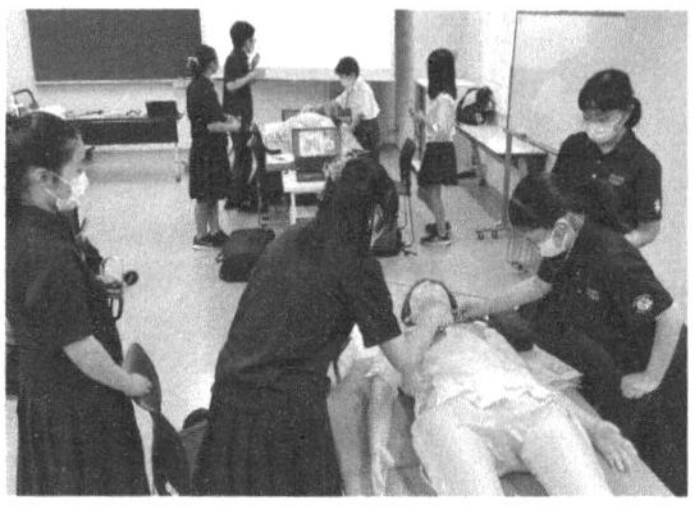

進路　医学部に強く、また文系大への進学者も増加

毎年40～50人が医学部に進学する。また、全合格者のうち、理系大の合格者が7割を占めるが、文系難関大への進学者の増加にも顕著なものがある。

2023年の現役（浪人含）合格者数は、東京2(5)、北海道4(6)、東北1(1)、筑波6(7)、千葉13(18)、東京工業8(11)、早稲田39(53)、慶應33(43)、上智32(42)、東京理科90(131)などに合格した。東邦大には、医学部20(22)名、薬学部13(14)名、理学部4(6)名が合格した。

2024年度入試要項

試験日　12/1 推薦
12/1 帰国生
1/21 前期
2/3 後期

試験科目　国・算・理・社（推薦・前期・後期）
国・算・英（帰国生）

2024年度	募集定員	受験者数	合格者数	競争率
推薦	40	598	40	15.0
帰国生	若干	80	40	2.0
前期	240	2143	972	2.2
後期	20	345	20	17.3

過去問の効果的な使い方

① **はじめに**　ここでは，受験生のみなさんが，ご家庭で過去問を利用される場合の，一般的な活用法を説明していきます。もし，塾に通われていたり，家庭教師の指導のもとで学習されていたりする場合は，その先生方の指示にしたがって，過去問を活用してください。その理由は，通常，塾のカリキュラムや家庭教師の指導計画の中に過去問学習が含まれており，どの時期から，どのように過去問を活用するのか，という具体的な方法がそれぞれの場合で異なるからです。

② **目的**　言うまでもなく，志望校の入学試験に合格することが，過去問学習の第一の目的です。そのためには，それぞれの志望校の入試問題について，どのようなレベルのどのような分野の問題が何問，出題されているのかを確認し，近年の出題傾向を探り，合格点を得るための試行錯誤をして，各校の入学試験について自分なりの感触を得ることが必要になります。過去問学習は，このための重要な過程であり，合格に向けて，新たに実力を養成していく機会なのです。

③ **開始時期**　過去問との取り組みは，通常，全分野の学習が一通り終了した時期，すなわち6年生の7月から8月にかけて始まります。しかし，各分野の基本が身についていない場合や，反対に短期間で過去問学習をこなせるだけの実力がある場合は，9月以降が過去問学習の開始時期になります。

④ **活用法**　各年度の入試問題を全問マスターしよう，と思う必要はありません。完璧を目標にすると挫折しやすいものです。できるかぎり多くの問題を解けるにこしたことはありませんが，それよりも重要なのは，現実に各志望校に合格するために，どの問題が解けなければいけないか，どの問題は解けなくてもよいか，という眼力を養うことです。

算数

どの問題を解き，どの問題は解けなくてもよいのかを見極めるには相当の実力が必要になりますし，この段階にいきなり到達するのは容易ではないので，この前段階の一般的な過去問学習法，活用法を2つの場合に分けて説明します。

☆偏差値がほぼ55以上ある場合

掲載順の通り，新しい年度から順に年度ごとに3年度分以上，解いていきます。

ポイント1…問題集に直接書き込んで解くのではなく，各問題の計算法や解き方を，明快にわかるように意識してノートに書き記す。

ポイント2…答えの正誤を点検し，解けなかった問題に印をつける。特に，解説の 基本 重要 がついている問題で解けなかった問題をよく復習する。

ポイント3…1回目にできなかった問題を解き直す。同様に，2回目，3回目，…と解けなければいけない問題を解き直す。

ポイント4…難問を解く必要はなく，基本をおろそかにしないこと。

☆偏差値が50前後かそれ以下の場合

ポイント1～4以外に，志望校の出題内容で「計算問題・一行問題」の比重が大きい場合，これらの問題をまず優先してマスターするとか，例えば，大問2までをマスターしてしまうとよいでしょう。

理科

理科は[1]から順番に解くことにほとんど意味はありません。理科は，性格の違う4つの分野が合わさった科目です。また，同じ分野でも単なる知識問題なのか，あるいは実験や観察の考察問題なのかによってもかかる時間がずいぶんちがいます。記述，計算，描図など，出題形式もさまざまです。ですから，解く順番の上手，下手で，10点以上の差がつくこともあります。

過去問を解き始める時も，はじめに1回分の試験問題の全体を見通して，解く順番を決めましょう。得意分野から解くのもよいでしょう。短時間で解けそうな問題を見つけて手をつけるのも効果的です。くれぐれも，難問に時間を取られすぎないように，わからない問題はスキップして，早めに全体を解き終えることを意識しましょう。

社会

社会は[1]から順番に解いていってかまいません。ただし，時間のかかりそうな，「地形図の読み取り」，「統計の読み取り」，「計算が必要な問題」，「字数の多い論述問題」などは後回しにするのが賢明です。また，3分野（地理・歴史・政治）の中で極端に得意，不得意がある受験生は，得意分野から手をつけるべきです。

過去問を解くときは，試験時間を有効に活用できるよう，時間は常に意識しなければなりません。ただし，時間に追われて雑にならないようにする注意が必要です。“誤っているもの”を選ぶ設問なのに“正しいもの”を選んでしまった，“すべて選びなさい”という設問なのに一つしか選ばなかったなどが致命的なミスになってしまいます。問題文の“正しいもの”，“誤っているもの”，“一つ選び”，“すべて選び”などに下線を引いて，一つ一つ確認しながら問題を解くとよいでしょう。

過去問を解き終わったら，自己採点し，受験生自身でふり返りをしましょう。できなかった問題については，なぜできなかったのかについての分析が必要です。例えば，「知識が必要な問題」ができなかったのか，「問題文や資料から判断する問題」ができなかったのかで，これから取り組むべきことも大きく異なってくるはずです。また，正解できた問題も，「勘で解いた」，「確信が持てない」といったときはふり返りが必要です。問題集の解説を読んでも納得がいかないときは，塾の先生などに質問をして，理解するようにしましょう。

国語

過去問に取り組む一番の目的は，志望校の傾向をつかみ，本番でどのように入試問題と向かい合うべきか考えることです。素材文の傾向，設問の傾向，問題数の傾向など，十分に研究していきましょう。

取り組む際は，まず解答用紙を確認しましょう。漢字や語句問題の量，記述問題の種類や量などが，解答用紙を見て，わかります。次に，ページをめくり，問題用紙全体を確認しましょう。どのような問題配列になっているのか，問題の難度はどの程度か，などを確認して，どの問題から取り組むべきかを判断するとよいでしょう。

一般的に「漢字」→「語句問題」→「読解問題」という形で取り組むと，効率よく時間を使うことができます。

また，解答用紙は，必ず，実際の大きさのものを使用しましょう。字数指定のない記述問題などは，解答欄の大きさから，書く量を考えていきましょう。

東邦大東邦の算数

――出題傾向と対策 合否を分けた問題の徹底分析――

出題傾向と内容

出題分野1 〈数と計算〉

「四則計算」が毎年，出題されており，「計算の工夫」が試されている。さらに，「単位の換算」もほぼ毎年，なんらかの形で出題されており，「数の性質」も出題率が高く，「概数」の考え方も年度によって問われている。

2 〈図形〉

「平面図形」・「立体図形」の問題は毎年あるいはほぼ毎年，出題されており，「図形や点の移動」の出題率も高い。「相似」の問題も，よく出題されている。

3 〈速さ〉

「速さの三公式と比」の問題も毎年，出題されている。「旅人算」の出題率も高いが，「時計算」・「通過算」・「流水算」の出題は年度によって異なる。

4 〈割合〉

「割合と比」の問題も毎年，出題されており，「仕事算・ニュートン算」の出題率も高く要注意である。「濃度」の問題もよく出題される。

5 〈推理〉

「数列・規則性・N進法」の出題率が高く，「論理・推理」・「場合の数」の問題もよく出題されている。

6 〈その他〉

「消去算」の出題率が高く，年度によって他の分野もそれぞれ出題されている。

出題率の高い分野

❶平面図形・面積　❷割合と比　❸立体図形・体積　❹場合の数

来年度の予想と対策

出題分野1 〈数と計算〉…「四則計算」や「単位の換算」は基本中の基本であるから，毎日，練習しよう。計算の工夫，比の考え方，「数の性質」も問われる。

2 〈図形〉…「平面」・「立体」・「図形や点の移動」・「相似」の標準問題，融合問題を練習しよう。過去問で「図形」の問題を連続して解いてみると，年度による難度の差が分かり，参考になる。

3 〈速さ〉…比を使う「旅人算」の解き方を練習しよう。近年,出題されていない「時計算」・「通過算」の標準・応用レベルの練習も必要である。

4 〈割合〉…「仕事算・ニュートン算」を意識して，よくマスターしよう。「濃度」・「売買算」のほか，「速さの比」「面積比」「比の文章題」の標準問題を練習し，過去問の反復練習により，出題レベルを把握しよう。

5 〈推理〉…「数列・規則性・N進法」・「論理・推理」・「場合の数」の標準・応用問題を練習しよう。

6 〈その他〉…特定分野に限定せず,各分野の基本をマスターしよう。「消去算」に慣れること。

学習のポイント

●大問数6～7題前後　小問数20題前後　●試験時間45分　満点100点

●試験時間45分を意識し，出題率の高い分野を分野ごとに練習するのが有効である。

年度別出題内容の分析表 算数

（よく出ている順に，☆◎○の3段階で示してあります。）

出題内容		27年		28年		29年			30年			2019年		
		前期	後期	前期	後期	推薦	前期	後期	推薦	前期	後期	推薦	前期	後期
数と計算	四則計算	○	○	○	○	○	○	○	○	○	○	○	○	○
	単位の換算	○	○			◎	○		○		◎		◎	☆
	演算記号・文字と式		☆						◎					
	数の性質	○	○	○	☆	◎	◎	☆	◎	◎		○	☆	◎
	概　数			○						○				
図形	平面図形・面積	☆	☆	☆	☆	☆	☆	☆	☆	☆	☆	☆	☆	☆
	立体図形・体積と容積	☆	☆	◎	◎	☆	☆	◎	◎	◎		☆	○	
	相似（縮図と拡大図）	☆		○		☆	◎	☆	◎		○		○	☆
	図形や点の移動・対称な図形	◎		☆	◎	○				◎		☆		
	グラフ				◎							☆		
速さ	速さの三公式と比	◎	○	☆	◎	☆	◎		☆	☆		☆	○	☆
	旅人算						○		○			○		
	時計算					○				☆				
	通過算								◎					
	流水算													◎
割合	割合と比	☆	◎	☆	☆	○	☆	☆	☆	☆	☆	☆	○	☆
	濃　度				☆		○	◎	◎	◎				◎
	売買算				○			○						
	相当算				○						○			
	倍数算・分配算										○			
	仕事算・ニュートン算							☆					◎	
	比例と反比例・2量の関係	○												
推理	場合の数・確からしさ	○	◎	☆	◎	☆	☆		○	○			☆	
	論理・推理・集合										○			
	数列・規則性・N進法	○		○			◎	☆		☆	◎	◎	☆	○
	統計と表			☆			◎				☆			
その他	和差算・過不足算・差集め算		◎					○					○	
	鶴カメ算	○									○			
	平均算			☆	○					○				
	年令算								○					
	植木算・方陣算									○				
	消去算		○			○		○	◎	○				○

東邦大学付属東邦中学校

（よく出ている順に，☆◎○の3段階で示してあります。）

出題内容		2020年			2021年			2022年			2023年			2024年		
		推薦	前期	後期	推薦	前期	後期	推薦	前期	後期	推薦	前期	後期	推薦	前期	後期
数と計算	四則計算	○	○	○	○	○	○	○	○	○	○	○	○	○	○	○
	単位の換算			☆		◎	○	○	○		◎	○	○		◎	
	演算記号・文字と式		◎		◎	◎			☆					◎		
	数の性質	○	○	☆	☆	○	☆		☆	☆	○			○		○
	概　数															○
図形	平面図形・面積	☆	☆	☆	☆	☆	☆	☆	☆	☆	☆	☆	☆	☆	☆	☆
	立体図形・体積と容積			○	☆	○	☆	◎	◎	☆	◎	◎	○	◎	☆	◎
	相似（縮図と拡大図）	◎	☆	○	☆	☆	☆	○	☆	☆	☆	☆	○	☆	☆	◎
	図形や点の移動・対称な図形		☆										○	◎		
	グラフ															
速さ	速さの三公式と比		☆			☆	◎	◎			☆	☆	○	○	○	○
	旅人算						○									○
	時計算															
	通過算															
	流水算					☆										
割合	割合と比	☆	☆	☆	☆	☆	☆	☆	☆	☆	☆	☆	☆	☆	☆	☆
	濃　度	◎		☆			○	○	○	☆	○	◎	◎			○
	売買算						◎		○					☆		
	相当算							○								◎
	倍数算・分配算															☆
	仕事算・ニュートン算														◎	
	比例と反比例・2量の関係															
推理	場合の数・確からしさ		☆	◎	○	◎	☆	☆		◎	◎		◎		◎	☆
	論理・推理・集合	○			☆			◎	○	○			○		○	
	数列・規則性・N進法	☆				◎			○					◎	○	☆
	統計と表							☆	☆		○		☆			◎
その他	和差算・過不足算・差集め算		◎				○	○				○	○			
	鶴カメ算					○		○								
	平均算	◎						◎		◎	○			○		○
	年令算				○											
	植木算・方陣算												○	○		
	消去算			◎	○	○	◎	○	○	○			○			

2024年度 東邦大学付属東邦中学校 合否を分けた問題 算数

（前期） 4 〈場合の数〉

> 「階段の上がり方」の問題であり，「フィボナッチか」と身構えるが，実際は取り組みやすい問題設定になっている。

【問題】

右図のような10段の階段を一番下からスタートして1歩につき1段または2段上がる。

（1） 4段目までの上がり方は何通りか。

（2） 10段目まで階段を上がるとき，5段目をふまないようにして上がる上がり方は何通りか。

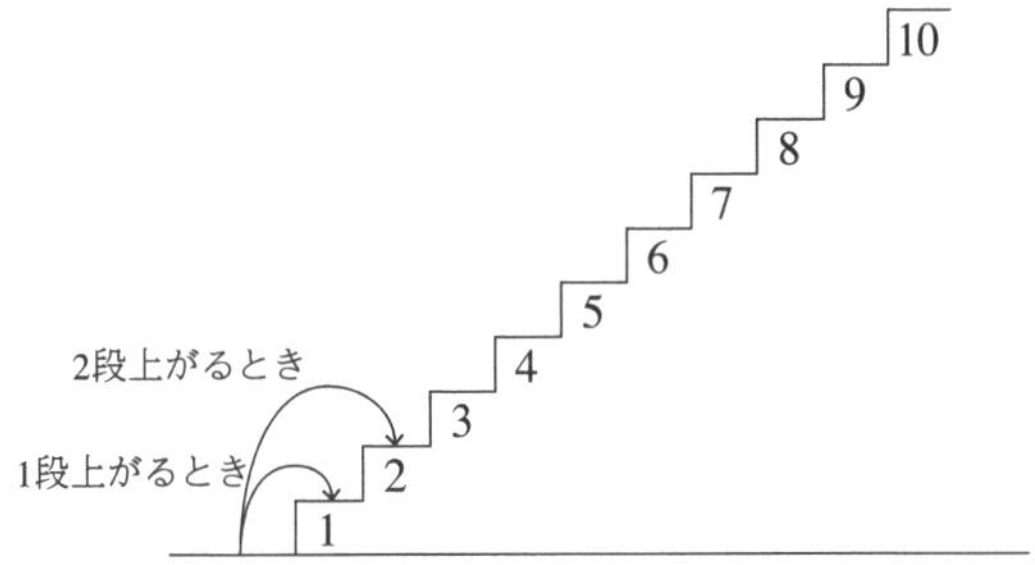

【考え方】

（1） 1＋1＋1＋1＝4の場合…1通り
1＋1＋2の場合…3通り
2＋2の場合…1通り
} 場合分けする

したがって，4段目までの上がり方は5通り

（2） (1)より，5段目をふまない上がり方は
5×5＝25(通り)

↖ この式を利用する

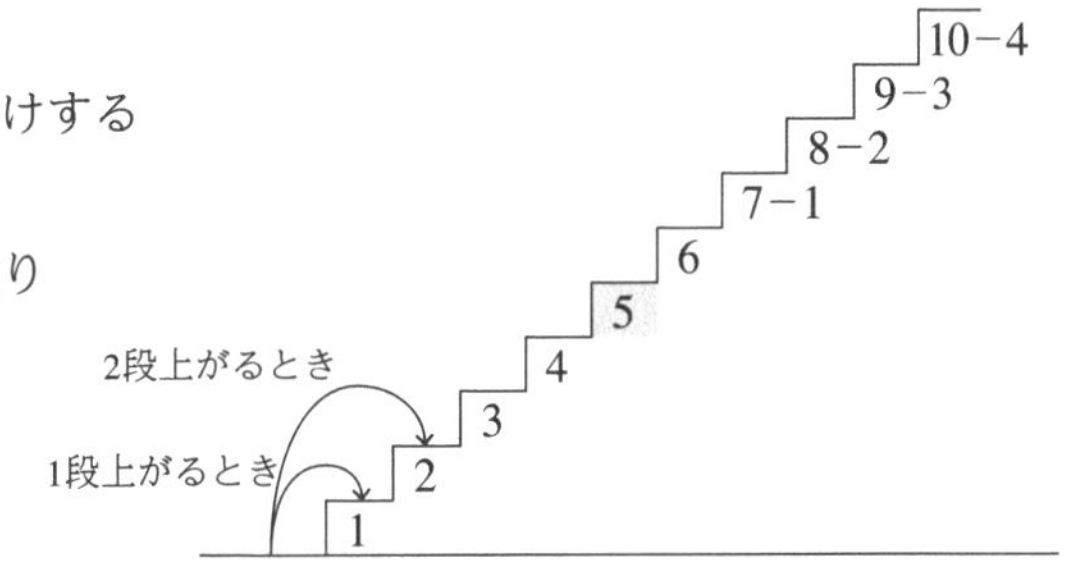

受験生に贈る「数の言葉」――――――――「ガリヴァ旅行記のなかの数と図形」

作者 ジョナサン・スウィフト(1667～1745)
…アイルランド ダブリン生まれの司祭

リリパット国…1699年11月，漂流の後に船医ガリヴァが流れ着いた南インド洋の島国

①人間の身長…約15cm未満　②タワーの高さ…約1.5m
③ガリヴァがつながれた足の鎖の長さ…約1.8m　④高木の高さ…約2.1m
⑤ガリヴァとリリパット国民の身長比…12：1　⑥ガリヴァとかれらの体積比…1728：1

ブロブディンナグ国…1703年6月，ガリヴァの船が行き着いた北米の国

①草丈…6m以上　②麦の高さ…約12m　③柵(さく)の高さ…36m以上
④ベッドの高さ…7.2m　⑤ネズミの尻尾(しっぽ)…約1.77m

北太平洋の島国…1707年，北緯46度西経177度に近い国

王宮内コース料理　①羊の肩肉…正三角形　②牛肉…菱形　③プディング…サイクロイド形
④パン…円錐形(コーン)・円柱形(シリンダ)・平行四辺形・その他

2023年度 東邦大学付属東邦中学校 合否を分けた問題 算数

（前期） 3 〈濃度，割合と比質〉

> 簡単ではない問題であり，問題文の読み取りも含めて注意が必要である。
> 「同じ量の水」とは，どのことを指しているのか？

【問題】

ある濃度の食塩水がコップに入っている。これに水を加えたものを食塩水Aとする。食塩水Aに，さらに同じ量の水と40gの食塩を加えたものを食塩水Bとする。食塩水AとBの濃度がともに10％であるとき，次の問いに答えなさい。

（1） 初めに加えた水の重さは何gか。

（2） 食塩水Bにふくまれている食塩の重さが100gであるとき，初めにコップに入っていた食塩水の濃度は何％か。

【考え方】

（1） 加えた水…食塩40gと水の重さの割合は$1:(10-1)=1:9$ ◀── ここがポイント

したがって，水を$40\times9=360$(g)加えた。

（2） 初めの食塩水の食塩…$100-40=60$(g)

360gの水を加える前の食塩水…$60\div0.1-360=240$(g)

したがって，初めの食塩水は$60\div240\times100=25$(％)

受験生に贈る「数の言葉」―――――――――――バートランド・ラッセル（1872～1970）が語るピュタゴラス（前582～496）とそのひとたちのようす（西洋哲学史）

①ピュタゴラス学派のひとたちは，地球が球状であることを発見した。

②ピュタゴラスが創った学会には，男性も女性も平等に入会を許された。
財産は共有され，生活は共同で行われた。科学や数学の発見も共同のものとみなされ，ピュタゴラスの死後でさえ，かれのために秘事とされた。

③だれでも知っているようにピュタゴラスは，すべては数である，といった。
かれは，音楽における数の重要性を発見し，設定した音楽と数学との間の関連が，数学用語である「調和平均」，「調和級数」のなかに生きている。

④五角星は，魔術で常に際立って用いられ，この配置は明らかにピュタゴラス学派のひとたちにもとづいており，かれらは，これを安寧とよび，学会員であることを知る象徴として，これを利用した。

⑤その筋の大家たちは以下の内容を信じ，かれの名前がついている定理をかれが発見した可能性が高いと考えており，それは，直角三角形において，直角に対する辺についての正方形の面積が，他の2辺についての正方形の面積の和に等しい，という内容である。
とにかく，きわめて早い年代に，この定理がピュタゴラス学派のひとたちに知られていた。かれらはまた，三角形の角の和が2直角であることも知っていた。

2022年度 東邦大学付属東邦中学校 合否を分けた問題 算数

（前期）6〈演算記号，数の性質〉

> 問題自体は難しくない。
> C▲D…整数をD個かけ合わせてCとなる値←ミスしてはいけない。

【問題】

整数AをB個かけ合わせた値をA●B，ある整数をD個かけ合わせてCとなる値をC▲Dと表す。

例えば，2●4＝2×2×2×2＝16　　16▲4＝2

（3●2）▲2＝（3×3）▲2＝9▲2＝3

このとき，□にあてはまる適当な整数を求めなさい。

（1）　□●4＝2401

（2）　3●6＝□●3

（3）　2●□＝(8●18)▲6

【考え方】

（1）　2401＝7×343＝7×7×49より，□＝7　　　2401…3でも5でもない他の奇数の倍数

（2）　3×3×3×3×3×3＝□×□×□より，□＝9

（3）　8を18＝3×6(個)かけ合わせた値が，△を6回かけ合わせた値に等しいとき，△＝8×8×8

2●□＝8×8×8，　8＝2×2×2　　　問題文中の例をヒントにする→16▲4＝2

したがって，□＝3×3＝9

受験生に贈る「数の言葉」

数学者の回想　　高木貞治1875～1960

数学は長い論理の連鎖だけに，それを丹念にたどってゆくことにすぐ飽いてしまう。論理はきびしいものである。例えば，1つの有機的な体系というか，それぞれみな連関して円満に各部が均衡を保って進んでゆかぬかぎり，完全なものにはならない。

ある1つの主題に取り組み，どこか間違っているらしいが，それがはっきり判明せず，もっぱらそればかりを探す。神経衰弱になりかかるぐらいまで検討するが，わからぬことも多い。夢で疑問が解けたと思って起きてやってみても，全然違っている。そうやって長く間違いばかりを探し続けると，その後，理論が出来ても全く自信がない。そんなことを多々経験するのである。(中略)

技術にせよ学問にせよ，その必要な部分だけがあればよいという制ちゅう（限定）を加えられては，絶対に進展ということはあり得ない。「必要」という考え方に，その必要な1部分ですらが他の多くの部分なくして成り立たぬことを理解しようとしないことがあれば，それは全く危険である。

東邦大東邦の理科

――出題傾向と対策　合否を分けた問題の徹底分析――

出題傾向と内容

例年，前期入試では，大問数は5～7問，小問数は20問程度である。また，後期入試では，大問数は3～4問，小問数は10問程度である。物理，化学，生物，地学の4領域から広く出題されているが，どの分野でも数値を扱う設問が多い。また，前期あるいは後期で，時事的な内容が問われる年度が多い。解答形式は，記号選択と数値計算が主である。問題数は少なめであり，試験時間は充分で，じっくり解くことができるが，1問1問に時間がかかるため，油断はできない。

生物的領域　各テーマを深く問う出題が多いが，植物系，動物系ともに計算問題を含む考察問題の多いのが特徴である。多くの知識を身につけるのも重要だが，生物を対象とした実験や測定の問題に慣れ，論理的に考える練習をすることも必須である。

地学的領域　他領域よりも出題数がやや少ないものの，例年，天文，気象，地質のどれかが出題されているので，広範囲な学習が必要である。また，宇宙開発や天文現象など，時事的な素材が扱われることが多く，日ごろの関心が得点につながりやすい。

化学的領域　例年，広い範囲から数量をまじえて出題されている。中学受験では見慣れない反応が素材になることもあり，問題文の説明をしっかり読解して理解することが必要となる。また，込み入った計算問題が多く，立式，計算ともに時間と手間がかかりがちである。条件を手早く整理して，関係する物質の重さや体積の比をつくる練習が必要であろう。

物理的領域　力がやや多く，その他に電気，光など幅広く出題されるが，数値の複雑な関係を見抜き，筋道を立てて計算を進めていく必要がある。計算そのものも手間がかかる場合が多い。設問数は少なめだが，1つ1つに時間がかかるので，ふだんから典型題をできるだけ多く練習し，スピードアップさせる必要がある。

学習のポイント

●問題文や図表を読み取って整理し，新しい知識を得たり，法則性を発見したりして計算するタイプの応用問題を数多く解いておこう。

来年度の予想と対策

用語の書き取りのような暗記で解ける問題は極めて少ないので，基本事項は原因や原理からの理解を心掛け，文選択の問題などに対応できるようにしておきたい。時事を素材とした問題も多いので，天象，気象，地象や，生物学的なできごとには，つねに関心を寄せておくのがよい。

実験や観察の結果から類推したり考察したりする問題は頻出である。また，計算問題は，分野を問わずよく出題されている。物理や化学の典型題はもちろんのこと，生物の計測にかかる計算も含め，できるようになっておく必要がある。問題文や表，グラフから，込み入った数量関係を手早く整理して立式できるように練習を積み上げておきたい。

年度別出題内容の分析表　理科

（よく出ている順に，☆◎○の3段階で示してあります。）

出題内容		27年		28年		29年			30年			2019年		
		前期	後期	前期	後期	推薦	前期	後期	推薦	前期	後期	推薦	前期	後期
生物的領域	植物のなかま								○		○	○	☆	○
	植物のはたらき		☆	☆			☆			☆		☆	○	☆
	昆虫・動物	☆			☆		☆	◎	○	☆				
	人　体			☆		◎		○					☆	
	生態系	☆							◎					
地学的領域	星と星座			☆		○								
	太陽と月		◎				☆				○		☆	○
	気　象	☆						◎					☆	
	地層と岩石				☆									
	大地の活動									☆				
化学的領域	物質の性質										○			
	状態変化										◎		☆	
	ものの溶け方			☆		○							○	☆
	水溶液の性質		☆	☆			○	◎		☆				
	気体の性質	○			◎		☆	○	○					
	燃　焼	☆			◎		○							
物理的領域	熱の性質	☆							◎		☆	☆	○	
	光や音の性質			☆						☆			☆	
	物体の運動						☆	☆					○	
	力のはたらき	☆			☆	☆			○	☆				☆
	電流と回路		◎				☆							
	電気と磁石			☆										
その他	実験と観察	◎	◎	◎	◎	◎	◎	◎	◎	◎	◎	◎	◎	◎
	器具の使用法										◎		○	
	環　境	○	○		○				○					
	時　事	◎		◎			◎		○	○			◎	
	その他					○								

東邦大学付属東邦中学校

（よく出ている順に，☆◎○の3段階で示してあります。）

出題内容		2020年			2021年			2022年			2023年			2024年		
		推薦	前期	後期	推薦	前期	後期	推薦	前期	後期	推薦	前期	後期	推薦	前期	後期
生物的領域	植物のなかま														◎	
	植物のはたらき				☆	☆	☆		☆		☆	○			○	◎
	昆虫・動物	☆		☆						☆		☆	☆		○	
	人　体					☆		☆						☆		
	生態系		☆						☆						◎	○
地学的領域	星と星座											☆				
	太陽と月			◎			○		☆				○			○
	気　象		☆												☆	
	地層と岩石					☆										
	大地の活動									◎						
化学的領域	物質の性質				◎				◎			◎				
	状態変化															
	ものの溶け方								◎		☆	○			☆	
	水溶液の性質		☆			◎	☆	◎	☆				☆		☆	☆
	気体の性質	○	○	☆		◎	○	◎	○						○	○
	燃　焼	☆								☆				◎		
物理的領域	熱の性質								○					◎		
	光や音の性質			☆		☆										☆
	物体の運動					☆			◎							
	力のはたらき		☆		◎		☆		◎			☆			☆	
	電流と回路		☆							☆		☆	○			
	電気と磁石												◎			
その他	実験と観察	◎	◎	◎	◎	◎	◎	◎	☆	◎	◎	◎	◎	◎	◎	◎
	器具の使用法								○							
	環　境		◎			◎			◎						☆	
	時　事		◎	◎			○					◎			○	
	その他															

東邦大学付属東邦中学校

2024年度 東邦大学付属東邦中学校 合否を分けた問題 理科

●前期：この大問で，これだけ取ろう！

[1]	大雨による災害	標準	どの問いも日常の防災の意識があれば難しくない。(3)は日ごろからの心がけを思い出せばよい。全問取りたい。
[2]	硝酸カリウムが溶ける量	やや難	(2)がやや難しいが，どういう場合に値から外れるか考えると答えやすい。(3)は頻出応用題である。2問取りたい。
[3]	花の構造	標準	(3)は，表から構造ごと，または遺伝子ごとにまとめると考えやすい。2問取りたい。
[4]	物体の傾きと動き	標準	見慣れない設問かもしれないが，グラフを的確に読み取れば，解答が得られる。全問正解を狙いたい。
[5]	特定外来生物	やや難	関心を持ってニュースを見ておく必要がある。(2)(3)は問題文をもとによく考えれば何とかなる。2問取りたい。
[6]	二酸化炭素の発生	標準	本校では頻出のタイプの問題である。問題文から必要な比を書き出しておくとよい。2問取りたい。
[7]	水圧器のしくみ	標準	比例関係を見つければ，決して難しくない。(3)は複雑だが，順序良く計算したい。2問取りたい。

●鍵になる問題は[7]だ！

本年は大問7題で，広範のテーマから出題された。本校の入試では，時事的な内容がしばしば出題されるが，[1]の防災の考え方や，[5]の特定外来生物に関しては，日ごろから関心を持ち，また，適切な行動を考えるなど，机の上だけでない学習姿勢が要求されている。また，[3]や[4]は，初見の受験生も多かったかもしれない題材だが，実験結果をまとめ，考察することができれば，正解は得られる。もちろん，[2]や[6]のように，比を駆使する化学計算は，本校では頻出であり，失点は減らしたい。ふだんの学習では，丸暗記やパターン訓練ばかりではなく，柔軟に考える習慣をつけていきたい。

[7]を取り上げる。水圧器に関する問題である。

水圧器や油圧器は，液体を閉じ込めることで圧力を伝え，弱い力で強い力を得る道具である。問題の表では，実験1～4で左側に軽いおもりを置くことで，右側で重いおもりを支えることができる。これは，左右の容器で$1cm^2$あたりの重さが等しいためである。水圧器や油圧器のしくみは，強い力を必要とする機械において，てこや滑車のしくみと並んで応用されている。

(2)では，左の断面積が$5cm^2$で，右の断面積が$30cm^2$だから，左の重さに比べて6倍の重さを支えることができる。ところが，左右のおもりの重さは同じなので，水の重さがおもりの重さの5倍あることがわかる。水の体積は$30\times10=300cm^3$で，水$1cm^3$あたり1gだから，重さは300gである。おもりの重さの5倍が300gだから，おもりの重さは60gである。

(3)は，左の断面積が$15cm^2$で，右の断面積が$6cm^2$だから，断面積も重さも5：2である。右のおもりが140gだから，右にかかる力は350gである。そのうち，てこの計算で棒から受ける力を求めれば，おもりBの重さが求まる。

2023年度 東邦大学付属東邦中学校 合否を分けた問題 理科

●前期：この大問で、これだけ取ろう！

[1]	昆虫の生態	標準	(3)は問題文をよく読めば答えられる。勝手な想像で答えないこと。2問は取りたい。
[2]	固体や液体の密度	やや難	(1)(2)は基本。(3)は表の意味を正しく捉えなければ間違いやすい。(4)は時間がかかる。2問は取りたい。
[3]	恒星の距離	標準	(1)(3)は，日ごろからの科学への関心が必要な問題。(2)は問題文の内容を利用する。2問は取りたい。
[4]	ロープにかかる力	標準	ひもにかかる力は，左も右も同じであることを考えの中心に置きたい。全問正解を狙いたい。
[5]	タンパク質の合成	標準	(1)はニュース等で見ておくべき内容である。(2)は問題文をよく読めば難しくない。全問正解を狙いたい。
[6]	電熱線に流れる電流	やや難	(1)～(3)は表をもとに計算を進めれば，決して難しくない。(4)は難問だが，3問は取りたい。

●鍵になる問題は[2]だ！

本年も広い範囲から出題された。1問1問に重みがある本校らしい問題である。[3]，[5]では，日ごろからの科学への関心が問われる内容も含まれていた。本校では，時事的な内容がしばしば題材とされる。[2]や[6]に難問が混ざっているが，多くの設問は，基礎的な考え方とともに，問題文や表から類推して考えることで正解が得られる。

[2]を取り上げる。物質の密度に関する問題である。

(3)(4)は，表2をよく読解しなければならない。(1)(2)で表1を読んだ手順がヒントになっていて，同様に水の100cm^3，100gを考えに入れる必要がある。

まず，すべての物質で，「物質の重さ」に100を足すと「物質を水に入れた状態での重さ」になっている。つまり，溶けても溶けなくても，重さはなくならない。

一方，「物質の体積に100を足して「物質を水に入れた後の体積」になっているのは，デンプンとサラダ油である。これらは水に溶けていない。一方，砂糖と食塩とエタノールでは，100を足した値よりも小さい。これらは水に溶けるため，水のすき間に物質が入りこんで，体積が減っている。これらの事項を見出せば，(3)の選択肢は選べるだろう。

(4)は食塩水の密度を求める設問であり，「食塩水の重さ÷食塩水の体積」を計算すればよい。

食塩水の重さは，食塩66gのうち溶け残り29gを除いた37gが溶けた137gである。

食塩水の体積は，少々手間がかかる。表2にある体積125cm^3のうち，溶け残り29gぶんの体積を引かなければならない。66gぶんの体積が30cm^3だから，66：30＝29：□　より，□＝13.2cm^3と計算できる。よって，水溶液の体積は125－13.2＝111.8cm^3となる。

以上から，食塩水の密度は137÷111.8により，1.2g/cm^3となる。

2022年度 東邦大学付属東邦中学校 合否を分けた問題 理科

●前期：この大問で、これだけ取ろう！

1	生物の個体数の変化	標準	条件に合わせて，個体数の増減を論理的に考える必要がある。全問正解を狙いたい。
2	炭酸水素ナトリウムの熱分解	標準	実験の失敗の原因を探る目新しい問題。今後は増加することが見込まれる出題形式である。2問は取りたい。
3	芽生えの成長と光屈性	標準	(2)は実験②の結果をよく見ておかないと間違う可能性が高い。よく読めば全問正解が狙える。
4	溶解熱と中和熱	やや難	溶けるときと中和するときの2種類の熱量がある。分けて考える必要がある。2問は取りたい。
5	季節と太陽の動き	標準	長い問題文ではあるが，この分野では典型的な応用問題である。全問正解を狙いたい。
6	遠心力の大きさ	やや難	数量関係が込み入っているので，図3と図4をどう使うかで差がつく。3問は取りたい。

●鍵になる問題は6だ！

出題形式は例年通りであり，前期，後期ともに，広い範囲から出題された。2ではうまくいかなかった実験の考察や，レポートの書き方など，実際の実験観察に即した問題が出された。また，3, 4, 6では，実験結果から法則性を理解して設問に用いる問題であり，丸暗記やパターン訓練だけでは高得点が狙えない問題であった。このように，考察力が試される試験だったといえる。

6を取り上げる。遠心力は，高等学校の物理で詳しく学ぶ。

図3を見ると，ばねの伸びが（回転数)×(回転数）に比例していることが読み取れる。図4を見ると，ばねの伸びが，（回転半径）に比例し，また，（重さ）にも比例していることが読み取れる。

比例関係は，「y＝決まった数×x」で書き表されるので，次のような式を考える。

（ばねの伸び)＝(決まった数)×(回転数)×(回転数)×(回転半径)×(重さ)

たとえば，重さ10g，回転半径5cm，1秒あたり2回転の場合，ばねの伸びが2cmである。

2cm＝(決まった数)×2回転×2回転×5cm×10g

すると（決まった数）が0.01だとわかる。つまりこの問題は，すべて次の式に当てはまる。

（ばねの伸び)＝0.01×(回転数)×(回転数)×(回転半径)×(重さ)

この公式をつくることができれば，(2)(3)(4)は一気に正解できる。

(2)　（ばねの伸び)＝0.01×2×2×12×10＝4.8

(3)　18＝0.01×3×3×(回転半径)×20より，（回転半径)＝10

(4)　13.5＝0.01×1.5×1.5×24×(重さ)より，（重さ)＝25

(5) について，動いていないペットボトルでは，重力は下向きにかかっている。振り回しているペットボトルでは，重力のようなものが回転外向きにかかっていると考えれば想像しやすい。

東邦大東邦の社会

——出題傾向と対策　合否を分けた問題の徹底分析——

出題傾向と内容

推薦，前期，後期ともに大問は3題で，小問数は20～25題程度が多い。制限時間や満点は，推薦と後期が30分で50点満点，前期は45分で100点満点となっている。どの回も地理→歴史→政治の順に出題されるが，近年は分野を横断した形式の出題もある。解答形式は，ほとんどが記号選択や語句記入になっていて，記述問題はほとんどなく，あったとしても10～15字程度かそれ以下の短さである。また，ひらがなで書くように指定されたり，句読点をつけてはいけなかったりと，条件が独特なことがあるので，設問に線引きをするなど，ケアレスミスをしないように心がけよう。

地　理　[1]で出題。例年，グラフや資料を読み取って答える問題が多発し，慣れていないと出鼻をくじかれて戸惑ってしまう受験生も多いだろう。条件反射で答える問題は少なく，資料を読み取って考え，答えを出すには時間がかかる。それぞれの設問に軽く目を通しつつ，[2]以降を先に解いていくことをおすすめしたい。

歴　史　[2]で出題。リード文が長いが，下線部だけ，もしくは下線部の前後を読むだけで答えられる知識問題が多い。歴史の問題で確実に正解することが合格のためには必須と言える。幕末以降の近現代の問題が比較的多いものの，旧石器時代～江戸時代もまんべんなく出されるので，ヤマを張るのは危険。どの時代が出ても対処できるように日ごろから準備しておこう。正誤の組み合わせは難易度が高め。

政　治　[3]で出題。近年のリード文が非常にユニークで，歴史的に有名な人物の演説のみならず，漫画が出されることもある。文章を読み取って答えるいわゆる国語読解的な出題もあるので，そのような問題があった時は特に注意して読み進めよう。内容としては日本の政治の仕組みや基本的人権，国際社会の出題が比較的多く，時事問題も出題される。

学習のポイント

- ●地理：初見の資料問題でも焦らない。いったん飛ばして後でじっくり考えよう。
- ●歴史：得点源。年号はもちろん，関連する人物や前後関係も押さえる。
- ●政治：日本の政治だけでなく，国際社会や時事問題の確認が大切。

来年度の予想と対策

地　理　地図や資料，グラフを読み取って考える問題が来年度も出ると思われる。難易度が3分野の中で最も高く，初見では時間がかかる問題になると思われるので，思い切っていったん飛ばして歴史・政治分野の問題から解いた方がよいだろう。どんな問題が出てきても動じないような心構えが身につくまで本校の過去問を解けるだけ解いておきたい。もちろん気候の特徴や農林水産業の順位，貿易品目の上位国など，基本的な知識が必要な問題も出る。

歴　史　リード文を見ながら答える一般的な問題が出題されるだろう。歴史的なできごとの年号はもちろん，その出来事の前後関係，因果関係を押さえた学習を日ごろから心がけよう。並べ替えの問題も出るだろう。明治時代以降の近現代が多く出題されそうだが，古代以降の政治史・文化史もしっかり確認しよう。画像の問題も出るので，資料集に目を通しておこう。

政　治　リード文が意表をついてくる可能性がある。国語のように，空らんにあてはまる文を選んだり，適語を書いたりするような問題が出た場合，あせらずリード文を読むようにしたい。時事問題については入試の前年に話題となった出来事が比較的出やすい。入試の1年前からの日本のニュース，世界のニュースに敏感になろう。日本国内の世界遺産に関する問題や，地球温暖化などの環境問題も近年は多く出題されているため，要注意である。

年度別出題内容の分析表　社会

（よく出ている順に，☆◎○の3段階で示してあります。）

出題内容				27年		28年		29年			30年			2019年		
				前期	後期	前期	後期	推薦	前期	後期	推薦	前期	後期	推薦	前期	後期
地理	日本の地理	テーマ別	地形図の見方	○				○	○		○			○		
			日本の国土と自然	○	○	☆	○	☆	☆	◎	○	◎	○	○	◎	
			人口・都市	○		○			○	◎	○	○	○	○	○	◎
			農林水産業	◎	◎	◎	◎	○		◎	○	○	○	◎		◎
			工　業		○		○			○		○	○	○		
			交通・通信										○		○	
			資源・エネルギー問題	○											○	
			貿　易		○		○			○					○	○
		地方別	九州地方													
			中国・四国地方													
			近畿地方													
			中部地方													
			関東地方													
			東北地方													
			北海道地方	○												
	公害・環境問題				○		○		○				○			
	世界地理				○		○									
日本の歴史	時代別	旧石器時代から弥生時代		○	○		○			○		○	○			○
		古墳時代から平安時代		○	○	○	○	○	◎	◎		○	○	○	○	○
		鎌倉・室町時代		○	○	○	○	○	◎	◎	◎		○	○	○	○
		安土桃山・江戸時代		○	◎	○	○	○	◎	◎	◎	○		○	◎	◎
		明治時代から現代		◎	◎	◎	◎	◎	◎	◎		◎	○	◎	○	○
	テーマ別	政治・法律		◎	◎	☆	☆	◎	☆	◎	◎	○	◎	○	☆	◎
		経済・社会・技術		◎	◎	○	◎	○		◎		○	○	○		○
		文化・宗教・教育			◎	○	○	◎		○	○	◎		○	◎	◎
		外　交				○			○					○	○	
政治	憲法の原理・基本的人権			◎		○	○		○		○	○		○		○
	国の政治のしくみと働き				○	○	○		◎		○	○	○		◎	○
	地方自治															
	国民生活と社会保障												○			
	財政・消費生活・経済一般			○			○	○			○		○	○		○
	国際社会と平和				○						○		○	○		
時事問題				○	○	◎		◎	○	◎		○			○	
その他				○	○	○			◎	◎		◎	○			

東邦大学付属東邦中学校

（よく出ている順に，☆◎○の3段階で示してあります。）

出題内容				2020年			2021年			2022年			2023年			2024年		
				推薦	前期	後期	推薦	前期	後期	推薦	前期	後期	推薦	前期	後期	推薦	前期	後期
地理	日本の地理	テーマ別	地形図の見方	○				◎		○				☆		○		
			日本の国土と自然		◎	◎	◎	○	◎	○	○	☆	○	☆	○	○	☆	◎
			人口・都市	○	○	○		◎	◎	○	◎	○	○	○			◎	○
			農林水産業	◎	○	○	○	○		○	◎	○	○	○	☆	◎	○	◎
			工　業				○	○	○		○	○	○			○		
			交通・通信	○	○	○								○		○		
			資源・エネルギー問題															○
			貿　易		○										○			
		地方別	九州地方			○									○			○
			中国・四国地方			○											○	
			近畿地方															
			中部地方														○	
			関東地方															
			東北地方										○					
			北海道地方															
	公害・環境問題					○		○		○								
	世界地理											○						
日本の歴史	時代別		旧石器時代から弥生時代	○	○		○			○	○	○				○		○
			古墳時代から平安時代	◎	○	◎	○	◎	○	◎	○	○	○	○	○	○	◎	○
			鎌倉・室町時代	○	○	○	○	○	○		○	○	○		☆	○	○	○
			安土桃山・江戸時代	○	○	○	○	○	○	○	◎	○	◎	☆	○	○	◎	○
			明治時代から現代	○	☆	◎	◎	◎	☆	○	◎	○	◎	◎	◎	◎	☆	◎
	テーマ別		政治・法律	◎	☆	◎	◎	☆	☆		☆	○			◎	◎	☆	○
			経済・社会・技術		◎		○	○	○	◎	◎	○		○	○	○		
			文化・宗教・教育	☆		◎	○	○	○	○	○	◎		◎	○	☆	◎	
			外　交		○			◎	○	◎			○	○	○	◎		◎
政治	憲法の原理・基本的人権			○	○	◎		◎	◎	○	○	○			◎	◎	○	○
	国の政治のしくみと働き					○	◎	○	○		☆			◎	○		○	◎
	地方自治			○										○	○			○
	国民生活と社会保障											○						
	財政・消費生活・経済一般			○					○						○	○		
	国際社会と平和				○			○			○		◎	◎	○	○	◎	○
時事問題					○	○	○		◎	◎	○	○			◎	○	◎	○
その他				◎			○	◎		○	◎	○	○	◎		☆	○	○

2024年度 東邦大学付属東邦中学校 合否を分けた問題 社会

（前期） 3 問4

2023年5月，広島でG7サミットが開催されたことに関連して，国や地域同士の結びつきについての問題が出題された。この問題の正答は以下の図のようになる。（表と解説は2024年2月時点）

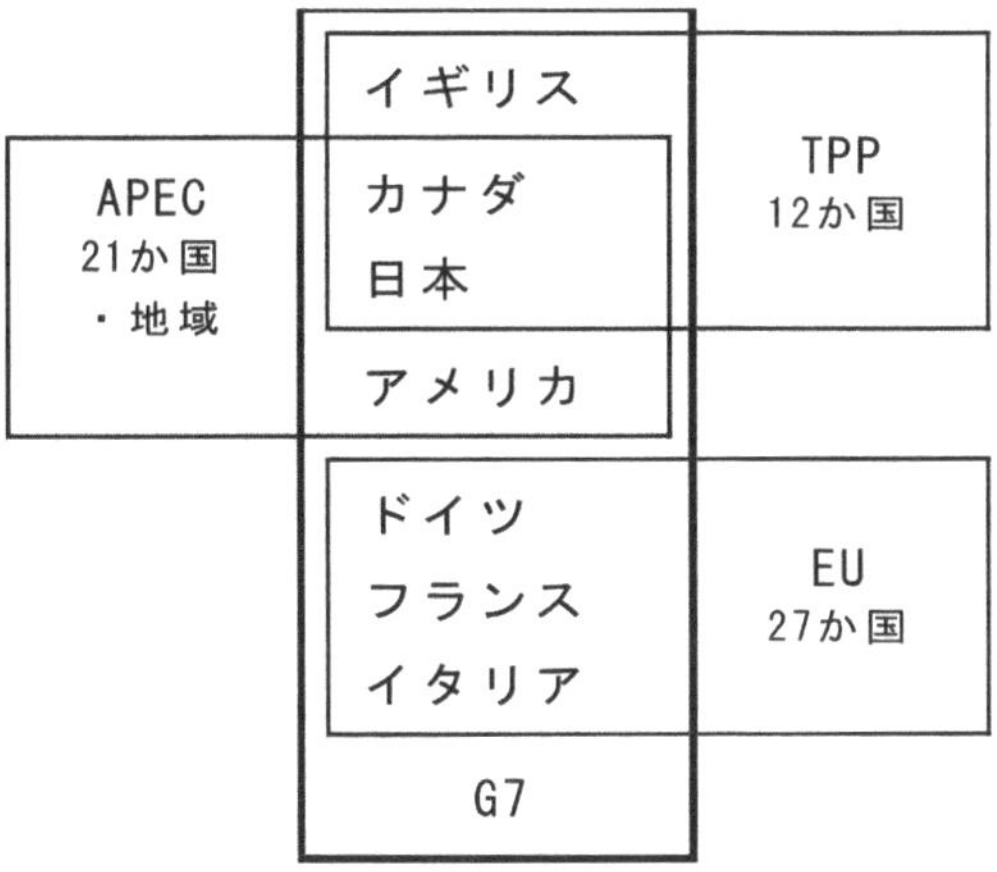

正解のポイントとして，まずはG7参加国7か国のうち，すでに書かれている日本，フランス，イタリア以外の国を選択肢の中から選ぶ。すると，イのカナダ，エのドイツ，カのイギリス，キのアメリカが候補になり，他の3つ（ア，ウ，オ）は除外できる。

続いて，この4つの国の中で，現在もEU（ヨーロッパ連合，27か国）に加盟しているdを選ぶと，ドイツになる。イギリスは，2020年にEUから離脱していることに注意すること。また，イギリスは2023年7月にTPP（環太平洋経済連携協定，12か国）に加盟することが正式に承認されたので，aかbにイギリスが入る。なお，アメリカは当初TPPへ参加を表明していたものの，2017年に当時のトランプ大統領によって離脱したので，cがアメリカである。

最後に，APEC（アジア太平洋経済協力，21の国・地域）に参加しているかしていないかで，aとbを判断する。APECは日本語名の通り，アジアと太平洋の国や地域が参加している枠組みであるため，北アメリカのカナダは参加しているが，ヨーロッパのイギリスは参加していない。このことから，aがイギリス，bはカナダとなる。

それぞれの枠組みの参加国・地域をすべて覚えておく必要は決してないが，日本語名や大体の参加国・地域についてはある程度は押さえておく必要がある。同様の経済的・軍事的な枠組みとしては，NATO（北大西洋条約機構，2023年にフィンランド，2024年にスウェーデンが加盟して32か国）やRCEP（東アジア地域包括的経済連携協定，15か国）については特に狙われる可能性が高いだろう。ノートにまとめたり，地図帳で位置を確認したりして，今後の試験に備えてほしい。

2023年度 東邦大学付属東邦中学校 合否を分けた問題 社会

(前期) [1]

今年度も大問の数は3題で，小問は25題。推定配点は各4点となる。[2]と[3]の64点分を最少失点で乗り切ったうえで，[1]の地理分野36点分でどれだけ点を稼げるかが合否を分けるだろう。

問1について，図1のように円の大きさで表すことで，収穫量や出荷額などの大小がわかりやすくなる。円だけでなく，アメダスのように降水量を棒の高さで表すのも同様である。また，図2のように色分けをすることで人口密度や気温などを表すことができる。特に図2の方は他の地域と比較する場合によく使われている。

問2(1)について，本校では以前，三角形の面積を求める問題が出題されたが，設問を見落として三角形の計算をしなかっただろうか。地形図から実際の面積を計算する場合，まずは一辺の実際の距離を出し，答えと単位をそろえてから計算しよう。縮尺が25000分の1の地図で一辺は5cmなので，実際の距離は125000cmとなり選択肢の単位はkmなので1.25kmに直してからおうぎ形の面積を求める。この問題はこの大問の中では比較的解きやすい問題である。

問2(2)について，本校でもここ数年記述問題が出るようにはなったものの，字数が少ないので難しくはない。ただし空欄に当てはまるように書くケースが多いので，答えを当てはめて読んだ場合に文として成立しているかの見直しが大事。字数指定以外の設問条件(ひらがな指定など)があるのかチェックも入念に行うこと。

問3について，本校独特のユニークな問題である。まず図が何を表しているかを落ち着いて読もう。群馬県，静岡県，宮城県，山口県の大体の形をフリーハンドで書いてみるとイメージしやすい。また，県庁を表す★のマークも手がかりにはなる。今回は静岡県と山口県の組み合わせを選ぶものだったが，群馬県，宮城県がどれなのかも明らかにしたうえで正答を出すべきである。

問4(1)について，表のAからCまでがそれぞれどこなのかをまず考え，そのうえで図の降水量を選ぶ。問われたのが中央高地型の諏訪だったので対処はしやすかった。中央高地は年間降水量が少なく，1月の気温が氷点下になる。また，日本の気候区分は大きく分けて6つあるが，八丈島が東京都の伊豆諸島ではあっても沖縄県のような南西諸島型であることを押さえておこう。

問4(2)について，都道府県間の人口移動に関する問題は難しかっただろう。純粋な知識ではなく，府県の人口が多いほど東京都へ移動する人口も多いのではないかという仮定ができたら正解できた問題。このような思考力の問題は今後も本校のみならず，難関校では多くなるだろう。

問5(1)について，これは解きやすい問題だった。他の選択肢が誤りであることも確認したうえで正解を出そう。地形図の読み取りは時間をかければ大体の受験生は正解できるが，時間をかけすぎて他の問題が解けなかったら元も子もないので，後回しにすることをおすすめしたい。

問5(2)の写真の撮影した場所の問題について。写真の中に必ず手がかりがあるので，その手がかりを見つけること。写真**あ**は左右に竹林があることに気づき，そのうえで竹林の地図記号がわかればやさしい。写真**う**は木陰になっていて少々見づらいが，左側に上りの階段があることに気づければよかった。写真**い**は広めの道路が目の前からまっすぐ走っているのですぐわかる。

問6について，米の生産量上位10道県を知っていても，収穫量が400千tより多いか少ないかはわかる人はほとんどいなかったろう。しかし攻略のヒントとして，富山県の選択肢にCの項目がなく，北陸地方に位置していて水田単作地帯の富山県は米の割合が高いことは推測しやすいので，そこからウかカの二択になる。そして山梨県は米の生産より果樹栽培が盛んだということも推測できるので，米の割合が低いBということになる。本校の特徴として，選択肢の数が多いことが挙げられるが，二択ないしは三択にまで絞り込めば正解率も大きく上がるので，この解き方も理解し，実践してみよう。

2022年度 東邦大学付属東邦中学校 合否を分けた問題 社会

（前期） 1 問1

①～⑥の都道府県が判定できないと，手も足も出ない問題である。ここでは，解説で触れることができなかった判定の根拠を述べておきたい。

①について：「武田信玄」は戦国時代の武将。名は晴信で，信玄は法名。1541年に父を追放して甲斐（現在の山梨県）の国主となり，民政・領国開発に努め，甲州法度とよばれる分国法を定めた。近隣諸国を攻略し，上杉謙信と川中島で戦うが，勝敗は決しなかった。上洛を志し，織田信長と雌雄を決しようとしたが，途中病を得て没した。

②について：「越中」は富山県の旧国名。なお，越前は福井県の東部，越後は新潟県のそれぞれ旧国名である。「神通川」は，富山県中央部を流れる川。岐阜県飛騨高地に発し，富山平野を下り，富山湾に注ぐ。1955年ごろから下流域でイタイイタイ病が発生し，社会問題となった。

③について：「小豆島」は，香川県北東部，備讃諸島東端にある島。兵庫県の淡路島に次いで瀬戸内海では2番目に大きい。醤油，素麺，オリーブの生産が盛んで，特にオリーブの生産は日本一である。壺井栄の小説『二十四の瞳』の舞台としても知られる。

④について：「稲庭うどん」は，秋田県湯沢市稲庭町が発祥の，手延べ製法による干しうどん。日本三大うどんの一つに数えられる。

⑤について：「石狩地方」は，北海道西部の札幌市，江別市，千歳市，北広島市，恵庭市，当別町，新篠津町などが含まれる地域。

⑥について：「長崎ちゃんぽん」は，長崎の名物料理。中華そば風の製法で，うどんのように太めにつくった麺でつくる。中華風スープの中にゆでた麺を入れ，ラードでいためた豚肉，かまぼこ，もやしなどの具を入れる。「ちゃんぽん」の名は，ごった煮の意の中国語「チャンホウ」に由来するともいわれる。

東邦大東邦の国語

――出題傾向と対策
合否を分けた問題の徹底分析――

出題傾向と内容

文の種類：随筆文・小説

いずれの回も，随筆文と小説の大問二題構成だった。随筆文は，筆者の個人的なテーマについて，掘り下げながら詳細に述べた内容になっている。小説は，現代の作品のほか，やや古い時代の小説などから出されることもある。登場人物の心情を細やかに描く作品が中心である。

設問形式：ぬき出し式・選択式が中心

本格的な記述問題は出されない。大半が選択式(5択)またはぬき出し式である。文学的文章では，登場人物の心情を問うものが主体であるが，それ以外に理由説明，内容説明，場面の理解など，幅広く問われる。論理的文章では，内容理解を中心として，全体の要旨や理由説明，同意表現，空欄補充，指示語，接続語関係などが問われる。選択肢には，比較的容易なものも含まれるが，大半は本文を詳細に検討・分析しなければならないまぎらわしいものが出される。選択肢の説明が長文の問題もあるので，根気よく読み取っていく必要がある。

知識分野：漢字・ことばの意味などの知識分野は，本文に組みこまれる形で出題される。本文中に使用されている漢字と同じ漢字を使う熟語などを選択する形式であった。出題される漢字は基本的なものが多い。ことばの意味は本文中でそのことばがどのような意味で用いられているのかを選択する形式。ただし，そのことばの本来の意味を知っておくことが重要である。

来年度の予想と対策

出題分野：随筆文や論説文の論理的文章と小説の文学的文章の長文2題形式。独立した知識問題はなく，長文問題の中に含む形で出題される。

出題形式：大半が選択式またはぬき出し式。本格的な記述問題は出されない。

出題内容：文章の細部にわたる内容理解，理由説明，主題や要旨把握，同意表現，登場人物の心情，人物像の理解，段落構成や脱文補充，指示語，語句補充などが問われる。知識問題として，漢字の書き取り，ことばの意味の問題が出される。

学習のポイント

- ●本校の出題形式に習熟しておこう。特に，正しい選択肢を見極められるよう，選択問題に慣れておくことが重要だ。
- ●文学的・論理的文章とも，文脈をすばやく正確に理解できるようにできるだけ多くの文章にふれておこう。
- ●設問数は，平均して8～10問程度なので，時間配分に注意し，素早く解答する力を養うこと。
- ●基本的な漢字の書き取りやことばの意味の学習もくり返しておこう。

年度別出題内容の分析表 国語

（よく出ている順に，☆◎○の3段階で示してあります。）

出題内容		27年		28年		29年			30年			2019年		
		前期	後期	前期	後期	推薦	前期	後期	推薦	前期	後期	推薦	前期	後期
設問の種類	主題の読み取り		○	○	○		○							○
	要旨の読み取り	○	◎	○		○	○	○		○		○		
	心情の読み取り	☆	☆	☆	☆	◎	☆	◎	◎	◎	☆	◎	☆	☆
	理由・根拠の読み取り	☆	◎	◎	◎	☆	☆	☆	◎	○	○	◎	◎	☆
	場面・登場人物の読み取り	◎		○	○	○	○		○	○	○	○	○	○
	論理展開・段落構成の読み取り			○		○						○	○	○
	文章の細部表現の読み取り	☆	☆	☆	☆	☆	☆	☆	☆	☆	☆	☆	☆	☆
	指示語			○	○									
	接続語		○					○			○		○	
	空欄補充	◎	◎	○	○	◎	○		☆	☆	◎	☆	☆	☆
	内容真偽		○	○	○				○	○	○			
	根拠　文章の細部からの読み取り	☆	◎	◎	◎		☆	☆	☆	☆	☆	☆	◎	◎
	根拠　文章全体の流れからの読み取り			○	○		○	○	○	◎	○	○	◎	◎
設問形式	選択肢	☆	☆	☆	☆		☆	☆	☆	☆	☆	☆	☆	☆
	ぬき出し	○	○	○	○		◎	◎	○	◎	○	◎	◎	◎
	記　述	○												
記述の種類	本文の言葉を中心にまとめる	○												
	自分の言葉を中心にまとめる													
	字数が50字以内	○												
	字数が51字以上													
	意見・創作系の作文													
	短文作成													
語句・知識	ことばの意味	○	○	○	○	◎	○	○	○	○	○	◎	◎	○
	同類語・反対語													
	ことわざ・慣用句・四字熟語				○						○		○	
	熟語の組み立て													
	漢字の読み書き	○	○	○	○	○	○	○	○	○	○	○	○	○
	筆順・画数・部首													
	文と文節													
	ことばの用法・品詞													
	かなづかい													
	表現技法													
	文学史													
	敬　語													
文章の種類	論理的文章(論説文，説明文など)	○	○	○			○	○	○	○	○	○	○	
	文学的文章(小説，物語など)	○	○	○	○	○	○		○	○	○	○	○	
	随筆文				○	○		○						◎
	詩(その解説も含む)													
	短歌・俳句(その解説も含む)													
	その他													

東邦大学付属東邦中学校

（よく出ている順に，☆◎○の3段階で示してあります。）

出題内容		2020年			2021年			2022年			2023年			2024年		
		推薦	前期	後期	推薦	前期	後期	推薦	前期	後期	推薦	前期	後期	推薦	前期	後期
設問の種類	主題の読み取り							○	○							
	要旨の読み取り		○	○	○	○	○				○	○	○	○	○	○
	心情の読み取り	☆	☆	☆	◎	☆	☆	☆	☆	☆	◎	◎	◎	◎	☆	◎
	理由・根拠の読み取り	◎	◎	◎	◎	◎	◎	◎	◎	◎	◎	◎	◎	◎	◎	◎
	場面・登場人物の読み取り	○	○	○			◎		○	○	◎	○	◎	◎	○	◎
	論理展開・段落構成の読み取り	○	○		○	○		○	○	◎	○	○	○			
	文章の細部表現の読み取り	☆	☆	☆	☆	☆	☆	☆	☆	☆	☆	☆	☆	☆	☆	☆
	指示語		○	○	○			○			○					
	接続語	○		○	○		○		○	○						
	空欄補充	○	☆	○	◎	☆	◎	○	☆	☆	◎	◎	○	◎	○	◎
	内容真偽															
	根拠 文章の細部からの読み取り	◎	◎	◎	☆	☆	☆	☆	☆	☆	☆	☆	☆	☆	☆	☆
	根拠 文章全体の流れからの読み取り	☆	◎	☆	◎	◎	◎	◎	◎	◎	◎	◎	◎	◎	◎	◎
設問形式	選択肢	☆	☆	☆	☆	☆	☆	☆	☆	☆	☆	☆	☆	☆	☆	☆
	ぬき出し		○	☆	◎	◎	◎	○	◎	◎	◎	◎	○	○	○	◎
	記　述									○						
記述の種類	本文の言葉を中心にまとめる															
	自分の言葉を中心にまとめる									○						
	字数が50字以内									○						
	字数が51字以上															
	意見・創作系の作文															
	短文作成															
語句・知識	ことばの意味	◎	○	○	◎	○	○	○	○	○	○	○	○	○	○	○
	同類語・反対語															
	ことわざ・慣用句・四字熟語				○				○					○		○
	熟語の組み立て															
	漢字の読み書き	○	○	○	○	○	○	○	○	○	○	○	○	○	○	○
	筆順・画数・部首															
	文と文節															
	ことばの用法・品詞															
	かなづかい															
	表現技法															
	文学史															
	敬　語											○				
文章の種類	論理的文章（論説文，説明文など）		○	○		○	○	○	○	○	○	○	○			
	文学的文章（小説，物語など）	○	○			○	○			○	○	○	○	○	○	○
	随筆文	○		○	◎			○	○					○	○	○
	詩（その解説も含む）															
	短歌・俳句（その解説も含む）															
	その他															

東邦大学付属東邦中学校

2024年度 東邦大学付属東邦中学校 合否を分けた問題 国語

（前期） 一 問11

★合否を分けるポイント

筆者の主張としてもっとも適切なものを選ぶ選択問題である。さまざまな話題を通して，筆者がどのようなことを述べようとしているのかを的確に読み取れているかがポイントだ。

★具体的な内容から述べようとしている筆者の主張や考えを読み取る

本文は「東京は緑多き都である」ことについて，東京は「意外に緑が多い」という印象もあるように，山地に恵まれ，南北に長い日本は多様な植物の宝庫である→同じ大都市でも厚い岩盤の上にあるニューヨークは樹木の生育には適さないが，農作物の生育に適した土地に住みついたヨーロッパ諸都市の緑は厚い→乾燥地帯の北京では，樹木の多くが人工的な植樹で，商業都市の上海や大阪も緑は少ない→東京の首都機能のほとんどは，寺社や武家屋敷の跡地を利用して造られた→明治政府の辞官納地の決め手となった，こうした跡地には広大な緑が残されており，これが東京が緑多き都である理由である→再開発という美名のもとに，父祖が残してくれた東京の緑がこれ以上損なわれることを潔しとしない→東京の厚く広い緑は今日に至るまでの歴史によるものであり，遺すべきものは世界に冠たる東京の永遠の緑である，ということを述べている。「東京は緑多き都である」理由を歴史とともに探り，東京の緑をなくしてはならない，と主張しているのでBが正解となる。全体の流れをおおまかにとらえながら，東京と世界の都市との比較，寺社や武家屋敷の跡地やその跡地を利用した東京遷都，筆者と坂本龍一さん，といった具体的な内容からどのようなことを述べようとしているのかをしっかり読み取る必要がある。また，不正解と思われる選択肢では，Aの「世界共通の価値観」，Cの「東京が……このまま再開発を進めることは必要なことである」，Dの「地球環境保護の一環として」，Eの「せめて東京だけでも」というように，部分的に間違っている場合が多いので，選択肢をていねいに読み取って，どこが違うかを明確にすることも重要だ。

二 問10

★合否を分けるポイント

本文の説明としてもっとも適切なものを選ぶ選択問題である。本文での描写が表現していることを的確に読み取れているかがポイントだ。

★情景描写に重ねられた心情を読み取る

各選択肢の説明と本文を照らし合わせていく。「沈黙をかき消されることに安心して，雑踏へと歩き続けていたのだ」とあることから，「尚美にとって周囲の人ごみは……絵麻との気まずさを救ってくれる役割を持つ」とあるAは適切であることが読み取れる。制服や制服用のコートのポケットの中の「ざりざり」は，絵麻に対してむきになっていることや，自分自身に苛立っている尚美の気持ちそのものを表現しており，「ざりざりの歌」があれば絵麻と通じるかもしれない，という尚美の心情も描かれているので，「学校生活がすべての不満の原因」とあるB，「ざりざりの歌」が「あれば良いのにと絵麻が思っている」とあるDはあてはまらない。「北風の訪れと共に一斉に大人しくなった」は，伊原が受験の準備を早くから始めたのに対し，クラスの男子は「北風の訪れ」すなわち，冬の始めごろから受験勉強を始めた，ということを表しているので，「受験……ではなく，寒くなったことで勉強に向かった」とあるCもあてはまらない。絵麻が持っている確固とした考えは正しく，スゴイと思うが，この日は素直に受け入れられず，そんな自分をもてあましている尚美の様子が描かれているので，「絵麻が尚美にとって不可解な存在であることがわかる」とあるEもあてはまらない。「ざりざり」「雑踏」といった描写のように，小説では情景や場面の様子に心情を重ねて表現されることが多い。天気や季節の描写なども意味があるので，ていねいに読み取っていこう。

2023年度 東邦大学付属東邦中学校 合否を分けた問題 国語

(前期) 一 問8

★合否を分けるポイント

——線(6)「言葉という魔物」とあるが，なぜ「言葉」が「魔物」と言えるのか，それを説明した設問の文の空らんにあてはまる言葉を本文中からぬき出す問題である。設問の文の文脈をとらえ，本文で直接述べていない理由を本文の要旨から的確にぬき出せているかがポイントだ。

★論の流れと文脈をていねいに読み取る

本文では直接「言葉」が「魔物」である理由を述べていないので，本文の要旨を正確にとらえる必要がある。(6)の段落は，人間は，一度離れれば関係が切れてしまうゴリラのようにはいかない→スマホでつながっている限り関係は切れない→「言葉という魔物」がつきまとい，からみ取られてなかなか友達関係を解消できない→でも，いつまでも同じ人間と同じようにつきあっているのは，自分が変わろうとしても相手が許さないことが多いため，たがいに進歩の道を閉ざされているに等しい→親しい友達とみんなで変わることができないのは，それぞれ個性が違うからであり，個性が尊重されないと変われない→人間は個別に成長し，それぞれちがう個性をつくっていくものなのだ，という論の流れになっている。これらの内容を設問の文をふまえて整理すると，言葉という魔物がつきまとい，言葉にからみ取られると，進歩の道を閉ざされてしまって「個別に成長」することができなくなり，それぞれ個性をつくっていくことができない，という要旨になる。「言葉」にしばられることによって，たがいに進歩の道が閉ざされると述べているが，「言葉」が「魔物」である理由として明確に述べていないので，内容を整理して，設問で求められている語句を見極める必要がある。本文の要旨を的確に読み取り，文脈をしっかりとらえていこう。

二 問10

★合否を分けるポイント

本文の説明としてもっとも適切なものを選ぶ選択問題である。登場人物の性格や心情の変化，また，それぞれの場面の描写を的確に読み取れているかがポイントだ。

★心情が何をきっかけにどのように変化したかを的確に読み取る

辞令によって総務部へ異動になった主人公の「俺」である岡本は，このままいくと，村西部長や清水課長のように席を移動する会社員人生を送るのかもしれない→現在の自分の状況は学生時代の夢とはほど遠いという思いを岡本は抱いている→岡本の上司である清水課長はささいなミスも細かく指摘するため，社内で笑われていることを岡本は知っている→倉庫に保管してある紙資料の箱の整理で，岡本と清水課長の上司である村西部長に確認してもらう→十年前に資料の箱の内容リストを清水課長が雑に処理したことで，清水課長を怒ったという話や総務部や仕事に対する考え，今の清水課長を評価している話を岡本は村西部長から聞く→デスクに戻った岡本は，清水課長がそうしたように，定規を使って内容リストを修正した，というのが本文の物語の展開である。最後の「十年前の清水課長もきっとそうしたように，ノックしたボールペンの先を，定規に沿ってすうと滑らせた」という描写は，村西部長の話を聞いたことで，総務部の仕事に対して前向きにとらえられるようになった岡本の心情を表していることから，全体の内容と最後の場面をふまえて説明しているニが正解となる。

現在の自分の状況は学生時代の夢とはほど遠いと感じていたが，村西部長の話を聞いたことで，今の仕事を前向きにとらえられるようになったという心情の変化が描かれているように，小説や物語の読解では，主人公の心情が何をきっかけにどのように変化したか，を読み取ることが非常に重要になる。本文全体の展開を心情の変化に着目して読み取っていくようにしよう。

2022年度 東邦大学付属東邦中学校 合否を分けた問題 国語

（前期） 一 問4

【このようなぬき出しをしたくなる】

相場のない交際費（8字）

最終段落にある「こうした相場のない交際費」からぬき出した解答である。「交際費」という内容に着目できたことは評価できる。線2以降，筆者は「交際費」であるという説明を続けているからだ。「どのようなものか」と問われているということは言いかえろということだ。「相場のない交際費」では，今ひとつ説明として不足である。むしろ「交際費」という言葉を使って筆者がどういうことを言いたいのかを書くということになる。したがって，「消費支出の大半」と述べている内容を書きぬくことになる。「相場のない交際費」のように答えてしまうのは，論説文の出題では，最終段落により注意を傾けて読む傾向があるからだ。途中を軽く読み飛ばすような読み方をするとまちがいをしてしまうことがあるので気をつけよう。

二 問3

「手ごわそうな子」は阿子ちゃんに対するものだ。「彼女は次第に反抗的～」で始まる段落からの阿子ちゃんとのエピソードから，おそらく故意に本を汚す，「不敵に笑う」，「わかりっこないと頬をゆがめて笑う」など，阿子ちゃんのことを読み取れる手がかりが多く出てくる。家庭教師をすることになった場面だけで考えると誤った選択肢に惑わされてしまう。

一問4では，最終段落に着目することに注力したことで誤りを導き，二問3では，最後まで読み通さず，その場面で決着をつけようとすると誤りになってしまうという読みの誤りを示した。試験は時間との戦いという面も大いにあるが，解答をあせるあまり，いい加減な読みは結果的に時間もかかり，誤りを誘うことになるので，きちんとした読みを心がけよう。

MEMO

大切なことはメモしておこうネ！

2024年度

★★★★★★★★★★★★★★★★★★★★★★★★

入　試　問　題

2024年度

東邦大学付属東邦中学校入試問題（推薦・帰国生）

【算　数】（45分）　　＜満点：100点＞

1　次の $\square$ にあてはまる最も適当な数を答えなさい。

(1)　$(70+90+110+130+150+170)\div\left\{12\times\left(\frac{17}{3}+\frac{1}{4}\right)+1\right\}=\square$

(2)　$\left\{\left(\frac{1}{2}+\frac{1}{3}\right)-\left(\frac{1}{5}+\frac{1}{7}\right)\right\}\times210-\left\{\left(\frac{1}{2}\div\frac{1}{3}\right)-\frac{1}{9}\right\}\times36=\square$

(3)　$\frac{7}{3}\times\left\{\frac{22}{7}\div\left(\frac{3}{4}+\square\right)-2\right\}-\frac{7}{5}=1\frac{14}{15}$

2　次の問いに答えなさい。

(1)　ある年の12月は，月曜日がちょうど４回あり，金曜日もちょうど４回あります。この年の12月31日は何曜日であるか答えなさい。

(2)　２つの数ＡとＢがあります。ＡからＢを引いた差は50で，Ａの60％とＢの$1\frac{2}{3}$倍の和は540です。このとき，２つの数ＡとＢの和を求めなさい。

(3)　分母が12で，分子が１以上48以下の整数である次のような48個の分数があります。

$\frac{1}{12}$，$\frac{2}{12}$，$\frac{3}{12}$，$\frac{4}{12}$，……，$\frac{47}{12}$，$\frac{48}{12}$

これらの分数の中で，約分できない分数の和を求めなさい。

(4)　Ｐ地点からＱ地点まで，長さ800ｍのまっすぐな道路があります。Ａさんは分速100ｍ，Ｂさんは分速80ｍで同時にＰ地点からＱ地点に向かいます。また，ＣさんはＡさんとＢさんと同時にＱ地点を出発し，分速70ｍでＰ地点に向かいます。Ａさんのいる位置とＢさんのいる位置のちょうど真ん中にＣさんがいるのは，３人が出発してから何分後か求めなさい。

3　記号＊には，次のようなきまりがあります。

$A\ast B=A\div B+B\div A$

このとき，次の $\square$ にあてはまる最も適当な数を答えなさい。

(1)　$\frac{1}{5}\ast\frac{1}{7}=\square$

(2)　$\left\{(3\ast5)-\left(\frac{1}{3}\ast\frac{1}{5}\right)\right\}\div(9\ast15)=\square$

4 下の図のような，AD＝10cm，BC＝14cmの台形ABCDがあります。点Eを辺AD上にAE：ED＝4：1，点Fを辺CD上にCF：FD＝3：5となるようにとります。BEとAFが交わる点をGとします。また，三角形ABEの面積は32cm^{2}です。

このとき，次の問いに答えなさい。

(1) BG：GEを最も簡単な整数の比で表しなさい。

(2) 三角形AFDの面積を求めなさい。

(3) AG：GFを最も簡単な整数の比で表しなさい。

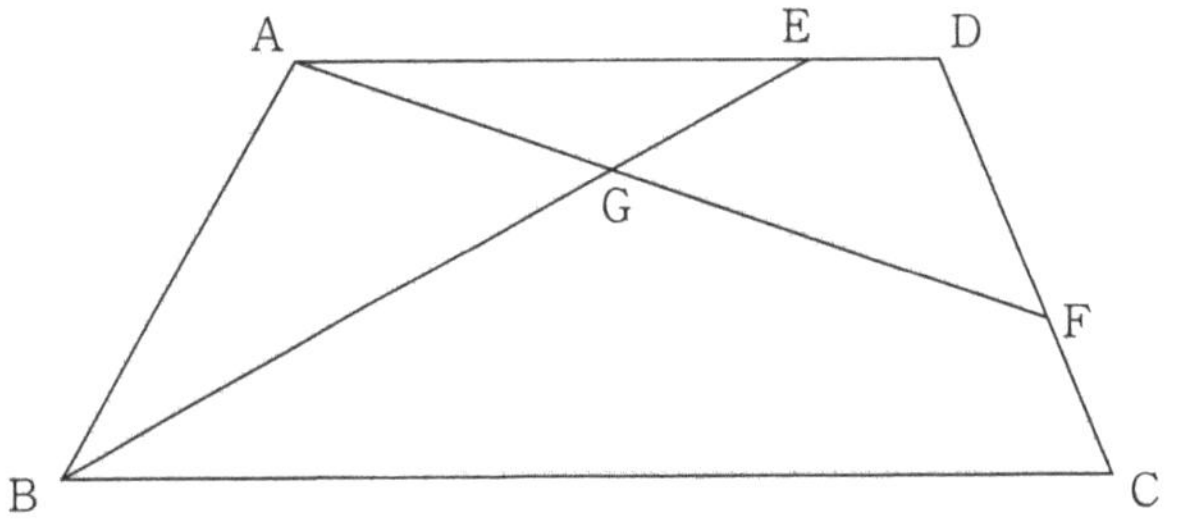

5 3種類の品物A，B，Cを1つずつ仕入れました。品物A，B，Cの仕入れ値の比は2：3：5です。品物A，B，Cにそれぞれ仕入れ値の10%，20%，12%の利益が出るように定価をつけました。

このとき，次の問いに答えなさい。

(1) 品物Aの仕入れ値が300円のとき，品物A，B，Cの3つの定価の合計を求めなさい。

(2) 3種類の品物が定価で全部売れたとき，売り上げの合計は仕入れ値の合計の何倍になるかを求めなさい。

(3) 品物A，Bをどちらも定価の10%引きで売りました。売り上げの合計で損をしないためには，品物Cは定価の最大 □ %まで割り引くことができます。

□ にあてはまる最も適当な整数を答えなさい。

6 【図1】のような，角Aの大きさが90°で，AB＝4cm，BC＝5cm，AC＝3cmの直角三角形ABCがあります。点Dを辺BC上に直線ADと辺BCが90°に交わるようにとります。

このとき，次の問いに答えなさい。ただし，円周率は3.14とします。

【図1】

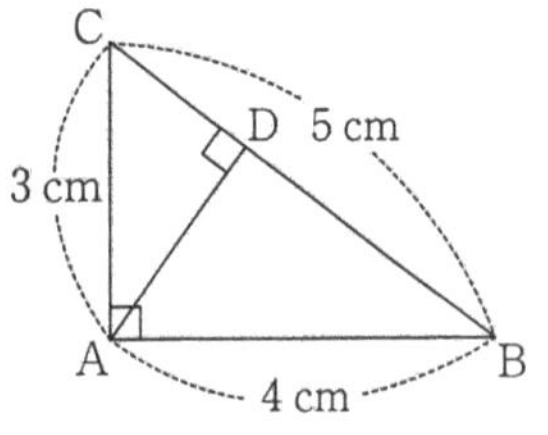

【図2】

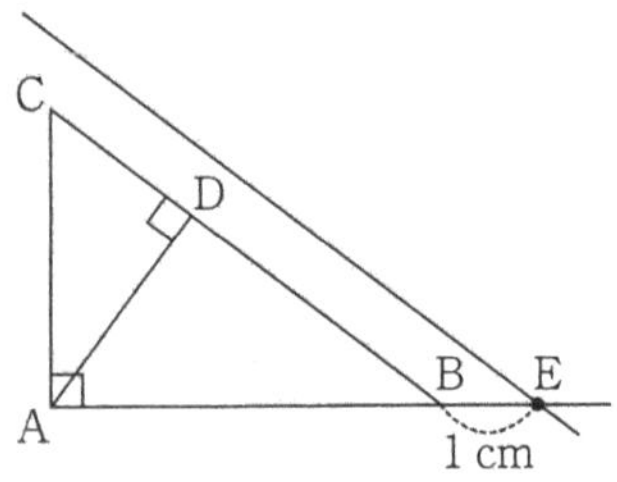

(1) ADの長さを求めなさい。

⑵　三角形ABCを辺BCの周りに１回転させてできる立体の体積を求めなさい。

⑶　前のページの【図２】のように，三角形ABCの辺ABの延長上にBE＝１㎝となるように点Eをとり，点Eを通り辺BCに平行な直線をひきます。この直線の周りに三角形ABCを１回転させてできる立体の体積を求めなさい。

【理　科】（30分）　＜満点：50点＞

1　次の文章を読み，あとの(1)~(5)の問いに答えなさい。

ヒトの心臓は図１のア～エの４つの部屋に分かれています。全身を流れてきた血液はアに入り，ウへ送られ，肺動脈を通って肺に送られます。肺から戻ってきた血液はイに入り，エへ送られ，大動脈を通って再び全身に送られます。図１の①～③は，ヒトの心臓が１回拍動するときのようすを表したものです。

心臓のアとウの間，イとエの間，ウと肺動脈の間，エと大動脈の間にはそれぞれ弁があり，血液が送られるときだけ開き，それ以外のときは血液が逆流しないように閉まっています。

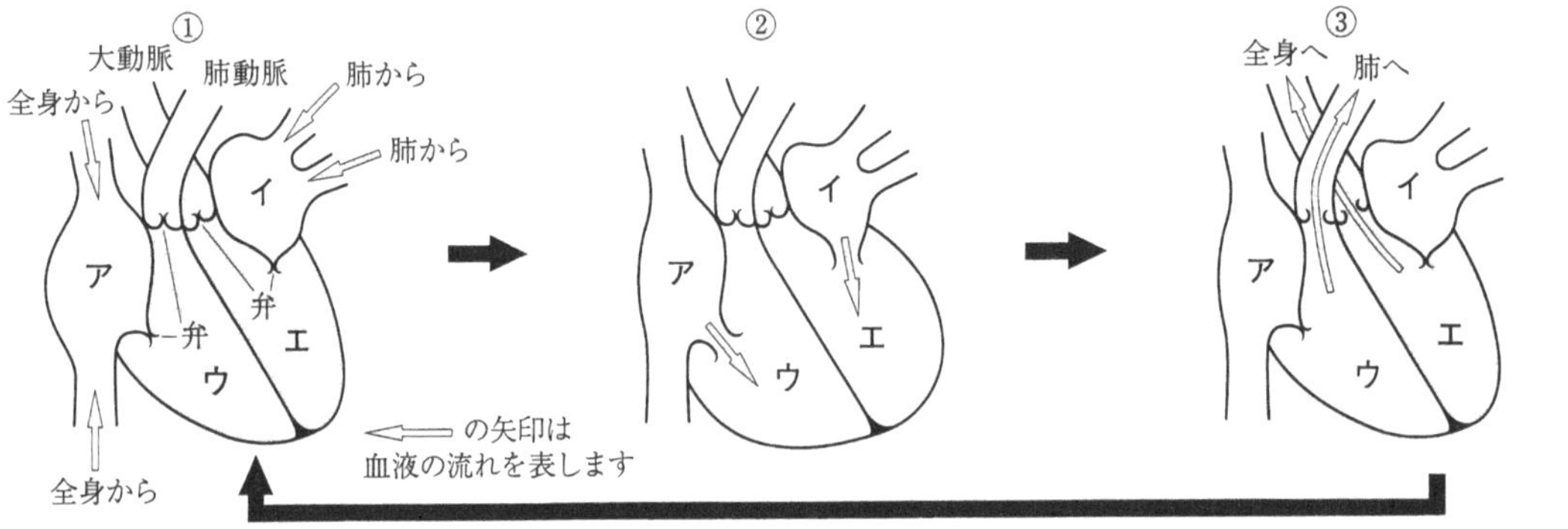

全身を流れてきた血液はアに，肺からの血液はイに入っていく。このとき，４カ所の弁はすべて閉じている。

アとウの間，イとエの間の弁が開き，アのなかの血液はウへ送られ，イのなかの血液はエへ送られている。このときウと肺動脈，エと大動脈の間の弁は閉じている。

ウと肺動脈の間，エと大動脈の間の弁が開き，ウのなかの血液は肺動脈から肺に送られ，エのなかの血液は大動脈から全身へ送られている。このとき，アとウの間，イとエの間の弁は閉じている。

図１

図２は心臓が１回拍動するときの図１のエから大動脈へ血液を押し出そうとする力の大きさと，エのなかの血液量の変化を示したものです。エの筋肉に力が入ると血液を押し出そうとする力は大きくなり，エと大動脈の間の弁が開くと血液はエから流れ出て，エのなかの血液量は減少します。また，エの筋肉がゆるむと血液を押し出そうとする力は小さくなり，イとエの間の弁が開くと血液がエに流れ込み血液量は増加します。なお，血液を押し出そうとする力の大きさは，一番強くはたらく時を100とし，１回の拍動でA，B，C，D，Aの順に変化していきます。

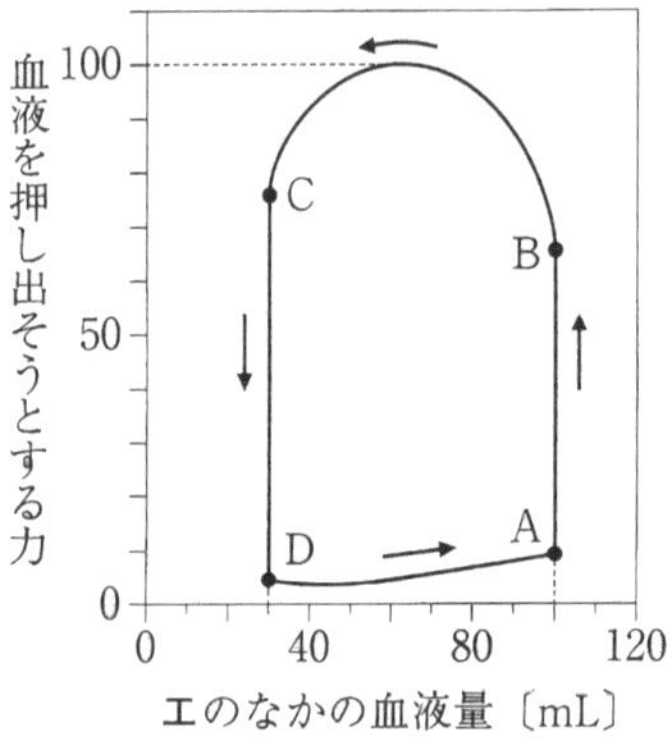

図２

(1)　エと大動脈の間の弁が開き，血液がエから大動脈へ送られているのは，図２のどの部分になりますか。最も適したものを次の１～５の中から一つ選び，番号で答えなさい。

１．AからB　　２．AからC　　３．AからD　　４．BからC　　５．BからD

(2) 前のページの**図1**の①では，肺からの血液が**イ**に入ってきています。このとき，**イ**と**エ**の間の弁が閉じていて，**エ**には血液が送られていません。この①のときの**エ**における血液を押し出そうとする力の大きさと血液量の変化は，前のページの**図2**のどの部分にあたりますか。最も適したものを次の**1**～**8**の中から一つ選び，番号で答えなさい。

1．AからB　**2**．BからC　**3**．CからD　**4**．DからA
5．AからC　**6**．BからD　**7**．CからA　**8**．DからB

(3) (2)と同様に，**図1**の②，③のときの**エ**における血液を押し出そうとする力の大きさと血液量の変化は，それぞれ**図2**のどの部分にあたりますか。組み合わせとして正しいものを次の**1**～**6**の中から一つ選び，番号で答えなさい。

	②	③
1	DからA	AからC
3	DからA	BからC
5	DからB	BからC

	②	③
2	AからC	DからA
4	BからC	DからA
6	BからC	DからB

(4) **図2**の心臓が，1分間に70回拍動したとき，この1分間に心臓の**エ**から大動脈に送り出された血液の量は何mLですか。

(5) 体の中を流れている血液全体の量を4Lとします。2時間のあいだに**エ**から送り出される血液の量は，血液全体の量の何倍になりますか。**図2**の心臓は，1分間に平均して70回拍動するものとして計算し，整数で答えなさい。

[2] 次の文章を読み，あとの(1)～(5)の問いに答えなさい。

A，**B**，**C**はいずれも無色の気体で，十分な量の酸素を加えて燃やすと二酸化炭素と水になり，その時に熱が発生します。それぞれの気体，およびそれらを混ぜた気体を燃やしたときに発生した熱量と，それぞれの気体を完全に燃やすのに最低限必要な酸素の体積，そのときできた二酸化炭素の体積を測定し，その結果を**表1**にまとめました。

なお，熱量とは熱の量を表すもので，kJはその単位であり，1kJ＝1000Jです。また，水1gの温度を1℃あげるのに必要な熱量は4.2Jであり，実験や測定はすべて同じ条件の下でおこなったものとします。

また，数値の解答は整数または小数で答え，解答が割り切れない場合は，小数第2位を四捨五入して小数第1位まで答えなさい。

表1

	発生した熱量	必要な酸素の体積	発生した二酸化炭素の体積
A 1L	36 kJ	2 L	1 L
B 1L	64 kJ	3.5 L	2 L
C 1L	91 kJ	5 L	3 L
A 1Lと **C** 1Lの混合気体	127 kJ	7 L	4 L
A 1Lと **B** 2Lの混合気体	164 kJ	9 L	5 L

⑴　B　1.5Lに十分な量の酸素を加えて燃やしたときに発生する熱量は何kJですか。

⑵　B　1LとC　1.2Lの混合気体に十分な量の酸素を加えて燃やしたときに発生する二酸化炭素は何Lですか。

⑶　A　1.4LとB　1.6Lの混合気体を完全に燃やすのに酸素は少なくとも何L必要ですか。

⑷　10℃の水を100g用意しました。A　0.2Lを燃やしたときに発生した熱量をすべてこの水の温度を上げるのに使うと，水の温度は最高何℃にすることができますか。最も近い値を次の1～5の中から一つ選び，番号で答えなさい。

1．1.71℃　　2．11.7℃　　3．17.1℃　　4．27.1℃　　5．98.1℃

⑸　10℃の水を200g用意しました。B　0.2LとCの混合気体に十分な量の酸素を混ぜて混合気体を完全に燃やしました。燃やしたときに発生した熱量をすべてこの水の温度を上げるのに使うものとすると，10℃の水200gの温度を60℃にするためにはCは少なくとも何L必要になりますか。最も近い値を次の1～5の中から一つ選び，番号で答えなさい。

1．0.11L　　2．0.20L　　3．0.32L　　4．0.44L　　5．1.2L

【社　会】（30分）　＜満点：50点＞

1　日本の地理に関する次の各問いに答えなさい。

問１　次の表は，埼玉県，千葉県，山梨県，香川県のいずれかの地形別面積を示したものである。このうち，埼玉県にあてはまるものを，表中の**ア～エ**から１つ選び，記号で答えなさい。

	地形別面積（㎢）			
	山地	丘陵地《きゅうりょうち》	台地	低地
ア	922	105	316	474
イ	3820	26	222	343
ウ	388	1575	1670	1452
エ	1230	232	900	1414

「総務省ＨＰ」により作成。

問２　次の二重線内の**ア～エ**は，内閣府が2014年に60歳《さい》以上の人を対象に実施《じっし》した「高齢者《こうれいしゃ》の日常生活に関する意識調査」のなかで，外出時に感じる障害について質問した項目《こうもく》の一部である。大都市※と郡部（町村）を比べたときに，大都市よりも郡部（町村）の方が障害と感じていると回答した人の割合が高い項目を，**ア～エ**から１つ選び，記号で答えなさい。

〔語句解説〕

※大都市…東京都区部と政令指定都市（いずれも調査時における規模による）。

ア．道路に階段，段差，傾斜《けいしゃ》があったり，歩道が狭《せま》い。
イ．地下通路などが複雑で，どこを歩いているかわからなくなる。
ウ．バスや電車等公共の交通機関が利用しにくい。
エ．道路に違法駐車《いほうちゅうしゃ》，放置自転車，荷物の放置などがある。

問３　次の表は，1965年と2019年におけるレタスの収穫量《しゅうかくりょう》について，上位８都道府県を示したものである。これらの生産地の地域構成を見ると，おもに首都圏《しゅとけん》にあたる都道府県が減り，新たに首都圏から遠く離《はな》れた都道府県が入ってきたことが分かる。これには，輸送について新たな工夫や施設の建設があったことが影響している。この変化について，具体的な例を１つあげて**10字以上15字以内**で説明しなさい。ただし，句読点は用いないものとする。

○1965年

	収穫量(百トン)	割合（％）
長野県	180	37.4
静岡県	71	14.7
千葉県	37	7.7
埼玉県	25	5.2
東京都	20	4.2
兵庫県	16	3.3
和歌山県	12	2.5
神奈川県	10	2.1
全国	481	100

○2019年

	収穫量(百トン)	割合（％）
長野県	1978	34.2
茨城県	864	14.9
群馬県	515	8.9
長崎県	360	6.2
兵庫県	301	5.2
静岡県	247	4.3
香川県	182	3.1
福岡県	178	3.1
全国	5781	100

「農林水産省ＨＰ」により作成。

問４　次の表は，日本ではじめて実施された修学旅行の行程であり，1886（明治19）年２月に東京師範《しはん》学校（現在の筑波《つくば》大学）が行ったものである。この表から得られる情報と時代背景や地理的位置を考えて，この旅行の内容として**明らかに誤っているもの**を，あとの**ア～エ**から１つ選び，記号で答えなさい。

宿泊地等	移動距離（１里は約４km）
２月15日東京発─八幡町─船橋泊	７里余
２月16日船橋発─習志野原（演習）─薬園台泊	１里余
２月17日薬園台発─習志野原（演習）─大和田泊	１里
２月18日大和田発─佐倉─成田泊	７里
２月19日成田発─松子，伊能─佐原泊	８里
２月20日佐原発─銚子泊（小見川より船）	11里
２月21日銚子滞在	
２月22日銚子発─中谷泉川─八日市場泊	６里
２月23日八日市場発─田越，早船─東金泊	６里余
２月24日東金発─川井─千葉泊	６里余
２月25日千葉滞在（半日）─帰京（寒川沖より汽船）	

『玉川大学観光学部紀要』（2020年）により作成。

ア．全行程200kmを超《こ》えるものであり，徒歩のほか船なども利用した。

イ．房総《ぼうそう》半島の南端《なんたん》付近では，気象観測のほか魚介類《ぎょかいるい》の採取を行った。

ウ．現在の東邦大学付属東邦中学校付近では，軍事に関する野外演習を行った。

エ．成田山新勝寺や銚子《ちょうし》海岸などの名所・旧跡《きゅうせき》の見学を行った。

問５　次のページの**図１**・**図２**は，仙台市の太平洋岸に面する「荒浜」地域を中心とした地図である。**図１**は，平成10年の25000分の１地形図であり，**図２**は現在のものである。平成10年から現在にいたるまでにおきたできごとによってこの地域は大きく変化した。この変化についての説明として**明らかに誤っているもの**を，次の**ア～エ**から１つ選び，記号で答えなさい。なお，図は縮尺を変更《へんこう》している。

ア．**図１**にみられる「荒浜新一丁目」周辺の集落は，**図２**ではほぼ家屋等の建物はみられなくなっており，地震《じしん》や津波《つなみ》の影響であると考えられる。

イ．**図２**の**X**と**Y**の間に新たに盛り土がされた道路が設置され，津波の対策が行われた結果だと考えられる。

ウ．**図２**の**Z**の地図記号から，この地におきた災害を後世に伝えるために碑《ひ》が建てられているものと考えられる。

エ．**図２**の「南長沼」地区では，**図１**ではみられない水深の深い新たな沼《ぬま》がみられ，地震や津波の影響であると考えられる。

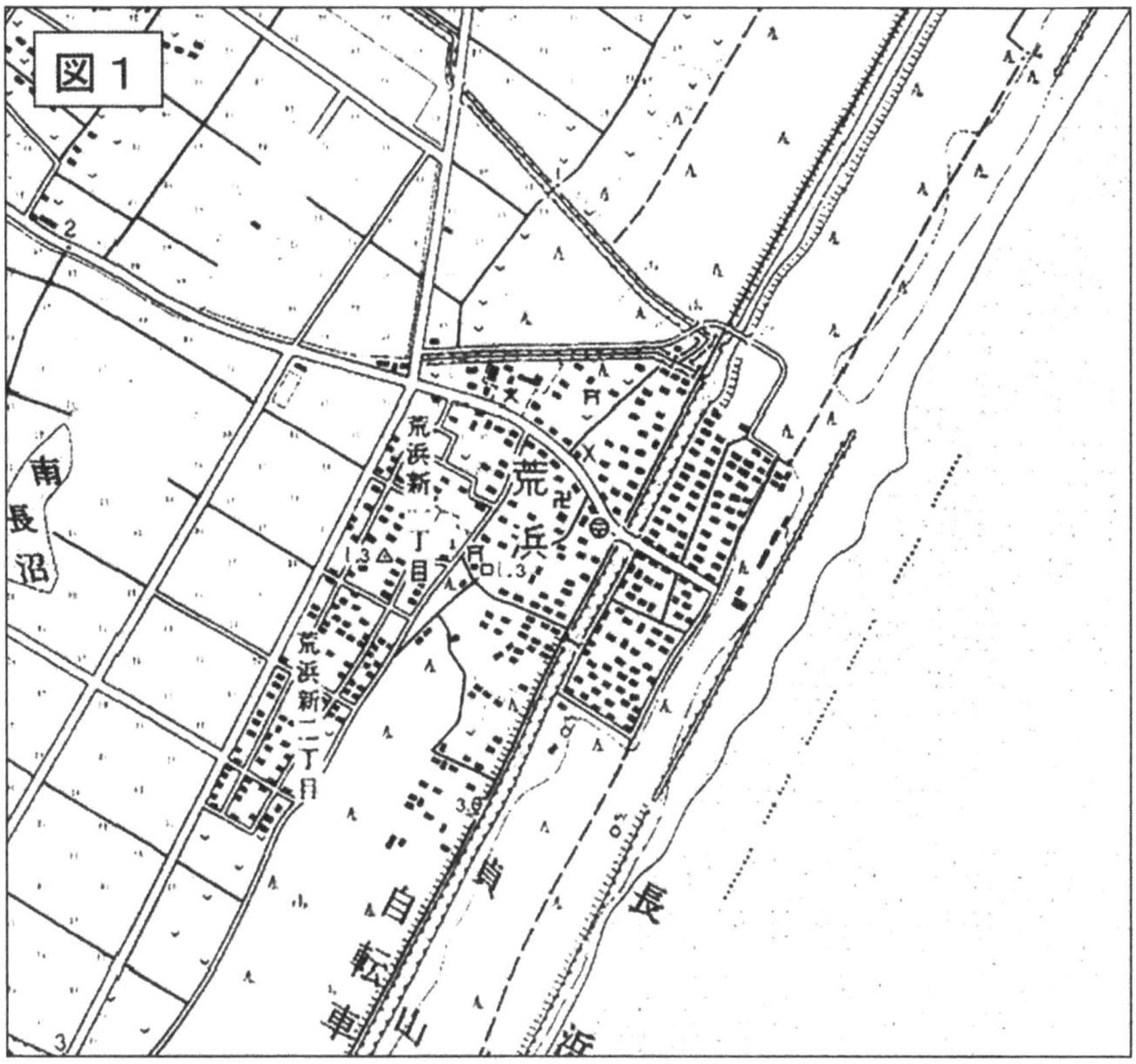
南長沼
荒浜新一丁目
荒浜
荒浜新二丁目
自転車
貞山
長浜
図１

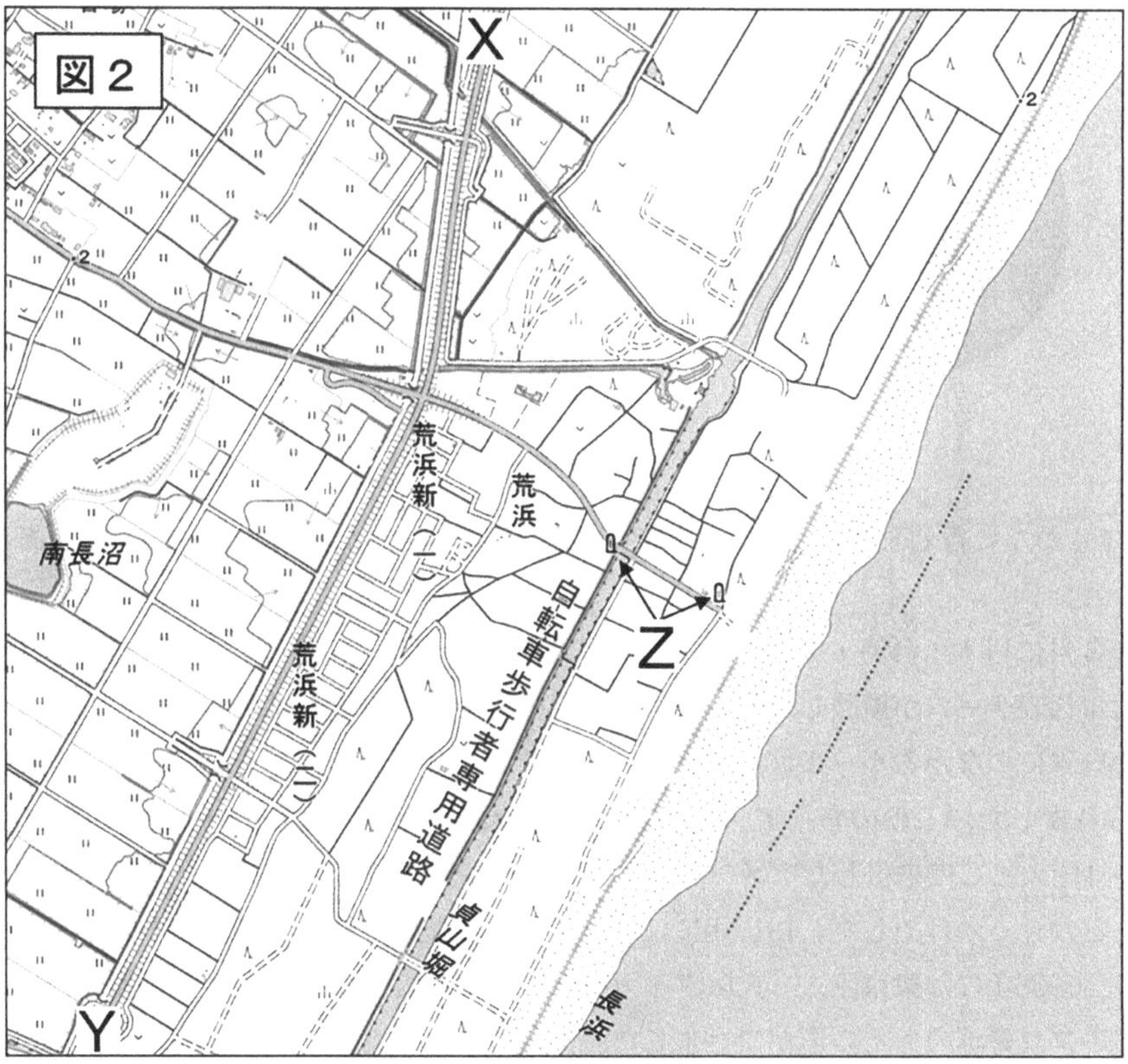
X
Y
Z
南長沼
荒浜新(一)
荒浜
荒浜新(二)
自転車歩行者専用道路
貞山堀
長浜
図２

問６　次の図は，東京都，千葉県，山梨県，宮崎県のいずれかの農家１戸あたりの農業産出額と農業産出額に占《し》める畜産物《ちくさんぶつ》の割合を示したものである。このうち，千葉県にあてはまるものを，図中の**ア～エ**から１つ選び，記号で答えなさい。

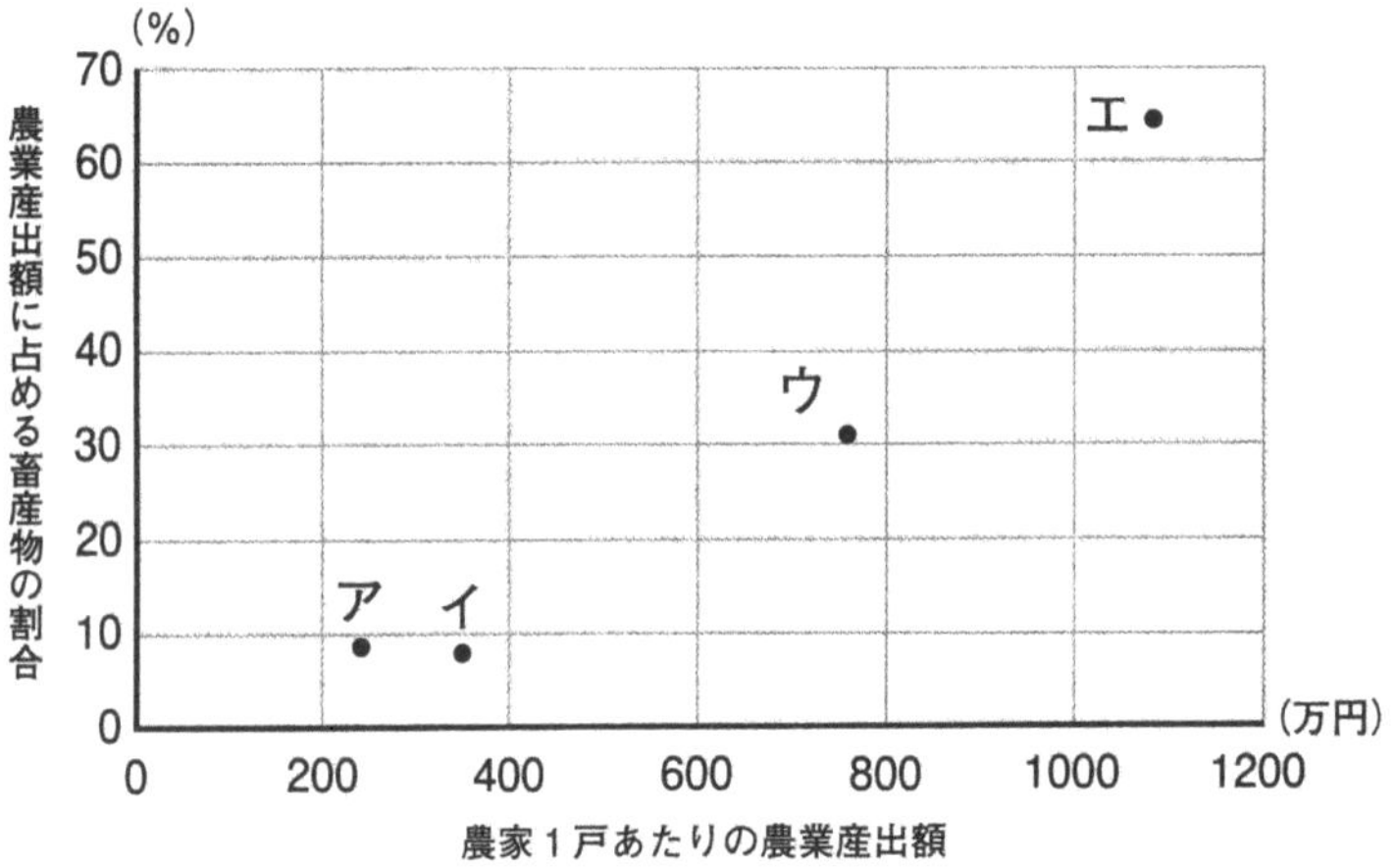

統計年次は2020年。「総務省統計局ＨＰ」により作成。

問７　次の**Ａ～Ｃ**のグラフは，全国の製造業の工場数，働く人の数，生産額のいずれかについて，中小企業《きぎょう》と大企業の割合を示したものである。また，グラフ中の ■ および □ は，中小企業または大企業のいずれかをあらわしている。このうち，中小企業の働く人の数の割合にあてはまるものを，図中の**ア～カ**から１つ選び，記号で答えなさい。

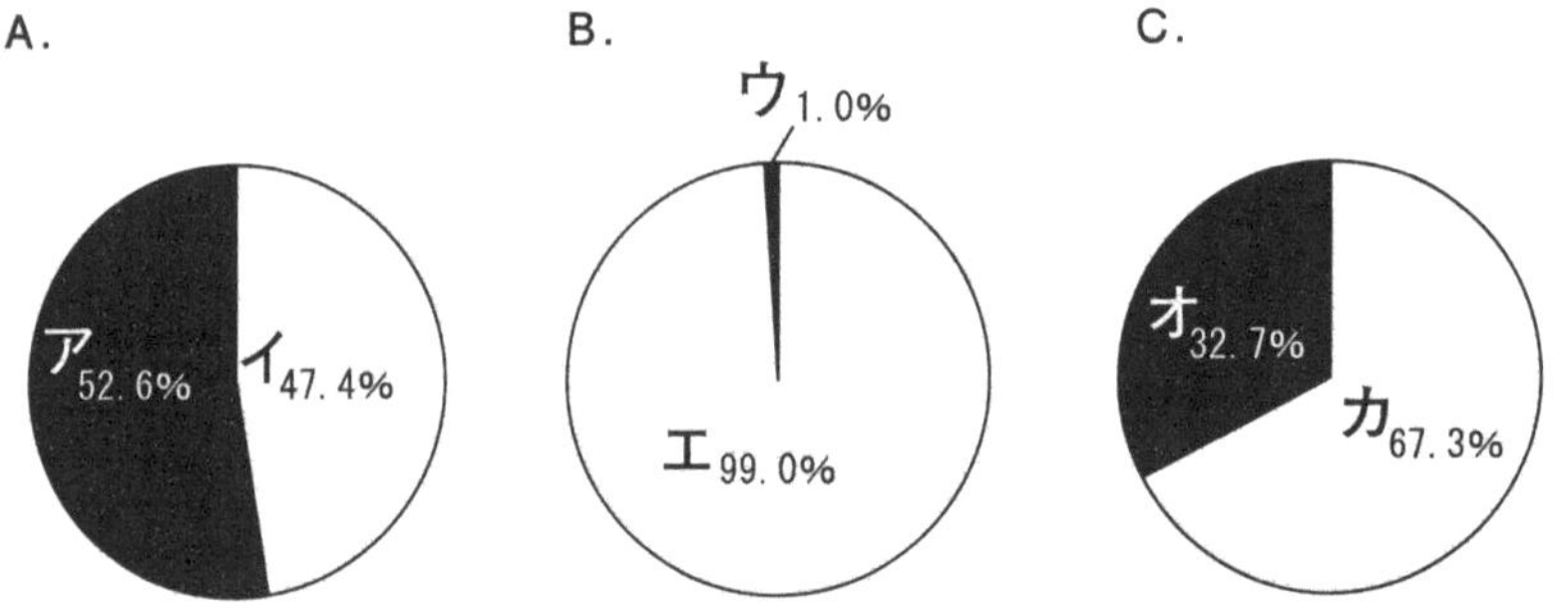

統計年次は2019年。「総務省統計局ＨＰ」により作成。

2　日本でさかんに行われているスポーツや競技について述べた次の文章を読んで，あとの各問いに答えなさい。

2023年３月に日本・台湾《たいわん》・アメリカで行われたWBC（ワールド・ベースボール・クラシック）では，日本代表チームが優勝し，国内でも大きな盛り上がりをみせました。

今日の野球につながるルールは，アメリカ人のアレキサンダー・カートライトによって，1845年につくられました。こののち，アメリカで広まった野球が日本に伝わったのは1872年のことで，①お雇《やと》い外国人として来日したアメリカ人教師のホーレス・ウィルソンが，赴任先《ふにんさき》の学校の生徒に教えたことがきっかけでした。1915年には全国中等学校優勝野球大会（現在の夏の甲子園《こうしえん》大会）がはじまり，1936年には東京巨人，大阪タイガースをはじめとする７球団が日本職業野球連盟を創設し，今日のプロ野球のもとの形ができました。

野球と並んで，日本では相撲《すもう》も人気があります。相撲の歴史はとても古く，弥生時代には人々の間で，豊作を占《うらな》う神事として行われていたようです。②『古事記』や『日本書紀』には相撲のもととなる神話や伝説の記述があり，相撲と神事との関わりが読み取れます。奈良・平安時代になると，天皇が相撲を観覧することが宮中の行事として毎年行われるようになります。武士の世になると，相撲は心身を鍛《きた》えるために武士の間でさかんに行われ，源頼朝をはじめ多くの武将が相撲を好み，特に③織田信長は相撲大会をたびたび催《もよお》したことが記録されています。江戸時代に入ると，人々の娯楽《ごらく》として親しまれるようになりました。

水泳は，子どもたちの習い事でも人気があり，多くの学校で授業にも取り上げられています。日本において水泳は，水中にもぐって貝などをとるなど，生活を支える実用的な技術として存在していました。④中世以降，水泳は武士のなかで武芸の一つとされ，江戸時代になると日本では多くの流派が誕生し，外国に例をみないほど多くの泳法があみだされました。水泳が競泳として確立するのは19世紀のことで，1837年に⑤イギリスのロンドンで最初の大会が行われました。そして1896年に行われた第１回⑥オリンピック大会から，水泳は競技種目として採用されました。日本の水泳チームがオリンピックに初めて参加したのは第７回大会で，それ以降，オリンピックの水泳競技で，日本は多くのメダルを獲得《かくとく》しています。

問１　下線部①に関して，次の(1)・(2)の各問いに答えなさい。

(1)　次の二重線内の文章は，あるお雇い外国人について述べたものである。文章中の X ・ Y にあてはまる語句を，あとのア～カからそれぞれ１つ選び，記号で答えなさい。

> アメリカの動物学者 X は，日本にダーウィンの進化論を紹介《しょうかい》したことでも知られており，東京大学に生物学の教師として招かれた。 X は横浜から東京に移動する汽車の中から偶然《ぐうぜん》に Y を発見した。こののち X の調査によって，この遺跡《いせき》が縄文時代のものであることがわかり，ここが「日本考古学発祥《はっしょう》の地」とされた。ちなみに「縄文」という言葉も， X がつけた名称《めいしょう》にもとづくものである。

ア．ナウマン　　**イ**．クラーク　　**ウ**．モース　　**エ**．貝塚《かいづか》　　**オ**．化石　　**カ**．青銅器

(2)　アメリカ出身のお雇い外国人フェノロサは，東京大学で哲学《てつがく》などの講義をするかたわら，日本美術にも深い関心を寄せ，各地の寺社を調査した。そして，日本の伝統的な美術を守るために，人材の育成に努めた。フェノロサに見いだされた画家の一人である狩野芳崖《かのうほうがい》の作品として正しいものを，後の**ア**～**エ**から１つ選び，記号で答えなさい。

ア．

イ．

ウ．

エ．

問２　下線部②に関して，次の**a**～**d**のうち，『古事記』や『日本書紀』ができた時代のものの組み合わせとして正しいものを，あとの**ア**～**エ**から１つ選び，記号で答えなさい。

a．

b．

c．

d．

ア．**a**と**c**　　**イ**．**a**と**d**　　**ウ**．**b**と**c**　　**エ**．**b**と**d**

問３　下線部③に関して述べたものとしてもっとも適しているものを，次の**ア**～**エ**から１つ選び，記号で答えなさい。

ア．織田信長は，征夷大将軍《せいいたいしょうぐん》につくことを目指して朝廷《ちょうてい》に取り入り関白の位にまでついたが，志《こころざし》なかばで本能寺の変がおこった。

イ．織田信長は，座を構成する商人から特別に税を徴収《ちょうしゅう》し，城下に関所を設置して通行料を徴収することで財政を安定させた。

ウ．織田信長は，古くから強い権力を持つ寺院勢力を厳しく取り除く一方で，キリスト教の宣教師に対しては，彼らの活動を認めていた。

エ．織田信長は，検地を実施するにあたり各地で異なっていた枡《ます》の大きさを統一し，全国的に統一された基準で土地を計測し，耕作者と土地の所有者を確定した。

問４　下線部④に関して，次の二重線内の**a**～**c**は，鎌倉時代の社会のようすについて述べたものである。その正誤の組み合わせとして正しいものを，あとの**ア**～**ク**から１つ選び，記号で答えなさい。

> a．日本ではこの時代に貨幣《かへい》がつくられていなかったことから，宋銭《そうせん》が使われていた。
> b．幕府が足尾銅山，石見銀山や佐渡金山を直接支配したことから開発がすすみ，銅や銀，金の産出がもっともさかんな時期であった。
> c．鉄製の農具が使用され，牛や馬に耕作をさせたり，草木灰《そうもくばい》などの肥料も使われた。

	ア	イ	ウ	エ	オ	カ	キ	ク
a	正	正	正	正	誤	誤	誤	誤
b	正	正	誤	誤	正	正	誤	誤
c	正	誤	正	誤	正	誤	正	誤

問５　下線部⑤に関して，次の二重線内の**a**～**d**は，日本とイギリスとの外交に関して述べたものである。このうち，内容が正しいものを２つ選び，その組み合わせとして正しいものを，あとの**ア**～**エ**から１つ選び，記号で答えなさい。

> a．17世紀の初めに，徳川家康のもとで外交顧問《こもん》として活躍《かつやく》したイギリス人は，朱印船《しゅいんせん》貿易や平戸に開かれた商館の運営にも携《たずさ》わった。
> b．18世紀の後半に来日したイギリス人が日本で襲《おそ》われたことから，その報復としてイギリスは日本に艦隊《かんたい》を送り込んで，薩摩《さつま》藩や長州藩を攻《せ》めた。
> c．明治時代の後半に，日本はイギリスと同盟を結んで，中国との戦争に備えた。
> d．昭和時代の前半に，日本はドイツ・イタリアと同盟を結んで，アメリカやイギリスなどとの戦争に備えた。

ア．**a**と**c**　　**イ**．**a**と**d**　　**ウ**．**b**と**c**　　**エ**．**b**と**d**

問６　下線部⑥に関して，次のページの表は，1900年代に行われた夏季オリンピックを12年ごとにとりあげ，その年のおもなできごとなどをまとめたものである。表中の［X］・［Y］にあてはまるできごととして正しいものを，あとの**ア**～**カ**からそれぞれ１つ選び，記号で答えなさい。

ア．南満州鉄道爆破《ばくは》事件がおこる

イ．第一次世界大戦が始まる

ウ．第二次護憲運動がおこる

エ．日中共同声明が出される

オ．ＰＫＯ協力法が成立する

カ．日本が国際連合に加盟する

開催《かいさい》年	開催都市	その年のおもなできごと
1900	パリ	立憲政友会が結成される
1912	ストックホルム	元号が大正となる
1924	パリ	X
1936	ベルリン	二・二六事件がおこる
1948	ロンドン	経済安定九原則が示される
1960	ローマ	新安保条約が成立する
1972	ミュンヘン	Y
1984	ロサンゼルス	新紙幣が発行される
1996	アトランタ	包括的核実験《ほうかつてきかくじっけん》禁止条約が採択《さいたく》される

3　次の文章は，渋沢《しぶさわ》栄一が，貧しさを防ぐために真っ先に必要なものについて述べたものです。これを読んで，あとの各問いに答えなさい。

わたしは昔から，貧しい人々を救うことは，人道と経済，この両面から処理しなければならないと思っていた。しかし今日，これにくわえて①政治という側面からも，行動を起こす必要が出てきたのではないだろうか。

わたしの友人が，昨年，②貧しい人々を救うヨーロッパでの活動を視察しようと出発した。およそ一年半の日時を費やして帰ってきたのだが，わたしも彼の出発をいくらか手助けした縁《えん》があって，帰国後に同志を集めて，報告会を企画して出席してもらった。

その人の話すところによると，イギリスはこの事業を完成させるために，約300年もの苦労を重ねたうえ，最近ようやく活動が整備されるようになったという。また，デンマークはイギリス以上に整備が進んでいる一方で，フランス，ドイツ，アメリカなどは，もう後がない切羽《せっぱ》詰《つ》まった状況《じょうきょう》のなかで，各国独自でこの問題に力を注いでいるという。③海外の事情を聞けば聞くほど，昔からわれわれとまったく同じところに力を注いでいるように思われた。

この報告会のとき，わたしも集まった友人たちに対して，こんな意見を述べた。

「人道や経済の面から，弱者を救うのは当然のことだが，さらに政治の面からも，その保護を忘れてはならないはずである。ただしそれは，人にタダ飯を食わせて遊ばせていればよい，というものではない。貧しくなってから直接保護していくよりも，むしろ貧しさを防ぐ方策を講じるべきではないだろうか。一般庶民の財布《さいふ》に直接かかわってくる④税金を軽くすることも，その一つの方法かもしれない。塩を政府が専売して，利益を上げるようなことを止めることなど，典型的な例ではないだろうか」

この集まりは，「中央慈善《じぜん》協会」で開催したものだったが，会員のみなさんもわたしの述べたことに納得《なっとく》してくれた。今でも，その実行方法について，各方面に働きかけつつ一緒《いっしょ》に調査を実施している次第だ。

いかに自分が苦労して築いた富だ，といったところで，　あ　のは，大きな間違いなのだ。要するに人はただ一人では何もできない存在だ。国家社会の助けがあって，初めて自分でも利益が上げられ，安全に生きていくことができる。もし国家社会がなかったなら，誰《だれ》も満足にこの世の中で生きていくことなど不可能だろう。これを思えば，　い　ことになる。

だからこそ，この恩恵《おんけい》にお返しをするという意味で，貧しい人を救うための事業に乗り出すのは，むしろ当然の義務であろう。できる限り社会のために手助けしていかなければならないのだ。

「高い道徳をもった人間は，自分が立ちたいと思ったら，まず他人を立たせてやり，自分が手に入れたいと思ったら，まず人に得させてやる」

という『論語』の言葉のように，［ う ］。世の富豪《ふごう》は，まずこのような観点に注目すべきなのだ。

渋沢栄一，守屋淳訳『現代語訳 論語と算盤《そろばん》』より（一部改）。

問１　文章中の［ あ ］～［ う ］にあてはまる記述を次の二重線内の**a**～**f**からそれぞれ１つ選び，その組み合わせとして正しいものを，あとの**ア**～**ク**から１つ選び，記号で答えなさい。

a．その富が国家社会の共有だと思う
b．その富が自分一人のものだと思う
c．富を手にすることができないならば，自分の努力が足りない
d．富を手にすればするほど，社会から助けてもらっている
e．自分を利する気持ちが強いなら，その分，まず他人を自分に都合良く利用していかなければならない
f．自分を愛する気持ちが強いなら，その分，社会もまた同じくらい愛していかなければならない

	あ	い	う
ア	a	c	e
イ	a	c	f
ウ	a	d	e
エ	a	d	f
オ	b	c	e
カ	b	c	f
キ	b	d	e
ク	b	d	f

問２　下線部①に関して，日本国憲法において，天皇は国の政治に関する権限を持たないと定められている。日本国憲法の天皇についての規定としてもっとも適しているものを，次の**ア**～**エ**から１つ選び，記号で答えなさい。

ア．皇位は，世襲《せしゅう》のものであって，皇統に属する男系の男子が，これを継承《けいしょう》する。
イ．天皇は，日本国の象徴《しょうちょう》であり日本国民統合の象徴であって，この地位は，主権の存する日本国民の総意にもとづく。
ウ．天皇は，神聖であり侵《おか》してはならない。
エ．天皇は，内閣の助言と承認《しょうにん》により，国民のために，国会を召集《しょうしゅう》すること，国会議員の総選挙の施行《しこう》を公示すること，両議院を解散することなどの国事に関する行為《こうい》を行う。

問３　下線部②に関して，次のページの二重線内の資料は，1919年にドイツで制定された，ワイマール憲法第151条の条文の一部である。この条文が示している権利としてあてはまるものを，日本国憲法の基本的人権の分類にしたがって，あとの**ア**～**エ**から１つ選び，記号で答えなさい。

経済生活の秩序《ちつじょ》は，すべての者に人間たるに値する生活を保障する目的をもつ正義の原則に適合しなければならない。

ア．自由権　**イ**．社会権　**ウ**．参政権　**エ**．請求《せいきゅう》権

問４　下線部③に関して，国際的な会議や組織について述べたものとしてもっとも適しているものを，次の**ア〜エ**から１つ選び，記号で答えなさい。

ア．北大西洋条約機構（NATO）は，ヨーロッパ共同体をもとに，ヨーロッパでふたたび戦争がおこらないようにすることを目的として設立された組織である。

イ．サミットは，主要国とEUの代表が毎年１回開く会議であり，国際情勢，世界経済，環境《かんきょう》問題など，さまざまな問題を議題としている。

ウ．気候変動枠組《わくぐみ》条約締約《ていやく》国会議は，新興国や発展途上《とじょう》国をふくむすべての国における温室効果ガスの削減《さくげん》目標などを定めた京都議定書を，2015年に取り決めた。

エ．グローバルサウスは，NIEsやBRICSなどの南半球の国々における地域内の諸問題を解決することを目的に設立された国連機関である。

問５　下線部④に関して，次の二重線内の**a〜c**は，現在の日本の税金について述べたものである。その正誤の組み合わせとして正しいものを，あとの**ア〜ク**から１つ選び，記号で答えなさい。

a．法人税は，会社に勤めている人や商売をしている人が収入を得たときに納める直接税である。
b．住民税は，建物や土地を所有する人が都道府県や市（区）町村に納める直接税である。
c．消費税は，商品やサービスの価格に広く公平にかけられる間接税である。

	ア	イ	ウ	エ	オ	カ	キ	ク
a	正	正	正	正	誤	誤	誤	誤
b	正	正	誤	誤	正	正	誤	誤
c	正	誤	正	誤	正	誤	正	誤

問６　渋沢栄一の社会に対する考え方について述べたものとしてもっとも適しているものを，文章を参考にして次の**ア〜エ**から１つ選び，記号で答えなさい。

ア．公益を追求するという使命や目的を達成するのにもっとも適した人材と資本を集め，事業を推進させるという考え方。

イ．不平等や貧困の原因は財産の私有であるとし，土地・原料・機械などの生産手段の私有をやめ，平等な社会を実現しようとする考え方。

ウ．貧困者にも富が浸透《しんとう》するよう，富裕《ふゆう》者がさらに富裕になり，経済活動を活発化させることで利益を再分配するという考え方。

エ．貧しい人々や女性など，これまで長い間にわたり差別され，不利益を受けた人々に対し，雇《こ》用《よう》・昇進《しょうしん》・入学などにおいて優遇《ゆうぐう》措置《そち》をとるという考え方。

A　「ぽうぽうと自らを光らせるような、山の中で光っていた木を思い出させるような」といった幻想的な表現が用いられている。これにより和音の演奏そのものだけでなく、彼女《かのじょ》がどのような光景を思いえがいて演奏したかが読者にもイメージしやすくなっている。

B　ふたごの高校生である和音と由仁のピアノ演奏に対するまわりの大人たちの思いを中心に物語が展開している。突然の来訪にもかかわらず、外村をはじめとしてリサイタルの準備をしている大人たちが二人を温かく見守っている様子が会話のやりとりからも伝わってくる。

C　和音の演奏に「化けたよなあ」と言う社長に外村は言い返すことができなかったが、和音と由仁の姿に心を動かされ、外村も少しずつ変化していく。ふたごの高校生との交流をきっかけとして、自分の思いをはっきりと伝えられるようになるまでの外村の心の成長をえがいている。

D　ふたごの来店から始まり、和音がピアノを演奏し、それに対して反応する大人、そして由仁が調律師になりたいという強い決意を語るまでが、順を追ってえがかれている。こうした出来事が語り手である外村の思いとともにえがかれることで、読者が外村に共感しやすくなっている。

E　「こないだの試し弾き」や「やべぇよ、和ちゃん、やべぇ」といった会話口調の表現が登場人物に対する親近感を持たせている。それにより読者も和音と由仁の存在をより身近に感じることができ、これからも二人がピアノと関わっていくであろうことを想像しながら読み進めていくことができる。

しまったが、北川さんの拍手の音で我に返ったから。

B　和音と由仁と二人が力を合わせて演奏しているように感じたため、和音だけに拍手をするのはどうかと思ったから。

C　いつもよりも観客が少なかったために拍手が少なかったので、和音に拍手でエールを送らないといけないと思ったから。

D　北川さんに声をかけて和音のピアノを聴きに来てもらったのに、自分が北川さんよりも拍手で出遅《おく》れたことに気づいたから。

E　いつもと同じように和音のピアノを聴いていたが、他の人が拍手を始めたのを見て自分も同じ反応をしないとまずいと思ったから。

問7　――線(6)「はいかいいえ、どちらかしか答えられないのだとしたら、はいだ」とありますが、この時の外村の気持ちとしてもっとも適切なものを次のA～Eの中から一つ選び、記号で答えなさい。

A　「はい」と「いいえ」とどちらで答えても和音の評価は変わらないが、もともとすぐれていたと答えた方が和音にとってはよいと思っている。

B　見方によっては「はい」とも「いいえ」とも言うことができるが、この日に限って言うのであれば、「はい」と言うのがふさわしいと思っている。

C　「はい」か「いいえ」で答えるように求められているので、和音の演奏のすばらしさを知ってもらうには「はい」と言うのが適切だと思っている。

D　「はい」と「いいえ」というような単純な分け方で言い表せるものではないが、どちらかに分けるとするならば「はい」と言うしかないと思っている。

E　音の違いが正確にはわからない社長に対しては「はい」でも「いいえ」でも同じだが、感動に水を差さないためにも「はい」と言うのがよいと思っている。

問8　――線(7)「選ぶのではなく、選ばれてしまうものなのではないか」から、(8)「ピアノをあきらめることなんて、ないんじゃないか」へと思いが変わったのはなぜですか。その理由としてもっとも適切なものを次のA～Eの中から一つ選び、記号で答えなさい。

A　ピアノの演奏がうまいかどうかは審査《しんさ》をする人によって判断されてしまうものだが、本人のやる気次第では人の心を動かすこともできるのではないかと思い始めたから。

B　「あきらめる」「あきらめない」という次元ではないところで才能は作られてしまうが、あきらめることなく続けることで新たな才能が見つかることもあると思い始めたから。

C　ふたごの二人の実力差はどうしようもないことでその差をうめることはできないが、違う立場でピアノに接することは二人の仲を深めるためにはよいことだと気づいたから。

D　選んでできるほどピアノの演奏というものは簡単なものではないが、ピアノの調律は努力を重ねることで上達していくことができるので、それも一つの考え方だと気づいたから。

E　才能は生まれつき与《あた》えられたものなので人の力で決定することはできないが、物事に対してどのように関わっていくかということは人が決めることができると気づいたから。

問9　本文の説明としてもっとも適切なものを後のA～Eの中から一つ選び、記号で答えなさい。

A （1）は、本心を確かめてみたい、という気持ちから、（3）は、和音の好意をむだにしてはいけない、という気持ちから出た言葉である。

B （1）は、ついでにどうだろうか、という気持ちから、（3）は、めったにないこの機会を生かしたい、という気持ちから出た言葉である。

C （1）は、練習の成果を確かめたい、という気持ちから、（3）は、自分の苦労を他の人にみとめてほしい、という気持ちから出た言葉である。

D （1）は、きっと話に乗ってくれる、という気持ちから、（3）は、和音の努力は自分以外が評価するべきだ、という気持ちから出た言葉である。

E （1）は、ことわられてもいい、という気持ちから、（3）は、以後二度と起こらないことなのでのがせない、という気持ちから出た言葉である。

問4 ——線（2）「そのまま由仁が弾くのかと一瞬思ってしまった」とありますが、この時の外村の気持ちとしてもっとも適切なものを次のA～Eの中から一つ選び、記号で答えなさい。

A いつも自分の意見を言ってくるのは和音の方なので、めずらしく由仁が自己主張したことにすっかりおどろいてしまった。

B 今回のピアノの試し弾きは和音のためのものだったので、それに先んじて由仁が弾いてみたいと言うとは思っていなかった。

C 由仁がピアノを弾くことはないと思っていたが、和音より先に由仁が反応したので、また弾けるようになったのかと期待した。

D 和音と由仁の二人ともピアノを弾くことはできるが、人前で演奏するのはいつも和音だったので、今回も和音だと思いこんでいた。

E 和音はまじめであがりやすい性格なので、先に由仁が演奏をすることで和音の緊張《きんちょう》をほぐそうとして声をかけてきたのだと思った。

問5 ——線（4）「ただの高校生だけど、ただの高校生じゃない」とありますが、この言葉の意味としてもっとも適切なものを次のA～Eの中から一つ選び、記号で答えなさい。

A 和音の見た目はほかの高校生と違うところがないのだが、ピアノを弾いている姿は大人びていて高校生には見えないということ。

B 和音は確かに普通《ふつう》の高校生に過ぎないが、ピアノを弾くことに関しては高校生ばなれしたすばらしい才能を秘めているということ。

C 家にいるときは他の高校生と変わらない生活をしているのだが、ピアノ教室ではだれにも負けない演奏をすることができるということ。

D 和音は話をしている時は普通の高校生の会話しかしないが、ピアノを前にすると無口になってピアニストとして演奏に集中するということ。

E 由仁と並んでやってきた時は二人ともいつもの高校生だが、由仁とはなれてピアノを前にした和音は全く別人に変わってしまうということ。

問6 ——線（5）「そうだ、拍手だ」とありますが、なぜ外村はこのような反応をしたのですか。その理由としてもっとも適切なものを後のA～Eの中から一つ選び、記号で答えなさい。

A 和音のピアノが予想以上にすばらしかったので思わず聞き入って

「突然《とつぜん》来ちゃったのに、ありがとうございました」

和音がまた生《き》まじめな顔に戻って頭を下げる。

「ごめん。用事があって来たんだよね。急に弾くことになっちゃって」

「いいえ、挨拶《あいさつ》をしたかったんです。これからもよろしくお願いします、って。だから、弾かせてもらえてよかったです。弾くのが一番ですよね」

「うん」

うなずくと、和音はようやく表情をほころばせた。

「あのう」

傍《かたわ》らの由仁が僕をまっすぐに見ていた。一瞬、頭が混乱した。由仁と和音は似ている。それは知っていた。でも、この顔。この表情。そうだ、こないだ佐倉家を訪《おとず》れたときの和音にそっくりだった。黒い瞳《ひとみ》に光が宿り、頬《ほお》が紅潮している。きれいだ、とやっぱり僕は思った。強い意志を秘《ひ》めるかのように結ばれた唇《くちびる》が、開く。

「私、やっぱりピアノをあきらめたくないです」

あきらめる。あきらめない。――それは、どちらかを選べるものなのか。(7)選ぶのではなく、選ばれてしまうものなのではないか。

由仁の視線が刺《さ》さる。あきらめたくないと言うこの子に、何もしてあげることができない。受けとめきれないと思いながら、視線を外すこともできない。

「調律師になりたいです」

Ⅱ意表を突《つ》かれて、言葉が出なかった。

でも、由仁の真剣《しんけん》な表情を見て、思った。(8)ピアノをあきらめることなんて、ないんじゃないか。森の入口はどこにでもある。森の歩き方も、たぶんいくつもある。

調律師になる。間違いなくそれもピアノの森のひとつの歩き方だろう。ピアニストと調律師は、きっと同じ森を歩いている。森の中の、別別の道を。

「和音のピアノを調律したいんです」

（宮下《みやした》奈都《なつ》『羊と鋼《はがね》の森』より）

問1　〰〰線Ⅰ「肩入れしてた」、Ⅱ「意表を突かれて」の本文中での意味としてもっとも適切なものを次のA～Eの中から一つずつ選び、それぞれ記号で答えなさい。

Ⅰ　肩入れしてた
- A　なだめていた
- B　好きにしていた
- C　うわさしていた
- D　ひいきしていた
- E　ほめたたえていた

Ⅱ　意表を突かれて
- A　予想外で
- B　想像以上で
- C　思い出して
- D　期待はずれで
- E　あてにされて

問2　本文中の□にあてはまる言葉を自分で考えて**三字**で答えなさい。

問3　――線(1)「せっかくだから」、(3)「せっかくですから」とありますが、それぞれの「せっかく」から読み取れる気持ちの説明としてもっとも適切なものを後のA～Eの中から一つ選び、記号で答えなさい。

「ちょっと待ってください、(3)せっかくですから」

事務所へ戻って、そこに残っていた北川さんに声をかける。和音のピアノを聴《き》いてくれませんか。本気で弾くことを決意したばかりの和音のピアノ。(4)ただの高校生だけど、ただの高校生じゃない。事務所のみんなに、できるだけ多くの人に、聴いてもらいたかった。

北川さんはすぐに来てくれた。外から帰ってきたばかりの営業の諸橋《もろはし》さんも顔を出してくれた。観客を二名連れて戻ると、和音はすでにピアノの前の背もたれのない椅子にすわっていた。ピアノは蓋を開けて和音が白い鍵盤《けんばん》に触《ふ》れるのを息を止めて待っている。

ふっと息を吸う気配がして、曲が始まった。ピアノが息を吹《ふ》き返す。こないだの試《ため》し弾きのときに弾いたのとはまったく違《ちが》う、軽《かろ》やかで明るい曲だった。楽しい、美しい曲。ぽうぽうと自らを光らせるような、山の中で光っていた木を思い出させるような、和音のピアノ。そのよさを存分に発揮できる曲だった。どうしてこんなに、と思うほど胸を躍《おど》らせる。今までと違う。今までよりすごい。まるで由仁のピアノのいいところまで乗り移ったみたいだった。

最後の音を弾き終えて、両手を膝《ひざ》の上に揃《そろ》えた瞬間に、北川さんが勢いよく拍手《はくしゅ》を始める。(5)そうだ、拍手だ。慌《あわ》てて僕も拍手をする。和音が立ち上がって、お辞儀《じぎ》をする。由仁も、横でお辞儀をする。

「すてき」

北川さんが満面の笑みで拍手をし続けた。

秋野さんは会場を出ていってしまった。でも、その後ろ姿が小さく一度うなずくのを僕は見た。

「外村《とむら》くん」

社長が興奮した面持《おも》ちで話しかけてきた。

「あの子、あんなにすごかったっけ」

(6)はいかいいえ、どちらかしか答えられないのだとしたら、はいだ。和音のピアノは以前からすごかった。そこに、今日は何かが加わっていた。

「ああ、びっくりしたなあ。化けたよなあ」

化けたんじゃない。和音は前から和音だった。最初に聴いたときは、まだ双葉《ふたば》だったかもしれない。でも、ぐんぐん育った。茎《くき》を伸《の》ばし、葉を広げ、ようやく蕾《つぼみ》の萌芽《ほうが》を見せたのだと思う。これからだ。

「前から、すごかったと思います」

控《ひか》えめに告げると、社長は太い眉《まゆ》を上げて僕を見た。

「そうか、そうだったよな、外村くんはずいぶんⅠ肩《かた》入れしてたな。でも、なんていうか、前とは別人だよ。なんかすごいものを□もらった気がする」

「聞かせてもらったんじゃなくて、ですか?」

社長がうなずく。

「ピアノがびゅんと成長する瞬間。いや、ひとりの人間が成長する瞬間、だな。そこに立ち会わせてもらった気分だ」

そう言うと、なぜか僕に握手《あくしゅ》を求めてきた。差し出した手をぎゅっと握《にぎ》って、それから僕の肩をぽんと叩《たた》くと会場を出ていった。

柳さんは和音のところに行って何やら話していたけれど、うれしそうに戻ってきた。

「やべぇよ、和ちゃん、やべぇ」

ふたごがこちらへ寄ってきて、

ある。本を読むことで自分が成長しているのを感じるから、本を読むのである。

C　本を読んだ時に自分の理解がおよばないことがあるので、その内容も次第に忘れ去られてしまう。その意味で読書は無益なものかもしれない。それでも本を読むことが楽しいと思えるから、本を読むのである。

D　本を理解できないまま読み進める体験から、世界が理解しがたいものだと実感することがある。その意味では読書は未知の世界の広さを教えてくれるので、世界を知りたいと思って本を読むのである。

E　本を読んでもわからないことは多く、その内容も忘れてしまうものである。その意味で読書には実質的な効用はないと言える。それでも本を読むことによろこびを感じるから、本を読むのである。

二　次の文章を読んで、あとの問いに答えなさい。

ふたごが店を訪ねてきたのは、それから十日ほど経《た》ってからのことだ。ちょうど週末に開かれる小さなリサイタル用の会場準備をしているところだった。

「あっ、懐《なつ》かしい」

由仁《ゆに》が声を上げる。

「ずっと小さかった頃《ころ》、ここで発表会をやったことがあるんです」

もともと、ここの幼児教室でピアノを習いはじめたのだという。

「佐倉《さくら》さん？」

リサイタル用のピアノの調律を終えた秋野さんが由仁と和音《かずね》に気づいて声をかける。

「お久しぶりです」

「やあ、すっかり大きくなったね。由仁ちゃんと和ちゃんだよね。昔からそっくりで区別がつかなかったよ」

秋野さんはふたごの顔をかわるがわる見た。佐倉家のピアノの調律は、だいぶ前に秋野さんから柳《やなぎ》さんに引き継いだらしい。基本的には一台のピアノはひとりの調律師が調律することになっているが、何かの都合で途中《とちゅう》で替《か》わることはある。ピンチヒッターでお互《たが》いの顧客《こきゃく》の調律に入ることもあるし、もちろん相性《あいしょう》もある。たまたま家が近いという理由で交代することもあった。

「(1)せっかくだから、弾《ひ》いていく？」

「え、いいんですか」

聞いたのは由仁だ。(2)そのまま由仁が弾くのかと一瞬《いっしゅん》思ってしまった。

「いいよ、今調律も終わったところだ。よかったら、一曲聞かせて」

秋野さんがにこにこしているのもめずらしい。そうだ、秋野さんはお客さんには愛想《あいそ》がいいのだ。それにやっぱり久しぶりにふたごに会ってうれしいのだと思う。

「じゃあ、ほら」

由仁が和音を促《うなが》して、和音がピアノの前に歩み出る。

「お」

椅子《いす》を運んでいた柳さんが椅子を置いて駆《か》けつける。

「こんなおもしろそうなことになってるなら、呼んでよ、早く」

僕を肘《ひじ》でつつく。

B　整理することができないほど乱雑になり、どうすることもできずに行きづまりを感じている世界。

C　厳格なルールを無力化することによって、充実感に満ちあふれた実生活を送ることができる世界。

D　すぐに納得できないものに向き合い続けることで、異なる文化への関心を高めることができる世界。

E　わからないことをそのまま放り出した状態にしておくことで、他者への理解を深めようとする世界。

問5　――線（3）「根をもちながら翼をもつ方法を見出したような気持ち」とありますが、その説明としてもっとも適切なものを次のA～Eの中から一つ選び、記号で答えなさい。

A　本の内容を覚えたことで気持ちが高ぶり、不可能も可能にできそうに思っていること。

B　著者の思いがわかったと言えるくらい、細かい心理まで理解できそうに思っていること。

C　世の中の道理をすべて理解したと思いこみ、新たな発想が生まれてくるように感じていること。

D　確かな論理を得て世界が開けてきたように思うほど、すべてを理解したように感じていること。

E　むずかしい本の内容をいつものように理解できたことで、世界が広がったように思っていること。

問6　――線（4）「自分のもの」とはどのようなものですか。もっとも適切なものを次のA～Eの中から一つ選び、記号で答えなさい。

A　自分の経験　　B　自分の行動　　C　自分の肉体

D　自分の思想　　E　自分の愛読書

問7　本文中 Ⅱ にあてはまる言葉を本文中から**七字**でぬき出して答えなさい。（句読点、記号等も字数に数えます。）

問8　――線（5）「自分でものを書くようになって、はじめに抱いたのは、僕は生きながらにすこしだけ死んでしまった、という感覚だった」とありますが、その説明としてもっとも適切なものを次のA～Eの中から一つ選び、記号で答えなさい。

A　自分が本を書く立場になって、本を書くのに多くの時間がとられるが、その分長生きできるのではないかと感じたということ。

B　自分が本を書く立場になって、後世まで自分の書いた本が残らないならば、いくら長生きしてもしかたがないと感じたということ。

C　自分が本を書く立場になって、自分が書いたものもいずれは人びとの記憶から消えていってしまうだろうと感じたということ。

D　自分が本を書く立場になって、たとえ自分の作品が後世に語り継がれたとしても人生の終わりはきっと訪れると感じたということ。

E　自分が本を書く立場になって、ずっと本を書き続けていかないと優れた作品を後世に残すことはできないと感じたということ。

問9　本文における筆者の考えとしてもっとも適切なものを後のA～Eの中から一つ選び、記号で答えなさい。

A　本を読んでも何かが残るわけではなく、後世に語り継ぐことなどできない。その意味で読書は意味のないものかもしれない。それでも自分の思考をだれかに残したいと願って本を読むのである。

B　本を読み終えた後にすべてを忘れてしまっても、新たな気づきや発見を得ることもある。その意味で読書には人の知を広げる効果がでもどこまでも豊かに拡散していくような自分の思考は、とても強い歓《よろこ》びである。僕はただ読書という行為を※5享受《きょうじゅ》する。本と自分との関わり合いの中で、そのつど産み出され消えていく喜び。何も残さないこの生をただ歓ぶように、本を介《かい》してこの僕を充《み》たし、※6享楽する。

僕の読書はすべて無駄《むだ》だ。そして楽しい。いつか必ず読み終えて、すべて忘れてしまうにしても、なるべくこの※7歓楽《かんらく》が続けばいいな、と願い、そう願える自分の状態に安心し、安心を長持ちさせるための手入れのような気持ちも少なからず抱きながら、今日もおそらく本を読むのだ。読み尽《つ》くせないことを、このうえなく嬉《うれ》しく感じながら。

（柿内正午《かきないしょうご》「無駄な読書」より。
出題にあたり、文章の構成を一部改めました。）

（注）※1 齟齬……物事がうまくかみ合わないこと。くいちがうこと。
※2 見田宗介……日本の社会学者。真木悠介は見田宗介の筆名。
※3 人文……人類の文明や文化のこと。社会学・政治学二百語学などに関する学問のこと。
※4 『気流の鳴る音』……真木悠介の名義で記された本。
※5 享受……受け入れて、味わい楽しむこと。
※6 享楽……思いのまま楽しむこと。
※7 歓楽……喜び楽しむこと。

問一 ═線「シシン」の「シン」と同じ漢字を使うものを次のA～Iの中から選び、記号で答えなさい。なお、正解は一つとは限りません。いくつかある場合には、そのすべての記号を書きなさい。

A シンカイにしずむ。　B 徳川家のカシン。
C 今後のホウシンを示す。　D 彼《かれ》はシンザン者だ。
E 宇宙のシンピ。　F オンシンがとだえる。
G シンタイきわまる。　H 時計のビョウシン。
I シンミになって話を聞く。

問2 ――線（1）「何ものにも代えがたい」とありますが、その説明としてもっとも適切なものを次のA～Eの中から一つ選び、記号で答えなさい。

A 文意が理解できないまま読み進めていると落ち着かない気持ちになり、そのことが貴重な体験になるということ。
B 本を読むことと理解することを分けて考えることは、文字を追うだけで文意をたどれる体験につながるということ。
C 文意がうまく読み取れないときのいらだたしい気持ちは、これまでになかった未知との出会いにもなるということ。
D 本の内容が理解できないと人はそこで考えることをやめてしまうが、がまんして読むことで人は成長するということ。
E 暗号としか思えない言語では文意が読み取れず不快な気持ちになるが、最後まで読み終えることはできるということ。

問3 本文中の [I] にあてはまる言葉として、もっとも適切なものを次のA～Eの中から一つ選び、記号で答えなさい。

A 快楽　B 労苦　C 横着　D 遊び　E 思いやり

問4 ――線（2）「散らかりっぱなしの世界」とありますが、その説明としてもっとも適切なものを後のA～Eの中から一つ選び、記号で答えなさい。

A 整えられた状態が保たれなくなり、いろいろなものが入り混じることで制限がなくなる世界。

ほどすぐあやふやになってしまう。

ただ自分を通り過ぎて行く本を、(4)自分のものとして扱《あつか》うことなんてできやしない。読んでいる最中の理解の程度に濃淡《のうたん》はあれど、分け隔《へだ》てなく、読んだはしから忘れていってしまう。自分の日日の暮らしを支える杖《つえ》みたいな言葉を、つねに諳《そら》んじることができるような読書家に憧《あこが》れる。そうした理想の読書家は、読んだものを血肉にしている感じがあって格好《かっこう》いい。

読んでいる僕は、読み終えた自分に、薄《うす》ぼんやりとした印象のほか、ほとんど何も残せない。それは、すこし寂《さび》しいことでもある。僕は本がなければ到底《とうてい》生きていけないような気がしているが、実は退屈しのぎに文字を無為に読み飛ばしているだけなのかもしれない。

忘れてしまったものは、［　Ⅱ　］ことと同じなのだろうか。

そうではない、と思いたいのだが、なぜそうではないと言えるのか、根拠《こんきょ》が見当たらない。読んでも理解できないもの、理解したとてすぐ忘れてしまうもの、ただ眺《なが》めるだけで過ぎていく文字を追いかけて、あとには何も残らない。そのような読書になぜ僕は夢中になっているのだろうか。考えていくと虚《むな》しくなってくる、というのはもちろん嘘《うそ》で、読書に意味も意義も求めちゃいない。

読んでいるあいだ、ずっと楽しい。それで充分《じゅうぶん》ではないか。

何かを残すことだけが値打ちなのではない。有益なことだけしていれば満足できるわけでもない。役に立たなくてもやってしまうことのほうに、僕は惹《ひ》かれる。

忘れてしまったものは、はじめからないのと見分けがつかないだろう。それで構わないのだ。

僕たちの生活は日日豊かに磨耗《まもう》して、いつだかきれいに消え去っていく。僕は自分の曾祖父母《そうそふぼ》の名前を知らない。僕たちが子供を残すか残さないかに関わらず、二世代も隔たれば誰《だれ》も僕のことを覚えていない。僕の日日のうだうだとした思索《しさく》は何の痕跡《こんせき》もなく、はじめからないのと同じことになる。この文字も遠からず消える。いつだかの遠い日、うっかり人目につくことがあったとして、その読書家は僕ほどではないにせよ忘《わす》れん坊《ぼう》だろう。文字の印象は、幽霊《ゆうれい》のように、掴《つか》みどころのないまま現れ、ふっとなくなる。あれは本当に読んだことだっただろうか。本人すら訝《いぶか》しく振り返る。

昔の本ばかり読んでいた僕にとって、ほとんどの本は文字通りの死者が書いたものだった。だからだろうか。(5)自分でものを書くようになって、はじめに抱《いだ》いたのは、僕は生きながらにすこしだけ死んでしまった、という感覚だった。僕はもちろん、僕の書いた文字も残らない。万が一傑作《けっさく》をものにして、うっかり後世に語り継《つ》がれるような作品を遺《のこ》せたとしても、それが心身より長持ちするのはせいぜい数十年とか数百年で、遠からずすべて忘れられていく。ものを書くことは、永続するものなどはじめからなかったのだという実感を強める行為であった。僕のような無名の一個人は、書いたものよりも自分が長生きする可能性のほうが高いから、より一層そう思う。書いたところで、消えていく。読んだところで、忘れていく。本は、残らない。行為のあとに成果があるなどという発想は、ごく限定的な時代と社会の中でしか成立しない幻想《げんそう》だ。ほとんどの行為は、意味も結果もなにもない。

それでも、本を読みながら、思わぬ記憶《きおく》の蓋《ふた》が開いたり、関係のない事物同士がとても私的な必然性を帯びて結びついたりするとき、どこま

【国　語】（四五分）〈満点：一〇〇点〉

一　次の文章を読んで、あとの問いに答えなさい。

わからない本をわからないまま読む。なんの効用もありはしない。人に自慢《じまん》もできなければ、本人に読んだ実感をもたらすこともない。ただ、まったく歯の立たない本を読み進める体験は、この世界が自分の考えるよりもずっとわけのわからないものであることを納得《なっとく》する練習にはなるかもしれない。

わからないまま読むことを続けていくと、読むことと理解することを分けて考えるようになる。本を読むことは、書いてあることを理解することを意味しない。本は、とりあえず文字を追っていけば最後まで読めるものだ。それはなんとも心許《こころもと》ない道程である。理解できるはずの言語で書かれたものの文意がうまく取れない経験は、現在地を見失うような感覚であり、(1)何ものにも代えがたい。

僕《ぼく》にとって本とはわからないものである。というか、わかる本なんて退屈《たいくつ》だ。読み易《やす》く平明な文章が僕は苦手だ。非常にビジネスを感じてしまうというか、労働というのは異なる他者たちがそれでも※1齟齬《そご》がないかのように振《ふ》る舞《ま》うための通訳――整理整頓《せいりせいとん》なのだという僕の感覚からすると、多くの人に誤解なくすんなり通じる言葉の運用というのは単なる［　Ⅰ　］としか思えない。（中略）読み、そして書くことは、むしろ既存《きぞん》の秩序《ちつじょ》を脅《おびや》かし、乱雑さを取り戻《もど》す営為《えいい》なのだと僕は信じる。わからない、という感覚は、片付けや整理の放棄《ほうき》である。

(2)散らかりっぱなしの世界をまえに、もうお手上げだ、と思うこと。これこそが読書のもたらす解放なのだ。

本は、読めば読むほど散らかる。そして、散らかれば散らかるほど楽になる気持ちというのがある。しかし、散らかしっぱなしでは社会生活は立ち行きにくい。本だけ読んで暮らしていきたいものだが、現実は理想から程《ほど》遠く、僕は賃労働に従事する必要に迫《せま》られる。

僕は本を読む。明快な論理の鮮《あざ》やかさで見晴らしが切り開かれるような読書も時折ある。こんなに書いてあることが理解できていいのだろうか、と怖《こわ》さを感じながら読み進め、本を閉じるときには世界の全てを理解した気になる。

ただし、僕の場合、このような本も内容を覚えていられない。たとえば※2見田宗介《みたむねすけ》の著作を僕は何度も読み返す。そのたびに新鮮《しんせん》に惚《ほ》れ惚《ぼ》れして、(3)根をもちながら翼《つばさ》をもつ方法を見出《みいだ》したような気持ちになる。僕は※3人文的な雰囲気《ふんいき》の会合で、爽《さわ》やかな笑顔《えがお》をたたえてこう言うだろう。

「僕には人生のシシンとしている言葉があります。それは見田宗介が※4『気流の鳴る音』で、あ、あれは真木悠介《まきゆうすけ》ですね、ええと、ほら、ともかく、その、なんだったかな、道をね、道を、心を込《こ》めて歩こうみたいなことなんですが……」

こうなっては読んでいる本を理解していようとしていまいと関係がない。だってどちらにせよ、なぁんにも覚えちゃいないのだ。どこまでが本に書いてあったことで、どこからが読んでいる時間の中で脱線《だっせん》するように拡散していった自分の思いつきだったのか、理解した気になった本

【英　語】（45分）　＜満点：100点＞

I　次の英文を読んで，後の問いに答えなさい。

I remember one Thanksgiving when our family had no money and no food, and someone came knocking on our door. A man was standing there with a huge box of food, a giant turkey and even some pans to cook it in. I couldn't believe it. My dad demanded, "Who are you? Where are you from?"

The stranger announced, "I'm here because a friend of yours knows you're in need and that you wouldn't accept direct help, so I've brought this for you. Have a great Thanksgiving."

My father said, "No, no, we can't accept this." The stranger replied, "You don't have a choice," closed the door and left.

Obviously that experience had a ① profound impact on my life. I promised myself that someday I would do well enough financially so that I could do the same for others. By the time I was eighteen I had created my Thanksgiving ② ritual. I would go shopping and buy enough food for one or two families. Then I would dress like a delivery boy, go to the poorest neighborhood and just knock on a door. I always included a note that explained my Thanksgiving experience as a kid. I have received more from this annual ritual than I have from any amount of money I've ever earned.

Several years ago I was in New York City with my wife during Thanksgiving. She was sad because we were stuck in a hotel room. I said, (1) "Why don't we decorate some lives today instead of houses?", and when I told her what I always do on Thanksgiving, she got excited. I said, "Let's go someplace where we can really appreciate who we are, what we are capable of and what we can really give. Let's go to Harlem!" She and several of my business partners who were with us weren't really enthusiastic about the idea. [ア] I urged them: "C'mon, let's go to Harlem and feed some people in need. We won't be the people who are giving it because that would be ③ insulting. We'll just be the delivery people for six or seven families for thirty days. We've got enough. Let's just go do it! That's what Thanksgiving really is: Giving good thanks, not eating turkey."

Because I had a job first, I asked my partners to get us started by getting a van, a medium-sized vehicle. When I returned, they said, "We just can't do it. There are no vans in all of New York. The rent-a-car places are all out of vans. They're just not available."

I said, "Look, the bottom line is that if we want something, we can make it happen! All we have to do is take action. There are plenty of vans here in New York City. We just don't have one. Let's go get one."

They insisted, "We've called everywhere. There aren't any."

I said, "Look down at the street. Do you see all those vans?"

They said, "Yeah, we see them."

"Let's go get one," I said. First I tried walking out in front of vans as they were driving down the street. [イ] I learned something about New York drivers that day: They don't stop: they speed up.

Then we tried waiting by the light. We'd go over and knock on the window and the driver would roll it down, looking at us kind of leery, and I'd say, "Hi. Since today is Thanksgiving, we'd like to know if you would be willing to drive us to Harlem so we can feed some people." [ウ] Every time the driver would look away quickly, furiously roll up the window and pull away without saying anything.

Eventually we got better at asking. We'd knock on the window, they'd roll it down and we'd say, "Today is Thanksgiving. We'd like to help some ④ underprivileged people, and we're curious if you'd be willing to drive us to an underprivileged area that we have in mind here in New York City." [エ] Then we started offering people one hundred dollars to drive us. That got us even closer, but when we told them to take us to Harlem, they said no and drove off.

We had talked to about two dozen people who all said no. My partners were ready to give up on the project, but I said, "(2) It's the law of averages: somebody is going to say *yes*." Sure enough, the perfect van drove up. It was perfect because it was extra big and would accommodate all of us. We went up, knocked on the window and we asked the driver, "Could you take us to a disadvantaged area? We'll pay you a hundred dollars." [オ]

The driver said, "You don't have to pay me. I'd be happy to take you. In fact, I'll take you to some of the most difficult spots in the whole city." The man's name was Captain John Rondon: the head of a charity group in the South Bronx.

We climbed into the van in absolute ecstasy. He said, "I'll take you places you never even thought of going. But tell me something. Why do you want to do this?" I told him my story and that I wanted to show gratitude for all that I had by giving something back.

He took us into parts of the South Bronx that make Harlem look like Beverly Hills, which is famous for celebrity residences. We bought a lot of food and some baskets in a store, and packed enough for seven families for thirty days. Then we went to buildings where there were half a dozen people living together in small and filthy rooms with no heat in the dead of winter, and started feeding them. It was both an astonishing realization that people lived this way and a truly fulfilling experience to make even a small difference.

You see, you can make anything happen if you commit to it and take action. Miracles like this happen every day — even in a city where "there are no vans."

問1 下線部①～④の意味として最も適切なものを，次のア～エの中から**1つずつ**選び，それぞれ記号で答えなさい。

① **ア** having a strong influence or effect
イ following immediately one after another
ウ giving pleasure because it provides something you want
エ helping you to do or achieve something

② **ア** a set of actions performed in a regular way
イ the feeling of being certain that something is true
ウ a basic idea or rule that controls how something happens or works
エ the belief in and worship of a god or gods

③ **ア** unable to work in a satisfactory way
イ willing to attack other people
ウ rude or offensive to someone
エ extremely unpleasant or unacceptable

④ **ア** not having the cost, value, difficulties, etc. guessed or understood correctly
イ able or likely to cause harm or death, or unpleasant problems
ウ having an illness or injury that makes it difficult to do some things that other people can do
エ without the money, education, opportunities, etc. that the average person has

問2 下線部⑴，⑵の本文中における意味として最も適切なものを，次のア～エの中から**1つずつ**選び，それぞれ記号で答えなさい。

⑴ **ア** The writer suggests decorating houses instead of lives on Thanksgiving.
イ The writer wants to focus on improving their own lives instead of helping others.
ウ The writer proposes doing something meaningful and impactful for people in need.
エ The writer is encouraging others to decorate houses to celebrate Thanksgiving.

⑵ **ア** The driver follows traffic rules and is careful about his driving speed.
イ The writer believes in the power of statistical probability and chance.
ウ The driver uses an average amount of fuel for his van.
エ The writer considers the average distance he travels in the city.

問3 次の英文が入る最も適切な位置は ア ～ オ のうちどれか，記号で答えなさい。

That seemed slightly more effective but still didn't work.

問4　次の質問に，本文の内容に合うようにそれぞれ**15語程度の英文**で答えなさい。ただし，ピリオド，カンマは語数に数えません。

1　How did most of the drivers react when the writer asked them to drive him to Harlem?

2　What was the writer's intention in visiting a difficult place and helping the poor?

3　What was the "miracle" that happened to the writer in New York on Thanksgiving?

問5　本文の内容と**一致《いっち》するもの**を次のア～カの中から2つ選び，記号で答えなさい。

ア　On Thanksgiving when the writer was a child, his father refused the offer of food from a stranger and sent him away.

イ　The writer had delivered some food to a few families on Thanksgivings since he was eighteen and he often received more money than he had earned.

ウ　Although the writer got better at asking the drivers and told them he would pay 100 dollars, all of them refused to drive him until he came across Captain John Rondon.

エ　When the writer told his wife what he had done on Thanksgivings, she wasn't eager to do it herself at first even though she was excited to hear the story.

オ　Captain John Rondon suggested that he visit parts of the South Bronx instead of the writer because it was his job.

カ　The living environment in Harlem was worse than that in parts of the South Bronx.

Ⅱ　次の英文を読んで，後の問いに答えなさい。

Employees may never have a desk that feels like 'theirs' again, but the trade-off might mean an agile office that works for everyone.

Before the pandemic and widespread rise of virtual work settings, employees often made their desks a second home: a sweater slung over the back of a chair, a favourite mug by the keyboard, a pile of books stacked behind the monitor.

Psychological research shows why some workers may feel a need to personalise their workspaces — primarily, it increases the significance that place holds for them.

"Research has shown that the (　①　) an employee's 'place identity' increases, the (　①　) they become attached to the company," explains Sunkee Lee, assistant professor of organisational theory and strategy at Carnegie Mellon University's Tepper School of Business, in Pittsburgh, US. "They feel the office is more personalised and, therefore, that it feels more like their own space. That leads to more satisfaction and, overall, more productivity."

By ア) <u>making their desks theirs</u>, workers created a sense of familiarity, which was reinforced by a neighbourhood of [(1)] faces around them: colleagues who also had permanent seating arrangements.

[A], the pandemic era hybrid workplace has put an end to the full-time, 9-to-5 office setting for many employees. Amid the rise of hot desking, workers with flexible schedules often have to share workstations — and take their personal items home at the end of the day.

Given that evidence points to employees benefiting from having personalised work environments, some workers and business leaders alike worry that hybrid offices risk becoming impersonal, sterile and disorientating — not a place many employees want to be. [B], forward-thinking employers and architects are reconfiguring workplaces to best benefit how people work in agile settings.

The practice of workers decorating their workspaces was an ingrained part of office culture for years — thought to reveal personality. "It's human nature to personalise the space around you," says Lee. "In the workplace, this could be photographs, diplomas, ornaments: subtle cues to show the kind of person you are, your hobbies and interests."

Indeed, some research shows familiarity breeds routine, which stabilizes workflow and leads to increased creativity. There is even research that family photos on desks can keep employees subconsciously more honest. Lee says personalisation also enables self-expression and conversation starters between colleagues, helping to boost employee motivation. "Having your own distinctive identity and personality in the workplace means being able to express yourself, that you feel acknowledged."

But as many workers no longer have an assigned space of their own, they may have to work with [(2)] people in [(3)] locations. "If you had a good relationship with colleagues previously, you might miss those types of interactions," says Lee. "It can have a negative effect, with fewer opportunities to talk, complain and celebrate achievements together."

The risk is employees have to make do with impermanent, transient environments whenever they venture into the office, which can breed stress, anxiety and exhaustion. "I've heard of people going and troubling to find a seat to work, let alone a (4) one," says Lee. "It's comparable to (②): you may get work done, but it's an impersonal space that will never feel like yours."

Experts say in this new world of work, the answer to making the office feel less sterile isn't necessarily bringing back seating plans and family portraits. Employers are aware of the jarring changes; in response, many are bringing in design experts to recalibrate the workplace's function, and consider what a worker-friendly space actually means in the hybrid age.

"It's still important to give people a sense of belonging in a physical space," says Chris Crawford, studio director at design and architecture firm Gensler, in London. "They still need a home base to anchor themselves. Although that's still often a desk, the aim is to get people out of the mindset that a one-metre by one-and-a-half-metre piece of office furniture is where they belong."

Crawford says architectural features now prompt workers to think of (③) as their own physical environment: interactive elements encourage employees to move around; open staircases connect disparate workspaces; lockers mean personal items can be stored for safekeeping, rather than kept on a desk.

Design cues also help create custom-made spaces for different work functions, says Crawford. "Architectural nudges can mean you're able to walk into a room and immediately feel a change in atmosphere: from warmer lighting and softer acoustics for deep focus areas, to open spaces and certain types of furniture and layouts that intuitively feel collaborative."

Some research shows it's important that employers take these elements into consideration as they augment spaces, especially as priorities have changed for some workers. According to an August 2022 study of 2,000 US workers by Gensler, employees feel workplaces now need to allow for individual and virtual work, alongside social, learning and in-person collaboration.

Co-working spaces that offer mixed-use, dynamic spaces are also integrating イ) these trends. Ebbie Wisecarver, global head of design at WeWork, based in

New York, says employees are now seeking a deeper connection with the hybrid workplace, “in the way that the office functions and reflects their personal work needs”.

[　C　], some companies are consulting workers on what their next offices will look like. “We have co-creation sessions that allow cross-sections of the business to have their say on their space,” says Crawford. “The design process itself is being democratised.”

Crawford says that the traditional, banks-of-desks open-plan office setting has had its day. The aim, in the new hybrid workplace, is that personalisation no longer means a worker embellishing a homogenised perpendicular workstation; [　D　], the entire office will have a curated, holistic employee experience of its own.

“It goes much further than a desk,” he adds. “It’s about enabling people to choose their own workday, through spaces that offer variety, choice and differentiation so they intrinsically feel ‘this place works for me’.”

問１　２つの（①）に共通して入る最も適切な１語を**本文中より抜き出して**，英語で答えなさい。

問２　下線部ア）について，次のｉ）とⅱ）の問いに**下線部ア）以降の内容に合うように**，それぞれ日本語で答えなさい。

ｉ）具体的に，従業員が何をどのようにすることですか。

ⅱ）ｉ）のようにすることで，他の従業員に対してどのような影響がありますか。

問３　本文の内容に合うように (1) ～ (2) に入る最も適切な語を次のア，イから**１つずつ**選び，それぞれ記号で答えなさい。

ア　familiar　　イ　unfamiliar

問４　［A］～［D］に入る最もふさわしいものを，次のア～エの中から**１つずつ**選び，それぞれ記号で答えなさい。ただし，文頭にくる語も小文字で示してあります。また，**同じものを２度使えません**。

ア　however　　イ　instead　　ウ　on the other hand　　エ　as a result

問５　（②）と（③）に入る最も適切なものを次のア～エの中から**１つずつ**選び，それぞれ記号で答えなさい。

（②）　ア　seeing a doctor in his office　　イ　having a seat in a theater
　　　ウ　walking into a library to study　　エ　visiting one of your friends

（③）　ア　all their furniture　　イ　their belongings
　　　ウ　their desks　　エ　their entire floor

問６　下線部イ）の具体的な内容を表している箇所《かしょ》を**本文中より抜き出して**，英語で答えなさい。

問７　本文の内容と**一致《いっち》しないもの**を次のア～カの中から２つ選び，記号で答えなさい。

ア　Before the pandemic, employees used to change their workplace so that it would become suitable for them.

イ　As the way of working is changing in the hybrid age, a lot of employees are consulting with experts about what it is like to have a worker-friendly environment.

ウ Designing workspaces tailored to different work functions is important to increase employee motivation.

エ Even though work environments have changed a lot, workers need a feeling that they belong in a physical space.

オ The traditional open-plan office setting is expected to regain popularity in the hybrid workplace era.

カ The goal of the new hybrid workplace is to offer employees a variety of options to suit their preferences.

問8 あなたが勉強を充実させるために望む中学校の教室とはどのようなものですか。本文を参考にしながら，**60～70語程度の英語**で答えなさい。ただしピリオド，カンマは語数に数えません。

2024年度

東邦大学付属東邦中学校入試問題（前期）

【算　数】（45分）　　＜満点：100点＞

1　次の $\square$ にあてはまる最も適当な数を答えなさい。

(1)　$2.15\times\left(2024\times\frac{20}{43}\div506-0.4\right)=\square$

(2)　$4\frac{4}{9}\div\left\{\left(2\frac{4}{5}-\frac{5}{8}\div\square\right)\div\left(1\frac{1}{8}\times0.48\right)\right\}\times1.17=1\frac{1}{25}$

(3)　$123\times21\times37+123\times21\times63+369\times15\times100+246\times17\times100-119\times100\times99=\square$

2　次の問いに答えなさい。

(1)　$\frac{1}{37}$ を小数で表したとき，小数第2024位の数を求めなさい。

(2)　Tさんが自動車で，家から目的地までの道のりの $\frac{2}{5}$ を時速30㎞で走り，残りの道のりを時速90㎞で走ったところ，家から目的地に着くまでにかかった時間は27分でした。このとき，家から目的地までの道のりは何㎞か求めなさい。

(3)　濃度のわからない500ｇの食塩水があります。はじめに　この食塩水から100ｇを取り出し，代わりに100ｇの水を加えてよく混ぜました。次に，再び100ｇを取り出し，代わりに100ｇの水を加えてよく混ぜたところ，濃度が9.6％になりました。このとき，もとの食塩水の濃度は何％か求めなさい。

(4)　右の図のような，三角形ABCがあります。
このとき，ADの長さは何㎝か求めなさい。
ただし，同じ印はそれぞれ同じ角度を表しています。

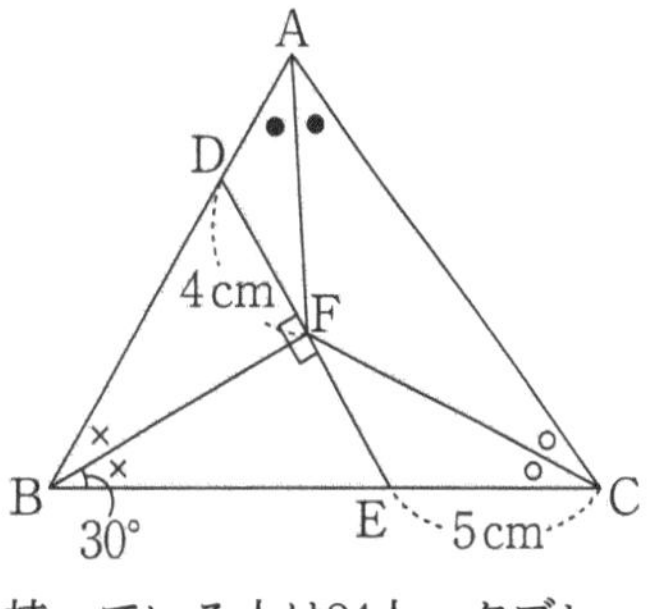

(4)　あるクラスの生徒40人にアンケートを取ったところ，スマホを持っている人は24人，タブレットを持っている人は16人いました。このとき，下の（ア）～（エ）の中で，正しいものを**すべて**選び，記号で答えなさい。

（ア）「スマホかタブレットのどちらか一方のみを持っている人数」と，
　　　「スマホとタブレットの両方を持っている人数」は同じである。

（イ）「スマホとタブレットのどちらも持っていない人」はいない。

（ウ）「スマホとタブレットの両方を持っている人」の人数は16人以下である。

（エ）「スマホとタブレットの両方を持っている人」を除く人数は24人以上である。

3　ある仕事をＡさん１人で行うと６時間かかり，ＢさんとＣさんの２人で行うと３時間かかります。

このとき，次の問いに答えなさい。ただし，２人以上でこの仕事を行っても，１人あたりの仕事のペースは変わりません。

(1)　この仕事をＡさんとＢさんとＣさんの３人で行うと，何時間かかるか求めなさい。

(2)　ＢさんとＣさんが，それぞれ１人でこの仕事を行うと，かかる時間の比は１：３です。このとき，ＡさんとＢさんの２人でこの仕事を行うと，何時間何分かかるか求めなさい。

4　下の図のような10段の階段を，一番下からスタートして，１歩につき１段または２段上がります。

このとき，次の問いに答えなさい。

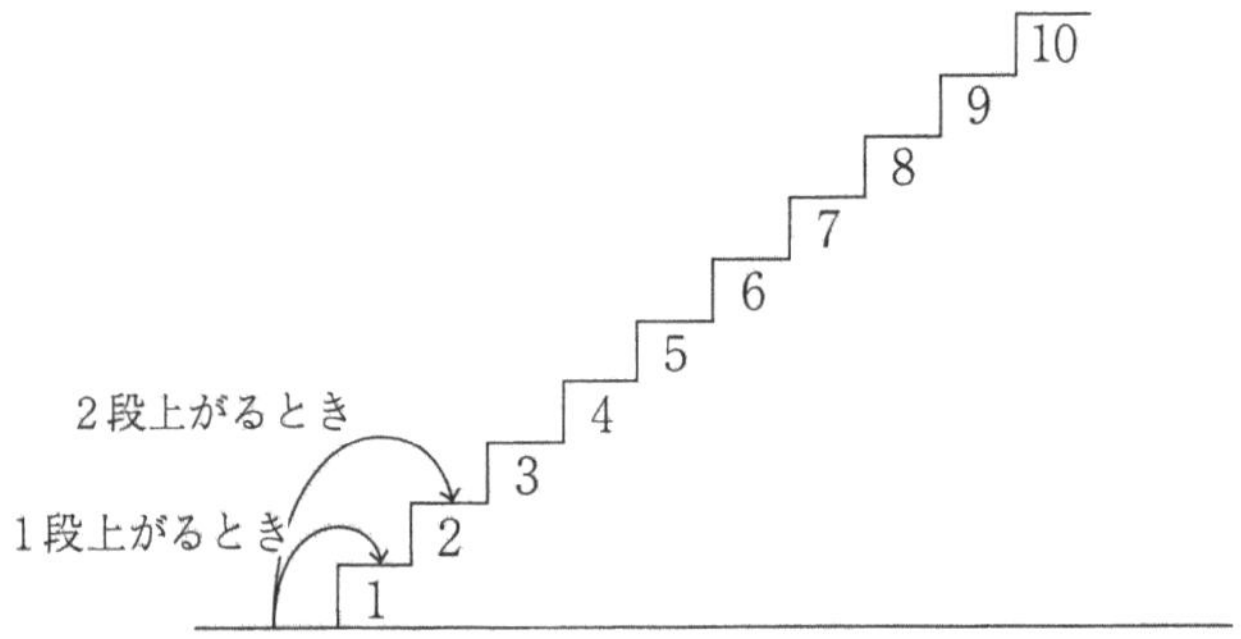

(1)　４段目までの階段の上がり方は何通りあるか求めなさい。

(2)　10段目まで階段を上がるとき，５段目をふまないようにして上がる上がり方は何通りあるか求めなさい。

5　一辺が３cmの立方体３つをそれぞれ削って作った，立体Ａ，立体Ｂ，立体Ｃの３つの立体があります。次のページの【図１】のように，これらの立体をそれぞれ右，正面，真上から見ると，下図の【立体Ａ】～【立体Ｃ】の　　　部分のように見えました。

このとき，次の問いに答えなさい。ただし，同じ印の部分は同じ長さとし，削る量は最も少ないものとします。また，真上から見るときは正面に立って見ています。

(1)　立体Ａの表面積は何cm^2か求めなさい。

(2)　立体Ｂの体積は何cm^3か求めなさい。

(3)　立体Ｃの体積は何cm^3か求めなさい。

【図１】

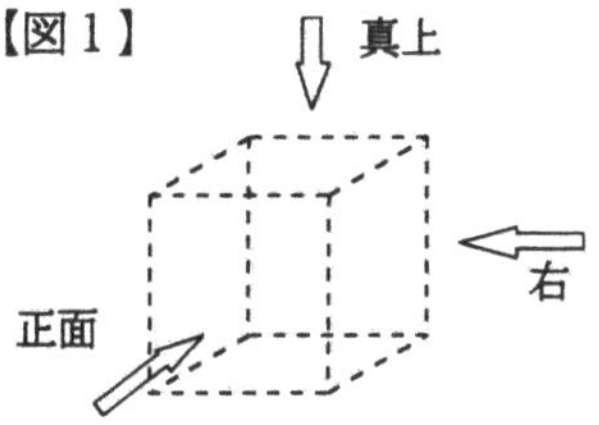

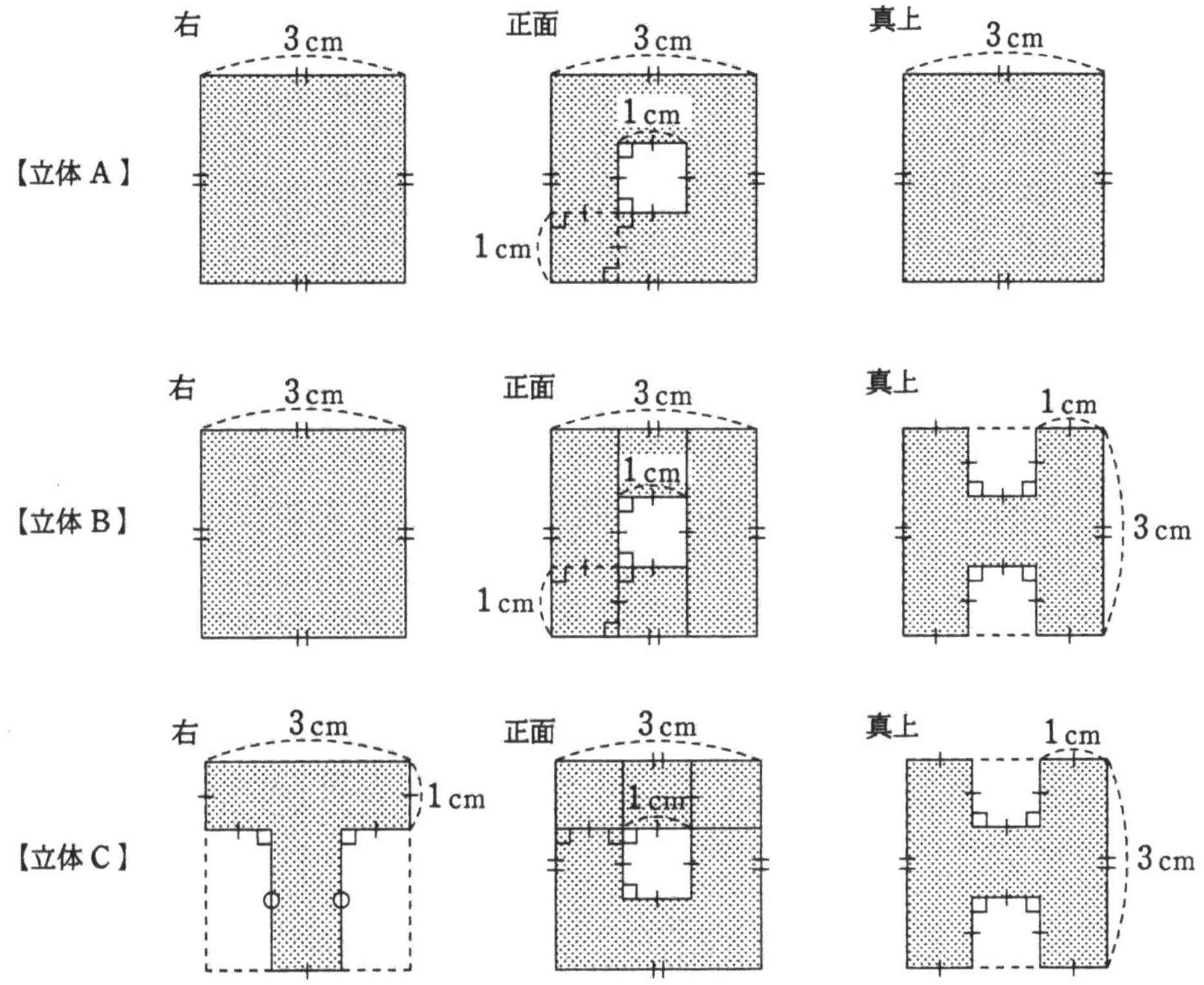

6　右の図のような一辺が７㎝の正方形ＡＢＣＤがあり，

ＡＢ上にＡＥ：ＥＢ＝３：４となる点Ｅ，

ＢＣの延長上にＢＣ：ＣＦ＝７：３となる点Ｆ，

ＡＢの延長上にＥＧ＝ＦＧとなる点Ｇ，

ＣＤとＥＦの交点Ｈ，

ＥＦを二等分する点Ｉ

があります。

このとき，次の問いに答えなさい。

(1)　ＤＨ：ＨＣを最も簡単な整数の比で求めなさい。

(2)　ＤＩ：ＩＨ を最も簡単な整数の比で求めなさい。

(3)　ＦＧの長さは何㎝か求めなさい。

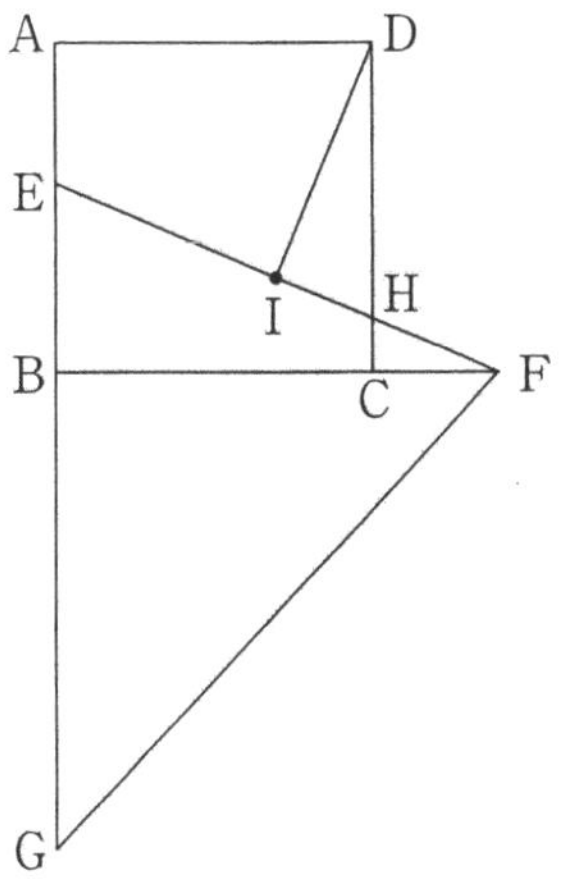

【理　科】（45分）　＜満点：100点＞

1　次の文章を読み，あとの(1)～(3)の問いに答えなさい。

毎年，日本の各地でA集中豪雨《しゅうちゅうごうう》による様々な被害《ひがい》が出ています。この集中豪雨をもたらす要因のひとつに，［ア］降水帯があります。この降水帯は，一般に，次の①～④の過程を経て発生することが知られています。

① ［イ］風がふく。
② 地形や，性質が異なる空気の影響《えいきょう》で，［イ］空気が上昇する。
③ ［ウ］雲が次々に発生する。
④ 上空の風に流されて列をなすように［ウ］雲が［ア］にのびる。

［ア］降水帯による大雨の可能性がある程度高いことが予想された場合には，「顕著《けんちょ》な大雨に関する気象情報」が様々な情報媒体《じょうほうばいたい》（テレビやインターネットのニュースなど）で発表されています。この情報は，事前の避難《ひなん》などにも役立っています。被害を完全に防ぐことはできませんが，ふだんからBより正確な情報を入手するように心がけることで，命を守る行動をとることが今まで以上に素早くできるようになっていくでしょう。

(1) 文中の下線部Aについて，集中豪雨により起こりうる被害として**適切でないもの**を，次の1～8から一つ選び，番号で答えなさい。

1．家屋の倒壊《とうかい》　2．盛土の崩壊《ほうかい》　3．道路の陥没《かんぼつ》　4．土砂崩《どしゃくず》れ
5．河川の氾濫《はんらん》　6．土地の液状化　7．停電　8．断水

(2) 文中の［ア］～［ウ］にあてはまる語句の組み合わせとしてもっとも適切なものを，次の1～12から一つ選び，番号で答えなさい。

	ア	イ	ウ		ア	イ	ウ
1	環状《かんじょう》	冷たくかわいた	積乱	2	環状	冷たくかわいた	乱層
3	線状	暖かくしめった	積乱	4	線状	暖かくしめった	乱層
5	列状	冷たくかわいた	積乱	6	列状	冷たくかわいた	乱層
7	環状	暖かくしめった	積乱	8	環状	暖かくしめった	乱層
9	線状	冷たくかわいた	積乱	10	線状	冷たくかわいた	乱層
11	列状	暖かくしめった	積乱	12	列状	暖かくしめった	乱層

(3) 文中の下線部Bについて，災害時により正確な情報を入手し，自分の命を守る行動としてもっとも適切なものを，次の1～4から一つ選び，番号で答えなさい。

1．テレビでドラマを見ていたら，地震《じしん》と津波《つなみ》の発生情報が緊急速報《きんきゅうそくほう》で出た。テレビ画面に表示される情報はそのまま見ていたが，同時にインターネットで住んでいる地域のハザードマップを確認し，テレビの津波情報とあわせて，避難するかどうかの判断材料にした。

2．スマートフォンで動画を見ていたら，緊急速報メールが届いた。すぐに内容を確認した上で，本当に災害が起こっているのか，どのような災害なのか，SNSに投稿《とうこう》されている多くの情報も確認した。その中でも最も注目されていた個人の投稿を参考に，避難するかどうかを判断した。

3．駅で電車を待っていたとき，竜巻発生注意報《たつまきはっせいちゅういほう》が出たらしく，その情報を伝えるアナウンスが

流れた。駅員さんが避難の誘導《ゆうどう》をしていたが，その誘導とは別の方向に周囲の人たちが動いていた。多くの人が動いていく先が安全だろうと判断し，自分もその流れについていった。

4．学校で授業を受けている最中，降っていた雨がだんだん強くなってきた。先生たちは会議を開き，学校のある自治体の指示も受けて，しばらくは学校から帰らず，とどまる方が安全だと判断した。しかし，親から自分の携帯電話《けいたいでんわ》に「今すぐ帰って来て」と連絡があったので，急いで帰宅することにした。

[2] 次の文章を読み，あとの(1)～(3)の問いに答えなさい。

図は，硝酸《しょうさん》カリウムという固体を100 g の水にとけるだけとかしたときの，硝酸カリウムの重さと水の温度との関係を示したものです。東子さんと邦夫さんはこれに関する［**実験**］を次のように行いました。

［**実験**］

① 硝酸カリウム12 g をビーカーに入れ，水20 g を加え，ガスバーナーで加熱しながらガラス棒でかき混ぜ，すべてとけるようにする。すべてとけたら，そのときの温度を測定する。

② 室温でゆっくり冷まし，その間の様子を観察し，とけきれなくなった硝酸カリウムの結晶《けっしょう》が生じたら，そのときの温度を測定する。

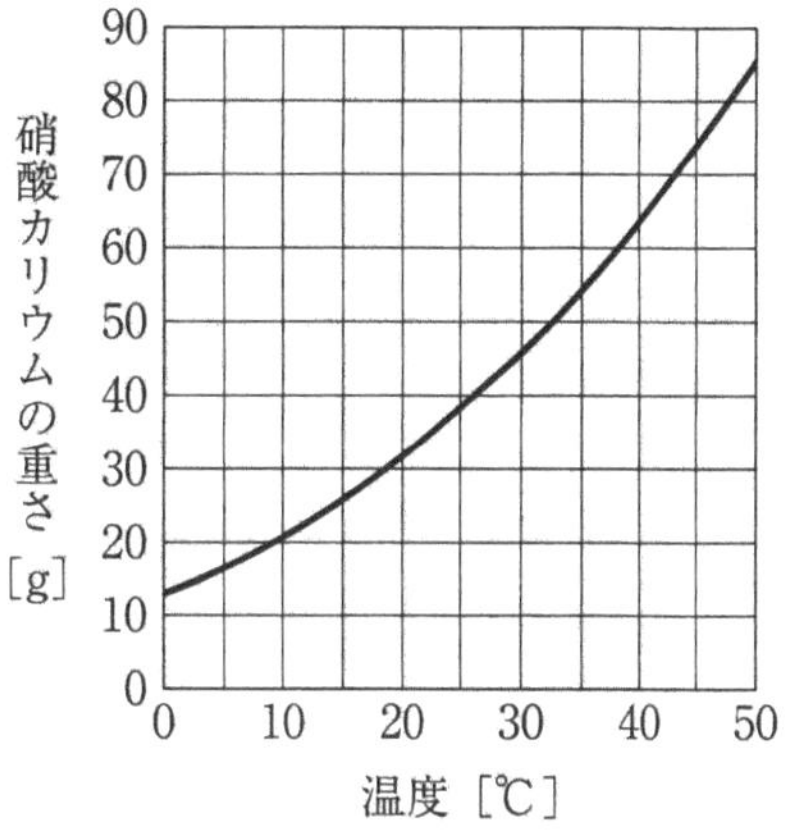

図

(1) ［**実験**］で硝酸カリウムの結晶は何℃で生じますか。**図**を参考に，次の1～6からもっとも適切なものを一つ選び，番号で答えなさい。

1．0℃　　2．10℃

3．18℃　　4．20℃

5．38℃　　6．結晶は生じない

(2) 次の会話文中の [ア]，[イ] にあてはまるものの組み合わせとしてもっとも適切なものを，次のページの1～5から一つ選び，番号で答えなさい。

東子さん「12 g の硝酸カリウムのとける温度が，予習で求めた温度とちがったね。」

邦夫さん「硝酸カリウムの固体が全部とけたのは45℃だったよね。なんでだろう。」

東子さん「 [ア] からかな？。」

邦夫さん「そうか！その可能性はありそうだね！」

東子さん「硝酸カリウムの結晶が生じる温度も予習とちがって，32℃だったよ。」

邦夫さん「う～ん… [イ] ということはあるかな？これはおかしいかな？」

東子さん「それはありえないんじゃない？」

邦夫さん「やっぱり変だよね。もう一度考え直してみようっと。」

	ア	イ
1	最初に用意した水が 20ｇより多かった	生じた結晶の粒《つぶ》が小さくて 見のがしてしまった
2	最初に用意した水が 20ｇより少なかった	生じた結晶の粒が小さくて 見のがしてしまった
3	加えた硝酸カリウムが 12ｇより少なかった	生じた結晶の粒が小さくて 見のがしてしまった
4	加えた硝酸カリウムが 12ｇより少なかった	最初に用意した水が 20ｇより少なかった
5	かき混ぜなかった	最初に用意した水が 20ｇより少なかった

(3)　固体を水にとけるだけとかした水溶液《すいようえき》を飽和《ほうわ》水溶液《すいようえき》といいます。硝酸カリウムの60℃での飽和水溶液200ｇをつくり，これを18℃まで冷やすと，生じる結晶は何ｇですか。小数第１位を四捨五入して整数で答えなさい。ただし，硝酸カリウムは水100ｇに60℃で110ｇ，18℃で30ｇとけるものとして計算しなさい。

3　次の文章を読み，あとの(1)～(3)の問いに答えなさい。

2023年４月～９月に放送されていたＮＨＫの連続テレビ小説「らんまん」の主人公は，日本の植物分類学の父と呼ばれる牧野富太郎《まきのとみたろう》をモデルとしていました。植物の分類とは，植物の体のつくりやふえ方（子孫の残し方）など，植物同士の共通点に基づいて仲間分けをすることです。牧野は生《しょう》涯《がい》を通じて日本の様々な植物をつぶさに観察し，精密なスケッチを数多く残しています。これらの功績により，明治後期から昭和初期にかけて，日本の植物分類学は大きく発展しました。

現代においては，植物をはじめ多くの生物の分類は，生物のもつＤＮＡやその中の遺伝子《いでんし》に基づいて行われることがほとんどです。しかし，牧野の残した多くの記録は現代の植物図鑑《しょくぶつずかん》においても利用され，今も変わらず日本の植物分類学を支えています。

(1)　種子を食用として利用している植物として**適切でないもの**を，次の１～５から一つ選び，番号で答えなさい。

１．ダイズ　　２．アブラナ　　３．イネ　　４．ゴマ　　５．オリーブ

(2)　ヒマワリと同じ仲間の植物としてもっとも適切なものを，次の１～５から一つ選び，番号で答えなさい。

１．タンポポ　　２．ツツジ　　３．ホウセンカ　　４．チューリップ　　５．ジャガイモ

(3)　花は一般《いっぱん》に図のようなつくりになっており，外側から，がく片，花弁，おしべ，めしべの４つの構造でできています。これらの構造が全てつくられるには，Ａクラス，Ｂクラス，Ｃクラスとよばれる３つの遺伝子のまとまりが，全て正常にはたらく必要があります。この３つのクラスの遺伝子がどのようにはたらいて花の４つの構造ができるのかを確認するために，特定のクラスの遺伝子に異常がある植物を育て，咲《さ》い

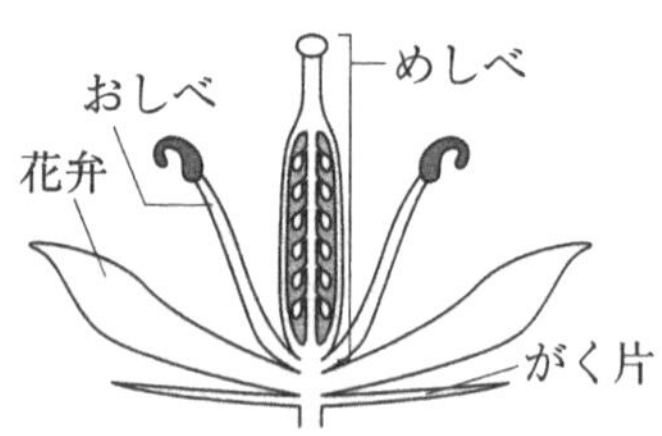

図　花の断面

た花の様子を観察し，記録しました。**表**は，その結果を示しています。この結果から考えられることは，次の**ア**～**カ**のうちのどれとどれですか。その組み合わせとしてもっとも適切なものを，あとの**1**～**9**から一つ選び，番号で答えなさい。なお，育てた植物は３つのクラスの遺伝子全てに異常がなければ，花の４つの構造全てが正常にできる種類のものとします。

表

異常がある（はたらかない）遺伝子	咲いた花の様子
Ａクラス	がく片・花弁ができなかった
Ｂクラス	花弁・おしべができなかった
Ｃクラス	おしべ・めしべができなかった
ＡクラスとＢクラス	がく片・花弁・おしべができなかった
ＡクラスとＣクラス	どの構造もできなかった
ＢクラスとＣクラス	花弁・おしべ・めしべができなかった

ア．Ａクラスの遺伝子がはたらくだけで，花弁ができる。
イ．Ｂクラスの遺伝子がはたらくだけで，おしべができる。
ウ．Ｃクラスの遺伝子がはたらくだけで，めしべができる。
エ．ＡクラスとＢクラスの遺伝子だけが，めしべができることに関わる。
オ．ＡクラスとＣクラスの遺伝子だけが，花弁ができることに関わる。
カ．ＢクラスとＣクラスの遺伝子だけが，おしべができることに関わる。

1	**ア**	**エ**	**2**	**ア**	**オ**	**3**	**ア**	**カ**
4	**イ**	**エ**	**5**	**イ**	**オ**	**6**	**イ**	**カ**
7	**ウ**	**エ**	**8**	**ウ**	**オ**	**9**	**ウ**	**カ**

4　次の文章を読み，あとの(1)，(2)の問いに答えなさい。

図１のように，高さ20㎝の直方体の容器を水平な台の上に置きました。容器に水を入れて，容器の側面にばねを取り付けました。側面に対して垂直にばねを引っ張り，容器が動き出したときのばねののびを調べる実験を行いました。

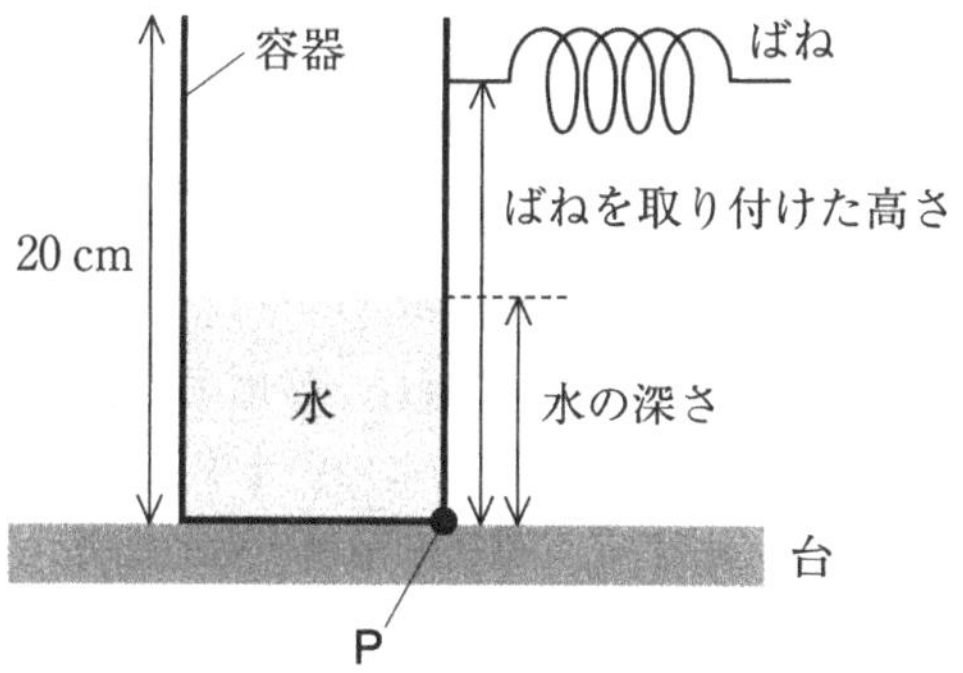

図１

［実験１］

容器に深さ８㎝になるように水を入れ，容器が横に移動しないように，ばねを取り付ける側面と台が接触《せっしょく》するところ（前のページの**図１**の点Ｐ）をおさえました。ばねを取り付ける高さをいろいろと変えてばねを引っ張ったところ，ばねを取り付けた高さと容器が傾《かたむ》き始めた時のばねののびの関係は，**図２**のようになりました。

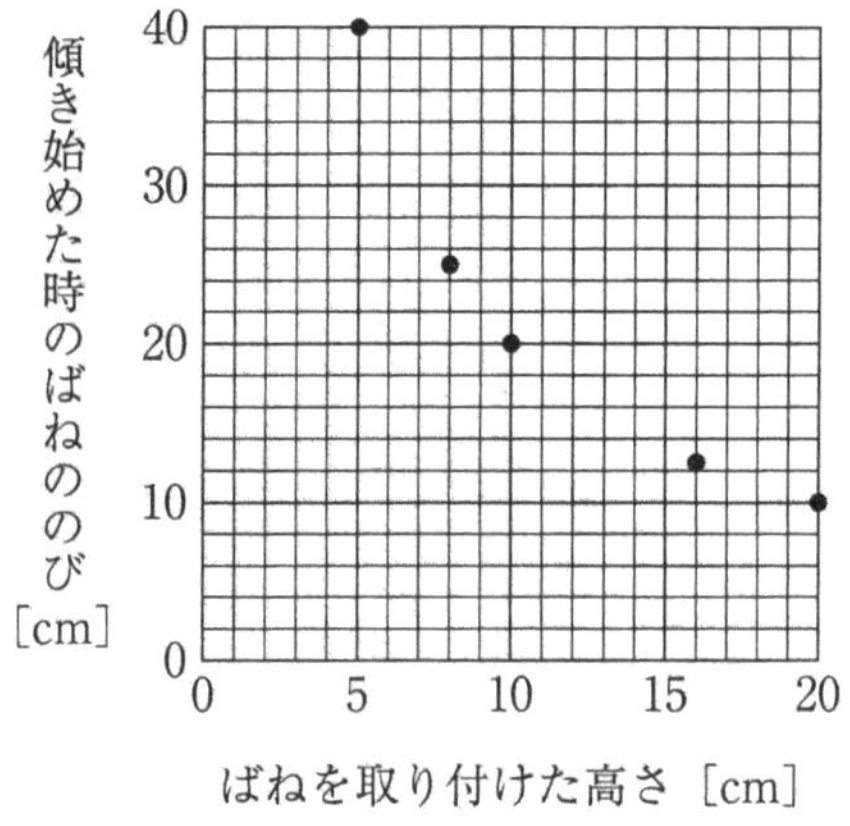

図２

［実験２］

容器が傾かないようにして，容器に入れる水の量をいろいろ変えてばねを引っ張ったところ，水の深さと容器が横に移動し始めた時のばねののびの関係は，**図３**のようになりました。この関係は，ばねを取り付ける高さを変えても変わりませんでした。

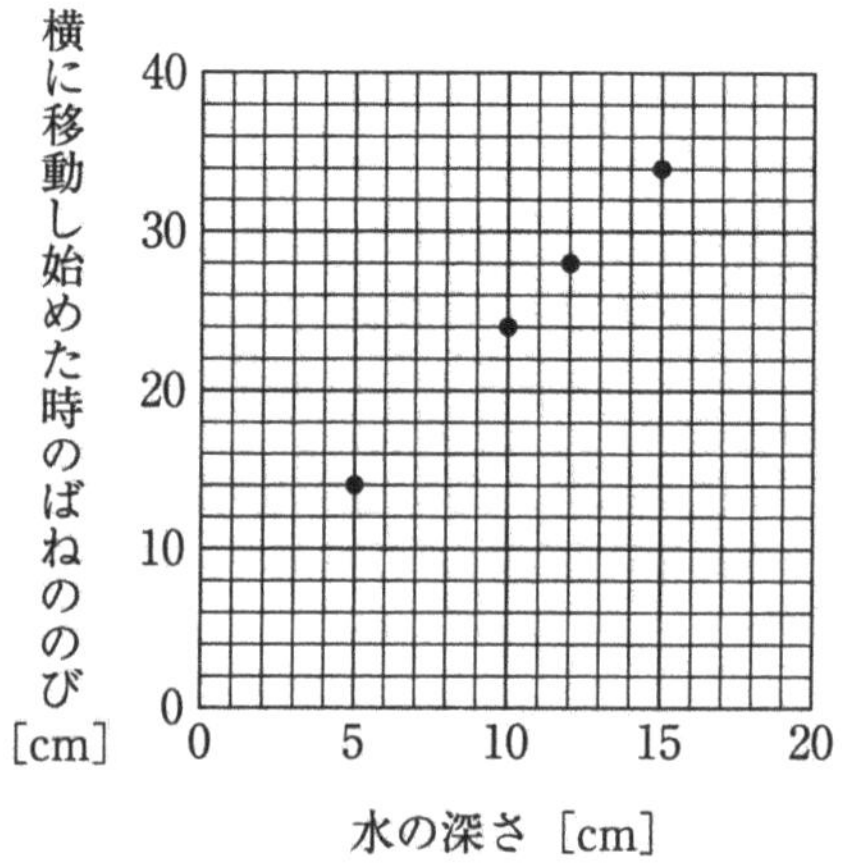

図３

(1)　**［実験１］**において，容器が傾き始めた時のばねののびが16㎝になるのは，ばねを取り付けた高さが何㎝のときですか。

(2)　**［実験１］**と**［実験２］**の結果から，容器を台の上に置き，深さ８㎝になるように水を入れてばねを引いた時に，容器が横に移動するより先に容器が傾き始めるのは，ばねを取り付けた高さが少なくとも何㎝を超《こ》えたときですか。

5　次の文章を読み，あとの(1)～(3)の問いに答えなさい。

2023年６月から，［ア］が「条件付特定外来生物」に指定されました。［ア］は，外国から日本に持ちこまれて以降，野外でも繁殖《はんしょく》して次第に数をふやし，生態系などへの被害《ひがい》の大きさが問題視されていました。しかし長い間，［特定外来生物］への指定はされてきませんでした。

日本国外から持ちこまれたA外来種を外来生物といいます。「特定外来生物」は，外来生物のうち，生態系，人の生命・身体，農林水産業へ被害を及《およ》ぼすもの，または及ぼすおそれがあるものとして，外来生物法という法律で指定されている生物のことを指す言葉です。「特定外来生物」はその扱《あつか》いに様々な規制があり，人による移動は簡単にはできないようになっています。［ア］が生態系などへ与える被害は，「特定外来生物」に指定されるのに十分であることは，多くの研究者によってたびたび指摘《してき》されていました。しかし，[ア]はそういった被害の報告が出るまでの間に広く一般《いっぱん》家庭《かてい》でも飼育されるようになり，「特定外来生物」としての規制が難しい状況《じょうきょう》にありました。この状況への対応のため，B「特定外来生物」に指定しつつも一部の規制を適用しないようにすることができる「条件付特定外来生物」が新設されたのです。

(1) 文中の[ア]にあてはまる生物としてもっとも適切なものを，次の１～16から一つ選び，番号で答えなさい。

１．アライグマとアカミミガメ　　２．アライグマとカミツキガメ
３．アライグマとクサガメ　　４．アライグマとワニガメ
５．ウシガエルとアカミミガメ　　６．ウシガエルとカミツキガメ
７．ウシガエルとクサガメ　　８．ウシガエルとワニガメ
９．アメリカザリガニとアカミミガメ　　10．アメリカザリガニとカミツキガメ
11．アメリカザリガニとクサガメ　　12．アメリカザリガニとワニガメ
13．オオクチバスとアカミミガメ　　14．オオクチバスとカミツキガメ
15．オオクチバスとクサガメ　　16．オオクチバスとワニガメ

(2) 文中の下線部Aについて，外来種に関する説明として**適切でないもの**を，次の１～４から一つ選び，番号で答えなさい。

１．本来いなかった環境《かんきょう》に人間活動の影響《えいきょう》で入ってきたものだけが外来種であり，生物が自力で移動してきたり，人間以外の生物や自然現象の影響で移動してきたりしたものは，外来種ではない。

２．同じ国や地域にすむ生物について，例えば習志野市から船橋市へ，あるいは同じ市内のある地区から別の地区への移動であったとしても，人間が持ちこんだ生物は，持ちこんだ場所に本来いないものであれば，外来種である。

３．外来種は，本来いなかった環境に人間活動の影響で入ってきたとしても，必ずしも移動した先で繁殖し，数をふやすことができるわけではない。

４．本来いなかった環境に人間活動の影響で入ったのちに，繁殖して数をふやすことができたとしても，元の生態系に何の影響もない場合には，外来種とはよばない。

(3) 文中の下線部Bについて，次のａ～ｄは，「特定外来生物」に対して法律で禁止されている内容です。これらのうち，「条件付特定外来生物」では許可されている（禁止されていない）ことはどれですか。もっとも適切なものを，あとの１～７から一つ選び，番号で答えなさい。

ａ．すでにペットとして飼育している個人が，無許可で飼育を続けること。

ｂ．すでに商業目的で飼育している業者が，無許可で飼育と販売《はんばい》を続けること。

ｃ．外来生物としてすでに定着している野外で採取した個体を，個人が持ち帰った後，再び採取した場所にもどすこと。

ｄ．外来生物としてすでに定着している野外で採取した個体を，商業目的の業者が持ち帰った後，その生物の原産地の野外に運んで放すこと。

１．全て許可なし　　２．ａ　　３．ａｂ　　４．ａｃ
５．ａｂｃ　　６．ａｂｄ　　７．ａｂｃｄ

6　次の文章を読み，あとの(1)～(3)の問いに答えなさい。ただし，気体の体積はすべて同じ条件ではかったものとします。

貝殻《かいがら》や石灰石《せっかいせき》の主成分である炭酸カルシウムは，白色の固体で，塩酸を加えると二酸化炭素を発生しながらとけて，無色の水溶液《すいようえき》となります。この水溶液に硫酸《りゅうさん》を加えると，白色の沈殿《ちんでん》が生じます。

2.5 g の炭酸カルシウムに十分な量の塩酸を加えると，600mLの二酸化炭素が発生しました。この水溶液に十分な量の硫酸を加えて，生じた沈殿を取り出し，乾燥《かんそう》したあとに重さをはかると3.4 g でした。

また，ふくらし粉の主成分である炭酸水素ナトリウムは，重曹《じゅうそう》とも呼ばれる白色の固体で，炭酸カルシウムと同様に塩酸を加えると二酸化炭素を発生しながらとけて，無色の水溶液となります。しかし，この溶液に硫酸を加えても沈殿は生じません。

2.1 g の炭酸水素ナトリウムに十分な量の塩酸を加えると，600mLの二酸化炭素が発生しました。

(1)　10 g の炭酸カルシウムに十分な量の塩酸を加えて発生するのと同量の二酸化炭素を，炭酸水素ナトリウムに十分な量の塩酸を加えて発生させるには，炭酸水素ナトリウムは何 g 必要ですか。

(2)　30 g の炭酸カルシウムに十分な量の塩酸を加え，二酸化炭素を発生させました。この水溶液にある濃《こ》さの硫酸を80mL加え，生じた沈殿を取り出し，乾燥したあとに重さをはかると10.2 g でした。さらに同じ濃さの硫酸を加えて沈殿が生じなくなるまでには，あと何mLの硫酸が必要ですか。

(3)　炭酸カルシウムと炭酸水素ナトリウムの混合物に十分な量の塩酸を加えたところ，二酸化炭素が1760mL発生しました。この水溶液に十分な量の硫酸を加え，生じた沈殿を取り出し，乾燥したあとに重さをはかると5.44 g でした。もとの混合物全体の重さに対する炭酸カルシウムの重さは何％ですか。小数第１位を四捨五入して，整数で答えなさい。

7　次の文章を読み，あとの(1)～(3)の問いに答えなさい。ただし，水の重さは１ cm^3 あたり１ g とします。

断面積の異なる円筒《えんとう》の形をした容器をいくつか用意し，それぞれの容器の底に穴をあけて，ゴム管でつないだ装置をつくりました。

次に，**図１**のように　この装置に水を入れ，左右の容器の内側の断面にちょうどはまる円柱の形をしたおもりをのせ，水面の高さを左右で同じにする**実験１**～**実験４**を行いました。

このときの左右の容器の断面積と，左右にのせたおもりの重さの関係は**表**のようになりました。

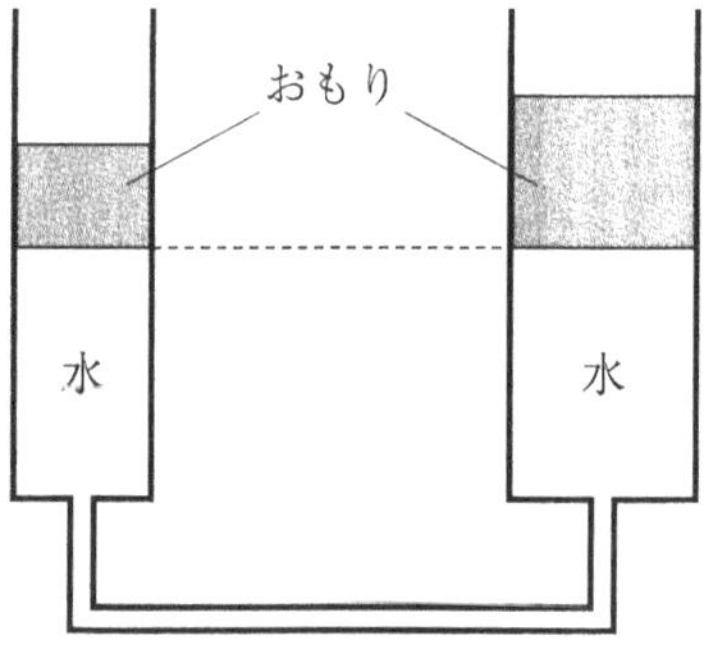

図１

表

	実験１	**実験２**	**実験３**	**実験４**
左の容器の断面積［cm^2］	5	5	5	5
左の容器にのせたおもりの重さ［g］	10	20	10	20
右の容器の断面積［cm^2］	30	30	40	40
右の容器にのせたおもりの重さ［g］	60	120	80	**ア**

⑴　前のページの**表**の**ア**に入るおもりの数値を答えなさい。

　左の容器の断面積を５㎠，右の容器の断面積を30㎠にして，左右に同じ重さのおもりをのせると，**図２**のように，右の容器の水面のほうが10㎝高くなりました。

⑵　左右にのせたおもりの重さは何ｇですか。

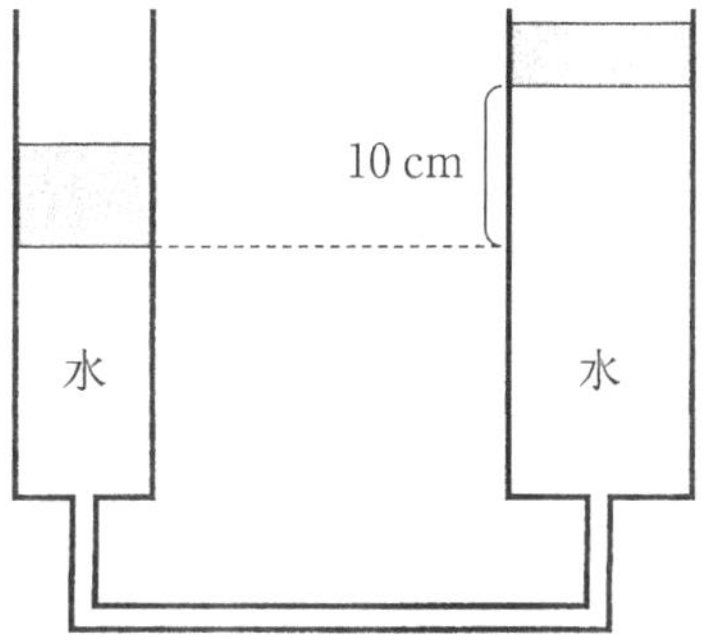

図２

　図３の状態で，重さ42ｇのおもり**A**，円柱の形をした重さ140ｇのおもり**C**，円すいの形をしたおもり**B**が静止しています。左の容器の断面積は15㎠，右の容器の断面積は６㎠で，左右の容器の水面の高さは同じです。棒は，右端《みぎはし》の点**P**のみが固定され，点**P**を支点としておもり**B**の頂点を押《お》すように，左端にひもでおもり**A**がつるされています。また，棒は水平になっており，棒の左端からおもり**B**の頂点までの長さは24㎝，棒の右端の点**P**からおもり**B**の頂点までの長さは４㎝です。ただし，棒とひもの重さは無視できるものとします。

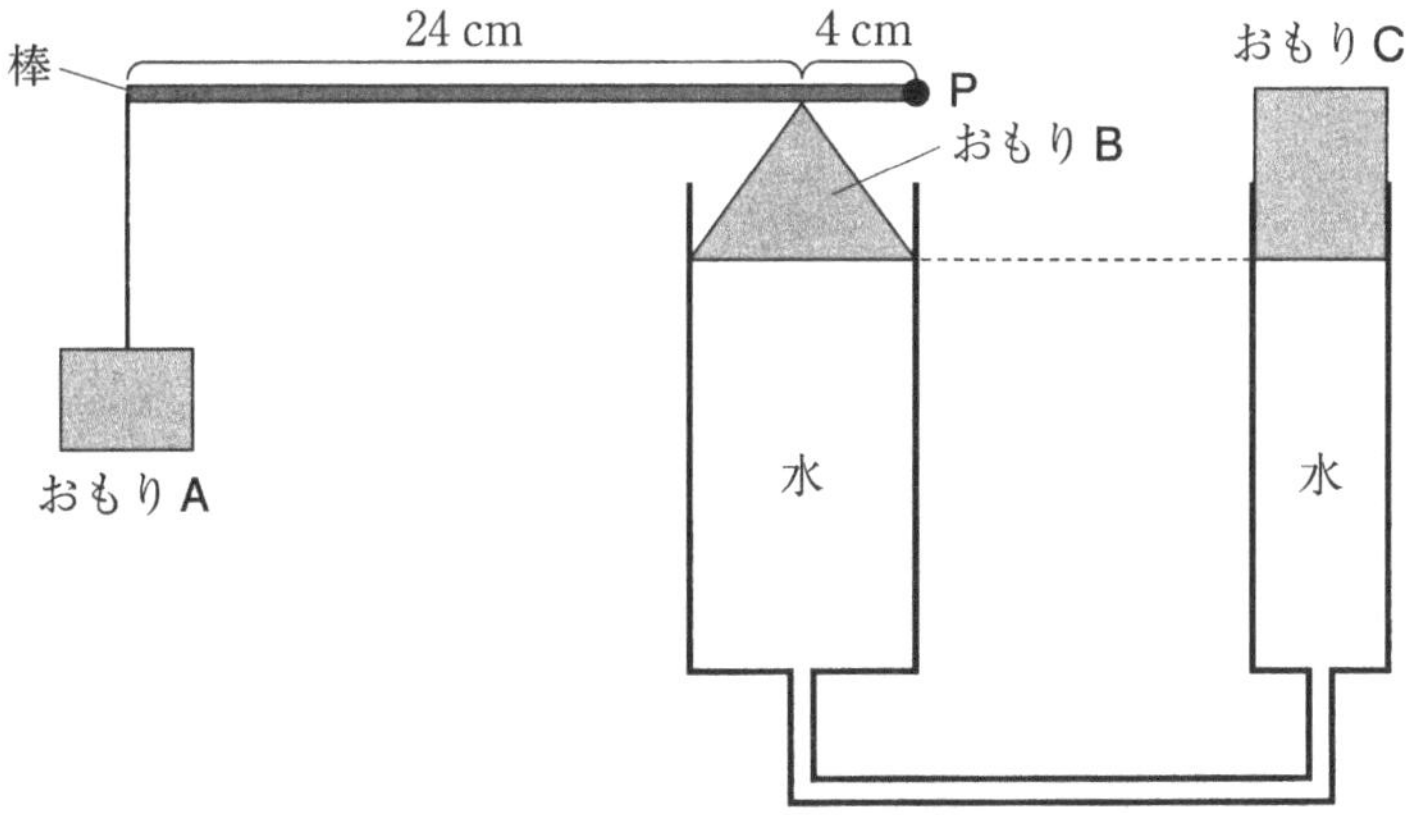

図３

⑶　おもり**B**の重さは何ｇですか。

【社　会】（45分）　＜満点：100点＞

1　栃木県宇都宮市に行った邦平《くにへい》さんは，市内に路面電車が走っていることを知りました。路面電車に興味をもった邦平さんは，日本各地の路面電車が走る都市を調べました。次の二重線内は，その中から邦平さんが選んだ12都市で，あとの図１は，宇都宮市と二重線内の各都市の位置を●で示しています。これらの都市に関して，あとの各問いに答えなさい。なお，図中の縦線の数字は経度（東経）を，横線の数字は緯《い》度《ど》（北緯）をそれぞれ示しています。

東京都特別区（23区）	北海道札幌市	北海道函館《はこだて》市	大阪府大阪市
鹿児島県鹿児島市	熊本県熊本市	高知県高知市	滋賀県大津市
富山県富山市	長崎県長崎市	広島県広島市	福井県福井市

図１

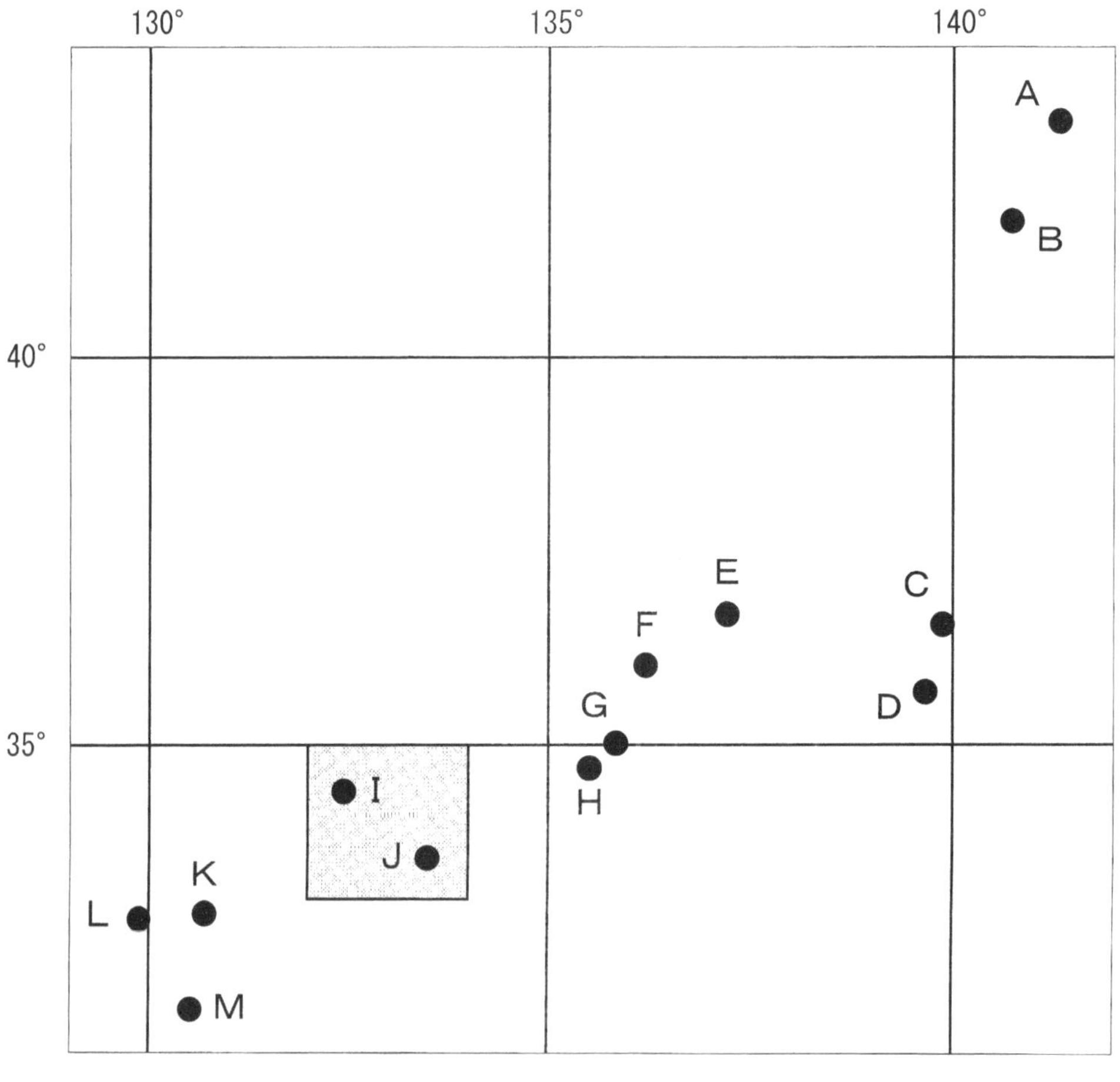

問１　図１中のＡ～Ｍのうち，宇都宮市の位置を示すものとして正しいものを１つ選び，記号で答えなさい。

問２　図１中の都市Ａと都市Ｌでは，約11.5度の経度の差がある。次のページの表は，この２つの都市における，昼間と夜間の時間がほぼ同じになる春分の日（2023年３月21日）の日の出・日の入りの時刻をまとめたものである。２つの都市の日の出，日の入りのおよその時刻の差は，経度差から求めることができる。 X ， Y にあてはまる時刻の組み合わせとして正しいものを，あとの**ア～カ**から１つ選び，記号で答えなさい。

都市	日の出	日の入り
A	５：３７	１７：４７
L	X	Y

「国立天文台ＨＰ」により作成。

	ア	イ	ウ	エ	オ	カ
X	４：５０	５：１４	５：２５	５：４９	６：０１	６：２４
Y	１６：５７	１７：１９	１７：３０	１７：５４	１８：０６	１８：３２

問３　次の表は，札幌市，福井市，広島市における第１次産業従業者数，小売業事業所数※1，情報通信業事業所数※2について，各都道府県の中でその都市が占《し》める割合を示したものであり，表中の**a～c**には，３つの項目《こうもく》のいずれかがあてはまる。**a～c**にあてはまる項目の組み合わせとして正しいものを，あとの**ア～カ**から１つ選び，記号で答えなさい。

（%）

	a	b	c
札幌市	６２．６	２７．５	３．０
福井市	６１．８	３７．５	１８．８
広島市	６８．８	３６．８	８．８

統計年次は2014年。「総務省統計局ＨＰ」により作成。

〔語句解説〕

※１小売業事業所数…商品を一般《いっぱん》の人々に売る店の数。

※２情報通信業事業所数…通信や情報サービスに関する事業を行う事業所の数。例えば，放送局，出版社，インターネット関連などの事業が含《ふく》まれる。

	ア	イ	ウ	エ	オ	カ
第１次産業従業者数	a	a	b	b	c	c
小売業事業所数	b	c	a	c	a	b
情報通信業事業所数	c	b	c	a	b	a

問４　次の写真は，路面電車が走っている，ある都市で撮影《さつえい》したものである。この都市は県庁所在地であり，46ページの二重線内の都市には含まれていない。また，その位置を図１中に示した場合，▨中に位置する。この都市名を，**漢字**で答えなさい。

問５　富山市に関して，後の(1)～(3)の各問いに答えなさい。

(1)　次のページの図は，富山市，熊谷市（埼玉県），宮古島市（沖縄県）における月別湿度の平年値を示している。都市名と図中の**あ〜う**の組み合わせとして正しいものを，あとの**ア〜カ**から１つ選び，記号で答えなさい。

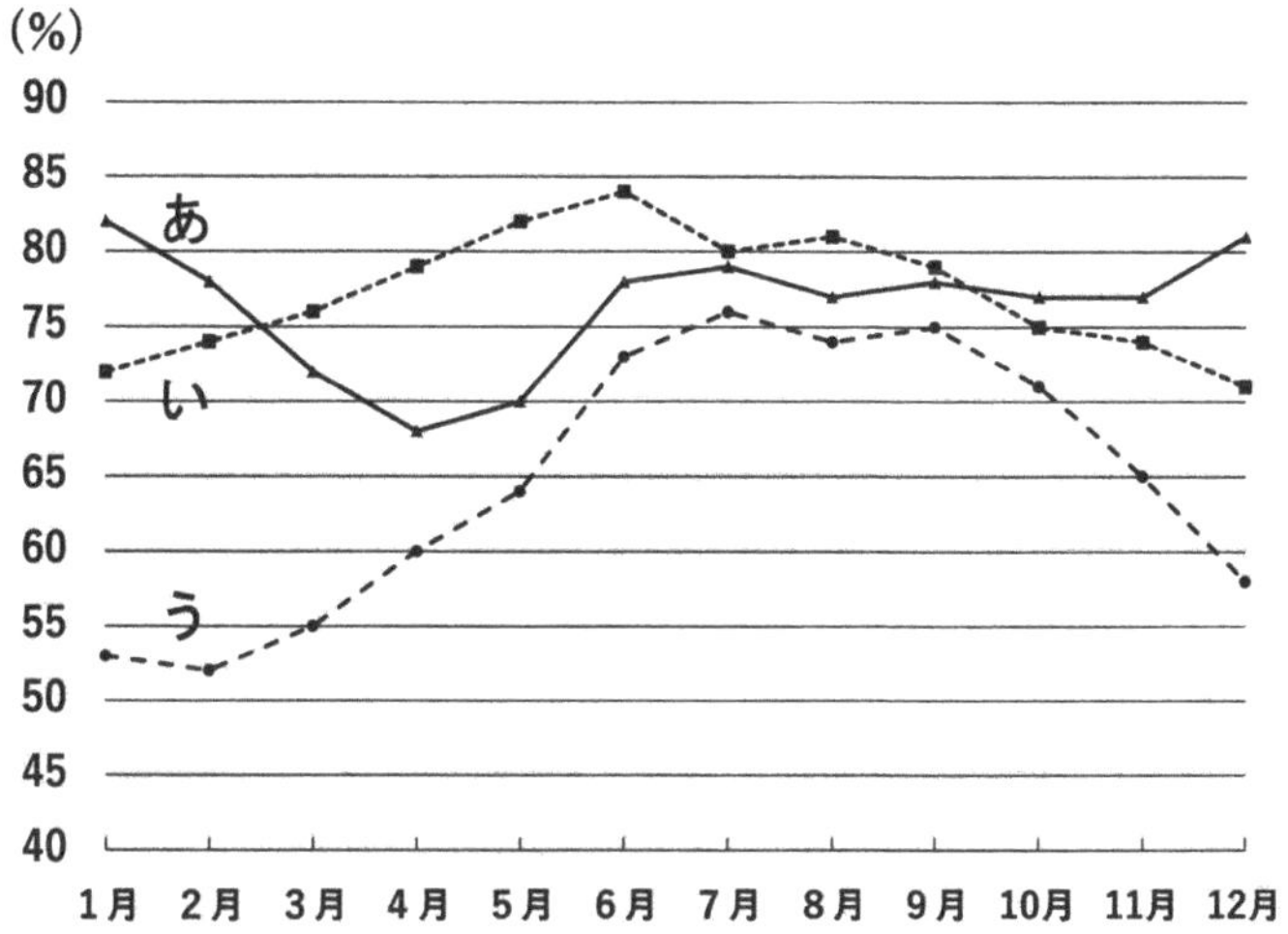

「気象庁ＨＰ」により作成。

	ア	イ	ウ	エ	オ	カ
富 山 市	あ	あ	い	い	う	う
熊 谷 市	い	う	あ	う	あ	い
宮古島市	う	い	う	あ	い	あ

⑵　次の図は，富山市を含めた本州中央部の地図で，右の**a〜c**は，左の地図中の**あ〜う**のいずれかの部分の地形の起伏《きふく》を，影《かげ》をつけて表現したものである。**あ〜う**と**a〜c**の組み合わせとして正しいものを，あとの**ア〜カ**から１つ選び，記号で答えなさい。

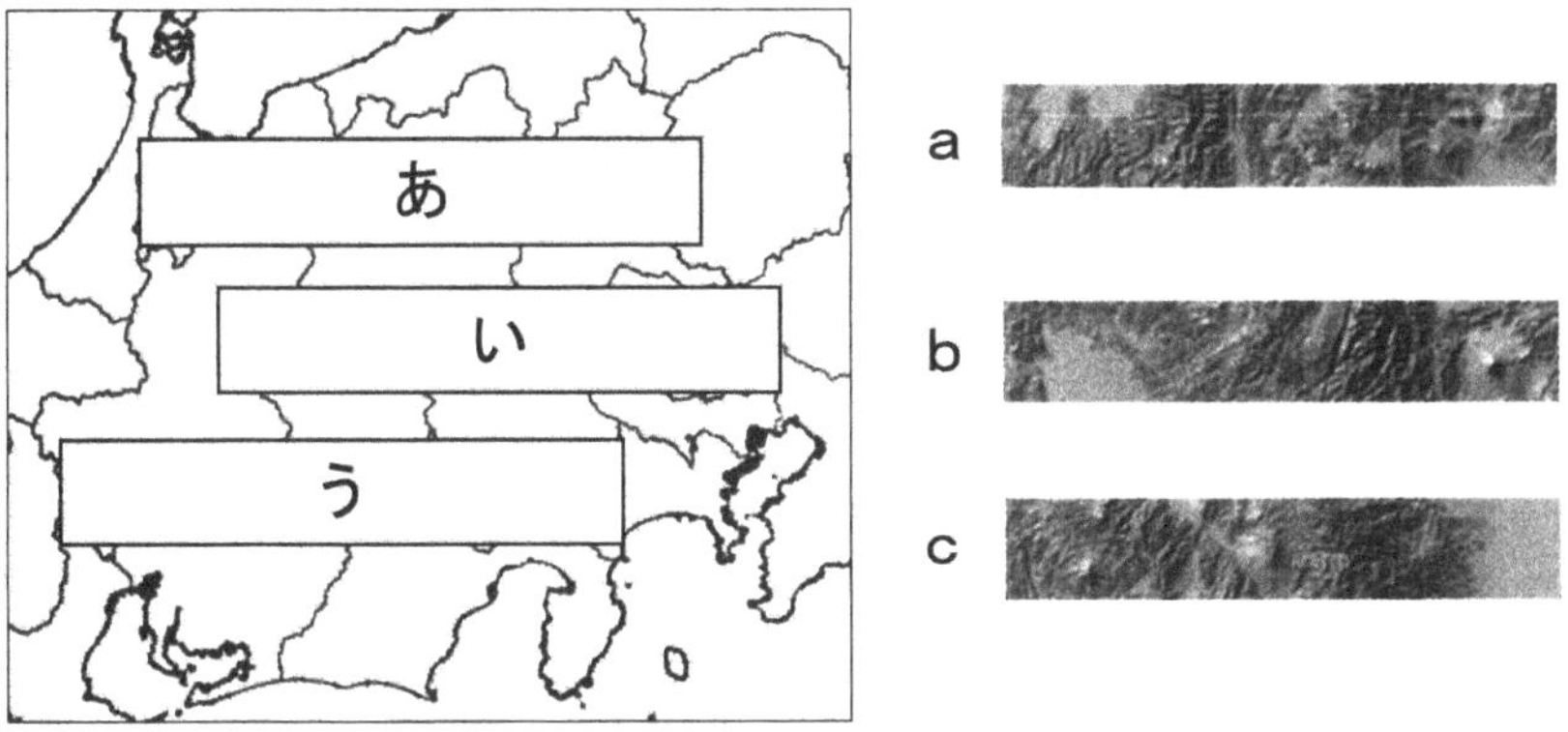

「国土地理院ＨＰ」により作成。

	ア	イ	ウ	エ	オ	カ
あ	a	a	b	b	c	c
い	b	c	a	c	a	b
う	c	b	c	a	b	a

⑶　富山市は，人口減少や高齢《こうれい》化社会などに対応するため，歩いて暮らせるコンパクトなまちづくりを目指している。その中で，高度経済成長期以降に廃止《はいし》が相次いだ路面電車の活用が考えられ，LRT※という新たな交通システムが生み出された。次の図は，この交通システムが生み出されたときの富山市がかかえていた問題点と，コンパクトなまちづくりを実践《じっせん》する上での主な改善点をまとめたものである。また，あとの二重線内の**a**～**c**は，図中の**X**にあてはまることがらをあげたものである。**a**～**c**の正誤の組み合わせとして正しいものを，あとの**ア**～**ク**から１つ選び，記号で答えなさい。

〔語句解説〕

※LRT…次世代型の路面電車の交通システムで，他の交通と連携《れんけい》し，車両の床《ゆか》を低くし，停留場を改良していろいろな人に対して乗り降りを簡単にするなどの面で優《すぐ》れた特徴《とくちょう》がある。

問題点

X

まちをこう変えたい！

改善点

○中心市街地を整備して活性化し，魅力《みりょく》を持たせ，住みやすくする。
○ＬＲＴなどの公共交通機関を活用し，自動車にたよりすぎずに「歩いて暮らせるまち」をめざす！
○交通の便利な地域に，だんだんと市民に移り住んでもらい，郊外における住居の分散を解消する。

「富山市公式ＨＰ」などにより作成。

a．中心市街地に人口が集中し，郊外へと働きに行く人が多く，中心市街地は混雑や渋《じゅう》滞《たい》，環境《かんきょう》悪化などが著《いちじる》しい。
b．公共交通機関が衰退《すいたい》し，郊外《こうがい》に住んでいる高齢者は，自動車の運転ができないと生活に困ることが多い。
c．郊外に住んでいる人にとっては，歩いて行ける範囲《はんい》に生活に必要な店や施設《しせつ》がそろっていないことが多い。

	ア	イ	ウ	エ	オ	カ	キ	ク
a	正	正	正	正	誤	誤	誤	誤
b	正	正	誤	誤	正	正	誤	誤
c	正	誤	正	誤	正	誤	正	誤

問６　宇都宮市では，2023年８月にLRTの導入による新たな路面電車が開通した。次のページの図は，優先的に整備・開業した区間を示した地図で，写真はその路面電車を撮影したものである。この路面電車の開通により，宇都宮市の今後に期待されることがらを述べたものとして**明らかに**

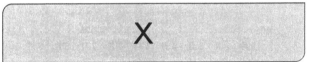

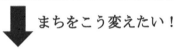

誤っているものを，あとのア～エから１つ選び，記号で答えなさい。

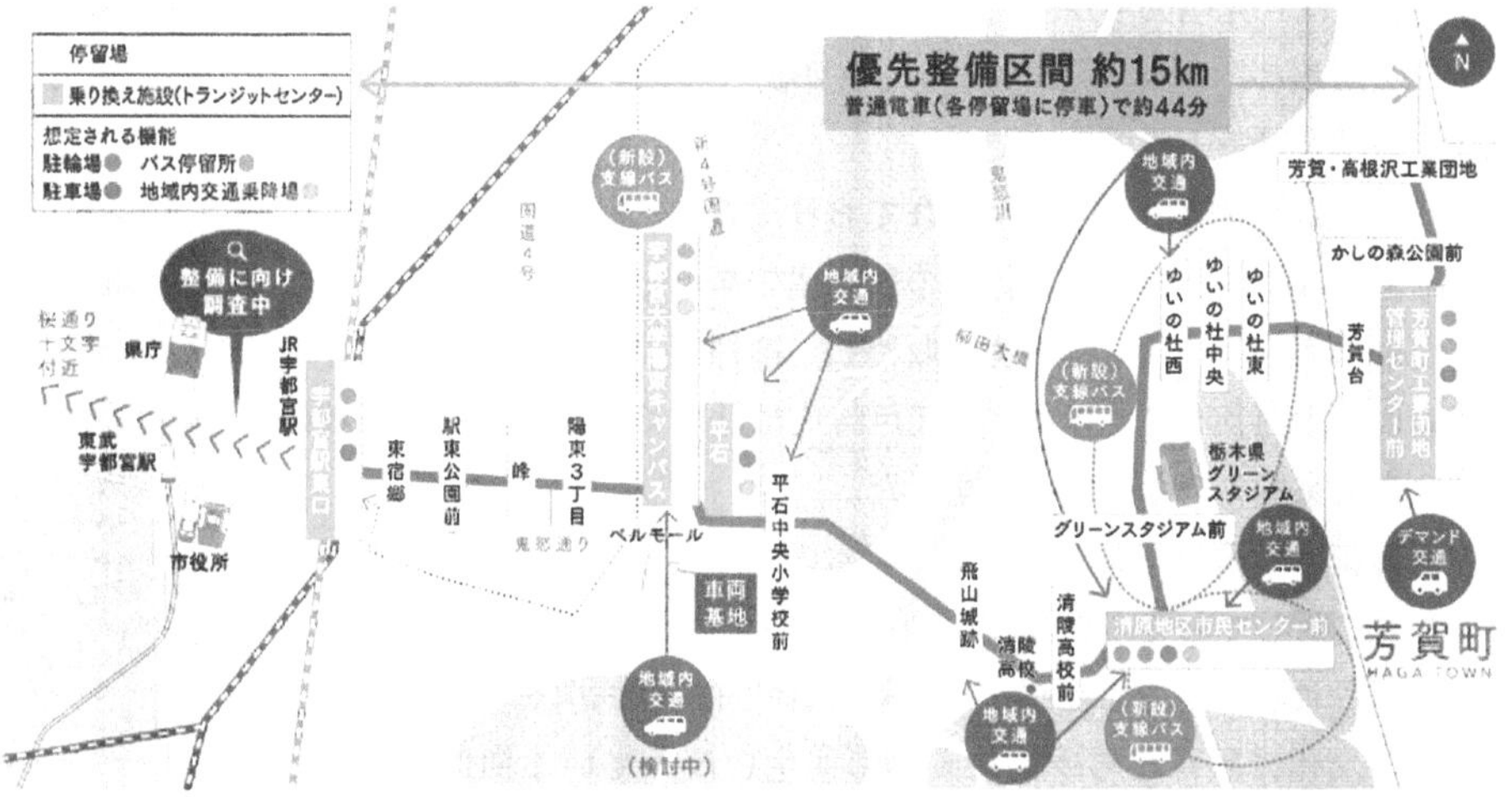

「宇都宮市ＨＰ」により作成。

ア．県内有数の観光地や空港とのアクセスが良くなることで国際観光都市として発展し，まちが経済的に潤《うるお》うことが期待できる。

イ．郊外の工業団地で働く人や郊外の住宅地に住む人の移動が楽になり，中心地との往来が多くなって，まちの活性化につながる。

ウ．自動車などの交通渋滞の解消につながり，市内全体の，特に中心市街地の環境が改善できる。

エ．高齢者や子どもなどの移動が楽になり，さまざまな人にやさしいまちとして，持続可能な発展が可能となる。

2　東邦大学付属東邦中学校が発行している学校新聞の名前は「たちばな」です。「たちばな」とは植物の名で，右の写真は橘《たちばな》の花です。橘に関する次の文章を読んで，あとの各問いに答えなさい。

橘は，本州の①静岡県以西の太平洋側から四国・九州の沿岸部，それから②台湾《たいわん》などにも分布しています。

『古事記』や『日本書紀』には，垂仁《すいじん》天皇がタジマモリという人を常世国《とこよのくに》に遣《つか》わしてトキジクノカクノミと呼ばれる果実を持ち帰らせ，それが橘の実だったという話があります。常緑である橘は「永遠」につながる縁起《えんぎ》のいいものとして姓《せい》や家紋《かもん》などに多く使われました。

橘氏の始まりは，元明天皇が，天皇家に長く女官として仕えてきた県犬養三千代《あがたいぬかいのみちよ》に橘の姓を授《さず》けたことから始まると言われています。③藤原不比等《ふじわらのふひと》の四人の子どもが病没《びょうぼつ》したのちに権力を握《にぎ》った橘諸兄《たちばなのもろえ》はこの県犬養三千代の息子《むすこ》です。

橘の模様は，④平安時代には使用されており，のちに家紋として定着していきました。⑤京都の石清水八幡宮《いわしみずはちまんぐう》では，創建した僧《そう》の行教《ぎょうきょう》の紋が橘であったため神社の紋として橘が使われています。また，宮内に植えられている橘の実を収穫《しゅうかく》し，御神酒《おみき》「橘酒」が今でも作られています。

橘の読みに「太刀《たち》」をあてはめ，⑥江戸時代には多くの武士が橘を家紋に使用し，「蔦《つた》」「桐《きり》」などとともに十大家紋のひとつになりました。

また，橘の花は，右の写真のように　日本の⑦文化の発展に関して優れた功績があった者に対しておくられる文化勲章《くんしょう》にも使用されています。もともとは桜の花が使用される予定でしたが，⑧昭和天皇の「桜は武勇を表す意味によく用いられた。文化の勲章なら季節に関わらず生い茂《しげ》っている橘にしてはどうか」という意向により差し替えられたとされています。

問１　下線部①に関するできごとについて述べたものとして**誤っているもの**を，次の**ア～エ**から１つ選び，記号で答えなさい。

ア．登呂遺跡《とろいせき》から多数のくわやすき，田げたなどの木製農具や高床倉庫跡《あと》が発掘《はっくつ》された。

イ．江戸時代，大井川《おおいがわ》には橋がかけられず「箱根八里は馬でも越《こ》すが，越すに越されぬ大井川」とうたわれた。

ウ．平氏との戦いに敗れた源頼朝は伊豆《いず》に流されたが，平氏を打倒《だとう》するため，北条氏などの力をかりて挙兵した。

エ．駿河《するが》・遠江《とおとうみ》に勢力を張っていた今川義元は，小牧・長久手の戦いで織田信長に敗れた。

問２　下線部②に関して，台湾が日本の植民地であった時期におこったできごとについて述べたものとして正しいものを，次の二重線内の**a～d**から２つ選び，その組み合わせとして正しいものを，あとの**ア～カ**から１つ選び，記号で答えなさい。

a．ノルマントン号事件がおこり，これをきっかけに不平等条約の改正が強く求められることとなった。

b．第一次世界大戦中，中国に対し日本の勢力を拡大することなどを求めた二十一か条の要求をつきつけた。

c．ソ連が日ソ共同宣言を破って対日参戦し，満州や南樺太《からふと》などに侵攻《しんこう》した。

d．シベリア出兵を見こした商人が米の買い占めをしたことから米価が急上昇《じょうしょう》し，富山県の主婦らが米屋などに押しかける米騒動《そうどう》がおこった。

ア．**a**と**b**　　**イ**．**a**と**c**　　**ウ**．**a**と**d**　　**エ**．**b**と**c**　　**オ**．**b**と**d**　　**カ**．**c**と**d**

問３　下線部③に関して，日本の歴史に登場する藤原氏について述べた次のページの二重線内の**a～c**を，年代の古い順に並べたものとして正しいものを，あとの**ア～カ**から１つ選び，記号で答えなさい。

a．藤原定家が中心となって『新古今和歌集《しんこきんわかしゅう》』が編さんされた。

b．藤原緒嗣《おつぐ》は桓武《かんむ》天皇に進言して，蝦夷《えみし》との戦いや平安京造営をやめさせた。

c．藤原良房《よしふさ》は太政大臣《だいじょうだいじん》となり，ついで摂政《せっしょう》となった。

ア．a→b→c　　イ．a→c→b　　ウ．b→a→c
エ．b→c→a　　オ．c→a→b　　カ．c→b→a

問４　下線部④に関して，平安時代のできごとについて述べたものとして正しいものを，次の二重線内のa～cとd～fからそれぞれ１つずつ選び，その組み合わせとして正しいものを，あとのア～ケから１つ選び，記号で答えなさい。

a．天皇の位を息子《むすこ》にゆずった白河上皇が，院政を開始した。

b．保元《ほうげん》・平治の乱に勝利して将軍となった平清盛は，大輪田泊《とまり》を整備した。

c．東北地方で前九年の合戦・後三年の合戦がおこったが，源義朝によって鎮圧《ちんあつ》された。


d．高麗《こうらい》が朝鮮《ちょうせん》半島を統一した。

e．唐《とう》が新羅《しらぎ》と連合して高句麗《こうくり》を滅ぼした。

f．高麗が元に服属した。

ア．aとd　　イ．aとe　　ウ．aとf　　エ．bとd　　オ．bとe
カ．bとf　　キ．cとd　　ク．cとe　　ケ．cとf

問５　下線部⑤に関して，次の二重線内のa～dは，京都に関するできごとについて述べたものである。このうち，内容が正しいものを２つ選び，その組み合わせとして正しいものを，あとのア～カから１つ選び，記号で答えなさい。

a．南北朝を合体した足利義満は京都の東山に幕府を移し，その建物が豪華《ごうか》であったことから「花の御所《ごしょ》」と呼ばれた。

b．承久《じょうきゅう》の乱のあと，幕府は朝廷《ちょうてい》の監視《かんし》や西国の御家人のとりしまりにあたらせる機関を京都の六波羅《ろくはら》に設置した。

c．京都の鳥羽・伏見《ふしみ》の戦いから始まった戊辰《ぼしん》戦争は，箱館（函館）の五稜郭《ごりょうかく》で旧幕府軍が降伏《こうふく》するまで続いた。

d．京都南部の国人や農民らが幕府に徳政令を求めて山城国一揆《いっき》をおこし，借金帳消しを勝ち取った。

ア．aとb　　イ．aとc　　ウ．aとd　　エ．bとc　　オ．bとd　　カ．cとd

問６　下線部⑥に関して，次の二重線内のa～cは，江戸幕府のしくみについて述べたものである。その正誤の組み合わせとして正しいものを，あとのア～クから１つ選び，記号で答えなさい。

a．将軍の下には数名の若年寄が置かれ，町奉行《ぶぎょう》・勘定《かんじょう》奉行・寺社奉行の三奉行を取りまとめた。

b．関ヶ原の戦い以前から徳川氏に従っていた譜代《ふだい》大名は，幕府から警戒《けいかい》されたため江戸から遠い地に配置された。

c．天皇や公家《くげ》を監視するため京都に京都所司代が置かれ，また，禁中《きんちゅう》並《ならびに》公家《くげ》諸法度《しょはっと》が制定された。

	ア	イ	ウ	エ	オ	カ	キ	ク
a	正	正	正	正	誤	誤	誤	誤
b	正	正	誤	誤	正	正	誤	誤
c	正	誤	正	誤	正	誤	正	誤

問７　下線部⑦に関して，次の**ア～カ**を，それらがつくられた，または始められた時代の古い順に並べたとき，**３番目**と**５番目**にあたるものをそれぞれ１つずつ選び，記号で答えなさい。

ア．

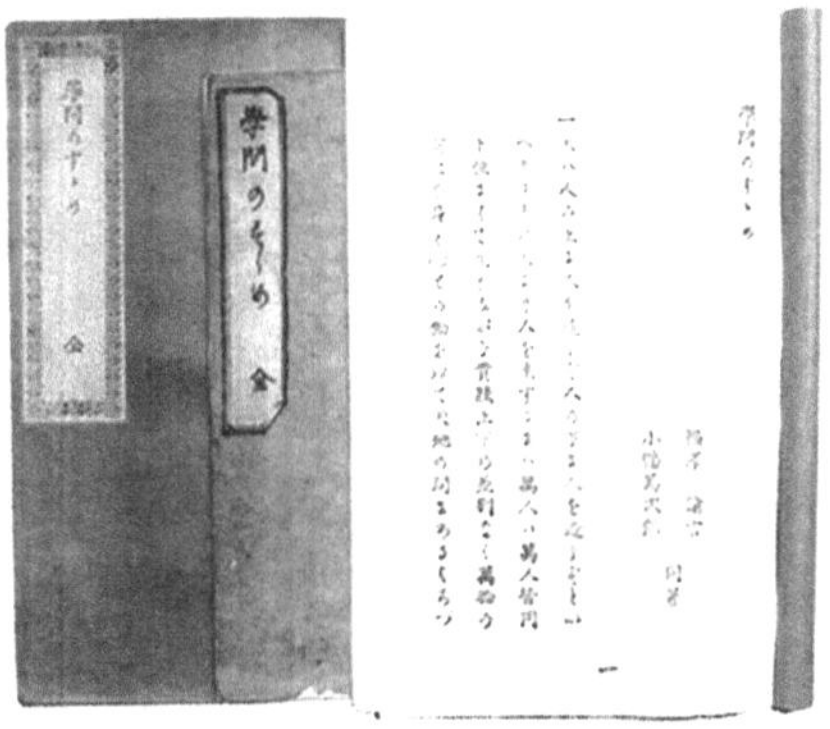

イ．

ウ．

エ．

オ．

カ．

問８　下線部⑧に関して，次の**a**～**c**は，昭和に走っていた鉄道の写真とそれに関する文章である。文章中の [X] ～ [Z] にあてはまる言葉の組み合わせとして正しいものを，あとの**ア～ク**から１つ選び，記号で答えなさい。

a．

これは南満州鉄道である。満州にいた日本の関東軍が [X] でこの鉄道の線路を爆破《ばくは》し，これを中国軍のしわざとして軍事行動をおこし，満州事変となった。

b．

これは第二次世界大戦後に見られた「 [Y] 列車」である。戦後の食糧《しょくりょう》不足により都市の人々が農村へ食べ物を求めて殺到《さっとう》した。

c．

これは1982年に開通した東北新幹線である。この年に中曽根内閣が成立し，1987年まで続いた。この間に， [Z] 。

	X	Y	Z
ア	盧溝橋《ろこうきょう》	買い出し	郵政民営化が行われた
イ	盧溝橋	疎開《そかい》	郵政民営化が行われた
ウ	盧溝橋	買い出し	三つの公社が民営化された
エ	盧溝橋	疎開	三つの公社が民営化された
オ	柳条湖《りゅうじょうこ》	買い出し	郵政民営化が行われた
カ	柳条湖	疎開	郵政民営化が行われた
キ	柳条湖	買い出し	三つの公社が民営化された
ク	柳条湖	疎開	三つの公社が民営化された

[3]　次の文章は，広島市教育委員会『ひろしまへいわノート～いのち・しぜん・きずな～』（旧版）の一部で，中沢啓二《なかざわけいじ》の漫画《まんが》『はだしのゲン』が使用されている部分です。これを読んで，あとの各問いに答えなさい。

1945（昭和20）年 [あ] 月 [い] 日。その日は朝から夏の日ざしがてりつけるあつい日だった。①ゲンは，家に帰ったら進次と遊ぶやくそくをして，一人で②学校に向かった。

午前 [あ] 時 [う] 分，ちょうど校門のあたりに来た時だった。話しかけてきた近所のおばさんといっしょに　ゲンが空を見上げたそのしゅんかん…。

ピカーッ，ゴワーッ！

日もくらむような光をあび，ものすごい風にふきとばされて，ゲンは，いしきをうしなった。

「ううう，どうしたんじゃ。」

しばらくして，気がつくと，ゲンは，学校のへいの下にたおれていた。

せなかのれんがや木切れをはらいのけて，はい出してみると…，運よく，大きなけがはしていなかった。しかし，さっきまで話をしていたおばさんは…，しんでいた。

③広島の町は，一しゅんにしてこわされ，めちゃくちゃになった。

あちらこちらで火が上がり，あっという間にもえ広がり始めた。

やっとのことで家にもどったゲンは，ぶじだった母ちゃんといっしょに家の下じきになった④父ちゃん，ねえちゃん，進次を助け出そうとした。

しかし，どうやっても，みんなを助け出すことができなかった。

ついにゲンの家にも火が回ってきた。

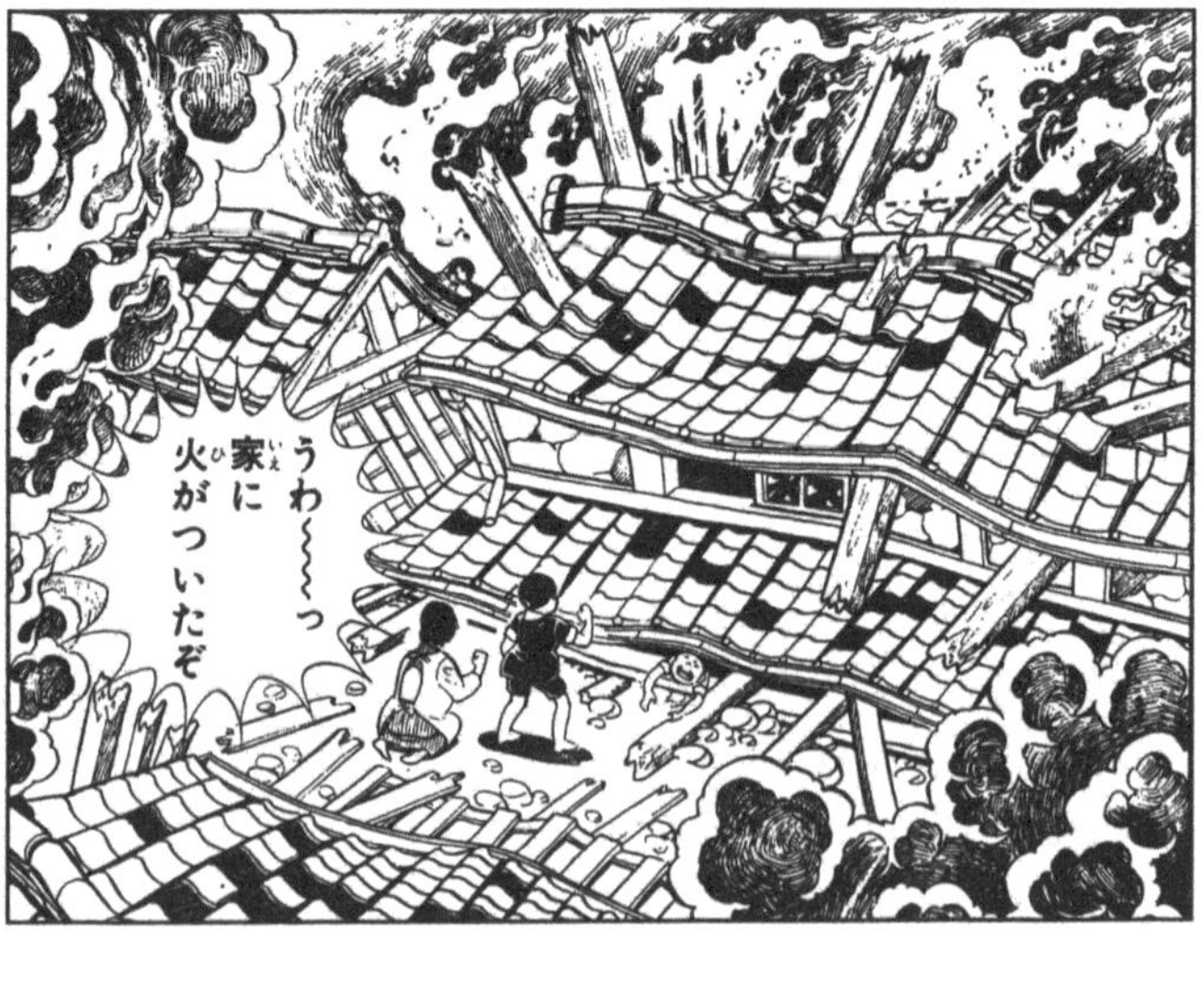

父ちゃん…。進次…。ああ。いったい，どうしたらいいんだ。

今年もまた，［あ］月［い］日がやってくる。

父ちゃん，ねえちゃん，進次…。
あの日，あの原子ばくだんさえ落とされなかったら…。
⑤家族いっしょにあの家で，ずっとくらしていただろう。
⑥せんそうさえなかったら…。
今も家族なかよく，わらってくらしていただろう。

（長崎にも原子ばくだんが落とされた後の［あ］月［う］日，ラジオを通じて，国民に戦争が終わったことがつげられた。）

※出題に際して一部表現を改め，本文最後の（　）内の一文は出題に際し加筆した。

問１　文章中の［あ］～［う］にあてはまる数字を，次の**ア**～**キ**からそれぞれ１つずつ選び，記号で答えなさい。

ア．2　　**イ**．6　　**ウ**．7　　**エ**．8　　**オ**．9　　**カ**．11　　**キ**．15

問２　下線部①に関して，あとの(1)・(2)の各問いに答えなさい．

(1)　右の資料は，主人公のゲンが弟の進次と落ちたコメ一粒《つぶ》を取り合った場面である。第二次世界大戦中の食糧供給に関して述べたものとして正しいものを，次のページの**ア**～**エ**から１つ選び，記号で答えなさい。

『はだしのゲン』第１巻より。

ア．第二次世界大戦中の食糧不足を解消するため，政府は国内のコメ市場を部分的に開放し，コメの一定割合を輸入する「ミニマムアクセス」を継続的《けいぞくてき》に行うことにした。

イ．第二次世界大戦中の食糧の確保と価格の安定を図《はか》るため，「食糧管理法」を制定し，政府がコメの生産・流通・消費を管理するようにした。

ウ．第二次世界大戦により，コメの生産者となる働き手が徴兵されたため，政府は「減反《げんたん》政策」を実施《じっし》し，農村に負担がかからないようにした。

エ．第二次世界大戦により，国内でコメ不足となったため，政府はコメの流通についての規制を外して，市場でコメの取引が自由に行えるようにした。

(2) ゲンの生きた第二次世界大戦中，政党は解散させられ「大政翼賛《よくさん》会」が組織された。日本国憲法では結社の自由が保障され，様々な政党が活動している。現在の政党に関して述べたものとして正しいものを，次の**ア～エ**から１つ選び，記号で答えなさい。

ア．自由民主党と日本社会党の二大政党制に近い体制が今日まで70年以上続いている。

イ．民主党から政権交代して以来，自由民主党の単独政権が今日まで10年以上続いている。

ウ．政治の公正を確保する目的で，要件を満たした政党が届け出た場合，国庫から政党交付金が提供されている。

エ．選挙の公正の確保やデジタルデバイドの解消のため，政党がインターネットを通じて選挙活動を行う，いわゆる「ネット選挙」は禁止されている。

問３　下線部②に関して，2022年６月，「子ども（児童）の権利条約」に対応する「こども基本法」が国会において成立した。これに関して，次の(1)・(2)の各問いに答えなさい。

(1) 「子ども（児童）の権利条約」の内容として**誤っているもの**を，次の**ア～エ**から１つ選び，記号で答えなさい。

ア．子どもは，休んだり遊んだりすることができる権利を持っている。

イ．子どもは，考え方や宗教などを自分で選ぶ権利を持っている。

ウ．子どもは，自分の意見を自由に表す権利を持っている。

エ．子どもは，義務や責任を果たすことで，権利を行使することができる。

(2) 「こども基本法」と同時に成立した法律により，2023年４月に発足《ほっそく》した省庁を答えなさい。

問４　下線部③に関して，2023年５月に広島ではＧ７サミットが開催《かいさい》された。次のページの図は，Ｇ７各国の経済的な結びつきについて示したものである。図中の［ a ］～［ d ］にあてはまる国名を，次の**ア～キ**からそれぞれ１つずつ選び，記号で答えなさい。

ア．オーストラリア　**イ**．カナダ　**ウ**．中国　**エ**．ドイツ

オ．ロシア　**カ**．イギリス　**キ**．アメリカ

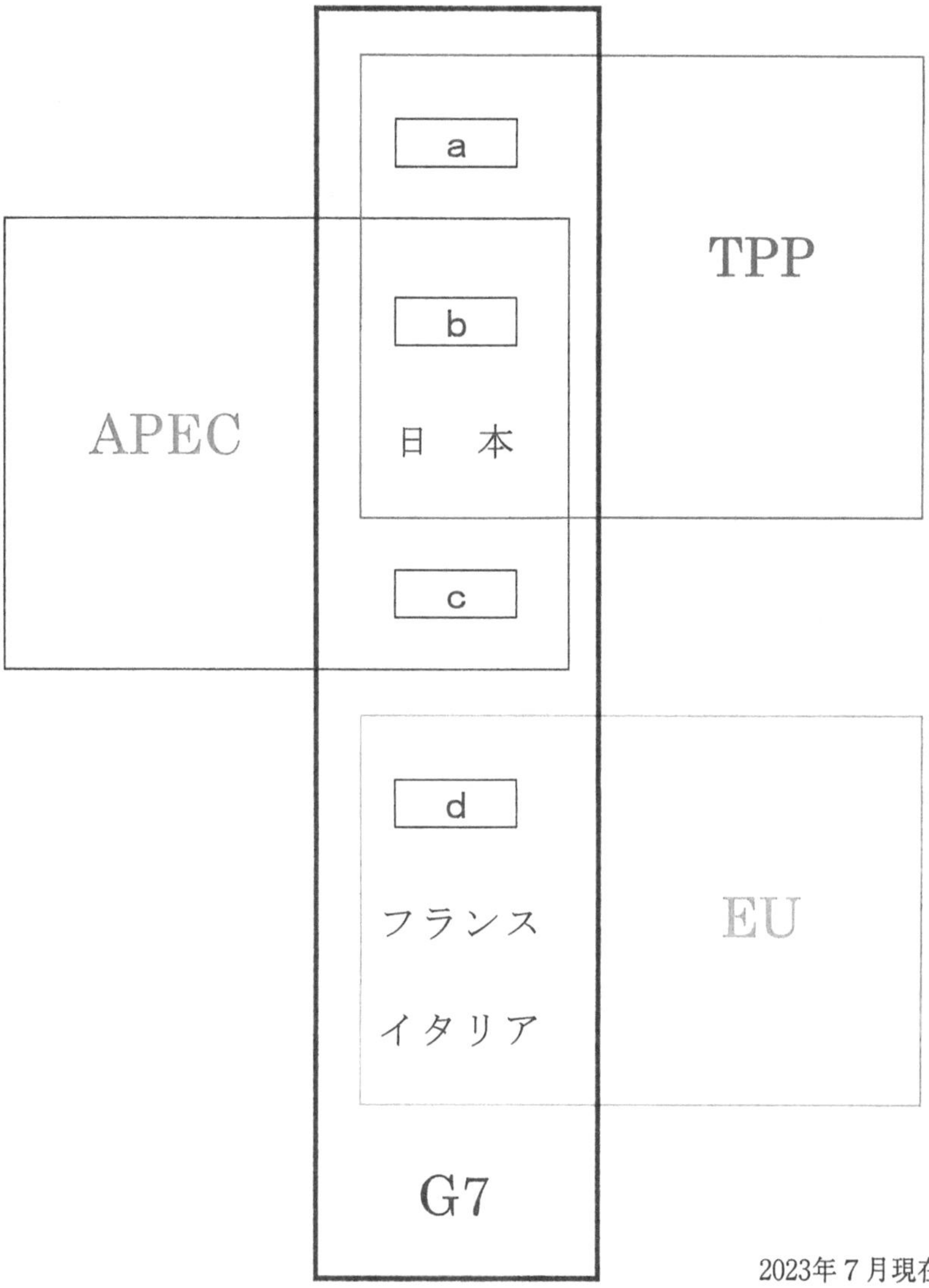

2023年７月現在

問５　下線部④に関して，次のページの資料は，ゲンの「父ちゃん」が，戦争に反対することを公言し，非国民と蔑《さげす》まれ，警察から取り調べを受けている場面である。現在の日本では憲法で基本的人権が保障され，自らの考えを持ち，それを自由に表明する権利が大切に守られている。次の二重線内の**ａ**～**ｄ**のうち，この権利を保障した日本国憲法の規定として正しいものを２つ選び，その組み合わせとして正しいものを，あとの**ア**～**カ**から１つ選び，記号で答えなさい。

ａ．集会，結社及び言論，出版その他一切《いっさい》の表現の自由は，これを保障する。

ｂ．思想及び良心の自由は，これを侵《おか》してはならない。

ｃ．何人も，公共の福祉《ふくし》に反しない限り，居住，移転及び職業選択《せんたく》の自由を有する。

ｄ．何人も，法律の定める手続きによらなければ，その生命若《も》しくは自由を奪《うば》われ，又はその他の刑罰《けいばつ》を科せられない。

ア．ａとｂ　　イ．ａとｃ　　ウ．ａとｄ　　エ．ｂとｃ　　オ．ｂとｄ　　カ．ｃとｄ

『はだしのゲン』第１巻より。

問６　下線部⑤に関して，家族について規定する日本の憲法，法律または司法の判断について述べたものとして**誤っているもの**を，次の**ア～エ**から１つ選び，記号で答えなさい。

ア．憲法は「婚姻《こんいん》は，両性の合意のみに基《もと》いて成立」すると規定している。

イ．憲法は，家族に関する事項《じこう》について「法律は，個人の尊厳と両性の本質的平等に立脚《りっきゃく》して，制定されなければならない」と規定している。

ウ．最高裁判所は，女性にのみ離婚《りこん》後６か月の再婚禁止期間を設けている民法の規定について，100日を超えた部分は，法の下の平等に反し違憲《いけん》であると判断した。

エ．最高裁判所は，同性婚を認めていないのは差別的取扱《とりあつか》いであって，法の下の平等に反し違憲であると判断した。

問７　下線部⑥に関して，日本も含め世界の憲法にはさまざまな「平和主義」についての規定がある。次の**ア～エ**は日本，コスタリカ，ドイツ，イタリアのいずれかのものである。このうち日本国憲法の内容として正しいものを１つ選び，記号で答えなさい。

ア．我《わ》が国は，他の人民の自由を侵害《しんがい》する手段および国際紛争《ふんそう》を解決する方法としての戦争を否《ひ》認《にん》する。

イ．われらは，全世界の国民が，ひとしく恐怖《きょうふ》と欠乏《けつぼう》から免《まぬ》かれ，平和のうちに生存する権利を有することを確認する。

ウ．諸国民の平和的共同生活をさまたげ，とくに侵略戦争の遂行《すいこう》を準備するのに役立ち，かつ，そのような意図をもってなされる行為《こうい》は違憲である。

エ．恒常的《こうじょうてき》制度としての軍隊を禁止する。公共秩序《ちつじょ》の監視と維持《いじ》のためには必要な警察隊を置く。

つまでも冷静になれなかったため、絵麻のこれまでの発言を自分は何の疑問も持たずにそのまま受け入れていたようにさえ感じてしまった。尚美の気持ちを見ぬいたかのような絵麻の笑いで、尚美は自分の誤解に気づいた。

C　絵麻は同級生ではあるが尚美にとってはまるで大人と接するような気おくれを感じるような存在だった。しかしこの日は絵麻の発言にいつになく誤りがあるように感じられてしまった。さりげなく指《し》摘《てき》したつもりの言葉は結果的に絵麻より自分を傷つけるものとなってしまい、絵麻のなぐさめを受けても、自分の表現力の少なさを反省するばかりだった。

D　自分の中にしっかりした価値観を持つ絵麻をかなわない存在だと思っていたが、この日は高校受験に対する不安もあり、絵麻の考えをそのまま受け入れられずにいた。自分自身がいやになるような言葉でしか絵麻に接することのできない自分をもてあましていた。絵麻と大きく対立することはなかったが、それでもすっきり心が晴れるまでには至らなかった。

E　極端ではあるが真実をするどく指摘する絵麻の発言にいつもは同意することしかできなかったが、この日は反発したくてたまらなかった。しかしいざ否定しようとしても自分の考えをうまく言葉にすることができず、絵麻に笑われて情けなく感じた。

問10　本文の説明としてもっとも適切なものを次のA～Eの中から一つ選び、記号で答えなさい。

A　尚美と絵麻が町中を歩く場面で、尚美にとって周囲の人ごみは単なる背景ではなく、絵麻との気まずさを救ってくれる役割をも持つことがわかる。

B　ポケットの中のざりざり感について、「制服や、制服用のコートのポケットの中」という限定により、学校生活がすべての不満の原因だと尚美が思ったことがわかる。

C　「北風の訪れと共に一斉に大人しくなった」という表現から、男子たちが受験に対する意識ではなく、寒くなったことで勉強に向かったことがわかる。

D　「ざりざりの歌」のような音楽があれば良いのにと絵麻が思っていることから、絵麻が言葉よりも音楽の方が自信があると考えていることがわかる。

E　絵麻も尚美もともにその言動は記されるが、心の動きは尚美のものしか記されないことから、絵麻が尚美にとって不可解な存在であることがわかる。

ること。

B　とりあえず結論をたな上げして、また別の機会に話し合おうとすること。

C　自分が正しいということを示しながら、相手に合わせたふりをすること。

D　明るい顔を見せながら、自分の考えを無理やり押しつけようとすること。

E　相手の考えを悪く言うのをさけて、自分たち世代全体の責任にすること。

問7　――線(7)「はっきりと傷ついた目を返した」とありますが、それはなぜですか。その理由としてもっとも適切なものを次のA～Eの中から一つ選び、記号で答えなさい。

A　尚美の発言から尚美が本当は絵麻をずっときらっていたのだということを知ってしまったから。

B　尚美の発言から絵麻自身これまで考えてもいなかった自分のみにくい考え方に気づかされたから。

C　尚美の発言から意外にも尚美が悪意をもって絵麻の気持ちを傷つけようとしたことがわかったから。

D　尚美の発言から尚美がいつの間にか絵麻も及ばないほど言葉たくみな人に成長していたと思ったから。

E　尚美の発言から絵麻が自分は他人より優れた者だと思っていると非難されたように感じたから。

問8　――線(8)「尚美には、そう言うのが精一杯だった」とありますが、この時の尚美の気持ちの説明としてもっとも適切なものを次のA～Eの中から一つ選び、記号で答えなさい。

A　絵麻がおどけた言動で自分をなんとか元気づけようとしてくれていることを察して感動したが、本当に自分を心から許してくれているのかをためしてみようとした。

B　絵麻の笑顔についつられて浮かべてしまった自分のほほえみを後悔し、絵麻の言葉のあげ足を取ることで絵麻をまだ心から許していないということを示そうとした。

C　絵麻がわだかまりのない言葉をかけてくれたことにほっとするとともに、あえて軽い不平を言うことで絵麻とこれまで同様の仲の良さでいられることを確かめようとした。

D　絵麻が自分のささくれた気持ちに寄りそおうとしていることに反発を感じ、わざといじわるな言葉を返すことで絵麻の落ち着きはらった笑顔をひっこめさせようとした。

E　絵麻の笑顔を見てほっとした気持ちになると同時に、できることなら絵麻の思いもよらないような面白いことを言ってその気持ちをさらに明るくさせたいと考えた。

問9　本文の尚美についての説明としてもっとも適切なものを次のA～Eの中から一つ選び、記号で答えなさい。

A　いつもならばすなおに受け入れられる絵麻の強い発言に、なぜかこの日は一つ一つひっかかるものを感じてしまった。自分も傷つくことを承知の上で絵麻に批判を試みると絵麻は優《やさ》しく対応したが、絵麻の笑顔の下にさげすみがあるのを見ぬいてしまった。

B　自信を持って断定的なことを言う絵麻の、同級生を見下すような発言に自分を非難されてしまったように思って反感をいだいた。い問4　――線(4)「結果は結果なんじゃないの?」とありますが、この発言について以下の問いに答えなさい。

Ⅰ　これはだれの発言ですか。次のA・Bから一つ選び、記号で答えなさい。

A　絵麻　　B　尚美

Ⅱ　この発言の内容の説明としてもっとも適切なものを次のA～Eの中から一つ選び、記号で答えなさい。

A　結果とひと口に言っても、短期的結果と長期的結果があるので、そのどちらを重視すべきかは場合によって異なる。

B　努力は人に知られず行うべきものであり、本人以外はその努力の達成度を結果という形でしか見ることができない。

C　その人が実は全く努力していなかったとしても、良い結果が出たならばその人の行動は正しかったと考えるしかない。

D　その人の努力と結果とは必ず結びつくとは限らないので、結果だけでその人の努力を評価するのはまちがっている。

E　結果はその人の努力の表れで、良い結果は努力が十分だったことを示すのだからその人を評価するよりどころとなる。

問5　――線(5)「言っていることはいちいち判る」とありますが、尚美のとらえた絵麻の考え方としてもっとも適切なものを次のA～Eの中から一つ選び、記号で答えなさい。

A　ある人が上を目指し、全力を尽《つ》くして目標に到達《とうたつ》したとしても、その目標は客観的に見てそれほど目を見張るようなすごさを持っていない。それなのに本人も周囲も目標に到達したことばかりに目が行き、客観的な見方ができなくなってしまっているのは残念なことである。

B　ある人が上を目指し、全力を尽くして目標に到達したとしても、それはあくまでも努力に対する成果であって、その人自体の価値とは別物である。それなのに成果の全てを自分のものにできたかのように思いこんだり他の人がその人を評価したりするのはおかしなことである。

C　ある人が上を目指し、全力を尽くして目標に到達したとしても、それはその人の限界に過ぎず、目標自体の持つ価値はまだまだ奥が深い。それ以上はその人がいくら努力しても得ることができない可能性もあるので、あらゆる可能性を視野に入れることが大切なことである。

D　ある人が上を目指し、全力を尽くして目標に到達したとしても、実は単なる偶然《ぐうぜん》によってたまたま得ることができた結果である。偶然による成功を自分の実力と思いこんでも、いつかは自分の実力の低さを痛感することになるので、そのことに気づかないのは気の毒なことである。

E　ある人が上を目指し、全力を尽くして目標に到達したとしても、実はその人が目指す目標は別のところにあるということはよくある話である。自分をしっかり見つめて目標を設定すべきなのに、まわりの人の見方に流されて安易に決めてしまうのはその人にとって不幸なことである。

問6　――線(6)「絵麻なりの手打ち」の説明としてもっとも適切なものを次のA～Eの中から一つ選び、記号で答えなさい。

A　たがいの異なる意見を尊重しつつ、話題に区切りをつけようとす返し、駅にほど近いファッションビルに向かう。

「ソニプラなら、※6恵比寿《えびす》の方が近かったじゃん」

(8)尚美には、そう言うのが精一杯《せいいっぱい》だった。

「そうだね」

振《ふ》り絞《しぼ》った勇気は絵麻の爆笑《ばくしょう》に救われた。

学校帰りにそのまま寄り道しての買い物だったら、こんなおかしな気持ちにはならずに済んだだろう。

したいことと、しなくちゃいけないことと、それらを押し込むべき自分の時間は、いつも尚美をばらばらにしてしまう。

絵麻に聞こえないよう噛《か》み潰《つぶ》しながら、ため息を吐《は》き出した。

（前川麻子《まえかわあさこ》『パレット』より）

（注）※1　伊原……尚美や絵麻と同じ公立中学に通う三年生。明るい性格で絵麻のボーイフレンド。

※2　ステンカラーコート……冬用のコートの一種。

※3　おためごかし……いかにも人のためにするように見せかけて、実は自分の利益をはかること。

※4　ピーコート……冬用のコートの一種。

※5　ソニプラ……輸入雑貨専門店「ソニープラザ」を略した呼び方。

※6　恵比寿……東京都渋谷《しぶや》区にある地名。

問1　――線(1)「小心者だから」とありますが、このあとに続くと考えられる言葉としてもっとも適切なものを次のA～Eの中から一つ選び、記号で答えなさい。

A　ほかに何もしたいことがなかったんだよ。

B　勉強しない自分が情けなくていやなんだよ。

C　何かをしていないと落ちつかないんだよ。

D　勉強を始めないと不安でしかたないんだよ。

E　勉強している友だちを見たくなかったんだよ。

問2　――線(2)「肩を竦めた」とありますが、この動作には絵麻のどのような思いが表れていますか。もっとも適切なものを次のA～Eの中から一つ選び、記号で答えなさい。

A　納得しかねるという思い。

B　わけがわからないという思い。

C　見そこなったという思い。

D　自分には関係ないという思い。

E　気味が悪いという思い。

問3　――線(3)「もたらされたという言い回しが気に障った」とありますが、それはなぜですか。その理由としてもっとも適切なものを次のA～Eの中から一つ選び、記号で答えなさい。

A　その人ががんばった成果ではなく、たまたま実力以上の成果が出ただけであるかのように思えたから。

B　その人の力のように見えるものの、元々そうなる道すじだったのだと言っているように聞こえたから。

C　その人の成功は本人だけのものではなく、支えた親や教員のおかげであるかのように考えているから。

D　その人が努力しようがするまいが、最終的な結果は初めからわかっていたかのように言っているから。

E　その人が勝ち取ったわけではなく、その人ではない別の何かが与えてくれた結果のように感じたから。

いつもながら口調は穏やかだが、絶対に譲《ゆず》らない意志のある言い方をする。

尚美は際限なく苛立つ自分を感じている。だけど、何をどう言えば絵麻の意見に立ち向かえるのかが判らない。

自分にだって絶対に譲れない確固たる考えはある。なのに、それをうまく言葉にして伝えられないことがもどかしい。いつも言葉使いの巧《たく》みな絵麻の言い分に便乗することで、そのもどかしさを避《さ》けてきた。言いなりになっていたとは思わないが、そうと気がつくと、自分はいつでも言葉にできないだけで、絵麻とは違うことを考えていたのではないかとも思う。

私たちの間に音楽があればいいのに。

二人で声を合わせて「ざりざりの歌」を歌えば、通じるかもしれない。

押し黙ってしまった自分を誤魔化すように小さな咳払《せきばら》いをした。

「どうしてあたしたちの年代って、みんな、価値観を統一させたがるんだろうね。尚美はそれがないから好きだな」

声の調子を少し上げた絵麻が、そう言って笑った。花のような笑顔だ。(6)絵麻なりの手打ちが嬉《うれ》しい。なのに、それすら尚美には言えず、最強の笑顔さえざりっと尚美を擦り上げてくる。思わず「痛っ」と声をあげたくなった。

自分の口元がへの字になっていることがわかった。きっと二度と鏡を見たくなくなるような顔になっている。

「エマチンが思ってるほど、みんな馬鹿《ばか》じゃないと思うよ」

言うつもりのなかった言葉が、ぽろりと溢《こぼ》れた。

（中略）

絵麻は(7)はっきりと傷ついた目を返した。

絵麻が言いたいことはわかっている。

そんなふうに思ってないと言い返さない絵麻は、何を思って黙ってしまったのか。

自分の底意地の悪さに息苦しくなった。

絵麻がそんなふうに思ってるわけじゃないと判っていながら、そんな言い方になってしまった自分のとげとげしい気持ちは、一体どこから湧《わ》き上がったのだろう。

絵麻を傷つけようとした。わざと傷つく言い方を選んだ。

言いたいことを伝える言葉はどんなに指先がざりざりしても探し当てられないのに。自分を守りたいだけの意地悪な棘《とげ》は、考える間もなく飛び出してしまう。ざりっと音を立てて、絵麻を傷つけた。

努力することは無駄《むだ》じゃないと、そう言ってもらいたかっただけだ。たとえ絵麻がそう考えないのだとしても、「尚美の努力は無駄にはならないよ」と、励《はげ》まして欲《ほ》しかった。

今、そう言えれば。

だが、尚美には、それだけのことを伝える勇気がない。

「やっぱ、※5ソニプラですかね」

もう一度向けられた花の笑顔に、今度は確かに救われて、ぎこちなく微笑みながら頷いてみせる。

目指す店の前はとうに通過していた。ただ喋《しゃべ》るためだけに歩き続けていたと気がつく。沈黙《ちんもく》をかき消されることに安心して、雑踏《ざっとう》へ雑踏へと歩き続けていたのだ。

センター街の中央にある十字路から横に出て雑貨店の並ぶ通りを引き

「そもそも、努力してできた結果って、信用ならなくない？」

絵麻が、母親のお古の※2ステンカラーコートのポケットに手を突《つ》っ込んだまま、(2)肩《かた》を竦《すく》めた。

「だって、それって、努力しなきゃできないってことじゃん」と、「できない」の部分を強調して続ける。

「エマチンが頑張《がんば》らない派だってことは判《わか》るけど、伊原にそんなこと言ったら傷ついちゃうよ、きっと」

ポケットの中の指先が、ざりざりする。

どうして制服や、制服用のコートのポケットの中は、いつもざりざりするのだろう。もう砂遊びをするような年齢《ねんれい》じゃないのに。

尚美は、ポケットから手を出した。掌《てのひら》が大きく息をついたように感じる。

「頑張るっていう姿勢はかっこいいと思うよ。そこに価値があると思うし。でも、それによってもたらされた結果を、自分のものみたいに思っちゃうのって、怖《こわ》いじゃん」

(3)もたらされたという言い回しが気に障《さわ》った。

いつもの尚美なら、うんうんと頷《うなず》いて、やっぱり絵麻はスゴイなあと思っていただろう。だが、今日はつまらない何かがいちいちこつんとぶつかってくる。

「(4)結果は結果なんじゃないの？」

自分が※3おためごかしに努力しようという矢先に言われたから気に障るだけだと判る。

それでも、口にした。

「例えばさ、伊原が将来、猛《もう》勉強して東大に入ってもさ、それって猛勉強の結果が東大合格ってだけのことでしょ？　伊原という人に東大ブランドの価値があるってことにはならないはずなのに、そのへん、勘違《かんちが》いしたりする。別に、伊原がそう勘違いしてるって話じゃなくて、ただ、たとえ話に使っただけだけど」

尚美の反論口調にも動揺《どうよう》せず、絵麻はいつもの調子で淡々《たんたん》と話すだけだ。

(5)言っていることはいちいち判る。正しいとも思う。なのにどうしてか、いつもは素直《すなお》に受け入れられる絵麻の正しさが今日だけは飲み込めずに喉《のど》を塞《ふさ》ぐ。やっぱり何か正しくないような気がしてしまうのだ。

「でも、結果を導きだすだけの努力を成し遂《と》げるってことが、その人の価値を高めるんじゃない？　少なくとも、そういうことになってるんだと思うけど。でなかったら、誰《だれ》も努力なんかしないよ」

何をむきになっているんだろうと自分でも不思議だった。絵麻は穏《おだ》やかな微笑《ほほえ》みで尚美の意見に頷き、しばらく黙《だま》った。

絵麻が何を考えているのだろうと、少しだけ不安になる。

掌をまた※4ピーコートのポケットに突っ込んで、ざりざりを確かめた。その感触《かんしょく》は尚美を苛々《いらいら》させる。指先に目がついているように色を感じた。

どんな色だかわからないけれど、ざりざり色。そう感じてしまう尚美のざりざりした部分が、絵麻をざりざりさせてしまったのか、それとも絵麻のざりざりに擦《こす》られて、自分がざりざりしてしまうのか。ダイヤモンドでもルビーでもない、ざりざり色だ。

「あたしは違う。成し遂げられる程度の努力を努力と思いたくないし、努力しなければ出せない結果を自分の価値とは結びつけられないよ」

B　政策によっては国の歴史が大きくぬりかえられてしまうということ。

C　江戸時代から現代までの時間はそれほど長い年月ではないということ。

D　未来の東京は緑がなくなればすぐに様変わりしてしまうということ。

E　世界でも都市の再開発が進めばどこも同じになってしまうということ。

問10　――線「東京は緑多き都である」とありますが、その理由を説明した次の□にあてはまる言葉を本文中から**三十字以内**でぬき出し、**最初と最後の三字**ずつを答えなさい。（句読点、記号等も字数に数えます。）

□から。

問11　筆者の主張としてもっとも適切なものを次のA～Eの中から一つ選び、記号で答えなさい。

A　自然の豊かさを保っていくことは世界共通の価値観であり、世界にさまざまなことを発信していく都市としての東京の緑がなくなってしまうことは容認することはできない。

B　東京はこれまで引きつがれてきた歴史の中で、世界のどこにも見ることのできないような緑豊かな都市となったわけで、その東京の緑を安易になくしてしまってはならない。

C　東京がこれからも日本の首都として機能していくためには、このまま再開発を進めることは必要なことであるが、東京の緑を保存していくための方策も検討するべきである。

D　ふるさとである東京に住み続けている筆者は、東京の今の姿を見て心を痛めており、ふるさとのあるべき姿を守りつつ地球環境保護の一環として東京の緑を残していきたい。

E　東京だけでなく世界中の都市は高層ビルの建設などで自然が少なくなってきており、せめて東京だけでもそのままの自然を後世に遺していくことが私たちの使命なのである。

二　次の文章を読んで、あとの問いに答えなさい。

「でも、※1伊原、ずいぶん早くから受験の準備してたでしょ」

誤魔化《ごまか》すように話を戻《もど》す。

「(1)小心者だから」

あれほど男らしく変貌《へんぼう》したのに絵麻《えま》にはこの言われようだ。もしや、受験の準備を早くから始めたことで余裕ができ、それが今の伊原の男らしさに見えているのかもしれない。

クラスの男子たちは、北風の訪《おとず》れと共に一斉《いっせい》に大人しくなった。校庭で走り回っていたサッカー部の子たちも、土日を潰《つぶ》して練習していた野球部の子たちも、皆《みな》休み時間にこぞって机に向かっていた。かといって勉強をしている様子ではない。ただ、机に向かってぼんやりしている。

尚美《なおみ》には、少しだけその気持ちがわかった。やる気はないのにプレッシャーがあって自由になれない。中途半端《ちゅうとはんぱ》に体を机の前に置いておけば、少なくとも後ろめたくはない。

ぎりぎりになって講習に申し込《こ》んだ十日ほど前から、三日に一度の割合で尚美もそれを経験している。

その説明としてもっとも適切なものを次のA～Eの中から一つ選び、記号で答えなさい。

A　東京の緑は人の手がまったく入っていない自然そのものであるということ。

B　東京の緑は人々の生活のそばにもともとあった自然であるということ。

C　東京の緑は人々が生活する都市の中に新たに作られた自然であるということ。

D　東京の緑はすでに存在している自然を人の手で増やしたものであるということ。

E　東京の緑は人が江戸の町を改めて作ろうとして移した自然であるということ。

問7　――線（3）「東京遷都は相当の冒険だったはずである」とありますが、筆者がそのように述べる理由としてもっとも適切なものを次のA～Eの中から一つ選び、記号で答えなさい。

A　「辞官納地」によって、幕臣たちが領地を失ったことに強く反発して、政府と争う状況下であったから。

B　「辞官納地」だけでなく、「王政復古」や「大政奉還」などの政策への反対派が多く存在していたから。

C　「辞官納地」は、諸大名も幕臣も受け入れがたいものだったので、強い反対を招く可能性があったから。

D　東京だけではなく、他の場所にも緑が豊かで首都機能を置くことのできる地域があるとわかっていたから。

E　東京遷都をしても、新しい国家体制における首都機能を果たすことができる条件が整っていなかったから。

問8　――線（4）「ふるさとの発展を希んでも、変容を希む人はいない」の説明としてもっとも適切なものを次のA～Eの中から一つ選び、記号で答えなさい。

A　東京をふるさとと考えて暮らす人が多くなっていくことは望ましいことだが、自然に関心を持たない人が出てくるのは望ましくないということ。

B　ほこりを持てる場所として多くの人に認められることは望ましいことだが、多くの人が住むために高層ビルを建てるのは望ましくないということ。

C　緑あふれる都としての東京がこのまま緑を増やすことは望ましいことだが、緑を減らして人工的な施設を増やしていくのは望ましくないということ。

D　ふるさとの良さを引きつぎさらに住みよくなることは望ましいことだが、元の形が失われて異なる土地になっていくのは望ましくないということ。

E　日本各地のふるさとがそれぞれ独自に良くなっていくことは望ましいことだが、東京だけどんどん開発が進んでいくのは望ましくないということ。

問9　――線（5）「このたかだかの距離感」とはどのようなことですか。その説明としてもっとも適切なものを次のA～Eの中から一つ選び、記号で答えなさい。

A　人間の作り出す歴史と自然はいつもとなりあう関係であるということ。

※3　ハイドパーク……ロンドン中心部にある王立公園。
※4　坂本龍一……日本の音楽家。

問1　＝＝線「ホウコ」の「ホウ」と同じ漢字を使うものを次のA～Iの中からすべて選び、記号で答えなさい。なお、正解は一つとは限りません。いくつかある場合には、そのすべての記号を書きなさい。

A　ホウチされたままの空き家。　B　正午のジホウが聞こえる。
C　シホウから敵にせめられる。　D　昔行った町をサイホウする。
E　ホウガイな値段の自転車。　F　チョウホウしているかばん。
G　周りを警察にホウイされる。　H　七色にかがやくホウセキ。
I　今年のさんまはホウリョウだ。

問2　〰〰線a「ピンとこない」、b「潔しとしない」の本文中の意味として、もっとも適切なものを次のA～Eの中から一つずつ選び、それぞれ記号で答えなさい。

a　ピンとこない
A　生理的に受け付けない
B　論理的に理解できない
C　積極的に考えられない
D　本能的に反対できない
E　直感的に感じ取れない

b　潔しとしない
A　不思議だと思わない
B　忘れたいと思わない
C　許すことができない
D　止めることができない
E　反対することができない

問3　本文の段落の先頭に次の一文を入れるとすると、どこが適切ですか。この文が入る段落としてもっとも適切なところを本文中の[A]～[E]の中から一つ選び、記号で答えなさい。

それほど遠い昔ではない。

問4　[I]～[III]にあてはまる言葉としてもっとも適切なものを次のA～Hの中から一つずつ選び、それぞれ記号で答えなさい。

A　すると　B　ところで　C　すなわち　D　そこで
E　したがって　F　だから　G　なぜなら　H　もっとも

問5　――線(1)「同じ理由から日本では、大阪が緑に恵まれていないと思える」とありますが、どのような理由で大阪が緑に恵まれていないと考えられますか。もっとも適切なものを次のA～Eの中から一つ選び、記号で答えなさい。

A　緑を増やそうとすることよりも、商業が発展しやすいように都市の環境《かんきょう》が整えられたから。
B　気候風土に適した都市づくりを優先すると、緑に親しみがもてる商業都市はできなかったから。
C　乾燥地帯だった土地を住みやすく変えるために植樹したが、緑が育つ環境条件ではなかったから。
D　商業を発展させるために選んだ土地が、もともと岩盤が多く緑が育たない土地だったから。
E　外国からやってくる敵を防ぎやすい土地として選んだ場所が、緑が育ちづらい土地だったから。

問6　――線(2)「そこで東京の緑について考えてみると、面白いことに気付く」とありますが、「面白いこと」とはどのようなことですか。

Ⅲ、江戸の約七十パーセントを占《し》める武家地は幕臣や大名家の所有地ではなく、徳川将軍家が貸し与《あた》えた、いわば「社宅」であった。よって明治政府の徳川家に対する「辞官納地」という処分は、あまりに過酷《かこく》であった。「辞官」は官位を辞する、「納地」は領地の返上である。諸大名は領国に帰ればよいが、幕臣たちは住む家さえなくなるのである。彼《かれ》らの本音としては、「王政復古」も「大政奉還《たいせいほうかん》」もやれるものならやってみろ、「辞官」だってどうでもよい、しかし「納地」はご勘弁《かんべん》、というところであろうか。慶応《けいおう》四年正月に始まった鳥羽《とば》・伏見《ふしみ》の戦は、この処分に対する旧幕臣たちのクーデター、もしくは一種の労働争議と言えよう。

A そうした世情の中での(3)東京遷都《せんと》は相当の冒険《ぼうけん》だったはずである。しかしそれでも断行されたのは、欧米《おうべい》に倣《なら》った中央集権国家を確立するための首都機能が必要だったからである。

この基本政策の決め手となったのは、辞官納地によって明治政府が接収した旧武家地であった。京都には港がなく、大阪には首都機能を収容する余裕《よゆう》がないが、東京には十分な土地、それも大名庭園まで備えた広大な緑地が残されていた。

B 東京が緑多き都である理由はこれである。しかも二百六十五年間も戦争をしなかった結果の遺産が、官庁や大学や博物館や動物園として国民に供せられ、それでもまだ余った庭園は、セントラルパークにも※3ハイドパークにも劣《おと》らぬ豊かな緑地となった。

C 亡《な》くなられた※4坂本龍一《さかもとりゅういち》さんは、私と同学年であり、同じ東京都中野区の生まれであった。つまり、同じ時間の同じ距離、同じ角度から東京を見ていた。おそらく、このごろの東京の変容ぶりに、心を痛めていらしたのは私と同様であろう。(4)ふるさとの発展を希《のぞ》んでも、変容を希む人はいない。まして芸術は自然との対話である。

私は時代小説を書くようになってから、東京を江戸時代と地続きの場所として捉《とら》えるようになった。頭の中に重ねられた地図をめくれば、記《き》憶《おく》にない昭和戦前期から幕末までの東京が現れる。

D 今からたかだが百六十年前、坂本さんと私が生まれるわずか八十数年前は江戸時代だった。

E 明治維新《いしん》の本質は「植民地にならないための国家改造」であったから、欧化政策は急進的であり、江戸時代を遙《はる》かな昔に追いやってしまっただけである。

都心の再開発を唱える人々は、(5)このたかだかの距離感、わずかな歴史を見誤っているのではないかと思える。少なくともここで論じられているのは今日の利益であって、必ずしも未来の国民に資するとは思えない。私は再開発という美名のもとに、父祖が遺《のこ》してくれた東京の緑がこれ以上損《そこ》なわれることを b 潔《いさぎよ》しとしない。

現在の神宮外苑《がいえん》はかつて大名屋敷や旗本御家人の屋敷であった。明治期の練兵場に始まり、今日の外苑に至るまで緑が厚く広いのは、そうした歴史によると思われる。まして、イチョウが枯《か》れるか枯れざるかという問題ではない。私たちがこの変容の時代に遺すべきものは、世界に冠《かん》たる東京の緑、けっして高層ビルに代わられてはならぬ永遠の緑である。

（浅田次郎《あさだじろう》「東京の緑」より）

（注）※1　伽藍……大きな寺の建物。
※2　御朱引内……江戸時代、幕府によって定められた江戸の範囲《はんい》。

【国　語】（四五分）〈満点：一〇〇点〉

一　次の文章を読んで、あとの問いに答えなさい。

東京は緑多き都である。

と、このように書いてもaピンとこない人は、おそらく東京生まれの東京育ちで、しかもあまり旅に出ないのではあるまいか。

Ⅰ、生まれ育ったふるさとの風景は見慣れてしまって、言われてみればそうかもしれぬ、と今さら気が付く向きもあろう。

そして、初めて上京した方の第一印象は、「意外に緑が多い」ではなかろうかと思う。

もともと山地に恵《めぐ》まれ、南北に長い日本は多様な植物のホウコである。たとえば世界の大都市と比較《ひかく》した場合、マンハッタン島の厚い岩盤《がんばん》の上にあるニューヨークは、摩天楼《まてんろう》を築くにはもってこいだが、樹木の生育には適さない。広大なセントラルパークが人工的に造られたのは十九世紀半ばで、今も公園内にはむき出しになった岩盤を見ることができる。自然に親しめるだけの緑地はほかにないと言ってもよかろう。

ヨーロッパ諸都市の緑は厚いが、そもそも農作物の生育に適した土地に人間が住みついた、と考えるべきであろうか。新大陸に渡《わた》った開拓者《かいたくしゃ》たちは、何よりもまず乾燥《かんそう》した大地に呆然《ぼうぜん》としたはずである。

乾燥地帯と言えば、北京《ぺきん》は砂漠《さばく》の中のオアシスに造られた都市に思える。内陸部なので冬の寒さは厳しく、夏の暑さはまたひとしおで、いきおい樹木の多くが人工的な植樹であることは一目瞭然《いちもくりょうぜん》である。はじめに満州族の金が都を据《す》え、次いで蒙古《もうこ》族の元が都したのち、漢族王朝の明《みん》が入り、以後はふたたび満州族の清《しん》が都に定めた。明を除けばすべてが北方民族であることを考えれば、気候風土の条件はさておき、本国に近いところ、Ⅱ万里《ばんり》の長城に近い場所が、戦略的に好もしいとされたのであろう。

上海《しゃんはい》も緑は少ない。商業都市として発展すれば、そうなるのは当然である。(1)同じ理由から日本では、大阪《おおさか》が緑に恵まれていないと思える。

(2)そこで東京の緑について考えてみると、面白《おもしろ》いことに気付く。東京の公園には諸外国に見られるような、人工的なわざとらしさがない。その多くは、都市計画によって造成された緑地ではないのである。

たとえば、皇居という最大の緑地はかつての江戸城《えどじょう》である。皇居前の広場も霞《かすみ》が関の官庁街も大名屋敷《やしき》。上野公園は戊辰《ぼしん》戦争で大半を焼失した寛永寺《かんえいじ》の※1伽藍跡《がらんあと》であり、芝《しば》公園は寛永寺とともに徳川家の菩提寺《ぼだいじ》である増上寺の寺域、さらに新宿御苑《ぎょえん》は信濃《しなの》高遠藩《はん》内藤駿河守《するがのかみ》の下屋敷で、明治天皇と昭憲皇太后を祀《まつ》る明治神宮《じんぐう》は、ほぼ全域にわたり近江《おうみ》彦《ひこ》根《ね》藩井伊《いい》家の下屋敷であった。ほかにも赤坂御用地《ごようち》は御三家紀州藩の中屋敷、市ヶ谷の防衛省は同じ御三家尾張《おわり》藩の上屋敷、東京大学は加賀《かが》百《ひゃく》万石《まんごく》前田家の上屋敷跡地に造られた。

そのほか首都機能のほとんどは、こうした旧寺社地、旧武家屋敷跡を利用したのである。その割合は江戸※2御朱引《ごしゅびき》内のうち八十四パーセントに及《およ》んだから、町人たちは残り十六パーセントの狭《せま》い土地に、押《お》し合い圧《へ》し合いして住んでいたことになる。この状況《じょうきょう》をテレビドラマや映画で再現した場合、長屋のセットはかなりリアルであろうが、武家屋敷や江戸城大奥《おおおく》などは、だいぶダウンサイジングされていると考えるべきである。

MEMO

大切なことはメモしておこうネ！

2024年度

東邦大学付属東邦中学校入試問題（後期）

【算　数】（45分）　＜満点：100点＞

1　次の □ にあてはまる最も適当な数を答えなさい。

(1)　$\left(\frac{1}{6}+\frac{2}{15}+\frac{3}{40}\right)\div 1.25-0.25=\square$

(2)　$\left(1-\square\right)\times\frac{4}{3}\div 1.1+10\frac{1}{11}=11$

2　次の問いに答えなさい。

(1)　6÷7を計算して小数で表したとき，小数第29位の数字を求めなさい。

(2)　ある整数を40で割ったとき，商の小数第2位を四捨五入すると2.3になりました。このような整数の中で最も大きい整数を求めなさい。

(3)　まっすぐな棒を使って，プールの水の深さを測りました。棒をプールの中に垂直に立てたところ，水にぬれた部分は棒全体の$\frac{2}{5}$より7cm長く，ぬれていない部分は棒全体の$\frac{1}{2}$より9cm長かった。棒全体の長さは何cmか求めなさい。

(4)　バス通りを分速75mで歩いている人がいます。8分ごとに後ろから来るバスに追い越《こ》され，6分ごとに前から来るバスとすれ違います。バスは一定の速さ，間隔《かく》で運行されています。

このとき，バスの速さは分速何mか求めなさい。

(5)　A，B，Cの容器に濃度がそれぞれ5％，10％，18％の食塩水が入っています。

Aからある量を，Bからはその3倍の量を，CからはA，Bとは異なる量の食塩水を取り出して混ぜると12％の食塩水になりました。A，Cそれぞれから取り出した食塩水の量の比を最も簡単な整数の比で求めなさい。

3　三角形ABCの辺AB上に，AP：PB＝1：2となるような点Pをとります。点Pを通り辺BCに平行な直線を引き，辺ACと交わる点をQとします。また，BQとCPの交わる点をRとします。

このとき，次の問いに答えなさい。

(1)　三角形BRPと三角形CQRの面積の比を最も簡単な整数の比で求めなさい。

(2)　三角形ABCと三角形CQRの面積の比を最も簡単な整数の比で求めなさい。

4　あるクラスの生徒30人に対して算数の小テストを行いました。点数の中央値は12点で，次のページの図はその結果をドットプロットに表したものです。ただし，表の  の部分と，ここから上の部分は，見えなくなっています。

点数を小さい順に並べたとき，x番目の生徒の点数をⓧと表します。⑤は11，㉚は20です。

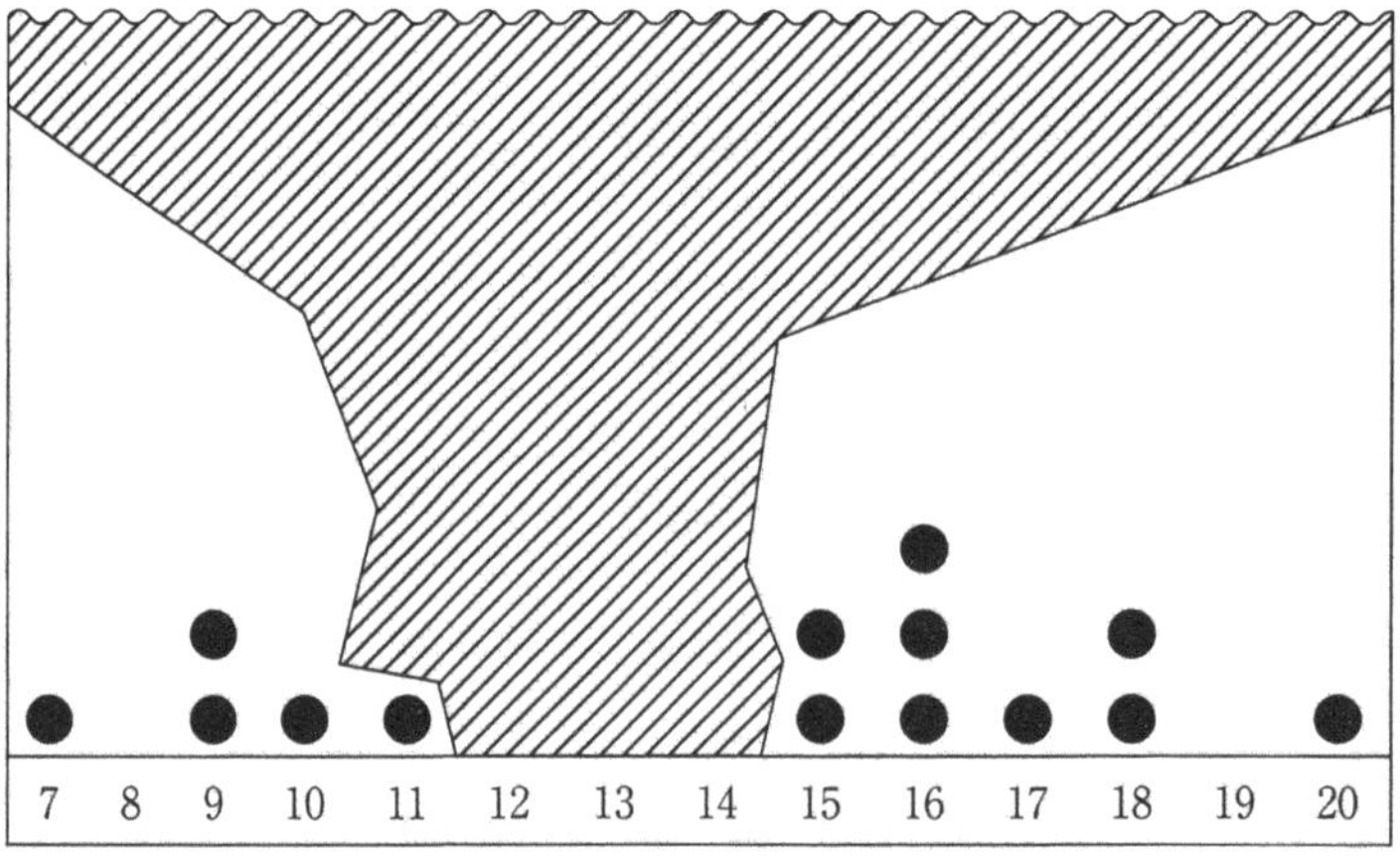

次のア～クの内容のうち，常に正しいといえるものをすべて選び，記号で答えなさい。

ア．平均値は12点である。

イ．最頻《ひん》値は12点である。

ウ．⑮は12である。

エ．⑯は12ではない。

オ．⑮と⑯は同じである。

カ．⑮は12以下で，⑯は12以上である。

キ．12から⑮をひいた値と，⑯から12をひいた値は同じである。

ク．⑭は12ではない。

5　Ａさん，Ｂさん，Ｃさんの３人は，それぞれ何個かずつビー玉を持っていて，次のような操作を行いました。

【操作１】　Ａさんは持っているビー玉の$\frac{1}{6}$をＢさんに，$\frac{1}{2}$をＣさんに，それぞれ渡《わた》しました。

【操作２】　【操作１】の後，Ｂさんは持っているビー玉の$\frac{1}{5}$をＡさんに，$\frac{1}{3}$をＣさんにそれぞれ渡しました。

【操作３】　【操作２】の後，Ｃさんは持っているビー玉の$\frac{1}{2}$をＡさんに，$\frac{1}{10}$をＢさんに，それぞれ渡しました。

【操作１】が終わった後，Ｂさんが持っているビー玉は90個でした。

また，【操作３】が終わった後，Ａさんが持っているビー玉はＢさんが持っているビー玉より20個多く，Ｃさんが持っているビー玉は32個でした。

このとき，次の問いに答えなさい。

(1)　【操作２】が終わった後，Ｃさんが持っているビー玉は何個か求めなさい。

(2)　【操作３】が終わった後，Ａさんが持っているビー玉は何個か求めなさい。

(3)　はじめにＢさんが持っていたビー玉は何個か求めなさい。

6 右の図のように，AB＝3㎝，BF＝4㎝，AD＝6㎝の直方体ABCD－EFGHがあります。辺AB上にAP：PB＝1：2となるような点Pをとります。3点P，F，Hを通る平面と辺ADが交わる点をQとします。

このとき，次の問いに答えなさい。

(1) 四角形AEHQの面積を求めなさい。

(2) この直方体を3点P，F，Hを通る平面で切断したとき，頂点Eを含む立体の体積を求めなさい。

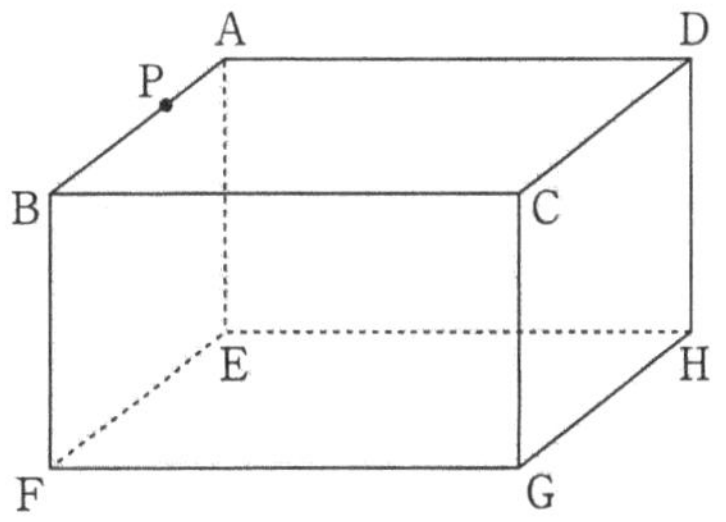

7 次の問いに答えなさい。

(1) 太郎さんと花子さんが，次の【問題】について，以下のような【会話】をしています。

【問題】

区別のつかない10個のリンゴをAさん，Bさん，Cさんの3人で分けます。もらえない人がいてもよいとします。分け方は何通りあるか求めなさい。

【会話】

太郎：リンゴの数を減らして，3個を3人で分けるときを考えてみようか。

花子：いいね。例えばAさん，Bさん，Cさんにそれぞれ2個，1個，0個と分けられた場合を2－1－0と書こうよ。

太郎：でも，思いつくままに書いていくと抜《ぬ》け落ちそうだね。
Cさんの取り方で分けてみよう。
Cさんの取り分が0個のとき，AさんとBさんで3個を分けることになるから…。
3－0－0，2－1－0，1－2－0，0－3－0の4通りあるよ。

花子：すると，Cさんの取り分が1個のときは［ア］通り，Cさんの取り分が2個のときは［イ］通り，Cさんの取り分が3個のときは［ウ］通りとなるね。

太郎：そうなんですよ，花子さん。だからリンゴ3個のときは分け方は全部で［エ］通りとなるよ。

花子：では，10個だと［オ］通りになるね。

【会話】の［ア］～［オ］にあてはまる最も適当な数を答えなさい。

(2) 区別のつかない10個のリンゴをAさん，Bさん，Cさんの3人で分けます。どの人も少なくとも1個はもらえます。分け方は何通りあるか求めなさい。

【理　科】（30分）　＜満点：50点＞

1　次の文章を読み，問いに答えなさい。

日本人で最初に地球の大きさを測った人物は，江戸時代に非常に正確な日本地図を作成したことで知られる伊《い》能《のう》忠《ただ》敬《たか》です。その方法は，**図１**のように，北極星の高度（地平線から測った北極星までの角度）を利用した手法でした。北極星は地球が自転するときの回転軸《かいてんじく》のほぼ延長線上にあるため，北半球で見るとほぼ真北にあって，時間がたってもほとんど動きません。また北極星の見え方は，北極点では真上に見え，赤道上では地平線上に見えます。

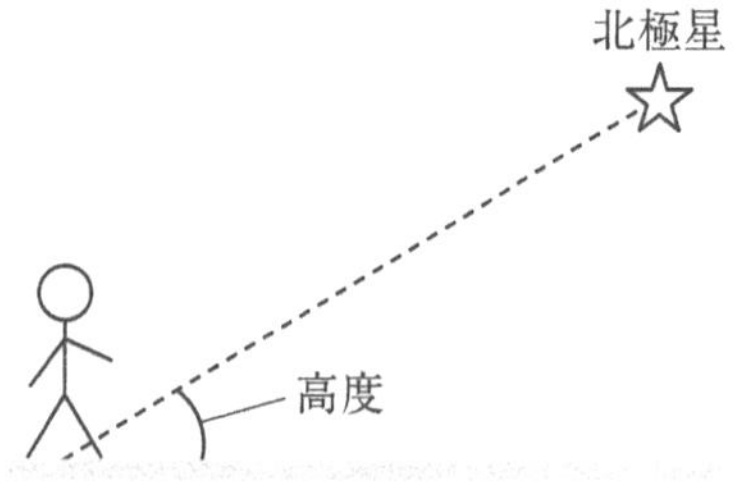

図１

いま，北半球のＡ地点で北極星を観測したところ，その高度は35.4°でした。次に，Ａ地点から真北に100km離《はな》れたＢ地点でも北極星を観測したところ，その高度は36.3°でした。地球の形を球体とみなしたとき，その半径はおよそ何kmですか。もっとも適切なものを次の１～６の中から一つ選び，番号で答えなさい。ただし，円周率は3.14とします。

１．6000km　２．6200km　３．6400km　４．6600km　５．6800km　６．7000km

2　次の文章を読み，あとの(1)～(3)の問いに答えなさい。なお，すべての実験に同じ塩酸を使っていて，塩酸や気体の温度は常に一定であるとします。

塩酸に鉄を加えると，気体Ａを発生しながら鉄がとけます。塩酸100mLを用意し，加えた鉄の重さに対する発生した気体Ａの体積と重さの関係を調べると，**表１**のようになりました。なお，mgは重さの単位で，1000mg＝１ｇです。

表１

加えた鉄の重さ〔g〕	1	2	3	4	5	6	7
発生した気体Ａの体積〔L〕	0.4	0.8	1.2	1.6	2	2.24	2.24
発生した気体Ａの重さ〔mg〕	35	70	105	140	175	196	196

(1)　次のア～ウの文のうち，内容が正しい文をすべて選んだものをあとの１～８の中から一つ選び，番号で答えなさい。正しい文がない場合は，８と答えなさい。

ア：鉄は電気を流すことができる

イ：塩酸にガラス片を加えると，ガラス片がとける

ウ：鉄のかわりにアルミニウムを塩酸に加えても，気体Ａが発生する

１．ア　２．イ　３．ウ　４．ア，イ
５．ア，ウ　６．イ，ウ　７．ア，イ，ウ　８．なし

(2)　塩酸170mLに鉄10ｇを加えたとき，発生する気体Ａの体積は何Ｌになりますか。小数第二位を四捨五入して，小数第一位まで答えなさい。

(3)　気体Ａは，燃やすとＢに変化します。１ｇの気体Ａをすべて燃やすと，９ｇのＢが得られます。いま，塩酸100mLにある量の鉄を加えて完全にとかし，発生した気体Ａをすべて燃やしてＢに変化させました。得られたＢの重さが693mgだったとき，加えた鉄の重さは何ｇだったと考えられますか。

3　生き物が周囲に出す物質や周囲からとり入れる物質について，次の文章を読み，あとの(1)~(3)の問いに答えなさい。

生き物が周囲に出す物質と周囲からとり入れる物質について調べるため，BTB水よう液を使った実験を行いました。青色のうすいBTB水よう液を用意し，BTB水よう液が緑色になるまで息をふきこみました。そして，透明《とうめい》な容器A～JにBTB水よう液を同じ量になるように分けました。

図1に示すように容器AとBには水草（オオカナダモ）を，容器CとDにはメダカ1匹を，容器EとFには水草とメダカ1匹を入れました。容器GとHには何も入れず，容器IとJには酸素をふきこんでからふたをしました。容器A，B，E，Fに入れた水草の大きさと葉の数は同じです。

容器A，C，E，G，Iには照明で光を当て明るくして，容器B，D，F，H，Jは光が当たらないように箱の中に入れて暗くして，それぞれ6時間置きました。**表1**は各容器の中に入れたものと明暗，6時間後のBTB水よう液の色を示しています。

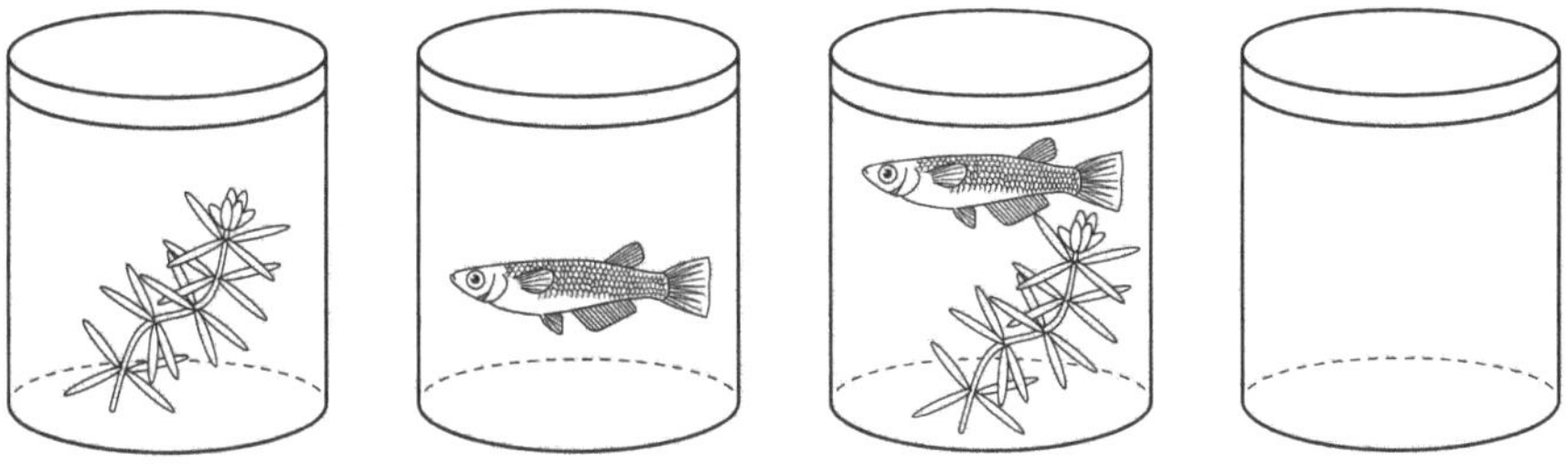

A, B　　C, D　　E, F　　G, H, I, J

図1

表1

容器		A	B	C	D	E	F	G	H	I	J
入れたもの	水草	○	○	–	–	○	○	–	–	–	–
	メダカ	–	–	○	○	○	○	–	–	–	–
	酸素	–	–	–	–	–	–	–	–	○	○
明暗		明	暗	明	暗	明	暗	明	暗	明	暗
BTB水よう液の色		青	黄	（ア）	黄	青	黄	緑	緑	緑	緑

各容器に入れたものに○を付けています

(1)　青色のBTB水よう液に息をふきこむと緑色に変化したのは，息に含《ふく》まれる物質が水に溶《と》けたためです。BTB水よう液の色を変化させた息に含まれる物質として，もっとも適切なものを次の1～4の中から一つ選び，番号で答えなさい。

1．窒素《ちっそ》　2．酸素　3．二酸化炭素　4．水素

(2)　**表1**の（ア）に入るBTB水よう液の色として，もっとも適切なものを次の1～3の中から一つ選び，番号で答えなさい。

1．青　2．緑　3．黄

(3)　容器Eのメダカと水草が6時間かけて周囲に出した物質の量と周囲からとり入れた物質の量の関係として，実験結果から考えられることとして，もっとも適切なものを次のページの1～4の中から一つ選び，番号で答えなさい。

1．メダカが出した二酸化炭素量＋水草が出した二酸化炭素量

＜　水草がとり入れた二酸化炭素量

2．メダカが出した二酸化炭素量　＝　水草がとり入れた二酸化炭素量

3．メダカが出した二酸化炭素量＋水草が出した二酸化炭素量

＝　水草がとり入れた二酸化炭素量

4．メダカが出した二酸化炭素量＋水草が出した二酸化炭素量

＞　水草がとり入れた二酸化炭素量

4　次の文章を読み，あとの(1)～(3)の問いに答えなさい。

東子さんと邦夫《くにお》くんが音についての実験をしました。二人は，「３秒間のサイレン音，17秒間の無音，３秒間のサイレン音，17秒間の無音……」のように，３秒間のサイレン音が17秒の間隔をあけて10分間くり返してスピーカーから鳴る装置を用意しました。この装置を車Ａに積みます。東子さんは車Ａ，邦夫くんは車Ｂに乗り，それぞれの保護者に運転してもらいます。空気中を音が伝わる速さは秒速340mで一定であるとし，スピーカーから出る音は大きく，実験の間は二人がどんなにはなれても聞こえるものとします。

(1)　音には物に当たると反射する性質があり，反射してきた音を反射音といいます。**図１**のように，南北にまっすぐのびる長い道路上で，車Ａを南向きに秒速10mの一定の速さで走らせました。サイレン音をスピーカーから鳴らすと，鳴らし始めた３秒後に，東子さんは真後ろのビルＣからの反射音を聞きました。サイレン音を鳴らし始めたとき，車ＡはビルＣから何mはなれていましたか。

図１

(2)　**図２**のように，南北にまっすぐのびる長い道路上のＤ地点に，車Ａを南向き，車Ｂを北向きに停車させました。

この状態から，車Ａが南向きに秒速10mの一定の速さで走りながらサイレン音を鳴らしました。邦夫くんに聞こえる，あるサイレン音と次のサイレン音の間の無音の時間は，何秒ですか。割り切れないときは小数第２位を四捨五入して，小数第１位まで求めなさい。

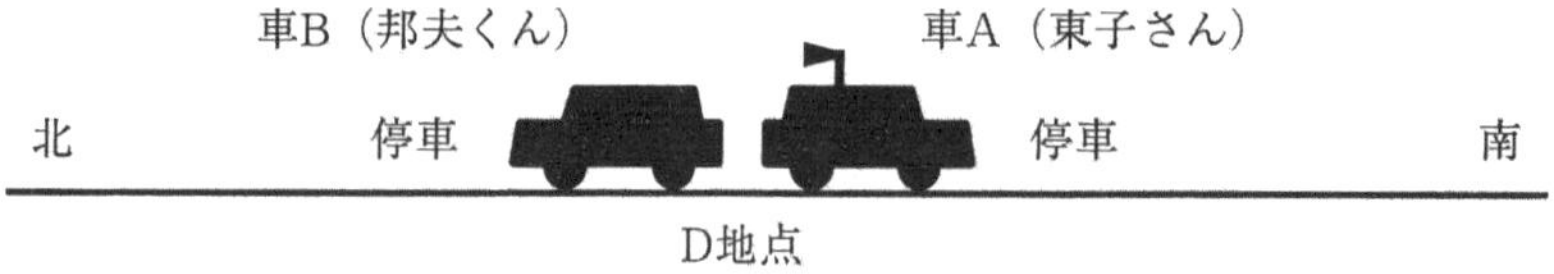

図２

(3)　**図２**の状態から，車Ｂだけを北向きに秒速20mの一定の速さで走らせ，しばらくしてから停車している車Ａがサイレン音を鳴らしました。邦夫くんは最初のサイレン音を聞き終わった瞬間《しゅんかん》からストップウォッチで５分間計りました。その５分間に邦夫くんにはサイレン音が何回聞こえましたか。整数で答えなさい。

【社　会】（30分）　＜満点：50点＞

1　九州地方に関する次の文章を読んで，あとの各問いに答えなさい。

九州地方は，①日本の主要４島のうちの１つである九州と②その周辺の島々や南西諸島からなります。③九州は南北に長い形をしており，中央付近には九州山地がそびえています。九州山地より北側には阿蘇《あそ》山，南側には霧島《きりしま》山や桜島などの火山があり，活発な火山活動がみられることがあります。火山は，その活動が災害につながることがある一方で，温泉などの④自然の恵《めぐ》みをもたらします。九州地方は日本の南部にあり，暖流である黒潮（日本海流）と対馬《つしま》海流の影響《えいきょう》も受けるため，⑤気候が温暖で雨がたくさん降ります。特に，梅雨《つゆ》のころから秋にかけては集中豪雨《ごうう》や台風の被害《ひがい》が多く発生します。また，温暖で水に恵まれた九州地方は，農業がさかんな地方です。北部では稲作《いなさく》が行われていますが，⑥収穫《しゅうかく》後の水田で小麦などの栽培《さいばい》も行われています。南部では畜産業《ちくさんぎょう》が特に発展していますが，⑦宮崎平野などでは野菜の栽培もさかんです。

問１　下線部①に関して，次の地図は，主要４島のうちの１つである北海道を示したものである。この地図と同じ縮尺であらわした九州の地図としてもっとも適しているものを，あとの**ア～エ**から１つ選び，記号で答えなさい。

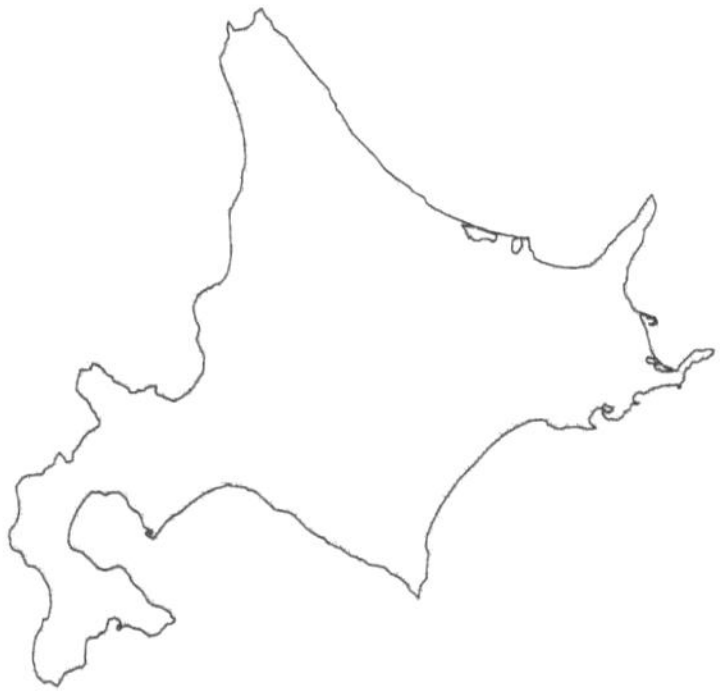

ア.

イ.

ウ.

エ.

問２　下線部②に関して，次のページの**ア～オ**は，日本にある島の地図を示したものである。このうち，九州地方の島として**あてはまらないもの**を２つ選び，記号で答えなさい。なお，各地図の上が北を示しており，縮尺は一定ではない。また，記号は**五十音順**に答えること。

ア.

イ.

ウ.

エ.

オ.

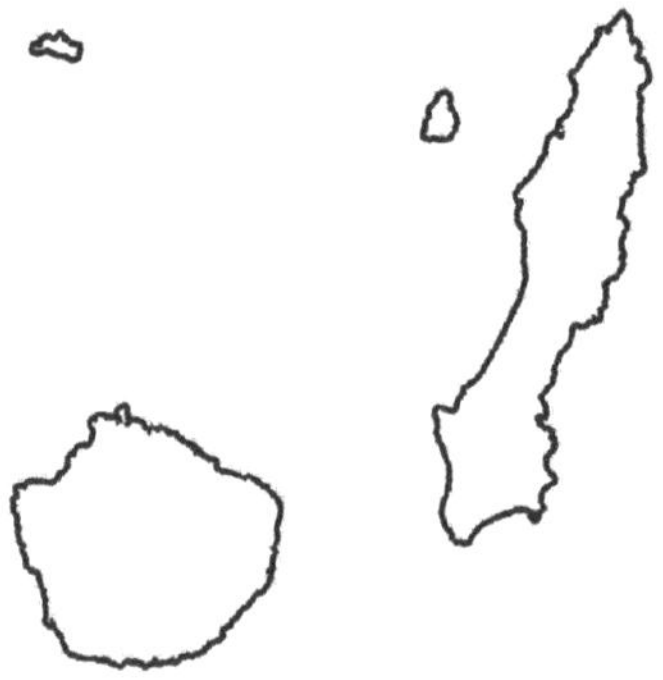

問３　下線部③に関して，次の**ア**～**エ**の都市の組み合わせのうち，それぞれの都市間の直線距離《きょり》が，北九州市から鹿児島市までの直線距離にもっとも近いものを１つ選び，記号で答えなさい。

ア．広島市－名古屋市　　**イ**．名古屋市－横浜市

ウ．横浜市－秋田市　　**エ**．秋田市－札幌市

問４　下線部④に関して，次の二重線内の文章中の [X] にあてはまる語句を，**漢字２字**で答えなさい。また，[Y] にあてはまる県名を**漢字**で答えなさい。

> 地下のマグマが持つ熱エネルギーを活用した発電方法は [X] 発電と呼ばれる。日本でもっとも [X] 発電がさかんに行われているのは九州地方であり，中でも，[Y] 県にある八丁原《はっちょうばる》発電所は日本最大級の [X] 発電所として知られている。

問５　下線部⑤に関して，次のページの表中の**ア**～**オ**は，九州地方の福岡県・鹿児島県・沖縄県と，山陰地方の鳥取県と瀬戸内地方の香川県の，いずれかの県庁所在地の月別平均気温と月別降水量を示したものである。このうち，福岡県と鹿児島県の県庁所在地にあてはまるものを，**ア**～**オ**からそれぞれ１つずつ選び，記号で答えなさい。

上段　気温（℃）　下段　降水量（mm）

	1月	2月	3月	4月	5月	6月	7月	8月	9月	10月	11月	12月	全年
ア	4.2	4.7	7.9	13.2	18.1	22.0	26.2	27.3	22.9	17.2	11.9	6.8	15.2
	201.2	154.0	144.3	102.2	123.0	146.0	188.6	128.6	225.4	153.6	145.9	218.4	1931.3
イ	5.9	6.3	9.4	14.7	19.8	23.3	27.5	28.6	24.7	19.0	13.2	8.1	16.7
	39.4	45.8	81.4	74.6	100.9	153.1	159.8	106.0	167.4	120.1	55.0	46.7	1150.1
ウ	6.9	7.8	10.8	15.4	19.9	23.3	27.4	28.4	24.7	19.6	14.2	9.1	17.3
	74.4	69.8	103.7	118.2	133.7	249.6	299.1	210.0	175.1	94.5	91.4	67.5	1686.9
エ	17.3	17.5	19.1	21.5	24.2	27.2	29.1	29.0	27.9	25.5	22.5	19.0	23.3
	101.6	114.5	142.8	161.0	245.3	284.4	188.1	240.0	275.2	179.2	119.1	110.0	2161.0
オ	8.7	9.9	12.8	17.1	21.0	24.0	28.1	28.8	26.3	21.6	16.2	10.9	18.8
	78.3	112.7	161.0	194.9	205.2	570.0	365.1	224.3	222.9	104.6	102.5	93.2	2434.7

『データブック オブ・ザ・ワールド 2023年版』により作成。

問６　下線部⑥に関して，年内の異なる時期に，２種類の作物を同じ耕地で栽培する農法を，解答欄に合うように**漢字２字**で答えなさい。

問７　下線部⑦に関して，次の二重線内の**a**～**d**は，宮崎県で生産がさかんな４つの農産物について述べたものである。また，あとの図**ア**～**エ**は，**a**～**d**のいずれかの農産物の収穫量の都道府県別割合を示したものである。このうち，**a**と**c**の農産物にあてはまる図をそれぞれ１つずつ選び，記号で答えなさい。

a．ウリのなかまで，全国各地で生産されている。水分を多く含《ふく》んでいるため，水分補給や暑いときに食べて体を冷やすのに適しているといわれる。

b．ウリのなかまで，実《み》に苦みがあることに特徴《とくちょう》があり，その苦みが食欲を促進《そくしん》するといわれる。また，ビタミンCなどの栄養素が豊富である。

c．日本では古くから親しまれ，春の七草の１つとしてスズシロとも呼ばれる。全国各地で栽培され，多くの品種があってそれぞれに長さや太さが異なる。

d．日本には江戸時代に九州に伝わり，凶作《きょうさく》の年でも収穫できることが注目されて，各地に栽培が広まった。

ア．

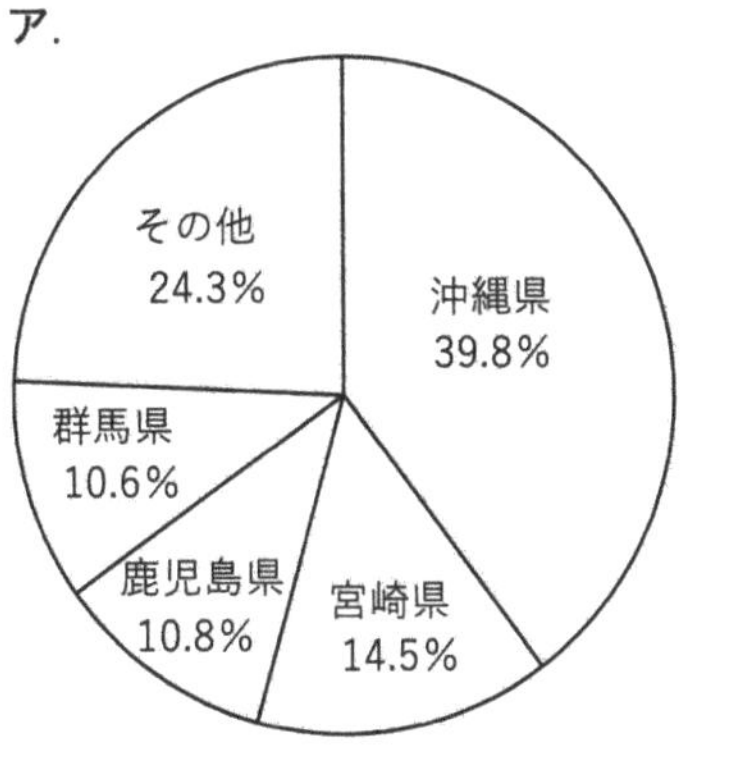

イ．

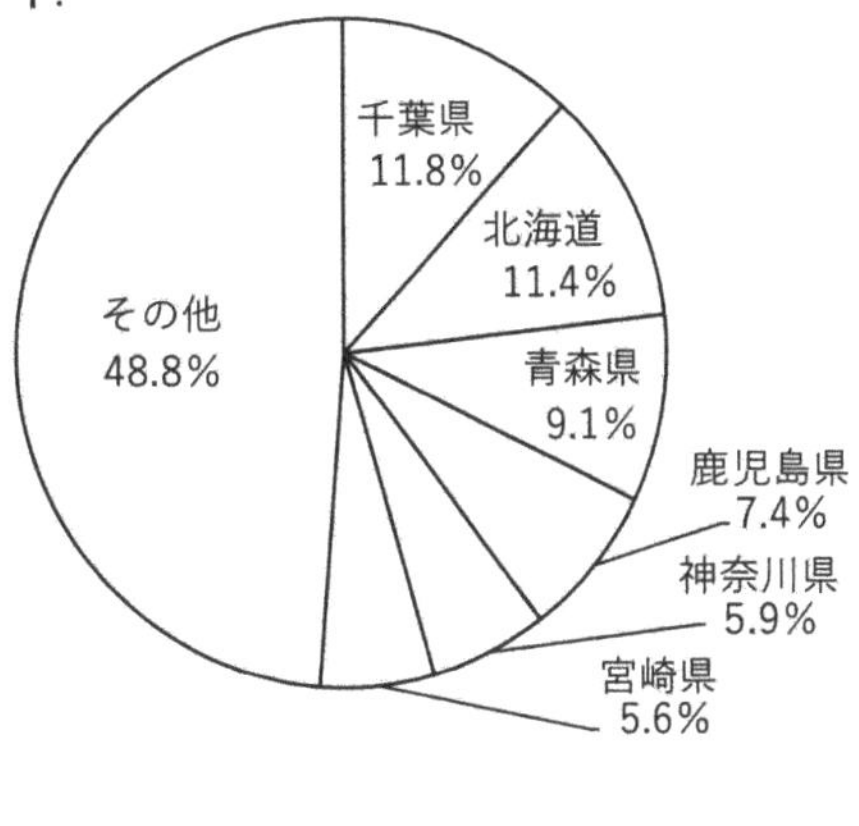

ウ.

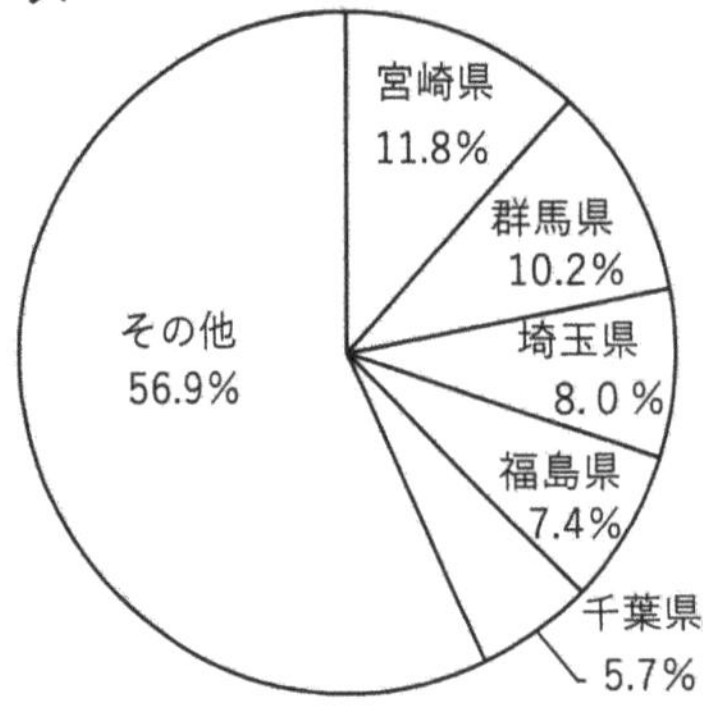

エ.

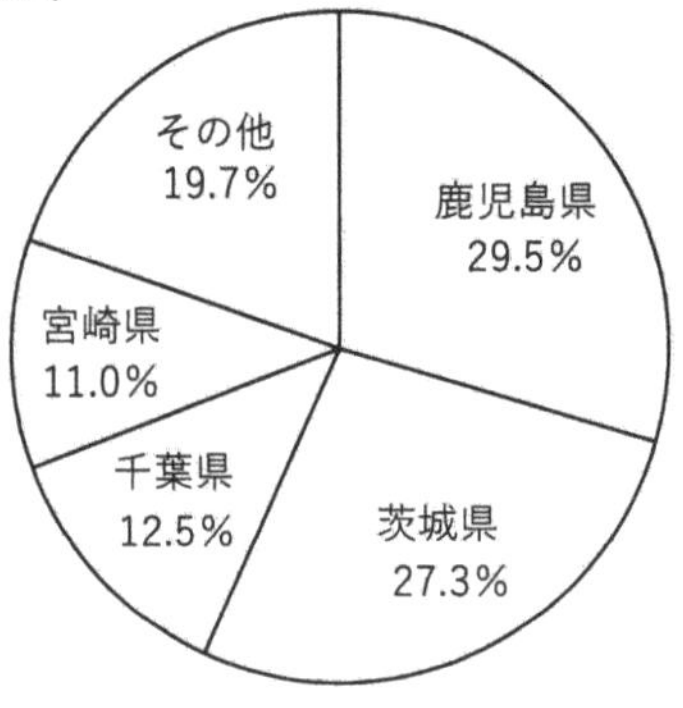

統計年次は，アは2020年，イは2021年，ウ・エは2022年。「農林水産省ＨＰ」により作成。

2　次の表は，邦平《くにへい》さんが，日本に数多くある島の中から，いくつかの島の歴史について調べてまとめたものです。これを読んで，あとの各問いに答えなさい。

淡路島《あわじしま》	①『古事記』にある「国生み神話」の中で，イザナギノミコトとイザナミノミコトが最初に生んだ島とされており，島内には神話にまつわる神社も建てられている。
志賀島《しかのしま》	中国から贈《おく》られたものとされる②金印が18世紀後半に農民によって発見された地として知られ，その場所は現在海を一望できる公園として整備されている。
隠岐《おき》諸島	古くから黒曜石の産地として知られる。奈良時代以降，③さまざまな人物が流刑《るけい》でこの地に送られ，中には島民と交流した例も知られている。
対馬	古くから外交において重要な拠点《きょてん》とされた。江戸時代には，幕府が④朝鮮《ちょうせん》との関係改善を目指すにあたり，大名の宗《そう》氏が日本と朝鮮間の国交回復や交易の仲立ちをしたことで，島に大きな利益がもたらされた。
種子島《たねがしま》	日本に初めて⑤鉄砲《てっぽう》が伝来した地として知られている。毎年夏には島内最大の祭りである「種子島鉄砲まつり」が開かれ，鉄砲伝来に関する人物の仮装パレードや，火縄銃《ひなわじゅう》の試射などが行われる。
海堡《かいほう》（人工島）	⑥首都東京を防衛することを目的に，東京湾《わん》に明治から⑦大正時代にかけて造られた，砲台《ほうだい》を設置した人工島である。造られた３島のうち１島は，現在，観光ツアーなどで一般《いっぱん》の人々でも見学することができる。

問１　下線部①に関して，『古事記』が完成したときの天皇の在位中におこったできごととして正しいものを，次の**ア**～**エ**から１つ選び，記号で答えなさい。

ア．朝鮮半島の百済《くだら》を援助《えんじょ》するために大軍を派遣《はけん》し，唐《とう》・新羅《しらぎ》連合軍と戦ったが敗れ，朝鮮半島における日本の影響力が低下した。

イ．仏教によって国を治める政策の１つとして，全国に国分寺・国分尼寺《こくぶんにじ》を建てることを命じる詔《みことのり》が出された。

ウ．壬申《じんしん》の乱に勝利して即位《そくい》した天皇によって八色《やくさ》の姓《かばね》が制定され，天皇を中心とする強力な政治体制づくりが推《お》し進められた。

エ．唐にならった政治が目指され，和同開珎《わどうかいちん》《ほう》の鋳造《ちゅうぞう》や，藤原京《ふじわらきょう》から平城京への遷都《せんと》が行われた。

問２　下線部②に関して述べた，次の二重線内の文章中の［ X ］・［ Y ］にあてはまるものの組み合わせとして正しいものを，あとの**ア～カ**から１つ選び，記号で答えなさい。

> 発見された金印には，「漢委奴国王《かんのわのなのこくおう》」の文字が確認《かくにん》できる。このことから，金印は中国の［ X ］に記載《きさい》のある，［ Y ］世紀に中国の皇帝《こうてい》が授《さず》けたものであると考えられている。

	X	Y
ア	『漢書』地理志	1
イ	『漢書』地理志	3
ウ	『後漢書』東夷伝《とういでん》	1
エ	『後漢書』東夷伝	3
オ	『魏志《ぎし》』倭人伝《わじんでん》	1
カ	『魏志』倭人伝	3

問３　下線部③に関して，13世紀に流刑となって隠岐諸島に送られた人物に関して述べたものとしてもっとも適しているものを，次の**ア～エ**から１つ選び，記号で答えなさい。

ア．執権《しっけん》として，元からの度重《たびかさ》なる服属の要求を断り，二度にわたる元軍の襲来《しゅうらい》からの国土防衛に成功したが，防衛に協力した御家人《ごけにん》に十分な恩賞を与《あた》えることができなかった。

イ．幕府の混乱に乗じ，朝廷《ちょうてい》主導の政治を実現するために挙兵したが失敗し，結果として幕府の支配が全国に及《およ》ぶきっかけとなった。

ウ．朝廷内の皇位をめぐる争いに介入《かいにゅう》する幕府に不満を持ち，二度にわたって倒幕《とうばく》を計画したが，いずれも失敗に終わった。

エ．国司として伊予《いよ》国に赴《おもむ》いたが，任期が終わった後も都に戻《もど》らず，海賊《かいぞく》と手を結び瀬戸内海一帯で朝廷に対する大規模な反乱をおこした。

問４　下線部④に関して，江戸時代以降に日本と朝鮮半島の国々の間でおこったできごととして**誤っているもの**を，次の**ア～エ**から１つ選び，記号で答えなさい。

ア．江戸幕府の将軍交代の祝賀を主な目的として朝鮮通信使が江戸に派遣され，その道中，街道《かいどう》沿いの人々の歓迎《かんげい》を受けた。

イ．明治政府が朝鮮政府との間に結んだ日朝修好条規によって，朝鮮は日本の領事裁判権を承認した。

ウ．日本が韓国を併合《へいごう》した際，現在のソウルに朝鮮総督府《そうとくふ》を設置し，初代総督に伊藤博文が就任した。

エ．佐藤栄作内閣は，韓国政府との間に日韓基本条約を結び，韓国政府を朝鮮半島唯一《ゆいいつ》の合法的な政府として認めた。

問５　下線部⑤に関して，鉄砲は種子島に伝来したのち，各地に生産技術が伝わった。鉄砲の産地のうち，織田信長が直轄地《ちょっかつち》にしたことでも知られる，現在の政令指定都市を，解答欄に合うように，**ひらがな**で答えなさい。

問６　下線部⑥に関して，東京（江戸）の防衛の必要性は，江戸時代後期に外国船が日本に接近し始めたころから唱えられていた。次の二重線内の**ａ～ｃ**は，江戸時代後期に日本へ接近した外国に関するできごとについて述べたものである。その正誤の組み合わせとして正しいものを，あとの**ア～ク**から１つ選び，記号で答えなさい。

ａ．長崎に来航したレザノフは，幕府に通商を求めたが，幕府はその要求を断った。

ｂ．オランダ船のフェートン号が長崎港に侵入し，燃料や食料を強奪《ごうだつ》する事件がおこった。

ｃ．モリソン号事件への幕府の対応を非難した，渡辺崋山《わたなべかざん》・前野良沢《まえのりょうたく》らが処罰《しょばつ》された。

	ア	イ	ウ	エ	オ	カ	キ	ク
ａ	正	正	正	正	誤	誤	誤	誤
ｂ	正	正	誤	誤	正	正	誤	誤
ｃ	正	誤	正	誤	正	誤	正	誤

問７　下線部⑦に関して，次の二重線内の**ａ～ｄ**は，大正時代におこったできごとについて述べたものである。これらのできごとを古い順に並べたものとして正しいものを，あとの**ア～ク**から１つ選び，記号で答えなさい。

ａ．中国政府に二十一か条の要求が提示され，そのほとんどが認められた。

ｂ．普通《ふつう》選挙法の制定と並行《へいこう》して，治安維持《いじ》法が制定された。

ｃ．第一次世界大戦の講和会議が開かれ，ベルサイユ条約が結ばれた。

ｄ．関東大震災《だいしんさい》が発生し，東京・横浜を中心に多数の被害がもたらされた。

ア．ａ→ｃ→ｂ→ｄ　　イ．ａ→ｃ→ｄ→ｂ　　ウ．ａ→ｄ→ｂ→ｃ
エ．ａ→ｄ→ｃ→ｂ　　オ．ｃ→ａ→ｂ→ｄ　　カ．ｃ→ａ→ｄ→ｂ
キ．ｃ→ｂ→ａ→ｄ　　ク．ｃ→ｂ→ｄ→ａ

３　次の各問いに答えなさい。

問１　次の二重線内の文章を読んで，あとの(1)・(2)の各問いに答えなさい。

2018年５月23日に「政治分野における男女共同参画の推進に関する法律」が公布・施行《しこう》されました。この法律は，衆議院，参議院及び地方議会の選挙において，①男女の候補者の数ができる限り均等となることを目指すことなどを基本原則とし，国・②地方公共団体の責務や，政党等が所属する男女のそれぞれの公職の候補者の数について目標を定める等，自主的に取り組むよう努めることなどを定めています。

「内閣府男女共同参画局ＨＰ」より。

(1)　下線部①に関して，2023年に行われた統一地方選挙において，候補者に占《し》める女性の割合は都道府県議会15.6%・政令指定都市を除く市議会20.6%，女性議員の割合は都道府県議会14.0%・政令指定都市を除く市議会22.0%となった。女性議員を今よりも増やすための方法を，**一文**で答えなさい。

⑵　下線部②に関して，地方公共団体の選挙に関連する記述として正しいものを，次の**ア～エ**から１つ選び，記号で答えなさい。

ア．地方議会の選挙は，都道府県は小選挙区比例代表並立制で，市町村は選挙区のみである。

イ．地方議会の議員は，地方議会の議員どうしの選挙で地方公共団体の長を選出する。

ウ．地方公共団体の長の被選挙権《ひせんきょけん》は，都道府県は満30歳《さい》以上，市町村は満25歳以上である。

エ．地方公共団体の長の任期は６年，地方議会の議員の任期は４年である。

問２　次の二重線内の文章中の［あ］・［い］にあてはまる語句を，それぞれ答えなさい。
なお，［あ］は**漢字**で，［い］は解答欄にあてはまるように**算用数字**で答えること。

> 2023年１月１日から２年間，日本は国連安全保障理事会の［あ］を務めている。［い］年の国連加盟以来12回目の安全保障理事会入りで，国連加盟国中最多である。

問３　次の二重線内の文章を読んで，あとの⑴～⑶の各問いに答えなさい。

> 再審《さいしん》とは，確定した［あ］判決に重大な誤りがある場合に，①裁判のやり直しの手続きをすることです。判決の決め手となった証拠《しょうこ》がうそだとわかったり，［い］とすべき新しい証拠が見つかったりしたと②裁判所が判断したときに認められます。死刑判決が出た後，［い］になった例もあります。

「朝日小学生新聞HP」により作成。

⑴　文章中の［あ］・［い］にあてはまる語句の組み合わせとして正しいものを，次の**ア～エ**から１つ選び，記号で答えなさい。

ア．**あ**－無罪　**い**－無罪　　**イ**．**あ**－無罪　**い**－有罪

ウ．**あ**－有罪　**い**－無罪　　**エ**．**あ**－有罪　**い**－有罪

⑵　下線部①に関して，裁判は国民の権利を守るためのしくみである。次の**ア～オ**は日本国憲法の基本的人権に関する条文の内容を述べたものである。このうち，「人身の自由」に**あてはまらないものをすべて**選び，記号で答えなさい。なお，記号は**五十音順**に答えること。

ア．刑事被告人は，いかなる場合にも，資格を有する弁護人を依頼《いらい》することができる。

イ．何人《なんぴと》も，裁判所において裁判を受ける権利を奪《うば》われない。

ウ．何人も，自己に不利益な供述を強要されない。

エ．検閲《けんえつ》は，これをしてはならない。通信の秘密は，これを侵《おか》してはならない。

オ．公務員による拷問《ごうもん》及び残虐《ざんぎゃく》な刑罰は，絶対にこれを禁ずる。

⑶　下線部②に関して，裁判所が他の国家権力をチェックするために行使できる権限として正しいものを，次の**ア～エ**から１つ選び，記号で答えなさい。

ア．不適切な行動をした裁判官の弾劾《だんがい》裁判を行う。

イ．任命された最高裁判所の裁判官がその職にふさわしいかの審査を行う。

ウ．法律に対して合憲か違憲《いけん》かの判断を行う。

エ．問題のある国会議員について，除名の議決を行う。

問４　政府は，洋上風力発電の導入拡大を目指して重点的に整備する「促進区域」を指定し，2030年度の電源構成に占める再生可能エネルギーの割合を36～38％（2021年度実績は20.3％）に引き上げる目標を掲《かか》げている。長崎県には「促進区域」に指定されている海域が２つあり，その

１つでは，国内初となる形式の洋上風力発電所が，2016年３月に運転を開始した。次の二重線内の文章は，この洋上風力発電所について説明したものである。文章中の □ にあてはまる語句を示す写真としてもっとも適しているものを，あとの**ア～エ**から１つ選び，記号で答えなさい。

> この海域では年間の平均風速が７ｍ/秒を超《こ》えて，洋上風力発電に十分なエネルギーを得ることができる。ただし，島から近い沖合《おきあい》でも水深が100ｍ前後あるため，発電設備を海底に固定する着床式《ちゃくしょうしき》では建設できない。洋上に浮かべる浮体《ふたい》式が条件になる。運転中の洋上風力発電所で採用した浮体は，中が空洞《くうどう》の長い円筒形《えんとうけい》で造られている。おもちゃの「 □ 」と同じ原理で大きく傾《かたむ》いても転覆《てんぷく》しない。大型の台風にも耐《た》えられることを実証済みだ。

「自然エネルギー財団HP」により作成。

ア．

イ．

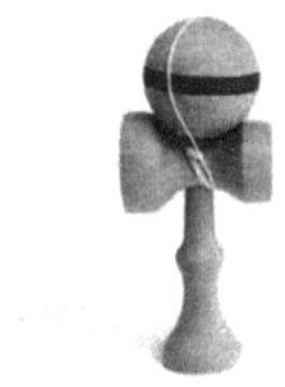

ウ．

エ．

いられるだろうかと「私」が不安に思っていることを表現している。

E　四人がこの行事を続けていこうと思っていたとしても、いずれは続けられなくなるだろうと「私」が予感していることを表現している。

問8　本文の表現の説明としてもっとも適切なものを次のA〜Eの中から一つ選び、記号で答えなさい。

A　「今は、一年中そで無しのシャツから黒光りするむきむきの腕を出して、日々布をプレスしている」は、現役のトライアスロン選手であった時、満足する結果を残すことができなかったことに対する鉄人さんのくやしさを表現している。

B　「花柄のハンカチは、布であることをどんどん忘れていくように、羽先を伸ばし、尾を、天に立て、くちばしを尖らせていった」は、鉄人さんが鶴を完成させる過程について、ハンカチ自体が生命を持ち、自分の意志で鶴に変化していったかのように表現している。

C　「私が心から喜んでいると、ミーナちゃんがおずおずと『ねえ、それ、私にくれないかな』と言った」は、親友である「私」ならその要望に応えてくれるにちがいないと、ミーナちゃんが思っていることを表現している。

D　「何年も経った今でも、しゃきっと羽を伸ばしている。いつでも飛び立つ準備はできています、と言っているようだ」は、擬音語《ぎおんご》や比喩《ひゆ》を用いることで、「私」とミーナちゃんがこれからもまっすぐ成長してほしいという鉄人さんの思いを表現している。

E　「どちらもプリーツは入っていないけれど、隅々までぴしっとアイロンがかかっていて、かっこいい」は、仲の良い四人であっても、私とミーナちゃんとの関係と鉄人さんとミーナママとの関係にはちがいがあることを表現している。

数えます。）

鶴をイメージしている。

問4　――線（1）「目の前のプリーツは、折り紙のようにその襞が鋭く際立っている」とありますが、このような「プリーツ」の特色は、どのようにして生まれたものですか。次の文の□にあてはまる言葉を本文中から**二十五字**で見つけ、**最初と最後の三字ずつ**をぬき出して答えなさい。（句読点、記号等も字数に数えます。）

□ことによって生まれた。

問5　――線（2）「鉄人さんのプリーツは、それぞれの場面で、それぞれの幅で、自由に伸び縮みしながら活躍した」とはどのようなことですか。その説明としてもっとも適切なものを次のA～Eの中から一つ選び、記号で答えなさい。

A　鉄人さんのプリーツはしっかりしているので、どんなことがあっても形がくずれないということ。

B　鉄人さんのプリーツが人々の間でうわさになり、その人気がしだいに高まってきているということ。

C　鉄人さんのプリーツが様々な職業の人から注文されて、期待以上の仕上がりになっているということ。

D　鉄人さんのプリーツは完成度が高く、それぞれの人や時に応じて形を変えることができるということ。

E　鉄人さんのプリーツが多くの人に必要とされており、あらゆる場所で各人の要望に応えているということ。

問6　――線（3）「折り目正しいプリーツのおかげだと思う」とありますが、それはなぜですか。その理由としてもっとも適切なものを次のA～Eの中から一つ選び、記号で答えなさい。

A　プリーツの服を着ることで、いつまでも昔のままの二人でいられるように思えるから。

B　プリーツの服を着ることで、気が引きしまり自分一人の世界に入りこめると思えるから。

C　プリーツの服を着ることで、ミーナちゃんと気持ちが通じ合った演奏ができると思えるから。

D　プリーツの服を着ることで、鉄人さんのように強い心を持って演奏できていると思えるから。

E　プリーツの服を着ることで、いつでもミーナちゃんと一緒に練習しているように思えるから。

問7　――線（4）「そう思いながら、折り畳んだ身体を四人一緒に持ち上げた」とありますが、これはどのようなことを表現していますか。その説明としてもっとも適切なものを次のA～Eの中から一つ選び、記号で答えなさい。

A　四人とも現在の幸せを味わいつつ、今までどおりの気持ちで全員がこの行事を続けられると確信していることを表現している。

B　四人が心を一つにしている中で、できることならこのままこの行事を続けていきたいと「私」が願っていることを表現している。

C　四人ともこの行事の将来に不安を感じているが、全員がこれからも続けていきたいという思いを抱いていることを表現している。

D　四人とも現在は同じ気持ちだが、これから先四人が同じ気持ちで

た。

結婚の挨拶《あいさつ》をする日に着るためのプリーツ入りのブラウス、入学試験の日に使うペンケース、初出勤の日に結ぶスカーフ、漫才のコンテストで締める蝶ネクタイ……。(2)鉄人さんのプリーツは、それぞれの場面で、それぞれの幅《はば》で、自由に伸び縮《ちぢ》みしながら活躍《かつやく》した。

私は、大人になってから遠くの町で一人暮らしをするようになったのだが、年に一度、ミーナちゃんと鉄人さんの住む町に戻《もど》ってくる。ミーナちゃんと連弾をするために。

そう、鍵盤プリーツの衣装で最初に連弾を披露《ひろう》して以来、私たちは毎年欠かさず新曲と新しいプリーツ衣装を発表し続けているのだ。

ピアノのある公民館でのささやかなライブイベントだが、私たちにとっても、町の人たちにとっても、なくてはならない年中行事になっている。

私が引っ越《こ》してからは、同じ場所で一緒《いっしょ》に練習することはなかなかできないので、テレビ電話をつなげて練習している。だから、リアルに連弾ができるのは、私がこの町に帰ってくる、本番当日のリハーサル一回だけ。それでも、「今日も息がぴったりたったね」と言われる。とてもうれしい。(3)折り目正しいプリーツのおかげだと思う。

今年は、プリーツを施した薄めの白いサテンを羽のように何枚も重ね、脛《すね》のあたりから黒いプリーツがのぞくおそろいのドレス。頭に小さな扇《おうぎ》のような赤い髪《かみ》飾り。私たちは観客の後ろから花道を通るように舞《ぶ》台《たい》まで歩いた。

演奏が無事に終わったあと、鉄人さんとミーナママを舞台に呼んだ。

二人は普段《ふだん》着のまま、てれくさそうに現れる。鉄人さんは白いシャツにベージュのチノパンツ、ミーナママは若草色の無地のワンピース。どちらもプリーツは入っていないけれど、隅々《すみずみ》までぴしっとアイロンがかかっていて、かっこいい。

鉄人さんとミーナママとミーナちゃんと私、四人で手をつないで、その手を一緒に高く上げてから一斉《いっせい》に頭を下げる。とても深く。たくさんの拍手《はくしゅ》が沸《わ》き起こる。

あと何回、この拍手を浴びることができるだろう。(4)そう思いながら、折り畳《たた》んだ身体を四人一緒に持ち上げた。

（東直《ひがしなお》子《こ》「鉄人さんのプリーツ」より。）

(注) ※プリーツスカート……プリーツ（折り目、ひだ）のついたスカート。

問1 〰〰線「なぞらえて」の本文中での意味としてもっとも適切なものを次のA～Eの中から一つ選び、記号で答えなさい。

A さだめて　B みなして　C 思わせて
D 見きわめて　E 仮定して

問2 本文中の Ⅰ ・ Ⅱ にあてはまる言葉の組み合わせとしてもっとも適切なものを次のA～Eの中から一つ選び、記号で答えなさい。

A Ⅰ さらっと　Ⅱ ぎらりと
B Ⅰ ばりっと　Ⅱ にやりと
C Ⅰ ざらっと　Ⅱ ぴかりと
D Ⅰ ぱりっと　Ⅱ きらりと
E Ⅰ ぱきっと　Ⅱ ちらりと

問3 本文に次の一文を入れるとすると、どこが適切ですか。この文が入る直前の**三字**をぬき出して答えなさい。（句読点、記号等も字数に

二　次の文章を読んで、あとの問いに答えなさい。

朝。初夏のさわやかな風が通り抜ける。学校の門へと続く坂を上りながら、さらさらと風になびく制服の※プリーツスカートは、音楽を奏《かな》でているようで眺めるのが楽しい。

みんな同じ深い緑色のタータンチェックのプリーツスカートだけど、(1)目の前のプリーツは、折り紙のようにその襞《ひだ》が鋭《するど》く際立っている。これはお友達のミーナちゃんのスカート。そして私のスカートの襞も、同じように鋭い。なぜなら、ミーナちゃんも私も、鉄人さんにプレスしてもらったプリーツスカートだから。

鉄人さんは、ミーナちゃんのお父さん。昔、トライアスロン（鉄人レース）の選手だったらしい。今は、一年中そで無しのシャツから黒光りするむきむきの腕《うで》を出して、日々布をプレスしている。

ミーナちゃんの家はクリーニング屋さんで、毎日たくさんの洗濯物《せんたくもの》を請《う》け負い、巨大《きょだい》な洗濯機と乾燥機《かんそうき》を回し、洗い終えた物は、すべて鉄人さんが太い腕に力をこめて、じっくりとプレスする。鉄人プレスが施《ほどこ》されたあとは、シャツもスラックスもプリーツスカートも、まるで新品のように、いいえ、それ以上に、［Ⅰ］仕上がっている。

ミーナちゃんの家に遊びにいったとき、休憩《きゅうけい》していた鉄人さんに、ふと訊《き》いてみた。

「アイロンで鶴《つる》を折ることってできる?」

鉄人さんはにっこり笑って白い歯を［Ⅱ］光らせた。

「おう、できるさ、もちろん」

私は、そのとき持っていた花柄《はながら》のハンカチを鉄人さんに手渡《てわた》した。鉄人さんは、スプレーで糊《のり》をしゅっしゅっとふりかけながらハンカチをプレスしていった。花柄のハンカチは、布であることをどんどん忘れていくように、羽先を伸《の》ばし、尾《お》を、天に立て、くちばしを尖《とが》らせていった。

はいよ、と鉄人さんが手渡してくれたのは、首を、羽を、尾を、誇り高くピンと伸ばした、花柄の一羽《いちわ》の鶴だった。

「わあ、すてき。うれしい」

私が心から喜んでいると、ミーナちゃんがおずおずと「ねえ、それ、私にくれないかな」と言った。「え?」と一瞬驚《いっしゅんおどろ》いたが、ミーナちゃんのハンカチでも鶴を折ってもらって交換《こうかん》しようという提案だった。もちろん喜んで承知した。

ミーナちゃんのハンカチは、白い雲が浮かぶ水色の空の模様だったので、空を切り取ったような鶴ができあがった。ずっと机の上に飾《かざ》っているが、何年も経《た》った今でも、しゃきっと羽を伸ばしている。いつでも飛び立つ準備はできています、と言っているようだ。

ミーナちゃんと私がピアノの発表会で連弾《れんだん》をしたときは、おそろいの鍵盤衣装《けんばんいしょう》を作ってもらった。鉄人さんがプリーツ加工した黒い布と白い布を黒鍵と白鍵になぞらえて布を重ねて仕立てたのだ。ミーナちゃんはドレス、私はパンツスーツを作ってもらった。

型紙を切ったり、縫製《ほうせい》をしたり、洋服に仕立てる作業は、ミーナちゃんのママが担当してくれた。ミーナママは、私たちの身体のサイズを測りながら「うきうきしちゃう」と楽しそうに言った。

本番当日。自慢《じまん》の衣装におそろいの白黒のプリーツリボンをつけて挑《いど》んだ連弾は、それはそれは心弾《こころはず》む楽しい経験だった。

鉄人さんの、折り目正しくくずれないプリーツは、ここ一番の勝負時に力をくれると評判になり、さまざまな目的で依頼《いらい》されるようになっになっていたが、「わたし」の成長を願う父の愛情に気がついて気持ちが晴れたから。

B　もういない父のことは忘れようと一度心に決めて無理に心の奥底にしまい込んでいた思い出を、母の思いつきをきっかけに懐かしく思い出せたから。

C　これまで自分が父のことを思い出せずにいた理由が、「わたし」の中にあった思いと父の心の中にあった思いがすれちがっていたためだとわかったから。

D　自分の子どものころのことを思い出してゆくにつれて、これまでずっと思い出さないまますごしてきた父が本当は自分を愛してくれていたことに気づいたから。

E　父の思い出を懐かしむ母のとなりでなかなか父のことを思い出せないでいた「わたし」も、父の確かな記憶を思い出して母の話題についていけるようになったから。

問8　Ⅱ　には父の言葉が入ります。本文中からぬき出して答えなさい。

問9　本文の内容の説明としてもっとも適切なものを次のA～Eの中から一つ選び、記号で答えなさい。

A　「わたし」は心の底に埋めていた父親の記憶を母親とドライブに出かけた西宮浜でふと思い出す。そこで自分の飽きっぽい性格はその時の父の態度に原因があることに今になってようやく気づき、何事も長続きしない子どもから今のがまん強い自分へと成長したことを実感し、父へのわだかまりが少しずつ消えていく様子をえがいている。

B　父に関する記憶を無理やりに忘れようとしていた「わたし」は母と出かけた西宮浜で心の奥にかくしていた父と二人だけの出来事を思い出す。「わたし」は幼いころの記憶をたどる中で、子どもの成長を願う父の切実な思いに気づき、父の記憶をすべて消し去ろうとしたことを後悔して、心の中で父に許しを受けようとする様子をえがいている。

C　父に関する記憶を心の中にしまいこんでいた「わたし」は父の思い出を懐かしむ母にただ調子を合わせていたが、西宮浜の景色を見て幼い日の出来事を思い出す。そして当時の思い出と自分の性格をふり返り、自分の性格の中に父から受け継がれた部分があることに気づき、父から愛されていた実感を取りもどしていく様子をえがいている。

D　「わたし」は死んだ父の人生を振り返るようにたどっていく母につきあう中で父に対してよそよそしい態度をとっていた自分をいやだと思い始めていた。しかし西宮浜で思い出した父の愛情に満ちた言葉やふるまいから父に対してすなおな気持ちになり、自分のことをあらためて好きになっていく様子をえがいている。

E　「わたし」は母と訪れた西宮浜で小学校時代の父とのきずなを感じる場所であったことを思い出した。これをきっかけに父の思い出を次々によみがえらせた「わたし」が、父の残してくれた品々やその愛情を支えにして今後は細かいことを気にせずに力強く前向きに生きていこうと決意する様子をえがいている。

C　追憶の旅のゴールにするにはあまりにもありふれた場所だったから。

D　思い出したいのに思い出せずにいた思い出を一気に取りもどせたから。

E　母の相手でせいいっぱいだった自分のことを考える余裕《よゆう》ができたから。

問4　――線(2)「どうして描こうとしなかったのか、なんとなく、いまのわたしなら想像がつく」とありますが、「いまのわたし」が「想像」した理由としてもっとも適切なものを次のA～Eの中から一つ選び、記号で答えなさい。

A　途中で描くのを投げ出してしまうさまを父に見られたくなかったから。

B　その場の思いつきで手早く絵を描くことを得意としていなかったから。

C　最後まで描き上げられずに自分が恥ずかしい思いをしたくなかったから。

D　他の人の描いた絵と比べられて父にみじめな思いをさせたくなかったから。

E　最初からみんなにほめられないとわかっている絵を描きたくなかったから。

問5　――線(3)「頭の中の理想図を取り出そうとする」とは、何をどのようにすることですか。次の文の［イ］・［ロ］にあてはまる言葉を指定された字数で本文中からぬき出して答えなさい。（句読点、記号等も字数に数えます。）

自分が［イ（七字）］を実際に［ロ（四字）］こと。

問6　――線(4)「恥ずべき短所が、少しだけ誇るべき長所のように思えた」とありますが、この時の「わたし」の気持ちの説明としてもっとも適切なものを次のA～Eの中から一つ選び、記号で答えなさい。

A　自分の短所だと思っていた飽きっぽいところが、実は自分だけではなく父と同じであったのだということを思い出し、父との共通点を見つけられてよかったと思った。

B　自分の短所だと思っていた飽きっぽいところが、実は自分の抱く理想の高さに原因があったことに思いいたり、そのように自分を育ててくれた父に感謝したいと思った。

C　自分の短所だと思っていた飽きっぽいところが、実は父がたくさん集めて見せてくれていた素敵なもののせいであったとわかり、自分の性格を前向きに受け止めようと思った。

D　自分の短所だと思っていた飽きっぽいところが、実は父と同じような自他に対する愛情のあらわれなのだと読者から教えられ、新たな自分を見つけられたことを喜ばしく思った。

E　自分の短所だと思っていた飽きっぽいところが、実は大好きな父から受け継いだこだわりの強さのあらわれなのだと気づき、父とのつながりを確かめられたことを嬉しく思った。

問7　――線(5)「救われた気がした」とありますが、それはなぜですか。その理由としてもっとも適切なものを次のA～Eの中から一つ選び、記号で答えなさい。

A　子どものころ父から受けたつらい仕打ちを思い出して嫌な気持ち

まった。覚えていないということは、記憶するほど愛せるものではなかったはずだけど。

「ええやん。なかなかうまい」

　父はたしか、誇らしそうに、笑っていたはずだ。西宮浜を訪れたわたしの脳裏《のうり》に蘇《よみがえ》ったのは、堤防の絵ではなく、父の笑った顔だった。

　あのとき父が褒《ほ》めたのはきっと、絵ではなくて、迷いながらも一歩を踏み出した、わたしの姿だったのだろう。父は、確かにわたしを愛してくれていた。だからいま、ふとした拍子《ひょうし》に思い出したのだ。いくら地中深くに埋めたとしても、消えてなくならない記憶がある。(5)救われた気がした。

　わたしは、ユニバーサル・スタジオ・ジャパンへ行くと、どうしても※2バック・トゥ・ザ・フューチャーに乗ることができなかった。父が最後に連れて行ってくれた遊園地であり、乗っておいでと背中を押してくれたアトラクションであるからだ。

　父についてほとんどのことを思い出せないし、※3ドクが発明したデロリアンで過去へと飛ぶこともできない。だからせめて、忘れてしまった父のことを心の底から愛し、歩んでいこうと思う。父の記憶は確かでなくても、父がわたしを愛してくれたことは確かだから。

「父だったら、なんて言っただろうか」ではなく「きっと父ならこう言うだろう」と、言い聞かせていく。行き止まりになった記憶の暗闇《くらやみ》に、新たな記憶という映像を投写する。それは作り物かもしれない。だけど、父が愛したわたしが描いたのならばきっと、父は許してくれるだろう。

「　Ⅱ　」

西宮浜の堤防で、声が聞こえた気がした。

（岸田奈美「筆を伸ばす、私を思う　@西宮浜」より）

（注）※1　ピラティス……ヨーロッパで生まれた運動法。

※2　バック・トゥ・ザ・フューチャー……1985年に公開された同名の映画をもとに作られた乗り物アトラクション。

※3　ドクが発明したデロリアン……映画「バック・トゥ・ザ・フューチャー」の中で科学者のドクが発明した、自動車を改造して作った過去や未来に行ける乗り物。

問1　＝＝線「おセジ」の「ジ」と同じ漢字を使うものを次のA～Iの中から選び、記号で答えなさい。なお、正解は一つとは限りません。いくつかある場合はそのすべての記号を答えなさい。

A　ジヒョウを出す。　B　ジリツして生きる。

C　ドラマのジカイ予告。　D　卒業式のトウジ。

E　ヒジョウジの対応。　F　交通ジコが起きる。

G　ジミな色の上着。　H　作品をテンジする。

I　最多勝記録をホジする。

問2　［Ｉ］に入る語を**ひらがな四字**で答えなさい。

問3　――線(1)「わたしはびっくりした」とありますが、それはなぜですか。その理由としてもっとも適切なものを次のA～Eの中から一つ選び、記号で答えなさい。

A　まったく予想していなかった場所で母がハンドルを切ったから。

B　自分の幼い日のできごとのほんの一部分が急によみがえったから。

ス、いろんな習い事を始めてみたものの、ちょっとできるようになると、すぐに放り投げてしまった。わたしの自宅の物置はそういう薄《うす》っぺらい好奇心《こうきしん》の残骸《ざんがい》であふれている。

時には、仕事においても。

「社会人なんだから、最後までしっかりやり遂《と》げなよ。有言実行って大切なんだから」

正論だった。飽きっぽい自分を、ずっと恥《は》じてきた。ていねいで、まじめで、根気の良い社会人になろうと思った。

でも、固く結んだはずのその決意すらもあっさりと揺《ゆ》らぐ、筋金入りの飽きっぽさだ。

最近になって、自分のどうしようもない飽きっぽさへの、捉《とら》え方が変わってきた。

「岸田さんは愛にあふれていて、他人にも愛を求める人なんだね」

わたしのエッセイを読んでくれた人が、そんなことを言った。

そうかもしれない。わたしが心の底から気に入るのは、そこに確かな愛のあるものが圧倒《あっとう》的に多い。愛によって作られたもの、長く愛されていること、自分も他人も愛しているひと。芸能人が自分の偏愛《へんあい》っぷりを披露《ひろう》するバラエティ番組は、欠かさずチェックするくらい大好きだ。

そう言えば、父の部屋に置かれていたものたちも、そうだった。

スウェーデンの職人が作った、重くて大きな黒い革《かわ》のリュック。憧《あこが》れのドイツで買ってきた水彩絵具《すいさいえのぐ》、木製パズル。美しい葉っぱの形をした、ペンが磁力で浮《う》いているペンスタンド。子どものわたしの目には「ヘンなもの」と映っていたが、それらは誰《だれ》かしらの愛にあふれていた。

その証拠《しょうこ》に、それらは今、わたしによって回収され、わたしの部屋に移住している。

わたしは、愛にあふれ、愛せるものしか、手に入れたくない人間なのだ。それはきっと、父から受け継《つ》がれてきた性質。

だから、工作も、趣味《しゅみ》も、仕事も、長く続かなかったのかもしれない。「これはわたしが愛せる完成形にはならない」と、途中《とちゅう》で気づいてしまったから。

頭の中にはいつだって、「愛せそうなもの」の理想図があった。それは父が、わたしに素敵《すてき》なものをたくさん見せてくれたからだと思う。でも、いざ(3)頭の中の理想図を取り出そうとすると、透明《とうめい》な壁《かべ》に阻《はば》まれる。壁の正体は、手先の不器用さだったり、才能の乏《とぼ》しさだったりするのだけど、ともかくその時点で理想を形にすることは難しいだろうと悟《さと》る。

愛せないものに、最後まで手間暇《てまひま》をかける理由はない。だから途中で投げ出してしまうのだ。

(4)恥ずべき短所が、少しだけ誇《ほこ》るべき長所のように思えた。

あの日。堤防へ絵筆を押《お》しつけることをだらだらと拒《こば》んだのは、堤防のような大きなものに、絵を描いたことがなかったからだ。描いたことがないから、失敗は免《まぬか》れない。愛せないとわかっているものを、大好きな父の前で、作って投げ出してしまうのが嫌《いや》だった。

「ほら。ここあいてるから、入れてもらい」

そう言って父は、堤防にむらがる子どもたちの間にぽっかりできたスペースへとわたしを押し込《こ》んだ。

しぶしぶ、わたしは絵筆を押しつけた。なにを描いたかは忘れてし

【国　語】〈四五分〉　〈満点：一〇〇点〉

一　次の文章を読んで、あとの問いに答えなさい。

記憶《きおく》を埋《う》めた土を無理矢理掘《ほ》り起こそうとしてみると、火花みたいに、パラパラと小さな記憶が飛び散ることがある。それは、父と訪《おとず》れた場所へ足を踏《ふ》み入れたとき、急に出会った。

先日、母の思いつきで、兵庫県西宮《にしのみや》市を訪れた。訪れたと言っても、実家のある神戸《こうべ》から大阪まで車で向かうついでに、ちょっと寄ってみただけだ。

西宮は父の故郷であり、父と母が結婚《けっこん》して最初にアパートを借り、父が起業してからはオフィスを構えた街だった。父の実家、アパート、オフィス、とたっぷり時間をかけながら順番に車でまわっていくと、母は「懐《なつ》かしい」と嬉《うれ》しそうにつぶやいた。

わたしは相変わらず、ちっとも思い出せなかった。でも母があまりに楽しそうだったので「そうやね」と［Ⅰ］を打っていた。

海が好きだという母が、追憶ツアーのゴールとして西宮浜へとハンドルを切ったとき、(1)わたしはびっくりした。

パチパチと、記憶の火花が散ったのだ。

「ここと似たところに、来たことある」

それは知識でも妄想《もうそう》でもない、記憶だった。きれいとはおセジにも言えない海と、鼻につく磯《いそ》の匂《にお》いと、水平線の果てまで続く灰色の堤防《ていぼう》。この西宮浜と同じ場所だったかどうかはわからない。だけど、似たような景色を、かつてわたしは父と眺《なが》めたことがある。

わたしはまだ、小学校に入ったばかりだった。堤防の一角で、子どもたちが絵を描《か》いていた。なんでだったか理由はわからないけど、とにかくそういうイベントのようだ。堤防のキャンバスを、縦横《じゅうおう》無尽《むじん》に泳ぐように、とんでもない色のサメやクジラやタコが描かれていて。

父はわたしに、どこからか借りてきた絵筆とパレットを渡して。

「好きに描いてええんやで」

そのあとすぐ、父の眉《まゆ》が下がったのを覚えている。困ったような、がっかりしたような。わたしが、好きに描こうとしなかったからだ。

「どうして描かんのや」

「こんなところに描いたことないし」

「べつにええやん、失敗しても」

「なんかなあ」

なんだかんだ言って、わたしはもじもじと絵筆とパレットを交互《こうご》に見た。(2)どうして描こうとしなかったのか、なんとなく、いまのわたしなら想像がつく。

わたしは飽《あ》きっぽい人間だ。

絵や工作といったものを、最後まで気を抜《ぬ》かず、ていねいに完成させたことの方が少ない。最初の十五分くらい取り組んでみたら、なんだかやる気が起きなくなって、あとは惰性《だせい》で完成させて、あっさりと興味を失ってしまう。完成品を自宅へ持ち帰らず、学校でゴミみたいに捨ててしまうこともしょっちゅうだった。

大人になっても変わらない。ギター、ドラム、テニス、※1ピラティ

MEMO

大切なことはメモしておこうネ！

推薦・帰国生

2024年度

解　答　と　解　説

《2024年度の配点は解答欄に掲載してあります。》

＜算数解答＞《学校からの正答の発表はありません。》

1　(1)　10　　(2)　53　　(3)　$\frac{1}{6}$

2　(1)　木曜日　　(2)　500　　(3)　32　　(4)　5分後

3　(1)　$\frac{74}{35}$　　(2)　2

4　(1)　5：2　　(2)　$25cm^2$　　(3)　16：19

5　(1)　1710円　　(2)　1.14倍　　(3)　14

6　(1)　2.4cm　　(2)　$30.144cm^3$　　(3)　$52.752cm^3$

○推定配点○

1，3，4　各5点×8　　他　各6点×10　　計100点

＜算数解説＞

1　(四則計算)

(1)　$240\times3\div(68+3+1)=10$

(2)　$\left(\frac{5}{6}-\frac{12}{35}\right)\times210-50=175-72-50=53$

(3)　$\square=\frac{22}{7}\div\left\{\left(1\frac{14}{15}+1\frac{6}{15}\right)\times\frac{3}{7}+2\right\}-\frac{3}{4}=\frac{22}{7}\div\frac{24}{7}-\frac{3}{4}=\frac{1}{6}$

重要　2　(規則性，植木算，割合と比，消去算，数の性質，速さの三公式と比，平均算)

(1)　31日…7×4＋3(日)

金曜日～月曜日まで…週7日のうち，4日

月5回ある曜日…火・水・木曜日

したがって，31日は木曜日

(2)　A－B＝50　…ア

$A\times0.6+B\times\frac{5}{3}=540$　…イ

イ×3より，A×1.8＋B×5＝1620　…ウ

ア×5より，A×5－B×5＝250　…エ

ウ＋エより，A×6.8＝1870，A＝275

アより，B＝275－50＝225

したがって，求める数は275＋225＝500

(3)　約分できない分数の分子…右表より，4×4＝16(個)

したがって，分数の和は(1＋47)×16÷2÷12＝32

1，	5，	7，	11(12)
13，	17，	19，	23(24)
25，	29，	31，	35(36)
37，	41，	43，	47(48)

(4)　Aさん・Bさん・Cさんの分速の比

…100：80：70＝10：8：7

AさんとBさんの中間の速さ

…(10＋8)÷2＝9

Cさんが進んだ距離

…右図より，800÷(9＋7)×7＝350(m)

したがって，求める時刻は350÷70＝5(分後)

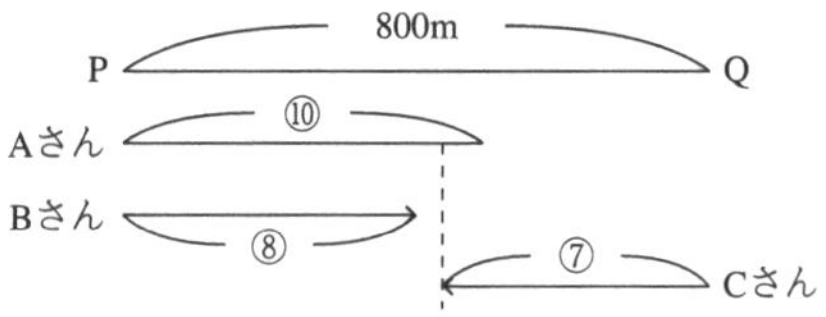

3 (演算記号)

基本 (1) $\frac{1}{5}\div\frac{1}{7}+\frac{1}{7}\div\frac{1}{5}=\frac{7}{5}+\frac{5}{7}=\frac{74}{35}$

重要 (2) $3*5\cdots3\div5+5\div3=\frac{34}{15}$

$\frac{1}{3}*\frac{1}{5}\cdots\frac{1}{3}\div\frac{1}{5}+\frac{1}{5}\div\frac{1}{3}=\frac{5}{3}+\frac{3}{5}=\frac{34}{15}$

$9*15=3*5\cdots\frac{34}{15}$

したがって，答えは2÷1＝2

重要 4 (平面図形，相似，割合と比)

三角形ABEの面積…32cm^2

(1) 右図

三角形AFDとLFC

…相似比は5：3

CL

…10÷5×3＝6(cm)

三角形AGEとLGB

…相似比は8：(14＋6)＝2：5

したがって，求める比は5：2

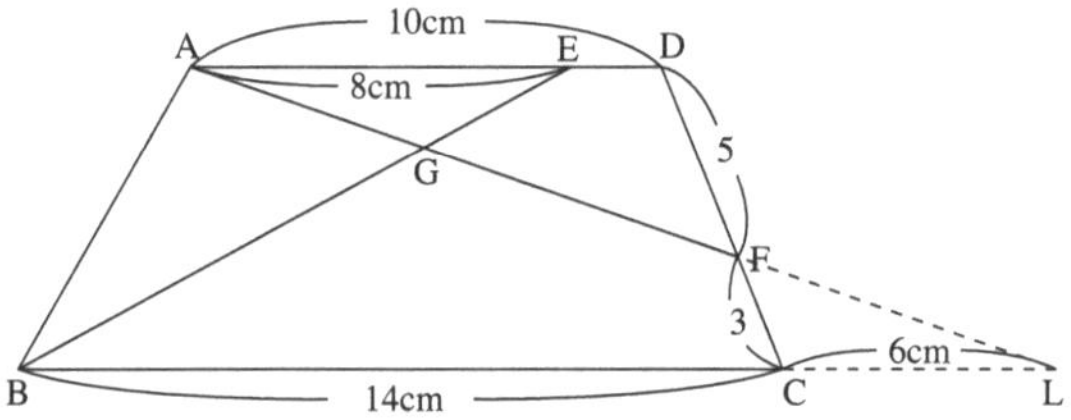

(2) AEとADの比

…8：10＝4：5

三角形ABEとAFDの高さの比

…(5＋3)：5＝8：5

三角形ABEとAFDの面積比

…(4×8)：(5×5)＝32：25

したがって，三角形AFDは32÷32×25＝25(cm^2)

(3) 右図

三角形AGEの面積

…(1)より，$32\div(5+2)\times2=\frac{64}{7}$(cm^2)

三角形AGDの面積

…$\frac{64}{7}\div4\times5=\frac{80}{7}$(cm^2)

三角形DGFの面積

…(2)より，$25-\frac{80}{7}=\frac{95}{7}$(cm^2)

したがって，AG：GFは$\frac{80}{7}:\frac{95}{7}$＝80：95＝16：19

【別解】 右図より，8：(7.5＋2)＝16：19

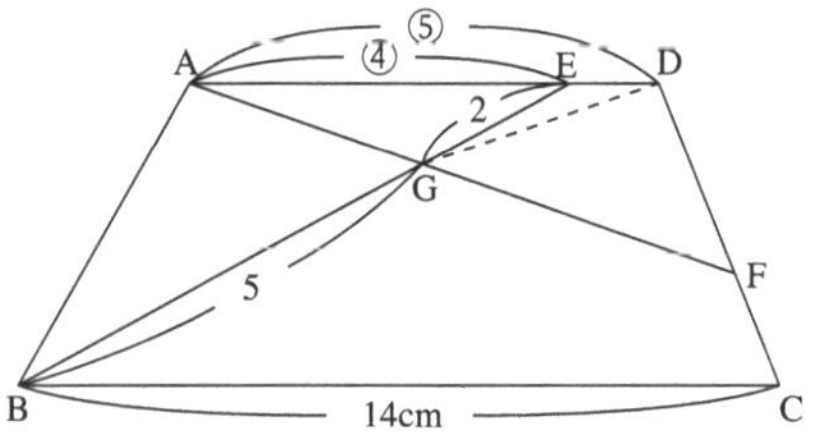

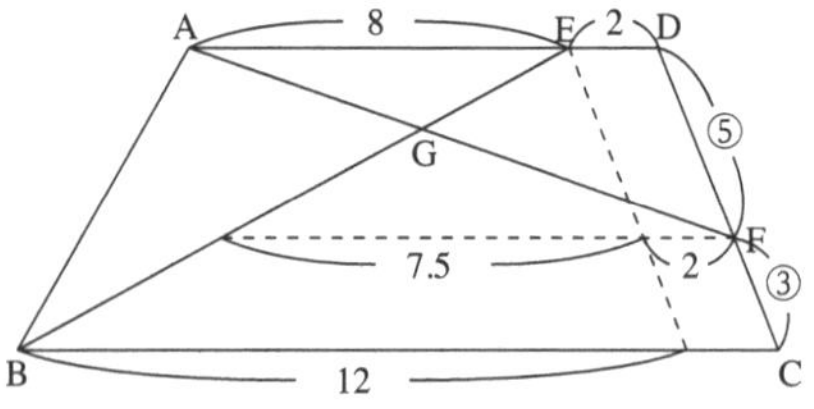

重要 **[5]**　**（割合と比，売買算，概数）**

A・B・Cの仕入れ値の比…2：3：5

A・B・Cのそれぞれの利益…10%，20%，12%

(1)　Aの仕入れ値…300円

Bの仕入れ値…300÷2×3＝450（円）

Cの仕入れ値…300÷2×5＝750（円）

したがって，定価の合計は300×1.1＋450×1.2＋750×1.12＝330＋540＋840＝1710（円）

(2)　(1)より，1710÷(300＋450＋750)＝1710÷1500＝1.14（倍）

(3)　A・Bを定価の10%引きで売った売り値…(330＋540)×0.9＝783（円）

損をしないCの売り値…1500－783＝717（円）

したがって，求める割引き率は1－717÷840≒0.14すなわち14%

[6]　**（平面図形，図形や点の移動，立体図形）**

重要 (1)　図1

直角三角形ADC

…直角三角形BACと相似

したがって，ADは3÷5×4

＝2.4（cm）

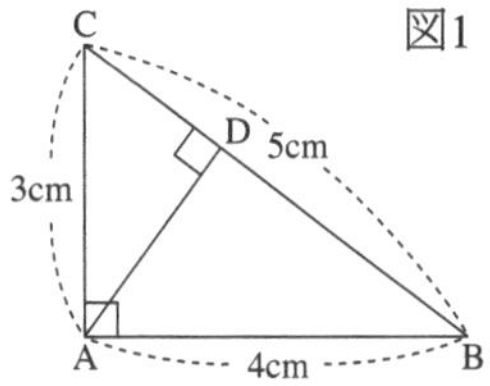

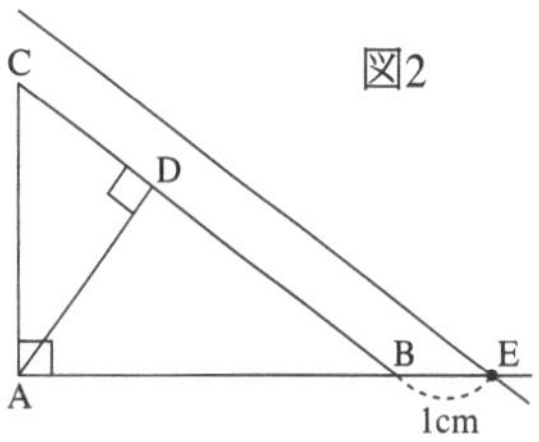

(2)　図3

(1)より，2.4×2.4×3.14×5÷3

＝9.6×3.14＝30.144（cm^3）

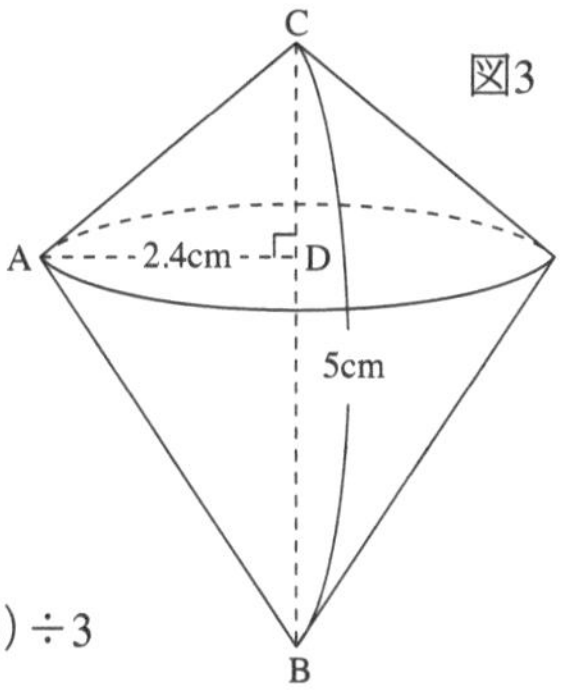

やや難 (3)　図4

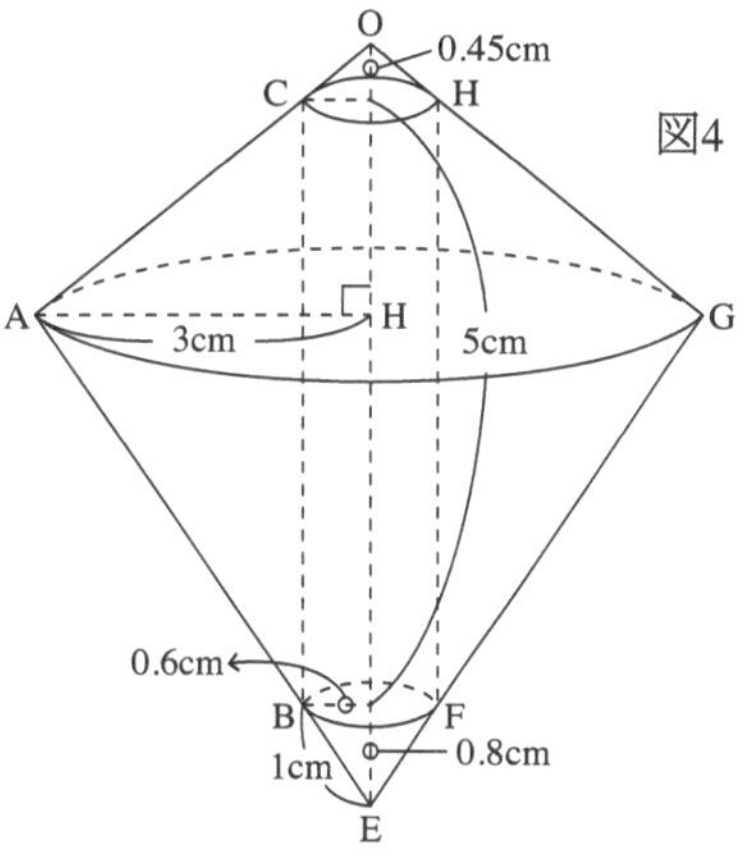

OE

…0.45＋5＋0.8＝6.25（cm）

全体の立体部分

…3×3×3.14×6.25÷3

　＝18.75×3.14（cm^3）

上部と下部の円錐部分

…0.6×0.6×3.14×(0.45＋0.8)÷3

　＝0.15×3.14（cm^3）

中心の円筒部分

…0.6×0.6×3.14×5

　＝1.8×3.14（cm^3）

したがって，求める体積は{18.75－(0.15＋1.8)}×3.14＝16.8×3.14＝52.752（cm^3）

★ワンポイントアドバイス★

[1]，[2]の7題でどれだけ得点できるかが，第1のポイントになる。[5]「演算記号」は難しくなく，[4]「三角形の相似」は，よく出題される問題であり，できるようにしなければいけない。[5]「売買算」，[6]「回転体」も問題自体は難しくない。

＜理科解答＞《学校からの正答の発表はありません。》

1　(1)　4　(2)　3　(3)　3　(4)　4900mL　(5)　147倍

2　(1)　96kJ　(2)　5.6L　(3)　8.4L　(4)　4　(5)　3

○推定配点○

各5点×10　計50点

＜理科解説＞

1　(人体―ヒトの心臓)

(1)　血液がエ(左心室)から大動脈へ送られると，エのなかの血液量は減少する。図2では，横軸がエのなかの血液量なので，減少するとグラフが右から左へ動く。つまり，B→Cの部分があてはまる。

(2)　図1の①のときは，イとエの間の弁が閉じているので，エのなかの血液量は少ないまま増加しない。図2では，C→Dの部分があてはまる。

(3)　図1の②のときは，エの血液量が増えていくので，図2のD→Aがあてはまる。その後，エの前後の弁が閉じて，A→Bのようにエの血液を押し出そうとする力が高まる。Bでエと大動脈の間の弁が開いて図1の③の状態になる。よって，図1の③は，図2のB→Cがあてはまる。

重要　(4)　エ(左心室)の血液量は，図2から最大で100mL，最小で30mLなので，1回の拍動で大動脈に送られる血液の量は100－30＝70mLである。1分間に送り出された血液の量は，70×70＝4900mLとなる。

(5)　1回の拍動で大動脈に送られる血液の量は70mLで，1分間の拍動が70回だから，2時間＝120分間で送りだされる血液の量は，70×70×120＝588000mL，つまり588Lである。これは，血液全体の量4Lに対し，588÷4＝147倍である。言い換えれば，血液は全身を120分間で平均147周している。

2　(燃焼―燃焼で発生する熱量)

(1)　1Lの気体Bを燃焼させると64kJの熱量が発生するので，1.5Lの場合は64×1.5＝96kJの熱量が発生する。余った酸素は熱量には関係しない。

(2)　表1から，混合気体の場合に発生した熱量や，酸素と二酸化炭素の体積は，単独の場合の足し算になっている。よって，1LのBと1.2LのCの混合気体の場合，発生する二酸化炭素の体積は，2×1＋3×1.2＝5.6Lとなる。

(3)　1.4LのAと1.6LのBの混合気体の場合，必要な酸素の体積は，2×1.4＋3.5×1.6＝8.4Lとなる。

重要　(4)　0.2LのAを燃焼させたときに発生する熱量は，36×0.2＝7.2kJであり，7200Jである。水100gの温度を1℃上げるために必要な熱量は4.2×100＝420Jだから，7200Jの熱量を与えると，7200÷420＝17.14…℃上昇する。初めの温度は10℃だから，温度が上がったあとは，10＋17.14…＝27.14…で，四捨五入により27.1℃となる。

(5)　10℃の水200gの温度を60℃にするために必要な熱量は，4.2×200×(60－10)＝42000J，つまり42kJである。このうち，0.2LのBを燃焼させたときに発生する熱量は，64×0.2＝12.8kJである。残る熱量は42－12.8＝29.2kJで，これはCを燃焼させてまかなう。必要なCの体積は，91×□＝29.2より，□＝0.320…で，四捨五入により0.32Lとなる。

★ワンポイントアドバイス★

グラフや数表は，どのような意味を表しているのかよく想像し，1つ1つ確認しながら解答に利用しよう。

＜社会解答＞ 《学校からの正答の発表はありません。》

[1] 問1 エ　問2 ウ　問3 （例） 保冷車による鮮度を保った輸送　問4 イ
問5 エ　問6 ウ　問7 カ

[2] 問1 (1) X ウ　Y エ　(2) イ　問2 イ　問3 ウ　問4 ウ　問5 イ
問6 X ウ　Y エ

[3] 問1 ク　問2 イ　問3 イ　問4 イ　問5 ク　問6 ウ

○推定配点○

[1] 問1・問3・問6　各3点×3　他　各2点×4　[2] 問1・問4　各3点×3(問1(1)完答)
他　各2点×5　[3] 問4・問5　各3点×2　他　各2点×4　計50点

＜社会解説＞

[1] （日本の地理―表や地形図を用いた地理の総合問題）

重要 問1　各地形別面積を合計すると，その県の面積とほぼ同じになる。埼玉県は，面積が3798km^2で，西部は山地の，東部は低地の面積が大きい。よってエが正しい。なお，アは総面積が1877km^2と全国最小の香川県，イは総面積が4465km^2で，山地の面積が特に大きい山梨県，ウは総面積が5157km^2で，山地の面積が小さい千葉県である。

基本 問2　大都市と郡部(町村)を比べると，郡部(町村)は大都市よりも公共交通機関が発達していない傾向がある。よって，ウが正しい。

重要 問3　首都圏から遠く離れた都道府県からもレタスを輸送できるようになった背景には，保冷車などの鮮度を保ったまま輸送できる自動車の開発がある。また，高速道路の整備により，より短時間で首都圏まで輸送できるようになった，なども正解である。

問4　修学旅行の行程では，千葉県東部の銚子や中部の東金には行っているものの，館山などがある房総半島の南端までは行っていない。よってイが誤っている。なお，アについて，全行程は合わせて53里余＝約212km余りとなる。ウについて，2月16日と17日に習志野原で演習を行っている。エについて，2月18日から22日にかけて成田や銚子に行っているのでそれぞれ正しい。

問5　2011年(平成23年)3月11日，東日本大震災が発生し，福島県や宮城県の沿岸部など広い範囲に津波が押し寄せ，多くの被害が出た。図1(平成10年)と図2(現在)を見比べると，荒浜新一丁目の集落にほぼ建物がなくなっており，XとYの間には道路に盛り土がされている。また，Zには自然災害伝承碑()が見られるが，図2の南長沼地区の沼は，図1でも見られるのでエが誤っている。

問6　農家1戸あたりの農業産出額は，都道府県全体の農業産出額とほぼ同じ順位になる。よってアが東京都，イが山梨県，ウが千葉県，エが宮崎県である。なお，近郊農業が盛んな千葉県は，野菜の割合が約36%と最も高く，ついで畜産物が約31%と高くなっている(2020年)。

基本 問7　Aは生産額，Bは工場数，Cは働く人の数のグラフである。また，ア，ウ，オは大企業の，イ，エ，カは中小企業の割合を示す。よって，中小企業の働く人の数の割合は，カである。

2 (日本の歴史―スポーツや競技をテーマとした歴史の総合問題)

やや難 問1 (1) 明治時代に招かれたお雇い外国人のうち，アメリカ人の動物学者はモースである。モースは，汽車の中から偶然に大森貝塚を発見し，この大森貝塚は「日本考古学発祥の地」となった。なお，アのナウマンはドイツ人の地質学者，イのクラークはアメリカ人の教育者である。

(2) アメリカ人の哲学者であるフェノロサは，日本美術に関心を寄せ，岡倉天心とともに東京美術学校を設立して人材の育成に努めた。狩野芳崖は日本画家で，代表作はイの『悲母観音』である。なお，アは室町時代に雪舟が描いた水墨画の『秋冬山水図』，ウは平安時代に鳥羽僧正が描いたとされる『鳥獣戯画』，エは明治時代に西洋画家の黒田清輝が描いた『湖畔』である。

基本 問2 古事記は712年，日本書紀は720年に成立した奈良時代の歴史書である。奈良時代に作られたものは，aの興福寺阿修羅像とdの東大寺正倉院宝庫なので，イが正しい。なお，bは東大寺南大門金剛力士像で鎌倉時代，cは慈照寺銀閣で室町時代である。

基本 問3 織田信長は，仏教勢力を厳しく排除した一方，1549年に伝来したキリスト教は認め，布教を許可した。よって，ウが正しい。なお，アについて，織田信長は関白の位についておらず，ついたのは豊臣秀吉である。イについて，信長は通行税を徴収する関所を廃止したうえ，安土城下では楽市楽座を行って，商人の活動を活性化させた。エについて，全国的に枡の大きさを統一して検地を行ったのは豊臣秀吉である。

問4 a 鎌倉時代は，国内で貨幣は公式には作られておらず，中国から輸入した宋銭を使用していたので正しい。 b 足尾銅山や石見銀山，佐渡金山を直接支配して開発を進めたのは江戸時代のことなので誤っている。 c 鉄製農具の使用，牛馬を使った耕作，草木灰の使用は，鎌倉時代に西日本で行われ，室町時代には全国にも広まったので正しい。よって，ウが正答である。

重要 問5 1600年，オランダ船のリーフデ号が豊後に流れ着き，乗組員だったイギリス人のウィリアム・アダムズと，オランダ人のヤン・ヨーステンは，その後徳川家康の外交顧問として活躍した。また，1940年，日本はドイツ・イタリアと日独伊三国同盟を結んでアメリカ・イギリスに対抗した。よってaとdが正しい。なお，bに関して，イギリスが再び来日し，幕府や薩摩藩・長州藩と関係したのは19世紀後半のことである。cに関して，イギリスは1902年に日英同盟を結んだが，これはロシアの南下政策を警戒したためである。

基本 問6 X 1924年のできごとは，ウの第二次護憲運動である。 Y 1972年のできごとは，エの日中共同声明の発表で，当時の首相は田中角栄である。なお，アは1931年，イは1914年，オは1992年，カは1956年のできごとである。

3 (政治―渋沢栄一の著述をもとにした政治に関する総合問題，文章の読み取り問題など)

問1 **あ** 直後に「要するに，人はただ一人では何もできない存在だ。」と続くので，bが正しい。 **い** 直前に「もし国家社会がなかったなら，だれも満足にこの世の中で生きていくことなど不可能だろう」とあるので，dがあてはまる。 **う** 直前に「自分が立ちたいと思ったら，まず他人を立たせてやり，自分が手に入れたいと思ったら，まず人に得させてやる」とあるので，fがふさわしい。よってクが正答である。

問2 日本国憲法の第1条に「天皇は，日本国の象徴であり日本国民統合の象徴」とあるので，イが正しい。なお，アの「皇統に属する男系の男子が皇位を継承する」というのは皇室典範の記載であり，憲法に規定されたものではない。ウについて「天皇が神聖であり，侵してはならない」というのは大日本帝国憲法に書かれたものである。エについて，天皇の国事行為として，解散するのは衆議院のみで，参議院は解散できない。

重要 問3 1919年にドイツで制定されたワイマール憲法で，世界で初めて社会権が明記された。

問4 サミットは，1973年に起きた石油危機からの立ち直りなどを目的に，1975年から毎年開催されている。2024年現在，アメリカ，イギリス，ドイツ，フランス，日本，カナダ，イタリアの7か国と，EU（ヨーロッパ連合）の首脳が参加している。なお，アについて，ヨーロッパ共同体(EC)をもとに設立された組織はEUである。北大西洋条約機構(NATO)は，冷戦を背景にアメリカや西ヨーロッパの資本主義国を中心に設立された。ウについて，京都議定書が採択されたのは1997年のことで，2015年に採択されたのはパリ協定である。エについて，グローバルサウスとは，南半球に多く見られる発展途上国のことを表す言葉で，国連の機関ではない。

重要 問5　a　法人税は，企業などの法人が得た収入に課される直接国税で，個人の収入に課されるのは直接国税の所得税なので誤りである。　b　建物や土地を所有する人が納めるのは，直接地方税の固定資産税なので誤り。　c　消費税は，2019年より税率が10％となったが，食料品や定期購読の新聞などは軽減税率として8％となっているので，公平にかけられるとは言えないので誤っている。よって，クの組み合わせが正しい。

問6　渋沢栄一の社会に対する考え方は，本文の7段落目以降に特に書かれている。8段落目に，「だからこそ，この恩恵にお返しをするという意味で，貧しい人を救うための事業に乗り出すのは，むしろ当然の義務であろう。できる限り社会のために手助けしていかなければならないのだ。」とあり，これはウの，富裕者の利益を貧困者に再分配して富が浸透するようにする考え方と合っている。

★ワンポイントアドバイス★

30分で解き切るにはかなりの訓練が必要となる。地理は例年通り，時間のかかる問題が多かったので，後回しにしてもよかった。3では読解問題が出てきて判断に迷うものもあった。

＜国語解答＞ 《学校からの正答の発表はありません。》

一　問1　C・H　問2　A　問3　B　問4　B　問5　D　問6　D
問7　はじめからない　問8　C　問9　C

二　問1　Ⅰ　D　Ⅱ　A　問2　（例）　見せて　問3　B　問4　B　問5　B
問6　A　問7　D　問8　E　問9　D

○推定配点○

一　問1　6点（完答）　問7　7点　他　各5点×7　二　問2　7点　他　各5点×9
計100点

＜国語解説＞

一　（随筆文―要旨・細部の読み取り，空欄補充，慣用句，漢字の書き取り）

基本 問1　===線は「指針」，A「深海」　B「家臣」　C「方針」　D「新参」　E「神秘」　F「音信」　G「進退」　H「秒針」　I「親身」。

問2　――線(1)は，「わからないまま読むことを続けていく」ことは「なんとも心許ない道程である」が，「理解できるはずの言語で書かれたものの文意がうまく取れない経験は」(1)だ，ということなのでAが適切。(1)が「かけがえのない，どんなものにもかえられない」という意味であることをふまえていない他の選択肢は不適切。

問3　Ⅰは「労働というのは……齟齬がないかのように振る舞うための通訳……という感覚からすると，……多くの人に誤解なくすんなり通じる言葉の運用」は，苦労して行う作業という意味でBが適切。

問4　――線(2)は，「乱雑」で「片付けや整理」がされていない，「お手上げ」すなわち，どうにもしようがない世界のことなのでBが適切。(2)前後の内容をふまえていない他の選択肢は不適切。

問5　――線(3)は，「明快な論理の鮮やかさで見晴らしが切り開かれるような」，「世界の全てを理解した気になる」気持ちのことなのでDが適切。「僕は本を……」で始まる段落内容をふまえていない他の選択肢は不適切。

問6　――線(4)は，自分の考えや意見という意味でDが適切。

重要　問7　Ⅱのある文に対する答えとして，直後から4段落目で，「忘れてしまったものは，はじめからないのと見分けがつかないだろう」と述べているので，Ⅱには「はじめからない(7字)」があてはまる。

問8　――線(5)のある段落で(5)の説明として，「僕の書いた文字も……作品を遺せたとしても……すべて忘れられてい」き，「ものを書くことは，永続するものなどはじめからなかったのだという実感を強める行為であ」ることを述べているのでCが適切。この段落内容をふまえていない他の選択肢は不適切。

やや難　問9「そうではない，……」から続く4段落で，「わからない本をわからないまま読む。なんの効用もありはしない」こと，最後の3段落で「読んでも理解できないもの，理解したとてすぐ忘れてしまうもの，……あとには何も残らない」が，「有益なことだけしていれば満足できるわけでもな」く「役に立たなくてもやってしまうことのほうに，僕は惹かれる」こと，最後の2段落で「僕はただ読書という行為を享受」し，「読み終えて，すべて忘れてしまうにしても，なるべくこの歓楽が続けばいいな，と願」っていることを述べているので，これらの内容をふまえたCが適切。Aの「自分の思考をだれかに残したいと願って」，Bの「自分が成長しているのを感じる」，Dの「世界を知りたいと思って」は不適切。「読書には実質的な効用はない」は「僕は本を読む。……」で始まる段落内容と合わないので，Eも不適切。

二 (小説―心情・場面・細部の読み取り，空欄補充，ことばの意味)

基本　問1　～～～線Ⅰは，力を貸すなどしてひいきすること。Ⅱは，予想外のこと，考えてもいなかったことをされて驚くこと。

問2　□後で，社長が「『立ち会わせてもらった気分だ』」と話していることから，「見せて」といった言葉があてはまる。

重要　問3　――線(1)は，「ピアノの調律を終えた」ついでに「『弾いていく？』」とすすめている気持ち，(3)は，和音のピアノの演奏をこの機会に「できるだけ多くの人に，聴いてもらいた」い気持ちが読み取れるのでBが適切。(1)は調律のついでにという気持ち，(3)はこの機会を生かしてみんなに聴いてもらいたいという気持ちを説明していない他の選択肢は不適切。

問4　外村は和音に対して「『せっかくだから，弾いていく？』」と聞いたつもりだったが，「『え，いいんですか』」と由仁が聞き返してきたことで，――線(2)のように思ったのでBが適切。和音に試し弾きを聞いたが，由仁が弾いてみたいと言うとは思わなかったことを説明していない他の選択肢は不適切。

問5　――線(4)前後で，「本気で弾くことを決意したばかりの和音のピアノ」を「できるだけ多くの人に，聴いてもらいたかった」という外村の心情が描かれているのでBが適切。Aの「大人びていて」，Cの「家にいるときは……生活している」，Dの「話を……会話しかしない」，Eの「由仁とはなれて……別人に変わってしまう」は，いずれも描かれていないので不適切。

問6　拍手をするのを忘れるほど，和音の演奏は「こないだの試し弾きのときに弾いたのとはまったく違う……今までよりすごい」ものだったため，外村は――線(4)のような反応になったのでAが適切。すばらしい演奏に拍手も忘れ，北川さんの拍手で我に返ったことを説明していない他の選択肢は不適切。

問7　「『あの子，あんなにすごかったっけ』」と社長に話しかけられたことに対する――線(6)は，「和音のピアノは以前からすごかった」ので，単純に「はい」「いいえ」で言い表せないが，「どちらかしか答えられないのだとしたら」すなわち，「はい」か「いいえ」だけで答えるとしたら「はい」しかない，ということなのでDが適切。Aの「『はい』と……変わらない」，Bの「この日に限って」，Cの「『はい』か……求められている」，社長のためであることを説明しているEはいずれも不適切。

重要　問8　――線(7)は「『ピアノをあきらめたくないです』」と話す由仁の言葉に対し，ピアノの才能は生まれつき与えられるものであり，あきらめるかどうかを本人が選べるものではない，という気持ちを表している。(8)は「『調律師になりたいです』」と由仁が話したことで，演奏するだけではなく，調律師としてピアノと関わることもできることに気づかされたことを表しているので，Eが適切。ピアノへの関わり方は「たぶんいくつもある」ということをふまえていない他の選択肢は不適切。

やや難　問9　本文は，ふたごの由仁と和音が来店→和音が調律を終えたピアノで演奏することになる→すばらしい演奏に事務所の人たちは拍手を送り，社長はそのすごさに驚く→由仁が和音のピアノの調律師になりたいという決意を外村に話す，という展開が，外村の視点で描かれているのでDが適切。「ぽうぽうと……ような」は「和音のピアノ」と「曲」に対するものなので，Aは不適切。Bの「まわりの大人たちの思いを中心に」も不適切。Cの「自分の思いを……外村の心の成長」も描かれていないので不適切。和音と由仁はていねいな口調で話しているので，「会話口調の表現」によって「親近感を持たせている」とあるEも不適切。

★ワンポイントアドバイス★

小説では，登場人物同士がどのような関係であるか，それぞれの性格とともに確認していこう。

＜英語解答＞ 《学校からの正答の発表はありません。》

Ⅰ　問1　①　ア　②　ア　③　ウ　④　エ　問2　(1)　ウ　(2)　イ　問3　エ　問4　1　They said no and drove off.　2　He wanted to show gratitude for all that he had by giving something back.　3　He met the head of charity group in the South Bronx and he took him there in his van.　問5　ウ，エ

Ⅱ　問1　more　問2　i）　従業員が机を私物化すること　ii）　親しみが増し，会話の糸口になる　問3　(1)　ア　(2)　イ　(3)　イ　(4)　ア　問4　A　ア　B　ウ　C　エ　D　イ　問5　②　ウ　③　エ　問6　the entire office will have a curated, holistic employee experience of its own.　問7　イ，オ　問8　(例)　I would like to study in a classroom where our artworks and group projects are hung on the wall and everyone can look at them anytime. These items make the classroom our second home. We can feel relaxed and attached to the class. A good atmosphere in the classroom can lead to a good relationship with classmates and it can help us focus on studying.（65語）

○推定配点○

Ⅰ　問4　各4点×3　　他　各3点×9　Ⅱ　問6　4点　　問8　12点　　他　各3点×15
計100点

前期

2024年度

解　答　と　解　説

《2024年度の配点は解答欄に掲載してあります。》

＜算数解答＞ 《学校からの正答の発表はありません。》

1　(1)　3.14　(2)　6.25　(3)　51900

2　(1)　2　(2)　22.5km　(3)　15％　(4)　3.2cm　(5)　(ウ)・(エ)

3　(1)　2時間　(2)　2時間24分　4　(1)　5通り　(2)　25通り

5　(1)　$64cm^2$　(2)　$20cm^3$　(3)　$12cm^3$

6　(1)　29：6　(2)　5：2　(3)　14.5cm

○推定配点○

1，2　各5点×8（2(5)完答）　他　各6点×10　計100点

＜算数解説＞

1　（四則計算）

(1)　$2.15\times\left(\frac{80}{43}-\frac{2}{5}\right)=4-\frac{43}{20}\times\frac{2}{5}=4-0.86=3.14$

(2)　$\square=\frac{5}{8}\div(2.8-5\times0.54)=\frac{5}{8}\div0.1=6.25$

(3)　$123\times21\times100+123\times45\times100+123\times34\times100-119\times99\times100=123\times100\times100-119\times99\times100$
$=100\times(123\times100-119\times99)=100\times(123\times100-119\times100+119)=100\times(4\times100+119)$
$=51900$

2　（規則性，速さの三公式と比，割合と比，平面図形，相似，集合，単位の換算）

重要　(1)　1÷37…0.027027～
2024÷3…商674　余り2
したがって，小数第2024の数は初めから2番目の数と同じ2

(2)　道のりの比…2：3
速さの比…30：90＝1：3
時間の比…(2÷1)：(3÷3)＝2：1
実際の時間…27÷3×2＝18(分)と9分
したがって，目的地までの道のりは$30\times\frac{18}{60}+90\times\frac{9}{60}=9+13.5=22.5$(km)

(3)　400gの食塩水に100gの水を加える…濃度は初めの濃度の$400\div500=\frac{4}{5}$(倍)
もう1度，同じ処理を行う…濃度は初めの濃度の$\frac{4}{5}\times\frac{4}{5}=\frac{16}{25}$(倍)
したがって，初めの濃度は9.6÷16×25＝15(％)

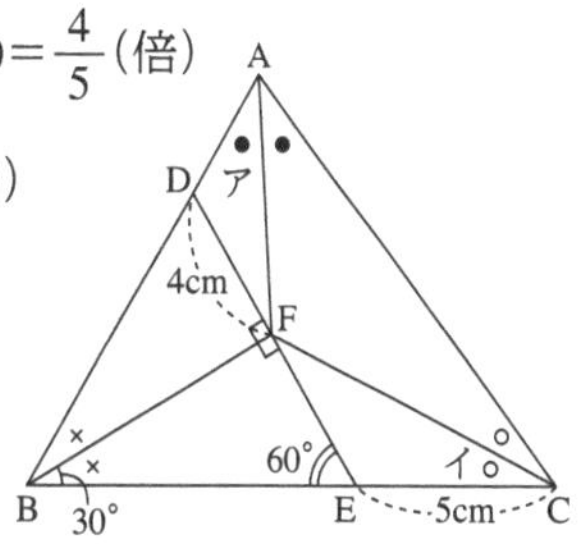

やや難　(4)　角ア＋イの2倍…右図より，180－30×2＝120(度)
角ア＋イ…60度
角DFA…イ　角CFE…ア

三角形ADFとFEC…相似比は4：5

したがって，ADは$4\times\frac{4}{5}=3.2$(cm)

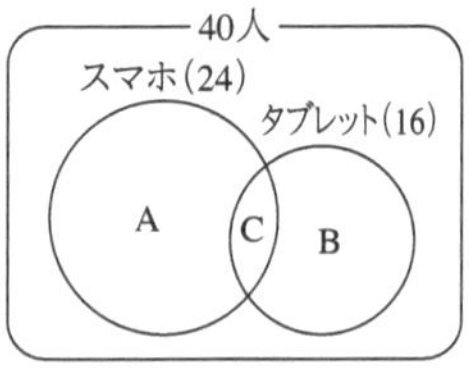

重要 (5) 生徒数…40人

スマホを持っている人…24人

タブレットを持っている人…16人

(ア) 「一方のみを持っている人数と両方を持っている人数が等しい」

A＋B＝C…上図より，A＋C＋C＋B＝C×3＝24＋16＝40→(ア) 不適

(イ) 「どちらも持っていない人はいない」

両方を持っている人がいれば，どちらも持っていない人もいる→(イ) 不適

(ウ) 「両方を持っている人は16人以下」

タブレットを持っている人は16人→(ウ) 適合

(エ) 「両方を持っている人以外の人数は24人以上」

両方を持っている人が16人以下であるから，それ以外の人数は24人以上→(エ) 適合

重要 3 (割合と比，仕事算，単位の換算)

仕事全体の量…6，3の最小公倍数6

Aさん1時間の仕事量…6÷6＝1　　Bさんとこさんの1時間の仕事量…6÷3＝2

(1) 6÷(1＋2)＝2(時間)

(2) BさんとCさんの1時間の仕事量の比…3：1

Bさんの1時間の仕事量…2÷(3＋1)×3＝1.5

したがって，求める時間は6÷(1＋1.5)＝2.4(時間)すなわち2時間24分

重要 4 (場合の数)

(1) 1＋1＋1＋1＝4の場合…1通り

1＋1＋2の場合…3通り

2＋2の場合…1通り

したがって，4段目までの上がり方は5通り

(2) (1)より，5段目をふまない上がり方は5×5＝25(通り)

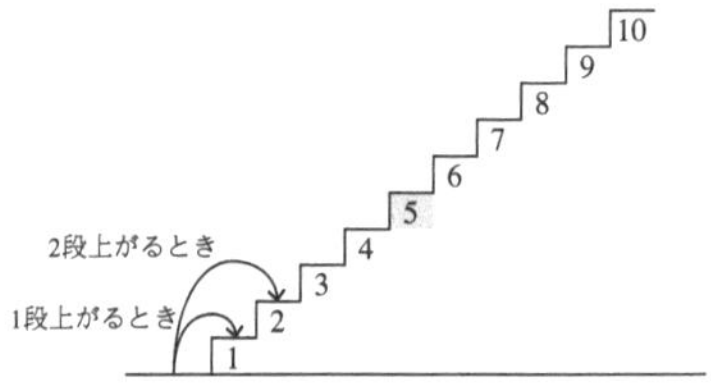

重要 5 (平面図形，立体図形)

(1) 立体Aの表面積

外側部分の面積

…3×4×3＋

(3×3－1×1)×2

＝36＋16＝52(cm^2)

内側部分の面積

…1×4×3＝12(cm^2)

したがって，表面積は52＋12

＝64(cm^2)

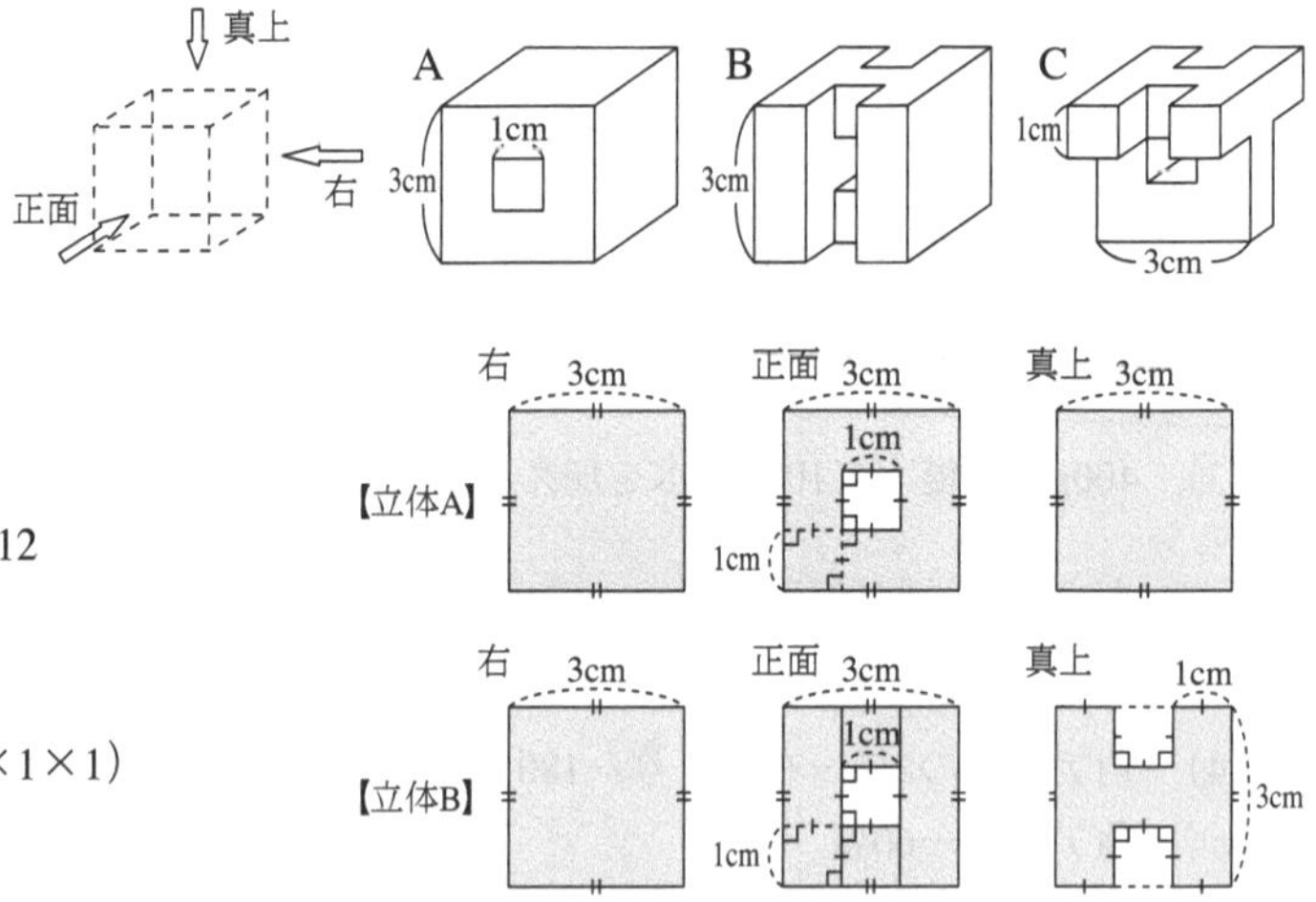

(2) 立体Bの体積

3×3×3－(1×1×3×2＋1×1×1)

＝27－7＝20(cm^3)

(3) 立体Cの体積

2×3×1－1×1×1＋3×3×1－
1×1×1×2
＝15－3＝12(cm³)

【立体C】

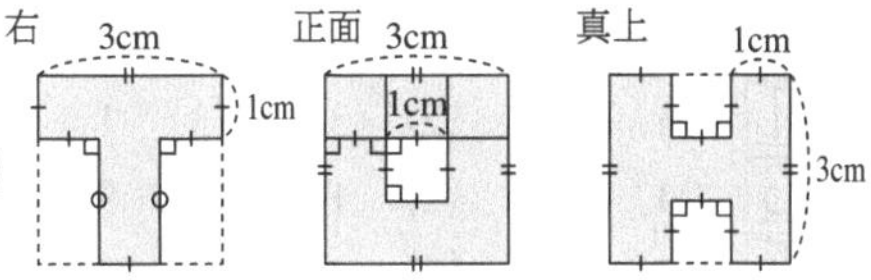

重要 6 (平面図形，相似，割合と比)

(1) 直角三角形JEAとFEB
…図アより，相似比3：4
JA
…10÷4×3＝7.5
したがって，DH：HCは
(7.5＋7)：3＝29：6

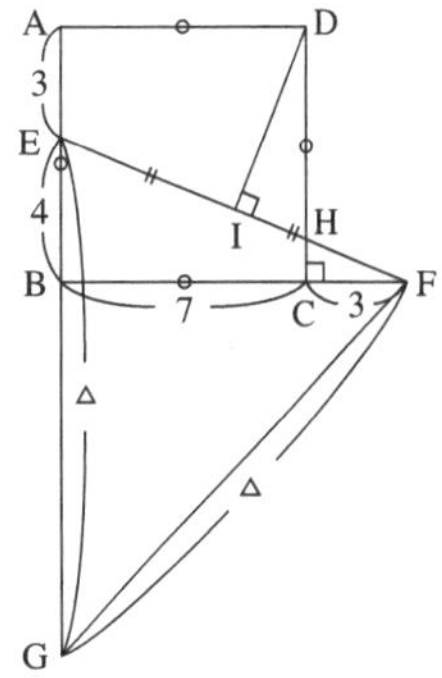

図ア

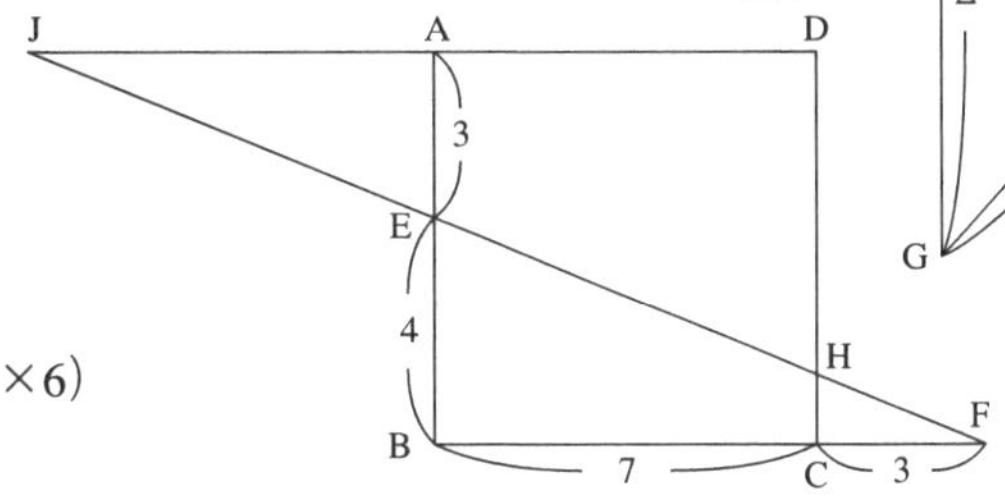

(2) 直角三角形DIHとFCH
…図イより，相似
DI：IH＝FC：CH
したがって，(1)より，
これらの比は3：{7÷(29＋6)×6}
＝3：1.2＝15：6＝5：2
【別解】 直角三角形DIHとFBEの相似より，
DI：IH＝FB：BE＝5：2

図イ

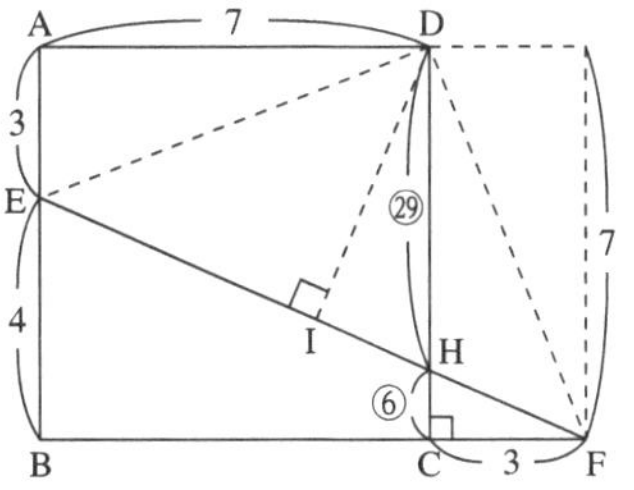

図ウ

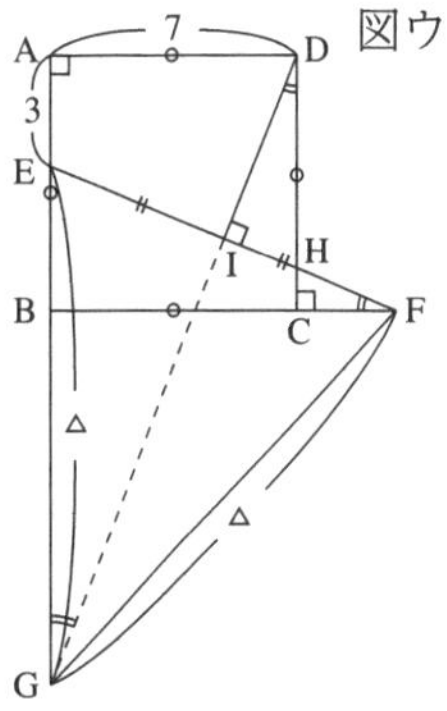

(3) 直角三角形DIHとFCHとGAD
…図ウより，相似
AG
…(2)より，7÷2×5＝17.5
したがって，FG＝EG＝17.5－3
＝14.5(cm)

★ワンポイントアドバイス★

極度に難しい問題はないものの，どの問題も簡単ではなく自分にとって解きやすい問題を優先して取り組むことがポイントである。6「正方形と直角三角形と二等辺三角形」は，とにかく「相似な図形」を利用する。

＜理科解答＞《学校からの正答の発表はありません。》

[1] (1) 6 (2) 3 (3) 1　[2] (1) 5 (2) 5 (3) 76g
[3] (1) 5 (2) 1 (3) 9　[4] (1) 12.5cm (2) 10cm
[5] (1) 9 (2) 4 (3) 2　[6] (1) 8.4g (2) 240mL (3) 59%
[7] (1) 160 (2) 60g (3) 56g

○推定配点○
各5点×20　計100点

＜理科解説＞

[1] (気象―大雨による災害)

(1) 集中豪雨によって，斜面災害をはじめさまざまな被害が生じ，電気や水道のようなインフラにも影響が及ぶ。なお，土地の液状化は，地震によって土地が揺らされて起こる現象である。

基本 (2) 暖かく湿った空気が急激に上昇すると，上へと発達する積乱雲が生まれる。次々と発生した積乱雲が風に流されて，同じ場所にかかり続けると，その場所では激しい雨が降り続くことになる。これを線状降水帯とよぶ。なお，乱層雲は横方向に発達する雲である。

(3) 2…SNSで最も注目されていた個人の投稿が正しいかどうか，また，自分の状況にあっているかどうかはわからない。3…避難誘導に反して多くの人が動いていく先が安全とは限らない。なお，竜巻発生注意報という注意報はない。竜巻注意情報はあるが，これで避難誘導がおこなわれる場面もふつうはない。4…強い雨の中を無理に帰宅すると，水路への転落や交通事故など危険が多い。強固な建物である学校に留まるほうが安全な場合がある。

[2] (ものの溶け方―硝酸カリウムが溶ける量)

(1) 水20gに硝酸カリウム12gを溶かすことは，水100gに硝酸カリウム60gを溶かすことと同じである。そこで，グラフで60g溶ける温度を調べると，38℃と読める。

やや難 (2) 低温から温度を38℃まで上げればすべて溶けるはずだが，それが45℃でやっと溶けたのだから，水が20gより少なかったか，硝酸カリウムが12gより多かったか，かきまぜが充分でなかったかの可能性が考えられる。この時点でありうる選択肢では2か5である。もし選択肢2であれば，45℃で溶けたのならば，温度を下げるときも45℃で結晶ができるはずだが，それが32℃まで下げてやっと結晶が観察できたのだから，見逃した可能性が考えられる。もし選択肢5の通り水が少なかったのならば，38℃より高い温度で結晶ができるので，誤りである。

(3) 60℃の水100gに硝酸カリウムを110g溶かすと，飽和水溶液が210gできる。これを18℃まで冷やすと，生じる結晶は110－30＝80gである。このことを利用すると，飽和水溶液が200gの場合に生じる結晶の量は，210：80＝200：□　より，□＝76.19…で，四捨五入により76gとなる。

[3] (植物のなかま－花の構造)

(1) オリーブは果実を食用にしたり，油を取ったりする。他の選択肢は，種子を利用する。

(2) ヒマワリとタンポポはキク科の植物であり，小さな花が多数集まって，まるで大きな一つの花のように見える。ツツジはツツジ科，ホウセンカはツリフネソウ科，チューリップはユリ科，ジャガイモはナス科の植物である。

(3) 表から，それぞれの構造ができるために必要な遺伝子をまとめると，次のとおりである。花弁やおしべができるには，2種類の遺伝子が必要なことがわかる。

	めしべ	おしべ	花弁	がく片
A クラス			必要	必要
B クラス		必要	必要	
C クラス	必要	必要		

4 (力のはたらき—物体の傾きと動き)

(1) 実験1の結果の図2から,「ばねを取り付けた高さ」と「傾き始めたときのばねののび」は反比例し,それらの積はいつも200になる。「傾き始めたときのばねののび」が16cmのとき,「ばねを取り付けた高さ」は200÷16＝12.5cmである。

(2) 実験2の結果の図3から,「水の深さ」と「横に移動し始めたときのばねののび」は,比例ではないものの,グラフは原点を通らない直線で結ぶことができる。その直線を引いてみると,「水の深さ」が8cmのとき,「横に移動し始めたときのばねののび」は20cmとなる。つまり,ばねののびが20cm以上だと,容器は横へ移動してしまう。そこで図2を見ると,ばねののびが20cm以上にならないように傾き始めるには,ばねを取り付ける高さが10cmを超えればよい。

5 (生態系—特定外来生物)

(1) 2023年に特定外来生物に指定されたのはアカミミガメとアメリカザリガニである。この他に選択肢のうちでは,アライグマ,カミツキガメ,ウシガエル,オオクチバスが,以前からの特定外来生物である。

(2) 外来種は,もともとその自然環境にいなかった生物で,人間活動の影響で他の地域から入り込んできた生物である。意図的に持ち込んだか偶然に入り込んだかは関係がない。また,他の地域は外国とは限らない。外来種は,もともといた生態系に影響を与えることもあるが,その生態系では生きられないこともあり,また,溶け込んでしまうこともある。

(3) 条件付特定外来生物は,2024年1月時点で,アカミミガメとアメリカザリガニの2種だけである。飼っているものは,無許可でそのまま寿命まで飼育し続けられる。急に禁止してしまうと,環境中に捨てる者が出現して,生態系に悪影響を及ぼすからである。生態系に放すのは違法である。売買などは,特定外来生物と同様の規制がある。

6 (水溶液の性質—二酸化炭素の発生)

(1) 充分な量の塩酸を加えた場合,炭酸カルシウム2.5gから二酸化炭素600mLが発生する。炭酸水素ナトリウム2.1gからも二酸化炭素600mLが発生する。つまり,同量の二酸化炭素を発生させるための量は,炭酸カルシウム：炭酸水素ナトリウム＝2.5：2.1である。炭酸カルシウム10gの場合は,2.5：2.1＝10：□　より,炭酸水素ナトリウムは□＝8.4gとなる。

重要 (2) 炭酸カルシウム2.5gに充分な量の塩酸を加え,さらに充分な量の硫酸を加えると,3.4gの沈殿が生じる。この関係で,炭酸カルシウム30gの場合にできる沈殿の量は,炭酸カルシウム：沈殿＝2.5：3.4＝30：□　より,□＝40.8gになる。沈殿が10.2gしかなかったのは,硫酸が不足していたためである。硫酸80mLを加えたときに沈殿が10.2gできたのだから,沈殿が40.8gになるのは,硫酸：沈殿＝80：10.2＝△：40.8　より,△＝320mL必要であり,追加は320－80＝240mL必要である。

(3) 沈殿は炭酸カルシウムの場合だけ生じて,炭酸水素ナトリウムからは生じない。よって,炭酸カルシウム：二酸化炭素：沈殿＝2.5：600：3.4＝□：△：5.44　より,炭酸カルシウムは□＝4.0gであり,発生する二酸化炭素は△＝960mLとなる。二酸化炭素は全部で1760mL発生したので,炭酸水素ナトリウムから発生した二酸化炭素は,1760－960＝800mLである。炭酸水素ナトリウム：二酸化炭素＝2.1：600＝○：800　より,炭酸水素ナトリウムは○＝2.8gとなる。最初の混合物の重さは，□＋○＝4.0＋2.8＝6.8gであり，そのうち炭酸カルシウムは4.0gだから，割合は4.0÷6.8＝0.588…で，四捨五入により59％となる。

7 （力のはたらき―水圧器のしくみ）

(1)　実験1～4の結果を示した表から，どの実験でも，左右のおもりの重さの比と断面積の比が同じになる。実験1と実験2では1：6，実験3では1：8である。よって，実験4では，5：40＝20：アより，ア＝160gとなる。

重要　(2)　左の容器に比べ，右の容器には，同じ高さで10cmぶんの水の重さ30×10＝300gも加わっている。水の重さまで含めると，重さの比と断面積の比は同じになる。おもりの重さを□gとすると，5：30＝□：(□＋300)となればよい。□の6倍が(□＋300)になるには，□の5倍が300になればよいので，□＝60gとなる。

(3)　左右の容器のつりあいを考えると，15：6＝□：140で，左の水にかかる力は□＝350gである。次に，棒の支点はPなので，てこの計算から，28×42＝4×△より，おもりBを上から押す力は，△＝294gである。よって，おもりBの重さは，350－294＝56gとなる。

★ワンポイントアドバイス★

問題文や表，グラフから，比例や反比例などの規則性や法則性を見出し，上手に比を使って計算を進めよう。

＜社会解答＞ 《学校からの正答の発表はありません。》

1　問1　C　問2　カ　問3　カ　問4　松山（市）　問5　(1)　イ　(2)　イ　(3)　オ　問6　ア

2　問1　エ　問2　オ　問3　エ　問4　ア　問5　エ　問6　キ　問7　3番目　オ　5番目　ア　問8　キ

3　問1　あ　エ　い　イ　う　キ　問2　(1)　イ　(2)　ウ　問3　(1)　エ　(2)　こども家庭庁　問4　a　カ　b　イ　c　キ　d　エ　問5　ア　問6　エ　問7　イ

○推定配点○

各4点×25（2問7，3問1・問4各完答）　計100点

＜社会解説＞

1 （日本の地理―日本各地の路面電車をテーマにした地理の総合問題）

重要　問1　関東地方北部にある宇都宮市は，およそ東経140度，北緯36.5度に位置する。よってCが正しい。なお，Aは札幌市，Bは函館市，Dは東京都特別区，Eは富山市，Fは福井市，Gは大津市，Hは大阪市，Iは広島市，Jは高知市，Kは熊本市，Lは長崎市，Mは鹿児島市である。

重要　問2　経度差が15度で60分の時差が生じることから，経度1度あたりで4分の時差が生じる。よって，約11.5度の経度差では，11.5度×4＝約46分の時差が生じることになる。都市Lは都市Aよりも西にあるため，日の出や日の入りの時刻は都市Aよりも約46分遅くなり，カが選べる。

やや難　問3　第1次産業従業者数の割合は，各道県の中心都市では小さくなり，情報通信業事業所数の割合は，逆に中心都市では大きくなる。また，小売業事業所は道県の各地域に点在して立地するため，

中心都市の割合が極端に大きくなることはない。このことから，aは情報通信業事業所数，bは小売業事業所数，cは第1次産業従業者数がそれぞれ当てはまり，カが正しい。

問4　写真の1枚目にはみかんにまつわるものが，2枚目には道後温泉駅や坊ちゃん列車と書かれた案内表示が写っていて，図1の中国・四国地方にあることから，愛媛県の松山市だとわかる。

問5　(1)　**あ**は，冬の湿度が他より高いことから，日本海側の気候の富山市，**い**は，年間を通して湿度が高いので，南西諸島型の宮古島市，**う**は，全体的に湿度が低いうえ，特に冬の湿度が低いことから，関東地方の内陸部にある熊谷市だと判断できる。よって，イが正しい。　(2)　**あ**は，西部に富山平野が，東部に関東平野の北端が広がるのでa，**い**は，西部の岐阜県と長野県の県境には御嶽山があり，東部に関東平野が広がるのでc，**う**は，西部に濃尾平野が広がり，東部の山梨県と静岡県の県境には富士山があるのでbである。よって，イが正しい。　(3)　図中の3つの改善点から，中心市街地は活気がないこと，公共交通機関が発達しておらず，不便であること，郊外に住居が分散して存在することが問題点だとわかる。よってaは誤り，bとcは正しいとわかるので，オの組み合わせが適切である。なお，コンパクトシティを進める自治体として，富山県富山市や，福岡県福岡市などが日本では有名である。

問6　2023年8月，栃木県の宇都宮市と芳賀町の間でLRT(ライトレール・トランジット)が開業したが，LRTの沿線だけでなく，栃木県には民間の空港が存在しないため，アが誤っている。

2　(日本の歴史―「たちばな」の花をテーマにした古代から近現代の総合問題)

基本　問1　駿河・遠江に勢力を張っていた今川義元が織田信長に敗れたのは1560年の桶狭間の戦いである。よって，エが誤っている。なお，小牧・長久手の戦いは，1584年の豊臣秀吉と徳川家康・織田信雄連合軍との戦いである。

重要　問2　台湾が日本の植民地であったのは，1895年から1945年の間である。その間の1915年，日本は中国政府に対し二十一か条の要求をつきつけた。また，1918年には米価の急上昇をきっかけに米騒動が起こった。よって，bとdが正しい。なお，aのノルマントン号事件は1886年なので時期が合わない。また，cについて，ソ連が破ったのは日ソ共同宣言ではなく，1941年に結ばれた日ソ中立条約である。ソ連は1945年8月8日に対日参戦した。

重要　問3　a　藤原定家が中心となって『新古今和歌集』が編さんされたのは，13世紀初めのこと。
b　藤原緒嗣が蝦夷との戦いや平安京造営をやめさせたのは9世紀初めのこと。　c　藤原良房が太政大臣や摂政となったのは9世紀半ばのこと。よって，b→c→aの順が正しい。

問4　1086年，天皇の位を息子にゆずった白河上皇が院政を開始した。また，朝鮮半島では936年に高麗が朝鮮半島を統一した。よってaとdの組み合わせが正しい。なお，bについて，平清盛は将軍でなく1167年に太政大臣となった。cについて，1051年の前九年の合戦・1083年の後三年の合戦を鎮圧したのは源義家で，源義朝は源頼朝や源義経の父であり，1159年の平治の乱で敗死した。eについて，高句麗が唐と新羅の連合軍に滅ぼされたのは668年のこと。fについて，高麗が元に服属したのは元寇より前の13世紀のこと。

問5　1221年の承久の乱の後，鎌倉幕府は京都に六波羅探題を設置して朝廷の監視や西国の御家人のとりしまりにあたった。また，戊辰戦争は1868年の京都の鳥羽・伏見の戦いから始まり，1869年の函館五稜郭の戦いまで続いた。よって，bとcの組み合わせが正しい。なお，aについて，足利義満の花の御所があったのは京都の室町である。dについて，徳政を求めた一揆は1428年の正長の土一揆である。山城国一揆は1485年に起こり，守護大名を追放して8年間の自治を行った。

問6　a　将軍の下に置かれ，町奉行・勘定奉行・寺社奉行の三奉行を取りまとめたのは老中なので誤っている。　b　幕府から警戒されたために江戸から遠い地に配置されたのは，関ヶ原の戦い以後に徳川氏に従っていた外様大名なので誤り。　c　京都には京都所司代が置かれ，1615年には禁中並公家諸法度が制定されたので正しい。

重要 問7　アは，明治時代の1872年に発行された福沢諭吉の『学問のすゝめ』である。イは，室町時代に観阿弥・世阿弥父子が大成した能である。ウは，明治時代の1911年に結成された青鞜社が出版した雑誌『青鞜』である。エは，安土桃山時代に狩野永徳が描いた障壁画の『唐獅子図屏風』である。オは，菱川師宣が描いた『見返り美人図』で，江戸時代前半の元禄文化である。カは，葛飾北斎が描いた『富嶽三十六景』で，江戸時代後半の化政文化である。よって，古い順にイ→エ→オ→カ→ア→ウとなる。

問8　X　1931年，関東軍が南満州鉄道の線路を爆破したことを柳条湖事件といい，満州事変のきっかけとなった。なお，盧溝橋事件は1937年，北京郊外で日中両軍が衝突し，日中戦争へつながった事件である。　Y　第二次世界大戦後，食糧不足に苦しむ都市の人々は，買い出し列車と呼ばれた鉄道に乗って農村に食べ物を求めて殺到した。なお，疎開とは，戦時中に空襲などを避けるために都市部から地方へ逃れることを言う。　Z　1982年から1987年の中曽根康弘内閣では，国鉄・電電公社・専売公社の三公社が民営化され，それぞれJR・NTT・JTとなった。なお，郵政民営化は2001年から2006年の小泉純一郎内閣によって進められ，2007年に実現した。

3　(三分野総合―広島の原爆をテーマにした三分野の総合問題，時事問題など)

基本 問1　1945年8月6日午前8時15分，広島に原子爆弾が投下され，多くの人々が犠牲になった。また，ラジオを通じて国民に戦争が終わったことが伝えられたのは8月15日のことである。

重要 問2　(1)　1942年に食糧管理法が制定され，政府がコメの生産・流通・消費を管理するようにした。よって，イが正しい。なお，アについて，コメ市場を部分的に開放し，コメの一定割合を輸入するミニマムアクセスを実施し始めたのは1995年のこと。ウについて，コメの消費量が減ったことで減反政策の実施を始めたのは1970年ごろのこと。エについて，2004年に改正食糧法が施行され，コメの流通についての規制がなくなり，取引が自由に行えるようになった。　(2)　政治の公正を確保する目的で，一定の要件を満たした政党に対して政党交付金が提供されているので，ウが正しい。なお，アは，1993年の非自民の連立内閣成立や2009年の民主党による政権交代があったことなどから正しくない。イについて，2012年以降は自由民主党と公明党による連立政権が続いているので正しくない。エに関して，政党がインターネットを通じて選挙活動を行うことは認められているため，正しくない。なお，インターネットでの投票は認められていない。

問3　(1)　子ども(児童)の権利条約は，1989年に国連総会で採択され，日本は1994年に批准した。この条約では18歳未満のすべての人を子どもとし，生まれながらにしてさまざまな権利を持ち，無条件で行使できると定めているので，エが誤っている。　(2)　2023年4月，少子化や育児，いじめ問題など，子どもを取り巻く社会問題に対応するために，こども家庭庁が発足した。

重要 問4　2023年5月に開催されたG7広島サミットの参加国は，日本・フランス・イタリア・カナダ・ドイツ・イギリス・アメリカである。このうち，EU(ヨーロッパ連合)にも加盟しているdはドイツである。イギリスは，2020年にEUを離脱し，2023年にTPP(環太平洋経済連携協定)に加盟した。TPPには他にカナダが参加しているが，アメリカは2017年に離脱している。APEC(アジア太平洋経済協力)は，アメリカやカナダなど21の国や地域が参加しているがイギリスは参加していない。このことから，aはイギリス，bはカナダ，cはアメリカがそれぞれ入ることになる。

基本 問5　日本国憲法では，自らの考えを持ち，それを自由に表明する権利が精神の自由の一つとして保障されている。この規定としてはaの集会・結社及び出版その他一切の表現の自由と，bの思想及び良心の自由が当てはまるのでアが正しい。なお，cは経済活動の自由，dは人身(身体)の自由である。

やや難 問6　2024年1月現在，同性婚に関して最高裁判所は判決を下していないので，エが誤っている。なお，地方裁判所では内容の異なる判決が複数出されている。

問7　イは，日本国憲法前文に規定された内容である。なお，アはイタリア，ウはドイツ，エはコスタリカの憲法である。コスタリカは常備軍を持たない国として世界的に知られている。

★ワンポイントアドバイス★

[1]の図表やグラフを使った問題は初見のものが多く，時間がかかってしまうので，[2]や[3]の知識問題から先に攻略するとよい。正誤の組み合わせは難度が高い。スピーディかつ正確に文を読む訓練を心がけよう。

＜国語解答＞《学校からの正答の発表はありません。》

[一]　問1　F・H　問2　a　E　b　C　問3　D　問4　Ⅰ　H　Ⅱ　C　Ⅲ　B
問5　A　問6　B　問7　A　問8　D　問9　C　問10　十分な～ていた
問11　B

[二]　問1　D　問2　A　問3　E　問4　Ⅰ　B　Ⅱ　E　問5　B　問6　A　問7　E
問8　C　問9　D　問10　A

○推定配点○

[一]　問1　3点(完答)　問2　各2点×2　問4　各1点×3　他　各5点×8

[二]　問1　3点　問2　2点　他　各5点×9　計100点

＜国語解説＞

[一]　(随筆文―要旨・細部の読み取り，空欄補充，漢字の書き取り)

基本　問1　═══線は「宝庫」，A「放置」　B「時報」　C「四方」　D「再訪」　E「法外」　F「重宝」　G「包囲」　H「宝石」　I「豊漁」。

問2　～～～線aは，直観的，瞬間的に背後の意味などを感じ取れない，という意味。bは，ある事について，自分の考えに照らして許すことができない，という意味。

問3　D直後で「江戸時代」が「今からたかだか百六十年前，坂本さんと私が生まれるわずか八十数年前」であることを述べており，一文の説明としての文脈になっているのでDが適切。

問4　Ⅰは直前の内容の補足的，例外的な内容が続いているのでH，Ⅱは直前の内容を言いかえた内容が続いているのでC，Ⅲは直前までの内容とは異なる話題が続いているのでBがそれぞれあてはまる。

問5　――線(1)は，上海が商業都市として発展したことと同じ理由で，ということなのでAが適切。「商業として発展」したことを説明していない他の選択肢は不適切。

重要　問6　――線(2)は，「東京の公園……の多くは……造成された緑地ではな」く，かつての城や大名屋敷などの「跡地に造られ」ていることなのでBが適切。(2)のある段落と次段落内容をふまえていない他の選択肢は不適切。

重要　問7　徳川家の幕臣たちに対する「辞官納地」の処分は過酷で，「辞官」はどうでもよいが「納地」は徳川家の幕臣たちにとって住む家さえなくなることなので，旧幕臣たちがクーデターを起こしたような世情の中では，――線(3)であるということなのでAが適切。領地の返上である「納地」を説明していない他の選択肢は不適切。

重要 問8　——線(4)の「変容」は，全体の様子がすっかり変わる，という意味なので，この意味をふまえたDが適切。「東京」のことだけを説明しているA・C・Eは不適切。「変容」の意味をふまえていないBも不適切。

問9　——線(5)の「たかだか」は，多く見積もっても大したことではないさまを表すので，「時間はそれほど長い年月ではない」とあるCが適切。「たかだか」の意味をふまえていない他の選択肢は不適切。

問10　「この基本政策の……」から続く2段落で，東京に「十分な土地，それも大名庭園まで備えた広大な緑地が残されていた(30字)」ことが「東京が緑多き都である理由」であることを述べている。

やや難 問11　Bは最後の2段落で述べている。Aの「世界共通の価値観」，Cの「東京が……このまま再開発を進めることは必要なことである」，Dの「地球環境保護の一環として」，Eの「せめて東京だけでも」はいずれも述べていないので不適切。

二　(小説―心情・場面・細部の読み取り，ことばの意味)

問1　——線(1)は，伊原が「受験の準備を早くから始めた」ことに対するものなのでDが適切。「小心者」が，気が小さく，いろいろなことを気にしすぎる人という意味であることをふまえ，早くから勉強を始めないと不安になるという意味ではない他の選択肢は不適切。

基本 問2　——線(2)前後の「『努力してできた結果は……努力しなきゃできないってこと』」だから，努力してできた結果は信用できない，という絵麻のせりふは，伊原が受験の準備を早くから始めたことに対するものなのでAが適切。(2)前後の絵麻のせりふをふまえていない他の選択肢は不適切。

問3　——線(3)の「もたらされた」は，別のところから何かを持ってきた，という意味なのでEが適切。「もたらされた」の意味をふまえていない他の選択肢は不適切。

重要 問4　Ⅰ・Ⅱ　——線(4)後で，(4)を補う形で「『結果を導きだすだけの努力を成し遂げるってことが，その人の価値を高めるんじゃない？』」と尚美は絵麻に反論しているので，ⅠはB，ⅡはEが適切。(4)後の尚美のせりふをふまえていない，Ⅱの他の選択肢はいずれも不適切。

問5　——線(5)前で，絵麻は「『頑張るっていう姿勢はかっこいいと思う……でも，それによってもたらされた結果を，自分のものみたいに思っちゃうのって，怖いじゃん』『例えばさ，伊原が猛勉強して東大に入っても……猛勉強の結果が東大合格ってだけのことで……伊原という人に東大ブランドの価値があるってことにはならないはずなのに……勘違いしたりする』」と話しているのでBが適切。(5)前の絵麻のせりふをふまえていない他の選択肢は不適切。

問6　尚美の考えに「『あたしは違う。……』」と言った後，——線(6)前の「『どうして……』」で始まるせりふで，価値観を統一させたがらないから尚美が好きである，ということを絵麻は話しているのでAが適切。異なる意見を持ち，価値観を統一しようとしない尚美が好きだということをふまえていない他の選択肢は不適切。

問7　——線(7)前の「『エマチンが思ってるほど，みんな馬鹿じゃないと思うよ』」という尚美の発言を，みんなを馬鹿だと思っている自分を尚美がたしなめているように絵麻は感じて，(7)のようになったのでEが適切。自分に対する非難だと感じたことを説明していない他の選択肢は不適切。

問8　絵麻を傷つけるようなことを言ってしまったが，絵麻に「励まして欲しかった」ということを「伝える勇気がない」まま，絵麻がそれまでとは全く違う話題を笑顔で話してくれたことに「救われた」尚美は「『ソニプラなら……』」と軽く文句を言うことで，これまで通りの関係であることを確かめるのが「精一杯」だった，ということなので，——線(8)の尚美の気持ちとしてCが適切。絵麻を試そうとしているA，絵麻に反発していることを説明しているB・Dは不適切。

Eの「絵麻の思いもよらないような面白いこと」も不適切。

やや難 問9　本文では，確固たる価値観を持つ絵麻の話に，いつもは「やっぱり絵麻はスゴイなあ」と思うが，「おためごかしに努力しようという矢先に言われた」ため，この日は素直に受け入れられなかった→絵麻を傷つけるような言葉を言ってしまい，「自分の底意地の悪さに息苦しくなった」→笑顔で話しかけてくれる絵麻に救われたが，「したいことと，しなくちゃいけないこと……を押し込むべき自分の時間は，いつも尚美をばらばらにしてしま」い，自分でも自分をもてあまして「ため息を吐き出した」，という尚美の様子が描かれている。これらの内容からDが適切。Aの「絵麻の笑顔の下にさげすみがある」，Bの「尚美の気持ちを……誤解に気づいた」，Cの「絵麻のなぐさめ……反省するばかり」，Eの「絵麻に笑われて」はいずれも描かれていないので不適切。

重要 問10　Aは「目指す店の……」で始まる段落で描かれている。「学校生活がすべての不満の原因」とは描かれていないので，Bは不適切。「北風の……なった」は，伊原が受験の準備を早くから始めたのに対して，クラスの男子たちが受験勉強を始めた時期を表しているので，Cも不適切。「ざりざりの歌」のような音楽があればいいのに，と思っているのは尚美なので，Dも不適切。Eの「絵麻が尚美にとって不可解な存在である」も描かれていないので不適切。

★ワンポイントアドバイス★

会話を中心に展開する小説では，だれのせりふかを確認し，それぞれの心情も読み取っていこう。

後期

2024年度

解　答　と　解　説

《2024年度の配点は解答欄に掲載してあります。》

＜算数解答＞《学校からの正答の発表はありません。》

1　(1)　0.05　(2)　0.25$\left[\frac{1}{4}\right]$

2　(1)　4　(2)　93　(3)　160cm　(4)　分速525m　(5)　6：13

3　(1)　1：1　(2)　6：1　4　カ・キ　5　(1)　80個　(2)　70個　(3)　84個

6　(1)　16cm^2　(2)　$\frac{52}{3}$cm^3

7　(1)　ア　3　イ　2　ウ　1　エ　10　オ　66　(2)　36通り

○推定配点○

7(1)　各4点×5　他　各5点×16　計100点（4完答）

＜算数解説＞

1　（四則計算，単位の換算）

(1)　$\left(\frac{3}{10}+\frac{3}{40}\right)\times\frac{4}{5}-0.25=\frac{3}{8}\times\frac{4}{5}-0.25=0.3-0.25=0.05$

(2)　$\square=1-\frac{10}{11}\times1.1\times\frac{3}{4}=\frac{1}{4}$

重要　### 2　（規則性，概数，割合と比，相当算，速さの三公式と比，旅人算，濃度，平均算）

(1)　6÷7…0.857142～
29÷6…4余り5
したがって，小数第29位の数字は4

(2)　四捨五入して2.3になる範囲…2.25以上2.35未満
もとの整数…40×2.35＝94未満
したがって，求める最大の数は93

(3)　7＋9－16(cm)…棒の長さの1－(0.4＋0.5)＝0.1(倍)
したがって，棒の長さは16÷0.1＝160(cm)

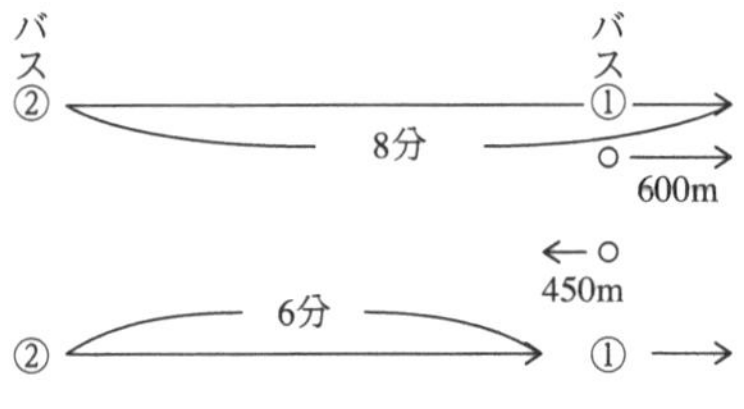

(4)　バスが8－6＝2(分)で走る距離
…右図より，75×(8＋6)＝1050(m)
したがって，バスの分速は1050÷2＝525(m)

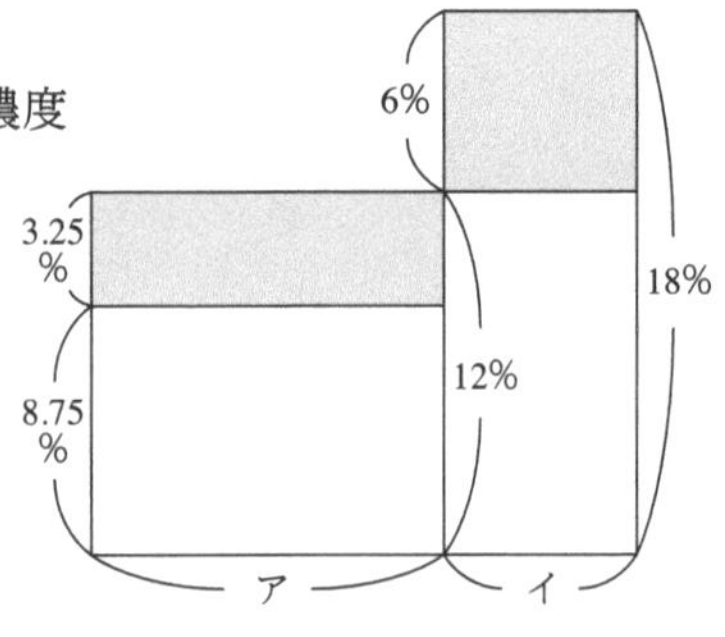

(5)　5%の食塩水と10%の食塩水を1：3の割合で混ぜたときの濃度
…(1×5＋3×10)÷(1＋3)＝8.75(%)
ア：イ
…右図より，色がついた部分の面積が等しく，
　(18－12)：(12－8.75)＝6：3.25＝24：13
したがって，AとCの量の比は(24÷4)：13
＝6：13

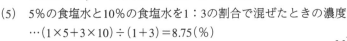

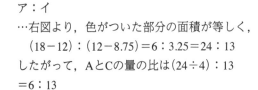

重要 **3** (平面図形，相似，割合と比)

(1) 三角形PBQとPCQ

…右図より，底辺が共通で高さが等しく面積が等しい

三角形PRQ

…共通

したがって，三角形BRPとCQRの面積は1：1

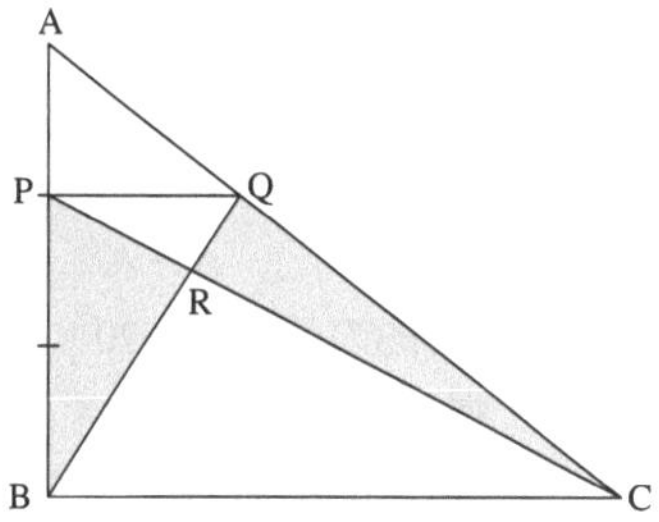

(2) 三角形ABCの面積

…6

三角形QBCの面積

…6÷3×2＝4

三角形CQRの面積

…4÷4＝1

したがって，三角形ABCとCQRの面積は6：1

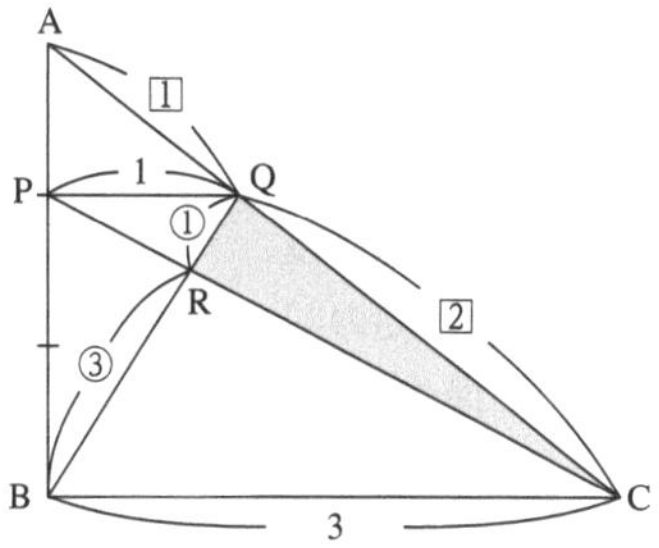

重要 **4** (統計と表，数の性質)

クラスの生徒…30人

7～10点まで… 4人

15～20点まで…9人

11～14点まで…30－(4＋9)＝17(人)

中央値…12点

ⓧ…点数の低いほうから

x番目の点数

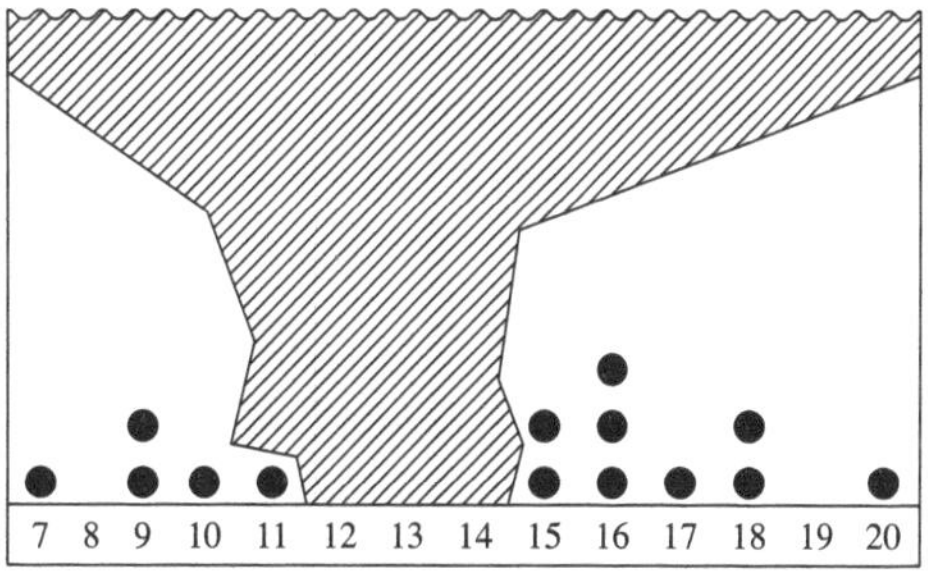

ア 「平均値は12点」

11～14点までの点数の分布が決定されないので「平均値」が決まらない

イ 「最頻値は12点」

11～14点までの点数の分布が決定されないので「最頻値」が決まらない

ウ ⑮＝12

⑮＝11，⑯＝13という場合があり得る

エ ⑯≠12

⑮＝12，⑯＝12という場合があり得る

オ ⑮＝⑯

⑮＝11，⑯＝13という場合があり得る

カ 「⑮は12以下，⑯は12以上」

⑮＝11，⑯＝13または⑮＝12，⑯＝12であり，○

キ 12－⑮＝⑯－12

カの理由により，○

ク ⑭≠12

11～14点までの点数の分布が決定されないので「点数の低いほうから14番目の点数が12ではない」とは限らない。

やや難 **5** (割合と比，相当算，分配算)

	Aさん	Bさん	Cさん
操作3の後	△＋20	△	32

操作3の前のCさんの個数…32÷{1−(0.5+0.1)}=80
操作3でAさんがCからもらった個数…80÷2=40
操作3でBさんがCからもらった個数…80÷10=8

	Aさん	Bさん	Cさん
操作3の前	△−20	△−8	80
操作1の後		90	

操作2でAさんがBからもらった個数…90÷5=18
操作2でCさんがBからもらった個数…90÷3=30

	Aさん	Bさん	Cさん
操作2の後		42	80
操作3の後	70	50	32
操作3の前	30	42	80
操作2の前	12	90	50

操作1の前のAさんの個数…$12\div\left\{1-\left(\frac{1}{6}+\frac{1}{2}\right)\right\}=36$
操作1でBさんがAからもらった個数…36÷6=6
操作1でCさんがAからもらった個数…36÷2=18

	Aさん	Bさん	Cさん
操作1の前	36	84	32

(1) 操作2の後のCさん…80個
(2) 操作3の後のAさん…70個
(3) 操作1の前のBさん…84個

重要 6 (平面図形，相似，立体図形)

(1) 直角三角形APQとEFH
…右図より，相似比は1：3
AQ
…6÷3=2(cm)
したがって，台形AEHQは
(2+6)×4÷2=16(cm²)

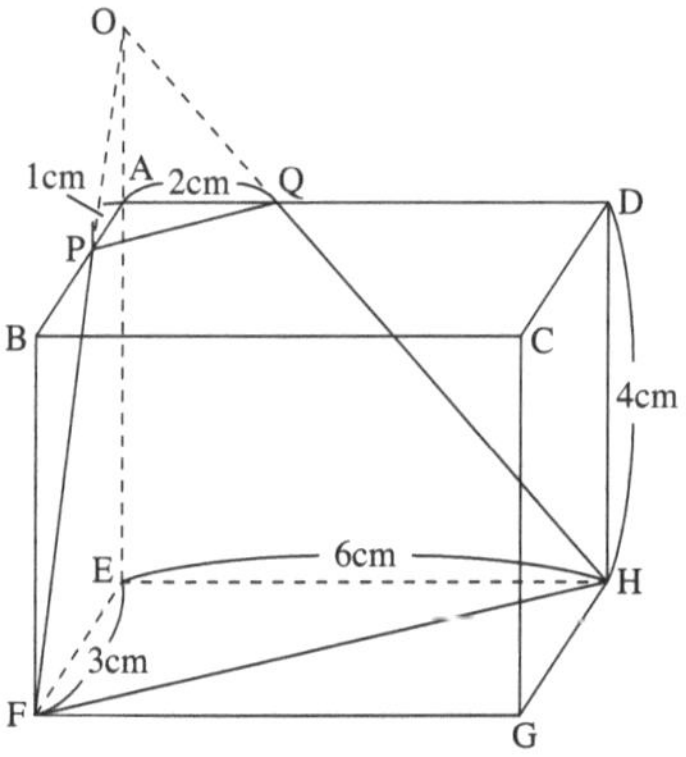

(2) OE
…(1)より，4÷(3−1)×3=6(cm)
三角錐O−APQとO−EFHの体積比
…1：27

したがって，求める三角錐台の体積は$3\times6\div2\times6\div3\div27\times(27-1)=\frac{52}{3}$(cm³)

重要 7 (場合の数，数列)

(1) ア Cさんが1個の場合…3通り
2−0−1　1−1−1　0−2−1
イ Cさんが2個の場合…2通り
1−0−2　0−1−2
ウ Cさんが3個の場合…1通り
エ 4+3+2+1=10(通り)

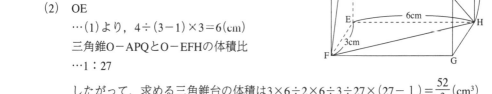

オ　11＋10＋～＋1＝12×11÷2＝66(通り)

(2)　8＋7＋～＋1＝9×8÷2＝36(通り)

★ワンポイントアドバイス★

3「三角形の相似」の問題は，よく出題される重要な問題であり，正解できるようにしよう。5「ビー玉の分配」の問題は，実際の個数を手がかりにして解けるが簡単ではない。6「直方体の切断」も，よく出題される重要な問題である。

＜理科解答＞ 《学校からの正答の発表はありません。》

1　3　　2　(1)　5　(2)　3.8L　(3)　2.2g

3　(1)　3　(2)　3　(3)　1

4　(1)　495m　(2)　18.0秒　(3)　14回

○推定配点○

各5点×10　　計50点

＜理科解説＞

1　(太陽と月―地球の大きさの測定)

A地点とB地点での北極星の高度の差は，緯度の差と等しく，36.3－35.4＝0.9°である。このことから，地球の形を円とみなしたとき，中心角0.9°の扇形の弧の長さが100kmといえる。円周の長さは，0.9：100＝360：□　より，□＝40000kmである。半径は40000÷2÷3.14＝6369.…で，四捨五入により6400kmとなる。

2　(水溶液の性質―気体の発生量)

基本　(1)　ア…鉄をはじめ金属は電流を流すことができる。イ…ガラスは塩酸に溶けない。もし溶けるならばビーカーも試験管も使えない。ウ…アルミニウムも塩酸に溶けて水素が発生する。

重要　(2)　表1で，塩酸100mLに最大に溶ける鉄の重さは，気体Aの体積が最大の2.24Lになるときを考えて，5：2＝□：2.24より，□＝5.6gである。よって，塩酸170mLの場合，溶ける鉄の重さは，5.6×1.7＝9.52となり，鉄10gは一部が余ってしまう。よって，発生した気体Aの量は，塩酸の量で決まる。塩酸：気体Aの体積＝100：2.24＝170：□　より，□＝3.808で，四捨五入により3.8Lとなる。

(3)　気体AとBの重さの比から，1：9＝□：693より，気体Aの重さは□＝77mgである。表1から，鉄が完全に溶けたときの量の比を用いて，鉄：気体Aの重さ＝5：175＝□：77　より，□＝2.2gとなる。なお，気体Aは水素，Bは水である。

3　(生態系―呼吸量と光合成量)

(1)　BTB溶液は，アルカリ性で青色，中性で緑色である。息に含まれる物質によって青色が緑色になったのだから，その物質は水に溶けて酸性を示す物質であり，二酸化炭素があてはまる。選択肢の他の気体は水に溶けにくく，わずかに溶けても中性である。

基本　(2)　Cはメダカの呼吸によって水中に二酸化炭素が増える。そのため，中性の緑色から，さらに酸性の黄色へと色が変化する。

(3)　表1のEの結果が青色になっているので，発生した二酸化炭素はすべて水草の光合成に使われて減っていることが分かる。つまり，メダカと水草が呼吸で放出した二酸化炭素の量の合計よりも，水草の光合成で取り入れた二酸化炭素量の方が多い。つまり，選択肢1，3，4では1が正しく，選択肢2の等号は，不等号＜でなければならない。

4　(音の性質―動く車で聞く音)

(1)　音は3秒間で，車A→ビルC→車Aのように340×3＝1020m進んでいる。その間に，車Aも南(右)へ10×3＝30m進んでいる。よって，音の経路のうち車A→ビルCの距離よりも，ビルC→車Aの距離の方が30m長い。車A→ビルCの距離は，(1020－30)÷2＝495mである。

やや難　(2)　無音の始まりから無音の終わりまで17秒間あるので，その間に車Aは南(右)へ10×17＝170m進む。そのため，無音が終わって次のサイレン音の最初が，車Aの元の場所まで伝わるのに，170÷340＝0.5秒かかる。もし車Bが止まっていれば，無音の時間は17＋0.5＝17.5秒間に聞こえる。しかし，車Bは17.5秒間に北(左)へ動いており，その距離は10×17.5＝175mである。そこからサイレン音が追いかけてくるので，追いつくのは175÷(340－10)＝0.530…秒後である。よって，車Bにとっての無音の時間は，17.5＋0.530…＝18.03…で，四捨五入により18.0秒となる。

やや難　(3)　もし車Bが止まっていれば，無音の時間が始まってから次に始まるまでは20秒間に聞こえる。しかし，車Bは20秒間に北(左)へ動いており，その距離は20×20＝400mである。そこから音が追いかけてくるので，追いつくのは400÷(340－20)＝1.25秒後である。よって，車Bにとって，無音の時間が始まってから次に始まるまでは20＋1.25＝21.25秒間に聞こえる。5分間は300秒間だから，300÷21.25＝14.11…により，無音の時間が始まってから次に始まるまでが14回繰り返される。よって，サイレン音は14回聞こえる。

★ワンポイントアドバイス★

問題の条件は，よく読むだけでなく，手早く図を描くことで的確につかみ，解法を見つけよう。

＜社会解答＞ 《学校からの正答の発表はありません。》

1　問1　ウ　　問2　ア，ウ　　問3　イ　　問4　X　地熱　　Y　大分(県)
　　問5　(福岡県)　ウ　　(鹿児島県)　オ　　問6　二毛(作)　　問7　a　ウ　　c　イ

2　問1　エ　　問2　ウ　　問3　イ　　問4　ウ　　問5　さかい(市)　　問6　エ　　問7　イ

3　問1　(1)　(例)　女性議員の当選者枠をあらかじめ設定する。　　(2)　ウ
　　問2　あ　非常任理事国　　い　(19)56(年)　　問3　(1)　ウ　　(2)　ア，イ，エ
　　(3)　ウ　　問4　ア

○推定配点○

各2点×25(1問2，3問3(2)各完答)　　計50点

＜社会解説＞

1　(日本の地理―九州地方に関する地理の総合問題)

問1　北海道の面積は約83000km^2で，九州の面積(約37000km^2)の約2.2倍である。よってウの縮尺が正しい。

基本　問2　アは島根県の隠岐諸島，ウは新潟県の佐渡島であるので九州地方ではない。なお，イは沖縄

島，エは対馬(長崎県)，オは屋久島と種子島(鹿児島県)の地図である。

問3　福岡県北九州市から鹿児島県鹿児島市までの直線距離は約255kmで，これは愛知県名古屋市から神奈川県横浜市までの直線距離の約250kmとほぼ同じであるのでイが正しい。なお，アは約420km，ウは約480km，エは約390kmである。

基本　問4　地下のマグマが持つ熱エネルギーを活用した発電は地熱発電と呼ばれる。また，大分県の八丁原発電所は日本最大級の地熱発電所として知られている。

問5　アは1月と12月の降水量が多い日本海側の気候なので鳥取市，イは年間降水量が少ないので瀬戸内気候の高松市である。また，エは冬の気温や全年気温が高いことから那覇市だとわかる。残るウとオのうち，気温が高く，降水量が多いオが鹿児島市で，もう片方のウが福岡市となる。

基本　問6　一年で2種類の作物を同じ耕地で栽培する方法を二毛作という。筑紫平野では米の裏作として麦が，八代平野では米の裏作としてい草の栽培が行われている。

やや難　問7　a　ウリのなかまで，水分補給や暑いときに食べて体を冷やすのに適しているのはきゅうりで，ウとなる。　b　ウリのなかまで，実に苦みがあることに特徴があるのはゴーヤ(ニガウリ)で，アのグラフが正しい。　c　春の七草のスズシロとも呼ばれるのはダイコンである。生産量のグラフはイである。　d　江戸時代に九州に伝わり，ききんに備えて栽培が盛んに行われたのはサツマイモ(かんしょ)で，エのグラフとなる。

2　(日本の歴史―日本の島に関する歴史の総合問題)

重要　問1　712年に古事記が完成した時の天皇は元明天皇(在位707～715年)である。元明天皇の在位中，708年に和同開珎が鋳造され，710年に藤原京から平城京への遷都が行われたので，エが正しい。なお，アは天智天皇に即位する前の中大兄皇子，イは聖武天皇，ウは天武天皇である。

基本　問2　奴国王が，中国の後漢から「漢委奴国王」と刻まれた金印を授けられたのは57年のことで，『後漢書』東夷伝に記されている。よってウが正しい。なお，『漢書』地理志は紀元前1世紀，『魏志』倭人伝は3世紀の倭国(日本)について記載がされている。

問3　13世紀に隠岐諸島へ送られたのは，後鳥羽上皇である。後鳥羽上皇は，1221年に鎌倉幕府を倒すために兵を挙げたが失敗し，隠岐へ流された。よって，イが正しい。なお，アは鎌倉幕府8代執権北条時宗，エは939年に瀬戸内で反乱を起こした藤原純友のことが書かれているが，隠岐へは流されていない。また。ウは後醍醐天皇で，二度にわたって鎌倉幕府を倒そうと企てたが失敗し，隠岐へ流されたが，それは鎌倉幕府が滅亡する直前の1332年で，14世紀のことである。

重要　問4　1910年に日本は韓国を併合し，朝鮮総督府を設置したが，初代総督は寺内正毅であるのでウが誤っている。なお，伊藤博文は韓国併合直前の1909年に，満州(中国東北部)のハルビンで安重根に暗殺されている。

問5　鉄砲は1543年に日本に伝来し，以後堺(大阪府)や国友(滋賀県)，根来(和歌山県)などで生産が行われた。織田信長が直轄地とし，現在は政令指定都市となっているのは堺市である。ひらがなで記入することに注意する。

やや難　問6　a　1804年，ロシアのレザノフが長崎に来航し，幕府に通商を求めたが，幕府はその要求を断ったので正しい。　b　1808年，長崎港に侵入したフェートン号はオランダ船でなく，イギリス船なので誤っている。　c　1837年のモリソン号事件の後，幕府の対応を非難して処罰されたのは，渡辺崋山・高野長英なので誤り。前野良沢は杉田玄白とともに『解体新書』を翻訳した人物である。

重要　問7　a　日本が中国政府に二十一か条の要求を提示したのは1915年のこと。　b　普通選挙法と治安維持法が制定されたのは1925年のこと。　c　第一次世界大戦後，パリ講和会議が開かれてベルサイユ条約が結ばれたのは1919年のこと。　d　関東大震災が発生したのは1923年9月1日のこと。よって，イが正しい。

3 (三分野総合―時事問題や世界遺産，環境問題，日本の政治，SDGsなど)

重要 問1 (1) 現在の日本では，政治分野における女性の割合が他国と比べて低いことが問題となっている。そこで，「クオータ制」と呼ばれる，女性だけが当選する枠をあらかじめ設定しておき，残りの議員数は従来通り男女どちらも当選できるようにするなどの工夫をして議員の男女比をより均等にしようとする取り組みが検討されている。 (2) 地方公共団体の長(首長)の被選挙権は，都道府県知事は満30歳以上，市町村長は満25歳以上であるのでウが正しい。なお，アについて，地方議会議員選挙は選挙区制で行われており，小選挙区比例代表並立制がとられているのは衆議院議員の選挙である。イについて，地方公共団体の長は，住民の直接選挙によって選ばれる。エについて，地方公共団体の長の任期も，地方議会議員の任期もどちらも4年である。

基本 問2 **あ** 国際連合の安全保障理事会は，常任理事国が5か国と，任期が2年の非常任理事国が10か国の計15か国によって構成されている。日本は2023年1月1日～2024年12月31日の2年間，12回目の非常任理事国を務めており，これは加盟国中最多である。 **い** 日本がソビエト連邦と国交を回復し，その後国際連合に加盟したのは1956年のことである。

問3 (1) 再審制度とは，有罪判決が確定した後に重大な誤りが認められたり，無罪とすべき新しい証拠が見つかったりしたときに裁判のやり直しが認められることである。 (2) 基本的人権の人身の自由(身体の自由)にあてはまるのは，ウの自白の強要の禁止(第38条)と，オの拷問及び残虐な刑罰の禁止(第36条)である。なお，ア(第37条)とイ(第32条)は裁判を受ける権利，エの検閲の禁止と通信の秘密(第21条)は精神の自由である。 (3) 裁判所は，国会が作った法律が憲法に違反していないかどうかの判断を行う，違憲立法審査権を持っている。よって，ウが正しい。なお，アは国会が裁判所に対して行う弾劾裁判，イは国民が最高裁判所の裁判官に対して行う国民審査について書かれている。また，エの国会議員の除名は，国会で行われる。

問4 浮体式の洋上風力発電所は，大きく傾いても転覆しないようなつくりをしているが，これは「起き上がりこぼし」というおもちゃと同じ原理である。起き上がりこぼしの写真はアである。なお，イはけん玉，ウはこま，エはだるま落としの写真である。

★ワンポイントアドバイス★

記述問題が3で出題され，時事問題の内容で難度も高い。時事問題は比較的多く出題される傾向があるので，常にニュースをチェックしておきたい。歴史分野の2が得点源になりやすい傾向があり，ミスなく正解を重ねよう。

＜国語解答＞ 《学校からの正答の発表はありません。》

一 問1 A・D 問2 あいづち 問3 B 問4 A 問5 イ 愛せそうなもの ロ 形にする 問6 E 問7 D 問8 好きに描いてええんやで 問9 E

二 問1 B 問2 D 問3 飾り。 問4 鉄人さ～スする 問5 E 問6 C 問7 B 問8 B

○推定配点○

一 問5・問8 各7点×3 他 各5点×7(問1完答)

二 問3・問4 各7点×2 他 各5点×6 計100点

＜国語解説＞

一 (随筆文―要旨・細部の読み取り，空欄補充，慣用句，漢字の書き取り)

基本 問1 ═══線は「お世辞」，A「辞表」 B「自立」 C「次回」 D「答辞」 E「非常時」 F「事故」 G「地味」 H「展示」 I「保持」。

問2 「あいづちを打つ」は，相手の話に調子を合わせて，受け答えをすること。

重要 問3 ――線(1)の説明として直後で，母と向かった「西宮浜と……似たような景色を，……父と眺めたことがある」という「記憶の火花が散った」ことを述べているのでBが適切。(1)が冒頭の段落の「小さな記憶」に「急に出会った」ことであることもふまえ，記憶が急によみがえったことを説明していない他の選択肢は不適切。

問4 ――線(2)について「あの日。……」で始まる段落で，「堤防へ絵筆を押しつけることを……拒んだのは，堤防のような大きなものに，絵を描いたことがなかったから」で，「大好きな父の前で，作って投げ出してしまうのが嫌だった」ことを述べているのでAが適切。この段落内容をふまえていない他の選択肢は不適切。

問5 ――線(3)前後の内容から，イには「愛せそうなもの(7字)」，ロには「形にする(4字)」がそれぞれあてはまる。

重要 問6 ――線(4)の「恥ずべき短所」は「正論……」で始まる段落の「飽きっぽい自分を，ずっと恥じてきた」こと，「誇るべき長所」は「わたしは，愛に……」で始まる段落の「わたしは，愛にあふれ，愛せるものしか，手に入れたくない人間」で「それは……父から受け継がれてきた性質」であることなのでEが適切。これらの内容をふまえ，短所だと思っていたことが父から受け継いだものであることに気づいたことを説明していない他の選択肢は不適切。

問7 「堤防へ絵筆を押しつけることを……拒ん」でいたが「しぶしぶ……絵筆を押しつけた」「わたし」を「父が褒めたのは……迷いながらも一歩を踏み出した，わたしの姿」であり，「父は，確かにわたしを愛してくれていた」ことを「思い出し」て，――線(5)のようになっているのでDが適切。(5)前の「あの日」の記憶をふまえていない他の選択肢は不適切。

問8 Ⅱは「父が愛したわたしが描いた」ものに対して「『きっと父ならこう言うだろう』」「父は許してくれるだろう」という言葉なので，「わたしはまだ……」から始まる場面で，堤防に「好きに描こうとしなかった」「わたし」にかけてくれた「『好きに描いてええんやで』」という父の言葉が入る。

やや難 問9 本文は，「わたし」は父の故郷である西宮の西宮浜に母と寄った→小学校時代，西宮浜の堤防を父と訪れたこと，当時の父とのやりとりを思い出す→「わたし」が愛にあふれ，愛せるものしか，手に入れたくないのは父から受け継がれた，誇るべき長所であることに気づく→父が確かに「わたし」を愛してくれたことを支えに，父を心の底から愛し，歩んでいこうと思う，という内容がつづられているのでEが適切。父へのわだかまりやよそよそしい態度をとっていたこと，父に関する記憶を無理に心にしまいこんでいることを説明している他の選択肢は不適切。

二 (小説―心情・場面・細部の読み取り，空欄補充，ことばの意味)

基本 問1 〜〜〜線は「ある物に似せる」という意味なので，「別のものに見立てる」という意味のBが適切。

問2 Ⅰは，しわなどがなく張りがあるさまを表す「ぱりっと」，Ⅱは，光り輝くさまを表す「きらりと」がそれぞれあてはまる。

問3 一文は，「今年は，プリーツを……」で始まる段落の「頭に小さな扇のような赤い髪飾り。」の説明になっている。

問4 ――線(1)の「プリーツ」は「鉄人さんにプレスしてもらった」もので，「ミーナちゃんの家は……」で始まる段落で，鉄人さんがプレスする様子を「鉄人さんが太い腕に力をこめて，じっくりとプレスする(25字)」と描いている。

重要 問5　――線(2)前で，「鉄人さんの，折り目正しくくずれないプリーツはここ一番の勝負時に力をくれると評判にな」ったため，「結婚の挨拶をする日に着るためのプリーツ入りのブラウス……漫才のコンテストで締める蝶ネクタイ」といったように，「さまざまな目的で依頼されるようになった」ことが描かれているのでEが適切。Cの「期待以上の仕上がりになっている」ことは描かれていないので不適切。(2)前の内容をふまえ，多くの人に必要とされ，その要望に応えていることを説明していない他の選択肢も不適切。

問6　ライブイベントの練習でミーナちゃんと「リアルに連弾ができるのは……本番当日のリハーサル一回だけ」だが「『今日も息がぴったりだったね』」と言われるのは，本番当日に着ている「新しいプリーツ衣装」の――線(3)である，ということなのでCが適切。(3)直前の描写をふまえ，ミーナちゃんとの気持ちが通じ合った演奏ができることを説明していない他の選択肢は不適切。

重要 問7　――線(4)は，演奏終了後，「あと何回，この拍手を浴びることができるだろう」と思いながらも，「四人一緒に」身体を持ち上げたとあることから，これからも「四人一緒に」このイベントを続けていきたいという「私」の心情が読み取れるのでBが適切。「全員」の気持ちであることを説明しているA・Cは不適切。Dの「『私』が不安に思っている」，Eの「続けられなくなるだろうと『私』が予感している」も不適切。

やや難 問8　「花柄のハンカチは……尖らせていった」では，布であるハンカチが生きているかのように，鶴に変化していく様子が描かれており，ミーナちゃんのハンカチでも「いつでも飛び立つ準備はできています，と言っているよう」な鶴ができあがったことが描かれていることから，Bは適切。Aの「満足する結果を残すことができなかったこと」は描かれていないので不適切。ミーナちゃんが「『ねえ，それ，私にくれないかな』」と言ったのは，ミーナちゃんと「私」それぞれのハンカチで折ったもらった鶴を交換しようという提案をするためなので，Cも不適切。Dの「何年も……ようだ」，Eの「どちらも……かっこいい」は，「鉄人プレスが施されたあとは，シャツも……まるで新品のように」なる，鉄人さんのプレスの技術のすばらしさを表現しているので，どちらも不適切。

★ワンポイントアドバイス★

随筆文では，実際の体験を通して，筆者がどのような思いを抱いたかをていねいに読み取っていこう。

2023年度

★★★★★★★★★★★★★★★★★★★★★★★★

入　試　問　題

2023年度

東邦大学付属東邦中学校入試問題（推薦・帰国生）

【算　数】（45分）　＜満点：100点＞

1　次の $\square$ にあてはまる最も適当な数を答えなさい。

(1)　$\left\{1-\left(3.4-\frac{10}{3}\right)\times 1\frac{4}{5}\right\}\div 2\frac{1}{5}=\square$

(2)　$\left(10\frac{1}{2}-\square\right)\div(2+12\div 7)=2\frac{5}{8}$

(3)　$12.3\times\left(1\frac{1}{9}-0.5\right)+\left(\frac{1}{9}-\frac{1}{27}\right)\times 36.9-0.123\times 50=\square$

2　次の問いに答えなさい。

(1)　Aさんが自動車で時速72㎞で25分間進んだあと，秒速９ｍで $\frac{7}{18}$ 時間進みました。進んだ道のりは合わせて何㎞か求めなさい。

(2)　濃度7.6％の食塩水360ｇに，食塩を加えてよくかきまぜたところ，濃度は12％になりました。加えた食塩は何ｇか求めなさい。

(3)　１円硬貨，５円硬貨，10円硬貨があわせて36枚あります。１円硬貨の合計金額，５円硬貨の合計金額，10円硬貨の合計金額の比が１：３：８のとき，36枚の合計金額はいくらか求めなさい。

(4)　下の表は，ある小学生20人に国語と算数のテストを行った結果です。ただし，▲は国語が30点で算数が30点であった小学生の人数を，■は国語が40点で算数が40点であった小学生の人数を表しています。

国語の平均点と算数の平均点ではどちらが何点高いか答えなさい。

国＼算	0点	10点	20点	30点	40点	50点
0点	0	0	0	0	0	0
10点	0	1	0	1	0	0
20点	0	1	2	2	0	0
30点	0	0	0	▲	0	1
40点	1	0	0	0	■	1
50点	0	0	1	0	0	1

3　AさんとBさんが１周600ｍの池の周りを，同時に同じ場所から出発して時計回りに走ります。Aさんは，１周目を分速180ｍの速さで走り，１周ごとに走る速さを分速30ｍずつ遅くして走ります。Bさんは，１周ごとに走る速さを1.5倍にして走り，２周するのに12分30秒かかります。

このとき，次の問いに答えなさい。

(1)　Aさんが出発してから10分間走ったとき，Aさんが走った道のりは何ｍか求めなさい。

⑵　Ｂさんの１周目の速さは分速何ｍか求めなさい。

⑶　２人が２度目に横にならぶのは，出発してから何分何秒後か求めなさい。ただし，出発するときは１度目に数えません。

4　DF＝８㎝，EF＝５㎝，角Ｆが直角の直角三角形DEFを底面に持つ高さ12㎝の三角柱ABCDEFの形をした容器があります。【図１】のように，この容器を平らな床にえがかれた長方形GHIJの角Ｊと容器の角Ｆがぴったり重なるように置きます。この容器に水をいっぱいに入れて，三角形DEFの辺のうちひとつを床につけたまま静かに容器をかたむけて水をこぼします。【図２】は，辺EFを床につけたまま容器をかたむけて水をこぼした様子です。

このとき，次の問いに答えなさい。ただし，容器の厚さは考えないものとします。

【図１】

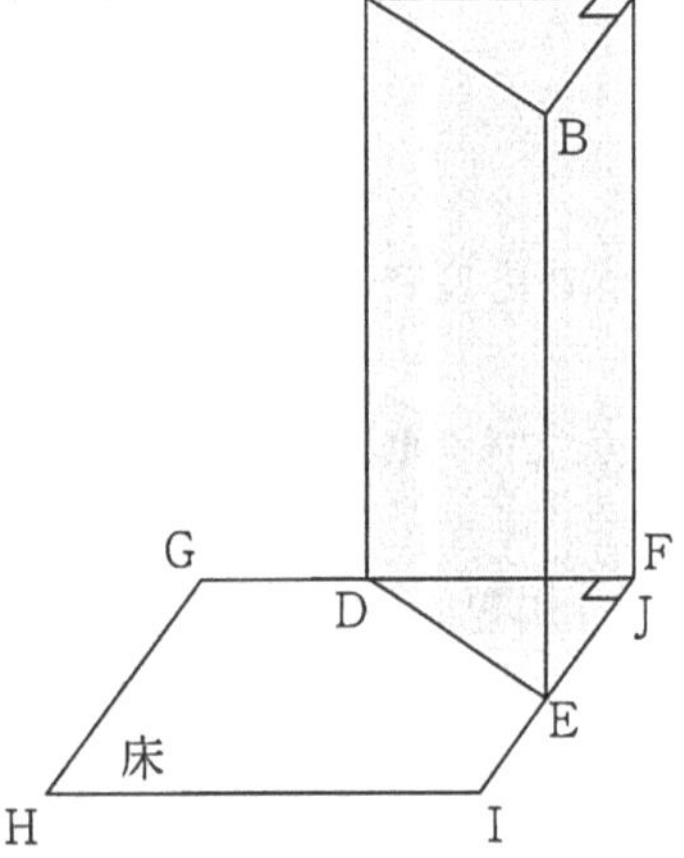

【図２】

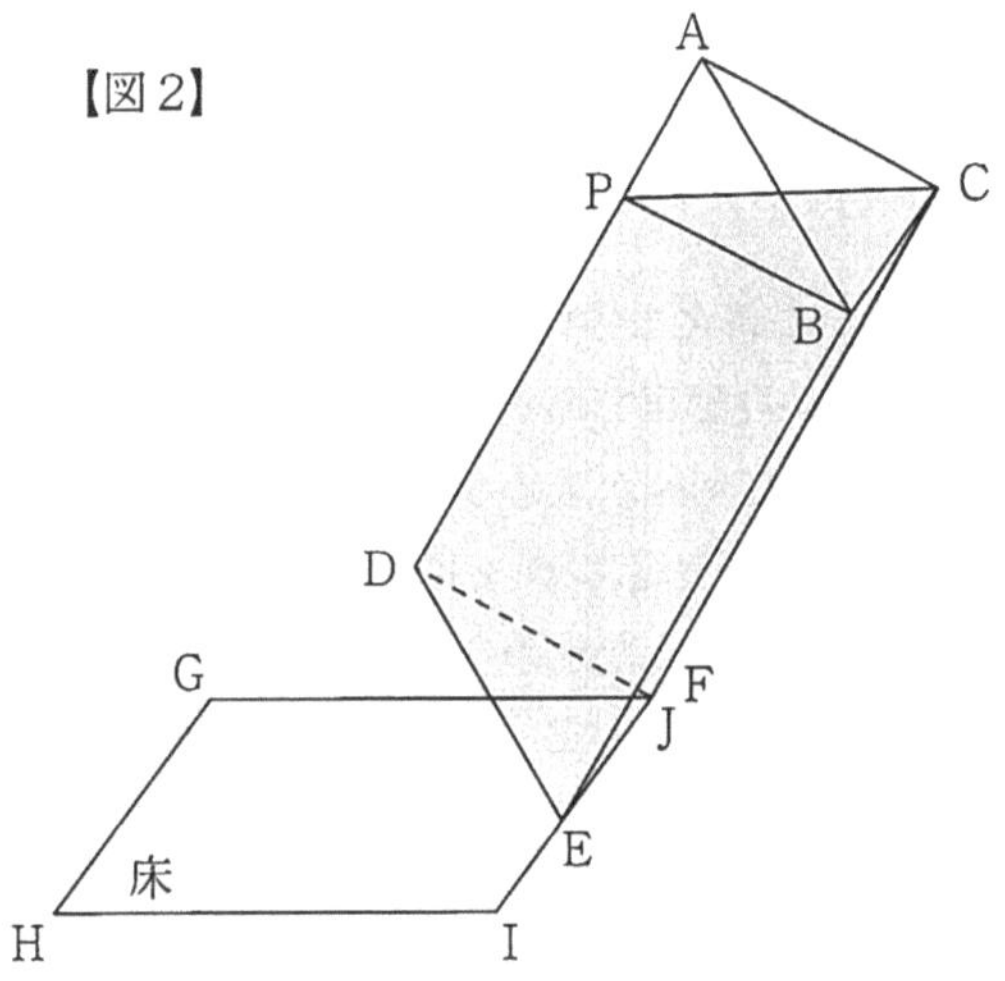

⑴　辺EFを床につけたまま，水をいっぱいに入れた容器をかたむけたところ，水面は辺AD上の点Ｐを通る三角形PBCになり，AP＝3.6㎝になりました。容器をもとに戻したとき，床から水面までの高さを求めなさい。

⑵　辺DFを床につけたまま，水をいっぱいに入れた容器をかたむけたところ，水面は辺BE上の点Ｒを通る三角形ARCになりました。このとき，“辺FEと辺FIの作る角の大きさ”が“⑴で容器をかたむけたときの辺FDと辺FGの作る角の大きさ”と等しいとき，BRの長さを求めなさい。

5　次のページの図のように，三角形ABCの辺AB，辺BC，辺CA上に，それぞれ点Ｄ，点Ｅ，点Ｆを，四角形DBEFが平行四辺形となるようにとります。

また，DF上にＤＧ：ＧＦ＝３：１となる点Ｇをとり，BGの延長とEFの延長との交点をＨ，CAとBHの交点をＩとしたところ，GI＝IHになりました。

このとき，次の問いに答えなさい。

⑴　BG：GIを最も簡単な整数の比で求めなさい。

⑵　三角形ADFと三角形DBGの面積の比を最も簡単な整数の比で求めなさい。

⑶　三角形ABIと四角形BEFIの面積の比を最も簡単な整数の比で求めなさい。

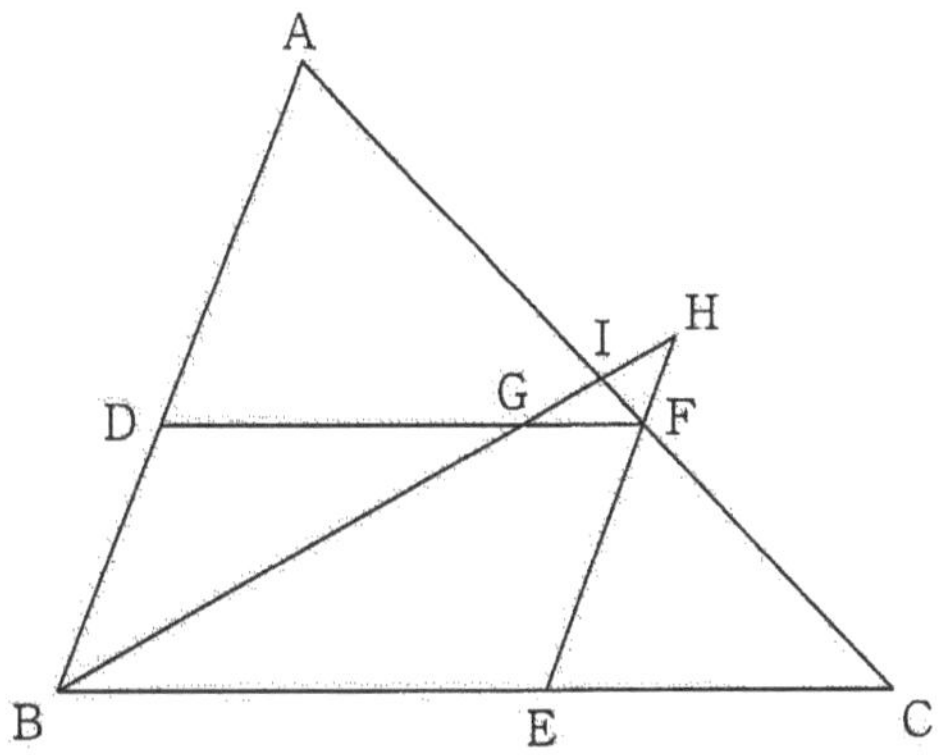

6　10から50までの整数が書かれたカードが１枚ずつあります。これらのカードの中から２枚順番に選んで，左から並べて作ることのできる４けたの整数について考えます。

例えば，１枚目に43のカードを選んで，２枚目に12のカードを選んで，左から並べてできる４けたの整数は，4312です。

このとき，次の問いに答えなさい。

(1)　４けたの整数は，全部で何通りできるか求めなさい。

(2)　各位の数字がすべて異なる４けたの整数の中で，最も大きい整数と最も小さい整数の差を求めなさい。

(3)　各位の数字のうち３つが同じである４けたの整数の中で，３の倍数であるものは全部で何通りあるか求めなさい。

【理　科】（30分）　＜満点：50点＞

1　次の文章ⅠとⅡを読み，あとの⑴～⑸の問いに答えなさい。

Ⅰ．植物Ｘの種子は，一日の平均気温が15℃以上になると発芽します。発芽して60日たつと葉で一日の昼の長さを感じとることができるようになり，昼の長さが12時間以上になった日が15日間続くと，茎の先に花をさかせます。

下の**図１**はある町の一年間における一日の平均気温の変化，次のページの**図２**は同じ町の一年間における一日の昼の長さの変化を示したものです。この町で植物Ｘを育てるにあたり，水や肥料など一日の昼の長さと気温以外の条件は十分だとします。

⑴　この町の，日当たりが良く気温が常に20℃に保たれた温室で，植物Ｘの種子を２月１日にまきました。この植物Ｘが花をさかせ始めたのは何月何日ごろと考えられますか。もっとも適したものを次の**１**～**８**の中から一つ選び，番号で答えなさい。

１．４月１日　**２**．４月15日　**３**．５月１日　**４**．５月15日
５．６月１日　**６**．６月15日　**７**．７月１日　**８**．７月15日

⑵　⑴と同じ条件の温室内で，植物Ｘは９月１日に花をさかせました。この温室では何月何日ごろに種子をまいたと考えられますか。もっとも適したものを次の**１**～**８**の中から一つ選び，番号で答えなさい。

１．４月１日　**２**．４月15日　**３**．５月１日　**４**．５月15日
５．６月１日　**６**．６月15日　**７**．７月１日　**８**．７月15日

⑶　この温室の近くにある日当たりの良い畑で，植物Ｘの種子を２月１日にまきました。この植物Ｘが花をさかせ始めたのは何月何日ごろと考えられますか。もっとも適したものを次の**１**～**８**の中から一つ選び，番号で答えなさい。

１．４月１日　**２**．４月15日　**３**．５月１日　**４**．５月15日
５．６月１日　**６**．６月15日　**７**．７月１日　**８**．７月15日

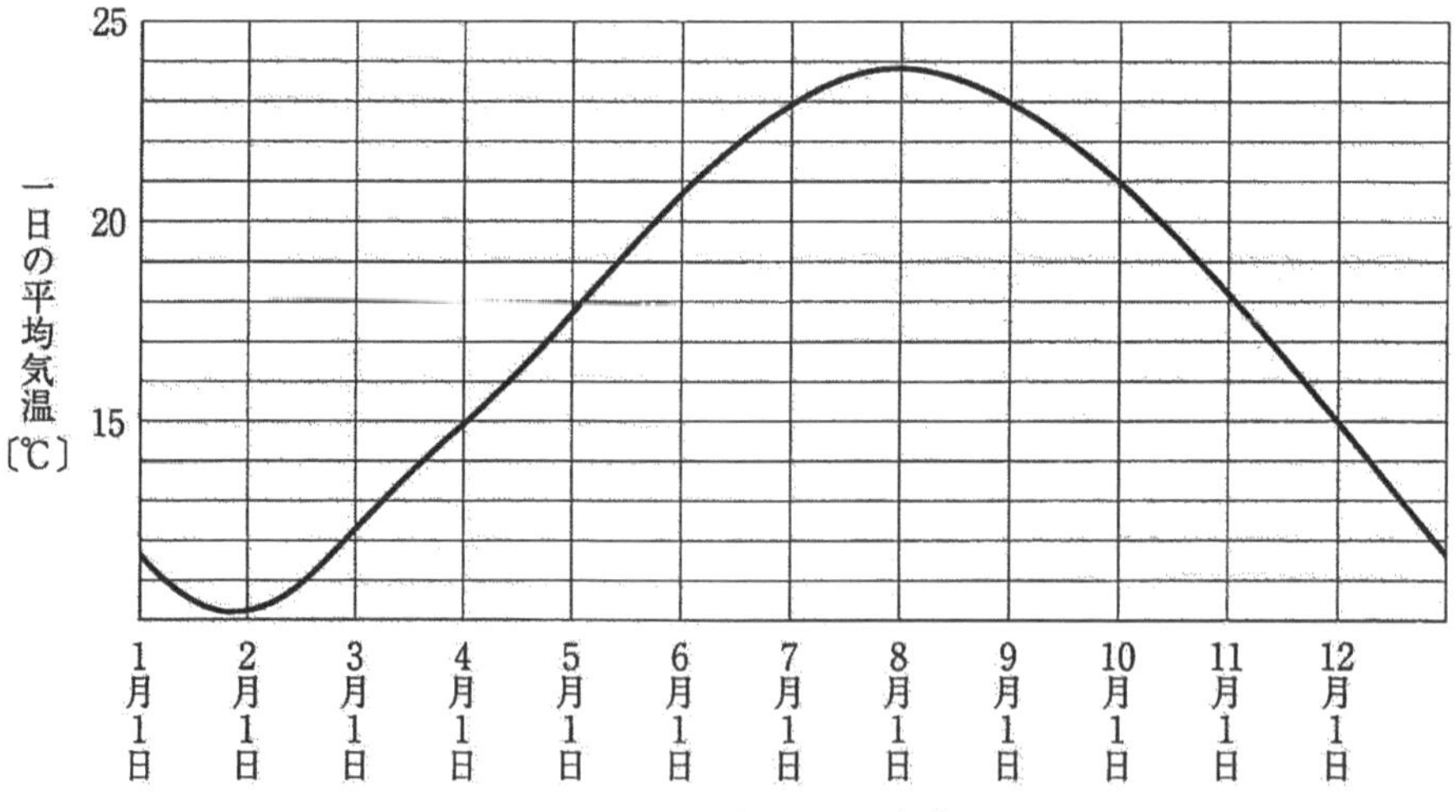

図１　一日の平均気温の変化

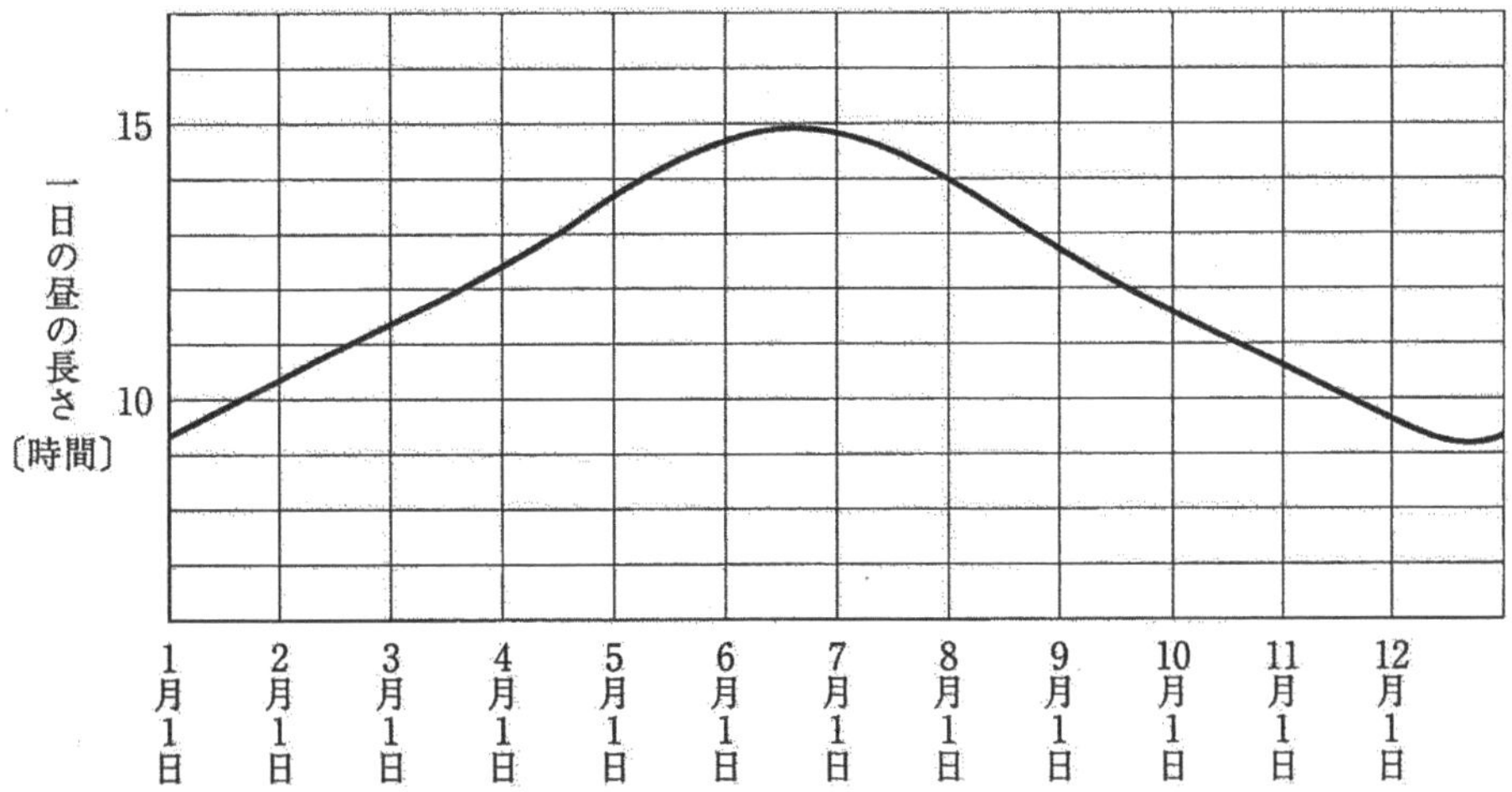

図2　一日の昼の長さの変化

Ⅱ．植物Xは，葉で一日の昼の長さを感じ取り，花をさかせるために必要な物質も同じ葉でつくります。その後，この物質は茎の中にある通り道を通って植物の体全体へ運ばれます。これらについて調べるために次の実験を行いました。

実験1　発芽して60日たった植物Xで，葉を5枚つけたものを2つ（A，B）用意しました。**図3**のようにAはそのままにし，Bはすべての葉をとり，一日に12時間以上の日の光をあてて15日間育てました。

結　果　Aは茎の先に花がさきましたが，Bは茎の先に花がさきませんでした。

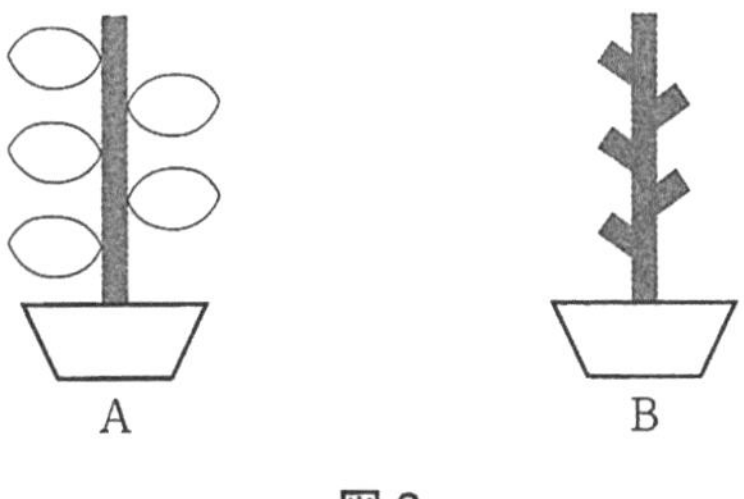

図3

実験2　次のページの**図4**のように，発芽して60日たった植物Xで，2本の茎にえだ分かれしたものを2つ（C，D）用意し，片方の茎（C1，D1）には葉を5枚のこし，もう片方の茎（C2，D2）は葉をすべて取り除きました。

Cは根元で1本になっている茎の皮をはぎ，Dは葉がついていない茎の根元部分の皮をはぎ，それぞれ葉でつくった物質の通り道を取り除きました。その後，一日に12時間以上の日の光をあてて15日間育てました。

結　果　Cでは，葉のついている茎（C1），葉のついていない茎（C2），ともに茎の先に花をさかせました。Dでは，葉のついている茎（D1）の先に花をさかせ，葉のついていない茎（D2）の先には花をさかせませんでした。

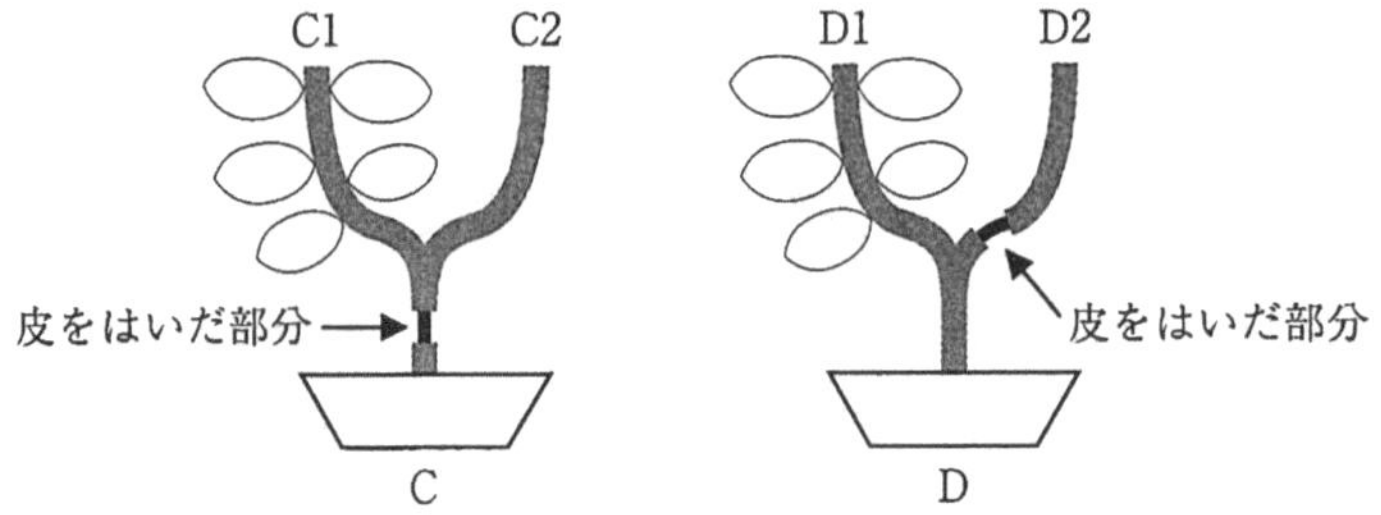

図４

⑷　**図５**のように，発芽して60日たった植物Ｘで，４本の茎（E1～E4）にえだ分かれしたものを用意しました。E1とE3は，葉を５枚残し，Ｅ2とＥ4は葉をすべて取り除きました。E1の茎の根元部分の皮をはぎ，葉でつくった物質の通り道をとりのぞき，１日に12時間以上の日の光を当てて15日間育てました。このとき，最大で何本の茎の先で花をさかせますか。もっとも適したものを次の**１**～**５**の中から一つ選び，番号で答えなさい。

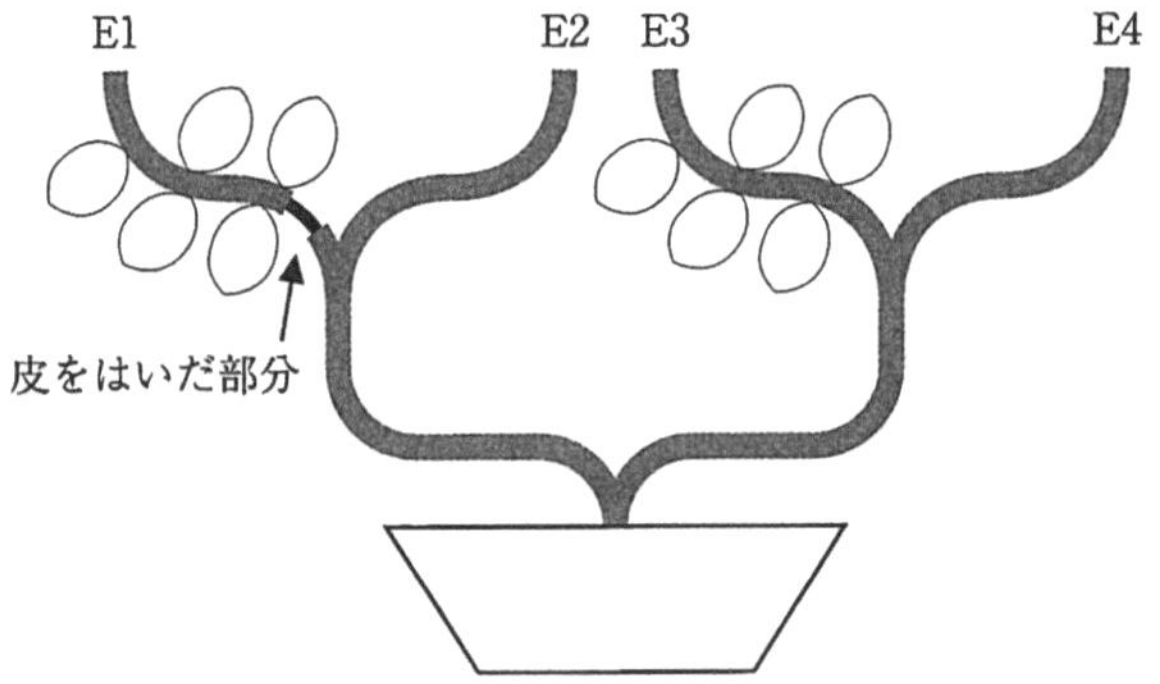

図５

１．１本の茎のみ花がさく　**２**．２本の茎で花がさく　**３**．３本の茎で花がさく
４．４本の茎で花がさく　**５**．すべての茎で花はさかない

⑸　**図６**のように，発芽して60日たった植物Ｘで，４本の茎（F1～F4）にえだ分かれしたものを用意しました。F2とF4の茎は，葉を５枚残し，F1とF3の茎は葉をすべてとり除きました。**図６**の**ア**～**カ**のうち２カ所を選び，皮をはいで物質の通り道を取り除く実験をしたとき，F1の茎の先で花がさかなくなる場所の組み合わせは何通りありますか。

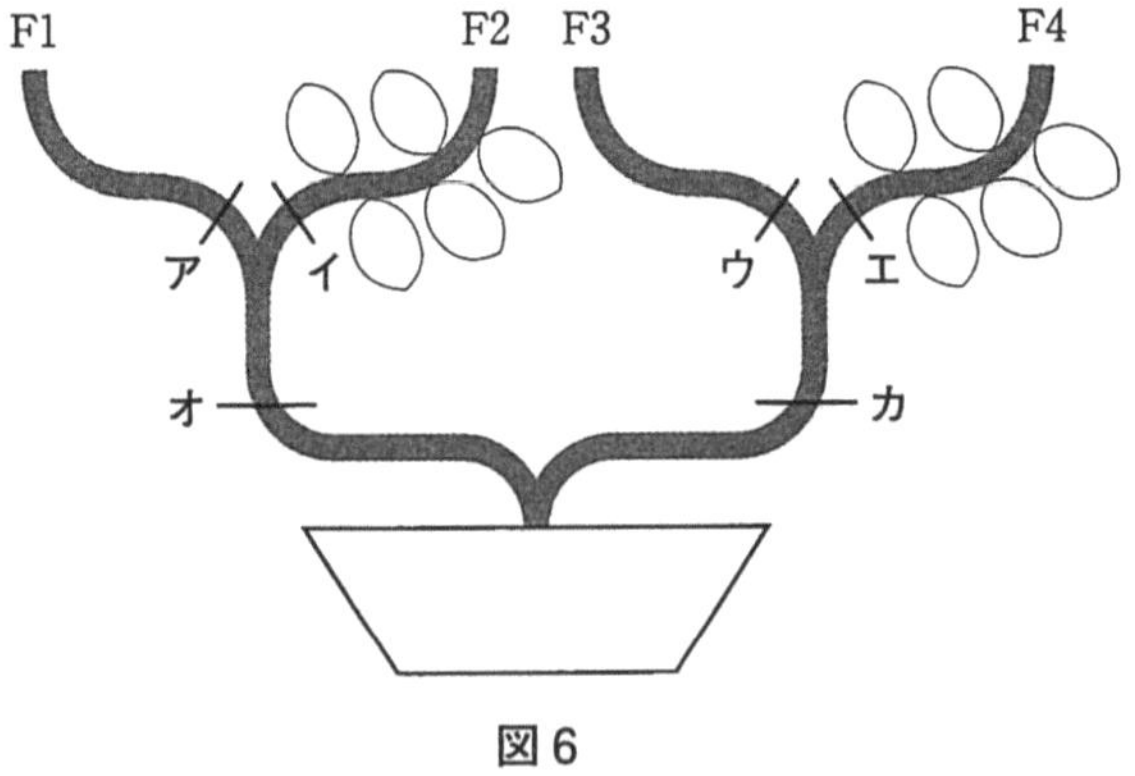

図６

2　次の文章ⅠとⅡを読み，あとの(1)〜(5)の問いに答えなさい。ただし，水と油はたがいに混じりあわないものとします。また，水と油の体積は，なにか物質がとけても変わらないものとします。

Ⅰ．物質が水にとける量には限りがあり，その量はとかす水の温度や体積によって変わります。ある物質Aが水にどれだけとけるかを調べるために，次の**実験1**〜**実験3**を行いました。

実験1　20℃の水200mLに物質Aを18.2ｇ入れると，物質Aはすべてとけた。

実験2　20℃の水300mLに物質Aを28.2ｇ入れると，物質Aの一部はとけたがすべてはとけきらず，とけ残りができた。

実験3　40℃の水100mLに物質Aを11.2ｇ入れると，物質Aはすべてとけた。そのあと，この水よう液を40℃に保ったまま水だけを蒸発させていくと，水よう液の体積が80mLになったときに，物質Aの結晶ができ始めた。

(1)　20℃の水100mLに物質Aをなるべく多くとかそうとするとき，とける物質Aの最大量について，もっとも適切なものを次の１〜５の中から一つ選び，番号で答えなさい。

1．8.5ｇより少ない　　2．8.5ｇ以上で９ｇより少ない
3．９ｇ以上で9.5ｇより少ない　　4．9.5ｇ以上で10ｇより少ない
5．10ｇ以上

(2)　**実験3**で使った水よう液を40℃に保ったまま，さらに水だけを蒸発させて，水よう液の体積を60mLにしました。このとき，物質Aの結晶は何ｇできますか。

Ⅱ．物質Aがとけている水に油を入れて，よくかき混ぜてしばらく置くと，物質Aは水にも油にもとけました。また，ある一定の温度のもとでは，油にとけている物質Aの重さと，水にとけている物質Aの重さとの間には，次の式のような関係がありました。

$$\frac{\text{油にとけている物質Aの重さ〔g〕}}{\text{油の体積〔mL〕}} \div \frac{\text{水にとけている物質Aの重さ〔g〕}}{\text{水の体積〔mL〕}} = 4$$

例えば，**図1**のように，物質Aが10ｇとけている水100mLに，油100mLを入れて，よくかき混ぜてしばらく置くと，水にとけている物質Aは２ｇ，油にとけている物質Aは８ｇとなります。あとの問いは，すべてこの一定の温度で操作を行ったものとします。

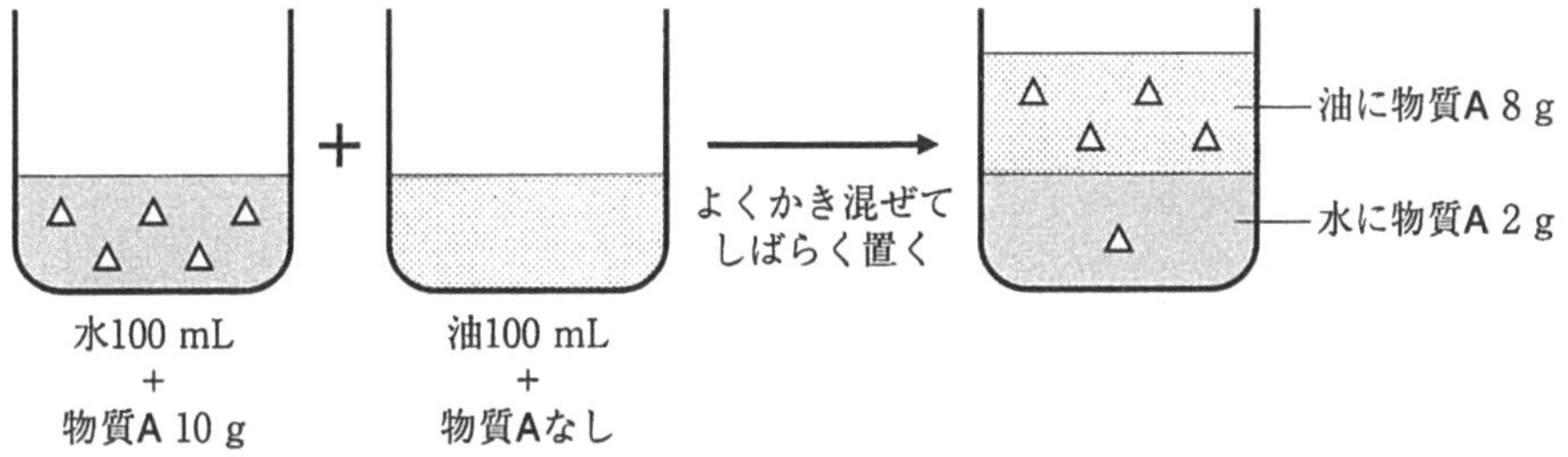

図1

(3)　物質Aが８ｇとけている水100mLに，油100mLを入れて，よくかき混ぜてしばらく置くと，水にとけている物質Aの重さは何ｇになりますか。ただし，物質Aはすべてとけたとします。

(4)　物質Aが６ｇとけている水200mLに，油100mLを入れて，よくかき混ぜてしばらく置くと，水にとけている物質Aの重さは何ｇになりますか。ただし，物質Aはすべてとけたとします。

⑸　物質Ａがいくらかとけている水200mLを用意し，これに油100mLを入れて，よくかき混ぜてしばらく置きます。そのあと，水200mLだけを取り出し，入れた油100mLはすべて捨てます。さらに，取り出した水200mLに，もう一度新しい油100mLを入れて，よくかき混ぜます。このように，「水200mLに油100mLを入れて，よくかき混ぜてしばらく置き，水200mLだけを取り出して，入れた油100mLはすべて捨てる」という操作を３回くり返したところ，最後に取り出した水200mLにとけている物質Ａの重さは，0.4ｇでした。このとき，はじめに用意した水200mLにとけていた物質Ａの重さは何ｇだったと考えられますか。

【社　会】（30分）　＜満点：50点＞

1　日本の地理に関する次の各問いに答えなさい。

問1　次の図**ア～エ**は，磐梯《ばんだい》山（福島県），八ヶ岳《やつがたけ》（長野県・山梨県），富士山（静岡県・山梨県），阿蘇《あそ》山（熊本県）のいずれかの周辺地域を含《ふく》んだ河川《かせん》や湖などを示している。このうち，阿蘇山とその周辺地域にあてはまる図を，**ア～エ**から１つ選び，記号で答えなさい。

ア．

イ．

ウ．

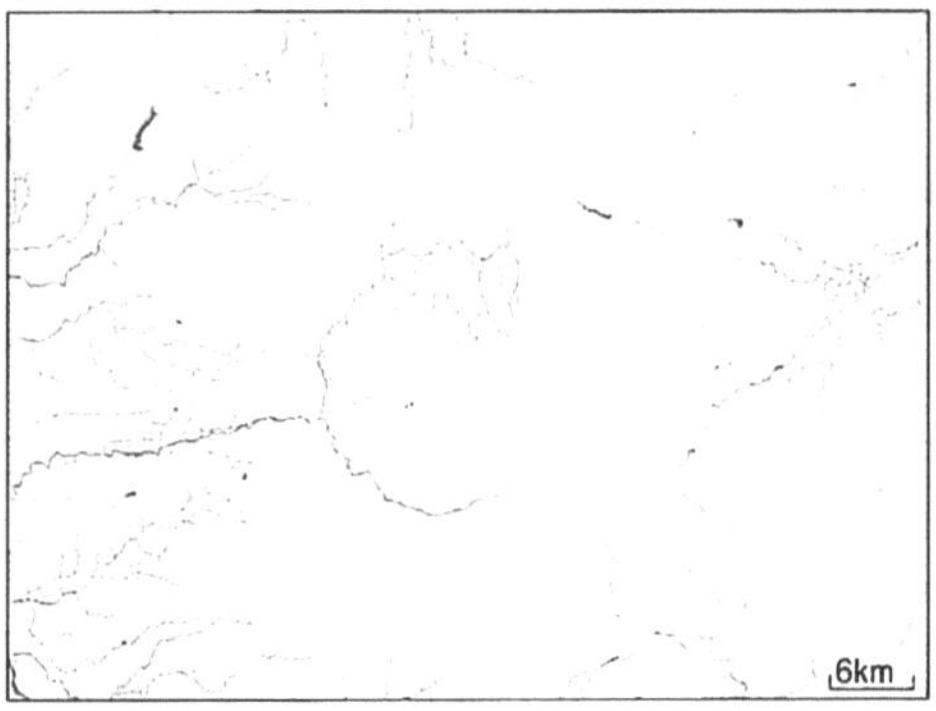

エ．

問2　次のページの表は，鉄鋼業，化学工業，食料品製造業，輸送用機械器具製造業のいずれかの製造品出荷額《しゅっかがく》の上位10都道府県を示している。表中の**あ～え**にはこれらの項目《こうもく》のいずれかがあてはまり，表中の**a～c**には神奈川県，千葉県，埼玉県のいずれかがあてはまる。**a～c**にあてはまる都道府県の組み合わせとして正しいものを，あとの**ア～カ**から１つ選び，記号で答えなさい。

	ア	イ	ウ	エ	オ	カ
神奈川県	a	a	b	b	c	c
千葉県	b	c	a	c	a	b
埼玉県	c	b	c	a	b	a

	あ	い	う	え
1位	北海道	c	愛知県	愛知県
2位	a	兵庫県	兵庫県	静岡県
3位	愛知県	山口県	c	b
4位	兵庫県	b	大阪府	福岡県
5位	b	静岡県	広島県	群馬県
6位	c	a	福岡県	広島県
7位	茨城県	茨城県	岡山県	三重県
8位	静岡県	大阪府	茨城県	a
9位	大阪府	愛知県	b	兵庫県
10位	福岡県	三重県	山口県	大阪府
全国合計（億円）	301148	293105	178161	681009

統計年次は2019年。『データで見る県勢2022』により作成。

問３　あとの表**ア～カ**は，東北６県における県別農業産出額の上位10品目について示したものである。これらの表のうち，秋田県と山形県にあてはまるものを，**ア～カ**からそれぞれ１つ選び，記号で答えなさい。

ア．

順位	品目	産出額(億円)	構成割合(%)
1	りんご	869	27.7
2	米	596	19.0
3	豚（ブタ）	221	7.0
4	ブロイラー(肉用ニワトリ)	204	6.5
5	鶏卵（ニワトリの卵）	178	5.7
6	肉用牛	162	5.2
7	やまのいも	131	4.2
8	にんにく	127	4.0
9	生乳	78	2.5
10	だいこん	63	2.0

イ．

順位	品目	産出額(億円)	構成割合(%)
1	米	898	35.1
2	おうとう（さくらんぼ）	362	14.2
3	豚	127	5.0
4	ぶどう	123	4.8
5	肉用牛	122	4.8
6	りんご	102	4.0
7	生乳	71	2.8
8	西洋なし	59	2.3
9	すいか	58	2.3
10	トマト	51	2.0

ウ．

順位	品目	産出額(億円)	構成割合(%)
1	米	814	39.0
2	肉用牛	133	6.4
3	もも	126	6.0
4	鶏卵	108	5.2
5	きゅうり	106	5.1
6	生乳	76	3.6
7	豚	71	3.4
8	トマト	67	3.2
9	日本なし	45	2.2
10	りんご	45	2.2

エ．

順位	品目	産出額(億円)	構成割合(%)
1	米	1126	58.3
2	豚	187	9.7
3	鶏卵	64	3.3
4	肉用牛	60	3.1
5	りんご	52	2.7
6	ねぎ	34	1.8
7	生乳	26	1.3
8	えだまめ（未成熟）	26	1.3
9	トマト	22	1.1
10	大豆	21	1.1

オ.

順位	品目	産出額(億円)	構成割合(%)
1	米	839	43.4
2	肉用牛	274	14.2
3	鶏卵	131	6.8
4	豚	127	6.6
5	生乳	121	6.3
6	いちご	61	3.2
7	ブロイラー	57	3.0
8	きゅうり	30	1.6
9	トマト	29	1.5
10	ねぎ	26	1.3

カ.

順位	品目	産出額(億円)	構成割合(%)
1	米	603	22.5
2	ブロイラー	549	20.5
3	肉用牛	292	10.9
4	豚	276	10.3
5	生乳	234	8.7
6	鶏卵	135	5.0
7	りんご	106	4.0
8	葉たばこ	41	1.5
9	乳牛	34	1.3
10	ひな	32	1.2

統計年次は2019年。「農林水産省ＨＰ」により作成。

問４　次の図**ａ～ｃ**は，夕張市（北海道），習志野市（千葉県），豊田市（愛知県）のいずれかの都市について，あとの二重線内の**Ａ～Ｅ**の項目をそれぞれ偏差値《へんさち》※で示したものである。図と都市の組み合わせとして正しいものを，次のページの**ア～カ**から１つ選び，記号で答えなさい。

ａ.

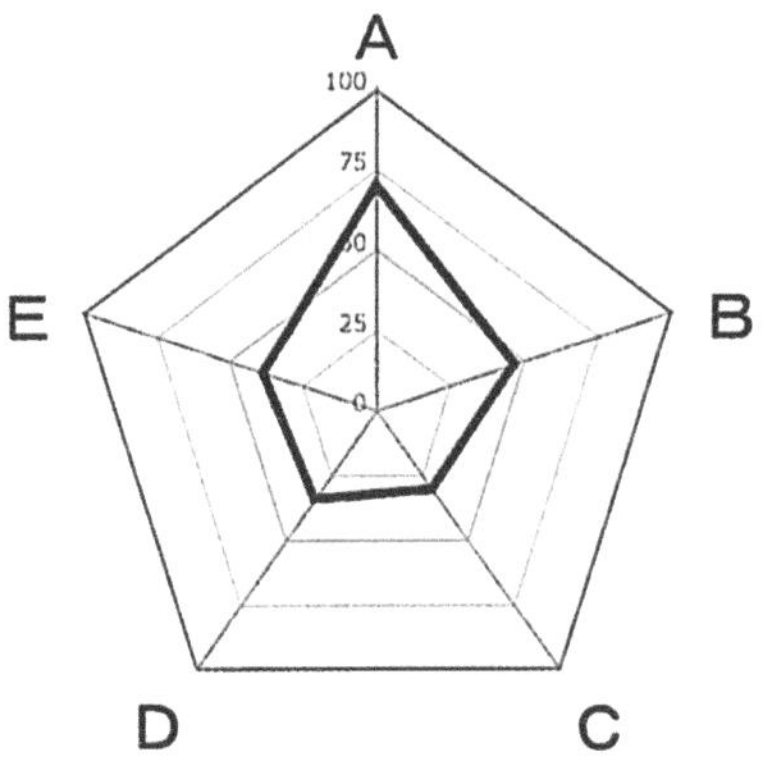

ｂ.

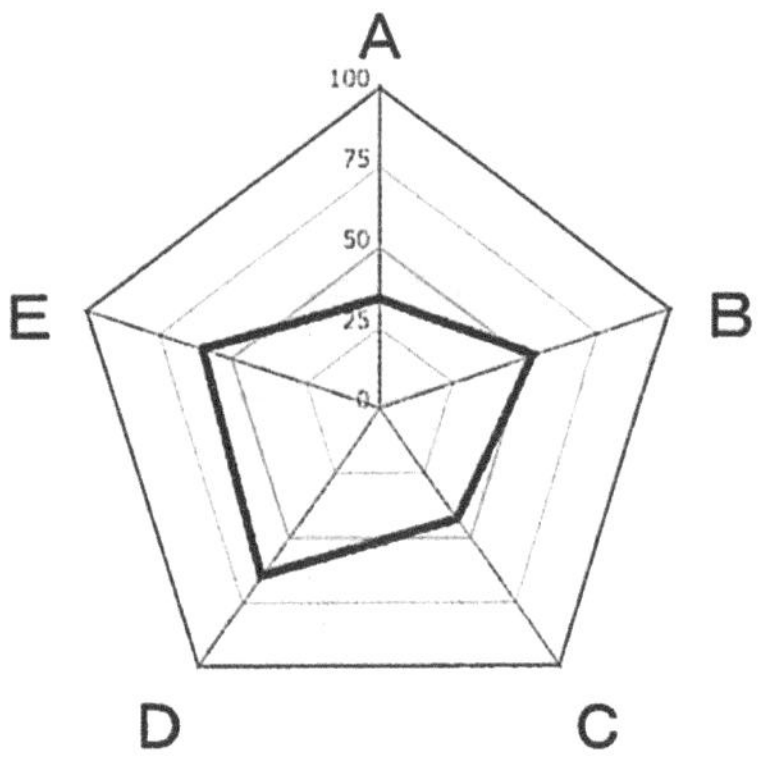

ｃ.

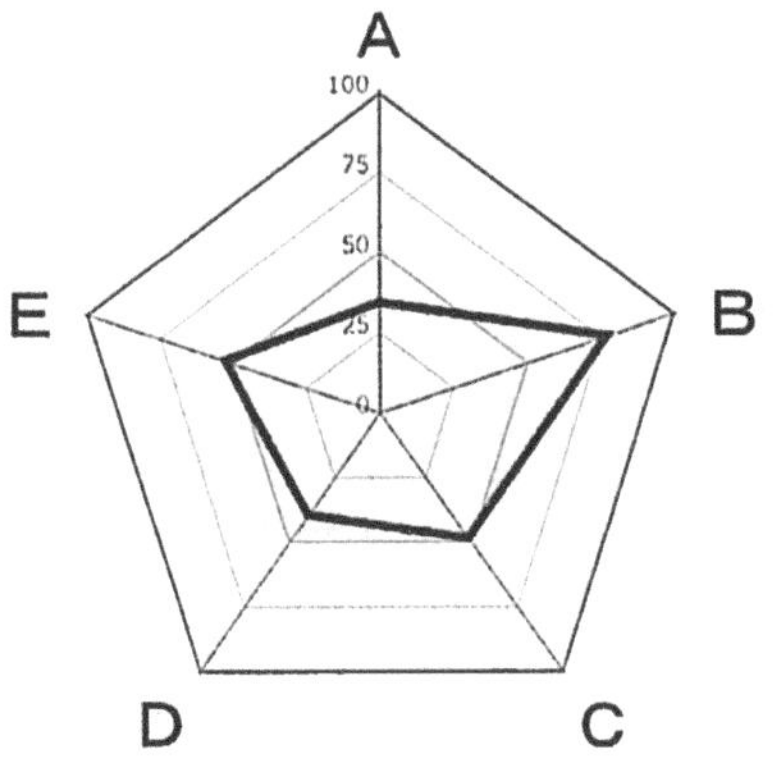

Ａ：65歳《さい》以上の総人口に占《し》める割合
Ｂ：外国人人口
Ｃ：一世帯あたりの人員
Ｄ：他市区町村への通勤者比率
Ｅ：一定人口あたりの大型小売店数

総務省「統計ダッシュボード」により作成。令和２年度国勢調査等に基《もと》づく。

※全国の市町村を比較《ひかく》対象とした偏差値。

	ア	イ	ウ	エ	オ	カ
夕張市	a	a	b	b	c	c
習志野市	b	c	a	c	a	b
豊田市	c	b	c	a	b	a

問５　次の図は，生産年齢《ねんれい》人口（15～64歳）の割合（％）について，市区町村別（政令指定都市の区を含む）に示したものである。この図について，割合が高いところと低いところを比較した場合，その差によって発生する財政上の問題点を**６字以上10字以内**で答えなさい。ただし，句読点は用いないものとする。

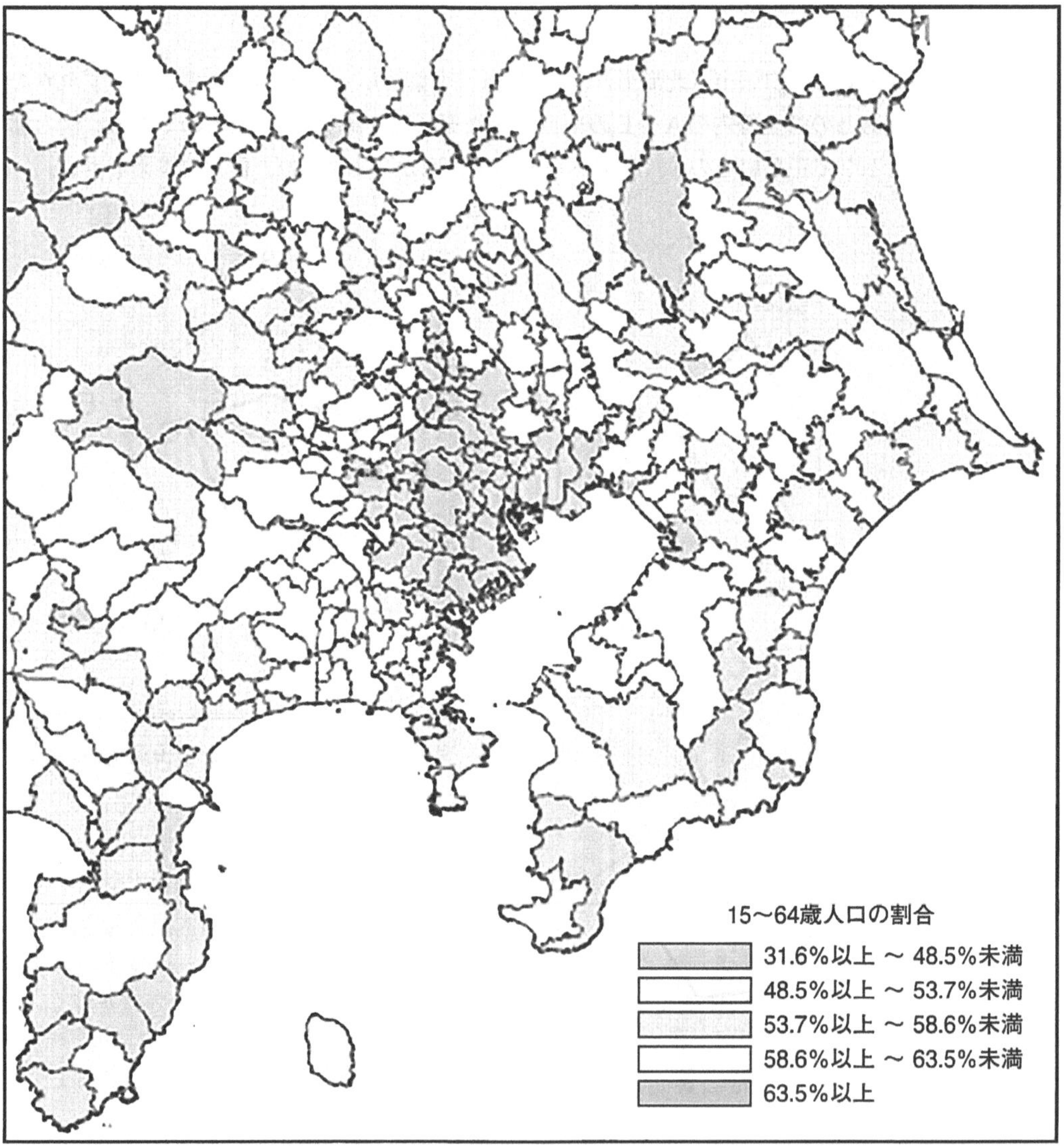

統計年次は2020年。総務省「国勢調査」により作成。

2 九州地方に関する次の各問いに答えなさい。

問１ 右の写真の太宰府天満宮《だざいふてんまんぐう》に関して，次の⑴・⑵の各問いに答えなさい。

⑴ 次の二重線内の文章は，太宰府天満宮に関して述べたものである。文章中の X にあてはまる人名を，あとの**ア〜エ**から１つ選び，記号で答えなさい。

> 太宰府天満宮は，菅原道真《すがわらのみちざね》をまつっている。菅原道真は醍醐《だいご》天皇の信任をうけて中央政界で活躍《かつやく》していたが， X の陰謀《いんぼう》によって大宰府に左遷《させん》され，この地で亡《な》くなった。

ア．藤原時平《ふじわらのときひら》　**イ**．道鏡　**ウ**．源頼朝　**エ**．藤原泰衡《やすひら》

⑵ 太宰府天満宮のある九州北部は，長い間日本の外交の窓口となっていた。次の二重線内の**a**〜**d**は日本の外交に関して述べたものである。このうち，内容が正しいものを２つ選び，その組み合わせとして正しいものを，あとの**ア〜カ**から１つ選び，記号で答えなさい。

> **a**．９世紀のはじめに遣唐使《けんとうし》にしたがって唐にわたった最澄《さいちょう》は，帰国後に高野山で金剛峯《こんごうぶ》寺を開き，真言宗の開祖となった。
> **b**．12世紀後半に平治《へいじ》の乱で勝利し，朝廷《ちょうてい》内の高位高官を一族で独占《どくせん》した平清盛は，宋《そう》との貿易で大きな利益を出した。
> **c**．14世紀後半に執権《しっけん》であった北条時政は，チンギス・ハン率いる元軍の襲来《しゅうらい》を防いだのち，御家人《ごけにん》を救うために徳政令を定めた。
> **d**．16世紀後半に朝鮮侵略《ちょうせんしんりゃく》が２度にわたって行われたが，慶長《けいちょう》の役の途中《とちゅう》で豊臣秀吉が亡くなったことにより，朝鮮から兵を引きあげた。

ア．**a**と**b**　**イ**．**a**と**c**　**ウ**．**a**と**d**　**エ**．**b**と**c**　**オ**．**b**と**d**　**カ**．**c**と**d**

問２ 現在の福岡県福岡市で，1336年に多々良浜《たたらはま》の戦いと呼ばれるできごとがあった。この戦いは，菊池《きくち》氏が率いる軍勢を足利尊氏の軍が破った戦いである。この戦いのあとにおこったできごとについて述べたものとしてもっとも適しているものを，次の**ア〜エ**から１つ選び，記号で答えなさい。

ア．足利尊氏は新田義貞《よしさだ》らと協力して鎌倉を攻《せ》め，北条氏を滅《ほろ》ぼした。
イ．足利尊氏は湊川《みなとがわ》で楠木正成《くすのきまさしげ》らの軍と戦って勝利し，京都に入った。
ウ．足利尊氏は吉野《よしの》へ移って新たに天皇を即位《そくい》させ，建武の新政を始めた。
エ．足利尊氏は南朝と北朝を統一し，室町幕府を立ち上げた。

問３　右の絵画は，聖母《せいぼ》マリアを描《えが》いた世界的に有名なものである。一方，次の**A**・**B**は，長崎県の長崎市や平戸市などに残されたもので，これらも聖母マリアをあらわしたものである。**A**・**B**に関して述べた，あとの二重線内の文中の X ・ Y にあてはまる言葉としてもっとも適しているものを，あとの**ア**～**ク**からそれぞれ１つ選び，記号で答えなさい。

A．

マリア観音

B．

お掛《か》け絵

AやBが長崎県の各地で見られるのは， X に幕府がキリスト教を Y 。

X ：**ア**．15世紀前半　**イ**．16世紀前半　**ウ**．17世紀前半　**エ**．18世紀前半

Y ：**オ**．禁止したことから，この地域の人たちがキリスト教の信仰《しんこう》をあきらめ，仏教を信仰したからである

カ．禁止したが，この地域の人たちは隠《かく》れてキリスト教を信仰していたからである

キ．禁止したことから，この地域のキリシタン大名が自分の領内でキリスト教を布教したからである

ク．禁止したが，この地域だけキリスト教の信仰が認められていたからである

問４　次の写真は，軍艦島《ぐんかんじま》と呼ばれる島である。この島には昭和に入ると多くの人が居住したが，1974年に無人島になった。あとの二重線内の文は，軍艦島が無人島になった理由について述べたものである。文中の X ・ Y にあてはまる語句を，あとの**ア**～**エ**からそれぞれ１つ選び，記号で答えなさい。

> 軍艦島は良質な ［X］ にめぐまれ，近代化を目指す明治時代の日本にとって貴重な資源の供給地となったが，主要なエネルギーが ［X］ から ［Y］ へと移ることによって，軍艦島も急激に衰退《すいたい》した。

ア．石炭　**イ**．ウラン　**ウ**．石油　**エ**．天然ガス

問5　1945年8月9日，長崎に原爆《げんばく》が投下された。次の二重線内の**a**～**c**は1945年におこったできごとである。これらのできごとを古い順に並べたものとして正しいものを，あとの**ア**～**カ**から1つ選び，記号で答えなさい。

> **a**．東京大空襲《だいくうしゅう》　**b**．ソ連の対日参戦　**c**．米軍の沖縄上陸

ア．a→b→c　**イ**．a→c→b　**ウ**．b→a→c
エ．b→c→a　**オ**．c→a→b　**カ**．c→b→a

［3］ 次の文章は，科学者や哲学者が，核戦争《かくせんそう》による人類絶滅《ぜつめつ》の危険性と，戦争以外の手段による国際紛争《ふんそう》解決を訴《うった》えた1955年のラッセル・アインシュタイン宣言の一部です。これを読んで，あとの各問いに答えなさい。

人類に立ちはだかる悲劇的な状況《じょうきょう》を前に，私たちは，大量破壊《はかい》兵器の開発の結果として生じている様々な危険を評価し，末尾《まつび》に付記した草案の精神に則《のっと》って①決議案を討議するために，科学者が会議に集《つど》うべきだと感じています。

私たちは今この機会に，特定の国や大陸，信条の一員としてではなく，存続が危《あや》ぶまれている人類，ヒトという種の一員として語っています。世界は紛争に満ちています。そして，小規模の紛争すべてに暗い影《かげ》を落としているのが，共産主義と反共産主義との巨大《きょだい》な闘《たたか》いです。

（中略）

非常に信頼《しんらい》できる確かな筋は，今では広島を破壊した爆弾《ばくだん》の2500倍も強力な爆弾を製造できると述べています。そのような爆弾が地上近く，あるいは水中で爆発すれば，放射能を帯びた粒子《りゅうし》が上空へ吹《ふ》き上げられます。これらの粒子は死の灰や雨といった形でしだいに落下し，地表に達します。［あ］のは，この灰でした。

（中略）

ここで私たちからあなたたちに問題を提起します。それは，きびしく，恐《おそ》ろしく，そして避《さ》けることができない問題です――私たちが人類を滅亡させますか，それとも人類が戦争を放棄《ほうき》しますか。人々は，この二者択一《にしゃたくいつ》に向き合おうとしないでしょう。戦争の廃絶《はいぜつ》はあまりにも難しいからです。

戦争の廃絶には，国家主権に対する不快な制限が必要となるでしょう。しかしながら，事態に対する理解をおそらく他の何よりもさまたげているのは，「人類」という言葉が漠然《ばくぜん》としていて抽象的《ちゅうしょうてき》に感じられることです。［い］に，人々が思い至ることはまずありません。人々は，自分自身と自分の愛する者たちがもだえ苦しみながら滅びゆく危急に瀕《ひん》していることを，ほとんど理解できないでいます。だからこそ人々は，近代兵器が禁止されれば戦争を継続《けいぞく》してもかまわないのではないかと，期待を抱《いだ》いているのです。

このような期待は幻想《げんそう》にすぎません。たとえ平時に水爆を使用しないという合意に達していたと

しても，戦時ともなれば，そのような合意は拘束力《こうそくりょく》を持つとは思われず，［う］になるでしょう。一方が水爆を製造し，他方が製造しなければ，製造した側が勝利するにちがいないからです。

(中略)

私たちの前途には――もし私たちが選べば――幸福や知識，知恵《ちえ》のたえまない進歩が広がっています。私たちはその代わりに，自分たちの争いを忘れられないからといって，死を選ぶのでしょうか？②私たちは人類の一員として，同じ人類に対して訴えます。［え］，それだけを心に留めて，他のことは忘れてください。それができれば，新たな楽園へと向かう道が開かれます。もしそれができなければ，あなたがたの前途にあるのは，全世界的な死の危険です。

「日本パグウォッシュ会議ＨＰ」により作成。

問１　文章中の［あ］にあてはまる記述としてもっとも適しているものを，次の**ア～エ**から１つ選び，記号で答えなさい。

ア．アメリカの国土を原子力発電所の事故で汚染《おせん》した

イ．イギリスの漁船員と彼《かれ》らの魚獲《ぎょかく》物を汚染した

ウ．ウクライナの国土を原子力発電所の事故で汚染した

エ．日本の漁船員と彼らの魚獲物を汚染した

問２　文章中の［い］～［え］にあてはまる記述を次の二重線内の**a～f**からそれぞれ１つ選び，その組み合わせとして正しいものを，あとの**ア～ク**から１つ選び，記号で答えなさい。

a．危険は自分自身と子どもたち，孫たちに迫《せま》っているのであり，おぼろげに捉《とら》えられた人類だけが危ないわけでないこと

b．危険は人類に迫っているのであり，おぼろげに捉えられた自分自身と子どもたち，孫たちだけが危ないわけでないこと

c．戦争が勃発《ぼっぱつ》するやいなや，双方《そうほう》ともに水爆の製造にとりかかること

d．水爆戦争になれば諸々《もろもろ》の大都市が消滅すること

e．あなたが人間であること

f．自分が好ましいと思う集団を軍事的勝利に導くためにいかなる手段をとるべきか，ということ

	い	う	え
ア	a	c	e
イ	a	c	f
ウ	a	d	e
エ	a	d	f
オ	b	c	e
カ	b	c	f
キ	b	d	e
ク	b	d	f

問３　下線部①に関して，国際連合における議決について述べたものとしてもっとも適しているものを，次のページの**ア～エ**から１つ選び，記号で答えなさい。

ア．総会の議決は，出席し，かつ投票する構成国の過半数によって行われ，重要問題に関する決定は３分の２の多数によって行われる。

イ．総会の議決は，出席し，かつ投票する構成国の全部の同意を要する。

ウ．常任理事国と非常任理事国から構成される安全保障理事会のすべての議決は，理事国の過半数の同意によって行われる。

エ．常任理事国と非常任理事国から構成される安全保障理事会のすべての議決は，理事国の全部の同意を要する。

問４　下線部②に関して，次の二重線内の**a**～**c**は，ウクライナのゼレンスキー大統領がそれぞれ異なる国の議会において訴えた演説の一部である。ゼレンスキー大統領は，演説で各国の偉人《いじん》の言葉や歴史的な事象を取り上げ，それぞれの国の国民が共感しやすい表現を用いている。**a**～**c**の演説が行われた国としてあてはまるものを，あとの**ア**～**カ**からそれぞれ１つ選び，記号で答えなさい。

a．戦争が始まって３週間で子どもを含む多くの人たちが犠牲《ぎせい》になりました。ヨーロッパの真ん中でいまおきていることです。ヨーロッパには，ベルリンの壁《かべ》ではない，自由と不自由を分かつ壁があり，われわれは隔《へだ》てられています。私たちを助けるはずの平和のための決断がなされないたびに，この壁は大きくなっています。ヨーロッパに今ある壁を壊《こわ》してほしい。後世が誇《ほこ》れるように，ふさわしい指導的な役割を果たしてほしい。戦争を止めてほしい。

b．「私には夢がある」。このことばを，あなた方はみな知っています。きょう私が言えるのは次のことです。私には必要がある，それは，私たちの空を守ってくれること。あなた方の決意，あなた方の支援《しえん》です。それは全く同じことを意味しているのです。あなた方が感じていることと同じです。あなた方が「I have a dream（私には夢がある）」を聞くときのように。今日，一国のリーダーになるだけでは十分ではありません。世界のリーダーであることに意味があり，世界のリーダーであることは平和のリーダーを意味します。

c．大惨事《だいさんじ》がおきた原子力発電所を想像してみてください。破壊された原子炉《げんしろ》の上は覆《おお》われ，放射性廃棄物の保管施設《しせつ》があります。ロシアは，この施設をも戦争の舞台《ぶたい》にしてしまいました。ロシアが平和を追求し，ウクライナへの残忍《ざんにん》な侵略の津波《つなみ》を止めるよう，アジアのほかの国々とともに力を合わせ，状況の安定化に取り組んでください。皆《みな》さんもこの気持ちは分かると思いますが，人々は子ども時代に過ごしたふるさとに，住み慣れた故郷に戻《もど》らないといけないのです。

ア．アメリカ　**イ**．イギリス　**ウ**．中国　**エ**．ドイツ　**オ**．日本　**カ**．フランス点も字数に数えます。）

問9　――線（7）「美咲はもうすぐ四年生になる実感がしてきた」とありますが、この時の美咲の気持ちの説明としてもっとも適切なものを次の**イ**～**ホ**の中から一つ選び、記号で答えなさい。

イ　大介の教科書をうっかり持ち帰ってしまってなかなか返せなかったことを正直に話したら、先生も大介もそのことを気にしないでくれたので、このままこのクラスで新しい学年を始めたいと強く願っている。

ロ　たった一週間で花を咲かせたクロッカスが、この一週間、大介の教科書をどうやって返そうかとあれこれ考えていたのに大介の一言で助けられて明るい気分になった自分と重なって見えている。

ハ　自分の不注意で大介の教科書を持ち帰ったことを正直にクラスのみんなの前で言うことができ、またいつも忘れ物をして授業でもふざけてしまう大介の心やさしい面を知ることができて自分の成長を感じている。

ニ　いつもそばにいてくれた洋子が今回も大介と陸との間に入って自分を支えてくれたことで、自分たち四人がクロッカスの花のように美しく新しい学年になっても友情は変わらないと思っている。

ホ　大介の教科書をめぐる一週間で今まで気づかなかった周りの人たちの言動を知ることができ、大介の成長やクロッカスの開花などにも気づくことができる自分についてしみじみと振り返っている。

問10　本文の内容に合うものとしてもっとも適切なものを次の**イ**～**ホ**の中から一つ選び、記号で答えなさい。

イ　美咲、大介、陸、洋子の四人の思いがそれぞれの視点から語られている。

ロ　洋子は美咲のそばにいつもいて、どんな時も美咲を支えようとしている。

ハ　陸は客観的に物事をとらえるため、大介のふざけにも冷静に対応している。

ニ　大介の教科書をめぐる出来事を中心にゆれうごく美咲の心をえがいている。

ホ　美咲と大介のやりとりを中心として二人の仲直りの過程を示している。

つ選び、記号で答えなさい。

イ　自分が大介の教科書を持ち帰ってしまわなければ大介が先生に叱られることはなかったから。

ロ　大介の教科書を他の人に気づかれずに返す方法がどう考えても思いつかなかったから。

ハ　もっと早く自分がランドセルの中を確かめていれば大介の教科書が見つかっていたはずだから。

ニ　大介が教科書を忘れていたのではなく自分が持ち帰っていたことにはじめて気づいたから。

ホ　うっかり大介の教科書を持ち帰ってしまったことを大介が信じてくれるかわからなかったから。

問4　――線（3）「せめて陸に見られない時に返そう」とありますが、美咲がそのように考えたのはなぜですか。その理由となる一続きの二文を見つけ、**最初と最後の三字ずつ**をぬき出して答えなさい。（句読点、記号等も字数に数えます。）

問5　――線（4）「（ぬすんだ）の言葉に涙が出てきた」とありますが、それはなぜですか。その理由としてもっとも適切なものを次の**イ～ホ**の中から一つ選び、記号で答えなさい。

イ　大介の教科書をみんなの前で返したら陸の言葉によって「ぬすんだ」ことにされてしまうと考えたから。

ロ　大介の教科書をこのまま返せないでいるのは「ぬすんだ」ことになってしまうのではないかと考えたから。

ハ　プリントの言葉を「ぬすんだ」となると教科書を返しても大介に「ぬすんだ」と思われると考えたから。

ニ　「ぬすんだ」と言った陸は、大介の教科書を美咲が持っていることに気づいているのではと考えたから。

ホ　「ぬすんだ」と陸に言われると、みんなが本当に美咲がぬすみをする人だと思ってしまうと考えたから。

問6　――線（5）「大きな声だった」とありますが、美咲はなぜ「大きな声」で発言したのですか。その理由としてもっとも適切なものを次の**イ～ホ**の中から一つ選び、記号で答えなさい。

イ　陸が勝手に言いふらさないように先手を打ってみんなに話そうと思ったから。

ロ　クラスのみんなからの非難がないように声の大きさでおさえつけようと思ったから。

ハ　先生が大介を疑っているので大介が間違っていないことを訴《うった》えようと思ったから。

ニ　間違えて持ち帰っただけで決してぬすんだわけではないことを示そうと思ったから。

ホ　大介が教科書を忘れていたのではなかったことをみんなに伝えようと思ったから。

問7　□にあてはまる言葉としてもっとも適切なものを次の**イ～ホ**の中から一つ選び、記号で答えなさい。

イ　きっと　**ロ**　しっかりと　**ハ**　ちらちらと

ニ　はっと　**ホ**　こっそりと

問8　――線（6）「陸君に言われたとき」とありますが、陸のどの言葉を指していますか。本文中からその言葉を見つけ、会話のはじめのかぎかっこ（「）を除いて、**最初の三字**をぬき出して答えなさい。（句読ました。図工の教科書の中にはさまっていて、一週間私が持っていました。大ちゃんは教科書を忘れていたのではないのです」

(5)大きな声だった。言い終わって座《すわ》った。

もう、皆《みな》が振り返って見ているのも忘れていた。

「そうだったのね、出てきてよかった。大介君、よく探してなんていって悪かったわね」

先生が大介に謝《あやま》ると、

「なくなったのが、三月八日。だから、散歩の日、じゃないな、さんぽの日だな……」

何事もなかったかのように、大介は教科書がなくなった理由をダジャレで考えている。

「何にも理由はないです。散歩に行ったのではないですよ。美咲ちゃんが教科書を持って行ってしまっただけです」

すまし顔で陸が言った。美咲は振り返り陸を［　　］見た。陸と目があった。（陸君の言う通りだよ）心の中でそう言った。

その日の帰り、美咲は大介と花壇《かだん》のところで一緒《いっしょ》になった。

「大ちゃん、ごめんね、教科書。一週間も私が持っていたから、先生に怒《おこ》られてしまって……。それと、(6)陸君に言われたときに、助けてくれてありがとう。席替《せきが》えして大ちゃんと隣になれて良かった」と一気に言った。

「大丈夫《だいじょうぶ》。怒られるのは、いつも忘れ物するのがいけないって分かった。四年生になったら忘れ物しないようにするよ。俺も席替えして良かった。美咲ちゃんが教科書見せてくれて、嬉《うれ》しかった」

そういうと、校門へと歩きだした。

いつの間にか、洋子がやってきていた。

「大ちゃんの歩き方、いつもと違う」

洋子は不思議そうに大介の後姿を見つめていた。美咲も少しずつ小さくなっていく大介を見つめた。確かに、いつものふらふらと歩く大介とは違っていた。

「美咲ちゃん、見て」

おどろいたように、洋子が指をさした。

クロッカスがいつのまにか、地面すれすれに黄色い花びらをみせている。美咲はしゃがんでクロッカスを見つめた。

たった一週間でこんな花を咲《さ》かせた。

そういえば、この頃はすっかり日が延びて明るい。もう、春だ。(7)美咲はもうすぐ四年生になる実感がしてきた。

（りょうけんまりん「大ちゃん、ごめんね」より。）

問1　本文に次の一文を入れるとすると、どこが適切ですか。この文が入る直前の**四字**をぬき出して答えなさい。（句読点、記号等も字数に数えます。）

もう、三年もあと少し。

問2　――線(1)「もしかしたら……とつばをゴクンと飲んだ」とありますが、この時の美咲の気持ちの説明としてもっとも適切なものを次の**イ～ホ**の中から一つ選び、記号で答えなさい。

イ　確信　**ロ**　期待　**ハ**　不安　**ニ**　恐怖《きょうふ》　**ホ**　後悔《こうかい》

問3　――線(2)「胸がドキドキしだした」とありますが、それはなぜですか。その理由としてもっとも適切なものを次の**イ～ホ**の中から一

ちを班ごとに話し合った。陸は
「腹が痛くなったじさまが死んじゃ、大変だと思った」

と、まじめに言うと、大介は
「じさま、おれ、おしっこ出そうになったけど、がんばって医者様呼んでくる」

とふざけ調子でいって、洋子を笑わせた。最後に豆太の気持ちや言ったことをプリントに書く。美咲が（じさま、待っててくれ。俺《おれ》が医者様呼んでくるまで……）と書き始めたとき、いきなり陸が、

「あ、美咲ちゃん、ぬすんだ」

と、大きな声で言った。ぬすんだ？　何？　算数の教科書のこと？　美咲は鉛筆《えんぴつ》をおいた。陸の顔を見た。陸はすました顔でさらに続け、

「おれの意見、ぬすんだ、ぬすんだ」

と言った。美咲の心臓はどきどきと波打ってきた。どうやら、陸が言っているのは美咲が豆太の吹《ふ》き出しに書いたことらしい。（え？　私は私の意見を書いたのに。）そう思ったが、（ぬすんだ）のことばが頭の中をぐるぐるとまわってことばにならない。大介と洋子が、

「何をぬすんだの？」

と、言い始めた。（じさま待っててくれ……）の書き出しの部分が二人同じと分かると
「いいじゃない、話し合ってから書いたのだから、同じになることもあるよね」

と、洋子がなぐさめてくれた。陸は、

「でも、書き出すときに僕《ぼく》のノートを見ました。だから、ぬすんだんです」

という。美咲はだまって下を向いた。（4）（ぬすんだ）の言葉に涙《なみだ》が出てきた。それに気づいた大介が、

「ぬーすーんで、ひーらーいいて、」

と、小声で歌い出した。（ぬすんで）の所で太った丸顔の中の目を大きく開き、（開いて）の所で教科書を両手で開く恰好《かっこう》。おどけながらしていると洋子と陸はくすくすと笑いだした。するとこんどは、

「りーくーくんが、わーらーあって……」

と節をつけて歌いだした。先生が気づいて、

「何をしているのですか」

と班に声をかけてきた。みんなはいっせいにだまり込《こ》み、プリントの続きをやり始めた。

　四時間目、算数の時間がやってきた。

　美咲は机に手を入れて端の折れている大介の教科書をさがした。先生が教科書を出していない大介を見て近づいてきた。とっさに、

「大ちゃん、ごめんね、教科書。これ」

といって、机の中から急いで取り出した。

「あれ、おれの教科書だ。やっぱりどこかに散歩に行っていたのか」

　そのことばに近づいてきた先生が、

「算数の教科書あったの？」

とびっくりした様子で尋《たず》ねた。みんながこちらを向いている。陸が表情を変えずに、

「先生、今、美咲ちゃんが机の中から大介君の教科書を出しました」

といった。美咲はすっくと立ち上がった。

「ごめんなさい。わたしが大ちゃんの教科書を家に持って行ってしまい

イ　間違った情報に対して異議を唱えるためには自分の正しさをチェックする必要があり、自らを客観的に見直すことになるから。

ロ　情報の正しさを追求するためには冷静さが必要であり、感情の表出になっていないことを常にチェックすることになるから。

ハ　みんなで正しい情報を作り上げるためには主観を捨てなければならないので、自分の主張に対するチェックが欠かせないから。

ニ　情報の共有をみんなが目指すようになれば個人の感情はおさえられるようになるため、負の感情が生まれなくなるから。

ホ　一人一人が持っている情報を公開することで多くの目でチェックされるため、良い部分が集約されて正しい情報が確立するから。

二　次の文章を読んで、あとの問いに答えなさい。

日曜日の夕飯の後、美咲《みさき》は月曜日の学校の支度《したく》にとりかかった。月曜日は国語・算数・図工・図工だ。ゆっくりと国語と算数の教科書を取り出しランドセルにしまった。続いて、ノート。そして、図工の教科書。薄《うす》いはずの図工の教科書を取り出すと、中からするりと落ちた物があった。目の前に斜《なな》めになって落ちた「算数・下」の教科書。ん？　さっき教科書はランドセルにしまった。一瞬《いっしゅん》は何だかよく分からなかったが、(1)もしかしたら……とつばをゴクンと飲んだ。手に取るまえに、分かった。表紙の右下の端《はし》が三角に少しだけ折れてすじがついている。中をぱらぱらとめくるとあのインド式計算がいっぱい書かれてあった。裏表紙には「たかはしだいすけ」の文字。踊《おど》ったようなまるっこい字。大ちゃんの教科書だ。なんでここにあるのだろう。美咲は教科書を胸にして考えた。(2)胸がドキドキしだした。

先週の月曜日、給食当番だったので慌《あわ》てて図工の教科書をしまった。その時、大介《だいすけ》の算数の教科書が図工の教科書の中にはさまってしまったのか。大ちゃんが家をさがしてもないっていっていた。家になんかない訳だ。私が持っていたのだから。いつも先生に叱《しか》られていたのは私のせいだった。明日返さなくては。

「ごめんなさい」と言って返したら、大介くんは何て言うだろうか。きっと「いいよ」って言ってくれると思う。でも後ろの陸君が気づいて必ず何か言うだろう。

「先生、大介君の算数の教科書、美咲ちゃんが持っていたようです」と大きな声でひとこと言うに違いない。その瞬間、みんなが後ろを振《ふ》り返り、私を見る。

どんなことになるか、考えなくても分かる。美咲は教科書を抱《かか》えながら一気にそんなことを考えた。まばたきもせず、算数の教科書を見つめていた。右下の折れている端をなでるようにした。陸に見られないように算数の教科書を返さなくてはならない。

月曜日。この日は研究授業で多くの先生方が参観に訪《おとず》れていた。美咲は大介にいつ返せばいいのか、朝からそればかりを考えていた。誰かに見られないときに、いや、(3)せめて陸に見られない時に返そうと思ったのに、その日は機会を失ってしまった。

火曜日。今日も返せなかったらどうしよう。教科書をあまり使うこともないので、このまま返さなくてもいいか、そんな思いもよぎってきた。

三時間目、国語の班学習が行われた。机を向い合わせにすると、美咲の前は大介。その隣《となり》が陸になった。美咲の隣は洋子ちゃんだ。『モチモチの木』の最後のほう、豆太が泣きながら夜道を走る場面、豆太の気持

き出して答えなさい。（句読点、記号等も字数に数えます。）

問6　――線（2）「それを消化する時間」とはどのような時間ですか。次の［　　］にあてはまる言葉を本文中から**十五字以内**でぬき出して答えなさい。（句読点、記号等も字数に数えます。）

［　　　　　　］の時間。

問7　――線（3）「そうした気分」の説明としてもっとも適切なものを次の**イ**～**ホ**の中から一つ選び、記号で答えなさい。

イ　グローバル化で仕事を失った怒りがおさえられないような気分。

ロ　所得格差でますます貧乏で心が追い詰められているような気分。

ハ　多くの移民が国内に入りこんでストレスを感じるような気分。

ニ　現状に対する不満が心の中にためこまれているような気分。

ホ　ポピュリストの言葉に心地よさを感じてしまうような気分。

問8　――線（4）「『世論』は制御できない怪獣のようになってしまうかもしれない」とありますが、その説明としてもっとも適切なものを次の**イ**～**ホ**の中から一つ選び、記号で答えなさい。

イ　自分たちだけが正しいと考えて他の人々の意見に対して耳を貸さない可能性がある。

ロ　自分の感情のまま行動してすべてをこわしてしまうような行動をとる可能性がある。

ハ　怒りや不満の感情を政府にぶつけるために一致団結して反乱を起こす可能性がある。

ニ　情報によって操作されていることに気づかずに自由気ままに活動する可能性がある。

ホ　貧富の差をなくすためにありえない理想を人々に信じさせようとする可能性がある。

問9　――線（5）「ジャーナリズムは大きな転換点に立たされている」とありますが、その説明としてもっとも適切なものを次の**イ**～**ホ**の中から一つ選び、記号で答えなさい。

イ　情報のプロの目をみんなが持つようになったことで、「問題あり」の報道がすばやく見つけられ、異議申し立てや修正によって正しく直されるようになった。

ロ　あらゆる人が情報を発信することができるようになり、気分や感情のみでリアクションすることがなく物事を冷静に考えることが求められるようになった。

ハ　いろいろな人がニュースを作り情報を発信することによって情報に対する責任を負うことになったため、それだけ情報に正確さがもたらされるようになった。

ニ　情報の操作によって作られた世論が社会を動かすパワーも持っていることに気づいた人々が、その力をおさえるためにより正確な情報作りをするようになった。

ホ　一部の人間だけが自分が正しいと考えて発信していた情報が、多くの市民によってさまざまな角度から検証され、また新たな情報が発信されるようになった。

問10　――線（6）「ぼくらみんなが正しい情報を共有することを目指すプロセスそのものが、不満や怒りの蓄積しない社会につながっていくはずだ」とありますが、筆者がそのように考える理由としてもっとも適切なものを次の**イ**～**ホ**の中から一つ選び、記号で答えなさい。

うことになる。単に憤りを吐《は》き出そうとしているだけでないか、胸に手を当ててみよう。そして「これはみんなに（社会に）知らせるべき価値のある情報だ」と判断したら、どこから得た情報かニュースソース（情報源）を示しつつ発信する。ニュースソースに対して事前に了解《りょうかい》をとるマナーも大事だ。

ぼくらが気分や感情のみでリアクションせず、互《たが》いに考え深く「輿論」を形成していこうとするなら、情報は人と人をつなぎ、自分の考えを作り上げる重要な栄養源になる。

(6)ぼくらみんなが正しい情報を共有することを目指すプロセスそのものが、不満や怒りの蓄積《ちくせき》しない社会につながっていくはずだ。

発信する側と受け取る側がお互いにオープンにやりとりし協力する時代が、新しいツールの誕生とともにやってきている。

（三浦準司《みうらじゅんじ》『人間はだまされる』より。）

（注）※1　ポピュリズム……一般の人々の考え方や感情、要求を代弁しているという政治における主張や運動。

※2　グローバル化……社会におけるさまざまな活動が地球規模で展開されるようになること。

※3　ポスト真実……客観的事実と言えるような情報よりも感情に訴える情報の方が世論を強く動かしていく世の中の流れのこと。

※4　ナショナリズム……民族国家の統一や独立、発展を推し進めることを強調する考え方や運動。

問1　＝＝線「ケントウ」の「トウ」と同じ漢字を使うものを次の**イ～リ**の中から選び、記号で答えなさい。なお、正解は一つとは限りません。いくつかある場合には、そのすべての記号を書きなさい。

イ　ジュントウに勝ち上がる。
ロ　新たに資金をトウニュウする。
ハ　コウトウで説明する。
ニ　トウロンカイに参加する。
ホ　トウハをこえて協力する国会。
ヘ　新人をトウヨウする。
ト　ケーキをキントウに切る。
チ　教育についてトウシンする。
リ　学校をトウゴウする。

問2　〰〰線**a**「まあある」の本文中の意味としてもっとも適切なものを次の**イ～ホ**の中から一つ選び、記号で答えなさい。

イ　しばしばある　**ロ**　ときどきある　**ハ**　よくある
ニ　めったにない　**ホ**　ほとんどない

問3　〰〰線**b**「手」と同じ意味で使われている「手」を次の**イ～ホ**の中から一つ選び、記号で答えなさい。

イ　この手の話はよく聞く　**ロ**　手ぬき工事が発覚する
ハ　あの手この手で対策をとる　**ニ**　他人の手にわたった
ホ　手きびしい意見が出る

問4　本文を三つに分けるとすると、二つ目はどこからどこまでになりますか。二つ目の部分の**最初と最後の五字ずつ**をぬき出して答えなさい。（句読点、記号等も字数に数えます。）

問5　――線(1)「混乱するだけだ」とありますが、そのような状態になってしまう理由を述べた一文を本文中から見つけ、**最初の三字**をぬ来ている。特にアメリカやヨーロッパなどでは目に見えて変化してきている。人々の不満をすくい上げて、今ある政治を批判する。ポピュリストの政治家は、その時その時で人々の耳に心地《ここち》よい発言、情報を流し、支持を得る。大衆の気分次第《しだい》で政策が変わるので、一貫性《いっかんせい》がなく、過去の発言とつじつまが合わなくても気にしない。

アメリカでは※2グローバル化で職を失った人々の怒《いか》り、ヨーロッパでは中東などから移民が大量に流入したことへの不満がその根っこにある。

「※3ポスト真実」が受け入れられた背景にもそういう鬱屈《うっくつ》した気分があるのだ。

日本でも所得格差が広がる中でストレスはたまっている。そういうときに外国の脅威《きょうい》を強調されたら「日本、負けてなるか」という危ない※4ナショナリズムも頭をもたげてくることがある。

(3)そうした気分は、ぼくらの中にすでにあるのに無意識で気づかないでいる場合が多い。だから、ちょっと煽《あお》られると簡単になびいてしまう。自分たちの気分に気づくことが冷静に考える事への第一歩だ。その気分、空気をぼくらは「世論《せろん》」と呼んだりする。

「世論」と聞くと、何が思い浮《う》かぶだろうか？「世論調査」のイメージが強いよね。ぼくらみんなの意見、考え、気持ち、気分など……。でも、もともとはもっと深い意味もあったんだ。

「世論」には「よろん」と「せろん」のふた通りの読み方がある。かつては「よろん」は「輿論《よろん》」と書いており、明確な違いがあった。「世論」が世間一般《いっぱん》の感情なら、「輿論」は正確な事実をもとに議論を重ねて出来上がった「社会的合意」だ。それが漢字表記の問題で、一つの言葉になり、区別されにくくなってしまった。

メディア史研究の第一人者、京都大学の佐藤卓己《さとうたくみ》教授は、今は、気分しか測っていない世論調査にばかり目がいって、情緒《じょうちょ》的な意見が正当な意見かのように重視されていると指摘《してき》。常に、それが「輿論」なのか「世論」なのかを見分けることを勧《すす》めている（朝日新聞２０１０年８月14日）。

感情的に反応しているだけでは何も解決しない。下手をすると(4)「世論」は制御《せいぎょ》できない怪獣《かいじゅう》のようになってしまうかもしれない。そうならないためには、表面的な情報に惑《まど》わされずに冷静に読み解く力をつけることが必要だ。ぼくら一人ひとりの反応が「世論」になるのだし、世論は情報によって操作されやすい。その世論が、社会を動かすパワーも持ってしまっているのだから。

最後に、世論に関連してもう一言。ぼくら市民が、ソーシャルメディアの普及《ふきゅう》で発信力を持つようになって、(5)ジャーナリズムは大きな転換《てんかん》点に立たされていることに触れておこう。

これまでは、わずかなプロのジャーナリストの手に握《にぎ》られていた発信力をぼくらみんなが持つようになったのだ。だから「問題あり」の報道があれば、「これは問題だ」「わたしはこの情報はまちがっていると思う」といった異議申し立てや修正のコメントがツイッターなどを通じて発信され、あっという間に世間の知るところとなるはずだ。

これは大変いいことだ。情報のプロの目をぼくらの視点、目線に近づかせ、ジャーナリズムをもっと信頼《しんらい》あるものにするのはぼくらの肩《かた》にかかっているといえる。

一方で、ニュースを作り、情報を発信する時には、ぼくらも責任を負

【国　語】（四五分）〈満点：一〇〇点〉

一　次の文章を読んで、あとの問いに答えなさい。

大きな事件が起きるといろいろな情報が飛び交《か》う。興味のおもむくままに、いろいろな情報を集める。情報を集めることは悪いことではない。でも受信するだけでは「知る」ことにはならない。（1）混乱するだけだ。自分で冷静に考えて選択《せんたく》をする必要がある。情報を知識にまで高めるためには自分で考えなければならない。

まず、自分は憤《いきどお》りなどの感情に任せて情報を選んでいないかを確かめてみよう。感情によって頭に入れておくべき情報を遮断《しゃだん》していないかを、ぼくらは常に気にしておかなければならない。

次に「ぼくはこういう考え方が正しい」という信念を持ったときに、異なった意見に耳を傾《かたむ》けるのを避《さ》けていないかも確認《かくにん》しよう。ぜひ実行してほしいのは、自分が思っているのとは違《ちが》う意見にも耳を傾けることだ。意見というのは、どちらかが完全に正しくてどちらかが完全に間違っている、というものではない。それぞれにそれぞれなりの言い分があるはずだ。いろいろな考え方に触《ふ》れる中で、より考える力をつけることになるだろう。

いまや情報は洪水《こうずい》のように襲《おそ》ってくる。それが事実かどうかウソでないかも、まず確認しなければならない。（2）それを消化する時間が足りず、事実の検証をしきれないうちに次の情報が……なんていうこともaままある。踏《ふ》みとどまって、じっくりと考える時間を持つこともぼくらには必要だ。

ニュースの読み方の例もひとつあげておこう。たとえば自分がニュースを読んだとする。その記事の根拠《こんきょ》は何なのか、記事を書いたジャーナリストは自分の目で見たことを書いたのか引用したのか、引用したとすればその情報源は何だったのかなどをケントウしてみよう。その新聞、ニュースサイト、ＳＮＳは信用できるものか。さらに一歩進んで、書いたジャーナリストは信用できるかまで調べられるのなら調べてみよう。自分なりの基準や尺度ができて、それが更新《こうしん》されていくはずだ。

一つのメディアに依存《いぞん》すると一方的見方にかたよる心配もある。ふだんと違うメディアものぞいてみることをすすめる。ネットで情報を得たとすれば、テレビや新聞で再チェックしたり、友だちの意見を聞いてみたり、もっと掘《ほ》り下げたければ図書館で本にあたるのもb手だ。

「3つの情報源にあたってみよう。2つともが同じことを言っていれば、情報は正しいかもしれない。3つが同じ方向なら、まず間違いない」と、アメリカにいた時にお世話になった歴史学の教授が言ったものだ。なるほどと思った。ぼくらそれぞれなりの「事実確認方程式」を作っておくといい。

国民みんなが経済的に「まあまあ」だった頃《ころ》は、誰《だれ》もが「快適な今の状態が変わらないでほしい」「平和が続いてほしい」「戦争はいやだ」という気持ちがみんなの体に染《し》みついていた。ふんわりとだが「全員の一《いっ》致《ち》した意見」があった。

今は長い景気停滞《ていたい》で、豊かな人がいる一方で、貧しい人びとが増えている。「現状のままでは希望が持てない」という人が増えているのだ。社会をどう改善していったらいいかを冷静に考えようとする人がいる一方で、感情的にストレスをためている人も増加してきている。

そこにつけこんで※1ポピュリズム（大衆迎合《げいごう》主義）が頭をもたげて

【英　語】（45分）　＜満点：100点＞

I　次の英文を読んで，後の問いに答えなさい。

Clive worked hard but he was not clever at school-work and usually just passed or just failed tests and exams. What is more, he always thought life was [①] as he was not good at sport either. He looked across the classroom at Jack Cummings, who was good at everything, was rich and even looked good. Mum told him that some people just had to try harder but that was lucky for them. He did not understand this but it was her strong belief.

One day, when he was sixteen, something bad happened. Dad lost his job and then just sat about watching television all day. Mum continued to work part-time at the D.I.Y (Do-It Yourself) store but it was clear that there was not enough money when meat became rarer at meal-times and Dad stopped driving their car because he could not pay the road tax.

'PART-TIME EVENING SALES VACANCY. ② APPLY WITHIN,' the card in the supermarket window read.

Clive hesitated. He was a slow learner and was worried that he might not be a good worker. On the other hand, his family needed more money and he would feel better if he could help them. Earning money might [③] a little for doing so badly at school too.

He started work the following evening and was given three evenings a week. To his surprise his parents were not pleased about his job as they worried about his school homework. On the other hand, they did not try to stop him working.

The work was easy. [A] He had to make sure the shelves were always full and help customers find things in the huge store. He carefully noted where all the different products were and even tried to remember brands. He was always watchful for customers who looked lost or confused and chatted to them as he led them to the curry powder, electrical goods, shoe polish, coffee or whatever they wanted. [B] He became so knowledgeable about the store that the cashiers began to call for him if there was a price discrepancy at the cash desk. [C] Similarly customers began to look for him and would ask for 'that smart, pleasant young man.' Clive loved his job and looked forward to his evening work. [D]

At the same time, something very strange began to happen at school. Despite fewer hours being spent on homework, he began to find his school work easier and his marks [④]. He felt cleverer because he knew he was good at his shop-work and so started to answer more of his teachers' questions. When they began to notice him, he felt even more confident.

"Your work has [④] a lot Clive. Are you studying more?"

A teacher asked him after class, one day.

"No, Sir."

"Well, what's your secret? Are you having tuition?"

"Maybe I have learned to [⑤], Sir."

"What do you mean?"

"I have a part-time job in Foodways and before I worked, I never really thought properly about things. I understand the world a little better now and realise that if we use our brains we can solve problems. For instance, if a big company in this town closes and people lose their jobs, the store must 【　　　X　　　】 or if customers can never find a product on the store's shelves, it means it is in an illogical or inconvenient place so we must find a better one. Do you see what I mean, Sir? It's obvious but sometimes people don't think about little things like that."

"Yes, I see. That's an interesting and thoughtful answer Clive and not what I expected to hear. Anyway, keep up the good work! And the thinking of course!"

問 1　本文の流れから判断し，[①]，[③]，[④] に入る最も適切なものをそれぞれ次の**ア～エ**の中から１つずつ選び，記号で答えなさい。なお，２ヵ所ある④には同じものが入ります。

[①]　**ア**　ordinary　**イ**　unfair　**ウ**　unstable　**エ**　vague

[③]　**ア**　commit　**イ**　compensate　**ウ**　comprehend　**エ**　compromise

[④]　**ア**　impressed　**イ**　expanded　**ウ**　improved　**エ**　developed

問 2　下線部②の意味として最も適切なものを次の**ア～エ**の中から１**つ**選び，記号で答えなさい。

ア　You can enter this store to ask for more information.

イ　You can submit your application where you want.

ウ　You should enter this store now or you will never get the job.

エ　You should submit your application as soon as possible.

問 3　次の英文が入る最も適切な位置は [A] ～ [D] のうちどれか，記号で答えなさい。

Even the manager asked his opinion sometimes.

問 4　本文の流れから判断し，[⑤] に入る最も適切な１**語**を本文中から抜き出して答えなさい。

問 5　本文の流れに合うように，【　X　】に入る英語を考え**10語程度**で答えなさい。ただしピリオド，カンマは語数に数えません。

問 6　次の質問にそれぞれ**15語程度の英文**で答えなさい。ただしピリオド，カンマは語数に数えません。

1　What was Clive's mother's strong belief?

2　Why did Clive decide to start working part-time?

3　How would you describe the relationship between Clive and the customers at Foodways?

問 7　本文の内容と一致《いっち》するものをあとの**ア～キ**の中から**２つ**選び，記号で答えなさい。

ア　Clive's classmate, Jack Cummings, was smart, handsome and had a lot of money, but nobody liked him.

イ After his father lost his job, Clive's family became poor and they even couldn't use their car.

ウ When Clive started working part-time, his mother and father were proud of him and praised him for it.

エ Clive kept track of all the workers and products in the supermarket.

オ Clive had a hard time remembering things at the supermarket and did not want to go there.

カ Through his experience of working part-time, Clive started to figure out what happened around him.

キ Clive's teacher had doubts about what Clive was learning at the supermarket, but cheered him up for continuing the job.

Ⅱ 次の英文を読んで，後の問いに答えなさい。

Every year millions of people cross borders to undergo medical treatments that are either unavailable in their home country or too expensive. For many, this is a last resort to ease the pain of a debilitating disease or defy a terminal diagnosis; for others the goals are purely cosmetic. But in the past few years a new type of "medical tourist" has emerged: those seeking to radically extend their lives.

There are more older people than ever before — and more people in search of longevity. In the UK, people over the age of 65 made up 19% of the population in 2019, a jump of 23% from 2009, in a period when the total population only increased by 7%. And recent advancements in the science of aging have given them hope that they don't have to go so gently into that good night after all.

But while science has made some promising breakthroughs in studying the causes and implications of aging, real solutions are some way off. In that gap between ①supply and demand, a host of fraudsters and scam artists are ready to take advantage of anyone gullible enough to believe they can pay a little extra for a few extra years among the living. Many offer their services abroad, in countries where regulation is light.

Medical tourism has produced a steady stream of horror stories since cheaper air travel kickstarted a rise in its popularity, from botched nose jobs and broken smiles to a fair number of deaths. Despite this, ②it remains a gigantic industry. According to Patients Beyond Borders, the global medical tourism market was worth \$74bn-\$92bn（£59bn-£73bn）in 2019.

A prime example is ③stem cell therapies, regenerative treatments aiming to use the body's building-block cells to rejuvenate and fix damage caused by disease or deterioration — an area of research with a lot of potential but relatively few established and approved treatments available to patients. However, the potential effects, most often exaggerated or unsubstantiated, lure the desperate to travel far and wide to seek treatments, sometimes from practitioners of ill repute. According to research published last year, the leading countries for stem cell tourism are the US, China, India, Thailand and Mexico. The same report states that "stem cell technologies are often associated with inflated expectations of their therapeutic potential."

Stem cell therapies can also help with cancer and other illness, but during my reporting for my book *The Price of Immortality: The Race to Live Forever,* I found a number of examples of US-based stem cell companies offering miracle cures and solutions to aging. One clinic in Iowa was found to have made outrageous claims in presentations to potential clients. "Anti-Aging: Mesenchymal Stem Cell infusions turned back the hands of Father Time about three years! Would you like to get back three years?" read one slide of sales material, collected by the state attorney general's office that was suing the company for false advertising.

Even when prosecuted or disciplined in one country, stem cell practitioners have been known to move on and continue to offer the same services elsewhere. One in Florida had his medical license revoked in 2015, after two of his patients undergoing stem cell therapy had died. When I looked up the name of the doctor, he was listed as the chief science officer at another stem cell company. A cheerful receptionist told me on a call that the clinic was still operational and carrying out procedures in the Dominican Republic, a medical tourism hotspot.

Stem cell therapies are not the only anti-aging offerings luring people abroad for treatment. The nascent field of gene therapies is in a similar position, where promising research has yet to result in accessible interventions. I also recently heard from a life extension enthusiast in the US who planned to travel to France to undergo plasmapheresis, a procedure he claimed would rejuvenate his blood and give him a better chance of living until he was 500.

In some cases, patients don't even need to fly abroad to access drugs that have the potential to make them live longer. I spoke to an elderly woman in London who buys the cancer drug dasatinib from a website in India, and takes it in the hope it will destroy senescent cells, which are thought to play an integral role in the aging process.

Gerontologists and other researchers find the practice frustrating. Several scientists I spoke to, particularly in the stem cell field, are worried these clinics are making a quick buck on the back of their breakthroughs while damaging the reputation of these nascent medical technologies. They preach patience, a virtue in short supply for people who see the end of their lives on the horizon.

Medical tourism presents clear dangers. ④【__________________】, and it is harder to establish that the doctor or clinic is legitimate. Patients can also suffer from side-effects if they fly home too early after a procedure; communication barriers can also cause issues.

For someone seeking treatment they can't afford at home or a last-gasp unapproved cure for a deadly disease, these risks are worth taking. But for people merely seeking to improve their chances of living radically extended lives, the gamble is much larger, particularly when there's no evidence that any medical intervention could work. In a best-case scenario, they leave with a lighter wallet. ⑤In the worst, their quest to live a little longer is cut ironically short.

問１　下線部①の supply と demand とはここでは具体的にはどういうことですか。最も適切なものをそれぞれ次の**ア～カ**の中から**１つずつ**選び，記号で答えなさい。

ア　Those who are suffering from a fatal disease long for any treatment whether it is legitimate in their own country or not.

イ　Researchers are seeking to discover the cause of aging.

ウ　A conclusive solution to aging has yet to be obtained, though science has made progress.

エ　Regulations about medical treatment differ from country to country.

オ　There are quite a few people who are aiming to earn money from the business involved in medical tourism.

カ　More and more people are eager to receive radical treatments against aging.

問２　下線部②の it は何を指していますか。次の**ア～エ**の中から**１つ**選び，記号で答えなさい。

ア　cosmetic surgery　　**イ**　medical tourism

ウ　air travel　　**エ**　anti-aging treatment

問３　下線部③の stem cell therapies（幹細胞治療《かんさいぼうちりょう》）の**問題点ではないもの**を次の**ア～エ**の中から**１つ**選び，記号で答えなさい。

ア　It is an area of research with a lot of potential but relatively few established and approved treatments available to patients,

イ　The potential effects, even though they are most often exaggerated or unsubstantiated, lure the desperate to travel far and wide to seek treatments.

ウ　Even when prosecuted or disciplined in one country, practitioners have been known to move on and continue to offer the same services elsewhere.

エ　A life extension enthusiast believed a procedure would rejuvenate his blood and give him a better chance of living until he was 500.

問４　下線部④の【＿】に入る英文が次の日本語の意味になるように下の語（句）を並べかえるとき，**４番目**と**７番目**にくるものを**ア～ク**の中から選び，それぞれ記号で答えなさい。ただし，文頭にくる語も小文字で示してあります。

「患者《かんじゃ》は自国で慣れているのと同じ水準の医療《いりょう》を受けることができない場合があります」

ア　they　　**イ**　patients　　**ウ**　the same standard　　**エ**　at home

オ　of care　　**カ**　find　　**キ**　may not　　**ク**　are used to

問５　下線部⑤を日本語に訳しなさい。

問6　本文の内容と一致《いっち》するものを次の**ア〜カ**の中から**2つ**選び，記号で答えなさい。

ア　It is common that people who want to resist a terminal diagnosis become “medical tourists.”

イ　The number of older people is increasing while the overall population is decreasing in the UK.

ウ　Stem cell therapies today tend to be believed to have more radical effects on aging than they actually do.

エ　Prosecution of stem cell therapy practitioners helps prevent them from continuing their jobs.

オ　The woman in London who buys drugs from a website in India to overcome her cancer is one example of medical tourism.

カ　Risks of medical tourism are not worth taking in any case.

問7　次の問いに**60〜70語程度の英語**で答えなさい。ただしピリオド，カンマは語数に数えません。

Suppose an adult close to you without any serious disease is planning to go abroad and take stem cell therapy to live longer. If you oppose the plan, what will you say?

2023年度

東邦大学付属東邦中学校入試問題（前期）

【算　数】（45分）　＜満点：100点＞

1　次の $\square$ にあてはまる最も適当な数を答えなさい。

⑴　$202300\times\frac{3}{80}+20230\times\frac{1}{1190}-2023\times3.75=\square$

⑵　$0.75\times\left(3+\frac{7}{20}\times\square\right)\times\frac{15}{121}=\frac{9}{22}$

⑶　$\left\{\left(3.25+2\frac{1}{2}\right)\times\frac{4}{9}-1\right\}\times\frac{1}{40}\div\frac{1}{\square}=0.7$

2　次の問いに答えなさい。

⑴　１本120円の鉛筆《えんぴつ》と１本150円のボールペンがあります。この鉛筆とボールペンを何本かずつ買ったところ，代金の合計が3450円でした。また，買った鉛筆とボールペンの本数の差は５本でした。このとき，鉛筆は何本買ったか求めなさい。

⑵　りんごとみかんといちごが全部で168個あります。りんごの個数を３で割った数と，みかんの個数を４で割った数と，いちごの個数を５で割った数は同じです。このとき，いちごの個数を求めなさい。

⑶　牧場の草を一定のペースで食べ続けるヤギがたくさんいます。すべてのヤギは同じペースで草を食べます。このヤギが12頭いると，10000m^2の牧場の草を４週間で食べつくします。このとき，72000m^2の牧場の草を18週間以内に食べつくすには，何頭以上のヤギが必要か求めなさい。ただし，草が新しく生えてくることはありません。

⑷　右の図のような，半径６㎝の半円を２つと，半径が12㎝で中心角が45°のおうぎ形を重ね合わせた図形があります。このとき，影をつけた部分の面積を求めなさい。

ただし，円周率は3.14とします。

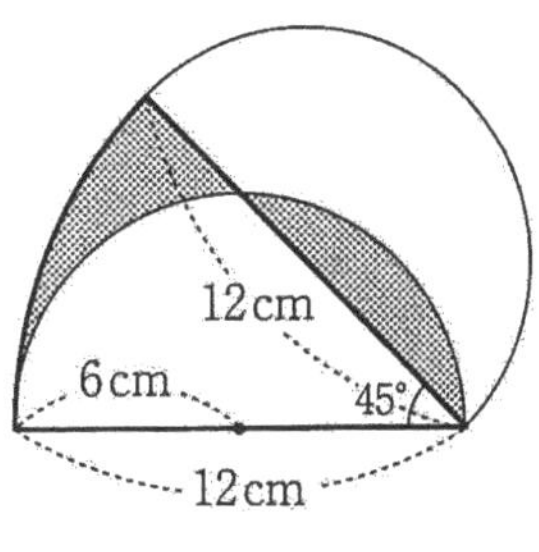

⑸　右の図のような，長方形ABCDがあります。AE＝６㎝，EB＝３㎝，BF＝９㎝，FC＝３㎝です。このとき，影をつけた部分の面積を求めなさい。

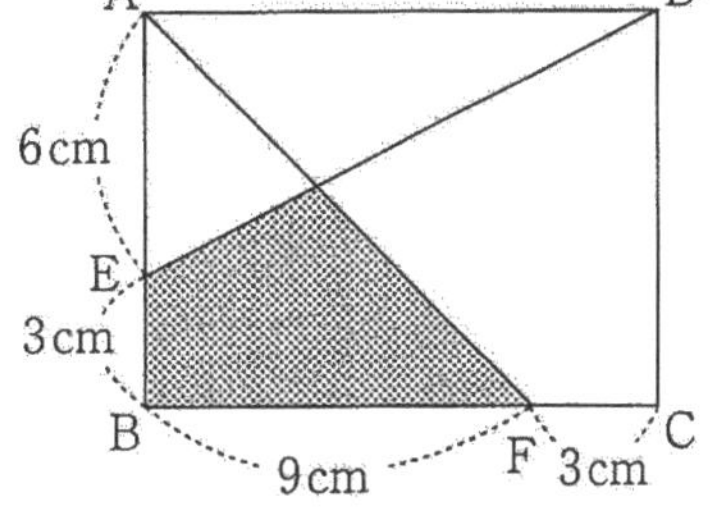

３　ある濃度の食塩水がコップに入っています。これに水を加えたものを食塩水Ａとします。食塩水Ａに，さらに同じ量の水と40ｇの食塩を加えたものを食塩水Ｂとします。食塩水Ａと食塩水Ｂの濃度がともに10%であるとき，次の問いに答えなさい。

⑴　はじめに加えた水の重さは何ｇか求めなさい。

⑵　食塩水Ｂにふくまれる食塩の重さが100ｇであるとき，はじめにコップに入っていた食塩水の濃度は何％か求めなさい。

４　ある池のまわりをＡさん，Ｂさん，Ｃさんの３人が歩きました。３人とも同じ場所から同時に出発し，Ａさんは毎分80m，Ｂさんは毎分65mで同じ向きに進み，Ｃさんだけ２人とは反対向きに進んだところ，出発してから14分後にＡさんとＣさんが初めてすれちがい，その１分30秒後にＢさんとＣさんが初めてすれちがいました。

このとき，次の問いに答えなさい。

⑴　Ｃさんの歩く速さは毎分何ｍか求めなさい。

⑵　池のまわりの長さは何ｍか求めなさい。

⑶　この池のまわりをＤさんとＥさんは自転車で，Ｆさんは歩いてまわりました。３人とも同じ場所から同時に出発し，ＤさんとＦさんは同じ向きに進み，Ｅさんだけ２人とは反対向きに進んだところ，Ｄさんは，Ｆさんを31分ごとに追い抜き，ＥさんとＦさんは，10分20秒ごとにすれちがいました。

このとき，ＤさんとＥさんは何分何秒ごとにすれちがったか求めなさい。

５　下の図のような面積が48cm^2の台形ABCDがあります。点Ｐ，点Ｅはそれぞれ，AB，BC上の点で，DEとPCが点Ｆで交わっています。また，四角形ABEDは１辺の長さが６cmの正方形です。

このとき，次の問いに答えなさい。

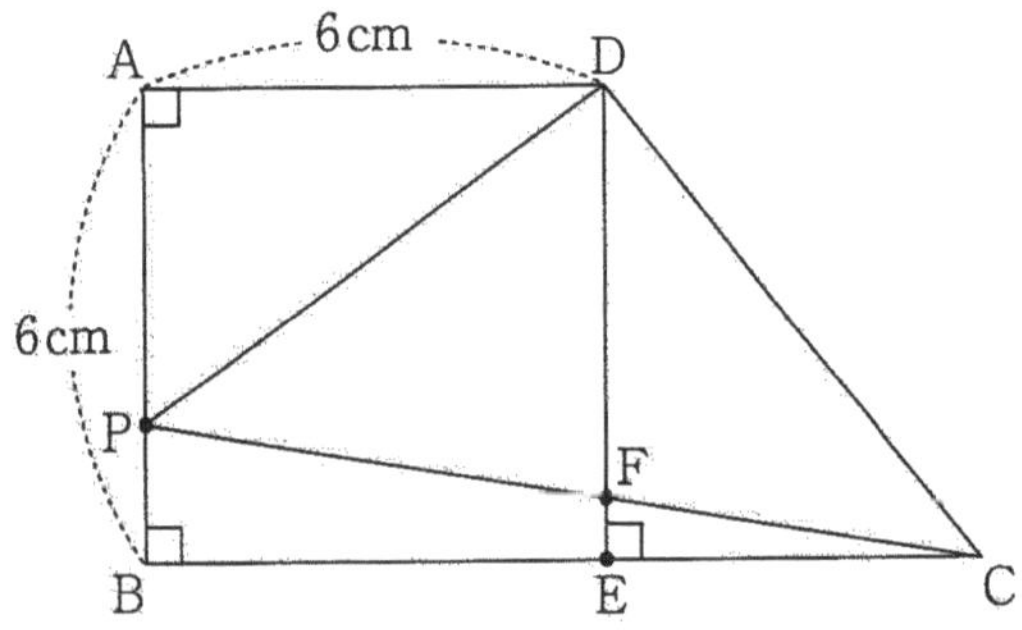

⑴　BCの長さを求めなさい。

⑵　BP：DF＝１：３のとき，BPの長さを求めなさい。

⑶　三角形DPCの面積が28cm^2のとき，BPの長さを求めなさい。

６　次のページの図のように，同じ大きさの小さな立方体27個を積み重ねてつくった大きな立方体があります。

図の点Ａ，Ｂ，Ｃを通る平面で，この大きな立方体を切断します。

このとき，次のページの問いに答えなさい。

⑴　切断してできる大きな立方体の切り口は，どのような図形になりますか。下のア～クの中からあてはまるものを選び，記号で答えなさい。

ア．三角形	イ．二等辺三角形	ウ．ひし形	エ．長方形
オ．正方形	カ．平行四辺形	キ．五角形	ク．六角形

⑵　この平面で切断されない小さな立方体の個数は何個か求めなさい。

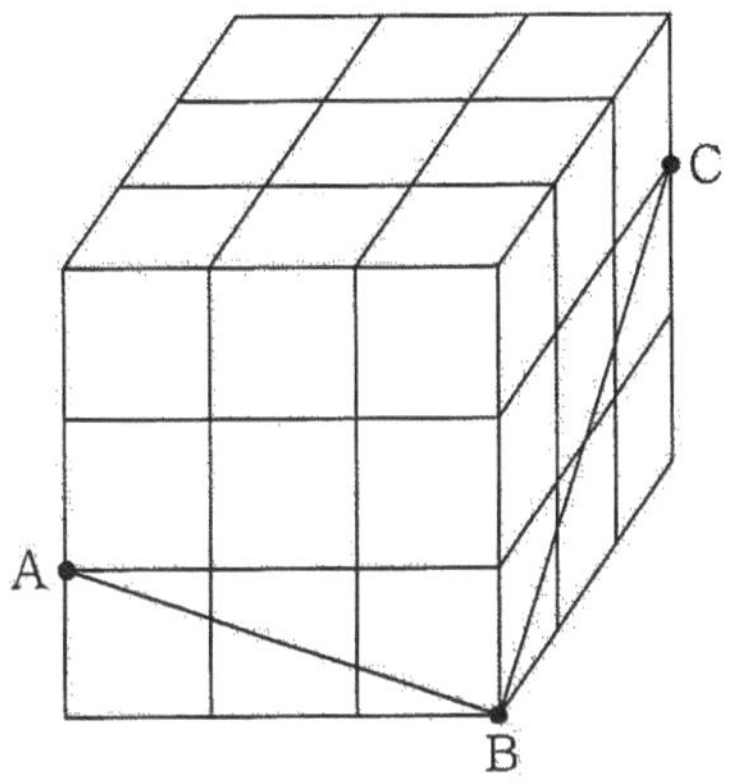

【理　科】（45分）　＜満点：100点＞

1　次の文章を読み，あとの(1)～(3)の問いに答えなさい。

2022年３月，FAO（国際連合食糧農業機関《こくさいれんごうしょくりょうのうぎょうきかん》）が2020年から約２年間に渡《わた》りアフリカの土地を荒廃《こうはい》させていたサバクトビバッタの大量発生が収束に向かいつつあることを発表しました。バッタやイナゴの大量発生による，農作物が食い荒《あ》らされるなどの被害《ひがい》を蝗害《こうがい》といいます。今回の大量発生は，異常気象による大雨や洪水《こうずい》が多発したことにより，産卵に適した地域が広がったことが原因だとされています。エチオピアやソマリアでは過去25年間で最悪の被害となったと伝えられています。

サバクトビバッタは湿原《しつげん》に生息する熱帯性の昆虫《こんちゅう》で，個体群密度（同じ地域内に生息する個体数）によって，形態や色彩《しきさい》，行動などが大きく異なる２つのタイプに分けられます。１つが孤独相《こどくそう》といい，個体群密度が低い（同じ地域内に生息する個体数が少ない）時に見られるもので，体色は緑色，単独で生活し，せまい範囲《はんい》で行動します。もう１つが群生相《ぐんせいそう》といい，個体群密度が高い（同じ地域内に生息する個体数が多い）時に見られるもので，体色は黒色，集団を作って空中を飛行し長距離《ちょうきょり》移動します。本来サバクトビバッタは孤独相ですが，成長過程での個体群密度が高く，他個体とのぶつかり合いが多いと，体内で特別な化学物質が作られることにより，群生相に変化することがわかっています。

(1)　昆虫の体について，体の分かれ方，足の生える場所，触角《しょっかく》はどのようになっていますか。その組み合わせとしてもっとも適切なものを，次の１～８から一つ選び，番号で答えなさい。

	体の分かれ方	足の生える場所	触角
1	頭胸部・腹部	頭胸部と腹部	1対
2	頭胸部・腹部	頭胸部と腹部	2対
3	頭胸部・腹部	腹部のみ	1対
4	頭胸部・腹部	腹部のみ	2対
5	頭部・胸部・腹部	胸部と腹部	1対
6	頭部・胸部・腹部	胸部と腹部	2対
7	頭部・胸部・腹部	胸部のみ	1対
8	頭部・胸部・腹部	胸部のみ	2対

(2)　昆虫や他の動物において，同種の他個体とのコミュニケーションをとる手段には様々なものがあります。次の１～５のうち，同種の他個体とのコミュニケーションの手段として**適切でないもの**を一つ選び，番号で答えなさい。

１．マウンティング　　２．ホルモン　　３．８の字ダンス　　４．さえずり

５．マーキング

(3)　サバクトビバッタの孤独相や群生相について述べたあとの１～４のうち，もっとも適切なものを一つ選び，番号で答えなさい。

１．孤独相の親からは孤独相の，群生相の親からは群生相の子がそれぞれ生まれる。

２．成虫になった群生相の個体でも個体群密度が低くなると孤独相になる。

３．孤独相の個体はせまい範囲で生活するので，とびはねるのに用いる後ろ足が群生相の個体に比べて短い。

4．群生相の個体は飛行距離《ひこうきょり》が長いので，飛行時に用いるはねが孤独相の個体に比べて大きい。

2　次の文章を読み，あとの(1)～(4)の問いに答えなさい。ただし，水の重さは1㎤あたり1ｇとします。

［実験１］

金属Ａ～Ｄを，水100㎤が入ったメスシリンダーにそれぞれ入れ，水面の目盛りを読み，それらの重さをはかりました。それぞれの金属を入れた後の水面の目盛りと，メスシリンダーの重さを差し引いた金属と水の重さの合計は，**表１**のようになりました。

表１

	金属Ａ	金属Ｂ	金属Ｃ	金属Ｄ
金属を入れた後の水面の目盛り［cm^3］	110	101	105	108
金属と水の重さの合計［g］	127	108	157	184

(1)　金属Ａ～Ｄのうち，1㎤あたりの重さがもっとも大きい金属はどれですか。Ａ～Ｄから一つ選び，記号で答えなさい。

(2)　金属Ａ～Ｄはそれぞれアルミニウム，鉛《なまり》，鉄，銀のうちのいずれかです。アルミニウムだと考えられる金属はどれですか。Ａ～Ｄからもっとも適切なものを一つ選び，記号で答えなさい。

［実験２］

でんぷん，砂糖，食塩，エタノール，サラダ油を用意し，それぞれの重さと体積をはかりました。次にそれらをそれぞれ水100㎤が入った容器に入れ，ガラス棒で十分かきまぜて変化の様子を確認しました。その後，それらの重さと体積をはかりました。その結果は**表２**のようになりました。ただし，この実験は同じ温度で行いました。

表２

	でんぷん	砂糖	食塩			エタノール	サラダ油
物質の重さ［g］	15	95	22	66	88	79	80
物質の体積［cm^3］	10	60	10	30	40	100	100
物質を水に入れた後の変化の様子	溶《と》けなかった	全て溶けた	全て溶けた	一部溶け残った	一部溶け残った	Ｘ	Ｙ
物質を水に入れた状態での重さ［g］	115	195	122	166	188	179	180
物質を水に入れた後の体積［cm^3］	110	159	108	125	135	195	200

(3)　あとの１～５の文のうち，**［実験２］**の結果から分かることとしてもっとも適切なものを一つ選び，番号で答えなさい。

1．物質を水に入れた後の変化の様子Ｘ，Ｙにおいて，サラダ油もエタノールも水に溶《と》けない。

2．水に浮《う》く物質の場合は，水に入れると空気中ではかったときの重さより軽くなるため，サラダ油を水に入れた状態での重さは，厳密には180ｇよりは少し軽くなっている。

3．水に溶けない物質を水に入れた場合，各物質を加えた後の体積は，物質の体積と水の体積の和となる。

4．各物質を加えた後の体積が，加えた物質の体積と水の体積の和となるかならないかは，加えた物質が液体か固体かによって決まる。

5．同じ物質における重さと体積は，比例の関係にならない場合もある。

(4)　66ｇの食塩を水100cm^{3}に入れてかき混ぜると，29ｇが溶け残りました。水100cm^{3}に食塩が限界まで溶けきったときの，食塩水１cm^{3}あたりの重さは何ｇですか。小数第２位を四捨五入して，小数第１位まで答えなさい。

[3]　次の文章を読み，あとの(1)～(4)の問いに答えなさい。

2021年12月，新型の宇宙望遠鏡 [ア] が打ち上げられました。この [ア] 宇宙望遠鏡は [イ] 宇宙望遠鏡の後継《こうけい》機《き》としての活躍《かつやく》が期待されています。[イ] 宇宙望遠鏡は主に可視光線(人間の目で見える光）を中心にとらえていましたが，[ア] 宇宙望遠鏡は赤外線をとらえることに特化し，[イ] 宇宙望遠鏡よりも鮮明《せんめい》にかつ高感度に観測できます。公開された画像を見ても，従来のカメラとの差は歴然です。今後は初期星（宇宙最初期に生まれた星）の観測や太陽系外の生命探索《せいめいたんさく》などの任務にあたります。

(1)　文中の [ア] ，[イ] に当てはまる語句の組み合わせとしてもっとも適切なものを，次の１～９から一つ選び，番号で答えなさい。

	ア	イ		ア	イ		ア	イ
1	ジェイムズ・ウェッブ	ハッブル	2	ハーシェル	ハッブル	3	ケプラー	ハッブル
4	ケプラー	すばる	5	ジェイムズ・ウェッブ	すばる	6	ハーシェル	すばる
7	ハーシェル	スピッツァー	8	ケプラー	スピッツァー	9	ジェイムズ・ウェッブ	スピッツァー

(2)　夏の大三角を構成する星と，その星を含《ふく》む星座の組み合わせとしてもっとも適切なものを，次の１～12から一つ選び，番号で答えなさい。

	星	星座		星	星座		星	星座
1	ベガ	さそり座	2	ベガ	はくちょう座	3	ベガ	わし座
4	シリウス	こと座	5	シリウス	さそり座	6	シリウス	はくちょう座
7	デネブ	わし座	8	デネブ	こと座	9	デネブ	さそり座
10	アルタイル	はくちょう座	11	アルタイル	わし座	12	アルタイル	こと座

(3)　夜空には様々な明るさの星がありますが，地球から見た星の見かけの明るさは，星自体の明るさと，地球と星の距離《きょり》によって決まります。星自体の明るさが同じでも，地球からの距離が２倍になれば見かけの明るさは$\frac{1}{4}$，３倍になれば$\frac{1}{9}$になります。いま，星自体の明るさが同じである１等星の星**A**と３等星の星**B**があったとします。１等星と３等星の見かけの明るさは6.25倍異なるものとして，次の文の [ウ] ，[エ] に当てはまる語句の組み合わせとしてもっとも適切なものを，次のページの１～６から一つ選び，番号で答えなさい。

暗く見える方の星 [ウ] から地球までの距離は，他方の星から地球までの距離の [エ] 倍である。

	ウ	エ		ウ	エ
1	A	3.125	2	B	3.125
3	A	2.5	4	B	2.5
5	A	0.08	6	B	0.08

(4) 星**C**はオリオン座に含まれる星で，近い将来爆発《ばくはつ》して消滅《しょうめつ》するのではないかと言われていました。もし星が爆発したとすると，爆発により発生した光は時間をかけて地球に届くため，この爆発が地球において肉眼で観測できる頃には，星**C**の過去の姿を見ていることになります。星**C**の名称《めいしょう》と，星**C**が爆発してからその爆発が地球において観測できるまでの時間のずれの組み合わせとしてもっとも適切なものを，次の１～12から一つ選び，番号で答えなさい。

	名称	時間のずれ		名称	時間のずれ		名称	時間のずれ
1	ベテルギウス	１ヶ月以内	2	ベテルギウス	１年未満	3	ベテルギウス	１年以上
4	リゲル	１ヶ月以内	5	リゲル	１年未満	6	リゲル	１年以上
7	アルデバラン	１ヶ月以内	8	アルデバラン	１年未満	9	アルデバラン	１年以上
10	シリウス	１ヶ月以内	11	シリウス	１年未満	12	シリウス	１年以上

4 次の文章を読み，あとの(1)～(3)の問いに答えなさい。

天井《てんじょう》から滑車《かっしゃ》をつるし，おもり，体重計，ばねとひもを使って，**図１**のような装置をつくりました。おもりの重さは10kg，人の重さは60kgです。このばねは２kgのおもりをつるすと１cmのびます。ただし，ひもとばねの重さは考えないものとします。

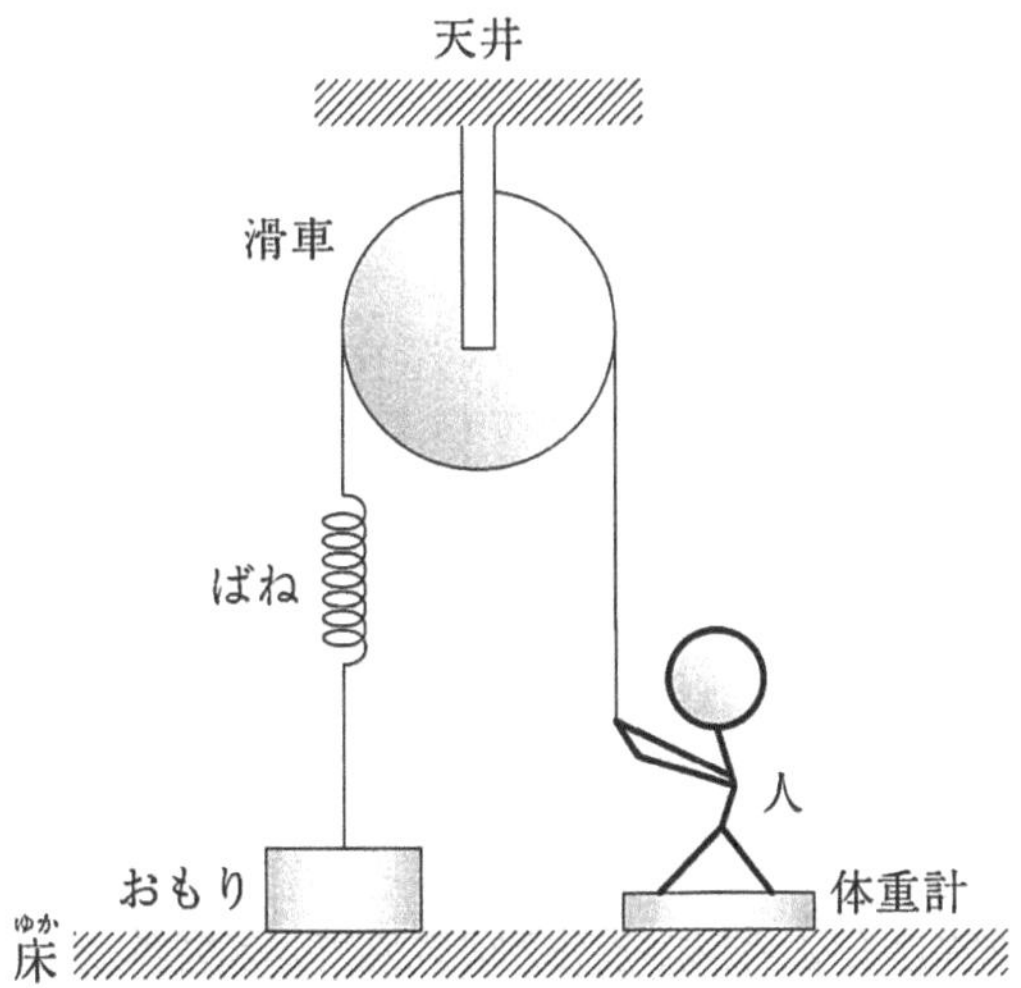

図１

(1) **図１**で，人がひもを引く力を少しずつ大きくしていくと，おもりは床《ゆか》から浮《う》き上がりました。このとき，体重計は何kgを示しますか。

次に，天井から滑車をつるし，体重計，ばね，箱とひもを使って，次のページの**図２**のような装置をつくりました。箱の重さは15kg，体重計の重さは５kg，人の重さは60kgです。ばねは**図１**と同じばねを使用しています。ただし，ひもとばねの重さは考えないものとします。

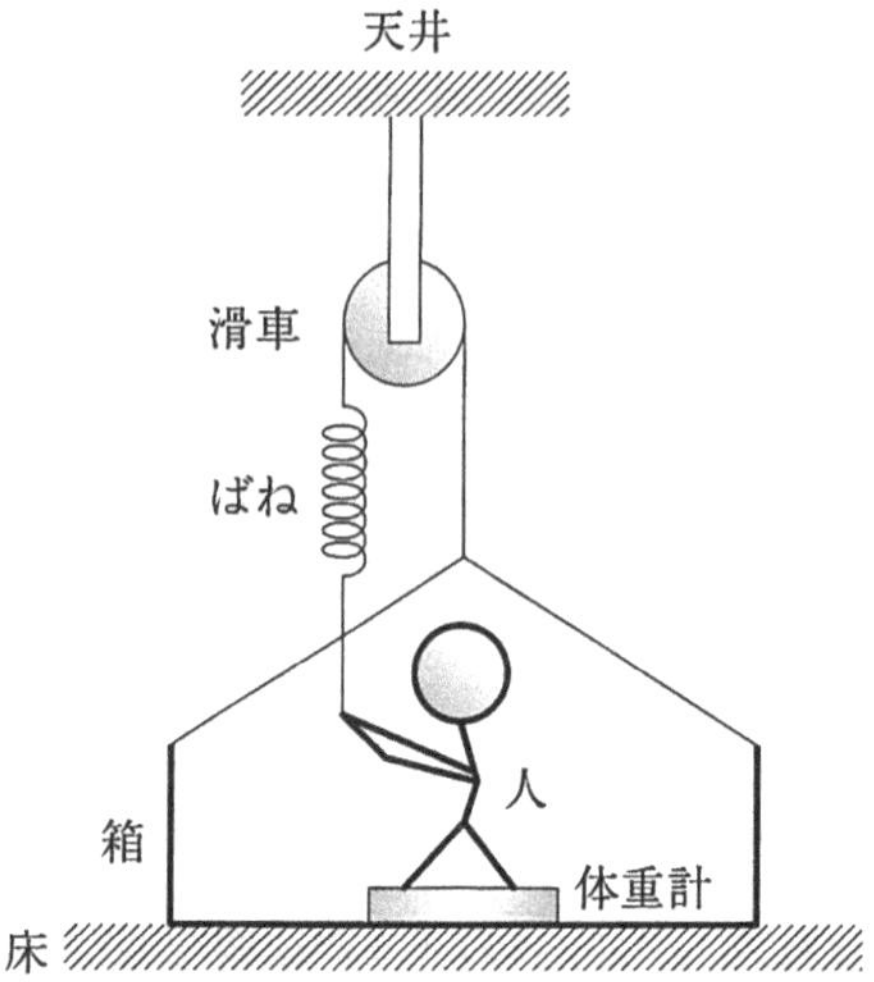

図２

⑵　**図２**で，人がひもを引く力を少しずつ大きくしていくと，体重計が48kgを示しました。このとき，ばねののびは何cmになりますか。

⑶　**図２**で，人がひもを引く力を少しずつ大きくしていくと，人が体重計に乗ったまま，箱は床から浮き上がりました。このとき，体重計は何kgを示しますか。

[5]　次の文章を読み，あとの⑴，⑵の問いに答えなさい。ただし，文中の [ア] と [ウ] には，それぞれ同じ語句が入ります。

原始の地球で生命がどのように誕生したかについて，これまで多くの研究が行われてきました。近年では，生物の体を構成するために必要な物質が，隕石《いんせき》などに含《ふく》まれる形で宇宙から飛来したと考える説などが支持されています。これを確かめるための研究の一つが，小惑星探査機《しょうわくせいたんさき》による小惑星の岩石の採取です。

小惑星探査機はやぶさ２は，小惑星リュウグウで岩石採取を行い，地球へ帰還《きかん》しました。持ち帰った岩石は分析《ぶんせき》が行われ，2022年６月には合計23種類の [ア] が見つかったことが，また同年９月には液体の [イ] が検出されたことが，相次いで発表されました。いずれも，生命誕生に不可欠な物質の発見です。

生物，特に動物の多くは， [ウ] という物質で体が構成されています。加えて [ウ] は，消化を助けたり，体の調子を整えたりするはたらきをもつ物質でもあるため，多くの生物は， [ウ] がなければ生きることができません。 [ウ] は，複数の [ア] がつながってできています。つまり， [ウ] の構成要素である [ア] こそ，生命誕生に不可欠な物質の一つであるといえます。しかし今回の発見をもってしても，未解明の点は多くあり，ただちに地球の生命誕生の起源が宇宙からの飛来物質である，と言い切ることはできません。現在は「その可能性がある」という段階で，今後よりくわしい研究が待たれます。

⑴　文中の [ア] ， [イ] にあてはまる語句は何ですか。また，文中の [ウ] にあてはまる語句は

主に人の体をつくる栄養素の一つですが，これを多く含む食品にはどのようなものがありますか。これらの組み合わせとして最も適切なものを，次の１～12から一つ選び，番号で答えなさい。

	ア	イ	ウを多く含む食品		ア	イ	ウを多く含む食品
1	ビタミン	酸素	米，トウモロコシ	2	アミノ酸	酸素	米，トウモロコシ
3	ビタミン	酸素	豆腐《とうふ》，納豆	4	アミノ酸	酸素	豆腐，納豆
5	ビタミン	酸素	野菜，果物	6	アミノ酸	酸素	野菜，果物
7	ビタミン	水	米，トウモロコシ	8	アミノ酸	水	米，トウモロコシ
9	ビタミン	水	豆腐，納豆	10	アミノ酸	水	豆腐，納豆
11	ビタミン	水	野菜，果物	12	アミノ酸	水	野菜，果物

体内ではたらくための［ウ］は，細胞《さいぼう》の中でつくられているRNAという物質がもつ情報に従って合成されます。RNAは４種類（A・U・G・C）の塩基という物質が長いくさり状につながって出来ており，塩基がどのような順に並んでいるかで，どの［ア］をつなげて［ウ］を合成するかが決まります。

塩基は連続した３つで一組になっており，この組をコドンといいます。コドンは一組につき，特定の［ア］を一つ指定しています。例えば，**図**のように塩基が並んだRNAがあるとします。このRNAの塩基は左から読み，１組目のコドンは『AUG』と判断します。コドンが指定する［ア］を**表**に示します。**表**によると，コドン『AUG』に対応する［ア］は「Met」です。同様にして，２組目のコドンは１組目の右隣《みぎどなり》にある『AGU』なので，指定する［ア］は「Ser」であるとわかります。

このように，コドンから［ア］を決定し，それらをつなげることで，［ア］が長いくさり状になり，最終的にはこのくさりが複雑に折りたたまれて，［ウ］が合成されます。しかし塩基は，一部が別の塩基に変化したり，欠けたり，増えたりすることがあります。もし，**図**のRNAの３番目の塩基であるGが欠けてしまった場合，［エ］組目のコドンが「停止」に変化するため，このRNAによる［ウ］の合成はそこで終了《しゅうりょう》し，目的の［ウ］は合成できなくなります。

A U G A G U A C C G U G A C C C C A U U A A C G A C U

図

表

コドン	ア	コドン	ア	コドン	ア	コドン	ア	コドン	ア	コドン	ア	コドン	ア	コドン	ア
UUU	Phe	UCU	Ser	UAU	Tyr	UGU	Cys	AUU	Ile	ACU	Thr	AAU	Asn	AGU	Ser
UUC		UCC		UAC		UGC		AUC		ACC		AAC		AGC	
UUA	Leu	UCA		UAA	停止	UGA	停止	AUA		ACA		AAA	Lys	AGA	Arg
UUG		UCG		UAG		UGG	Trp	AUG	Met	ACG		AAG		AGG	
CUU	Leu	CCU	Pro	CAU	His	CGU	Arg	GUU	Val	GCU	Ala	GAU	Asp	GGU	Gly
CUC		CCC		CAC		CGC		GUC		GCC		GAC		GGC	
CUA		CCA		CAA	Gln	CGA		GUA		GCA		GAA	Glu	GGA	
CUG		CCG		CAG		CGG		GUG		GCG		GAG		GGG	

⑵　文中の［エ］に当てはまる適切な数字を答えなさい。

6　次の文章を読み，あとの(1)～(4)の問いに答えなさい。

同じ太さの電熱線を組み合わせて電池に接続し，電流計を流れる電流の大きさについて調べました。ただし，使用した電池は同じものであり，常に安定した電流を回路に流すものとします。

様々な長さの電熱線を，それぞれ**図1**のように電池に接続しました。このとき，電熱線の長さと流れる電流の大きさの関係は**表1**のようになりました。

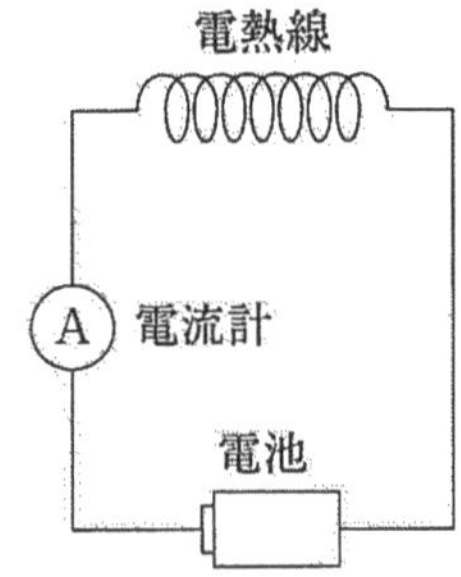

図1

表1

電熱線の長さ［cm］	5	10	15	20	25
電流の大きさ［A］	0.06	0.03	0.02	0.015	0.012

次に，並列につないだ長さ20cmの電熱線を，**図2**のように電池に接続しました。このとき，並列につないだ電熱線の本数と流れる電流の大きさの関係は**表2**のようになりました。

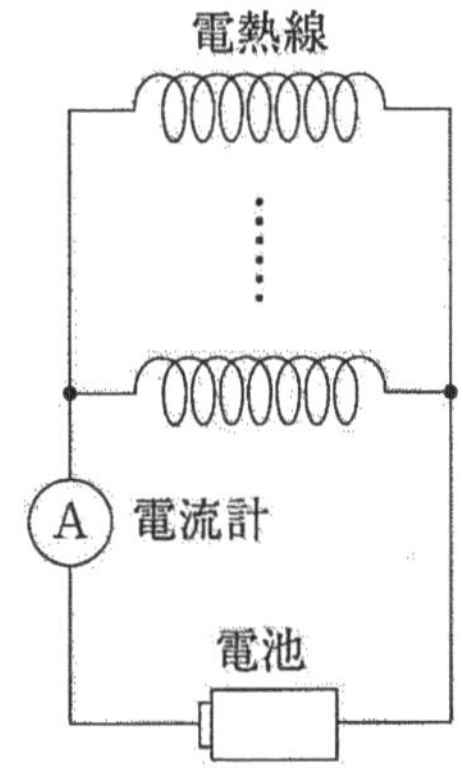

図2

表2

電熱線の本数	2	3	4	5
電流の大きさ［A］	0.03	0.045	0.06	0.075

(1)　**図1**のように，1本のある長さの電熱線を電池に接続したところ，大きさ0.01Aの電流が流れました。電熱線の長さは何cmですか。

(2)　**図2**のように，同じ長さの電熱線を12本用意し，並列につないで電池に接続したところ，大きさ0.45Aの電流が流れました。電熱線の長さは何cmですか。

(3)　**図2**のように，長さ20cmの電熱線を8本用意して並列につなぎました。このとき電流計に流れる電流と同じ大きさの電流を，**図1**のように1本のある長さの電熱線で流すには，電熱線の長さを何cmにすれば良いですか。

図3のように豆電球を1個，**図4**のように豆電球を直列に2個つないで同じ電池に接続した回路を用意し，豆電球の明るさを比《ひ》較《かく》すると，**図4**の豆電球のほうが暗くなります。これは**図4**の豆電球に流れる電流が小さくなるためです。

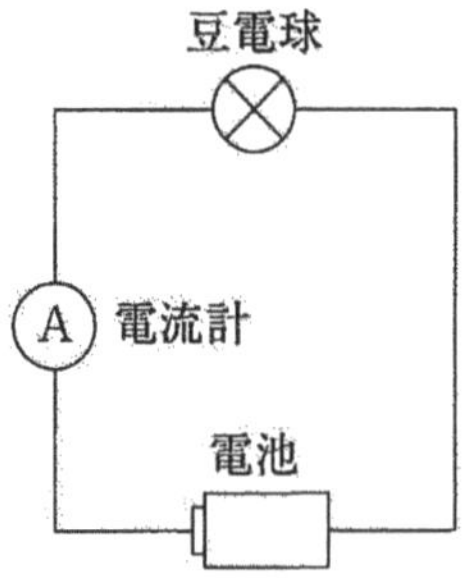

図3

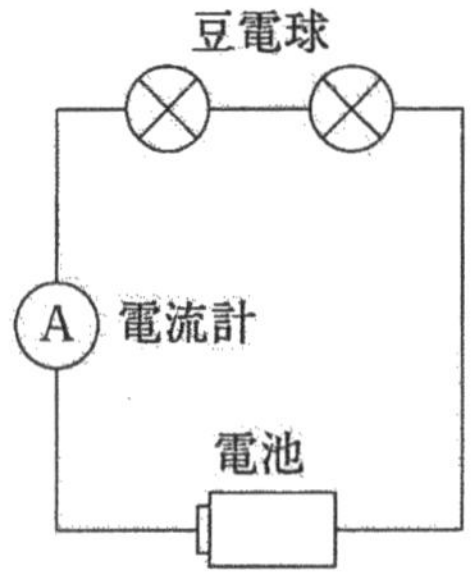

図4

⑷　同じ長さの電熱線Ｘを８本，そして電熱線Ｘとは１本あたりの長さが異なる電熱線Ｙを同じ長さで６本用意しました。**図５**のように，電熱線Ｘを８本並列につないだものと，電熱線Ｙを６本並列につないだものとを直列につなぎ，電池に接続しました。その結果，電流計に0.05Ａの電流が流れました。また，１本当たりの電熱線Ｘ，Ｙの長さの合計は44㎝でした。電熱線Ｘの長さは何㎝ですか。

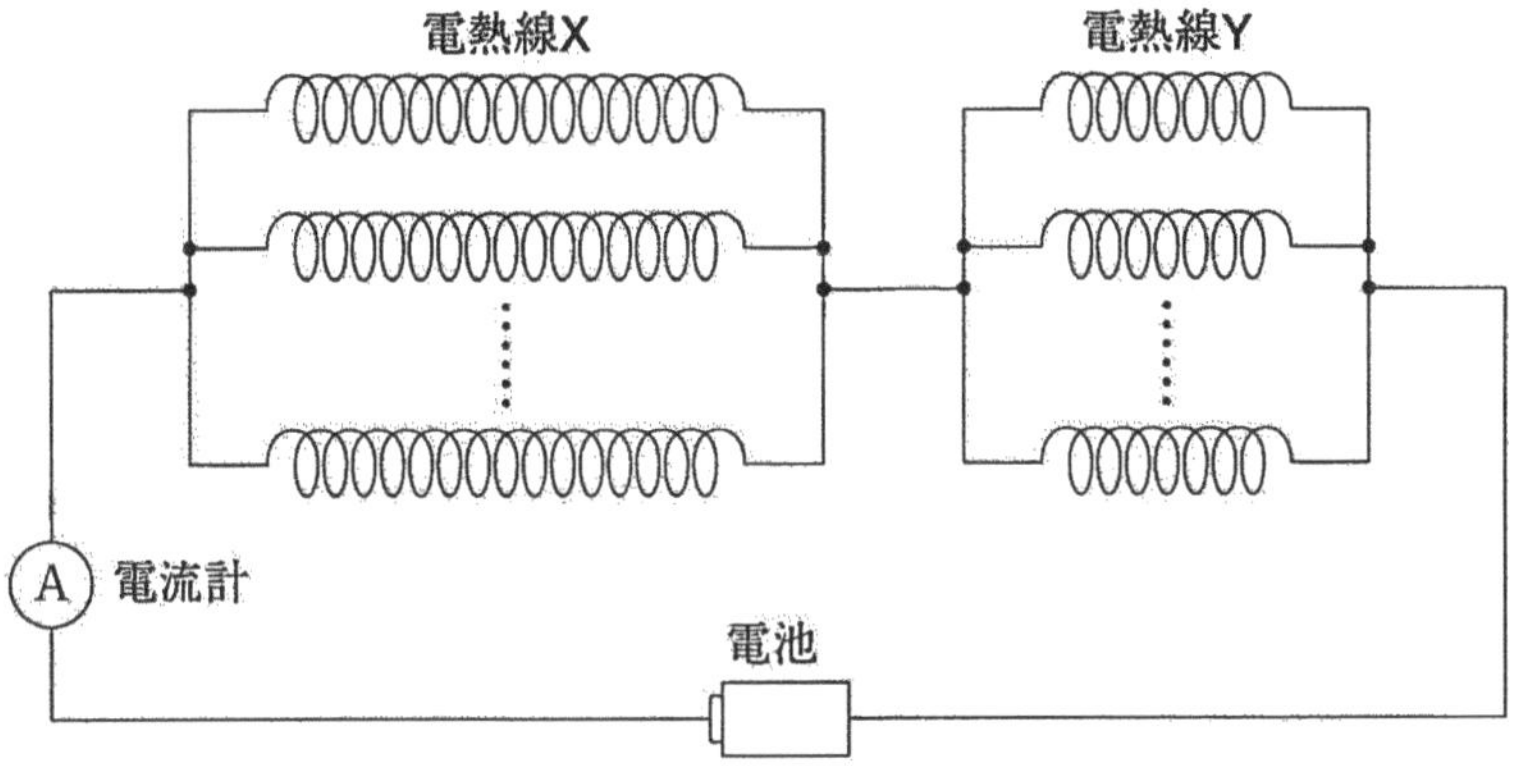

図５

【社　会】（45分）　＜満点：100点＞

[1]　学校で身近な地域の調査方法について学んだ邦平《くにへい》さんは，調べたことを地図やグラフで表現することが大切であると知りました。これに関する次の各問いに答えなさい。

問１　次の**図１**・**図２**は，いずれも邦平さんが作成した分布図であり，あとの二重線内の文章は，これらの図について述べたものである。文章中の [X]・[Y] には，あとの**あ**～**う**のいずれかの語句があてはまる。[X]・[Y] と**あ**～**う**の組み合わせとして正しいものを，あとの**ア**～**カ**から１つ選び，記号で答えなさい。

図１

図２

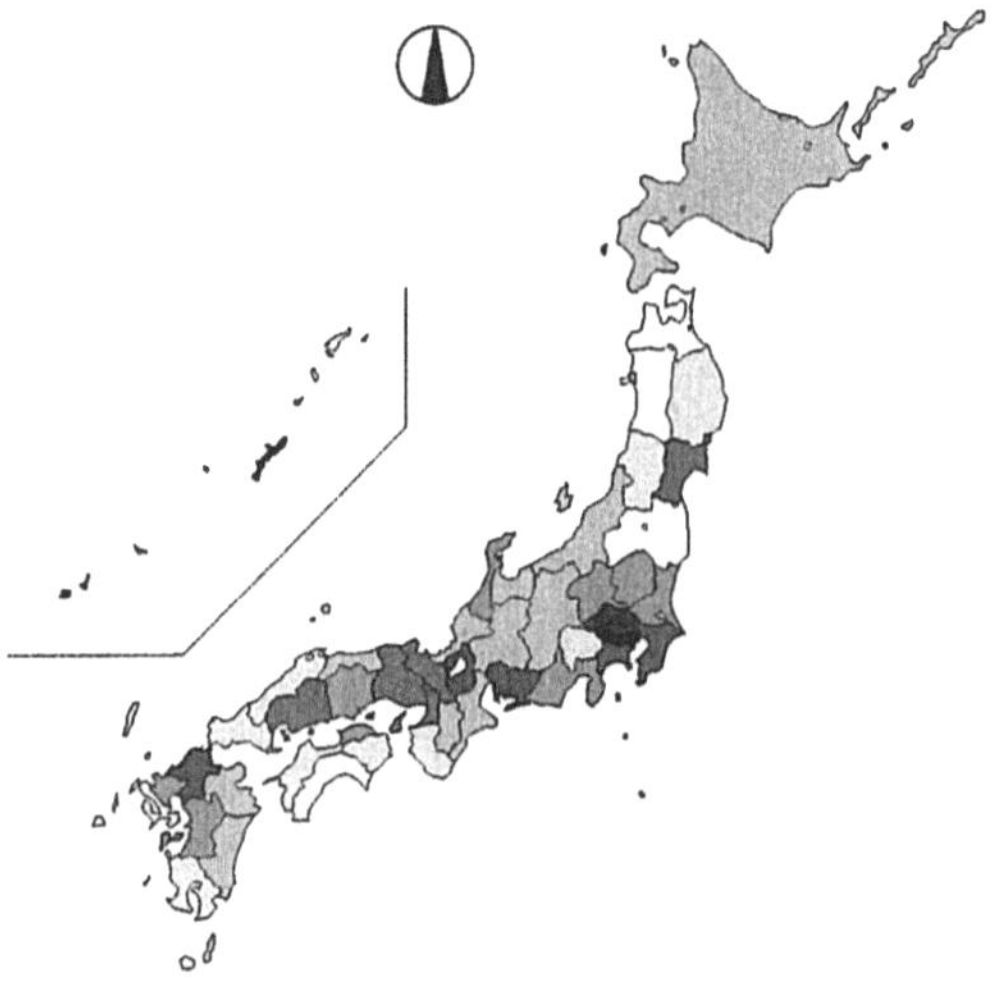

都道府県別の [X] を表すのにもっとも適しているのは，円の大きさが数値の大きさを示している**図１**の形態の分布図である。また，都道府県別の [Y] を表すのにもっとも適しているのは，都道府県ごとに色の濃《こ》さで数値の違いを表現している**図２**の形態の分布図である。

あ．人口密度　　**い**．桜の開花日　　**う**．農産物収穫《しゅうかく》量

	ア	イ	ウ	エ	オ	カ
X	あ	あ	い	い	う	う
Y	い	う	あ	う	あ	い

問２　次のページの図は，邦平さんが手に入れた２万5000分の１地形図であり，これには扇状地《せんじょうち》が描《えが》かれている。これを見て，あとの⑴・⑵の各問いに答えなさい。なお，地形図は上が北を示している。また，見やすくするために実際の地形図を拡大している。

⑴　扇状地の扇形《おうぎがた》の頂点を**c**とし，末端《まったん》を**a**から**b**を結んだ弧《こ》とした場合，**a**，**b**，**c**で囲まれた実際の扇形のおよその面積を計算し，もっとも近い数値を次のページの**ア**～**カ**から１つ選

び，記号で答えなさい。なお，**a**－**c** 間，**b**－**c** 間の直線距離《きょり》を実際の地形図上で測るといずれも５㎝であり，線分 **a c** と線分 **b c** がなす角度は90度とする。

ア．0.4km^2　**イ**．1.2km^2　**ウ**．4.9km^2　**エ**．6.3km^2　**オ**．7.9km^2　**カ**．19.6km^2

⑵　次の二重線内の文は，扇状地について述べたものである。文中の X にあてはまる語句を，**４字**で答えなさい。

> 川が山地から平地に流れ出るところでは，川の流れが急に X になるため，土砂《どしゃ》などが川の下方に堆積《たいせき》する扇状地ができやすい。

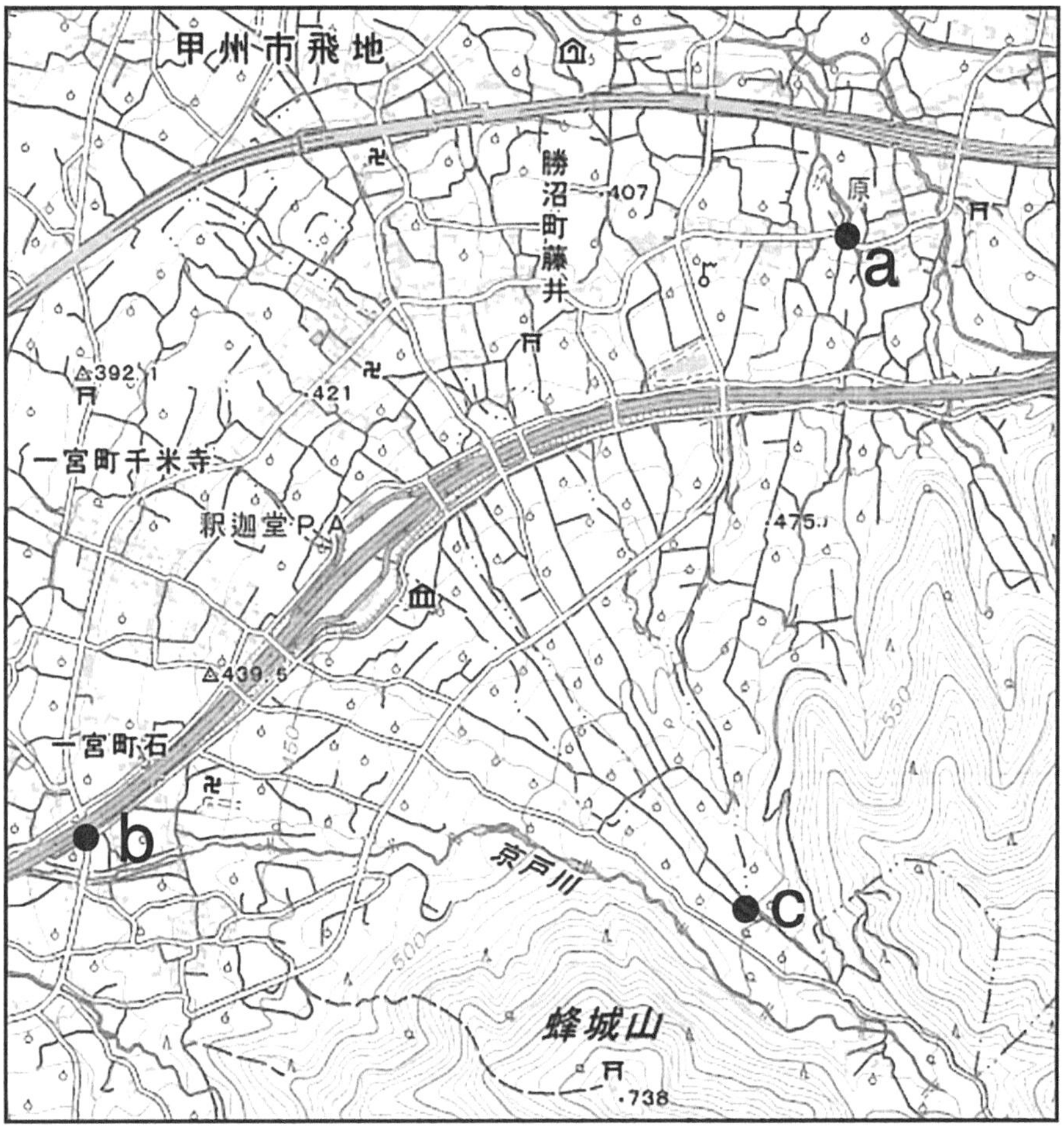

問３　次のページの**あ**～**え**の図は，邦平さんがある県の市役所の位置を白地図上に書き込《こ》み，県境や海岸線などの線をすべて消したものであり，**あ**～**え**は，群馬県，静岡県，宮城県，山口県のいずれかを示している。このうち，静岡県と山口県を示すものをそれぞれ選び，その組み合わせとして正しいものを，次のページの**ア**～**シ**から１つ選び，記号で答えなさい。なお，県庁の位置は★で示しており，図の上は北を示している。

あ.

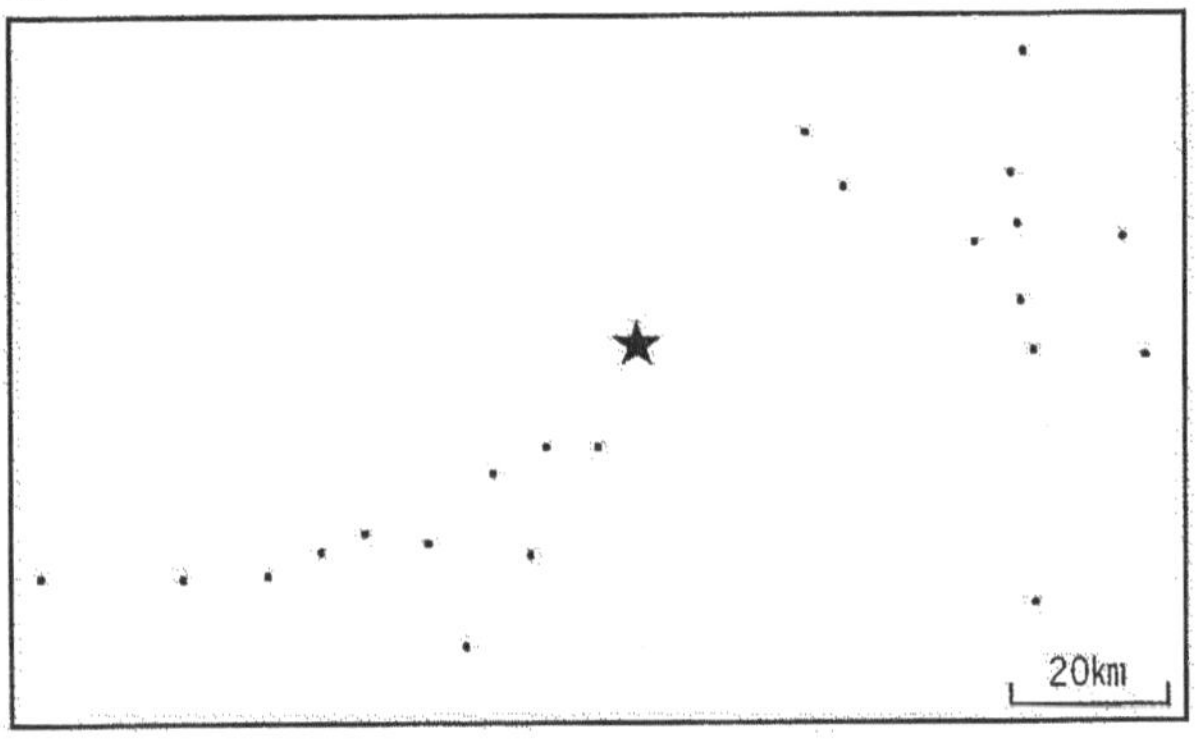

い.

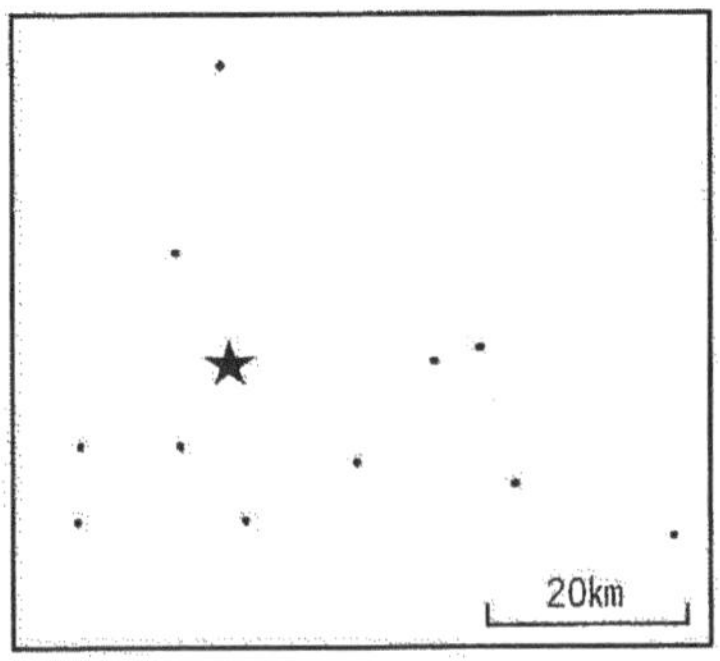

う.

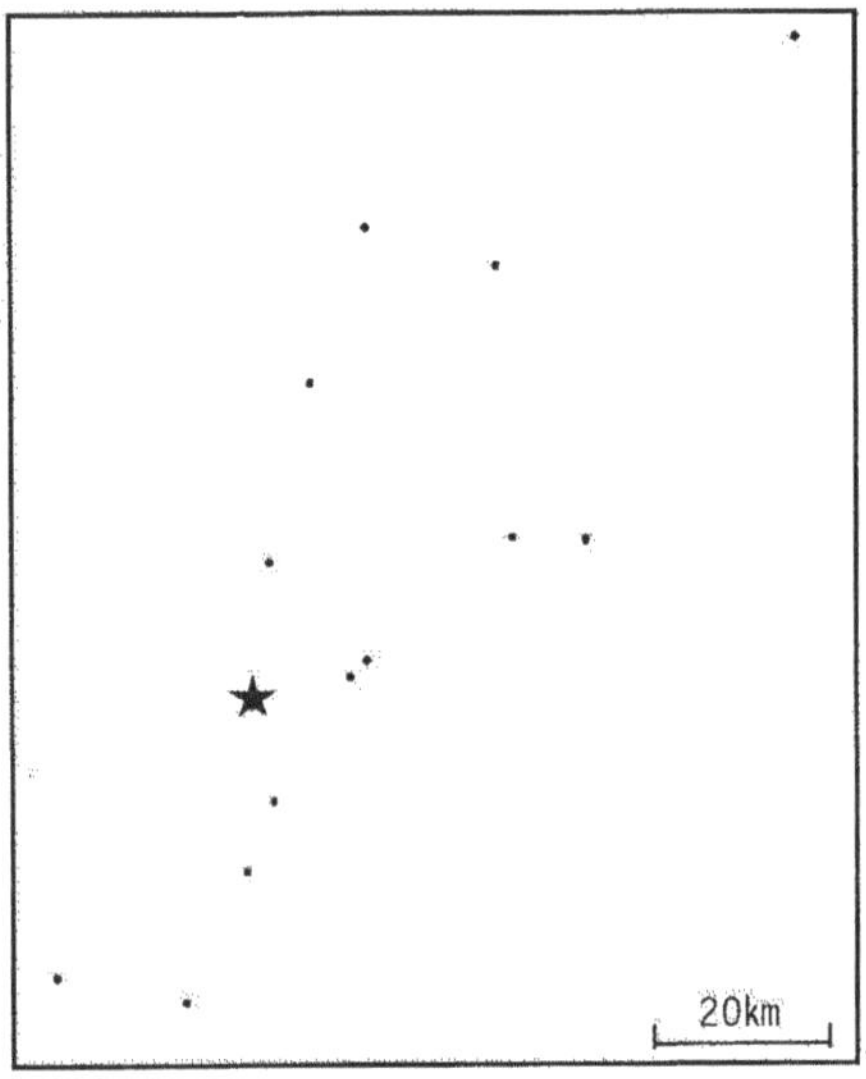

え.

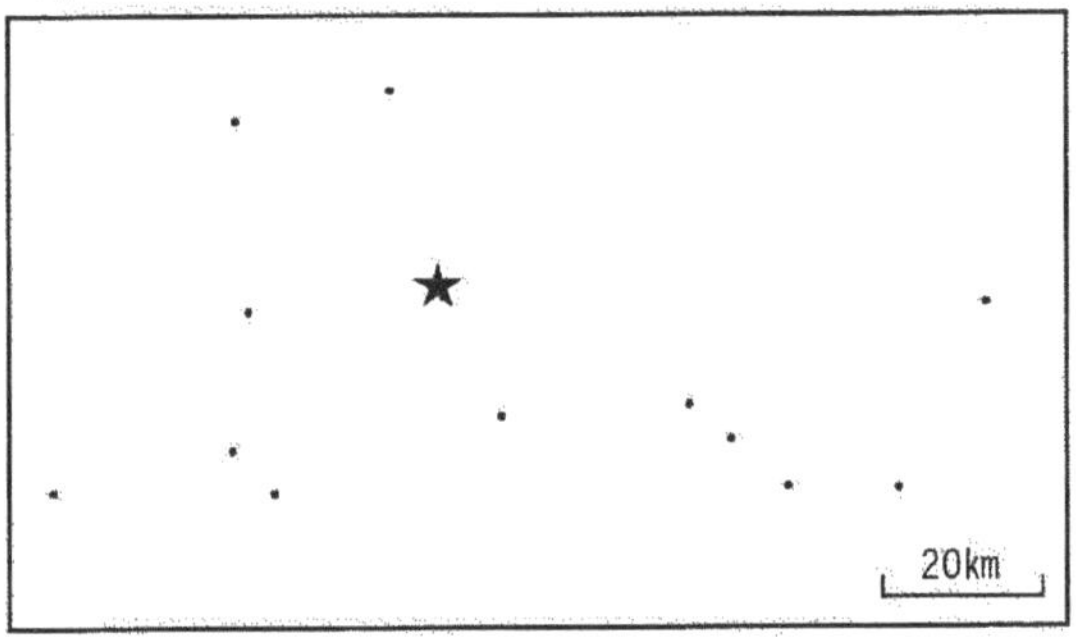

「Ｃｒａｆｔ ＭＡＰ」により作成。

	ア	イ	ウ	エ	オ	カ	キ	ク	ケ	コ	サ	シ
静岡県	あ	あ	あ	い	い	い	う	う	う	え	え	え
山口県	い	う	え	あ	う	え	あ	い	え	あ	い	う

問４　様々な統計から作成された図表に関して，あとの⑴・⑵の各問いに答えなさい。

⑴　次のページの表は，敦賀《つるが》（福井県）と**Ａ～Ｃ**の３地点における１月と７月の月別平均気温を示し，右の図は，それらの地点の１月と７月の月別降水量を示している。また，表中の**Ａ～Ｃ**は高知（高知県），諏訪《すわ》（長野県），八丈島《はちじょうじま》（東京都）のいずれかがあてはまる。表中の**Ｃ**の地点の降水量として正しいものを，図中の**ア～エ**から１つ選び，記号で答えなさい。

表　気温

	1月（℃）	7月（℃）
敦賀	4.7	26.3
A	6.7	27.0
B	10.1	25.2
C	－1.1	23.2

図　降水量

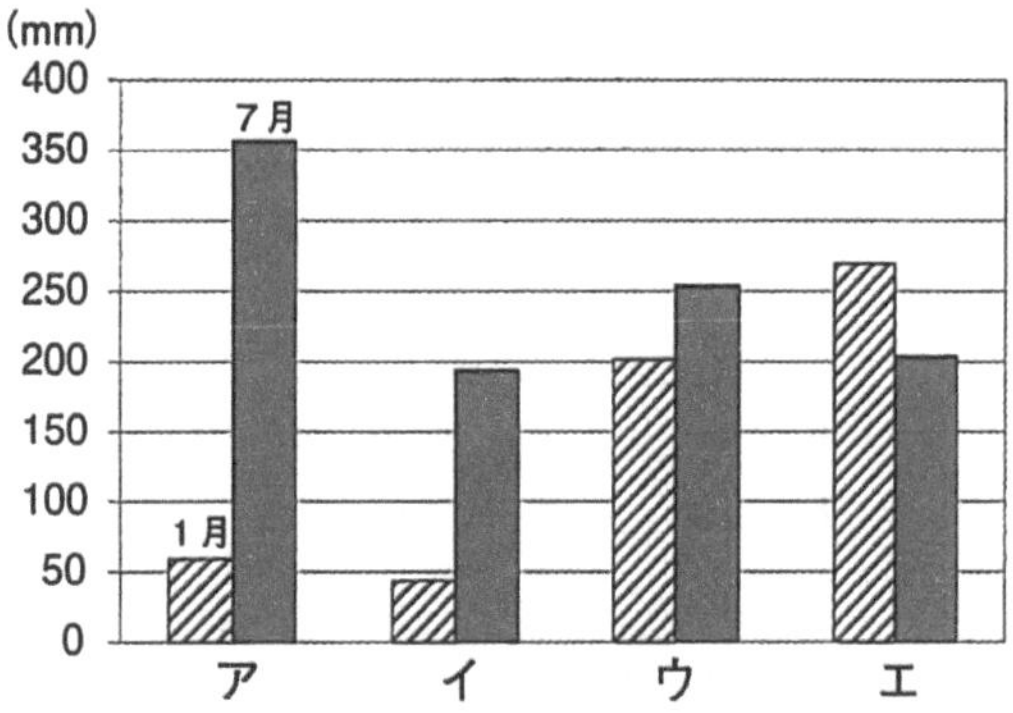

「気象庁ＨＰ」により作成。

⑵　次の図は，東京都，愛知県，大阪府，福岡県の2021年の１年間の人口移動を示している。図中の**X～Z**にあてはまる都道府県の組み合わせとして正しいものを，あとの**ア～カ**から１つ選び，記号で答えなさい。

単位：人

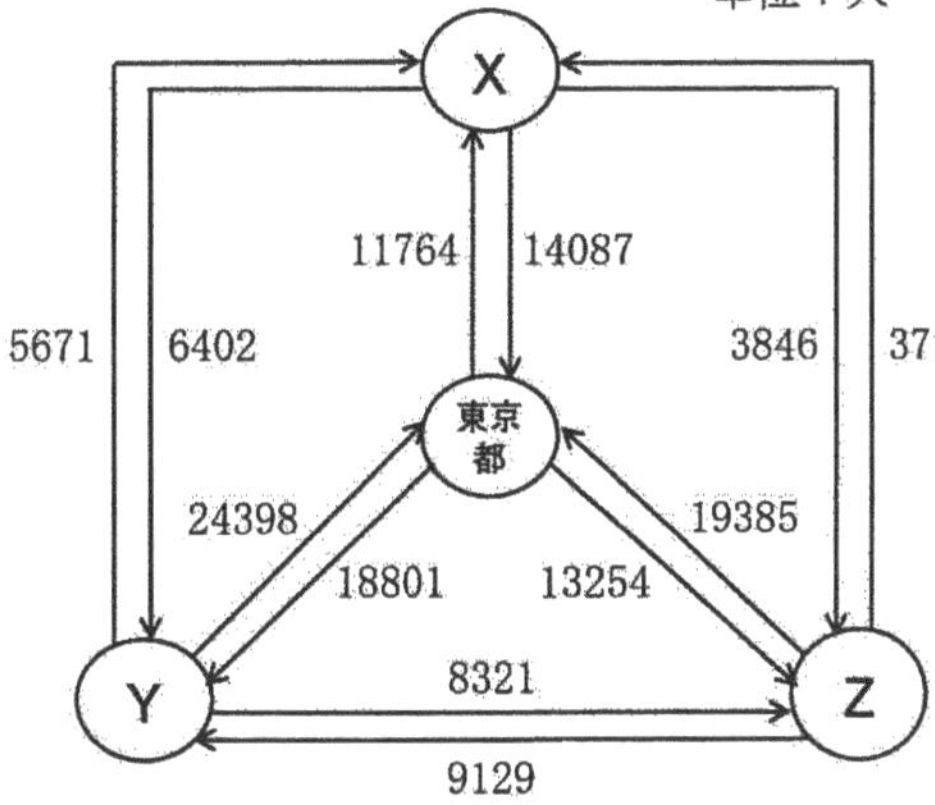

総務省統計局「住民基本台帳人口移動報告」により作成。

	ア	イ	ウ	エ	オ	カ
X	愛知県	愛知県	大阪府	大阪府	福岡県	福岡県
Y	大阪府	福岡県	愛知県	福岡県	愛知県	大阪府
Z	福岡県	大阪府	福岡県	愛知県	大阪府	愛知県

問５　夏休みに京都へ旅行に行くことになった邦平さんは，インターネットで京都の地図を探した。次の**図１**は，京都の「嵐山《あらしやま》・嵯峨野《さがの》」と呼ばれる地域の地図であり，**図２**（次のページ）は**図１**の枠《わく》で囲まれた部分を拡大したものである。これをみて，あとの⑴・⑵の各問いに答えなさい。なお，図は上が北を示している。

図１

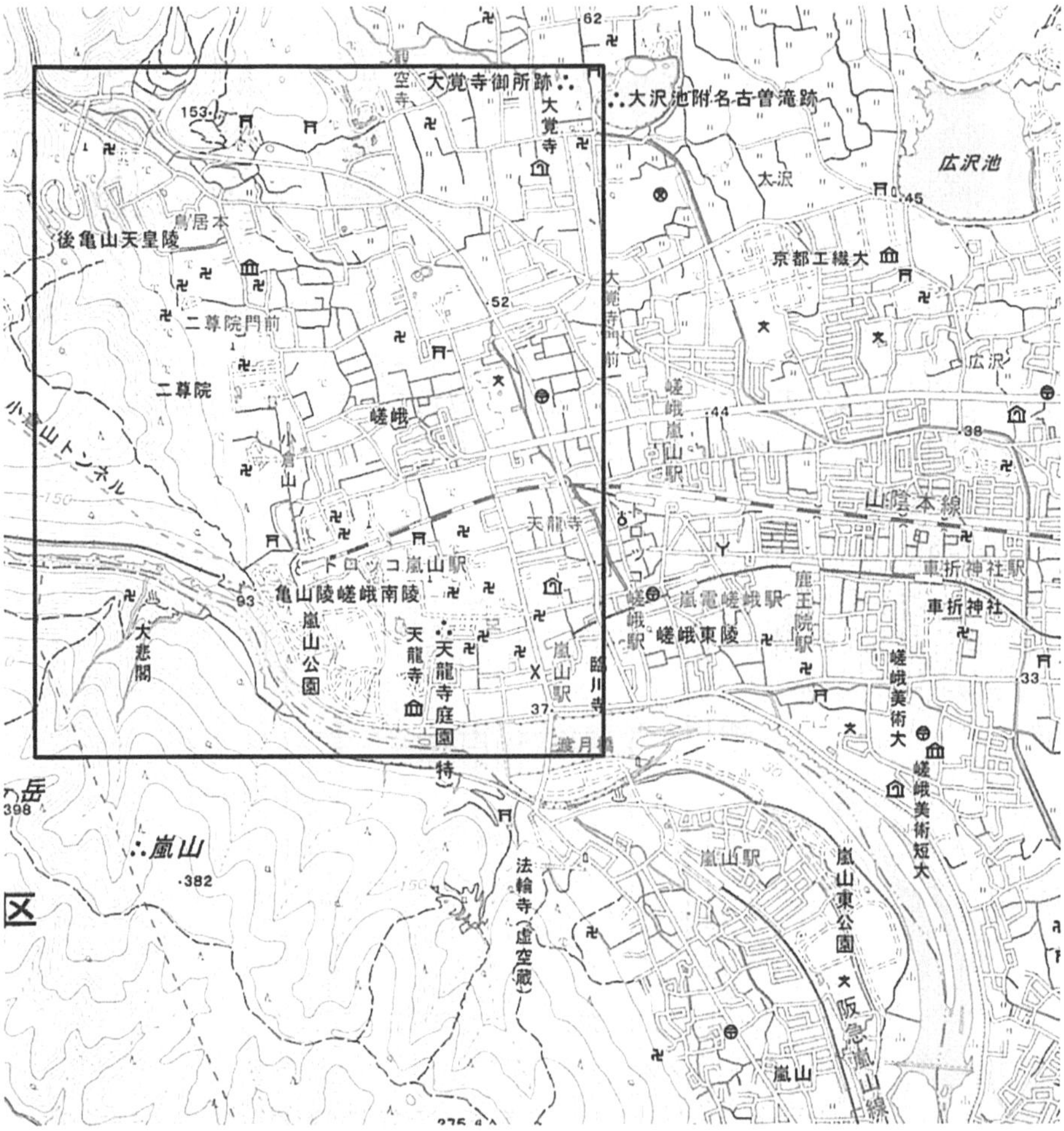

⑴　**図１**・**図２**から読み取れることや考えられることを述べたものとして正しいものを，次の**ア**～**エ**から１つ選び，記号で答えなさい。

ア．多くの寺院や神社が規則的な距離をもって位置しており，これらは都が造られた平安時代以降に計画的に置かれたと考えられる。

イ．**図１**の中央よりやや南を流れる大きな川の北側と南側には「嵐山駅」が２つあるが，この２つの駅の間は，鉄道がつながっていない。

ウ．**図１**の西側にある「トロッコ嵐山駅」と北側にある「大覚寺御所跡《ごしょあと》」の史跡の地図記号では，その標高の差は50m以上ある。

エ．「大覚寺御所跡」へ鉄道を利用して訪れるとき，もっとも近い駅は阪急嵐山線の「嵐山駅」である。

図２

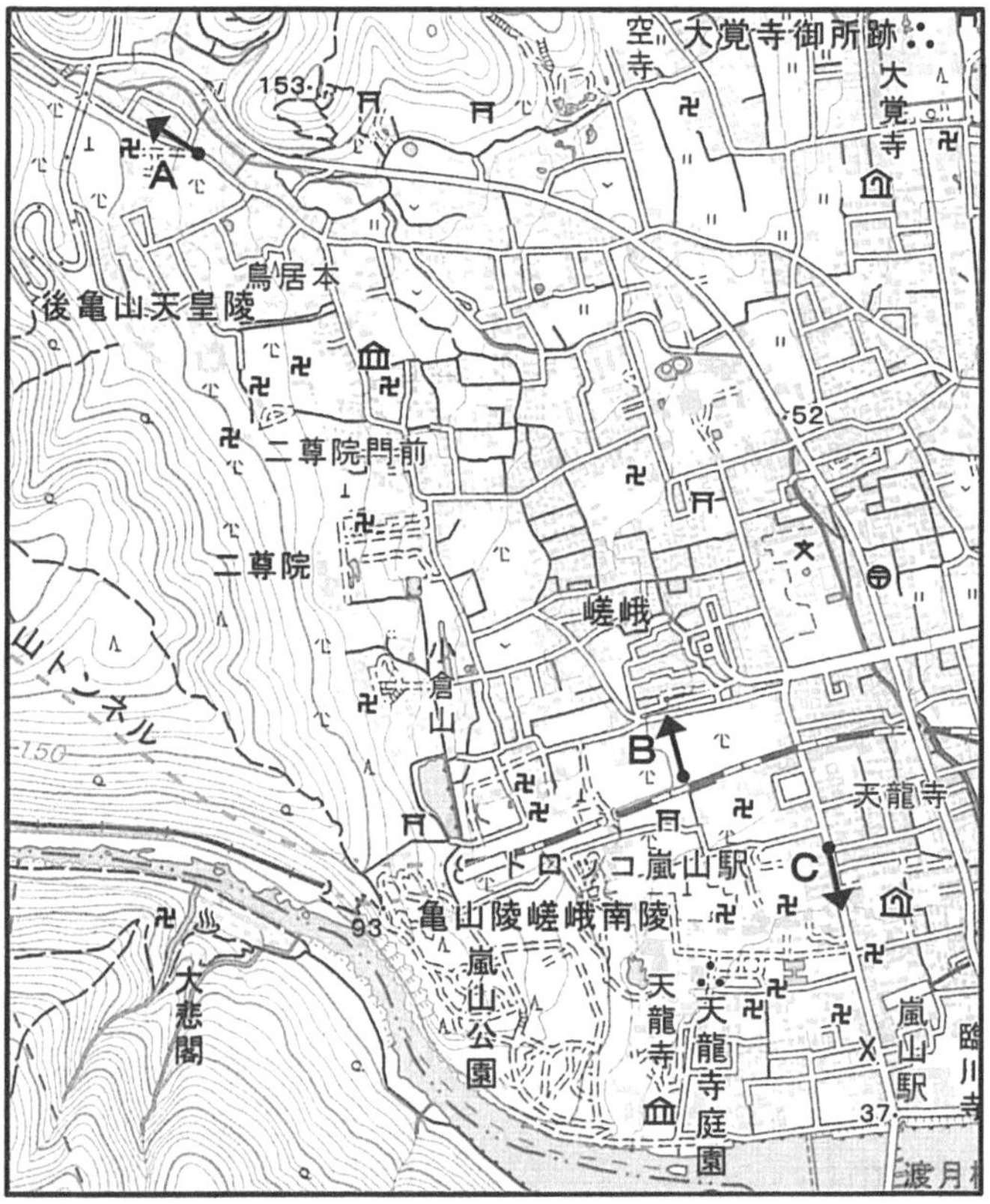

⑵　次の**あ～う**は，**図２**中の**A～C**のいずれかの地点で，邦平さんが矢印の方向に撮影《さつえい》したものである。**A～C**と**あ～う**の組み合わせとして正しいものを，次のページの**ア～カ**から１つ選び，記号で答えなさい。

あ.

い.

う.

	ア	イ	ウ	エ	オ	カ
A	あ	あ	い	い	う	う
B	い	う	あ	う	あ	い
C	う	い	う	あ	い	あ

問６　次の図は邦平さんが作成したもので，北海道，新潟県，滋賀県，鹿児島県の米の収穫量と農業産出額にしめる米の割合を●で示し，Ａ～Ｄの４つのゾーンに分けたものである。この図に富山県と山梨県を書き入れた場合，それぞれが位置するゾーンの組み合わせとして正しいものを，あとの**ア**～**カ**から１つ選び，記号で答えなさい。

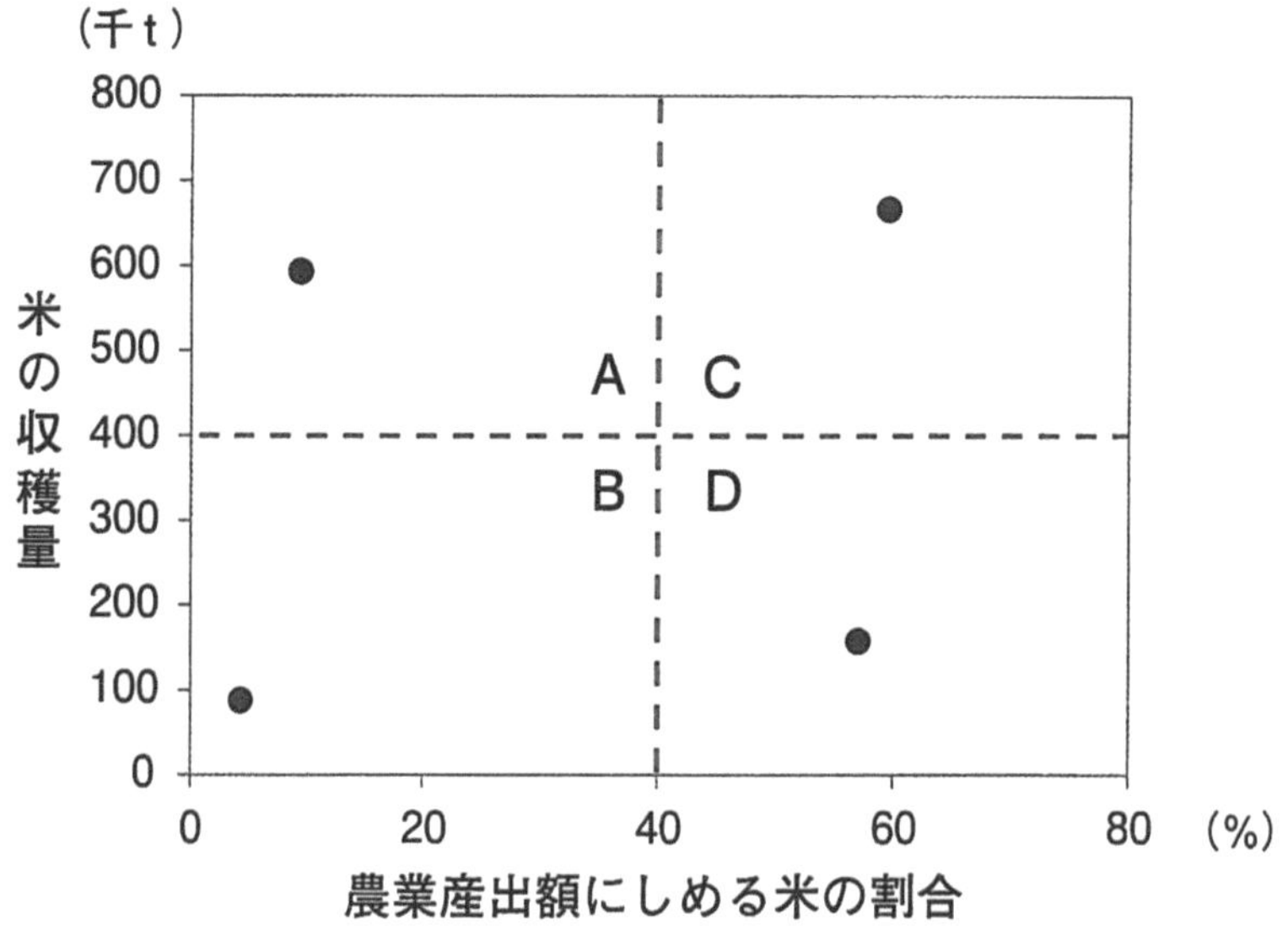

統計年次は2020年。「農林水産省ＨＰ」により作成。

	ア	イ	ウ	エ	オ	カ
富山県	A	B	D	A	B	D
山梨県	B	B	B	D	D	D

２　江戸時代に活躍《かつやく》した河村瑞賢《かわむらずいけん》について述べた次の文章を読んで，あとの各問いに答えなさい。

河村瑞賢は，1618年に①伊勢国《いせのくに》に農家の子として生まれました。瑞賢は，13歳のときに②江戸に出て，はじめ力仕事についていましたが，20代になって商人に比重を移していったようです。1657年に明暦《めいれき》の大火と呼ばれる大火事が江戸を襲《おそ》いました。この時，瑞賢は③信濃国《しなののくに》の木曽《きそ》の材木を買い付け，大きな利益を得たと伝えられています。ちょうどその年に生まれ，後に④学者として将軍に仕えた新井《あらい》白石の著書の中には，瑞賢を日本一の金持ちとする記述があります。

瑞賢の最大の業績として知られるのは，東廻《まわ》り航路・西廻り航路と呼ばれる本州沿岸の航路を整備したことです。

1670年，瑞賢は，陸奥国《むつのくに》の内陸部（現在の福島県）にあった幕府領の年貢《ねんぐ》米を，江戸に運ぶように命じられました。それまでは，何度も積《つ》み替《か》えるなどしたので，時間がかかる上，事故で年貢米が失われることも多いという問題点がありました。瑞賢は，短期間で安全かつ確実に輸送することを目的として，関係地の調査を行い，次のような提案をしました。(一) 途中で積み替えをせずに，房総《ぼうそう》半島を周回して相模国《さがみのくに》の三崎《みさき》や伊豆国《いずのくに》の下田まで行き，そこで西風を待って東京湾《わん》に入り江戸に到着《とうちゃく》する。(二) 房総半島周辺は航海の難所であるので，太平洋側の航海に慣れた伊勢・尾張《おわり》・紀伊国《きいのくに》の船と水夫を幕府が直接雇い，幕府御用の船と明示する。(三) 途中の寄港地を指定し，それぞれに役人を置き，航海の様子を報告させる。これらの提案は幕府に認められました。また，幕府領から積み出し港までは あ 川を船で運びますが，その水路もくわしく調べて事故を防ぐようにつとめました。これらの手立てにより，翌1671年に行われた年貢米の輸送は，それまでよりはるかに早く，また安く済みました。東北地方の太平洋側の諸藩《しょはん》もこの方法にならうようになります。これを東廻り航路と呼びます。

この成功により，瑞賢は，出羽国《でわのくに》の内陸部（現在の山形県）にあった幕府領の年貢米を，江戸に運ぶことを命じられます。この領地の米は， い 川を下って積み出し港の酒田に送ります。それまでは⑤越前国《えちぜんのくに》の敦賀で陸揚《あ》げし，琵琶湖《びわこ》の北端《ほくたん》から南端の⑥大津《おおつ》まで再び船に積み替え，さらに伊勢国の桑名《くわな》まで陸路を運び，桑名から江戸まで三度《みたび》船で運ぶため，日数がかかり，途中で失われる米も多くありました。瑞賢は，調査の結果，それまでと同様に酒田から日本海を西に向かうことにしました。そして，敦賀で陸揚げせずに，⑦長門国《ながとのくに》の下関から瀬戸内海へ入り，摂津国《せっつのくに》の大坂（大阪）を経《へ》て，江戸まで船だけで運ぶことにしました。そのために，日本海，瀬戸内海，大坂・江戸間の航路のいずれも経験の豊富な讃岐《さぬき》・備前《びぜん》・摂津国の船と水夫を幕府が直接雇うことをはじめ，東廻り航路と同様の内容を幕府に求め，認められました。翌年に行われた年貢米の輸送は約２か月で完了《かんりょう》し，それまでより１年以上早くなりました。これを⑧西廻り航路と呼びます。この功績に対し，幕府は3000両ものほうびを与《あた》えています。日本海側の諸藩もこの方法にならうようになり，多くの米や各地の産物が集まる大坂は天下の台所と呼ばれるようになります。

問１　文章中の あ ・ い にあてはまる語句の組み合わせとして正しいものを，次の**ア～カ**から１つ選び，記号で答えなさい。

	ア	イ	ウ	エ	オ	カ
あ	阿武隈《あぶくま》	阿武隈	北上《きたかみ》	北上	最上《もがみ》	最上
い	北上	最上	阿武隈	最上	阿武隈	北上

問２　下線部①・③に関して，伊勢国と信濃国が現在属する都道府県の組み合わせとして正しいものを，次の**ア～カ**から１つ選び，記号で答えなさい。

	ア	イ	ウ	エ	オ	カ
伊勢国	愛知県	愛知県	三重県	三重県	和歌山県	和歌山県
信濃国	岐阜県	長野県	長野県	山梨県	山梨県	岐阜県

問３　下線部②に関して，当時，伊勢国から江戸へ向かう場合に，利用する可能性のもっとも高い街道《かいどう》を，次の**ア～エ**から１つ選び，記号で答えなさい。

ア．奥州《おうしゅう》道中　　**イ**．甲州《こうしゅう》道中　　**ウ**．東海道　　**エ**．日光道中

問４　下線部④に関して，江戸時代に活躍した学者の活動を述べた，次のページの二重線内の**a～d**を年代の古い順に並べたものとして正しいものを，あとの**ア～ク**から１つ選び，記号で答えなさい。

a．青木昆陽《こんよう》が，幕府からサツマイモの栽培《さいばい》を命じられ，『蕃薯考《ばんしょ》』を著《あらわ》した。

b．新井白石が，密入国したキリスト教の宣教師を取り調べて，『西洋紀聞《きぶん》』を著した。

c．伊能忠敬《いのうただたか》が，幕府から日本各地の測量を命じられ，いわゆる『伊能図』をつくった。

d．杉田玄白《すぎたげんぱく》や前野良沢《りょうたく》が，オランダ語の医学書を翻訳《ほんやく》して『解体新書』を著した。

ア．a→b→c→d　　イ．a→b→d→c　　ウ．a→c→b→d
エ．a→c→d→b　　オ．b→a→c→d　　カ．b→a→d→c
キ．b→c→a→d　　ク．b→c→d→a

問５　下線部⑤に関して，戦国時代に越前国を支配していた大名として正しいものを，次の**ア～エ**から１つ選び，記号で答えなさい。

ア．朝倉氏　　イ．今川氏　　ウ．上杉氏　　エ．武田氏

問６　下線部⑥に関して，大津が激戦地となった古代最大の内乱と呼ばれる戦いの結果，天皇となった人物の行ったことがらとして正しいものを，次の**ア～エ**から１つ選び，記号で答えなさい。

ア．全国に国分寺，都に東大寺を設け，国が安らかになるように経を読ませた。
イ．隋《ずい》に使いを送り，また天皇への忠誠をうながす制度を定めた。
ウ．記録に残る初めての戸籍《こせき》である庚午年籍《こうごねんじゃく》の作成を命じた。
エ．中国の都をまねて，藤原京《ふじわらきょう》をつくることを命じた.

問７　下線部⑦に関して，下関で結ばれた条約の内容として正しいものを，次の**ア～エ**から１つ選び，記号で答えなさい。

ア．今後，日本と清国《しんこく》は友好を深め，両国の領土を互《たが》いに尊重し，永久に安全を保障しあう。
イ．清は朝鮮《ちょうせん》が完全な独立自主の国であることを確認《かくにん》する。
ウ．朝鮮は独立国であり，日本国と平等の権利を持っている。
エ．日本の天皇とロシアの皇帝，その両国民との間は将来にわたって平和で友好であること。

問８　下線部⑧に関して，西廻り航路に面した都道府県にあるものとして**誤っているもの**を，次の**ア～エ**から１つ選び，記号で答えなさい。

ア．厳島《いつくしま》神社　　イ．石見《いわみ》銀山　　ウ．姫路城《ひめじじょう》　　エ．吉野ヶ里遺跡《よしのがりいせき》

3　次の文章は，1994年に開かれた第131回国会の参議院内閣委員会での萱野茂《かやのしげる》参議院議員（当時）の質問の一部です。萱野さんは質問をアイヌ語と日本語で行いました。これを読んで，あとの各問いに答えなさい。

エエパキタ　カニアナッネ　アイヌモシリ，①シシリムカ　②ニプタニコタン　コアパマカ　萱野茂，クネルウェネ　ウッチケクニプ　ラカサッペ　クネプネクス　テエタクルネノ，アイヌイタッ　クイェエニタンペ　ソモネコロカ，タナントアナッネ　シサムモシルン　ニシパウタラ　カッケマクタラ　アンウシケタ　アイヌイタッ　エネアンペネヒ　エネアイェプ　ネヒ　チコイコカヌ　クキルスイクス　アイヌイタッ　イタッピリカプ　ケゥドカンケワ，クイェ　ハウェネ　ポンノネクス　チコイコカヌワ　ウンコレヤン。(後略)

私は，アイヌの国，北海道沙流川《さるがわ》のほとり，二風谷《ニプタニ》《にぶたに》に生をうけた萱野茂というアイヌです。意気地《いくじ》のない者，至らない者，私なので，昔のアイヌのようにアイヌの言葉を上手には言えないけれども，きょうのこの日は，③日本の国の国会議員の諸先生方がおられるところに，アイヌ語とい

うものはどのようなものか，どのような言い方をするものかお聞き願いたいと私は考え，アイヌ語を私はここで言わせていただいたのであります。少しですので，私のアイヌ語にお耳を傾《かたむ》けてくださいますようお願い申し上げる次第《しだい》です。

ずっと昔，アイヌ民族の静かな大地，北海道にアイヌ民族だけが暮らしていた時代，アイヌの昔話と全く同じに，［あ］であっても［い］であってもたくさんいたので，何を食べたいとも何を欲《ほ》しいとも思うことなく，アイヌ民族だけで暮らしておったのだが，そのところへ④和人という違《ちが》う民族が雪なだれのように移住してきたのであります。大勢の日本人が来てからというもの，［あ］をとるな，［い］もとるな，［う］も切るなと一方的に⑤法律なるものを押《お》しつけられ，それからというもの，食べ物もなく薪《まき》もなく，アイヌ民族たちは飢《う》え死にする者は飢え死にをして次から次と死んでいったのであります。

生きていたアイヌたちもアイヌ語を使うことを日本人によって禁じられ，アイヌ語で話をすることができなくなってしまいそうになった。言っていいもの，使っていいもの，⑥アイヌ語であったけれども，今現在は，かすみのように，にじのように消えうせるかと私は思っていたが，今現在の若いアイヌが自分の先祖を，自分の文化を見直す機運が盛り上がってきて，アイヌ語やアイヌの風習，それらのことを捜《さが》し求めて，次から次ではあるけれども，覚えようと努力しているのであります。

そこで，私が先生方にお願いしたいということは，北海道にいるアイヌたち，それと一緒《いっしょ》に，各地にいるアイヌたちがどのようにしたらアイヌ民族らしくアイヌ語で会話を交《か》わし，静かに豊かに暮らしていけるかを先生方に考えてほしいと私は思い，ごく簡単にであったけれども，アイヌ語という違う言葉がどのようなものかをお聞きいただけたことに，アイヌ民族の一人として心から感謝するものであります。ありがとうございました。

次に，蝦夷地《えぞち》に対する歴史認識についてということで御質問申し上げたいと存じます。

アイヌ語を含《ふく》め申し上げたことは，私の家系が体験したアイヌの歴史，アイヌの気持ちのほんの一部であります。北海道のアイヌは，今このような⑦歴史を踏《ふ》まえて新たな共生関係をつくるために，旧土人保護法にかわってアイヌのための新しい法律の制定を求めています。

「第131回国会　参議院内閣委員会　会議録第７号　平成６年11月24日」より（一部改）。

問１　次の写真は，文章中の［あ］～［う］にあてはまるいずれかの原材料が使用されている製品である。写真を参考にして，それぞれの原材料の組み合わせとして正しいものを，あとの**ア～カ**から１つ選び，記号で答えなさい。

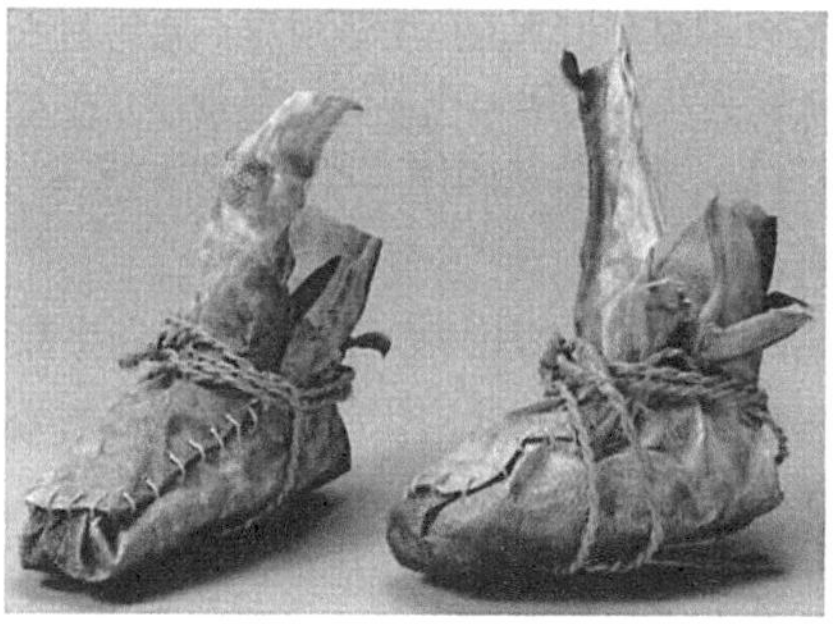

［あ］を加工した製品

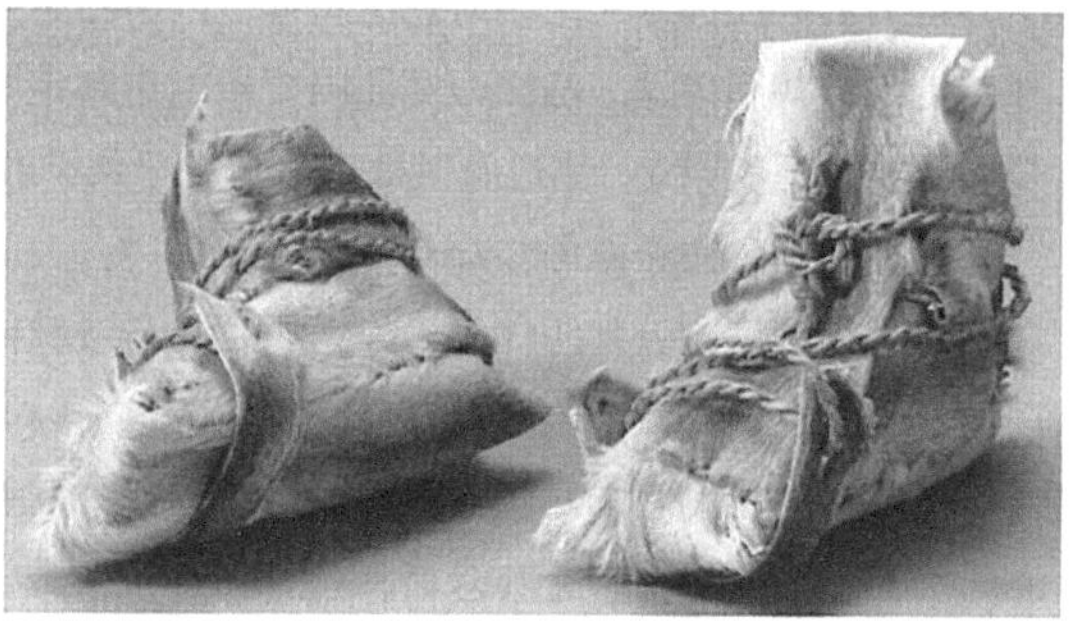

［い］を加工した製品

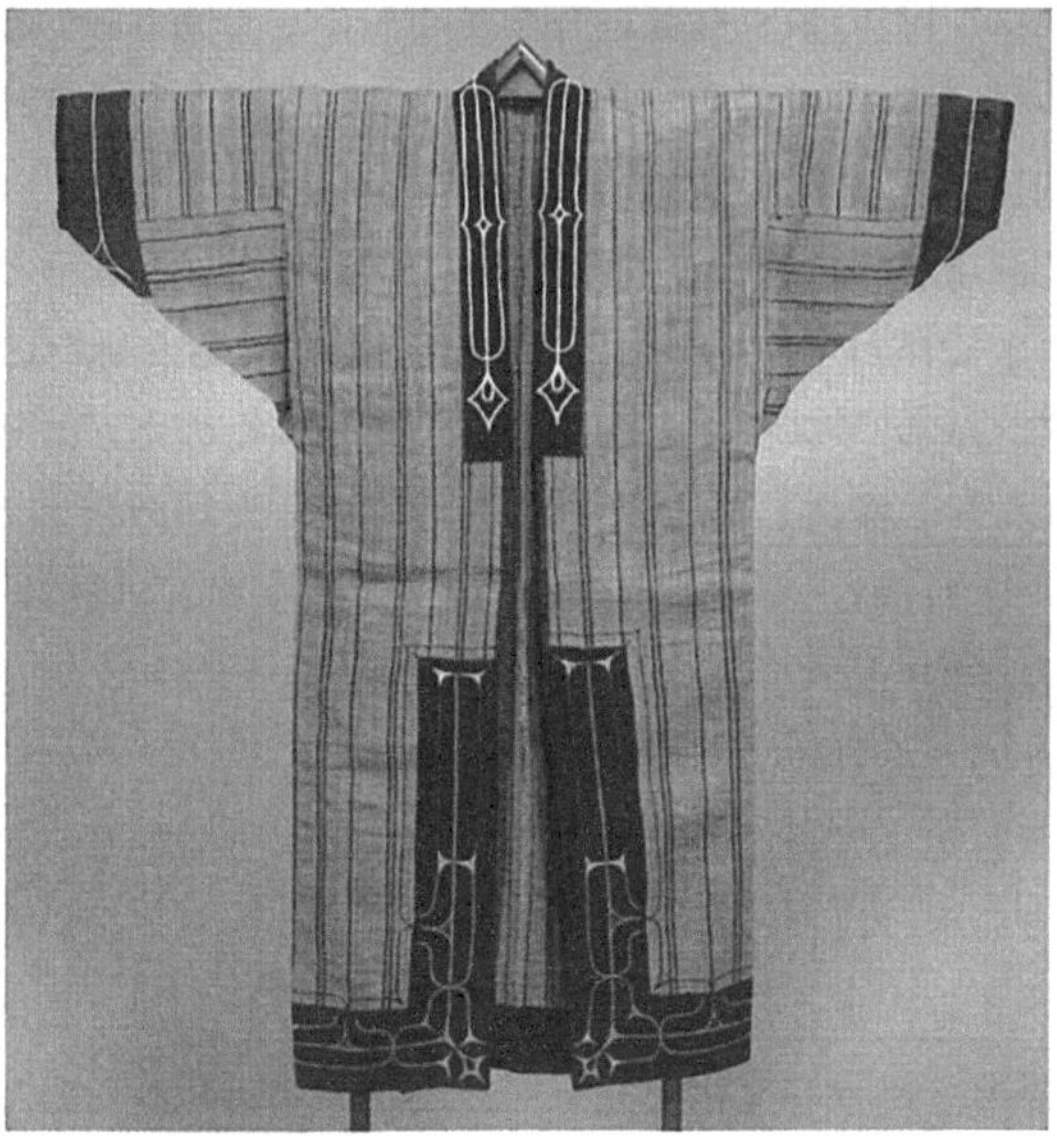

[う]を加工した製品

	ア	イ	ウ	エ	オ	カ
あ	シカ	シカ	木	木	シャケ	シャケ
い	木	シャケ	シカ	シャケ	シカ	木
う	シャケ	木	シャケ	シカ	木	シカ

問２　下線部①に関して，シシリムカは沙流川の旧名で，アイヌ語では「砂が流れてつまらせる」という意味である。河口付近は鳥類にとって重要な生息場となっており，「生物多様性の観点から重要度の高い海域」に指定された。この指定を行った省庁として正しいものを，次の**ア～エ**から１つ選び，記号で答えなさい。

ア．国土交通省　　**イ**．文部科学省　　**ウ**．農林水産省　　**エ**．環境省

問３　下線部②に関して，ニプタニ（二風谷）は北海道の平取《びらとり》町にある。都道府県，市町村などの地方公共団体に関する説明として**誤っているもの**を，次の**ア～エ**から１つ選び，記号で答えなさい。

ア．地方公共団体は，その財産を管理し，事務を処理し，行政を執行《しっこう》する。

イ．地方公共団体は，法律の範囲《はんい》内で条例を制定することができる。

ウ．国は都道府県を，都道府県は市町村をそれぞれ監督《かんとく》し，地方公共団体ごとのちがいをなくし，行政の同一性を確保しなくてはならない。

エ．ひとつの地方公共団体にのみ適用される法律は，その地方公共団体の住民投票で過半数の同意を得なければ，国会はこれを制定できない。

問４　下線部③に関して，国会議員について述べたものとして**誤っているもの**を，あとの**ア～エ**から１つ選び，記号で答えなさい。

ア．両議院は，全国民を代表する選挙された議員で組織される。

イ．何人も，同時に両議院の議員となることはできない。

ウ．両議院の議員は，法律の定める場合を除いて，議員の任期中は逮捕《たいほ》されない。

エ．両議院の議員は，議院で行った演説，討論又《また》は表決について，院外で責任を問われない。

問５　下線部④に関して，ここで指摘《してき》される和人の移住についての説明として正しいものを，次の**ア〜エ**から１つ選び，記号で答えなさい。

ア．平安時代に，坂上田村麻呂《さかのうえのたむらまろ》が征夷大将軍《せいいたいしょうぐん》をつとめ，北海道を朝廷の支配下においた。

イ．江戸の初めに松前藩がおかれ，和人が北海道全域に居住し，アイヌを追放した。

ウ．明治に入り，開拓使がおかれ，多くの開拓者が北海道に渡《わた》り，開拓を進めた。

エ．第二次世界大戦後，引揚者を屯田兵《とんでんへい》として北海道に送り，アイヌの土地を強制的にとりあげた。

問６　下線部⑤に関して，国会で制定された法律と憲法の関係について述べたものとして正しいものを，次の**ア〜エ**から１つ選び，記号で答えなさい。

ア．法律が憲法に適合するかしないかを決定する権限は，最高裁判所のみが有し，下級裁判所が違憲審査権《いけんしんさけん》を行使することはない。

イ．最高裁判所は，法律が憲法に適合するかしないかを決定する権限を有する終審裁判所であるため，「憲法の番人」と呼ばれている。

ウ．新しい法律が制定される場合，国民投票によりその法律が正しいかどうかを判断するので，裁判所に違憲判断を求めることはできない。

エ．新しい法律が制定された場合，内閣又は衆議院の総議員の３分の１以上の提訴《ていそ》により，最高裁判所が違憲審査権を行使する。

問７　下線部⑥に関して，2009年にアイヌ語は「消滅《しょうめつ》の危機にある言語」の中で「極《きわ》めて深刻」であると国際機関に認定された。この国際機関として正しいものを，次の**ア〜エ**から１つ選び，記号で答えなさい。

ア．UNESCO　　**イ**．UNHCR　　**ウ**．UNHRC　　**エ**．UNICEF

問８　下線部⑦に関して，この目的のために，北海道の白老《しらおい》町に2020年７月にウポポイ（「国立アイヌ民族博物館」「国立民族共生公園」「慰霊施設《いれいしせつ》」により構成される）が開業した。中学生となったあなたは，夏休みに友人とウポポイを訪問するために，最寄りの白老駅で待ち合わせる計画を立てた。友人は午前６時38分上野発の東北・北海道新幹線を利用して，あなたは成田空港から飛行機を利用して，白老駅に向かうこととした。

次ページの**【北海道路線図】と各交通機関の【時刻表】を用いて，友人より遅く着くが，待ち時間をできるだけ短くするためのもっとも遅い成田空港出発便**を，次の**ア〜キ**から１つ選び，記号で答えなさい。なお，乗り換《か》えには，列車どうしの場合には10分，列車と飛行機の場合には60分を要することとする。

ア．スプリング・ジャパン　831便

イ．ピーチアビエーション　563便

ウ．ピーチアビエーション　565便

エ．ジェットスター・ジャパン　105便

オ．ピーチアビエーション　567便

カ．全日本空輸　2153便

キ．ジェットスター・ジャパン　109便

【北海道路線図】

「ＪＲ北海道ＨＰ」により作成。

【時刻表】

函館本線・室蘭本線・千歳線　下り

列車名		快速エアポート 101	快速エアポート 103	快速エアポート 105	快速エアポート 107	特急 北斗 3
函館	発					737
新函館北斗	着					756
	発					757
長万部	発					906
東室蘭	発					959
白老	発					1023
苫小牧	発					1037
新千歳空港	発	1006	1018	1030	1042	‖
南千歳	着	1009	1021	1034	1045	1053
	発	1009	1022	1034	1045	1054
札幌	着	1043	1057	1109	1119	1128

函館本線・室蘭本線・千歳線　上り

列車名		特急 北斗 8		快速エアポート 98	快速エアポート 100	快速エアポート 102
札幌	発	938	940	947	1000	1011
南千歳	着	1011	1038	1021	1034	1045
	発	1012	1038	1022	1034	1046
新千歳空港	着	‖	‖	1025	1038	1049
苫小牧	発	1030	1058			
白老	発	1044				
東室蘭	発	1111				
長万部	発	1205				
新函館北斗	着	1319				
	発	1320				
函館	着	1335				

【時刻表】

東北・北海道新幹線　下り

列車名		はやぶさ 1
東京	発	632
上野	発	638
大宮	発	657
仙台	発	805
盛岡	発	850
新青森	発	951
新函館北斗	着	1053

航空ダイヤ

便名		成田	→	新千歳
スプリング・ジャパン	*831*	720	→	905
ピーチアビエーション	*563*	730	→	920
ピーチアビエーション	*565*	800	→	950
ジェットスター・ジャパン	*105*	820	→	1000
ピーチアビエーション	*567*	930	→	1120
全日本空輸	*2153*	1030	→	1215
ジェットスター・ジャパン	*109*	1055	→	1245

‖…他線区経由（この駅を通らない）　　═══…この駅止まり

快速エアポート 109	快速エアポート 111	快速エアポート 113	快速エアポート 115	快速エアポート 117	快速エアポート 119	快速エアポート 121	特急 北斗 5	快速エアポート 123	快速エアポート 125	快速エアポート 127	快速エアポート 129	快速エアポート 131	特急 北斗 7	快速エアポート 133	快速エアポート 135	快速エアポート 137	快速エアポート 139	特急 北斗 9
							900						1005					1045
							918						1022					1104
							919						1023					1105
							1029						1133					1214
							1122						1225					1309
							1146						1249					1334
							1159						1303					1348
1054	1106	1118	1130	1142	1154	1206	‖	1218	1230	1242	1254	1306	‖	1318	1330	1342	1354	‖
1057	1109	1121	1133	1145	1157	1210	1215	1221	1233	1245	1257	1309	1318	1321	1333	1345	1357	1405
1057	1110	1121	1133	1145	1157	1211	1216	1221	1233	1245	1257	1309	1318	1322	1333	1345	1357	1406
1132	1145	1157	1208	1220	1233	1245	1249	1257	1309	1321	1331	1343	1352	1356	1409	1420	1431	1438

快速エアポート 104	快速エアポート 106	快速エアポート 108		特急 北斗 10	快速エアポート 110	快速エアポート 112	快速エアポート 114	特急すずらん 4		快速エアポート 116	快速エアポート 118	特急おおぞら 5		快速エアポート 120	特急 北斗 12		快速エアポート 122
1023	1035	1046	1048	1057	1100	1111	1124	1132		1135	1147	1150	1153	1200	1209		1212
1057	1110	1121	1141	1127	1133	1145	1157	1202		1210	1221	1224	1249	1234	1241		1246
1058	1111	1121	1142	1127	1134	1146	1158	1202		1211	1221	1225	1250	1234	1241		1246
1101	1114	1125	‖	‖	1137	1149	1201	‖		1214	1225	釧路	‖	1238	‖		1250
			1203	1144				1221	1234			1551着	1310		1259	1330	
				1158				1234	1257						1313	1354	
				1224				1301	1352						1339	1437	
				1317				室蘭	室蘭						1437		
				1426				1313着	1405着						1552		
				1427											1553		
				1441											1608		

※出発時刻のみが記されている場合，到着時刻も同じと考える。

「ＪＲ時刻表2022年７月号」により作成。

イ　改めてじっくりながめる清水課長の様子からは以前と違うところが全く見られないため、岡本は自分に対する村西部長の評価すらちがうのではないかと思い始めている。

ロ　村西部長は清水課長の岡本に対する指導を評価しているが、岡本自身はその評価に納得せず、やはり神経質で細かい人間だという気持ちを捨てきれないでいる。

ハ　村西部長が語った清水課長の過去の話によって岡本の清水課長を見る目は変わってきたが、それでも清水課長をどうしても評価できないところが残ってしまっている。

ニ　清水課長のふるまいは変わっていないが、それを見る岡本の心の中から清水課長に対する負の感情が消え、素直に受け入れられるような思いになっている。

ホ　村西部長から予想外の高評価を受け、あいかわらず細かいところが気になっているような清水課長を見て、岡本は自分の方が社会人として上ではないかと感じている。

問10　本文の説明としてもっとも適切なものを次の**イ**～**ホ**の中から一つ選び、記号で答えなさい。

イ　就活生からのメールによって自分の現在がこれでよいのかという疑問を強めてしまった岡本は、現在の部署である総務部について、自分はひょっとしてこのままこの部署で終わってしまうのではないかというおそれを持つ。昔の清水課長によって一つ一つ丁寧に押された訂正印は、岡本の感じているおそれをさらに強調する気味の悪いものとして心にのしかかった。

ロ　前進するためにはささいなことは切り捨ててかまわないと考える世の風潮に対して、がんこに基本を大事にすべきだと主張する少数派がある。岡本の会社も同様の二派が存在しており、二つの主張を器用に使い分けていた岡本は、後者の考えの大事さに思い至る。二重線を引いて字を消す岡本の行動は、自分の過去の考えと決別する決意表明と考えられる。

ハ　同期の川辺と対照的に、ひまな部署に異動させられた岡本だが、それでも精一杯《せいいっぱい》勤めを果たそうと努力している。そんな岡本にとって、長く総務部にとどまり続ける清水課長は、仕事への意欲を失わせる存在だった。内容リストに押されたたくさんの「清水」の訂正印は、いかに総務部が進歩のない部署であるかを象徴《しょうちょう》するもののように岡本には映った。

ニ　細かなことを見過ごして良いか悪いか、考え方はさまざまあるだろうが、見過ごせないと考えることで生まれる大事なこともある。それに気がついた岡本の所属する総務部は、目立たないが会社にとって欠くことができない部署である。ラストで定規を使って二重線を引く姿は、自分の仕事を前向きにとらえることができるようになった岡本の気持ちをも表している。

ホ　基本をおろそかにしてはまともな仕事ができない、と考えている清水課長の思いは、村西部長の言葉によって初めて岡本の心にとどいた。しかし清水課長はできれば岡本に誰からも教わることなくそれに気づいてほしいと思っており、余計なことを言った村西部長に反感を抱く。岡本がふり返ったとき清水課長がいなかったのは部長に対する小さな反抗《はんこう》であった。

のはご苦労なことだ。

ハ　こんな細かいことにこだわらざるを得ない総務部という職場は本当に働きがいがないね。

ニ　こんな細かいことにこだわる清水課長も清水課長だが、その指示にさからえない君も君だ。

ホ　こんな細かいことにこだわるなんて、君も清水課長のような人間になってしまったんだね。

問５　――線（４）「資料に目を通す人間の理解力を信頼した」とありますが、これはどのようなことですか。その説明としてもっとも適切なものを次の**イ～ホ**の中から一つ選び、記号で答えなさい。

イ　自分の業務を優先して考え、不完全な資料を受け取った相手の迷惑《めいわく》など想像することさえしないこと。

ロ　資料を渡す相手も同じ会社の人間であり、仕事がいかに多忙《たぼう》かをわかってくれるだろうと思うこと。

ハ　業務に支障のあるミスでない以上、相手は気にしないし、伝えたいことも伝わるだろうと考えること。

ニ　細かな規程はあるが、ほとんどそれを無視して、みなが自分たちの勝手なやり方で仕事をしていること。

ホ　資料にミスがあることを知りつつ、その訂正や清書作業については相手に丸投げしていたということ。

問６　[Ⅰ]・[Ⅱ]にあてはまる言葉の組み合わせとしてもっとも適切なものを次の**イ～ホ**の中から一つ選び、記号で答えなさい。

イ　Ⅰ　なさっ　　Ⅱ　なされ

ロ　Ⅰ　いたし　　Ⅱ　いたせ

ハ　Ⅰ　いただい　　Ⅱ　いただけれ

ニ　Ⅰ　差し上げ　　Ⅱ　差し上げれ

ホ　Ⅰ　存じ上げ　　Ⅱ　存じ上げれ

問７　――線（５）「破顔した」のここでの意味としてもっとも適切なものを次の**イ～ホ**の中から一つ選び、記号で答えなさい。

イ　意外だという顔つきをした　　**ロ**　意識を集中しようとした

ハ　おだやかな顔になった　　**ニ**　こらえきれずに噴き出した

ホ　表情をゆるませて笑った

問８　――線（６）「え、と漏れそうになった声」とありますが、この声が「漏れそうになった」気持ちを表したものとしてもっとも適切なものを次の**イ～ホ**の中から一つ選び、記号で答えなさい。

イ　几帳面な部分ばかりが外に出ている清水課長にも自分と同じ雑な一面があるようなので、これからは仲良くなれそうだ。

ロ　自分自身も失敗していたという事実を隠《かく》して、部下のミスを厳しく指導する清水課長はなんと勝手な人間なのだろう。

ハ　誰が考えてもまちがいだとわかる行動をしていた昔の清水課長は、今の自分よりよほど社会人として失格なのではないか。

ニ　かつて清水課長に対して厳しく怒ったなどということは、今の村西部長の温厚《おんこう》さから考えると想像のつかないことだ。

ホ　ささいなミスでさえ細かく指摘《してき》する清水課長に、雑な処理をして怒られた時代があったなんてとても信じられない。

問９　――線（７）「社内の誰かに笑われてしまうほどの几帳面さで、相変わらず社内規程を開いてうんうん唸っている」の説明としてもっとも適切なものを次の**イ～ホ**の中から一つ選び、記号で答えなさい。

※3　就活生……就職活動にとりくんでいる学生。
※4　ＯＢ訪問……学生が就職活動を行うときに、その企業にいる母校の卒業生を訪問して情報収集すること。
※5　差し戻し……書類に修正や訂正をしてほしいことがあるため原案者のもとに戻すこと。
※6　ToDoリスト……やるべき作業を書きとめたリスト。

問1　本文には次の一文がぬけています。この文が入る直前の**三字**をぬき出して答えなさい。（句読点、記号等も字数に数えます。）

> 訂正の二重線を引くときは必ず定規を使うよう、清水課長から再三言われているのだ。

問2　――線（1）「流れ着き」とありますが、この説明としてもっとも適切なものを次の**イ～ホ**の中から一つ選び、記号で答えなさい。

イ　総務部という部署が、清水課長や村西部長から見て部下たちの能力があまり高い場所とはいえないことを示している。
ロ　総務部という部署が、清水課長や村西部長の強い希望が通って実現した働きがいのある場所であることを示している。
ハ　総務部という部署が、清水課長や村西部長を心から歓迎《かんげい》してくれる部下たちの多くいる場所であることを示している。
ニ　総務部という部署が、清水課長や村西部長にとって決して自分から強く望んで来た場所ではないことを示している。
ホ　総務部という部署が、清水課長や村西部長が思いがけず出会うことになった強い縁《えん》のある場所であることを示している。

問3　――線（2）「就活生だったころの自分の夢を守るために、ウソをついてくれていた」とありますが、それはなぜですか。その理由としてもっとも適切なものを次の**イ～ホ**の中から一つ選び、記号で答えなさい。

イ　学生の質問にくわしく答えることは現状をふり返ることにつながり、学生時代に描《えが》いた夢を実現したものが自分の今の仕事なのだという自信をぐらつかせるものとなるから。
ロ　相手の質問にまともに答えてしまうと、自分が学生時代に持っていた夢よりも現在の学生の夢の方がすぐれているのではないかと考え、自分自身に自信がなくなってしまうから。
ハ　学生時代の夢とはほど遠い現在の自分の状況を正直に書いてしまうと、学生時代の自分が将来の自分について考えたものを自分自身で否定してしまうことにつながるから。
ニ　実際に社会に出てしまうと意外な壁や限界につき当たることをいくつも経験するが、そんなささいなことで就職活動中の学生の情熱を失わせるのはまちがいだと思っているから。
ホ　就職を希望する学生の質問にまともに答えてしまうと、日々の仕事に追われ学生時代に描いた将来への希望を思い出すひまさえ持てない現在の生活をふり返らざるを得なくなるから。

問4　――線（3）「大変だね、君も」とありますが、このときの小出課長の気持ちを表したものとしてもっとも適切なものを次の**イ～ホ**の中から一つ選び、記号で答えなさい。

イ　こんな細かいことにこだわるなんて、君はあまりにもゆうずうのきかない人間だね。
ロ　こんな細かいことにこだわる清水課長の指示に従わねばならない

[Ⅰ]て、期限延長か廃棄か判断[Ⅱ]ばありがたいのですが」

村西部長が、内容リストを扇《おうぎ》のように広げる。どの紙の保管期限記入欄にも、定規で引かれた二重線と、清水課長の訂正印が押されている。

一枚、一枚、すべてに、丁寧に。

「懐《なつ》かしいな、これ」

村西部長が、ふ、と(5)破顔した。

「かなり前のやつだろ、これ」

「……箱自体は二十年前に作成されたようですね。十年前に一度、保管期限を延長しているようなので」

俺がそう付け加えると、村西部長は「そうそう」とさらに表情を緩《ゆる》ませる。

「十年前、期限延長するって言ったら、もとの保管期限をぐしゃぐしゃって塗りつぶしたんだよ」あいつが、と、村西部長が清水課長のデスクを見やる。「それで俺が、どんな些末《さまつ》な修正でもきちんとしなきゃダメだって怒《おこ》ったんだ」

(6)え、と漏れそうになった声を、俺は飲み込む。

「そしたらあいつ、わざわざ一回修正液で全部消して、その上からもとの保管期限を書き直して、二重線引いて訂正印押して……ほら、ここだけ色がちょっと違《ちが》うだろ」

言われてみれば確かに【２０１５年６月】と書がれているあたりは、他の部分と比べて白色がより鮮《あざ》やかに見える。

「修正液なんてビジネス文書としてもっと不適切だってまた怒ってな。あのときは清水も総務に来たばかりだったから」

書き損じを塗りつぶす。修正液を使用する。今の清水課長の几帳面《きちょうめん》さからは、考えられない。

「今、社会人として基本的なことを教えてくれる人ってなかなかいないだろう。どの部署も即《そく》戦力即戦力って……基本があってこその即戦力だろうに」

まあそういう業界だから仕方ないかもしれんが、と、部長は一度、咳《せき》をする。

「その点、岡本はしっかりしてるな。考えてみたら、総務部に来てからそういう基本的なことで注意したことが一度もない」

それは、村西部長に書類が回覧される前に、清水課長がすべてチェックしてくれていたからだ。全角と半角のズレや、規程との表記の違いに至るまで。

「いい上司に恵《めぐ》まれたんだな、きっと」

部長のデスクの内線が鳴る。「あ、これ全部、また十年延長しておいて」電話の受話器を摑《つか》んだ部長に礼をして、俺は自分のデスクに戻ろうと振《ふ》り返る。

清水課長が、戻ってきている。

腰《こし》が痛むのか、ぺちゃんこにつぶれた椅子の座面にクッションを敷《し》いている。(7)社内の誰かに笑われてしまうほどの几帳面さで、相変わらず社内規程を開いてうんうん唸《うな》っている。

俺は、二十年前に作られた内容リストをデスクに広げた。そして、十年前の清水課長もきっとそうしたように、ノックしたボールペンの先を、定規に沿ってすうと滑《すべ》らせた。（朝井《あさい》リョウ「清水課長の二重線」より。）

（注）※1　辞令……会社などで、職につけたりやめさせたりする通知。
※2　異動……会社などでの地位や役目がかわること。

れていた。いくら寝不足《ねぶそく》でも、会社に寝泊《ねと》まりをすることになったとしても、あのころの煩雑《はんざつ》さが今は愛《いと》しい。

昼食後、すぐに手帳を開くのは、※6ToDoリストが溢《あふ》れ返っていたデジタルコンテンツ事業部時代からの癖《くせ》だ。今は、手帳がなくとも諳《そら》んじることができるほどしか書き込みがない。

【整理作業月間　箱の洗い出し作業〆《しめ》】

二十九日の欄《らん》に、そう走り書きされている。今日は二十四日だが、二十九日までに土日を挟《はさ》むので、そろそろ手をつけておいたほうがいいだろう。

社内に保管しきれなくなった紙資料については、種類ごとに段ボール箱にまとめ、倉庫業者に保管作業を委託《いたく》している。そして、箱を倉庫に入れる際は、箱一つにつき一枚、内容リストというものを総務部に提出してもらうことになっている。各部門から提出される内容リストには、それぞれの箱の中身や作成者の氏名、保管期限などの情報が記載《きさい》されている。

紙資料の保管期限は、種類や重要度によって異なる。一年間保管したあと廃棄《はいき》していいものもあれば、永久保管と設定されているものもある。ただ、最近はどんな重要な紙資料であっても、最初から永久保管と設定することは少ない。とりあえず十年保管に設定しておき、十年ごとに廃棄か延長かを確認することで、無駄《むだ》な倉庫代を削減《さくげん》しようという動きがあるからだ。箱の数をもとに倉庫代が算定されるため、会社としては、倉庫に保管している箱は一つでも少ない方がいい。

俺は、落ちていく瞼《まぶた》をどうにかこじ開けながら、総務部が所有している内容リストの中から、保管期限が【２０１５年６月】となっているものを抽出《ちゅうしゅつ》していく。他の部に比べたら紙資料そのものの量は少ないが、内容の古さはトップクラスかもしれない。いくら職制変更《へんこう》があったとしても、総務部だけは必ず会社にありつづける。定期的に保管期限を延長しつつ残されている紙資料が、今でもたくさんあるのだ。

抽出した内容リストを見ると、作成者名の欄には、村西、という判が押されており、作成日の欄には今から二十年も前の日付が書かれている。二十年前の村西部長が作成した箱、ということだ。つまり、はじめに設定した十年という保管期限を一度、延長しているのだろう。案の定、【２００５年６月】の下にある【２０１５年６月】という文字には二重線が引かれている。そして、二重線の上に押されている訂正印の名前を見て、俺は一瞬、眠気《ねむけ》が覚めた気がした。

【清水】

俺はちらりと、隣の席を見る。トイレにでも行っているのか、そこにはからっぽの椅子《いす》があるだけだ。

十年前、清水課長は、おそらく俺が座っているこの席、総務部の下《した》っ端《ぱ》が座るこの席で、同じような作業をしていたのだ。もっとも肉体的に無理が利《き》くであろう若い男の体が、社内の誰《だれ》も興味を示さない『整理作業月間』の業務を粛々《しゅくしゅく》とこなしていたのだ。

三十枚近くある内容リストを手に、俺は立ち上がる。

「部長、いま少しよろしいでしょうか」

デスクのすぐそばに立つ俺を見て、村西部長がペンを置く。

「倉庫に頂けている資料の整理作業を行っているのですが、こちらが今月保管期限を迎《むか》える箱の内容リストになります。週明けまでに確認く会社員人生を送るのかもしれない。

※3就活生からのメールは、ゲーム業界で働くことへの夢と希望に満ち満ちている。ご丁寧《ていねい》に、※4ＯＢ訪問当日にしたい質問案まで貼《は》り付けられている。俺はそれを見ながら、自分が就活生だったときにＯＢ訪問をした相手は、【一日のスケジュールを教えてください】というあまりにもよくある質問に、本当に正直に答えていたのだろうかと思った。彼らの夢を、いや、(2)就活生だったころの自分の夢を守るために、ウソをついてくれていたのではないだろうか。

「小出課長、いま少しよろしいですか」

電話を置いた小出課長に、俺は声をかける。

「この掲出《けいしゅつ》書類のことなんですけど」

俺が言い終わらないうちに、小出課長は口を尖《とが》らせた。

「これ、俺が昨日渡したやつじゃん。まだ回覧してないの？」

なるべく早く、と書かれている付箋《ふせん》の黄色が、ライトに照らされてぴかりと輝《かがや》く。

「いえ、回覧はしたんですけど※5差し戻《もど》しがありまして、こちらなんですが」俺は、「領収書」の箇所《かしょ》を指しながら続ける。「社内規程では、『領収証』表記なんですよ。ですが、いただいたものだと『領収書』になっているんです。こちら、意味があってわざと変えたのか、ただのタイプミスなのか確認できればと」

「え？」

小出課長より早く、その両側のデスクにいる人が噴《ふ》き出した。「すげえ細かい」笑い声の中に、そんなつぶやきが交ざっている。

「(3)大変だね、君も」

小出課長の目に、少し、同情の色が滲《にじ》んだ気がした。

「別に意味はないから、そちらの都合のいいように変えてもらっていいよ」

「では書面のデータはこちらで修正しておきますので、こちらに二重線と訂正印《ていせいいん》を……」

「はいはい」

小出課長は笑いながら、あっという間にボールペンで二重線を引いた。「あ」俺は思わず声を漏《も》らす。小出課長は俺の声など全く気にも留《と》めていないようで、二重線の上から訂正印を押《お》した。

これでやっと、回覧できる。俺は小出課長に頭を下げ、速足でデスクへと戻る。

清水課長はよく、社内で笑われている。さっき、小出課長の両側の人たちがそうしていたように。

ふと、壁《かべ》かけ時計を見る。まだ十時にもなっていない。異動してから、時間の流れの速度は明らかに変わった。このままじっと時計を見つめていれば、10という数字のマルの部分が、黒く塗《ぬ》りつぶされていくような気持ちになる。

デジタルコンテンツ事業部にいたころは、業務をこなすうえでとにかくスピードが大事だった。書類上、全角と半角が揃《そろ》っていない箇所があったとしても、それを直すことにより業務に遅《おく》れが生じるならば、(4)資料に目を通す人間の理解力を信頼した。

朝、川辺が抱《かか》えていたＦＡＸ用紙。こちらにぺろんとその顔を見せていた、一枚の書類。書き損じの部分が、ぐしゃぐしゃと黒く塗りつぶさ問9　……線①～⑤の説明として**適切でないもの**を次の**イ**～**ホ**の中から一つ選び、記号で答えなさい。

イ　①「決定的な大失敗」とは具体的には、交通ルールの理解を誤って、車にひかれてしまうことである。

ロ　②「ややもすると」をふくむ文の内容は、人々がそのような状況におちいりやすいことを表している。

ハ　③「ゴリラ」の例は、「ゴリラ」が人間と同様に他者との距離によって関係性を築いていることを表している。

ニ　④「親友だよね」「いつも頼りにしているから」等は、本文において好ましくない言葉の例として用いられている。

ホ　⑤「自分というものの輪郭」は、他者と意見を交換しそのちがいや共通点に気づくことで、初めて見えてくるものである。

問10　本文における筆者の主張としてもっとも適切なものを次の**イ**～**ホ**の中から一つ選び、記号で答えなさい。

イ　いつでもだれとでもつながれるスマホがあることで、かえって特定の相手としかつながることができない人が増えている。だから、積極的に自分から他人と関わることで、さまざまな相手と自由に人間関係を築いていくべきである。

ロ　スマホで容易に他人とつながることができる現代では、身体感覚によって自ら判断することが重要である。そのような自立した個人同士が行動をともにする中で築く、たがいを認め合えるような関係こそが望ましい信頼関係と言える。

ハ　さまざまな有用な情報があふれる現代だからこそ、そうした情報を用いることなく、自分自身で物事を決断する力が必要である。こうして情報にまどわされず、自分自身の五感を駆使することで、友人と個別の信頼関係を築くことができる。

ニ　よりよい信頼関係の中で生きて行くためには、さまざまな世界に入り込み、そのルールを体得していく必要がある。そうした身体を通じた学びが、他者の言葉の背後にある気持ちを見ぬく能力をつちかい、他者との良好な関係を築く助けとなる。

ホ　言葉や情報といったものに流されがちな人間の世界では、何事にも流されない自己を確立しなければならない。それぞれがきちんと自分自身の意志を持ち、正しい情報を発信することによって、人と人とが認め合えるようになるのである。

二　次の文章を読んで、あとの問いに答えなさい。

入社して二年が過ぎ、いよいよ自ら企画《きかく》したゲームの開発に携《たずさ》われそうだというとき、※1辞令が出た。俺《おれ》は総務部へ、川辺はデジタルコンテンツ事業部への※2異動だった。それから二年間、二人とも、異動はない。

チャイムが鳴る。九時、始業の合図だ。

「あ、あと」

清水課長がこちらを見る。

「整理作業月間の作業も、進めておいてね」

今年度も、総務部への新人の配属はなかった。隣《となり》にいる清水課長も、ずっと奥《おく》の席に座《すわ》っている村西部長も、二度目の異動で総務部に(1)流れ着き、そのまま十年以上、総務部から出ていないらしい。このままいくと、俺は本当に、ここから見える人たちと同じように席を移動していだということ。

問5　——線（3）「しっかりとした意識を持ち、つねに自分がしていることを見つめている態度が必要だ」とありますが、それはなぜですか。もっとも適切なものを次の**イ**～**ホ**の中から一つ選び、記号で答えなさい。

イ　自らの過去の経験とあたえられた情報を照らし合わせることで、現状を変えられるようになるから。

ロ　自分が置かれている状況をよく見て理解しようとすることで、主体的な行動ができるようになるから。

ハ　他者や情報に頼らずに行動を決定し続けることで、自分の下した判断に責任を持てるようになるから。

ニ　自身の五感を使って状況を整理することで、その地域の文化に溶け込むことができるようになるから。

ホ　状況に応じて情報機器を活用することで、自身にとって適切な判断を下すことができるようになるから。

問6　——線（4）「自分に対する自覚と判断力は、個別的な信頼関係にとってはさらに重要になる」とありますが、それはなぜですか。もっとも適切なものを次の**イ**～**ホ**の中から一つ選び、記号で答えなさい。

イ　一般的な信頼関係においては、自分がしっかりしてさえいれば相手から一層頼られるから。

ロ　自分と相手の二人だけで信頼関係を構築する場合、相手に応じて自分を変える必要があるから。

ハ　特定の相手と関わる場合、確固とした自分を持っていないと、相手に依存しすぎてしまうから。

ニ　スマホが一般化した現代では、友人関係は無数に広がるため、自分で物事を判断できなくなるから。

ホ　今はスマホでいつでも相手とつながることができるので、他人との関わり方を見直す必要があるから。

問7　——線（5）「人間はそうはいかない」とはどのようなことですか。もっとも適切なものを次の**イ**～**ホ**の中から一つ選び、記号で答えなさい。

イ　ゴリラは一度離れた仲間を冷たくあしらうのに対し、人間は関係を解消した相手でも温かくむかえ入れることができるということ。

ロ　ゴリラはどれだけ距離が離れても仲間意識でつながっているのに対し、人間は距離にかかわらず言葉でつながっているということ。

ハ　ゴリラは距離を取れば自立できるのに対し、人間はスマホでつながっているため、距離を取っても自立できないということ。

ニ　ゴリラは集団の中で助け合うのに対し、人間は言葉だけの付き合いなので、困ったときに協力しようとしないということ。

ホ　ゴリラは一度離れれば関係が切れてしまうのに対し、人間は簡単に相手との関係を切ることはできないということ。

問8　——線（6）「言葉という魔物」とありますが、なぜ「言葉」が「魔物」と言えるのですか。それを説明した次の文の［　］にあてはまる言葉を本文中から**五字**でぬき出して答えなさい。

> 言葉にしばられてしまうと、人は［　　］することができなくなってしまうから。

個別の信頼とは意識してできるものではない。いっしょになにかをしながら感情を交《か》わし合ううちに自然に立ち上がっていくものなのだ。そのとき、相手を見ている自分、相手に見られている自分に気づき、⑤自分というものの輪郭《りんかく》がしだいに見えてくる。だから、友達をつくりたいと思ったら待っているだけではいけない。積極的に自分を見せ、相手といっしょに行動することによって信頼の気持ちを抱《いだ》くのだ。それは言葉や情報ではなく、体で納得《なっとく》するものでなければならない。

（山極寿一《やまぎわじゅいち》『人生で大事なことはみんなゴリラから教わった』より。出題にあたり、文章の構成を一部改めました。）

（注）※二つの信頼……本文の直前で筆者は、一般の人々や社会に対する信頼を表す「一般的な信頼」と、顔を見知っている仲間に対する信頼を表す「個別的な信頼」について述べている。

問1 ‖線「キソク」の「ソク」と同じ漢字を使うものを次の**イ**〜**リ**の中から選び、記号で答えなさい。なお、正解は一つとは限りません。いくつかある場合には、そのすべての記号を書きなさい。

イ 未来をヨソクする。　**ロ** ゲンソクから外れる。
ハ 事件のソクホウが流れる。　**ニ** ヘンソク的な動き。
ホ 説明をホソクする。　**ヘ** 土地をソクリョウする。
ト ケッソクが固い。　**チ** 無病ソクサイを願う。
リ 箱をソクメンから見る。

問2 ——線（1）「自然の中に一人で踏み入って、さまざまな動植物とつきあってみることをすすめよう」とありますが、その理由としてもっとも適切なものを次の**イ**〜**ホ**の中から一つ選び、記号で答えなさい。

イ 動植物の世界に入りこんでじっくり観察することは、その世界のルールを知るために必要なことだから。
ロ 動植物の世界に入り多くの生きものと関わることは、動植物との間に信頼関係を築くことにつながるから。
ハ 動植物たちのルールを知り自らもそれを守ることで、多くの生きものの生態に対する理解が深まるから。
ニ 動植物たちのルールに自分自身を合わせる力を育むことは、人間の世界にも応用することができるから。
ホ 動植物たちの中にあるルールを理解することで、人間と動植物との共通点を見つけられるようになるから。

問3 □にあてはまる言葉を、本文中から**三字**でぬき出して答えなさい。

問4 ——線（2）「たとえば、日本を出てフランスへ行ったとしよう」とありますが、この例を通じて筆者はどのようなことを伝えようとしていますか。もっとも適切なものを次の**イ**〜**ホ**の中から一つ選び、記号で答えなさい。

イ 生活におけるルールや習慣は、文章化されたものではないということ。
ロ 国のルールが異なるので、フランス人を理解することは難しいということ。
ハ 世界的に見ても、フランスには特別なルールが数多く存在するということ。
ニ 国や地域独自のルールを事前に知っていれば、安心して生活できるということ。
ホ 異文化のルールの理解には、経験を通して体で覚えることが重要りに行動して、思わぬ事態におちいったりする。スマホはこれまでにあたえられている情報から現在の解決策を導き出しているので、現在の状況《じょうきょう》をはっきり見定めているわけではない。自分で判断に迷った場合、情報に聞くのはいいとしても、最終的には自分で状況を見極《みきわ》めて決断することが重要なのだ。それは、五感を駆使《くし》した□に頼るしかない。そして、情報ではなく、自分で最終判断を下したことによって、自分に対する自信と自己決定力がついてくる。

(4)自分に対する自覚と判断力は、個別的な信頼関係にとってはさらに重要になる。一般的《いっぱんてき》な信頼関係とちがって、それはあくまで自分と相手だけのものである。そこには見ず知らずの他人が入り込む余地はないし、一般的なキソクが成り立つ世界でもない。しかし、②ややもすると自分と相手が一体になりすぎてしまい、自分一人で判断できなくなる。そうなると、四六時中相手のことが気になり、絶えずスマホでつながっていないと気がすまなくなる。

そして、何事も自分だけで判断できずに相談することになる。昔はせいぜい固定電話しかなかったから、そう頻繁《ひんぱん》に相手とつながることができなかったが、今はスマホでいつでもどこでもつながれるので、うっかりすると自分にもどれなくなってしまう。

これはとても危険なことだ。③ゴリラたちを思い出してほしい。ゴリラたちはいつもいっしょにいて、おたがいのことに注意を払っている。だから、なにかが起こればラグビーのチームのようにまとまって動ける。でも、体でつながっているだけだから、短期間でも離《はな》れれば、まったく別人のようによそよそしくなってしまう。母親だって子どもが乳離れをすれば、子どもを構わなくなり、子どもを置いてあっさりとその集団を離れてしまうことがある。人間から見て冷たいように見えるが、これが自立するということなのだと思う。つまり、いっしょにいる間はたがいに気を使い合うが、自立したくなれば距離《きょり》を置くだけで、きれいさっぱりそれまでの関係を解消してしまうことができるのだ。

(5)人間はそうはいかない。どこへ行っても所在は知れてしまうし、スマホでつながっている限り関係は切れない。とりわけ、(6)言葉という魔物《まもの》がいつもつきまとう。「信じていたのに」とか、④「親友だよね」とか、「いつも頼りにしているから」といった言葉にからみ取られて、いやになってもなかなか友達関係を解消できない。でも、いつまでも同じ人間と同じようにつきあっているのは、たがいに進歩の道を閉ざされていることに等しい。自分が変わろうとしても、相手がそれを許さないことが多いからだ。親しい友達といっしょにみんなで変わることができればいいのだが、それぞれ個性がちがうのでそうはいかない。また、個性が尊重されないようでは変われない。人間は個別に成長し、それぞれちがう個性をつくっていくものなのだ。

だから、親しい友達をつくったら、言葉で相手をしばるようなことをなるべく避《さ》けるべきだと思う。もちろん、恋愛《れんあい》感情はそうはいかないだろう。その関係はこれから家族の関係に発展するものだから当然だ。でも、友達と親しい関係を持続させようと思ったら、たがいに対等な立場でものが言えるような関係を築いてほしい。依存《いぞん》し合う関係を持ちすぎると負担が増え、それがたがいの自由をしばる。信頼とは相手に過度の期待を寄せることではなく、たがいが自立した存在であることを認めることによって強まる。そのうえで、直面する問題を共有することが大切だ。

【国　語】（四五分）〈満点：一〇〇点〉

一　次の文章を読んで、あとの問いに答えなさい。

では、この※二つの信頼《しんらい》をうまく使って楽しく生きるためにはどうしたらいいか。それにはまず、(1)自然の中に一人で踏《ふ》み入って、さまざまな動植物とつきあってみることをすすめよう。

どんな自然でも、そこにはもとからいる生き物たちのルールがある。春になれば植物が芽を出し、花を咲《さ》かせ、そこにいろんな虫たちがやってくる。幼虫は葉っぱを食べて蝶《ちょう》や甲虫《こうちゅう》になり、花のみつや樹液を食べて花粉を運ぶ。それらの虫を食べに鳥たちが舞《ま》い降り、縄張《なわば》りを構えてラブソングを歌う。動物たちは鳥が落としたフルーツをかじり、地面を掘《ほ》り返してミミズや虫を食べる。

そんな中に突然《とつぜん》人間が足を踏み入れたら、虫や鳥や動物たちはみんな驚《おどろ》いて動きを止めてしまう。自分のペースで歩き続けたら、植物とそこに息をひそめて体をかたくしている動物しか目にとどめることはできない。彼《かれ》らの動きを見ようと思ったら、自分もその世界の住人としてのルールを守らなければならないのだ。まず、立ち止まってじっと動かずに待ってみることが肝要《かんよう》だ。そうすれば、動物たちは動きだすので、それらの動物の動きに合わせて自分も動いてみる。すると、動物たちが見たり感じたりしているものが見えてくる。彼らだってむやみやたらに動いているわけではない。それぞれに目的を持って動いているから、その動きに合わせれば彼らの目的も見えてくるのだ。そういった多くの動物の動きが交差するところに、その世界のルールがある。それを感じるには、言葉ではなく五感を用いた直観力が必要だ。そして、その体験は人間の世界でもおおいに役に立つことになる。

(2)たとえば、日本を出てフランスへ行ったとしよう。まず面食らうのは交通法規だ。日本では車は左側通行だが、フランスでは右側。だから、道路を渡《わた》るときは右を見て左を見るのではなく、左を見て右を見ないといけない。買い物をしておつりを計算するとき、日本では引き算だが、フランスでは足し算だ。つまり払《はら》った金額から買った金額を引くのではなく、買った金額におつりを合わせて払った金額にして返してくれる。（中略）こういうルールや習慣に慣れないと、なかなか安心してスムーズに暮らせない。それを言葉で理解しても、なかなか身につかない。直観力で素早《すばや》く身体化するには、自然でつちかった経験がものをいうのだ。

日本の中でも地域によってさまざまな慣習やルールがある。それはしぐさや態度に現れるのだが、文字には書いていないし、情報として共有されているわけではない。みんなが無意識のうちに行っているので、その地域にとっては常識だが、新参者にとっては非常識ということがありえる。それを素早く見抜《みぬ》き、言葉ではなく体でルールを覚えていくことができれば、地域の文化に早く溶《と》け込《こ》めるようになる。

その場合、大切なことは小さなまちがいを犯《おか》してもいいから、①決定的な大失敗をしないことだ。フランスで日本と同じように道路を渡ろうとしたら、車にひかれる危険が増す。だから、道を渡る前に「まてよ」と思って一瞬《いっしゅん》止まる必要がある。そうすればまちがえていても、車にひかれることはまぬがれる。このとき、(3)しっかりとした意識を持ち、つねに自分がしていることを見つめている態度が必要だ。つねに情報に頼《たよ》っていると、これがおろそかになる。スマホのナビが示しているとお

2023年度

東邦大学付属東邦中学校入試問題（後期）

【算　数】（45分）　＜満点：100点＞

1　次の □ にあてはまる最も適当な数を答えなさい。

⑴ $\left\{\left(3-\frac{3}{5}\right)\times 1.25-\frac{5}{54}\div\left(0.5-\frac{1}{9}\right)\right\}\times 1\frac{3}{4}=$ □

⑵ $(11-8.2)\times\left\{\left(\frac{5}{3}-\right.\right.$ □ $\left.\left.\right)\times 2-\frac{1}{3}\right\}=5\frac{3}{5}$

⑶ 33分20秒÷$12\frac{1}{2}$＋1時間5分20秒＝ □ 分

2　次の問いに答えなさい。

⑴ あめ玉を何人かの生徒に配ります。1人7個ずつ配ると5個余ります。また11個ずつ配ろうとすると，3個しかもらえない人が1人，1個ももらえない人が1人でます。このとき，あめ玉は何個あるか求めなさい。

⑵ 縦24㎝，横57㎝の長方形があります。右の図のように，この長方形の辺の上と内側に黒い点をすべて3㎝ずつはなして並べます。黒い点は全部で何個必要となるか求めなさい。ただし，黒い点の大きさは考えないものとします。

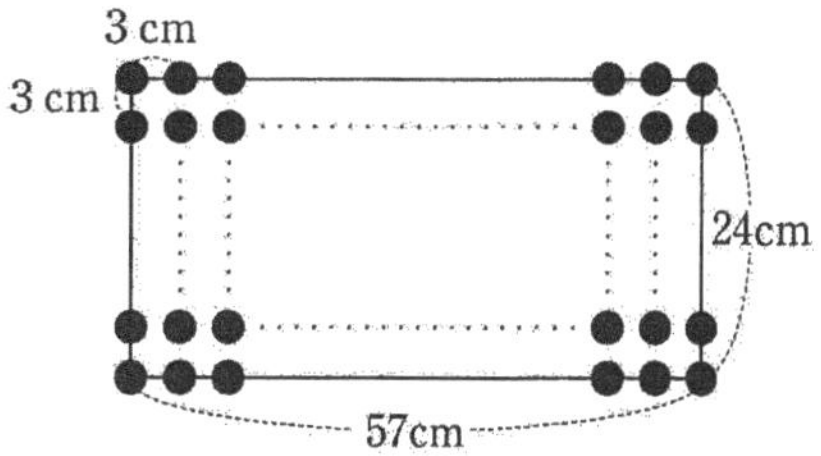

⑶ 秒速0.5mの速さで動く歩道があります。太朗さんが，この歩道の上を動く方向と同じ方向に歩くと1分20秒で渡り終えます。また太朗さんが，この歩道の上を動く方向と反対方向に歩くと4分40秒で渡り終えます。この動く歩道の長さは何mか求めなさい。ただし，太朗さんの歩く速さは一定で，動く歩道よりはやく歩きます。

⑷ 右の図のように，面積が1㎠の正三角形を25個すき間なく並べました。このとき，図の中の3点A，B，Cを結んでできる三角形ABCの面積を求めなさい。

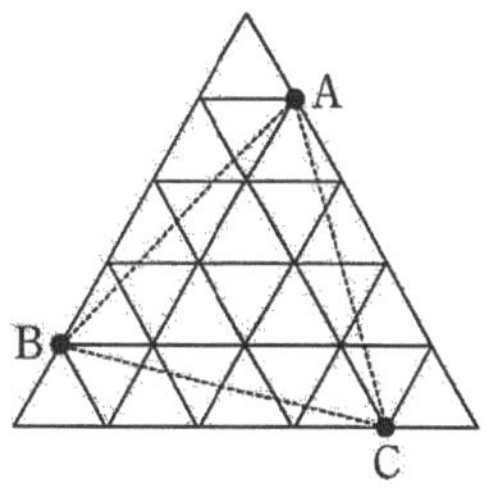

⑸ 次のページの図のように，水の入った穴のあいていない容器が面BCFEを底面として平らな床の上に置いてあります。この容器には底面から高さ3㎝のところまで水が入っています。三角形ABCは角Bの大きさが90°，三角形DEFは角Eの大きさが90°の直角三角形，四角形ABEDは長方形，四角形BCFEは正方形です。

この容器を面ABCを底面として置きなおしたとき，底面から水面までの高さを求めなさい。ただし，容器の厚さは考えないものとします。

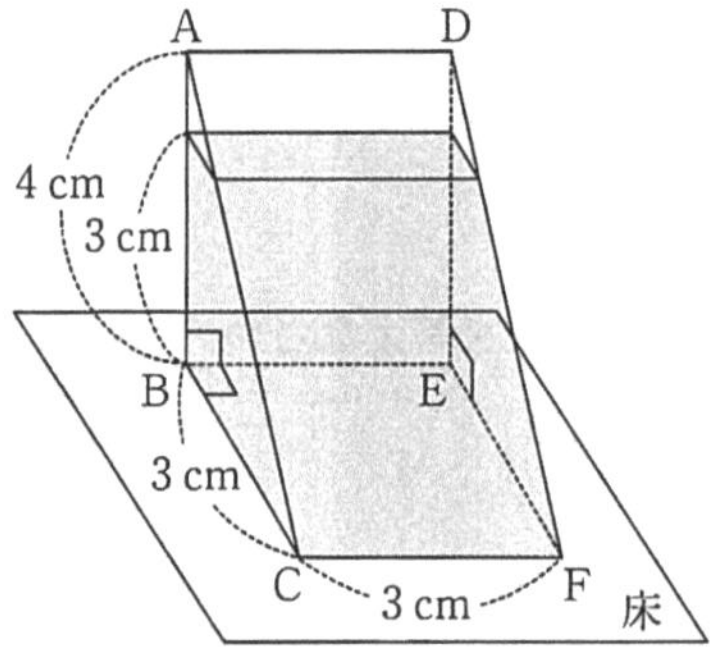

3　10％の食塩水があります。この食塩水から水を80ｇ蒸発させたところ，濃度は20％になりました。さらに，この食塩水から水を40ｇ蒸発させたところ，食塩の一部が溶けきれなくなり，容器の底に固体の食塩がしずんでいました。この状態での食塩水の濃度は25％でした。

このとき，次の問いに答えなさい。

⑴　最初にあった10％の食塩水は何ｇか求めなさい。

⑵　最後に容器の底にしずんでいた固体の食塩は何ｇか求めなさい。

4　たし算の記号と数字1，2，3，4を使って数の表し方が何通りあるかを考えます。ただし，同じ数字を何回使ってもよく，使わない数字があってもよいとします。例えば「３」という数は

$$3=1+1+1,\qquad 3=1+2,\qquad 3=2+1$$

の３通りの表し方があります。

このとき，次の問いに答えなさい。

⑴　「４」という数の表し方は全部で何通りあるか求めなさい。

⑵　「６」という数の表し方は全部で何通りあるか求めなさい。

5　下の【図１】の三角形ABCはAB＝６㎝，BC＝８㎝で，角Ｂの大きさは90°です。このとき，次の問いに答えなさい。ただし，円周率は3.14とします。

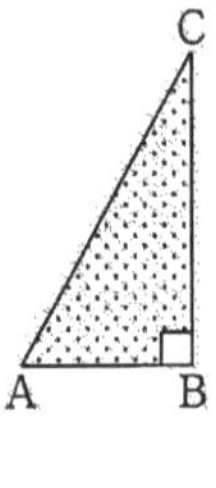

【図1】

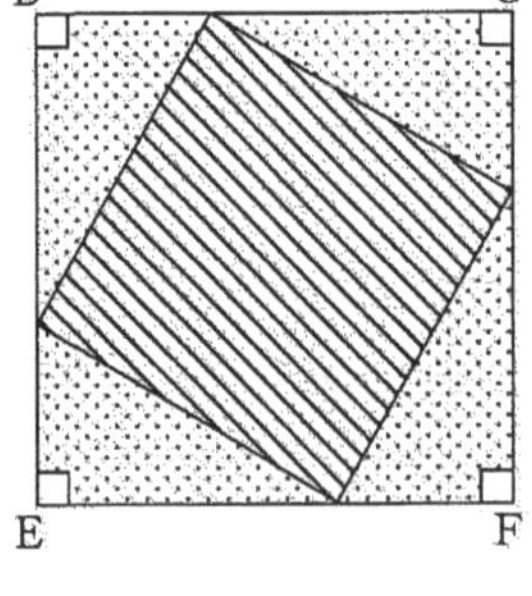

【図2】

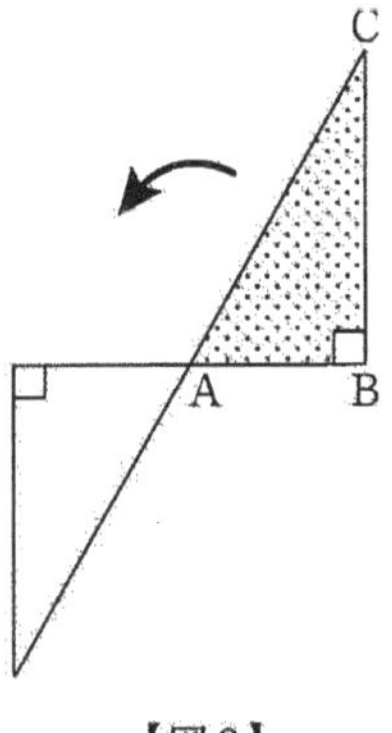

【図3】

⑴ 【図１】の直角三角形ABCを前のページの【図２】のように４個並べて正方形DEFGを作ると，部分の四角形は１辺の長さがACの正方形となります。部分の面積を求めなさい。

⑵ 三角形ABCを前のページの【図３】のように点Aを中心に矢印の方向に180°回転させます。このとき，辺BCが通過してできる図形の周りの長さを求めなさい。

⑶ ⑵で周りの長さを求めた図形の面積を求めなさい。

6 AまたはBで解答する１番～10番までの10題の問題があります。問題の配点はそれぞれ10点で100点満点です。東さん，邦《くに》夫《お》さん，大介さん，学さんの４人がそれぞれこの問題を解いたところ，４人の解答とその点数は下の表のようになりました。ただし，学さんの６番～10番の解答と点数はわかりません。

このとき，次の問いに答えなさい。

	1番	2番	3番	4番	5番	6番	7番	8番	9番	10番	点数
東さん	B	A	B	B	A	B	B	A	A	A	90
邦夫さん	A	A	B	A	B	B	B	B	B	B	50
大介さん	B	A	A	B	A	B	A	A	A	B	80
学さん	A	A	A	B	B						

⑴ ２番と３番と７番の正解の組み合わせとして正しいものを次の**ア**～**ク**の中から一つ選び，記号で答えなさい。

ア．２番－A　３番－A　７番－A　　**イ**．２番－A　３番－A　７番－B
ウ．２番－A　３番－B　７番－A　　**エ**．２番－A　３番－B　７番－B
オ．２番－B　３番－A　７番－A　　**カ**．２番－B　３番－A　７番－B
キ．２番－B　３番－B　７番－A　　**ク**．２番－B　３番－B　７番－B

⑵ 次のように解答したときの点数を求めなさい。

1番	2番	3番	4番	5番	6番	7番	8番	9番	10番
A	B	A	B	A	B	A	B	A	B

⑶ 東さん，邦夫さん，大介さん，学さんの点数の中央値として考えられる値は，全部で何通りあるか求めなさい。

【理　科】（30分）　＜満点：50点＞

1　次の問いに答えなさい。

東邦大学付属東邦中学校と関わりの深い学校が，オーストラリアとシンガポールにそれぞれあります。2022年の３月21日（日本での春分），６月21日（日本での夏至），12月22日（日本での冬至）にそれぞれの国のある地点で太陽の動きを観測しました。図１のように紙の中心に棒を垂直に立て，棒の先端《せんたん》の影《かげ》の動きを記録しました。

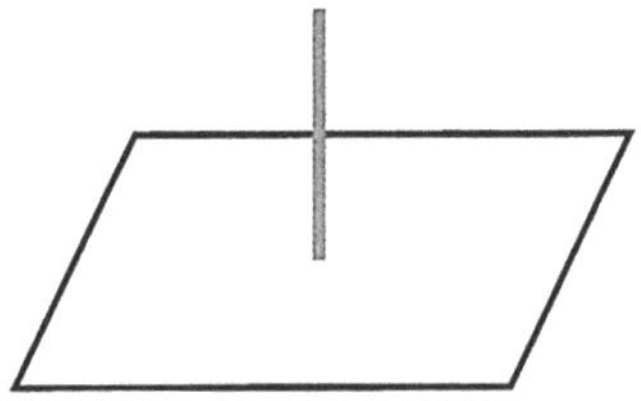

図１

千葉の館山（北緯《ほくい》35度），オーストラリアのキャンベラ（南緯《なんい》35度），シンガポールのセントーサ島（北緯１度）でそれぞれ観測を行った結果，下の記録のようになりました。記録中の記号はそれぞれ，日本での春分（■），日本での夏至（▲），日本での冬至（●）であり，（○）は棒の位置です。ただし，各地点において太陽は正午に南中したものとし，正午の前後２時間の観測をおこなったものとします。

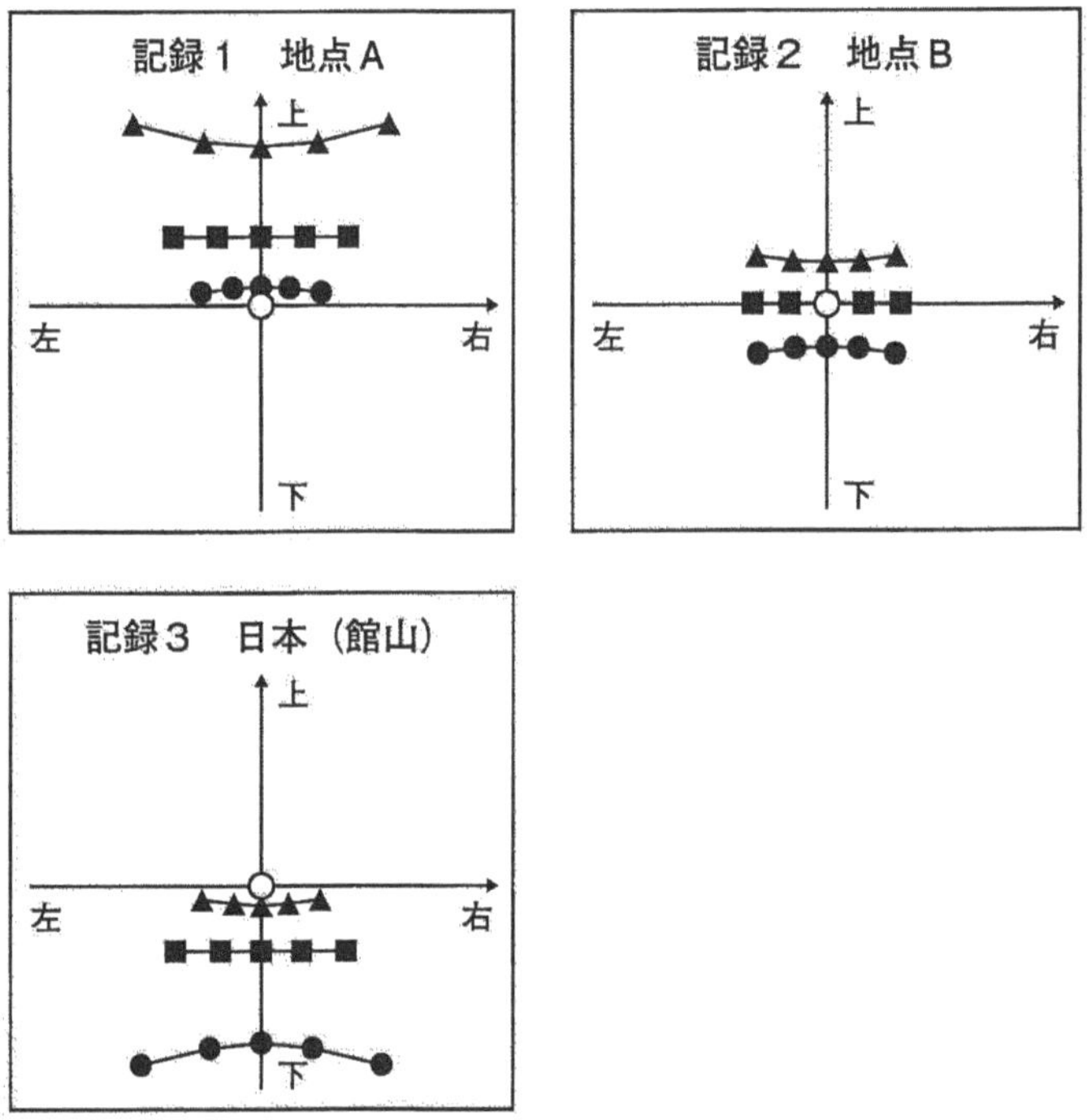

記録用紙の上側の方角，記録２の地点Ｂの場所，６月21日（日本での夏至）のキャンベラのおよその南中高度の組み合わせとしてもっとも適切なものを，次のページの１～８の中から一つ選び，番号で答えなさい。なお南中高度とは，太陽が真南にきて，いちばん高く上がったときの地平線との間の角度です。ただし太陽が天頂より北側にある場合は，真北の地平線との間の角度とし，90度より小さな角度であらわします。

	上側の方角	地点Ｂの場所	キャンベラの南中高度
1	北	キャンベラ	82度
2	北	キャンベラ	32度
3	北	セントーサ島	82度
4	北	セントーサ島	32度
5	南	キャンベラ	82度
6	南	キャンベラ	32度
7	南	セントーサ島	82度
8	南	セントーサ島	32度

2　次の**実験**について，あとの⑴～⑶の問いに答えなさい。なお，用いる塩酸および水酸化ナトリウム水よう液は，すべて同じものです。

実験：塩酸100mLを入れたビーカーを４つ用意し，水酸化ナトリウム水よう液をそれぞれ10mL，20mL，30mL，40mL加えてまぜました。これらを水よう液Ａ～Ｄとし，それぞれをリトマス紙につけて色の変化を調べました。さらに，それぞれの水よう液を加熱して水をすべて蒸発させ，残った固体の重さを調べました。これらの結果をまとめたものが**表１**です。なお，水よう液Ａを加熱して水をすべて蒸発させたあとに残った固体を調べたところ，食塩であることがわかりました。

表１

	水よう液Ａ	水よう液Ｂ	水よう液Ｃ	水よう液Ｄ
用意した塩酸の体積	100 mL	100 mL	100 mL	100 mL
加えた水酸化ナトリウム水よう液の体積	10 mL	20 mL	30 mL	40 mL
青色リトマス紙の色の変化	赤くなった	赤くなった	変化なし	変化なし
赤色リトマス紙の色の変化	変化なし	変化なし	変化なし	青くなった
水を蒸発させたあとに残った固体の重さ	4 g	8 g	12 g	14.5 g

⑴　塩酸200mLに水酸化ナトリウム水よう液30mLを加えてまぜました。これを加熱して水をすべて蒸発させたあとに残る固体の重さは何ｇですか。

⑵　塩酸100mLに水酸化ナトリウム水よう液15mLを加えてまぜ，これにアルミニウムを入れると，あわを出してアルミニウムがとけます。このことと，上記の実験結果などから考えられることとして，**誤っているもの**はどれですか。次の１～５の中からもっとも適切なものを一つ選び，番号で答えなさい。

1．塩酸100mLに水酸化ナトリウム水よう液50mLを加えてまぜ，これを加熱して水をすべて蒸発させると，あとに残る固体の重さは14.5ｇより大きい。
2．水よう液Ａにアルミニウムを入れると，あわを出してアルミニウムがとける。
3．水よう液Ａを加熱すると，においがする。
4．水よう液Ａに鉄を入れても，鉄はとけない。
5．水よう液Ｂに石灰石を入れると，二酸化炭素が発生する。

⑶　塩酸150mLに水酸化ナトリウム水よう液20mLを加えてまぜました。これを加熱して水をすべて蒸発させ，残った固体に水を加えて水よう液にしました。この水よう液の説明として正しいものを，次の**1**～**5**の中から一つ選び，番号で答えなさい。

1．この水よう液は，赤色リトマス紙を青くするが，青色リトマス紙の色は変化させない。

2．この水よう液は，青色リトマス紙を赤くするが，赤色リトマス紙の色は変化させない。

3．この水よう液は，赤色リトマス紙の色も，青色リトマス紙の色も変化させない。

4．この水よう液に石灰石を入れると，二酸化炭素が発生する。

5．この水よう液を石灰水に入れると，白くにごる。

[3]　アリについて次の文章を読み，あとの⑴～⑶の問いに答えなさい。

多くのアリでは，一つの巣の中で卵を産む女王アリと，卵を産まない働きアリとで役割を分担しています。ある種類のアリでは，巣から女王アリがいなくなったとき，卵を産まなかった働きアリの一部が卵を産むようになります。

働きアリが巣に女王アリがいなくなったことを知るしくみについて調べるため，次の実験１～３を行いました。

＜実験１＞

図１のように，２つの部屋（A，B）に，働きアリを50匹ずつ入れ，部屋Aには女王アリも入れて飼育した。飼育を始めて30日後，部屋Aの働きアリは卵を産まず，部屋Bの働きアリの一部は卵を産んでいた。なお，部屋Aの働きアリは30日目以降も卵を産まなかった。

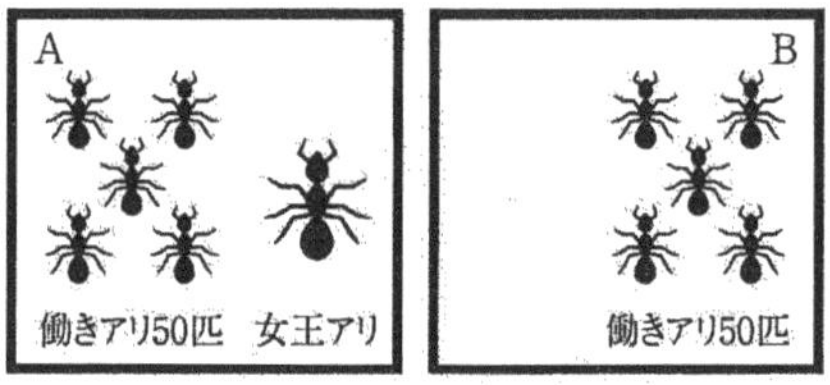

図１

＜実験２＞

図２のように，透明《とうめい》なガラス板でへだてて，お互いの部屋の中を見えるようにした，2つの部屋（A，B）に，働きアリを50匹ずつ入れ，部屋Aには女王アリも入れて飼育した。飼育を始めて30日後，部屋Aの働きアリは卵を産まず，部屋Bの働きアリの一部は卵を産んでいた。なお，部屋Aの働きアリは，30日目以降も卵を産まなかった。

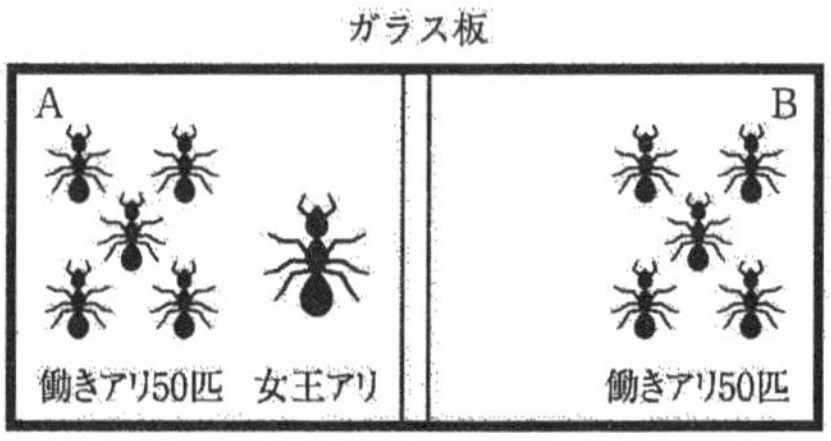

図２

＜実験３＞

図３のように，２枚の金網《かなあみ》でへだてて，お互いの部屋の中を見たり，においをかいだり，音を聞くことはできるが，触れ合うことはできないようにした，2つの部屋（A，B）に，働きアリを50匹ずつ入れ，部屋Aには女王アリも入れて飼育した。飼育を始めて30日後，部屋Aの働きアリは卵を産まず，部屋Bの働きアリの一部は卵を産んでいた。なお，部屋Aの働きアリは，30日目以降も卵を産まなかった。

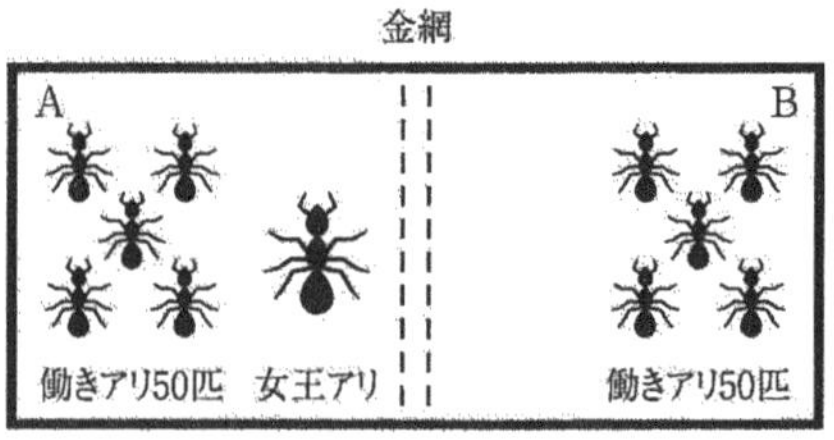

図３

⑴　実験１～３の結果から，働きアリは「巣に女王アリがいること」をどのような方法で知ると考えられますか。もっとも適切なものを下の１～４の中から一つ選び，番号で答えなさい。

１．働きアリが女王アリを見る　　　２．働きアリが女王アリのにおいをかぐ

３．働きアリが女王アリの出す音を聞く　　４．働きアリが女王アリに触れる

⑵　働きアリどうしで「巣に女王アリがいること」を伝えているか調べるため，次の実験を行いました。

図４のように，２つの部屋（A，B）に，働きアリを50匹ずつ入れ，部屋Aには女王アリも入れて飼育した。部屋Aの働きアリのうち25匹に目印をつけ，この目印をつけた働きアリのうち10匹を部屋Bに移し，翌日，部屋Bに移した目印のついた働きアリ10匹を部屋Aにいる目印をつけた働きアリ10匹と交換した。このような方法で毎日，目印をつけた働きアリを交換しながら30日間飼育した。

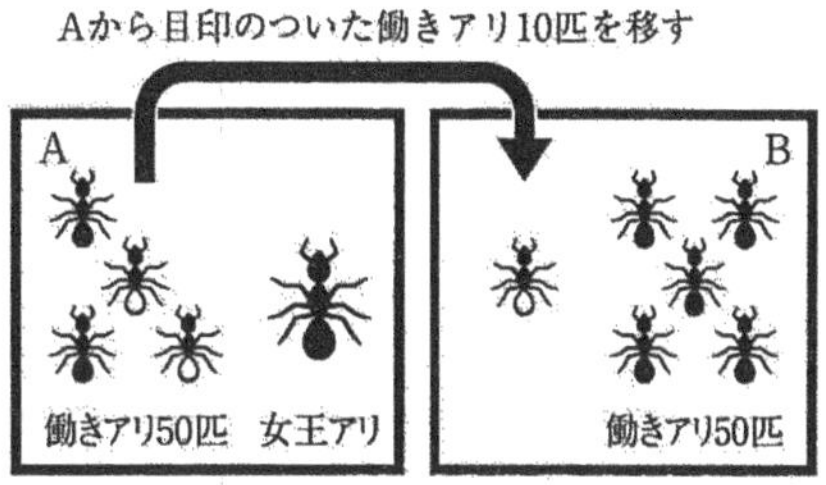

図４

この実験がどのような結果になったとき，働きアリどうしで「巣に女王アリがいること」を伝えていると考えられますか。もっとも適切なものを下の１～４の中から一つ選び，番号で答えなさい。

	部屋Ａの目印のあるアリ	部屋Ｂのアリ
1	一部のアリが卵を産む	一部のアリが卵を産む
2	一部のアリが卵を産む	すべてのアリが卵を産まない
3	すべてのアリが卵を産まない	一部のアリが卵を産む
4	すべてのアリが卵を産まない	すべてのアリが卵を産まない

⑶　働きアリどうしで「巣に女王アリがいること」を伝えることができないと仮定します。実験１の部屋Aと同じ部屋を用意し，次のア～ウの条件でそれぞれ実験を行ったとき，巣の中に女王アリがいても働きアリが卵を産む可能性が高くなる条件をすべてあげたものを下の１～７の中から一つ選び，番号で答えなさい。

ア．部屋Aの中にいる働きアリを増やし，30日間飼育した。

イ．部屋Aの中にいる女王アリを増やし，30日間飼育した。

ウ．部屋Aの大きさを大きくして，30日間飼育した。

１．アのみ　　２．イのみ　　３．ウのみ　　４．アとイ

５．アとウ　　６．イとウ　　７．アとイとウ

4　次の文章を読み，あとの⑴～⑶の問いに答えなさい。ただし，どの実験でもエナメル線はすべて同じ長さで，電池，つつ，鉄しん，電球は同じものです。ばねは，電磁石や余ったエナメル線の影響《えいきょう》を受けません。

まず，つつにエナメル線を100回巻き，つつの中に鉄しんを入れて，次のページの図１のような電磁石を作りました。このときエナメル線に流れる電流の大きさを電流計で測ったら，0.8A（アンペア）でした。

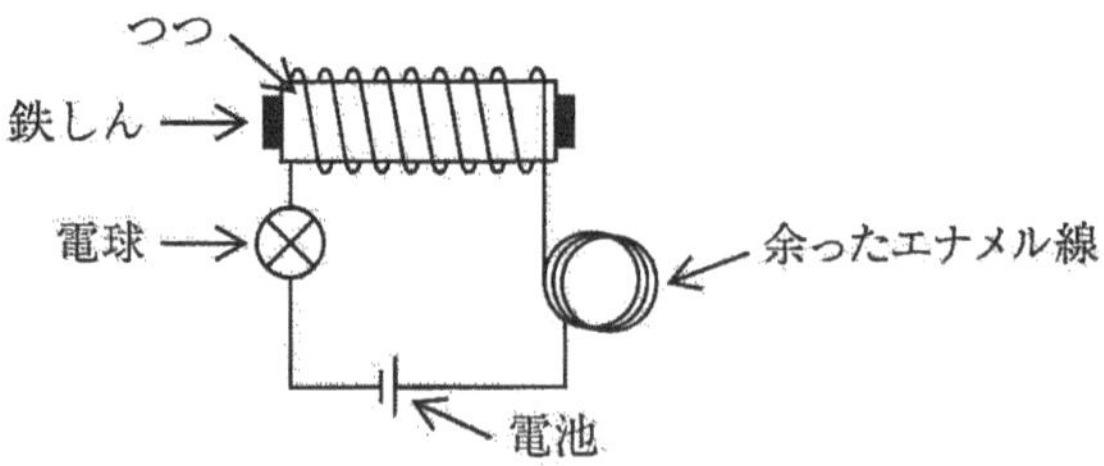

図１

次に，**図２**のような装置を作りました。つつに巻いたエナメル線は，**図１**と同じように電池と電球につながっています。ばねの左はしはかべに固定されており，右はしには小さな鉄球がついています。ゆかはなめらかで，水平です。鉄球が電磁石についた状態で電磁石を右へゆっくりと動かすと，ばねがのび，やがて鉄球は電磁石からはなれます。電池の数とコイルの巻き数を変えて，鉄球がはなれるときのばねののびを調べたところ，表１のような結果になりました。電球は，どの場合も１個です。

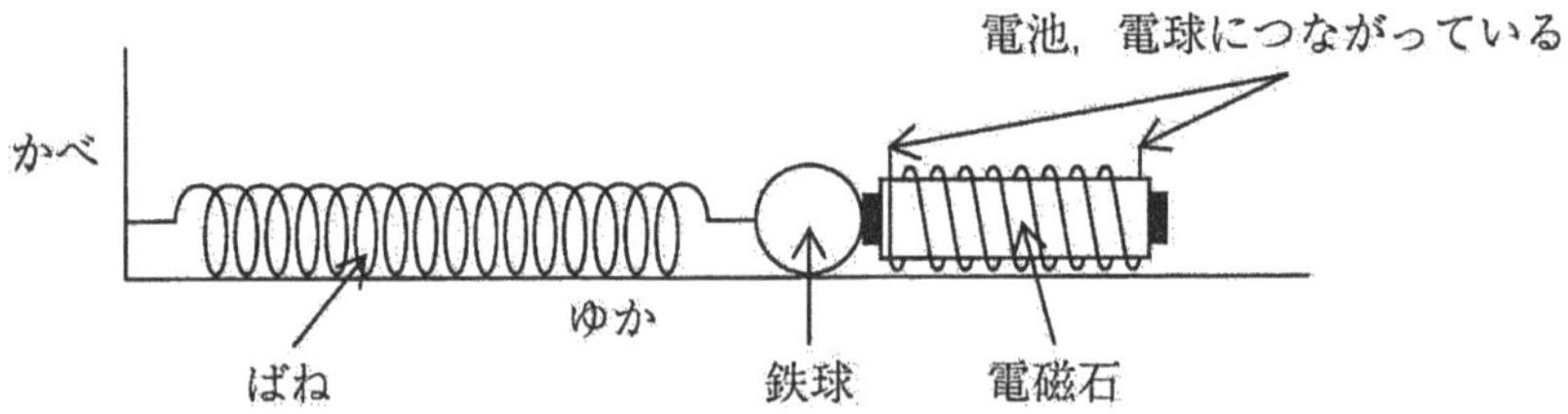

図２

表１

電池が１個のとき

コイルの巻き数〔回〕	100	200	300
ばねののび〔cm〕	2	4	6

電池が直列に２個のとき

コイルの巻き数〔回〕	100	200	300
ばねののび〔cm〕	4	8	12

電池が直列に３個のとき

コイルの巻き数〔回〕	100	200	300
ばねののび〔cm〕	6	12	18

(1) **図３**のように，電池を並列に２個つなぎ，コイルの巻き数を250回にした電磁石を用いて，**図２**と同じ装置で実験を行います。鉄球が電磁石からはなれるときのばねののびの長さは何cmになりますか。

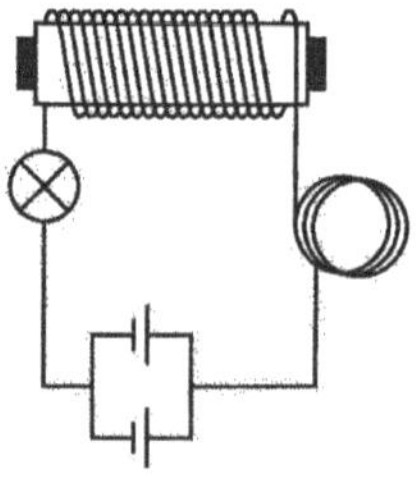

図３

⑵　**図1**の装置から電池をはずし，かわりに，自由に電流の強さを変えることのできる電源装置をつけて，**図2**と同じ装置で実験を行います。コイルの巻き数が160回のとき，ばねを4.8㎝のばすためには少なくとも何A以上の電流が必要ですか。

⑶　電磁石を2つ作り，電磁石と方位磁針を図4のように置きました。方位磁針Bの位置は2つの電磁石のちょうどまん中です。このとき，方位磁針A，B，Cの向きの組み合わせとして正しいと考えられるものを，あとの**1**～**8**の中から一つ選び，番号で答えなさい。

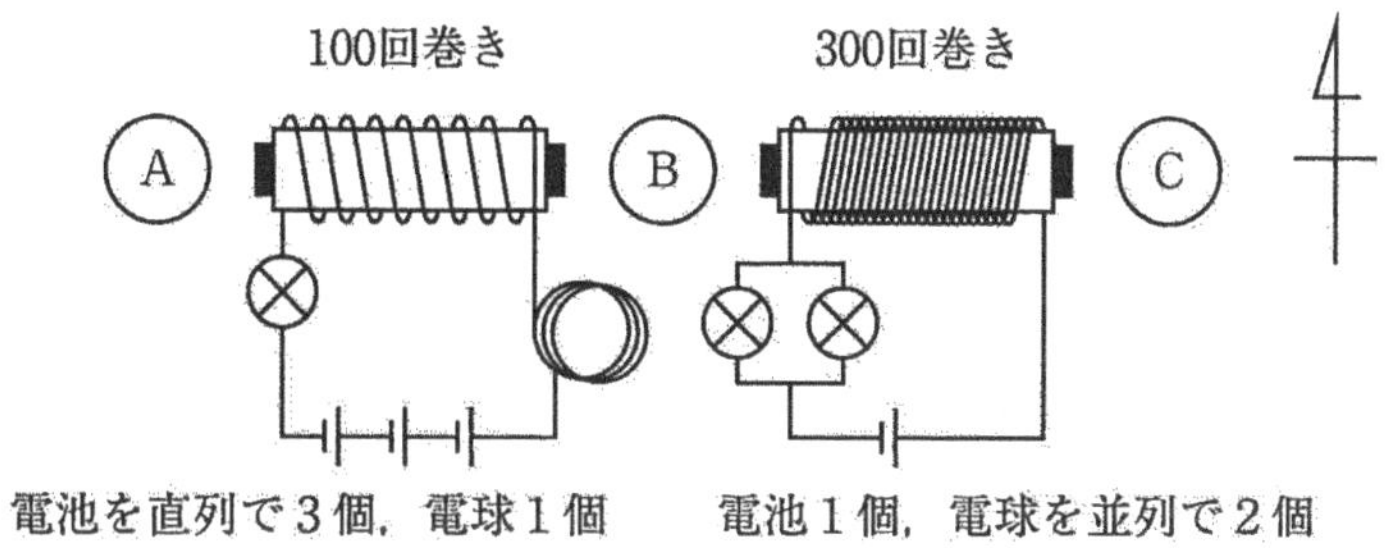

図4

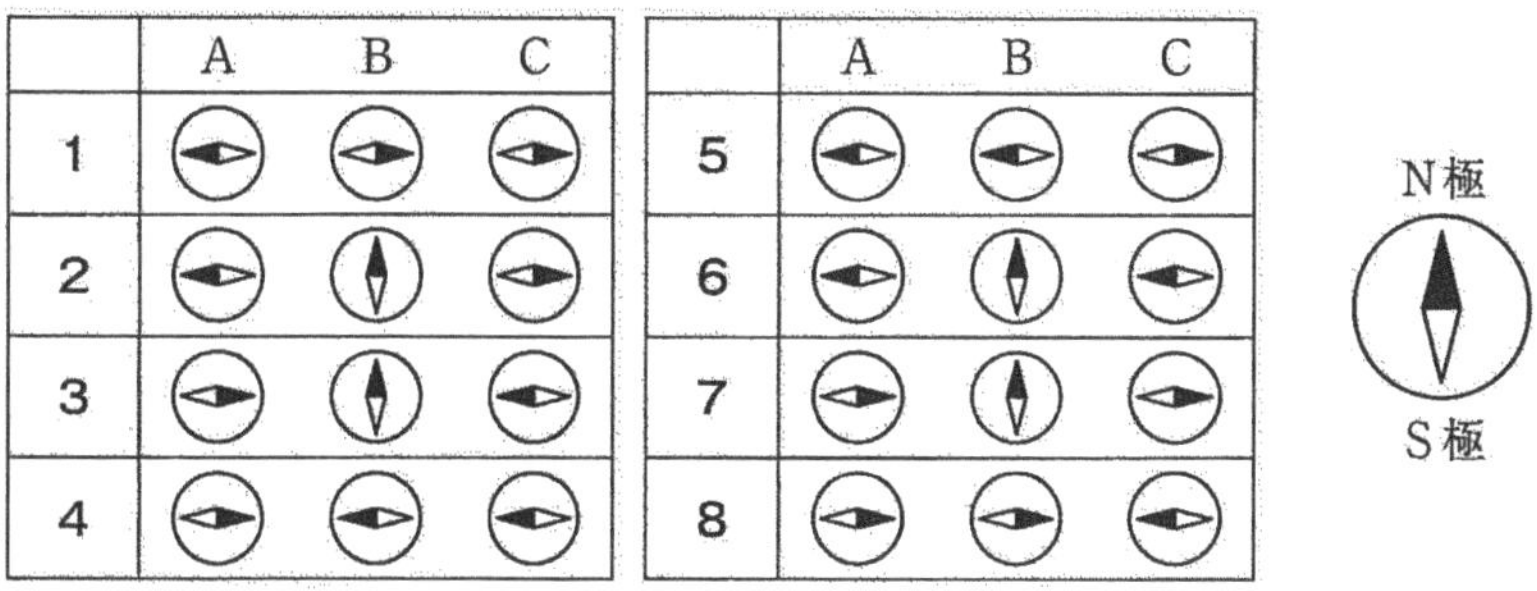

【社　会】（30分）　＜満点：50点＞

1　日本の農業に関する次の文章を読んで，あとの各問いに答えなさい。

日本では全国各地で稲作《いなさく》が行われており，①全国の耕地面積の半分以上は水田となっています。特に稲作がさかんなのは②東北地方の日本海側から北陸地方にかけての平野部です。また，地域によって，特色のある農業がみられます。たとえば，大都市の周辺では近郊《きんこう》農業が発達し，野菜や花などの栽培《さいばい》がさかんです。交通網《こうつうもう》の発達によって遠方から短時間で運ぶことが可能であるため，③四国地方や④九州地方では温暖な気候を生かした野菜などの促成《そくせい》栽培が行われています。また，それぞれの土地にあった⑤果物の栽培も各地で行われています。ただ，現在は⑥貿易の自由化が進められており，日本の農業は海外からの価格の安い農産物によって，厳しい状況《じょうきょう》におかれています。その影響《えいきょう》もあって，他の先進諸国と比べて⑦日本の食料自給率は低い値となっています。

問１　下線部①に関して，耕地面積に対する水田の面積の割合を水田率といい，全国の水田率は54.4%（2021年）であるが，都道府県別では全国の水田率を大きく超《こ》える都道府県がある。次の表は，特に水田率の高い上位５位までの都道府県とそれぞれの水田率を示したものである。このうち，X と Y には近畿地方の都道府県があてはまる。あとの二重線内の文章を参考にして，あてはまる都道府県をあとのア～キからそれぞれ１つ選び，記号で答えなさい。

順位	都道府県	水田率（%）
1位	富山県	95.3
2位	X	92.5
3位	Y	91.6
4位	福井県	90.7
5位	新潟県	88.8

統計年次は2021年。農林水産省「耕地及《およ》び作付面積統計」により作成。

近畿地方で耕地面積がもっとも広いのは Y ，次いで X で，この２つだけで近畿地方の耕地面積の半分近くをしめており，どちらも稲作がさかんである。X は，そのほぼ中央にある大きな湖やその周辺の川などの豊富な水を利用した稲作が発展している。Y は日本酒の生産量が日本有数で，その原料としての米作りが特にさかんであり，瀬戸内海と日本海のそれぞれにそそぐ川の流域などで稲作が行われている。

ア．大阪府　　**イ**．京都府　　**ウ**．滋賀県　　**エ**．奈良県　　**オ**．兵庫県

カ．三重県　　**キ**．和歌山県

問２　下線部②に関して，次のページの表中の**ア～エ**は，東北地方の県のうち，青森県・秋田県・岩手県・宮城県のいずれかの県庁所在地の月別平均気温と月別降水量を示したものである。このうち，岩手県の県庁所在地にあてはまるものを**ア～エ**から１つ選び，記号で答えなさい。また，その県庁所在地名を**ひらがな**で答えなさい。

上段　気温（℃）　下段　降水量（mm）

	1月	2月	3月	4月	5月	6月	7月	8月	9月	10月	11月	12月	全年
ア	−1.9	−1.2	2.2	8.6	14.0	18.3	21.8	23.4	18.7	12.1	5.9	1.0	10.2
	53.1	48.7	80.5	87.5	102.7	110.1	185.5	183.8	160.3	93.0	90.2	70.8	1266.0
イ	−1.2	−0.7	2.4	8.3	13.3	17.2	21.1	23.3	19.3	13.1	6.8	1.5	10.4
	144.9	111.0	69.9	63.4	80.6	75.6	117.0	122.7	122.7	103.9	137.7	150.8	1300.1
ウ	1.6	2.0	4.9	10.3	15.0	18.5	22.2	24.2	20.7	15.2	9.4	4.5	12.4
	37.0	38.4	68.2	97.6	109.9	145.6	179.4	166.9	187.5	122.0	65.1	36.6	1254.1
エ	0.1	0.5	3.6	9.6	14.6	19.2	22.9	24.9	20.4	14.0	7.9	2.9	11.7
	119.2	89.1	96.5	112.8	122.8	117.7	188.2	176.9	160.3	157.2	185.8	160.1	1686.2

『データブック オブ・ザ・ワールド 2022年版』により作成。

問３　下線部③に関して，次の表は，四国地方の４つの県について，農業に関係するデータをまとめたものである。このうち，香川県と高知県にあてはまるものを**ア〜エ**からそれぞれ１つ選び，記号で答えなさい。なお，主副業別農家数の割合の県ごとの合計は，100％にならない場合がある。

	耕地面積（ha）2021年	水田率（％）2021年	主副業別農家数の割合（％）2019年			農業産出額構成割合（％）2020年			
			主業農家※1	準主業農家※2	副業的農家※3	米	野菜	果実	その他
ア	28100	68.3	20.3	8.9	71.5	12.9	36.9	9.9	40.3
イ	29300	83.3	10.6	10.6	78.8	15.0	30.0	8.5	46.5
ウ	46200	47.0	20.5	14.0	65.5	12.2	16.1	43.4	28.3
エ	26200	75.6	30.3	6.8	63.6	10.2	63.9	10.0	15.9

農林水産省「耕地及び作付面積統計」「農業構造動態調査結果」「生産農業所得統計」により作成。

〔語句解説〕

※１主 業 農 家…収入の面では農業が中心で，年間60日以上農作業をする65歳《さい》未満の人がいる農家。

※２準主業農家…収入の面では農業以外が中心で，年間60日以上農作業をする65歳未満の人がいる農家。

※３副業的農家…年間60日以上農作業をする65歳未満の人がいない農家。

問４　下線部④に関して，次のページの**表１**・**表２**はそれぞれ2000年と2020年の，九州地方の８つの県の茶の収穫量《しゅうかくりょう》（百ｔ）・トマトの収穫量（千ｔ）・菊《きく》の作付面積（ha）を示したものである。表中の**ａ〜ｃ**にあてはまる農産物の組み合わせとして正しいものを，あとの**ア〜カ**から１つ選び，記号で答えなさい。

表１　2000年

	a	b	c
福岡県	341	102	22
佐賀県	60	91	6
長崎県	110	53	14
熊本県	155	96	76
大分県	81	…	11
宮崎県	137	156	19
鹿児島県	436	937	7
沖縄県	858	4	2

表中の「…」はデータがないことを意味する。
『データブック オブ・ザ・ワールド 2003年版』により作成。

表２　2020年

	a	b	c
福岡県	237	83	19
佐賀県	36	51	3
長崎県	167	28	13
熊本県	81	54	133
大分県	102	26	11
宮崎県	44	146	19
鹿児島県	242	1184	5
沖縄県	745	1	3

『データブック オブ・ザ・ワールド 2022年版』により作成。

	a	b	c
ア	茶	トマト	菊
イ	茶	菊	トマト
ウ	トマト	茶	菊
エ	トマト	菊	茶
オ	菊	茶	トマト
カ	菊	トマト	茶

問５　下線部⑤に関して，次のページの図**Ａ**～**Ｃ**は，りんご・ぶどう・もものいずれかの収穫量の都道府県別の割合を示したものである。図**Ａ**～**Ｃ**が示す果物の組み合わせとして正しいものを，あとの**ア**～**カ**から１つ選び，記号で答えなさい。また，図中の**Ｘ**にあてはまる都道府県名を**漢字**で答えなさい。

A.

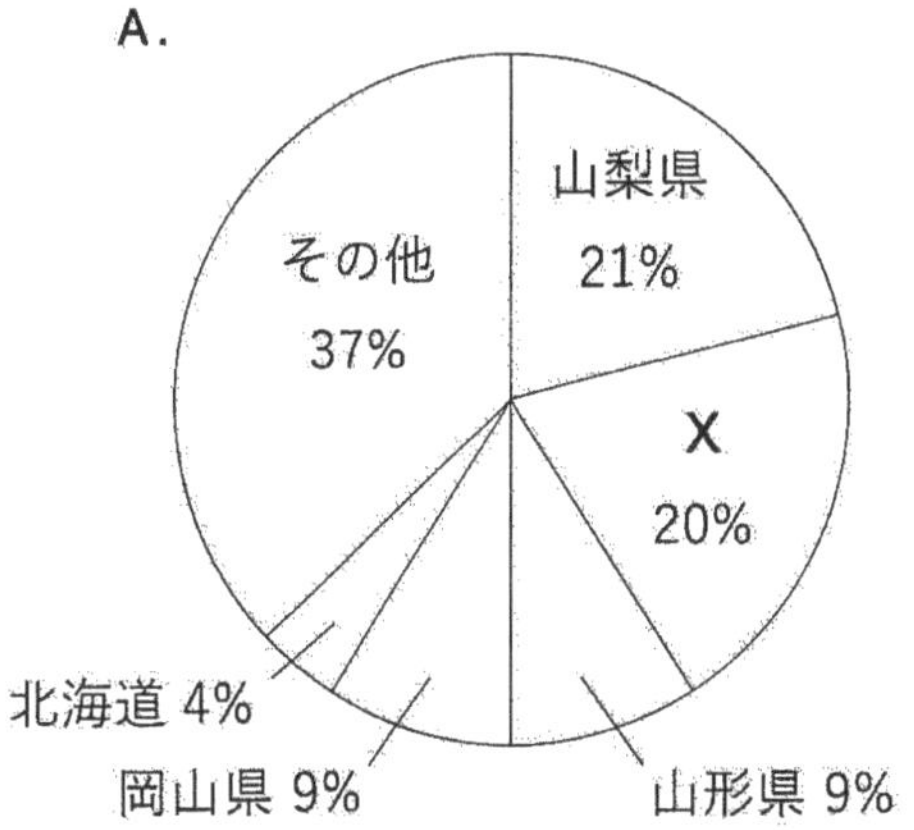

B.

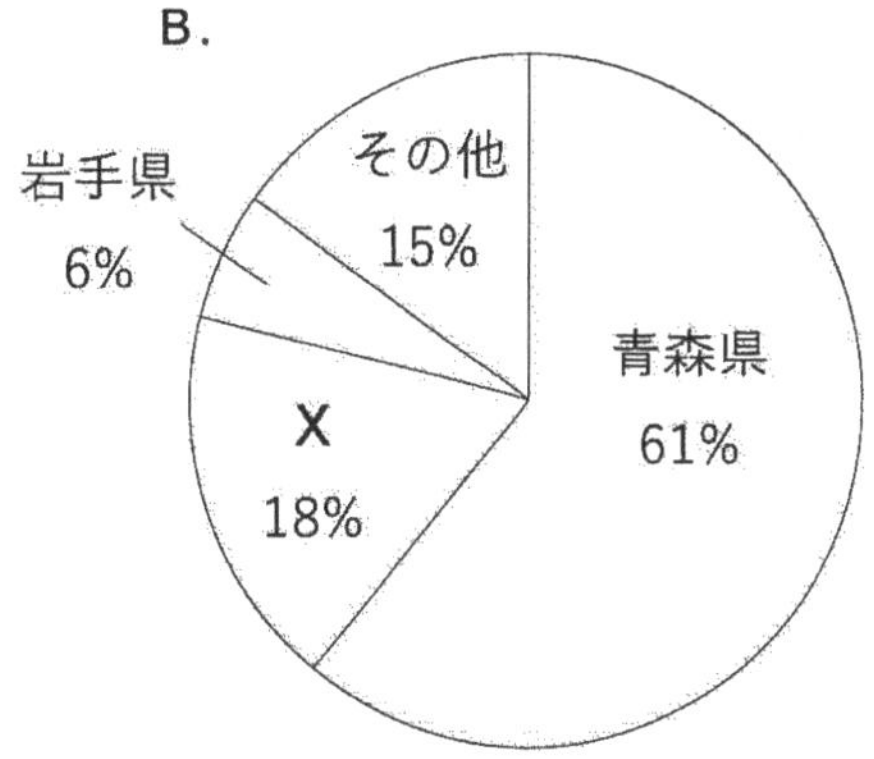

C.

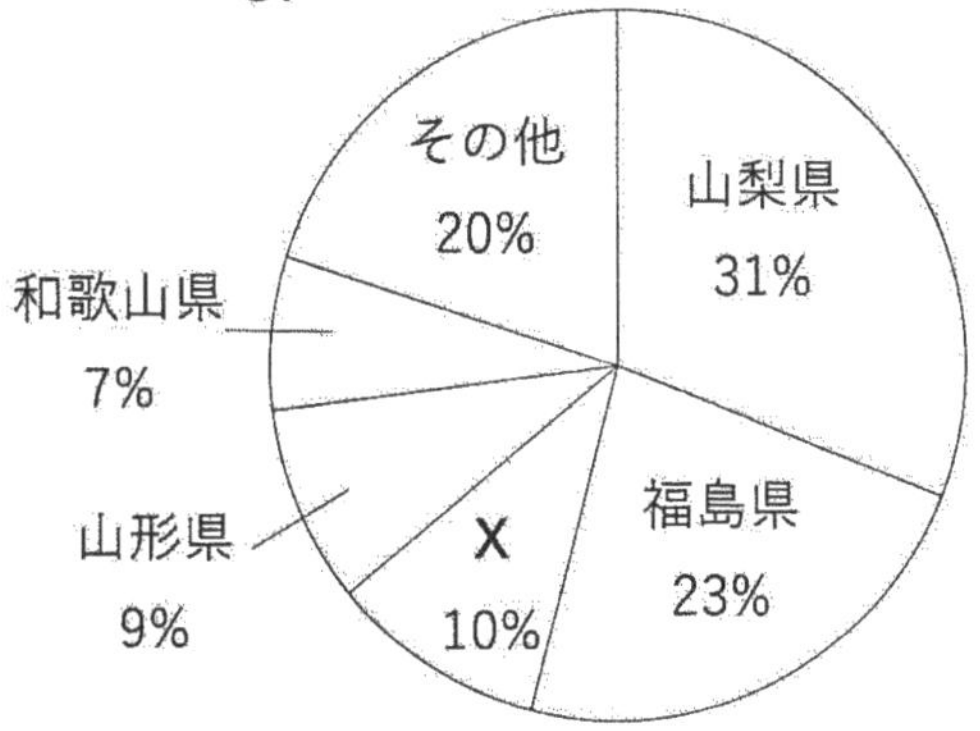

統計年次は2020年。農林水産省「果樹生産出荷《しゅっか》統計」により作成。

	A	B	C
ア	りんご	ぶどう	もも
イ	りんご	もも	ぶどう
ウ	ぶどう	りんご	もも
エ	ぶどう	もも	りんご
オ	もも	りんご	ぶどう
カ	もも	ぶどう	りんご

問６　下線部⑥に関して，次の二重線内の文章は，アジア太平洋地域の経済連携《れんけい》について述べたものである。文章中の下線部**Ａ**～**Ｃ**について，それぞれにあてはまる略称《りゃくしょう》の組み合わせとして正しいものを，次のページの**ア**～**カ**から１つ選び，記号で答えなさい。

アジアおよび太平洋周辺諸国の経済連携として，かつて注目されていたのは**Ａ**．環《かん》太平洋パートナーシップ協定だったが，2017年にアメリカのトランプ政権がこの協定からの離脱《りだつ》を宣言したことで，その注目度が下がった。その後に注目を集めたのがB．地域的な包括的《ほうかつてき》経済連携協定である。この協定は，C．東南アジア諸国連合の10か国と日本・中国・韓国《かんこく》・オーストラリア・ニュージーランドによる広域的な自由貿易協定であり，2020年にはこれらの15か国が合意・署名をしている。

	A	B	C
ア	ASEAN	TPP	RCEP
イ	ASEAN	RCEP	TPP
ウ	TPP	ASEAN	RCEP
エ	TPP	RCEP	ASEAN
オ	RCEP	ASEAN	TPP
カ	RCEP	TPP	ASEAN

問７　下線部⑦に関して，日本はたくさんの農畜産物《のうちくさんぶつ》や水産物を海外から輸入しているが，次の図**A～C**は，大豆・牛肉・エビのいずれかの輸入相手国および総輸入量にしめる割合を示したものである。図**A～C**が示す品目の組み合わせとして正しいものを，あとの**ア～カ**から１つ選び，記号で答えなさい。

A.

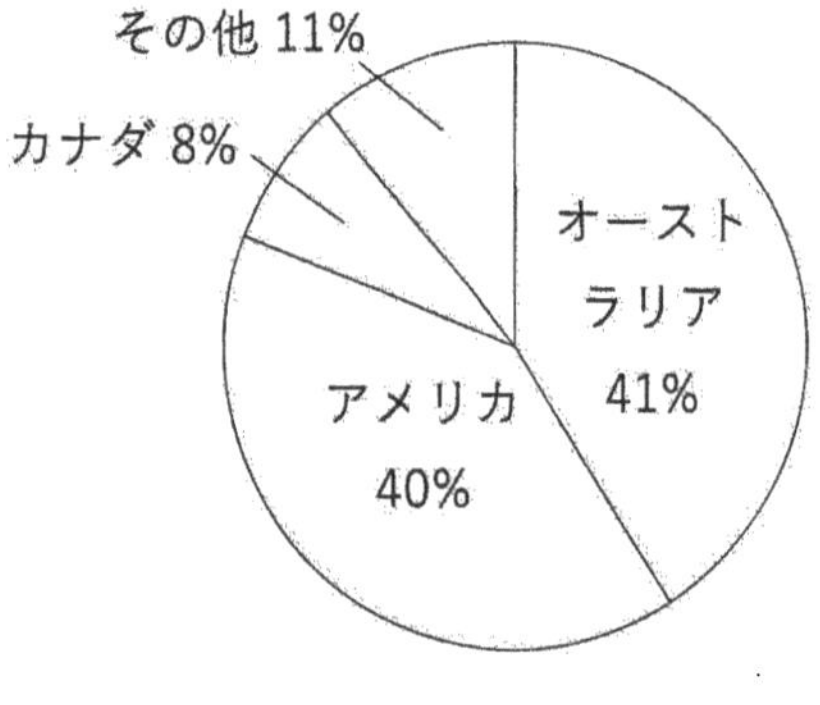

B.

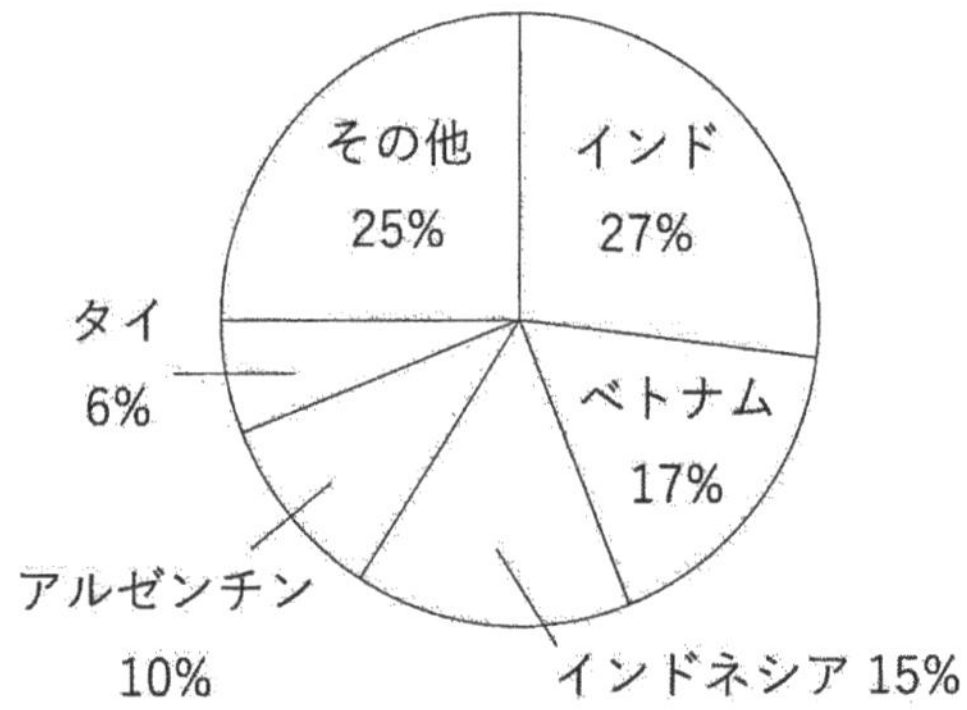

C.

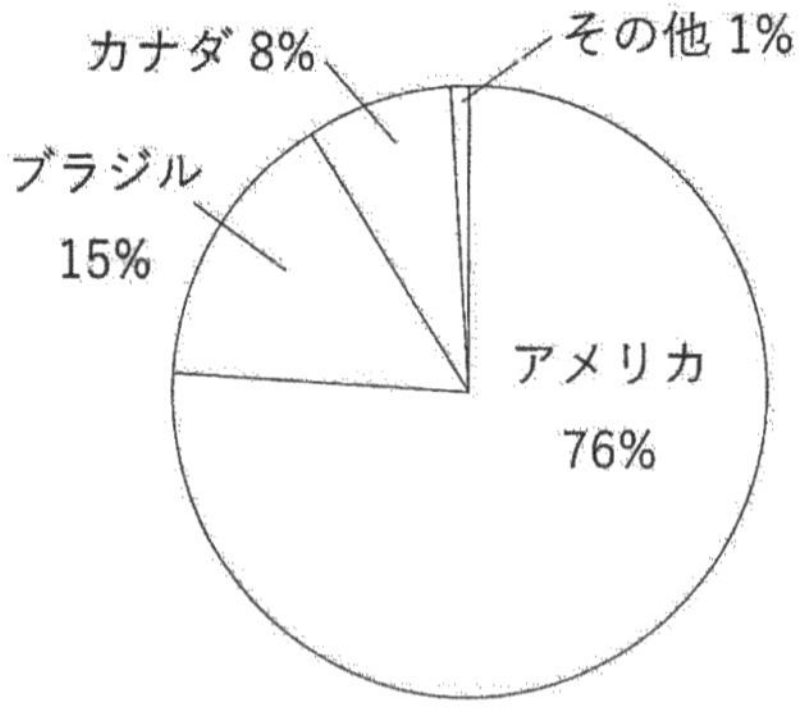

統計年次は2021年。農林水産省「農林水産物品目別実績」により作成。

	A	B	C
ア	大豆	牛肉	エビ
イ	大豆	エビ	牛肉
ウ	牛肉	大豆	エビ
エ	牛肉	エビ	大豆
オ	エビ	大豆	牛肉
カ	エビ	牛肉	大豆

2　次の表中の**A～F**は，様々なできごとを記念して日本で発行された記念貨幣《かへい》について説明したものです。これをみて，あとの各問いに答えなさい。

	貨幣	説明
A		昭和①天皇在位60年を記念してつくられた。平和を表す鳩《はと》と，日本の自然を表現した水が描《えが》かれている。
B		2020年東京オリンピック・パラリンピック競技《きょうぎ》大会を記念して，2018年につくられた。②鎌倉時代にもっともさかんだった流鏑馬《やぶさめ》と，「心技体」という文字が描かれている。
C		新幹線鉄道開業50周年を記念してつくられた。新幹線と富士山と桜が描かれている。日本で最初の新幹線は，江戸時代以来の③交通の中心である東海道で開通した。
D		④沖縄復帰50周年を記念してつくられた。首里城と県鳥であるノグチゲラ，県花であるデイゴが描かれている。
E		日本国憲法と同時に施行《しこう》された地方自治法の60周年を記念してつくられた貨幣のうち，岩手県をイメージしてつくられたもの。［あ］やその近辺に咲《さ》くハスなどが描かれている。
F		「円」を単位とする近代⑤通貨制度150周年を記念してつくられた。最初の円貨幣で用いられた，「円」の旧字体である「圓《えん》」の文字などが描かれている。

「財務省ＨＰ」により作成。

問１　下線部①に関して，歴代の天皇が行ったことがらについて述べたものとして**誤っているもの**を，次の**ア～エ**から１つ選び，記号で答えなさい。

ア．平安京に都を移し，律令《りつりょう》国家を立て直そうとした。

イ．幕府に不満を持った武士を味方につけ，鎌倉幕府を滅《ほろ》ぼした。

ウ．日本国王として，明との貿易を始めた。

エ．大日本帝国《ていこく》憲法を，国民にあたえた。

問２　下線部②に関して，次のページの二重線内の**a～c**は，鎌倉時代のできごとについて述べたものである。その正誤の組み合わせとして正しいものを，あとの**ア～ク**から１つ選び，記号で答えなさい。

> a．御家人《ごけにん》を統率《とうそつ》する，問注所という役所がつくられた。
> b．いままでの武士のしきたりを大きく改める御成敗式目《ごせいばいしきもく》が，北条時宗によって定められた。
> c．平氏の繁栄《はんえい》と滅亡《めつぼう》を描いた『平家物語』が，琵琶《びわ》法師によって語られた。

	ア	イ	ウ	エ	オ	カ	キ	ク
a	正	正	正	正	誤	誤	誤	誤
b	正	正	誤	誤	正	正	誤	誤
c	正	誤	正	誤	正	誤	正	誤

問３　下線部③に関して，日本の交通の歴史について述べたものとしてもっとも適しているものを，次の**ア～エ**から１つ選び，記号で答えなさい。

ア．鎌倉時代や室町時代の港町では，問《とい》（問丸）という業者が活躍《かつやく》した。

イ．江戸時代のおもな街道《かいどう》には一定の距離《きょり》ごとに関所がおかれ，人々の移動に役立った。

ウ．明治時代には，日本最初の鉄道が東京・大阪間で開通した。

エ．バブル経済崩壊《ほうかい》後に，日本で最初の高速自動車道として名神高速道路が開通した。

問４　下線部④に関して，沖縄県（琉球《りゅうきゅう》）の歴史について述べたものとしてもっとも適しているものを，次の**ア～エ**から１つ選び，記号で答えなさい。

ア．15世紀の琉球は，日本や中国，朝鮮《ちょうせん》などとの中継《ちゅうけい》貿易で繁栄していた。

イ．17世紀に薩摩藩《さつまはん》が琉球を支配すると，琉球は中国との貿易を禁止された。

ウ．19世紀に明治政府は琉球を中国と分割《ぶんかつ》する琉球処分を行い，現在の沖縄本島を領有した。

エ．20世紀にアメリカとソ連の冷戦が終結したことで，沖縄はアメリカから日本に返還《へんかん》された。

問５　文章中の［あ］にあてはまる建物について述べたものとしてもっとも適しているものを，次の**ア～エ**から１つ選び，記号で答えなさい。

ア．奈良時代に，唐《とう》の僧《そう》の鑑真《がんじん》が建立《こんりゅう》した。

イ．平安時代に，藤原清衡《ふじわらのきよひら》が建立した。

ウ．室町時代に，足利義満が建立した。

エ．戦国時代に，織田信長が焼き打ちを行った。

問６　下線部⑤に関して，日本の通貨の歴史について述べたものとしてもっとも適しているものを，次の**ア～エ**から１つ選び，記号で答えなさい。

ア．天武天皇のときに和同開珎《わどうかいちん》がつくられ，都での取引で使用された。

イ．鎌倉時代には，中国から輸《ほう》入した銅銭が商取引のための貨幣として流通した。

ウ．江戸時代には，東日本でおもに金貨が使用され，西日本でおもに銅貨が使用された。

エ．日清戦争で得た多額の賠償金《ばいしょうきん》をもとに，現在の「円」を単位とする通貨制度がつくられた。

問７　表中の**Ａ～Ｅ**の５つの貨幣を**発行された**順に並べたとき，**２番目**と**５番目**にあたるものをそれぞれ１つ選び，記号で答えなさい。

3　**都道府県X**とその都道府県庁所在地に関する次の各問いに答えなさい。

問１　次の二重線内の文章は，**都道府県X**とその都道府県庁所在地に関して述べたものである。これを読んで，あとの⑴～⑶の各問いに答えなさい。

> **都道府県X**には，①江戸時代の禁教期にもひそかに信仰《しんこう》を続けていた「潜伏《せんぷく》キリシタン」が暮らしていた。その独自の文化・伝統が評価され，②2018年に世界文化遺産に登録された。また，2022年には都道府県庁所在地である［ あ ］まで，［ い ］新幹線が開通した。

⑴　文章中の［ あ ］・［ い ］にあてはまる語句の組み合わせとして正しいものを，次の**ア～ケ**から１つ選び，記号で答えなさい。

	ア	イ	ウ	エ	オ	カ	キ	ク	ケ
あ	鹿児島市	鹿児島市	鹿児島市	長崎市	長崎市	長崎市	福岡市	福岡市	福岡市
い	北九州	西九州	南九州	北九州	西九州	南九州	北九州	西九州	南九州

⑵　下線部①に関して，現在は，日本国憲法において信教の自由が保障されている。日本国憲法の信教の自由に関して述べたものとしてもっとも適しているものを，次の**ア～エ**から１つ選び，記号で答えなさい。

ア．信教の自由は精神の自由であるので，どの宗教を信仰するか，また信仰を持たないかは，国家や他者による制約を受けない。

イ．信教の自由は経済活動の自由であるので，公共の福祉《ふくし》のために一定の制約を受ける場合がある。

ウ．憲法には政教分離《ぶんり》の原則があるため，国会議員に選出された場合，または国務大臣に任命された場合は，個人の信仰の自由は放棄しなければならない。

エ．憲法には政教分離の原則があるため，国は神道《しんとう》以外の宗教に公金を支出したり，援助《えんじょ》を行うことは認められない。

⑶　下線部②に関して，この世界文化遺産の写真として正しいものを，あとの**ア～エ**から１つ選び，記号で答えなさい。

ア．

イ．

ウ.

エ.

問２　次の二重線内の**資料１**～**資料４**は，**都道府県Ｘ**の都道府県庁所在地で作成している啓発《けいはつ》ポスターの言葉である。これを読んで，あとの(1)・(2)の各問いに答えなさい。

資料１　「わたしたちにできること」

[う]やビニールが海に漂《ただよ》っていると，
「たべもの」と間違《まちが》えて食べてしまう生き物がいます
その生き物を知らずに食べる生き物がいます
[う]でお腹《なか》がいっぱいで，
本当の食べものを食べずに餓死《がし》する生き物がいます
海岸のごみを拾ってみよう
わたしたちにできることを考えてやってみよう

資料２　「べんりのゆくえ」

つよくて，かるくて，せいけつで…
手に入れた便利の行くえを想像しよう
見たこともない500年先の未来には，
きっとわたしたちは存在していないのだけど
わたしたちが使った[う]は，
小さな小さな砂つぶになって
存在し続けているようです

資料３　「山＋街＋川→海」

ある日のこと，ごみが山で生まれました
ある日のこと，ごみが街で生まれました
ある日のこと，ごみが川で生まれました
どんぶらこ
どんぶらこ
やがてそのごみは，海に流れ着きました

資料４　「国産80％」

海洋ごみの80％が，山や街や川から生まれてきます
どこかで思っていませんでしたか？
このごみは，
わたしの国のものではありませんと
わたしが捨てたものではありませんと

⑴　二重線内の［う］にあてはまる言葉を，**カタカナ**で答えなさい。

⑵　**資料１～資料４**が示している問題を解決するための具体的な行動としてもっとも適しているものを，次の**ア～エ**から１つ選び，記号で答えなさい。また，あとのＳＤＧｓ（持続可能な開発のための17個の目標）の図をみて，**資料１～資料４**の示す問題と特に関わりの深い目標を図から**２つ選び**，**数字の小さい順に算用数字**で答えなさい。

ア．国は，車の排出《はいしゅつ》ガスを抑制《よくせい》するため，低公害車の利用に対して税金を減らす。
イ．企業《きぎょう》は，シェールオイルなどの新たな化石燃料を開発する。
ウ．消費者は，自然を守るため，自然素材ではない包装の商品を積極的に購入《こうにゅう》する。
エ．地方公共団体は，デポジット制度を採用している企業に補助金を出す。

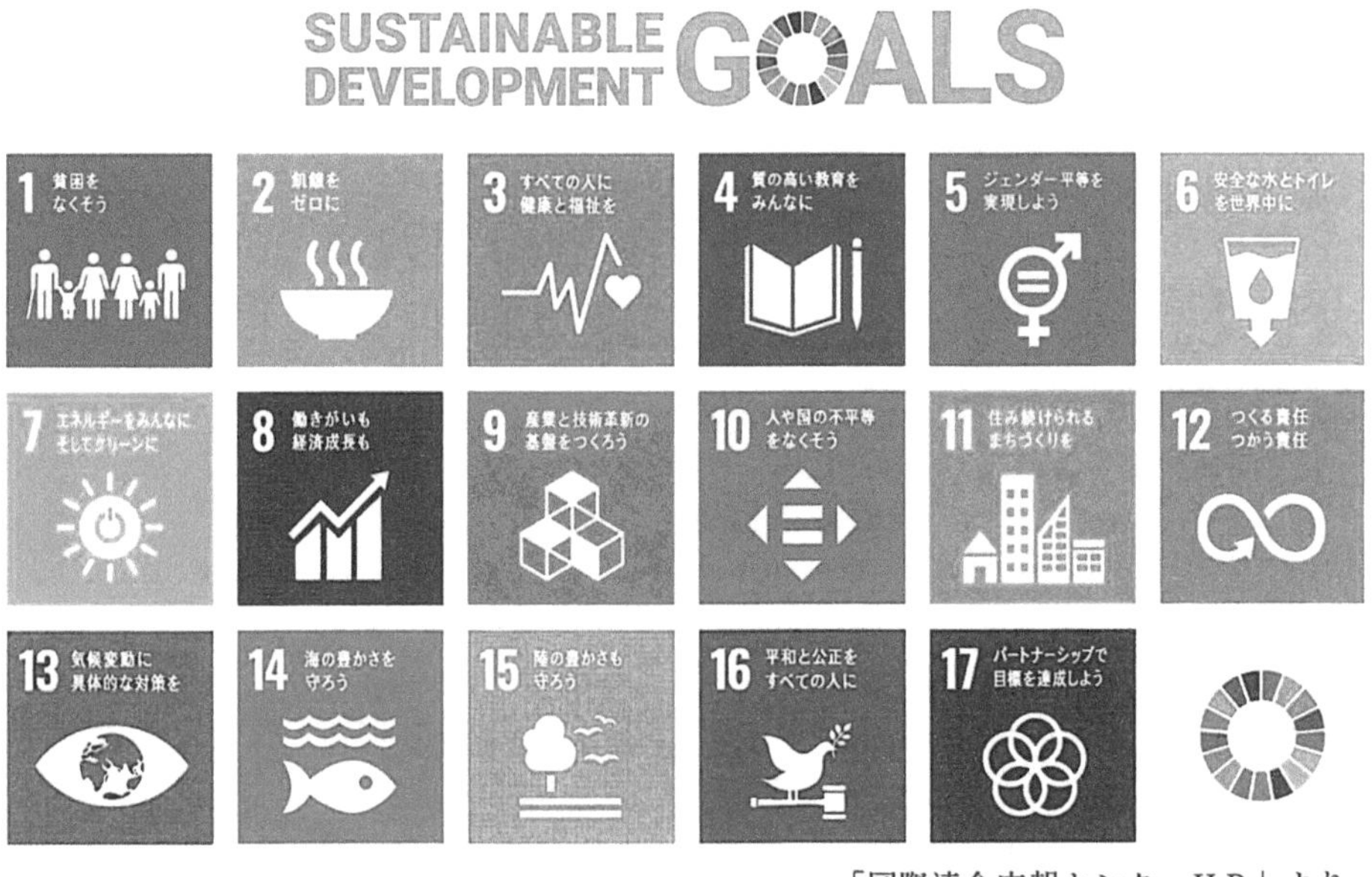

「国際連合広報センターＨＰ」より。

問３　次の二重線内の資料は，**都道府県Ｘ**の都道府県庁所在地にのみ適用される特別法の条文である。これを読んで，次のページの⑴・⑵の各問いに答えなさい。なお，条文中の［　　］には，この都道府県庁所在地名が入る。

第１条　この法律は，国際文化の向上を図《はか》り，恒久《こうきゅう》平和の理想を達成するため，［　　］を国際文化都市として建設することを目的とする。

⑴　この特別法は，憲法にもとづき住民投票を経て制定された。このように，国民や地方公共団体の住民が政治に直接参加し，政治の内容を決定するしくみについて述べたものとして**誤っているもの**を，次の**ア～エ**から１つ選び，記号で答えなさい。

ア．最高裁判所裁判官の罷免《ひめん》について審査《しんさ》をする。

イ．国会が発議した憲法の改正案の可否について投票を行う。

ウ．地方公共団体の首長について，解職の請求《せいきゅう》をする。

エ．地方公共団体の首長について，住民が選挙により選出する。

⑵　二重線内の下線部に関して，平和主義についての日本国憲法の記述として**誤っているもの**を，次の**ア～エ**から１つ選び，記号で答えなさい。

ア．平和を愛する諸国民の公正と信義に信頼《しんらい》して，われらの安全と生存を保持しようと決意した。

イ．全世界の国民が，ひとしく恐怖《きょうふ》と欠乏《けつぼう》から免《まぬ》かれ，平和のうちに生存する権利を有することを確認《かくにん》する。

ウ．国権の発動たる戦争と，武力による威嚇《いかく》又《また》は武力の行使は，国際紛争《ふんそう》を解決する手段としては，永久にこれを放棄する。

エ．自衛のための必要最小限度の実力を超える陸海空軍その他の戦力は，これを保持しない。国の交戦権は，これを認めない。

がら説明したうえで、その能力は人類普遍のものであると結論づけている。

ハ　子どもに言葉を教えるための方法を豊富な具体例や他の主張を紹介することで、わかりやすく読者に訴えながら言語獲得のための方策を示している。

ニ　言語によって物の名前を理解することの難しさを具体例をあげながら説明を加えたのちに、言語は人の身体構造によって制限を受けることを示している。

ホ　子どもものの名前を理解する過程を、さまざまな具体例をあげて説明を加えながら幼児からの経験と知識が言語獲得において重要であると結論づけている。

二

※問題に使用された作品の著作権者が二次使用の許可を出していないため、問題を掲載しておりません。

（出典：小川糸『あつあつを召《め》し上がれ』より。）

遺伝によってつくられるのかそうではないのかという主張がたがいにゆずらず問題となっていること。

ホ　言語を学ぶ子どもがよりどころとする知識や経験はどのように遺伝子に書き込まれていくのかといった点において、いまだに解決にいたらないさまざまな主張があること。

問6　[Ⅰ]・[Ⅱ] に入る語として、もっとも適切な組み合わせを次のイ～ホの中から一つ選び、記号で答えなさい。

イ　Ⅰ　欲求　Ⅱ　先天　　ロ　Ⅰ　認識　Ⅱ　一般

ハ　Ⅰ　身体　Ⅱ　精神　　ニ　Ⅰ　経験　Ⅱ　生得

ホ　Ⅰ　体験　Ⅱ　後天

問7　――線（4）「自分一人の世界」とはどのようなものですか。その説明としてもっとも適切なものを次のイ～ホの中から一つ選び、記号で答えなさい。

イ　自分の周りに存在する他者の影響をまったく受けることがなく、赤ちゃん本人の感覚器官や身体の能力によって作り上げた自分特有のもの。

ロ　赤ちゃんが身体構造や感覚器官を発達させていくために欠かすことのできない、生まれる前からもともと誰にでも備わっている遺伝的なもの。

ハ　未熟な感覚器官や身体構造であることで生じる欲求によって、赤ちゃんが自分の力で作り上げていく人間にとって欠かすことのできないもの。

ニ　言葉を発するようになった赤ちゃんが自分の感覚器官・身体構造や欲求から生じた状況になって、はじめて獲得することができる普遍的なもの。

ホ　遺伝子によって形作られた感覚器官の基本的な部分によって作り上げられたものであるから、どんな赤ちゃんでもだいたい同じように形成されていくもの。

問8　本文の内容の説明として**適切でないもの**を次のイ～ホの中から一つ選び、記号で答えなさい。

イ　言語力を豊かにするためには「物には名前がある」という知識そのものが大事である。

ロ　子どもはいろいろなものが見えているはずなのに、その中から選別して個別のものを理解できるのは遺伝子のおかげである。

ハ　子どもはお母さんの顔を見つめたり、おもちゃを口や手でいじったりしているうちに一人で身の回りの世界を作り上げていく。

ニ　外国へ旅行したときに言葉がわからなくても、指をさして何か言われたら、それが名前だということは何となく理解できるものである。

ホ　言語を学ぶための前提となる知識はもともと子どもに備わっているものと考えなければ、子どもがものを理解することの説明がつかない。

問9　この文章の論の進め方を説明したものとしてもっとも適切なものを次のイ～ホの中から一つ選び、記号で答えなさい。

イ　言語を学ぶために必要な条件を具体例によって示しながら、人の言語感覚は身体構造や欲求によって普遍化されていると結論づけている。

ロ　子どもがものの名前を理解する能力について、具体例をまじえな問1　＝＝線①・②のカタカナを漢字に直しなさい。

問2　本文に次の一文を入れるとすると、どこが適切ですか。この文が入る直前の**五字**をぬき出して答えなさい。（句読点、記号等も字数に数えます。）

生きていくために必要なものへの欲求も、みな同じでしょう。

問3　――線（1）「論理的に考えると極めて困難なのです」とありますが、その理由としてもっとも適切なものを次の**イ～ホ**の中から一つ選び、記号で答えなさい。

イ　ある言葉が何を示しているかということには無数の可能性があるので、一つに決定することはできないはずだから。

ロ　ある言葉が何を示しているかということを理解しようとしても、言葉自体が無数にあるので判断がつかなくなるから。

ハ　ある言葉が何を示しているかを判断するだけの経験がとぼしいので、一つにしぼって選び出すことは不可能であるから。

ニ　ある言葉が何を示しているかという判断は経験によってつくられていくが、その経験は人によってちがう可能性があるから。

ホ　ある言葉が何を示しているかということを理解しようとしても、そこで見えているものは人によって異なるものになってしまうから。

問4　――線（2）「実際には、たった一回、リンゴを示して『リンゴだよ』と言っただけで、子どもは何がリンゴなのかを適切に理解してしまいます」とありますが、そのように子どもが理解できる理由としてもっとも適切なものを、次の**イ～ホ**の中から一つ選び、記号で答えなさい。

イ　子どもはあらかじめ物の名前をわかっており、短い期間で言語を獲得できるから。

ロ　子どもは名前を知る前提として、それを覚えるための脳の機能が発達しているから。

ハ　子どもは物には名前があるということを、さまざまな経験を通して学習していくから。

ニ　子どもはもともと脳に言語の理解能力が備わっていて、すぐに活用できる存在だから。

ホ　子どもはいろいろな物には名前があるということを、生まれながらに知っているから。

問5　――線（3）「論争があります」とありますが、「論争」の説明としてもっとも適切なものを次の**イ～ホ**の中から一つ選び、記号で答えなさい。

イ　物体を認識して類似性を判断する能力をもともと備えているという主張と、言語を学ぶためには実生活での経験が欠かせないという主張が対立していること。

ロ　子どもは生まれた時から名前で呼ばれるものをすでに知っているという主張と生まれた後の経験によって言語を獲得するという主張が争って結果が出せないこと。

ハ　言語を学ぶために必要な知識がどのようなものでどのように遺伝子に書き込まれているのかといった点において、いくつかの主張が対立して決着がつかないこと。

ニ　言語の知識はどのようにつくられているのかという点について、

うな形で遺伝子に書き込《こ》まれているのかといった点については(3)論争があります。たとえば、「子どもはリンゴが何かをあらかじめ知っている」というのは、あきらかに無理のある主張です。この世界にある、名前で呼ばれるべきものがすべて人間の遺伝子に書き込まれているわけがありません。他方、もう少し一般的《いっぱんてき》な能力、たとえば物体を識別し、その類似性《るいじせい》を判断する能力なら、遺伝的だといってよいかもしれません。

いずれにせよ、言語は単に［Ⅰ］のみによって学ばれるのではなく、人間の［Ⅱ］的な要素が関わっていることは、まず間違《まちが》いないでしょう。

言うまでもなく、感覚器官を含《ふく》む人間の身体は遺伝子によって形作られます。目や脳の構造の基本的な部分は人間という生物種において大体みな同じです。人間が世界について持つ認識《にんしき》は、そうした身体構造や欲求を前提として、世界との関わりあいによって作り上げられていきます。

生まれたばかりの赤ちゃんは、目もよく見えず身体も十分に動かせません。それでも辺りを見回して、お母さんやお父さんの顔を見つけだし、そちらを見つめます。いくつかの心理学実験から、生まれたばかりの赤ちゃんでも「顔」を認識して、好んで見ることが明らかになっています。そして、おっぱいや哺乳瓶《ほにゅうびん》をくわえてミルクを飲みます。

しばらくして視力が向上し身体も動かせるようになってくると、身の回りのものを手に取っていじったり口に入れたりして、それがどんなものなのかを理解しようとします。それは同時に、自分の身体を動かすことに慣れていくことでもあります。そして、形や色や、周りの人がそれをどのように使っているかといった用途《ようと》によって、身の回りのものを分類します。物体までの距離《きょり》を知覚したり、自分で動かせそうかどうかを見積もったり、次にどのようになるかを予測したりできるようになります。

赤ちゃんは、個人差はあるもののおおむね一歳《いっさい》前後から言葉を発するようになりますが、そのころには自分なりに身の回りのものについて理解しています。人間は、言語を獲得して他者との相互《そうご》理解の世界に入る前に、まずは(4)自分一人の世界を作り上げるのです。そうした理解は、自分一人で作り上げたものではありますが、人間の感覚器官や身体の構造や欲求に対応するものなので、おおむねみな同じになります。それゆえに、私がリンゴを示しつつ「これはリンゴだよ」というだけで、赤ちゃんは何がリンゴなのかを理解できるのです。

このような基本的な世界理解は、赤ちゃんが誰《だれ》にも教えられることなく実行するものですから、人類※2普遍《ふへん》だといって間違いないと思います。それゆえに、たとえば日本語を学習中の、リンゴが採れない国の人にリンゴを見せて、「これはリンゴです」と教えたら、私たちと同じように「リンゴ」を知覚して、「リンゴがこの物体の名前であり、この物体はリンゴという種類に(2)ゾクしているのだ」と理解するでしょう。

このように考えてくると、人間の認識は言語によって「何でもあり」に変化するものではなく、人類共通の身体構造や欲求による制限を受けているといえるでしょう。

(山口裕之《ひろゆき》『「みんな違ってみんないい」のか？——相対主義と普遍主義の問題』より。
出題にあたり、文章の構成を一部改めました。)

(注) ※1 チョムスキー……アメリカ合衆国の哲学者、言語学者。
※2 普遍……広くゆきわたること。また、すべてのものにあてはまること。

【国　語】（四五分）〈満点：一〇〇点〉

一　次の文章を読んで、あとの問いに答えなさい。

　私たちは、子どもに言葉を教えるときに、物を見せてその名前を呼んだりします。たとえば、リンゴを見せて「これはリンゴだよ」と教えます。そのとき子どもは、何がリンゴという名前で呼ばれているのかを自分で理解しなくてはなりません。子どもには、リンゴだけでなく、それを持っている手やお父さんの顔など、さまざまなものが見えています。そのなかのどれが「リンゴ」なのか、どうやったらわかるでしょうか？

　指で差してやったらわかるでしょうか。しかし、指の先には、リンゴだけでなく、赤い色も見えます。赤い色が「リンゴ」なのかもしれません。あるいは、何かが手にのっている状態が「リンゴ」なのかもしれません。ひょっとすると指が「リンゴ」なのかもしれません。「リンゴ」という言葉が何を指しているのかには、無数の可能性があります。何かを見せてその名前を呼んだだけで、その名前が見えているものの中のどれを指しているのかを決定することは、(1)論理的に考えると極《きわ》めて困難なのです。

　もしも子どもたちがこの困難を経験のみによって克服《こくふく》するなら、もっとたくさんの経験が必要なはずです。たとえば、「リンゴ」という言葉一つを学ぶために、リンゴは赤い色でない、手にのっている状態でもない、指でも笑っているお父さんでもない……などと、無数の可能性をすべて検証する必要があります。しかし(2)実際には、たった一回、リンゴを示して「リンゴだよ」と言っただけで、子どもは何がリンゴなのかを適切に理解してしまいます。

　しかも子どもは、「リンゴ」という名前が、①ガンゼンに示された物体の固有名ではなく、他のリンゴも「リンゴ」と呼ばれるのだということも理解します。これは、子どもが「名前で呼ばれるべきもの」がどんなものなのかをあらかじめ知っていると考えるほかないでしょう。

　そもそも子どもは「物には名前がある」ということも自分で理解しなくてはなりません。たとえば、チンパンジーのような人間に極めて近いと考えられている動物でさえ、物を見せてその名前を呼ぶような教え方では決して言葉を学びません。チンパンジーには、物には名前があるということがわからないのです。しかし、物には名前があるということを、どのようにしたら教えることができるでしょうか。これは、名前を教えること自体の前提ですから、単に名前を教えることによって教えることはできないのです。

　このように考えると、言語を学ぶためには、言語とは何なのかについての知識があらかじめ子どもの側に備わっていなくてはならないはずです。「物には名前がある」とか「名前は種類を示す」とか、さらには「個体識別することが重要なものについては固有名詞がある」「行為《こうい》や動作を示す言葉（動詞）もある」「文章は語順によって意味がまったく変わってしまうことがある」といったことを、子どもの側からあらかじめ知っているからこそ、子どもは短い期間で言語を獲得《かくとく》することができるのです。

　このように、言語を学ぶためには経験だけでなく、前提となる知識が必要だという※1チョムスキーの主張はもっともなので、現在の言語学では定説の一つとなっています。

　もちろん、その前提となる知識が具体的にどのような知識で、どのよ

MEMO

大切なことはメモしておこうネ！

推薦・帰国生

2023年度

解　答　と　解　説

《2023年度の配点は解答欄に掲載してあります。》

＜算数解答＞ 《学校からの正答の発表はありません。》

1　(1) $\frac{2}{5}$　(2) $\frac{3}{4}$　(3) 4.1

2　(1) 42.6km　(2) 18g　(3) 180円　(4) 国語が0.5点高い

3　(1) 1520m　(2) 分速80m　(3) 12分40秒後

4　(1) 10.8cm　(2) 2.25cm

5　(1) 6：1　(2) 16：9　(3) 49：31

6　(1) 1640通り　(2) 4026　(3) 36通り

○推定配点○

1，3，4　各5点×8　他　各6点×10（2(4)完答）　計100点

＜算数解説＞

1 （四則計算）

(1) $\left(1-\frac{1}{15}\times\frac{9}{5}\right)\times\frac{5}{11}=\frac{2}{5}$

(2) $\square=10\frac{1}{2}-\frac{26}{7}\times\frac{21}{8}=10\frac{1}{2}-9\frac{3}{4}=\frac{3}{4}$

(3) $12.3\times\left(\frac{11}{18}+\frac{2}{9}-\frac{1}{2}\right)=12.3\div3=4.1$

重要 2 （速さの三公式と比，単位の換算，割合と比，濃度，統計と表，平均算）

(1) $72\times\frac{25}{60}+9\times3.6\times\frac{7}{18}=30+12.6=42.6$(km)

(2) 加えた食塩…右図より，色がついた部分の面積が等しく

(12－7.6)×360÷(100－12)＝18(g)

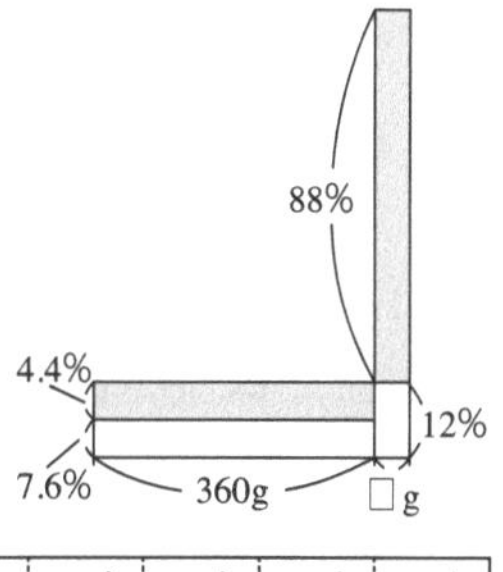

(3) 枚数の比…(1÷1)：(3÷5)：(8÷10)＝5：3：4

それぞれの枚数…36÷(5＋3＋4)×5＝15(枚)，9枚，12枚

したがって，合計金額は1×15＋5×9＋10×12＝180(円)

(4) 国語の合計点…10×2＋20×5＋30×▲＋30＋40×2＋40×■＋50×2

算数の合計点…10×2＋20×3＋30×3＋30×▲＋40×■＋50×3

国語の合計点－算数の合計点…20×2＋40×2－50－30×2＝10

したがって，国語の平均点が10÷20＝0.5(点)高い

国＼算	0点	10点	20点	30点	40点	50点
0点	0	0	0	0	0	0
10点	0	1	0	1	0	0
20点	0	1	2	2	0	0
30点	0	0	0	▲	0	1
40点	1	0	0	0	■	1
50点	0	0	1	0	0	1

重要 3 **（速さの三公式と比，単位の換算）**

（1）Aさんの1周目の時間…$600 \div 180 = 3\frac{1}{3}$（分）

Aさんの2周目の時間…$600 \div 150 = 4$（分）

Aさんの3周目の距離…$120 \times \left\{10 - \left(3\frac{1}{3} + 4\right)\right\} = 120 \times 2\frac{2}{3} = 240 + 80 = 320$（m）

したがって，求める距離は$600 \times 2 + 320 = 1520$（m）

（2）Bさんの1周目と2週目の時間の比…3：2

したがって，1周目の分速は$600 \div \{12.5 \div (3+2) \times 3\} = 80$（m）

（3）下図より，2人が2度目に横に並ぶのは$12\frac{1}{3}$分の後であり，12.5分までにAさんは$90 \times \left(\frac{1}{2} - \frac{1}{3}\right) = 15$（m）前方におり，Bさんが追いつくのは$15 \div (180 - 90) = \frac{1}{6}$（分後）の12分40秒後

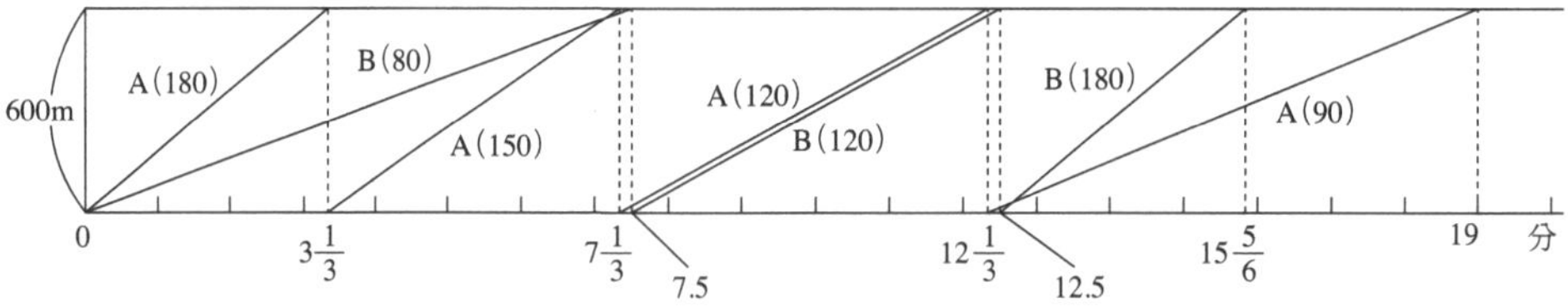

重要 4 **（平面図形，相似，立体図形，割合と比）**

容器の底面積…$8 \times 5 \div 2 = 20$（cm^2）

（1）空気が入った部分の体積

…図アより，$20 \times 3.6 \div 3 = 24$（$cm^3$）

したがって，求める高さは$12 - 24 \div 20 = 10.8$（cm）

（2）直角三角形APCとBRC

…図イより，相似比は8：5

したがって，BRは$3.6 \div 8 \times 5 = 2.25$（cm）

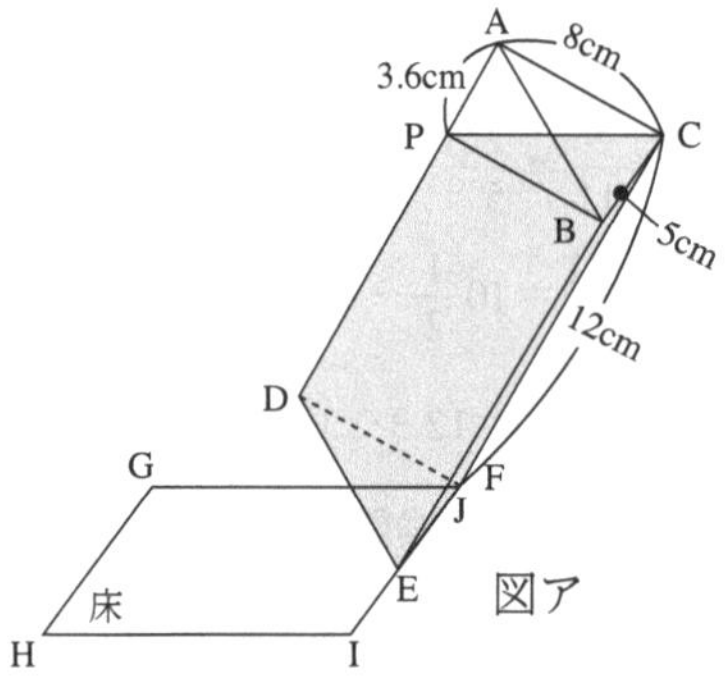

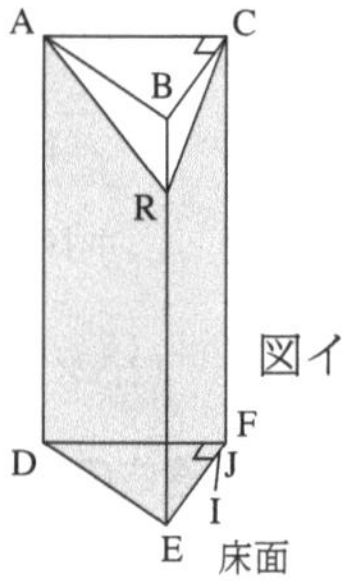

5 **（平面図形，相似，割合と比）**

重要（1）三角形DBGとJIG

…図1より，相似比は$3 : 0.5 = 6 : 1$

したがって，BG：GIも6：1

（2）三角形ADFとIJF

…図2より，相似比は8：1

したがって，三角形ADFとDBGの面積比は$(8 \times 4) : (6 \times 3) = 16 : 9$

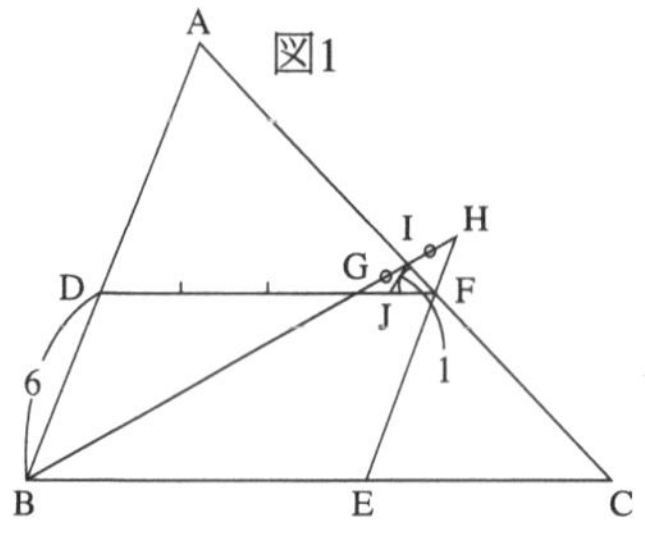

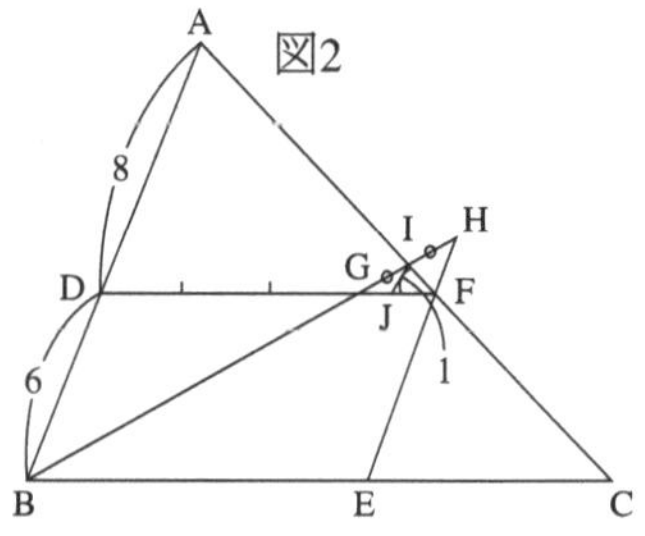

やや難（3）三角形ADFとIGF…面積比は$(4 \times 8) : (1 \times 1) = 32 : 1$

三角形ABI…三角形ADFの面積が32のとき，（2）より，三角形DBGの面積が18であるから，三角形ABIの面積は$32 - 1 + 18 = 49$

台形GBEF…面積は$18 \div 3 \times (1 + 4) = 30$

したがって，三角形ABIと四角形BEFIの面積比は49：(30＋1)＝49：31

6 (数の性質，場合の数)

カードの枚数…50－9＝41(枚)

基本 (1) 41×40＝1640(通り)

重要 (2) 5049－1023＝4026

やや難 (3) 以下の36通りがある。…各位の数の和が3の倍数

1011	1110	1113	1116	1119	1131	1311	1611	1911
2022	2220	2223	2226	2229	2232	2322	2622	2922
3033	3111	3222	3330	3333	3336	3339	3633	3933
4044	4344	4434	4440	4443	4446	4449	4644	4944

★ワンポイントアドバイス★

5「三角形と相似」の問題で差がつきやすく，各三角形の面積を正確に求められることが第1のポイントである。6「整数のカード」も内容自体は難しくないがあわてるとミスが出やすく，注意が必要である。

＜理科解答＞ 《学校からの正答の発表はありません。》

1 (1) 2 (2) 6 (3) 6 (4) 4 (5) 8通り

2 (1) 3 (2) 2.8g (3) 1.6g (4) 2g (5) 10.8g

○推定配点○

各5点×10 計50点

＜理科解説＞

1 (植物のはたらき―花が咲くしくみ)

(1) 20℃に保たれた温室で2月1日に種子をまくと，15℃以上なのですぐに発芽する。発芽して60日後の4月2日ごろには，葉で一日の昼の長さを感じ取ることができるようになる。図2を見ると，4月2日ごろにはすでに昼の長さが12時間以上になっているので，そこから15日間経った4月17日ごろには茎の先に花が咲き始める。

(2) 9月1日に花が咲き始めている。これは，昼の長さが12時間以上であることを葉が感じ取って15日間経った日なので，昼の長さを感じ取ることができるようになったのは，8月17日ごろである。発芽したのは，その60日前なので，6月18日ごろである。

(3) 図1を見ると，2月1日に種子をまいたときには，一日の平均気温が15℃になっていない。よって，15℃以上になった4月2日ごろに発芽する。発芽して60日後の6月1日ごろには，葉で一日の昼の長さを感じ取ることができるようになる。すでに昼の長さが12時間以上になっているので，そこから15日間経った6月16日ごろには茎の先に花が咲き始める。

重要 (4) 花を咲かせるのに必要な物質は，葉で作られ全身に運ばれる。実験1で，葉のないBでは必要な物質は作られない。また，実験2で，皮をはいだ先にあるD2で花が咲かなかった。皮をはぐと，表面に近い師管が切れてしまい，必要な物質が運ばれなくなるためである。そこで，図5では，E1の葉で作られた物質は他の枝に運ばれないが，E3の葉で作られた物質はE2やE4の枝に運ばれ

るので，E1～E4のすべての枝で花が咲く。

(5)　2か所の皮をはいで，F1の枝に花が咲かなくなる方法を考える。まず，アの皮をはぐとF1には必要な物質が運ばれないので，のこり1か所は5通りのどれでもよい。また，F2でつくられる物質がF1に出て行かないためにイの皮をはぎ，F4でつくられる物質がF1に出て行かないために，エ，オ，カの皮をはぐ方法もある。以上のように，アイ，アウ，アエ，アオ，アカ，イエ，イオ，イカの8通りがある。

2　**（ものの溶け方―水と油に溶ける量）**

(1)　実験1から，20℃の水100mLには，物質Aは18.2÷2＝9.1g溶ける。また，実験2から，20℃の水100mLには，物質Aは28.2÷3＝9.4gの全部は溶けない。よって，溶ける物質Aの最大量は，9.1g以上で9.4gよりは少ない。

(2)　実験3から，40℃の水80mLに溶ける物質Aの最大量が11.2gである。水溶液の体積を80mLから60mLにすると，蒸発した20mLぶんの水に溶けていた物質Aが結晶となる。よって，結晶の量は，80：11.2＝20：□　より，□＝2.8gである。

(3)　水100mLと油100mLをかき混ぜたのだから，問題文中の式や図1を考えると，油に溶ける量が水に溶ける量の4倍になり，溶ける量の比は4：1となる。よって，8gの物質Aを4：1に分けると，油に溶ける量が6.4gで，水に溶ける量が1.6gとなる。

(4)　水と油の体積が同じ場合は，図1のように，油に溶ける量と水に溶ける量の比が4：1になる。水200mLと油100mLをかき混ぜる場合は，水の体積が油の体積の2倍なので，油に溶ける量と水に溶ける量の比が4：(1×2)＝4：2＝2：1になる。よって，6gの物質Aを2：1に分けると，油に溶ける量が4gで，水に溶ける量が2gとなる。

やや難　(5)　(4)で考えたように，水200mLと油100mLをかき混ぜる場合は，油に溶ける量と水に溶ける量の比が2：1になる。よって，油を入れて混ぜ，油を捨てる操作をすると，最初に溶けていた物質Aのうち3分の1が，操作後の水に残る。最初に溶けていた物質Aの量を□gとすると，操作を3回繰り返した後の水に物質Aが0.4g残っていたことから，$□\times\frac{1}{3}\times\frac{1}{3}\times\frac{1}{3}=0.4$　より，□＝10.8gである。

★ワンポイントアドバイス★

手順や順序を正しくつかみ，その流れを図式化して見やすく整理できるよう，ふだんから長い問題文の情報整理の練習をしておこう。

＜社会解答＞ 《学校からの正答の発表はありません。》

1　問1　ウ　問2　エ　問3　（秋田県）　エ　（山形県）　イ　問4　ア
問5　（例）　税収に差が出てしまう

2　問1　(1)　ア　(2)　オ　問2　イ　問3　X　ウ　Y　カ　問4　X　ア　Y　ウ
問5　イ

3　問1　エ　問2　ア　問3　ア　問4　a　エ　b　ア　c　オ

○推定配点○

1　問3　各2点×2　問5　4点　他　各3点×3　2　問2・問5　各3点×2
他　各2点×6　3　問4　各2点×3　他　各3点×3　計50点

＜社会解説＞

1　(日本の地理―地図や表を見ながら答える問題)

問1　阿蘇山は世界有数規模のカルデラで有名であり，カルデラの周りの外輪山が円形であることを考えてウを選べばよい。アは北西部に諏訪湖があることから八ヶ岳周辺，イは北西部から北部にかけて富士五湖があるので富士山周辺，エは南部に日本4位の広さの猪苗代湖があるので磐梯山周辺と判断できる。

重要　問2　主要な工業については上位5位ぐらいまでは覚えておくこと。鉄鋼業は沿岸部の工業地帯[地域]で生産が多く，愛知県，兵庫県，神奈川県，大阪府の順で，うと判断できる。石油化学を含めた化学工業は千葉県が1位，その後コンビナートのある兵庫県，山口県などが続くので，いとなる。輸送用機械器具製造業は，豊田市のある愛知県が1位で，2位は浜松市のある静岡県，3位は横須賀市のある神奈川県，4位は苅田町のある福岡県，5位は太田市のある群馬県なので，えとなり，あは北海道が1位なので食料品製造業だとわかる。以上からaは埼玉県，bは神奈川県，cは千葉県となる。

重要　問3　東北6県は青森県・岩手県・秋田県・宮城県・山形県・福島県で，それぞれの県の特徴を考えながら表を確定していこう。アは1位のりんごから青森県，イは2位のおうとう[さくらんぼ]から山形県，ウは3位のももから福島県，エは1位の米の産出額の高さから秋田県となる。残る2つのうち，畜産物の額が多いカが岩手県で，オは宮城県と判断する。

やや難　問4　特殊なグラフを使った問題。偏差値50というのが全国平均と同じであり，それより高いと数や割合が多く，逆に低いと数や割合が少ないということである。aはAの65歳以上の総人口に占める割合が特に高いので，過疎化が進む夕張市，bはDの他市区町村への通勤者比率が高いことから，首都圏のベッドタウンである習志野市，cはBの外国人人口が多いことから工業が盛んな豊田市だとわかる。

問5　生産年齢人口とは，生産活動の中心にいる年齢の人口のことで，仕事に就いて働く人のことを指すと考えてよい。この割合が高いと生産活動や商業が盛んであるということであるので，地方公共団体の税収も潤うと考えられる。よって財政上の問題は，自治体間の税収に差が出てしまうことである。

2　(日本の歴史―九州地方をテーマにした総合問題)

重要　問1　(1)　菅原道真は9世紀半ば～10世紀初めの人物で，894年に遣唐使の廃止を提案するなど活躍をしたが藤原時平の陰謀により901年に大宰府に左遷された。イの道鏡は8世紀の奈良時代の僧で，女帝である孝謙天皇(のちに称徳天皇)に重用された。ウの源頼朝は12世紀後半の武士，藤原泰衡は奥州藤原氏の4代目で，1189年に源義経をかくまった罪を着せられて鎌倉幕府に滅ぼされた武士なので，時代が合わない。　(2)　a　最澄は9世紀初めに唐に渡り，帰国後に比叡山で延暦寺を開き，天台宗を開いたので誤り。　b　平清盛は1159年の平治の乱で源義朝を破り，1167年には武士として初めて太政大臣になるなど栄華を極め，大輪田泊を整備して日宋貿易を行ったので正しい。　c　元寇は1274年の文永の役と1281年の弘安の役，徳政令は1297年のことなので13世紀後半の出来事。元の皇帝はフビライ・ハンなので誤り。　d　朝鮮侵略は1592年の文禄の役，1597年の慶長の役のことを指す。慶長の役が行われていた1598年に豊臣秀吉が国内で亡くなり，出兵は中止されたので正しい。

問2　足利尊氏は初めは後醍醐天皇に協力していたが，その後対立した。九州から東上した尊氏は，1336年の湊川の戦い(今の神戸市)で楠木正成らを破り入京した。アは，鎌倉攻めは新田義貞により行われ，尊氏は参加していない。ウは，吉野(今の奈良県)に移ったのは南朝の後醍醐天皇で，尊氏は京都に留まり，新たに天皇を即位させて南北朝時代が始まった。エは，南北朝を統一したのは3代将軍足利義満で，1392年のこと。

基本 問3 江戸幕府は1612年と1613年に禁教令を出し，国内でのキリスト教を禁止したが，九州地方を中心にキリスト教の信仰を捨てない人々もおり，そのような人々を「潜伏キリシタン」と呼ぶ。なお，2018年には「長崎と天草地方の潜伏キリシタン関連遺産」として長崎県と熊本県の12件が世界文化遺産に登録された。

問4 軍艦島とは端島炭鉱の通称で，明治時代から昭和時代にかけて石炭を採掘していた人工島のことである。2015年に「明治日本の産業革命遺産」の1つとして世界文化遺産に登録された。なお，日本では1960年代にエネルギー源を石炭から石油へ移行するエネルギー革命が起こり，軍艦島など主要な炭鉱は次々と閉鎖されることになった。

基本 問5 aの東京大空襲は3月10日，bのソ連の対日参戦は8月8日，cの米軍の沖縄上陸は4月1日のことなのでa→c→b，の順となる。

3 (日本と世界の歴史・政治―核兵器，国連，ウクライナ問題など)

基本 問1 ラッセル・アインシュタイン宣言は1955年に発表された。空欄の直前に，「爆弾の爆発」や「死の灰」という言葉があるので，1954年に起きた第五福竜丸事件のことだと判断できる。第五福竜丸事件は，太平洋のビキニ環礁(現マーシャル諸島の一部，負の遺産)でアメリカが行った水爆実験に日本の漁船が巻き込まれて乗組員が死亡した事件で，翌1955年の第一回原水爆禁止世界大会のきっかけとなった事件。また，アは1979年のアメリカで発生したスリーマイル原発事故，ウは1986年にウクライナ(旧ソ連)で発生したチェルノブイリ[チョルノービリ]原発事故を元にした説明文である。

問2 社会というより国語の問題。空欄いは，直前に「『人類』という言葉が漠然としていて抽象的に感じられることです。」とあり，直後には「～に人々が思い至ることはまずありません。人々は，自分自身と自分の愛する者たちがもだえ苦しみながら滅びゆく危急に瀕していることを，ほとんど理解できないでいます。」とあるので，aの「危険は自分自身と子どもたち，孫たちに迫っているのであり，おぼろげに捉えられた人類だけが危ないわけでないこと」が入る。空欄うは，直後に「一方が水爆を製造し，他方が製造しなければ～」とあるのでcの「双方ともに水爆の製造にとりかかること」が入る。空欄えは，直後に「それだけを心に留めて，他のことは忘れてください。」とあるので，eの「あなたが人間であること」がふさわしい。

やや難 問3 国際連合の総会の議決は，出席して投票した国の過半数の賛成で成立するが，重要な議題については3分の2以上の賛成が必要なので，アが正しい。イはいわゆる全会一致制のことで，かつての国際連盟の議決の方法。ウ・エについて，安全保障理事会の議決は，常任理事国5か国と非常任理事国10か国の計15か国のうち，常任理事国すべてを含めた9か国以上の賛成が必要となる。これは常任理事国が拒否権を発動すると議決できない仕組みになっているからである。

基本 問4 a 「ベルリンの壁」とあるので，ドイツである。ベルリンの壁は1989年に崩壊し，翌1990年に東西ドイツは統一された。 b 「世界のリーダー」という表現から，アメリカである。また，「私には夢がある。」という言葉は，1963年にアメリカのキング牧師が行ったものである。キング牧師は，黒人差別が激しかった当時のアメリカで，黒人の公民権運動を率いた人である。

c 本文に「破壊された原子炉」「津波」とあるので日本である。2011年3月11日に発生した東日本大震災では，停電した福島第一原子力発電所で炉心溶融[メルトダウン]が起こり原発の周辺に放射性物質が飛散して長い間住人が避難を余儀なくされた。

★ワンポイントアドバイス★

地理・歴史・政治の順に出題されるが，地理はユニークな問題が多く，難度も高いので歴史・政治から解くとよい。国語のような問題も最後に時間をかけてゆっくりと取り組もう。

＜国語解答＞ 《学校からの正答の発表はありません。》

一 問1 ニ　問2 ロ　問3 ハ　問4 国民みんな～のだから。　問5 意見と
問6 情報を知識にまで高めるため　問7 ニ　問8 ロ　問9 イ　問10 ニ

二 問1 しよう。　問2 イ　問3 イ　問4 でも後～ない。　問5 ロ
問6 ホ　問7 ロ　問8 おれの　問9 ハ　問10 ニ

○推定配点○

各5点×20　計100点

＜国語解説＞

一 （論説文―要旨・段落構成・細部の読み取り，指示語，空欄補充，ことばの意味，漢字の書き取り）

基本 問1 ═══線は「検討」，イ「順当」，ロ「投入」，ハ「口頭」，ニ「討論会」，ホ「党派」，ヘ「登用」，ト「均等」，チ「答申」，リ「統合」。

問2 ～～～線aは，ときどきある，しばしば発生するという意味。

問3 ～～～線bとハは，手段，方法という意味。イは種類，ロは手間，ニは所有すること，ホの「手厳しい」は非常に厳しいこと。

問4 二つ目は「国民みんなが……」で始まる段落から，三つ目は「最後に，……」で始まる段落からに分けられる。

問5 情報を「自分で冷静に考えて選択」しないと——線(1)になる，ということで，「次に……」で始まる段落で「意見というのは，どちらかが完全に正しくてどちらかが完全に間違っている，というものではない。」と述べている一文が(1)の理由になる。

問6 ——線(2)は自分のものとなるよう十分理解する時間ということなので，□には冒頭の段落の「情報を知識にまで高めるため(13字)」があてはまる。

重要 問7 ——線(3)は「今は……」から続く2段落の，社会に対して「『現状のままでは希望が持てない』」「感情的にストレスをためている」という「気分」のことなのでニが適切。他の選択肢は(3)の具体例なので不適切。

問8 ——線(4)は直前で述べているように，「感情的に反応して」しまうことなのでロが適切。「政府」に限定しているハは不適切。「感情的に反応して」しまうことを説明していない他の選択肢も不適切。

重要 問9 ——線(5)の説明として直後の2段落で，「発信力をぼくらみんなが持つようになった」ことで「『問題あり』の報道」に「異議申し立てや修正のコメントが……発信され」るようになり，「情報のプロの目をぼくらの視点……に近づかせ，ジャーナリズムをもっと信頼あるものにする」ためには「大変いいこと」であると述べているのでイが適切。(5)直後の2段落の内容をふまえていない他の選択肢は不適切。

やや難 問10　――線(6)は前後で述べているように，情報に対して「気分や感情のみでリアクションせず,」「皆が正しい情報を共有」し「発信する側と受け取る側がお互いにオープンにやりとりし協力」していくことで，「不満や怒り」といったものが「蓄積しない社会につながっていくはずだ」ということなので，これらの内容をふまえたニが適切。「不満や怒りの蓄積しない社会につながっていく」ことを説明していない他の選択肢は不適切。

二　(小説―心情・場面・登場人物・細部の読み取り，空欄補充)

問1　一文の内容から，「火曜日。……」で始まる段落の「今日も返せなかったらどうしよう。」→一文→「教科書をあまり使うこともないので，このまま返さなくても……」という流れになる。

基本 問2　――線(1)直後で，図工の教科書の中から落ちた「算数・下」の教科書が大介のものであることが「手に取るまえに，分かった」という美咲の心情が描かれているのでイが適切。

問3　――線(2)直後の段落で，教科書がないことで大介が「いつも先生に叱られていたのは私のせいだった」という美咲の心情が描かれているのでイが適切。この段落の美咲の心情をふまえていない他の選択肢は不適切。

問4　――線(3)前で描かれているように，大介に教科書を返す時に「でも後ろの陸君が気づいて必ず何か言うだろう。『先生，大介君の算数の教科書，美咲ちゃんが持っていたようです』と大きな声でひとこと言うに違いない。」という陸の行動が予想できるため，美咲は(3)のように考えたのである。

問5　――線(4)の(ぬすんだ)は，美咲が陸の意見を「ぬすんだ」と陸が言っている言葉だが，大介の教科書をまだ返していない自分の気持ちに重ねて，このままだと大介の教科書を「ぬすんだ」ことになってしまうかもしれないと考え，美咲は(4)のようになっているのでロが適切。大介の教科書を「ぬすんだ」ことになるかもしれないということを説明していない他の選択肢は不適切。

重要 問6　――線(5)直前で，みんなが美咲と大介のほうを向いているときに「『……大ちゃんは教科書を忘れていたのではないのです』」と美咲は話しているのでホが適切。「先生」だけに「訴えようと思った」とあるハは不適切。大介のために(5)のように発言したことをみんなに伝えたかったことを説明していない他の選択肢も不適切。

問7　問4でも考察したように，大介の教科書を返す時に陸に何か言われると思って「陸に見られない時に返そう」と美咲は思っていたが，実際には□前で描かれているように，陸は事実だけを言って大介の教科書の件を終わらせてくれた。「(陸君の言う通りだよ)」という気持ちと感謝の気持ちをこめて美咲は陸を振り返ったのでロが適切。イは表情や態度などが厳しいさま。ハは見たり見なかったりするさま。ニは思いがけない出来事にびっくりするさま。ホは人に知られないように，ひそかにするさま。

問8　――線(6)は「三時間目……」で始まる国語の授業の場面で，プリントに書き始めた美咲の言葉が，たまたま陸の書き出しと同じだったことで，陸に「『おれの意見，ぬすんだ，ぬすんだ』」と言われたときのことである。この後，大介がおどけて陸たちを笑わせてくれたことに，美咲は(6)後のようにお礼を言っている。

やや難 問9　本文では，美咲の図工の教科書にはさまっていた大介の算数の教科書に美咲が気づいたことから始まり，このまま返さなくてもいいかという思いもよぎりながら，この教科書をどうやって大介に返そうかと美咲は悩んでいたが，正直にみんなの前で大介の教科書を持ち帰ってしまったと言うことができたこと，また，いつもふざけている大介が心やさしいことを話してくれたことが描かれている。最後の場面で，そのような自分や大介を，たった一週間で花を咲かせたクロッカスに重ねていることからハが適切。イの「このままこのクラスで……」は描かれていない。美咲自身がみんなの前で話せたことを説明していないロも不適切。ニの「自分たち四人が……美しく新しい学年になっても」も描かれていない。クロッカスの花に気づいたのは洋子なのでホも不適切。

重要 問10　大介の教科書を持ち帰ってしまったことで，さまざまに思い悩んだ美咲の心情が描かれているのでニが適切。本文は美咲の視点で描かれているのでイは不適切。洋子は席が美咲の隣だが，最後の場面では美咲が大介と二人で話しているところに「いつの間にか，洋子がやってきていた」ので，「美咲のそばにいつもいて，どんな時も美咲を支えようとしている」とあるロも不適切。陸の意見をぬすんだと陸が言う場面で，おどける大介に「くすくすと笑いだ」す陸の様子が描かれているのでハも不適切。美咲と大介はけんかをしていたわけではないので「仲直りの過程」とあるホも不適切。

★ワンポイントアドバイス★

小説や物語文では，主人公の心情が何をきっかけに変化しているかを読み取っていこう。

＜英語解答＞ 《学校からの正答の発表はありません。》

Ⅰ　1　①　イ　　③　イ　　④　ウ　　問2　ア　　問3　C　　問4　think

問5　(例)　reduce the prices of products so that they can buy them

問6　1　It was that some people just had to try harder but that was lucky for them.

2　It was because his father lost his job and his family needed more money.

3　He was happy to help them in the store and they relied on him.　　問7　イ，カ

Ⅱ　問1　supply　ウ　　demand　カ　　問2　イ　　問3　エ　　問4　4番目　ウ　7番目　ク　　問5　最悪の場合，彼らのもう少し長く生きたいという探究の旅は皮肉にも打ち切られてしまう。　　問6　ウ，オ　　問7　(例)　I don't agree that you go abroad and take stem cell therapy to live longer. It is not proven whether it is safe and works well. The risks are not worth taking. You don't have any serious disease and the medical standard in Japan is quite high in the world. Therefore, if you live a modest life in Japan, you will probably live long enough.(65語)

○推定配点○

Ⅰ　各4点×12　　Ⅱ　問7　20点　　他　各4点×8(問4完答)　　計100点

前期

2023年度

解　答　と　解　説

《2023年度の配点は解答欄に掲載してあります。》

＜算数解答＞《学校からの正答の発表はありません。》

1　（1）　17　　（2）　4　　（3）　18

2　（1）　10本　　（2）　70個　　（3）　20頭　　（4）　20.52cm^2　　（5）　28.5cm^2

3　（1）　360g　　（2）　25％

4　（1）　毎分75m　　（2）　2170m　　（3）　7分45秒

5　（1）　10cm　　（2）　$\frac{30}{17}$cm　　（3）　1cm

6　（1）　カ　　（2）　12個

○推定配点○

1，2　各5点×8　　他　各6点×10　　計100点

＜算数解説＞

1　（四則計算）

（1）　$2023\times\left(3.75+\frac{1}{119}-3.75\right)=2023\div119=17$

（2）　$\square=\left(\frac{9}{22}\times\frac{121}{15}\times\frac{4}{3}-3\right)\times\frac{20}{7}=1.4\times\frac{20}{7}=4$

（3）　$\frac{1}{\square}=\frac{14}{9}\times\frac{1}{40}\times\frac{10}{7}=\frac{1}{18}$　　$\square=18$

重要　2　（割合と比，過不足算，平面図形，相似）

（1）　ボールペンが5本，多い場合…$3450-150\times5=2700$（円）
したがって，鉛筆は$2700\div(120+150)=10$（本）

（2）　りんご・みかん・いちごの個数の比…3：4：5
したがって，いちごは$168\div(3+4+5)\times5=70$（個）

（3）　ヤギ1頭1週の草の面積…$10000\div(12\times4)=\frac{625}{3}$（$m^2$）
18週で72000m^2を食べるヤギの頭数…$72000\div18\div\frac{625}{3}=19.2$（頭数）
したがって，必要なヤギは20頭

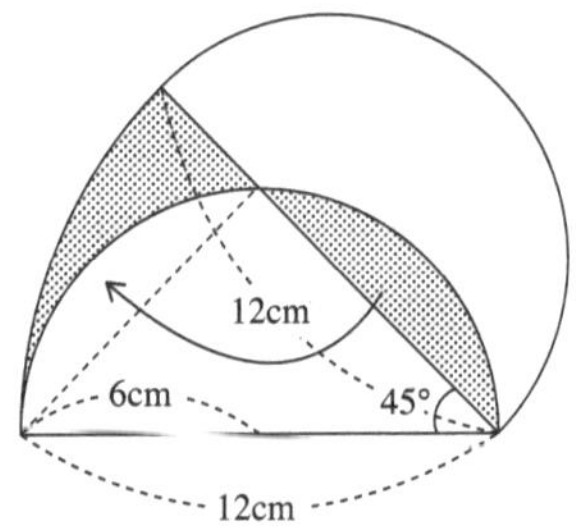

（4）　右図より，$12\times12\times3.14\div8-6\times6=20.52$（$cm^2$）

（5）　右図より，計算する。
台形EBFG…$(6+9)\times3\div2=22.5$（cm^2）
三角形MEG…$6\times6\div2\div(1+2)=6$（cm^2）
したがって，求める面積は$22.5+6=28.5$（cm^2）

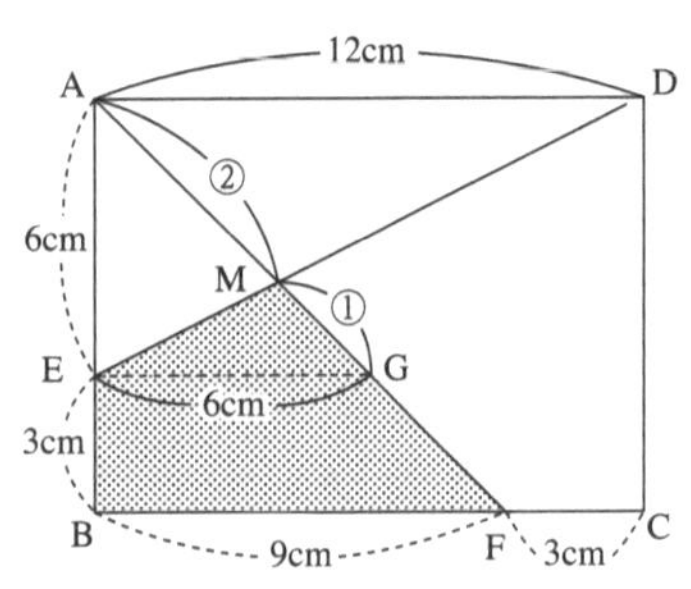

やや難 3 (割合と比，濃度)

(1) 加えた水…食塩40gと水の重さの割合は1：(10−1)＝1：9
したがって，水を40×9＝360(g)加えた。

(2) 初めの食塩水の食塩…100−40＝60(g)
360gの水を加える前の食塩水…60÷0.1−360＝240(g)
したがって，初めの食塩水は60÷240×100＝25(％)

重要 4 (速さの三公式と比，割合と比，単位の換算)

AさんとBさんの分速の比…80：65＝16：13
CさんがAさんと出会うまでの時間とCさんがBさんと出会うまでの時間の比
14：(14＋1.5)＝28：31

(1) 右図より，計算する。
QP…(80−65)×14＝210(m)
RP…210−65×1.5＝97.5(m)
したがって，Cの分速は(210−97.5)÷1.5＝75(m)

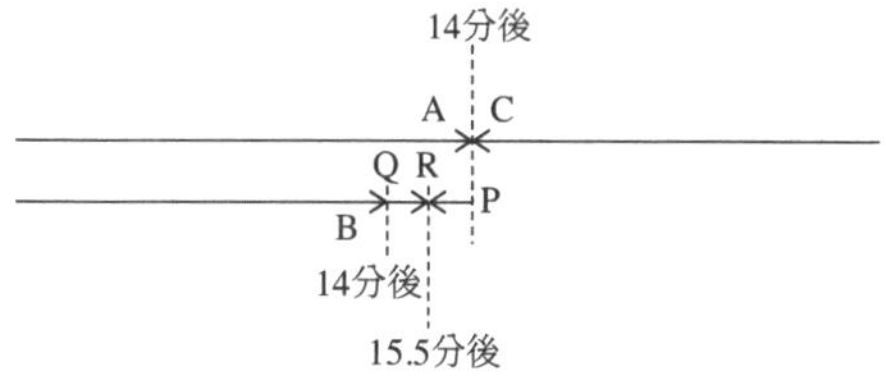

(2) (1)より，(80＋75)×14＝2170(m)

(3) DさんとFさんの分速の差…2170÷31＝70(m)
EさんとFさんの分速の和…2170÷$10\frac{1}{3}$＝210(m)
DさんとEさんの分速の和…70＋210＝280(m)
したがって，DさんとEさんは2170÷280＝$7\frac{3}{4}$(分毎)すなわち7分45秒毎にすれ違う。

重要 5 (平面図形，相似，割合と比)

(1) BC…48×2÷6−6＝10(cm)

(2) 右図より，PBが⑤のとき，FEは②，DFは⑮
したがって，BPは6÷(2＋15)×5＝$\frac{30}{17}$(cm)

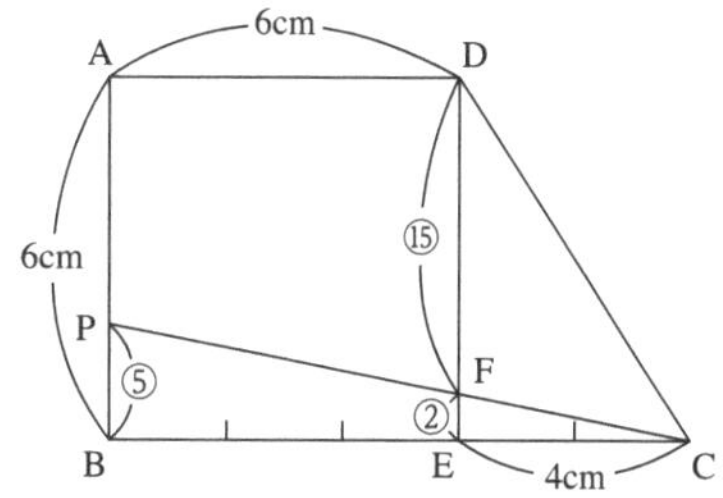

(3) DF…三角形DPCが28cm²のとき，28×2÷10＝5.6(cm)
BP…(6−5.6)÷2×5＝1(cm)

6 (平面図形，立体図形，割合と比)

基本 (1) 図形ABCD…右図より，カ「平行四辺形」

やや難 (2) 切断された立方体…下図より，4×2＋7＝15(個)
したがって，求める個数は27−15＝12(個)

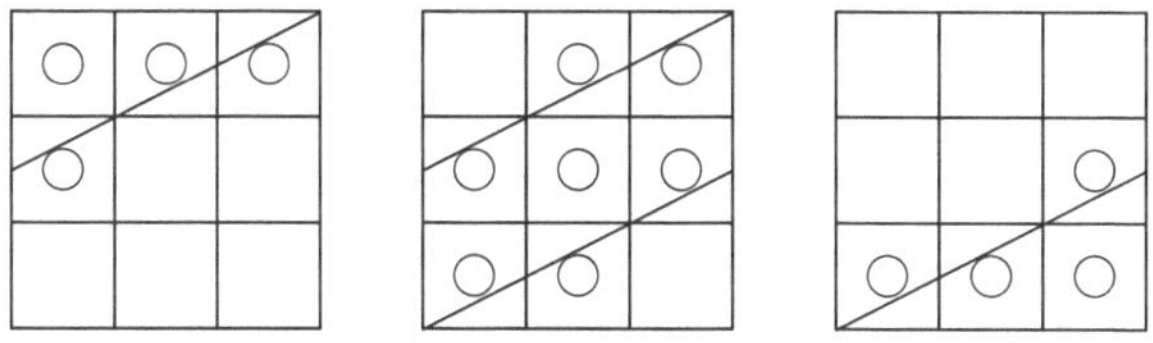

上段　中段　下段

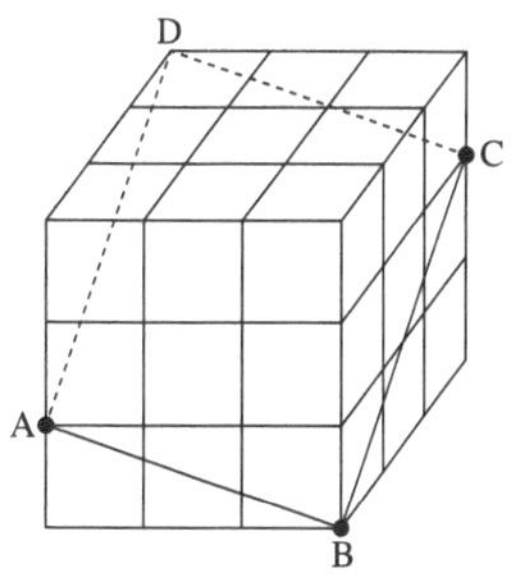

★ワンポイントアドバイス★

2 (5)「相似と面積」は他の解き方も可能であり，3「濃度」の問題はまちがいやすく注意がいる。4「速さの三公式と比」もよく出題される問題であり，練習して考え方をマスターしてしまおう。6 (1)「立方体の切断」は難しくない。

＜理科解答＞ 《学校からの正答の発表はありません。》

1　(1) 7　(2) 2　(3) 4
2　(1) C　(2) A　(3) 3　(4) 1.2g
3　(1) 1　(2) 11　(3) 4　(4) 3
4　(1) 50kg　(2) 6cm　(3) 20kg
5　(1) 10　(2) 4
6　(1) 30cm　(2) 8cm　(3) 2.5cm　(4) 32cm

○推定配点○
各5点×20　　計100点

＜理科解説＞

1 (昆虫―昆虫の生態)

(1) 昆虫の体は，頭部，胸部，腹部の3つに分かれている。頭部には1対の触角や複眼などがある。胸部には3対の肢と，0～2対の翅がついている。

(2) 1：正しい。マウンティングは，動物が別の個体の上に乗って強弱関係を示す行為であり，ホ乳類のほかカブトムシなどでもみられる。

2：誤り。ホルモンは，体内のさまざまな刺激に対して分泌される物質で，体内の機能の調節に役立つものであり，他個体とのコミュニケーションに使われるものではない。

3：正しい。8の字ダンスは，ミツバチが仲間にエサのありかを伝えるために行う。

4：正しい。さえずりは主に鳥類がなわばりの防御や異性との出会いのために行う。

5：正しい。マーキングは，主にホ乳類が体臭や排出物を物に付けて，他の個体になわばりを主張する行為である。

(3) 1：誤り。問題文の通り，生活している場所の個体群密度により，成長過程で変化する。

2：誤り。問題文の通り，成長過程で群生相に変化するのであって，成虫は変化しない。

3：誤り。孤独相は地面付近で跳びはねるので，翅が短く後ろ足が長い。

4：正しい。群生相は空中を長く飛びため，翅が大きく，足は短い。

2 (物質の性質―固体や液体の密度)

(1) 表1の金属Aについて，水100cm^{3}が入ったメスシリンダーの水面が110cm^{3}に上がったので，金属Aの体積は110－100＝10cm^{3}である。また，水100cm^{3}は100gだから，金属Aの重さは127－100＝27gである。よって，金属Aの1cm^{3}あたりの重さは27÷10＝2.7g/cm^{3}である。同様にして，金属Bは8÷1＝8.0g/cm^3，金属Cは57÷5＝11.4g/cm^3，金属Dは84÷8＝10.5g/cm^{3}となる。1cm^{3}あたりの重さが最も大きいのは金属Cである。

(2) アルミニウムは，他の3つの金属に比べて1cm^{3}あたりの重さがかなり軽い金属Aである。なお，1cm^{3}あたりの重さが最も大きい金属Cは鉛，次いで金属Dは銀，金属Bが鉄である。

(3) 1：誤り。Xのエタノールは，どんな割合でも水に溶ける。Yのサラダ油は水に溶けない。

2：誤り。表2で「物質を水に入れた状態での重さ」は，どれも「物質の重さ」に水の重さ100gを足した値であり，軽くはならない。

3：正しい。水に溶けない物質は，でんぷんとサラダ油である。表2で「物質を水に入れた後の体積」は，どちらも「物質の体積」に水の体積100cm^{3}を足した値である。

4：誤り。表2で「物質を水に入れた後の体積」が，「物質の体積」に水の体積100cm^{3}を足した値にならないのは，砂糖と食塩とエタノールである。つまり，液体か固体かの区別ではなく，水に溶けるか溶けないかの区別によって決まる。

5：誤り。表2で食塩を見ると，物質の重さが3倍，4倍のとき，物質の体積も3倍，4倍になっており，比例している。表2では比例していない場合は確認できない。

やや難 (4) 表2の食塩66gのときの値を用いる。水100cm^3に食塩66gを入れると29gが溶け残るので，溶けた食塩は66－29＝37gである。よって，水溶液の重さは，100＋37＝137gである。次に，水溶液の体積は125cm^3から溶け残った固体の体積を引いた分である。溶け残った29gぶんの体積は，66：30＝29：□　より，□＝13.181…により，四捨五入で13.2cm^3である。よって，水溶液の体積は125－13.2＝111.8cm^3である。以上より，水溶液1cm^3あたりの重さは137÷111.8＝1.22…により，四捨五入で1.2gである。

3 （星と星座―恒星の距離）

(1) 2021年に打ち上げられたジェイムズ・ウェッブ宇宙望遠鏡は，アメリカ航空宇宙局NASAが，ヨーロッパ宇宙機関ESAや，カナダ宇宙庁CSAとともに開発した，赤外線を観測する宇宙望遠鏡である。1990年に打ち上げられたハッブル宇宙望遠鏡の後継である。なお，ケプラー，ハーシェルはともに2009年に打ち上げられた宇宙望遠鏡である。スピッツァーは2003年に打ち上げられた，赤外線をとらえる宇宙望遠鏡である。また，すばる望遠鏡は，ハワイのマウナケア山頂に設置された，日本の国立天文台の宇宙望遠鏡である。

基本 (2) 夏の大三角をつくる恒星は，ベガ（こと座），デネブ（はくちょう座），アルタイル（わし座）である。なお，シリウス（おおいぬ座）は冬の大三角をなす恒星である。また，さそり座の一等星はアンタレスである。

(3) 星自体の明るさが同じで，地球から見てBの方が暗く見えるので，Bの方が遠い距離にある。Bの明るさはAの$\frac{1}{6.25}$倍であり，2.5×2.5＝6.25なので，Bの距離はAの2.5倍である。

(4) オリオン座の一等星はベテルギウスとリゲルがあるが，そのうち，巨大な赤色の星であり，寿命が近いのはベテルギウスである。地球からの距離は550光年ほどあり，550年前にベテルギウスを出た光が今，地球に届いている。なお，地球から最も近い恒星（ケンタウルス座α星）でも，地球からの距離は4.3光年だから，選択肢の1か月や1年は，すべての恒星でありえない。また，アルデバランはおうし座，シリウスはおおいぬ座の恒星である。

4 （力のはたらき―ロープにかかる力）

(1) おもりが浮き上がったとき，ばねやひもには10kgの力がはたらいている。人は10kgの力でひもから上に向かって引っ張られている。よって，体重計は60－10＝50kgを示す。

(2) 体重計が48kgを示したので，人は60－48＝12kgの力で，ひもから上に向かって引っ張られている。よって，ひもとばねにかかる力は12kgである。ばねは2kgの力で1cmのびるから，12kgの力では6cmのびる。

重要 (3) 箱が床から浮き上がったとき，重さの合計は，15＋5＋60＝80kgである。この80kgをひもの両側で支えているので，ひもやばねにかかる力は80÷2＝40kgで，人の手の力も40kgである。よって，体重計は60－40＝20kgを示す。

5 （生物総合―タンパク質の合成）

(1) はやぶさ2が小惑星リュウグウから持ち帰った物質の中からは，23種類のアミノ酸（ア）や，液体の水（イ）などが見いだされている。アミノ酸がいくつもつながったものがタンパク質（ウ）であり，生物をつくる基本的な物質である。食品の中では，肉，魚，卵，牛乳など動物性のものに加え，植物性のものとしてダイズからできる豆腐や納豆などが代表的である。

(2) 図の左から3番目のGが欠けた場合，1組目のコドンはAUA＝「Ile」となり，その後，2組目

GUA＝「Val」，3組目CCG＝「Pro」，4組目UGA＝「停止」となって，それ以降は読まれない。

6 (電流と回路－電熱線に流れる電流)

重要 (1) 表1から，電熱線の長さと電流の大きさは反比例であり，電熱線の長さと電流の大きさを掛け算するとどれも0.3になる。電流の大きさが0.01Aのときは，0.01×□＝0.3だから．電熱線の長さは□＝30cmである。

(2) 表2から，電熱線の本数と電流の大きさは比例する。電熱線12本を並列につないで流れる電流が0.45Aだから，1本あたりに流れる電流は，0.45÷12＝0.0375Aである。(1)と同様に考えると，0.0375×□＝0.3だから．電熱線の長さは□＝8cmである。

(3) 長さ20cmの電熱線を8本並列につないだときの電流は，0.015×8＝0.12Aである。これと同じ電流を1本の電熱線に流すとき，(1)と同様に考えると，0.12×□＝0.3だから．電熱線の長さは□＝2.5cmである。

やや難 (4) 図1の回路で電流が0.05A流れる場合を考えると，0.05×□＝0.3だから．電熱線の長さが□＝6cmのときである。また，電熱線を8本並列につなぐと，1本のときよりも8倍の電流が流れる。これは，1本の電熱線の長さを8分の1にした場合と同じである。同様に，電熱線を6本並列につなぐことは，1本の電熱線の長さを6分の1にした場合と同じである。

以上より，Xの長さを△cm，Yの長さを○cmとすると，$△\times\frac{1}{8}+○\times\frac{1}{6}=6$cmである。この式を6倍すると，$△\times\frac{6}{8}+○\times\frac{6}{6}=36$となる。ここで，△＋○＝44cmである。式どうしを比較すると，44－36＝8だから，$△\times\frac{2}{8}=8$となり，△＝32cmとなる。

★ワンポイントアドバイス★

問題文や表の内容をしっかりつかみ，思い込みや先入観ではなく，問題文に沿った解答を心がけよう。

＜社会解答＞ 《学校からの正答の発表はありません。》

1 問1 オ　問2 (1) イ　(2) (例) ゆるやか　問3 ウ　問4 (1) イ　(2) カ　問5 (1) イ　(2) オ　問6 ウ

2 問1 イ　問2 ウ　問3 ウ　問4 カ　問5 ア　問6 エ　問7 イ　問8 エ

3 問1 オ　問2 エ　問3 ウ　問4 ウ　問5 ウ　問6 イ　問7 ア　問8 オ

○推定配点○

各4点×25　計100点

＜社会解説＞

1 (日本の地理―地図や表を見ながら答える問題，地形図など)

問1　分布図のうち，円で表現すると農作物の生産量などがわかり，色分けで表現すると人口密度や所得などの数値が他の場所と比較しやすくなる。なお，桜の開花日については，等高線のように日付が同じ日を結んだ線で表される。

重要　問2　(1)　縮尺が2万5000分の1の地形図の5cmは，実際は1.25kmとなる。半径が1.25kmで，中心角が90度の扇形の面積は，1.25km×1.25km×3.14÷4＝1.22…となるので，イが正しい。　(2)　川が山地から平地に流れ出るところでは，土地の傾きがなだらかになるので，川の流れもゆるやかになる。

やや難　問3　各県の大まかな形をイメージすると解きやすい。群馬県は星のような形で中央部に前橋市があり，南東部に細く突き出ていて先端には館林市などがあるので，**い**と判断できる。静岡県は東西に長く，東には伊豆半島が，そこから西へ駿河湾沿いに沿岸部に都市が集中する。よって，**あ**だとわかる。宮城県は仙台湾，北上川，阿武隈川沿いに都市があり，南北に細長い形なので，**う**となる。そして山口県は，瀬戸内海沿いに都市が集中しているが，県庁所在都市の山口市は内陸部にあることから，**え**と判断できる。

やや難　問4　(1)　表の気温より，Aは1月の気温が比較的高く，7月は特に高温なので高知，Bは1月の気温が10度以上なので，伊豆諸島の八丈島，Cは1月の気温が0度を下回っていることから諏訪，と判断する。諏訪は周りを山地に囲まれた内陸に位置するため年間降水量は少ない。図の降水量で1月も7月もどちらも少ないイになる。なお，アは高知，ウは八丈島，エは敦賀の降水量である。
(2)　愛知県，大阪府，福岡県の人口が多いほど人口移動も多いと考える。東京都との人口移動総数が最も多いYが大阪府である。次に多いZが愛知県，そしてXが福岡県となる。また，愛知県は東京都と大阪府の間に位置しているため，福岡県と比べると人口移動がより多い。

基本　問5　(1)　図1の中央よりやや南を東西に流れる川には橋が1本確認できるが，そこに鉄道の線路は確認できないので，イが正しい。アは，図2の南側には寺院が多い一方で，北側はまばらなので規則的な距離とはいえない。ウはトロッコ嵐山駅と大覚寺御所跡の間には等高線が5本以上確認できないので誤り。エ，図1を見ると，阪急嵐山線の嵐山駅よりも山陰本線の嵯峨嵐山駅の方が大覚寺御所跡に近いので誤り。　(2)　**あ**　左右に竹林があることからBとわかる。　**い**　舗装された広めの道路が目の前にあることからCである。　**う**　写真の左側に階段のような分かれ道があるので，Aだとわかる。

やや難　問6　米の収穫量が400千t[40万t]より多いか低いか，農業産出額にしめる米の割合が40％より高いか低いかでゾーン分けすると，2020年の統計で富山県の米の収穫量は約21万tで，北陸地方の水田単作地帯なので米の割合は高いのでDに位置する。山梨県の米の収穫量は約2万6千tと低いうえ，果樹栽培などが盛んなので米の割合は低く，Bに位置する。なお，北海道は生産量が約59万tだが畜産物などの割合が高いのでA，新潟県は生産量が約67万tなうえ，米の割合も高いCに位置する。

2 (日本の歴史―河村瑞賢をテーマにした総合問題)

重要　問1　本文の3段落目に「現在の福島県」とあるので，空欄あには福島県から仙台湾へ北上する阿武隈川が入る。空欄いには前後に「現在の山形県」，「積み出し港の酒田」とあるので最上川がそれぞれ入る。

基本　問2　伊勢国は現在の三重県，信濃国は現在の長野県と大体の形が合う。

基本　問3　伊勢国から江戸へ向かう場合，距離的に東海道を利用するのが正しい。東海道の追分(現在の三重県四日市市)から伊勢街道という街道も整備され，江戸の庶民の間で流行したお伊勢参り[お蔭参り]で盛んに利用された。

やや難 問4　cとdの並べ替えが難しいかもしれない。bの新井白石は，5代将軍徳川綱吉の政治の後に幕府の政治を立て直そうとした人物で，18世紀前半の人物。その後1716年に8代将軍徳川吉宗が享保の改革を始め，aの青木昆陽にサツマイモの研究や栽培を命じたり，キリスト教に無関係の洋書の輸入を解禁したりした。これにより日本では蘭学が盛んになり，dの杉田玄白や前野良沢が『ターヘル・アナトミア』を翻訳した『解体新書』を著した。さらにその後，1792年にロシアのラクスマンが根室に来航して海防の重要性が大きくなると，幕府は間宮林蔵や近藤重蔵らに蝦夷地を探検させたり，cの伊能忠敬に正確な日本地図を作らせたりした。よって順番は，b→a→d→cとなる。

問5　越前国は現在の福井県にあたり，戦国時代は朝倉氏が支配していた。朝倉氏は一乗谷に城下町を作ったり，「朝倉孝景条々」と呼ばれる分国法を定めたりしたが，のちに織田氏に攻められて滅んだ。なお，イの今川氏は駿河国など，ウの上杉氏は越後国など，武田氏は甲斐国や信濃国などを支配した戦国大名である。

問6　大津が激戦地となった古代最大の内乱とは，672年の壬申の乱のこと。中大兄皇子[天智天皇]の弟である大海人皇子が天智天皇の子である大友皇子を破り，天武天皇となった。天武天皇は飛鳥浄御原宮で即位後，天皇の権力を強化する改革を行い，「倭」から「日本」,「大王」から「天皇」へと呼称を改めたり，最古の貨幣である富本銭を作ったり，歴史書の編さんを命じたり，日本初の中国式の都である藤原京を作らせたりした。藤原京は694年に完成し，710年平城京に遷都されるまで日本の都となった。なお，アは聖武天皇，イは推古天皇や聖徳太子，ウは中大兄皇子[天智天皇]が行ったことである。庚午年籍は670年に編さんされた，日本初の戸籍である。

重要 問7　1895年，前年から始まった日清戦争の講和条約である下関条約では，「清は朝鮮の独立を承認する」「清は日本に遼東半島・台湾・澎湖諸島を譲る(遼東半島は後に三国干渉で返還)」「清は日本に賠償金2億両を支払う」などが定められた。なお，アは1871年の日清修好条規，ウは1876年の日朝修好条規，エは1905年のポーツマス条約の条文である。

基本 問8　西廻り航路は酒田(現在の山形県)と大阪を結ぶ，日本海と瀬戸内海の航路である。エの吉野ケ里遺跡は佐賀県にあるため，航路には面していない。なお，アの厳島神社は広島県，イの石見銀山は島根県，ウの姫路城は兵庫県にあり，西廻り航路に面している。

3 （政治・日本の歴史―アイヌとの関係や司法権，時刻表を用いた問題など）

問1　本文を読んでいくと，空らん**あ**と**い**は「たくさんいた」「とるな」とあるので動物であるシカかシャケだとわかる。写真を見ると，**い**を加工した製品は毛皮のようなものとわかるので，**あ**はシャケ，いはシカだと判断できる。また，空欄**う**は「切るな」とあるので木があてはまる。

重要 問2　近年，海は乱獲や開発などにより環境が悪化しており，海洋環境の保全を進めることが強く求められていることを受け，「生物多様性の観点から重要度の高い海域」が環境省によって選ばれた。また，「特に水鳥の生息地として国際的に重要な湿地に関する条約」であるラムサール条約についての仕事も環境省が行っている。

基本 問3　地方自治は，地域の住民が地域の実情に合わせて政治を自主的に行うことを指すので，行政の同一性を確保する必要はない。よってウが誤っている。地方自治の基本原則は憲法第8章に定められていて，それに基づき地方自治法が制定された。

問4　国会議員の不逮捕特権は，国会の会期中は逮捕されないというものであり，議員の任期中というのは誤り。なお，法律の定める場合というのは，現行犯逮捕の場合と，議員が所属する議院の許可がある場合のことである。

問5　明治時代になると蝦夷地は北海道と呼ばれるようになり，開拓使が置かれて本土からは多くの移民が開拓を行ったのでウが正しい。アは，坂上田村麻呂が征夷大将軍として征伐したのは東北地方の蝦夷(えみし)である。イは，松前藩や和人が居住したのは北海道の渡島半島を中心とした一部分である。エは，屯田兵が北海道に入植したのは明治時代のことである。

基本 問6　国会が議決した法律が憲法に違反していないかを決定する違憲立法審査権は下級裁判所も行使できるが，最高裁判所が最終的な決定権を持っているので，最高裁判所は「憲法の番人」と呼ばれる。

重要 問7　消滅の危機にある言語とは，使う人口が極めて少なく，近い将来に消滅のおそれがある言語のことで，約2500語がユネスコ[UNESCO，国連教育科学文化機関]によって認定されている。日本の言語では，アイヌ語や南西諸島の島々の方言が登録されている。イのUNHCRは国連難民高等弁務官事務所，ウのUNHRCは国連人権理事会，エのUNICEFは国連児童基金の略称である。

やや難 問8　まずは設問条件を整理・理解する。乗り換えには列車どうしの場合は10分，列車と飛行機の場合は60分を要し，自分は友人より遅く着くものの，待ち時間をできるだけ短くしなければならない。友人は，6：38に上野発の東北・北海道新幹線を利用して新函館北斗に10：53に到着する。その後函館本線・室蘭本線(下り)の，新函館北斗駅11：05発の特急北斗9号に乗り換えて，13：34に白老駅に到着する。自分は成田空港から新千歳空港まで行き，それからは下りの千歳線で南千歳駅へ行ってから，上りの室蘭本線で白老駅まで行くことになる。自分が友人より後に最も早く白老駅に着くのは13：54着の列車なので，成田空港を9：30に出発して新千歳空港に11：20に到着するオに乗ればよい。参考までに記すと，9：30羽田空港発，11：20新千歳空港着→(乗り換え60分)→新千歳空港発12：30，南千歳着12：33→(乗り換え10分)→南千歳発12：50，苫小牧着13：10→(乗り換え10分)→苫小牧発13：30，白老着13：54となる。

★ワンポイントアドバイス★

地理の図表やグラフを使った問題は難易度が高めで時間がかかりがち。時間がかかると判断したら迷わず飛ばして次の設問へ。歴史や政治はてきぱき解ける問題が比較的多め。3の問8は時刻表の読み取りで，マスターしなくてもよい。

＜国語解答＞《学校からの正答の発表はありません。》

一　問1　ロ・ニ　問2　ニ　問3　直観力　問4　ホ　問5　ロ　問6　ハ　問7　ホ
問8　個別に成長　問9　ハ　問10　ロ

二　問1　らす。　問2　ニ　問3　ハ　問4　ロ　問5　ハ　問6　ハ　問7　ホ
問8　ホ　問9　ニ　問10　ニ

○推定配点○

一　各5点×10(問1完答)　二　各5点×10　計100点

＜国語解説＞

一　(論説文—要旨・細部の読み取り，空欄補充，漢字の書き取り)

基本 問1　═══線は「規則」，イ「予測」，ロ「原則」，ハ「速報」，ニ「変則」，ホ「補足」，ヘ「測量」，ト「結束」，チ「息災」，リ「側面」。

問2　——線(1)直後の2段落で「どんな自然でも，そこにはもとからいる生き物たちのルールがあ」り，「自分もその世界の住人としてのルールを守」り「感じる」ためには「五感を用いた直観力

が必要」で「その体験は人間の世界でもおおいに役立つこと」を述べているのでニが適切。「人間の世界でもおおいに役立つこと」にふれていない他の選択肢は不適切。

問3 □は「五感を駆使」するもので,「そんな中に……」で始まる段落で同様のこととして「五感を用いた直観力」と述べているので「直観力」があてはまる。

問4 ——線(2)の段落最後で述べているように,(2)は「直観力で素早く身体化するには,自然でつちかった経験がものをいう」ことの例なのでホが適切。「経験」にふれていない他の選択肢は不適切。

重要 問5 ——線(3)の段落で(3)の説明として,「情報に聞くのはいいとしても,最終的には自分で状況を見極めて決断することが重要」で「自分で最終判断を下したことによって,自分に対する自信と自己決定力がついてくる」と述べているのでロが適切。ハの「他者や情報に頼らずに」,ホの「情報機器を活用する」は不適切。「自信と自己決定力がついてくる」にふれていない他の選択肢も不適切。

問6 ——線(4)から続く2段落で(4)の説明として,「自分と相手が一体になりすぎてしまい……何事も自分だけで判断できずに相談することにな」って「自分にもどれなくなってしまう」と述べているのでハが適切。これらの段落内容をふまえ,相手に依存しすぎてしまうことを説明していない他の選択肢は不適切。

問7 ——線(5)は前後で述べているように,ゴリラたちは「短期間でも離れれば……別人のようによそよそしくなって」「それまでの関係を解消してしまうことができる」のに対し,人間は「スマホでつながっている限り関係は切れ」ず「いやになってもなかなか友達関係を解消できない」ということなのでホが適切。(5)前後の内容をふまえていない他の選択肢は不適切。

重要 問8 ——線(6)の段落では,「人間は個別に成長し,それぞれちがう個性をつくっていくもの」だが,「言葉にからみ取られ」ることで「友達関係を解消できない」のは「たがいに進歩の道を閉ざされていることに等しい」ということを述べているので,これらの要旨から□には「個別に成長(5字)」があてはまる。

問9 ——線③の「ゴリラ」は,人間とは対照的な仲間や親子との関係性を築いている例として説明しているので,「人間と同様に」とあるハは適切でない。

やや難 問10 ロは「その場合……」から続く6段落で述べている。イの「特定の相手としかつながることができない人が増えている」,ハの「情報を用いることなく」,ニの「他者の言葉の背後にある気持ちを見ぬく能力」,ホの「正しい情報を発信する」はいずれも述べていない。

二 (小説—心情・場面・段落構成・細部の読み取り,空欄補充,ことばの意味,敬語)

基本 問1 「小出課長は笑いながら……」で始まる段落で,小出課長が「ボールペンで二重線を引いた」ことに対して「『あ』俺は思わず声を漏らす。」→ぬけている一文→小出課長は俺の声など気にも留めずにボールペンで引いた二重線の上から訂正印を押した,という流れになる。

問2 ——線(1)には,船や木などが川や海をただよい流れて,どこかの場所にたどりつくように,会社の辞令に従う形で総務部に異動になったという意味が読み取れるのでニが適切。自分の意志ではないことを説明していない他の選択肢は不適切。

やや難 問3 ——線(2)は,OB訪問をした相手がウソをついてくれていたのは,就活生だったころの自分の夢とはほど遠い現在の状況を正直に伝えてしまうと,学生時代に将来の自分の仕事について考えていたものを否定してしまうことにつながるからなのでハが適切。「就活生だったころの自分の夢を守るため」=学生時代の夢を自分自身で否定してしまうため,ということを説明していない他の選択肢は不適切。

問4 ——線(3)前後で,わずかな表記の間違いを伝えたことで小出課長に同情されていること,ま

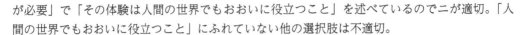

た(3)後で「清水課長はよく，社内で笑われている」と描かれていることからロが適切。清水課長の指示に従わなければならないことに同情していることを説明していない他の選択肢は不適切。

問5　——線(4)は，書類にミスがあっても，ささいなミスであれば，その書類を見る相手には伝わるだろう，ということなのでハが適切。細かなミスで気にするほどでもなければ，「理解力を信頼した」すなわち相手に伝わるだろうということを説明していない他の選択肢は不適切。

問6　Ⅰ・Ⅱはいずれも「俺」すなわち岡本の目上の人である村西部長にやってほしいことを岡本がお願いしているので，Ⅰは謙譲語の「(確認)いただい(て)」，Ⅱも謙譲語の「(判断)いただけれ(ば)」となる。

基本　問7　「破顔」は顔をほころばせて笑うこと。

問8　——線(6)は，十年前に資料の箱の紙を清水課長が雑に処理したことで，村西部長が清水課長を怒ったという話を聞いた岡本の様子で，(6)後で「今の清水課長の几帳面さからは，考えられない」という岡本の心情も描かれているのでホが適切。(6)前後の描写をふまえていない他の選択肢は不適切。

重要　問9　——線(7)後の「定規に沿ってすうと滑らせた」には，清水課長のやり方を素直に受け入れるようになった岡本の心情が読み取れるのでニが適切。清水課長に対して否定的な心情を説明している他の選択肢は不適切。

重要　問10　本文は，岡本が異動してきた総務部の清水課長は，その几帳面さゆえ社内で笑われているが，同じ総務部の村西部長から，社会人として基本的なことが大切であり，清水課長のことも評価している話を聞いた岡本は，清水課長のやり方を素直に受け入れ，自分の仕事を前向きにとらえるようになったことが描かれているのでニが適切。総務部や清水課長を否定的にとらえているイ・ハ，ロの「二つの主張を器用に使い分けていた岡本」「自分の過去の考えと決別」，ホの「村西部長に反感を抱く」はいずれも不適切。

★ワンポイントアドバイス★

小説や物語では，だれの視点で描かれているかを確認しよう。

後期

2023年度

解　答　と　解　説

《2023年度の配点は解答欄に掲載してあります。》

＜算数解答＞《学校からの正答の発表はありません。》

1　(1)　$\frac{29}{6}$　(2)　$\frac{1}{2}$　(3)　68

2　(1)　47個　(2)　180個　(3)　112m　(4)　13cm^2　(5)　$2\frac{13}{16}$cm

3　(1)　160g　(2)　8g

4　(1)　7通り　(2)　29通り

5　(1)　100cm^2　(2)　66.24cm^2　(3)　100.48cm^2

6　(1)　エ　(2)　50点　(3)　3通り

○推定配点○

1，2　各5点×8　他　各6点×10　計100点

＜算数解説＞

1　（四則計算，単位の換算）

(1)　$\left(2.4\times\frac{5}{4}-\frac{5}{54}\times\frac{18}{7}\right)\times\frac{7}{4}=\left(3-\frac{5}{21}\right)\times\frac{7}{4}=\frac{29}{6}$

(2)　$\square=\frac{5}{3}-\left(5.6\div2.8+\frac{1}{3}\right)\div2=\frac{5}{3}-\frac{7}{6}=\frac{1}{2}$

(3)　$33\frac{1}{3}\times\frac{2}{25}+65\frac{1}{3}=2\frac{2}{3}+65\frac{1}{3}=68$（分）

重要　2　（過不足算，植木算，平面図形，相似，立体図形，速さの三公式と比，消去算，単位の換算，割合と比）

(1)　右図より，□の人数は$(7\times2+5-3)\div(11-7)=4$（人）
したがって，あめ玉は$11\times4+3=47$（個）

⑦…⑦　⑦⑦＋5
⑪…⑪　③×

(2)　右図より，黒い点は$(24\div3+1)\times(57\div3+1)=9\times20=180$（個）

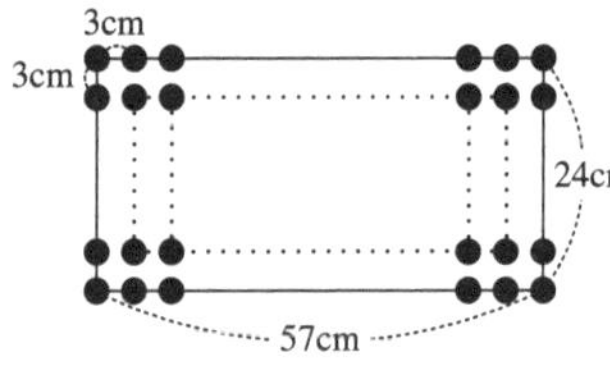

(3)　太朗さんが歩く秒速…□mとする。
動く歩道の長さ…$\square\times80+0.5\times80=\square\times80+40$（ア）
$\square\times280-0.5\times280=\square\times280-140$（イ）
□…（ア）＝（イ）より，$(40+140)\div200=0.9$（m）
したがって，歩道は$(0.9+0.5)\times80=112$（m）

(4)　三角形ABD…図1より，$1\times6\div2=3$（cm^2）
したがって，三角形ABCは$3\times3+4=13$（cm^2）

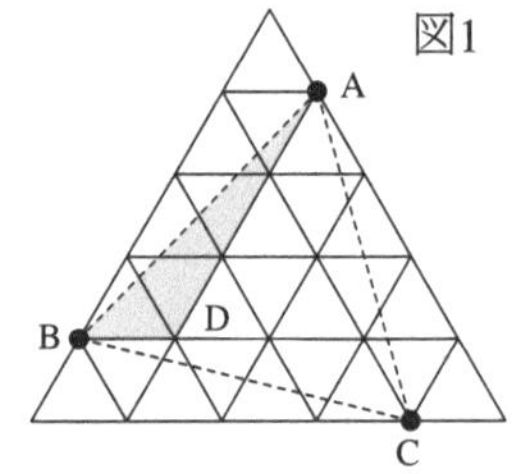

図1

(5)　長さサ…図2より，$3\div4=\frac{3}{4}$（cm）

空気が入っている部分の体積…$1\times\frac{3}{4}\div2\times3=\frac{9}{8}$（cm^3）

したがって，求める高さは$3-\frac{9}{8}\div(4\times3\div2)=2\frac{13}{16}$(cm)

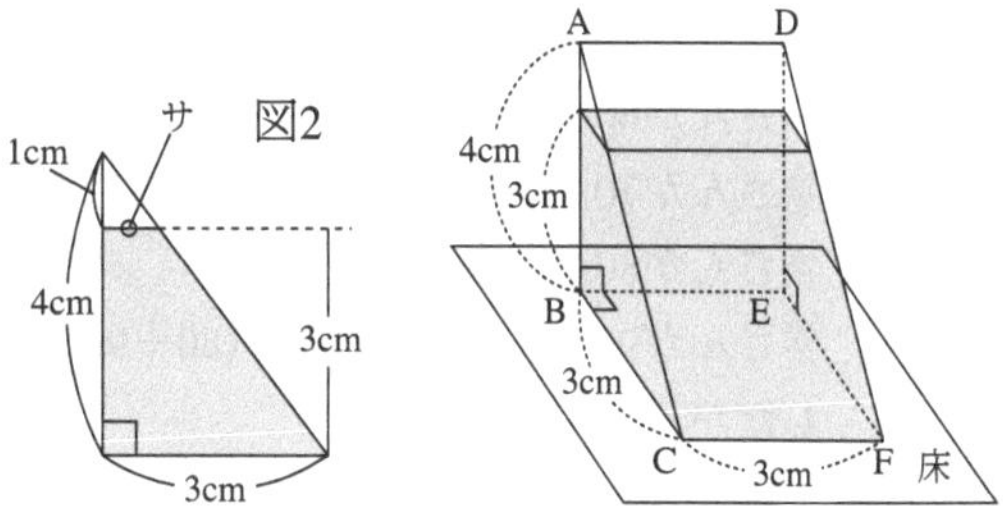

重要 3 **(割合と比，濃度，消去算)**

(1) 最初の食塩水…水80gが蒸発して濃度が2倍になったので最初の重さは80×2＝160(g)

(2) 最初の食塩…160×0.1＝16(g)

固体の食塩…□gとすると，40－□が，16－□の1÷0.25＝4(倍)，64－□×4に等しく

□は(64－40)÷(4－1)＝8(g)

【別解】 溶けている食塩を○gとすると，○＋□＝16…ア，○×4＋□＝40…イ

イ－アより，○×3＝24，○＝8　　したがって，固体の食塩も8g

4 **(場合の数)**

重要 (1) 以下の7通りがある。

1＋1＋1＋1　　1＋1＋2　1＋2＋1　2＋1＋1　　1＋3　3＋1　　2＋2

やや難 (2) 以下より，1×3＋5＋4＋3＋6×2＋2＝29(通り)

1＋1＋1＋1＋1＋1…1通り　　2＋2＋2…1通り　　3＋3…1通り

1＋1＋1＋1＋2…5通り　　1＋1＋1＋3…4通り　　1＋1＋4…3通り　　1＋1＋2＋2…4×3÷2＝6(通り)　　2＋4…2通り　　1＋2＋3…3×2×1＝6(通り)

重要 5 **(平面図形，図形や点の移動)**

(1) 斜線部の正方形…図アより，14×14－6×8÷2×4＝196－96＝100(cm^2)

(2) AC…(1)より，100＝10×10であり，10cm

図形の周…図イより，8×2＋(10＋6)×3.14＝16＋50.24＝66.24(cm)

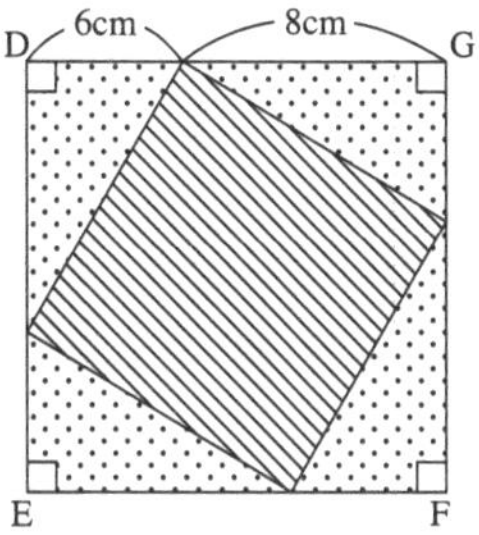

図ア

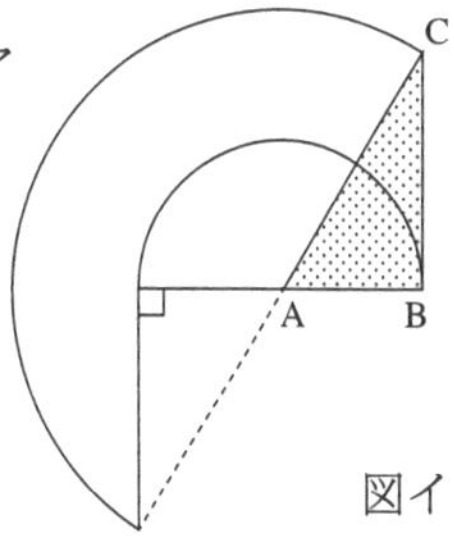

図イ

(3) 図形の面積…直角三角形＋半径10cmの半円－直角三角形－半径6cmの半円＝半径10cmの半円－半径6cmの半円

したがって，(10×10－6×6)×3.14÷2＝32×3.14＝100.48(cm^2)

重要 6 **(統計と表，論理)**

(1) 東さんが3・7番で不正解の場合

…邦夫さん50点は不可能

東さんが10番で不正解の場合

…邦夫さんは2・3・6・7・10正解で50点

	1番	2番	3番	4番	5番	6番	7番	8番	9番	10番	点数
東さん	Ⓑ	Ⓐ	B	Ⓑ	Ⓐ	Ⓑ	B	Ⓐ	Ⓐ	A	90
邦夫さん	A	Ⓐ	B	A	B	Ⓑ	B	B	B	B	50
大介さん	Ⓑ	Ⓐ	A	Ⓑ	Ⓐ	Ⓑ	A	Ⓐ	Ⓐ	B	80
学さん	A	A	A	B	B						

したがって，正解の組み合わせはエ「2番A－3番B－7番B」

(2) 右表において，(1)より，4・5・6・9・10番が正解で50点

1番	2番	3番	4番	5番	6番	7番	8番	9番	10番
A	B	A	B	A	B	A	B	A	B

(3) (1)の表より，学さんは20点以上70点以下

学さんが20～50点のとき…中央値は(80＋50)÷2＝65(点)
学さんが60点のとき…中央値は(80＋60)÷2＝70(点)
学さんが70点のとき…(80＋70)÷2＝75(点)
学さんが80点のとき…80点
学さんが90・100点のとき…(80＋90)÷2＝85(点)
したがって，3通り

★ワンポイントアドバイス★

[3]「濃度」の問題は難しくはないが，「濃度が2倍」になったことをポイントとして正解できるかどうか，重要な問題である。[4]「たし算と4種の数」の「場合の数」は(2)が容易ではなく，ミスが出ないように注意がいる。

＜理科解答＞ 《学校からの正答の発表はありません。》

[1] 8
[2] (1) 12g　(2) 4　(3) 3
[3] (1) 4　(2) 4　(3) 5
[4] (1) 5cm　(2) 1.2A　(3) 1

○推定配点○
各5点×10　計50点

＜理科解説＞

[1] **(太陽と月―日影曲線)**

まず，記録3の館山で，棒の影ができる下側は，太陽と反対の北である。よって，上側は南である。次に，記録2の地点Bは春分(■)に太陽がほぼ真上を通るので，赤道に近いシンガポールのセントーサ島である。そして，6月21日ごろのキャンベラでの太陽の南中高度は，12月21日ごろの館山での太陽の南中高度とほぼ等しいので，90－35－23.4＝31.6°程度になる。

[2] **(水溶液の性質―中和反応で残る固体)**

(1) 表1で，塩酸と水酸化ナトリウム水溶液が過不足なく中和しているのは，中性になっている水溶液Cである。このときの量比は，塩酸：水酸化ナトリウム水溶液：食塩＝100mL：30mL：12gである。次に，塩酸200mLと水酸化ナトリウム水溶液30mLを混ぜても，塩酸が余るだけで，残る固体は12gのまま変わらない。

重要 (2) 1：正しい。水溶液Dにさらに水酸化ナトリウム水溶液を加えているので，残った水酸化ナトリウムの分だけ，あとに残る固体の重さが多い。
2：正しい。水溶液Aは塩酸が残っている酸性の水溶液なので，アルミニウムは溶ける。
3：正しい。水溶液Aは塩酸が残っており，加熱すると塩化水素が出てくるのでにおいがする。
4：誤り。水溶液Aは塩酸が残っている酸性の水溶液なので，鉄は溶ける。
5：正しい。水溶液Bは塩酸が残っている酸性の水溶液なので，石灰石は溶ける。

(3) 塩酸150mLと水酸化ナトリウム水溶液20mLを混ぜた水溶液では，塩酸が残っている。加熱すると溶けていた塩化水素は逃げるので，残った固体は塩化ナトリウム(食塩)のみである。その固体を水に溶かした水溶液は中性であり，石灰石や石灰水とは反応しない。

3 (昆虫―働きアリの産卵)

(1) 実験1から，働きアリが卵を産むのは，女王アリがいないときである。部屋Bの働きアリは，実験2で女王アリの姿が見えていても，実験3で女王アリのにおいや音を感じ取れても，なお卵を産むのだから，部屋Aに女王アリがいることを知らない。つまり，知る方法は，選択肢1，2，3ではない。可能性があるのは4だけである。なお，働きアリはオスがおらず受精しなくても，卵を産むことができる。

重要 (2) 働きアリどうしで，女王アリがいるという情報を伝えているのであれば，目印をつけたアリを部屋Aから部屋Bに移しているので，部屋A，部屋Bのどちらの働きアリも女王アリがいることを知っている。よって，どちらの部屋の働きアリも，卵を産むことはない。

(3) 働きアリどうしで，女王アリがいるという情報を伝えていないのであれば，(1)のことから働きアリが女王アリに触れることで，女王アリがいることを知るしかない。アやウでは，女王アリに触れることがない働きアリがいる可能性が高まるので，働きアリが卵を産む可能性が高まる。

4 (電気と磁石―電磁石の強さ)

(1) 電池を並列に2個つないだ場合は，電池が1個の場合と，流れる電流の大きさは変わらない。表1で電池が1個のときを見ると，コイルの巻き数を250回にした場合，鉄球が電磁石から離れるときのばねの伸びは5cmである。

やや難 (2) 図1のように電池1個の場合，流れる電流は0.8Aである。電池1個で160回巻きのとき，鉄球が電磁石から離れるときのばねの伸びは，100：2＝160：□ より，□＝3.2cmである。つまり，0.8A，160回巻きの条件で，ばねの長さは3.2cmである。160回巻きのまま，ばねの伸びを4.8cmにするのに必要な電流の大きさは，0.8：3.2＝△：4.8 より，△＝1.2Aとなる。

(3) 図4の2つの電磁石の強さを比べる。左側の電磁石に比べ，右側の電磁石は，電池の数が$\frac{1}{3}$だが，電球を2つ並列にしているので，電流は$\frac{1}{3}\times 2=\frac{2}{3}$倍である。さらに，巻き数が3倍なので，左側の電磁石に比べ，右側の電磁石は$\frac{2}{3}\times 3=2$倍強い。

また，左側の電磁石は左端がN極で右端がS極，右側の電磁石は左端がS極で右端がN極である。よって，方位磁針AはS極が電磁石に引きつけられる。方位磁針BはN極が強い右側の電磁石に引きつけられる。方位磁針CはS極が電磁石に引きつけられる。

★ワンポイントアドバイス★

実験の手順をよく読み，条件や数値を書き出すなどよく整理して，ていねいに解き進めよう。

＜社会解答＞ 《学校からの正答の発表はありません。》

1 問1 X ウ Y オ 問2 (記号) ア (県庁所在地名) もりおか(市)
問3 (香川県) イ (高知県) エ 問4 オ 問5 (記号) ウ
(都道府県名) 長野(県) 問6 エ 問7 エ

2 問1 ウ 問2 キ 問3 ア 問4 ア 問5 イ 問6 イ

問7　2番目　E　　5番目　F

3　問1　(1)　オ　　(2)　ア　　(3)　ア　　問2　(1)　プラスチック

(2)　(行動)　エ　　(目標)　12・14　　問3　(1)　ア　　(2)　エ

○推定配点○

1　各2点×7(問1～問3・問5各完答)　　2　各2点×7(問7完答)

3　問2(2)　各2点×2(目標完答)　　他　各3点×6　　　計50点

＜社会解説＞

1　(日本の地理―日本の農業や気候，貿易相手国，経済連携など)

基本　問1　水田率の上位県を覚える必要はなく，二重線内の文章を読めば答えられる。Xは「大きな湖」から琵琶湖のある滋賀県，Yは「日本酒の生産」「瀬戸内海と日本海のそれぞれ」で兵庫県になる。なお，日本酒[清酒]造りは灘(兵庫県)，伏見(京都府)などで盛んである。

問2　東北地方は奥羽山脈を境目に気候が変わり，一般的に緯度が高いほど冬の気温は低い。また，太平洋側はやませの影響で初夏～夏の気温は日本海側より低くなる傾向がある。この3点を押さえて識別する。ウは1月の気温が最も高く，夏の降水量が多いので宮城県仙台市，エは冬の降水量が多いので秋田県秋田市，イは1月の気温が低く，降水量も多いので冬の北西の影響を受ける青森県青森市，そしてアは盆地に位置するため降水量が少なく，1月の気温も低い岩手県盛岡市である。

やや難　問3　農業産出額構成割合のうち，野菜の割合が高いエは促成栽培の盛んな高知県，果実の割合が高いウはみかんなどの栽培が盛んな愛媛県である。残るアとイのうち，水田率の高いイが香川県である。香川県は年間降水量が少ないため稲作に不向きだったが，香川用水やため池などのかんがい施設が整備されて以降，四国の中では水田率が最も高い県となった。アは徳島県である。

基本　問4　表2の2020年のデータを見ながら選んでいく。茶は静岡県に次いで鹿児島県が全国2位なのでb，トマトは熊本県が全国1位なのでc，菊は愛知県に次いで沖縄県が全国2位の生産なのでaである。愛知県，沖縄県はどちらも照明を当てて出荷時期を調整する電照菊栽培が盛んである。

基本　問5　りんごは青森県，長野県，岩手県の順に生産量が多いのでB，ぶどうは山梨県，長野県，山形県の順なのでA，ももは山梨県，福島県，長野県の順だからCとなる(2020年)。

重要　問6　自由貿易を行うための取り決めをFTA[自由貿易協定]といい，貿易だけでなく人やお金なども自由にやり取りを行うための取り決めをEPA[経済連携協定]という。Aの環太平洋パートナーシップ協定はTPPと略し，2017年にアメリカが離脱したことで参加国は11か国となっている。Bの地域的な包括的経済連携協定はRCEPと略し，ASEAN[東南アジア諸国連合]の10か国と日中韓，オーストラリアやニュージーランドの計15か国が参加している(2023年2月現在)。

基本　問7　大豆の輸入はアメリカが1位で約4分の3を占め，ブラジル，カナダと続く。牛肉はオーストラリア，アメリカの順だが差は小さい。エビはアジアからの輸入が盛んで，インド，ベトナム，インドネシアなどが多い。かつては日本に輸出するエビの養殖池を作るためにマングローブという熱帯林が伐採されたことが国際的な問題となった。

2　(日本の歴史―記念貨幣をテーマにした総合問題)

重要　問1　ウは文としては正しいが，歴代の天皇ではなく，室町幕府の3代将軍足利義満が行ったことである。足利義満は1392年に南北朝を統一し，その後1404年には朝貢形式で中国の明と勘合貿易を行った。そのさい義満は「日本国王」の称号を用いた。アは桓武天皇で794年，イは後醍醐天皇で1333年，エは明治天皇で1889年2月11日のこと。

基本 問2　a　御家人を統率する役所は侍所なので誤り。　b　御成敗式目を定めたのは3代執権の北条泰時で1232年のことなので誤り。　c　平家物語は平氏の繁栄と滅亡を描いた文学作品で，鎌倉時代に作られ，琵琶法師によって語られたので正しい。

問3　鎌倉時代や室町時代の運送業者のうち，海運業者を問[問丸]と呼び，陸運業者を馬借や車借などと呼んだ。これらの運送業者は各地を移動したため，民衆が情報を知ることにも役立った。イ　江戸時代の街道に一定の距離ごとにおかれたのは宿場である。　ウ　日本最初の鉄道は東京の新橋と横浜間で，1872年に開通した。　エ　バブル経済は1990年前後のことである。日本最初の高速自動車道である名神高速道路は高度経済成長期の1965年に全線開通した。

問4　琉球王国は1429年に尚巴志によって統一された独自の王国だったが，その後も薩摩藩に征服されたり中国に従属したりと苦難の歴史が続いた。15世紀，琉球王国の貿易港だった那覇港は日本，中国，朝鮮や東南アジア諸国との中継貿易の拠点として大いに栄えたのでアが正しい。イは薩摩藩による征服後，中国に服属することを強制されたので誤り。ウの琉球処分は1879年のことで，明治政府により琉球王国は沖縄県として日本に編入されたので誤り。エの米ソ冷戦の終結は1989年のこと。沖縄の日本返還は1972年の佐藤栄作内閣の時のことであるので誤りである。

基本 問5　Eの貨幣は岩手県をイメージしてつくられたものなので，岩手県にゆかりのある中尊寺に関するものを選ぶ。中尊寺は12世紀初期に奥州藤原氏の藤原清衡によって建立され，寺院内の金色堂は特に有名である。アは唐招提寺，ウは鹿苑寺金閣，エは比叡山延暦寺のことである。

問6　鎌倉時代や室町時代は中国から輸入した永楽通宝，洪武通宝などの銅銭が国内で盛んに使用されたのでイが正しい。　ア　和同開珎は708年に秩父地方で銅が発見されたことにちなんで発行された貨幣で，672年の壬申の乱に勝利して即位した天武天皇とは時代が合わない。天武天皇は683年ごろに最古の貨幣である富本銭を作らせた。　ウ　江戸時代には，東日本ではおもに金貨が使用されたが西日本ではおもに銀貨が使用されたので誤り。寛永通宝などの銅貨[銭貨]は国内の広い範囲で使用された。この3種の交換に活躍したのが両替商と呼ばれる商人である。
エ　「円」を単位とする通貨制度は明治時代初期の1871年から始まっているので誤り。日清戦争で得た多額の賠償金は1901年に操業を開始した八幡製鉄所の建設などに使われた。

やや難 問7　それぞれの貨幣が発行された順に並べることに注意。Aの昭和天皇の即位は1926年なので在位60年は1986年のこと。Bの発行年は2018年，Cの東海道新幹線開業は1964年なので50周年だと2014年。Dの沖縄復帰は1972年なので50周年は2022年。Eの日本国憲法，地方自治法の施行は1947年のこと。60周年は2007年となる。Fの近代通貨制度は1871年なので150周年は2021年のこと。よってA→E→C→B→F→Dの順となり，2番目はE，5番目はFである。

3 (三分野総合―時事問題や世界遺産，環境問題，日本の政治，SDGsなど)

重要 問1　(1)「潜伏キリシタン関連遺産」として世界遺産に登録されたのは長崎と天草地方(熊本県)の12施設である。また，2022年9月に佐賀県の武雄温泉駅と長崎駅を結ぶ西九州新幹線が開通した。　(2)　日本国憲法で保障されている自由権のうち，どの宗教を信仰してもよく，どの宗教も信仰しなくてもよいことを信教の自由といい，精神の自由の1つである。ウとエについて，政教分離の原則とは，政治権力と特定の宗教が結びついてはならないという考えのことである。これにより，神道を含むすべての宗教が政府によって特別扱いをされることはないとされるが，政府関係者や政治家と特定の宗教との結びつきを指摘する報道もある。　(3)　キリスト教を禁止された後も「潜伏キリシタン」として信仰を捨てなかった人たちに関連する写真を選ぶ。アは長崎県の離島，五島列島にある江上天主堂で正しい。イは同じ長崎県にある平和祈念像で，1945年8月9日に投下された原子爆弾による犠牲者を含めた，すべての戦争犠牲者のために作られたものだが世界文化遺産ではない。ウは日光東照宮の陽明門(栃木県)，エは厳島神社(広島県)の写真で，どちらも世界文化遺産である。

やや難 問2　(1)　3つある空欄**う**の前後を見てみると1つ目の直後に「海に漂っている」，3つ目の直後に「小さな小さな砂つぶになって存在し続けている」とあるので，プラスチックと書くのが正しい。「マイクロプラスチック」は小さな砂つぶのようになったあとの状態を指すので誤り。また，カタカナの指定があるので「海洋プラスチック(ごみ)」なども不適切。　(2)　エのデポジット制度とは，「預かり金」制度のことで，ここでは飲み物の容器に預かり金を上乗せした価格で商品を販売し，客が容器を返却した時に預かり金を返す仕組みのことである。これによって容器の不法投棄が減ると期待できるが，手間や時間がかかることなどから日本ではあまり普及していないのが現状である。ア，イは地球温暖化に関連する内容であり，海洋プラスチックごみ問題とは関係が薄い。ウは，プラスチックなど自然素材でない包装が海洋汚染問題を引き起こしているので誤り。また，SDGsの17個の目標のうち，この問題と特に関わりの深いのは，12番「つくる責任つかう責任」と，14番「海の豊かさを守ろう」である。私たちが日常生活で使ったプラスチック，ビニール製品を無責任に捨てると，海に流れ出てしまって海の生き物に悪影響を与えてしまう。私たち利用者が，使った後に責任を持って適切に処分することでこの問題は解決に近づく。

重要 問3　(1)　設問に「政治の内容を決定する」とあるので，アの最高裁判所裁判官の罷免についての審査(国民審査)は不適切。裁判所は行政権でなく司法権を担当する。　(2)　平和主義については日本国憲法の前文と第9条に記述がある。アとイは前文の内容，ウは第9条の第1項の内容である。第9条の第2項は，「陸海空軍その他の戦力は，これを保持しない。国の交戦権は，これを認めない。」なのでエは誤り。近年，自衛隊が「戦力」にあたるのではないかという意見に対し，政府は自衛隊を「必要最小限度の『実力』である」という見解を表し，なお議論が続いている。

★ワンポイントアドバイス★

地理が特に難易度が高く，時間もかかるため，歴史・政治の問題から手をつけるとよい。農産物や輸入品の順位は確実におさえておこう。国際系の問題や環境問題，時事問題も多く出るのでなるべく多く経験を積もう。

＜国語解答＞ 《学校からの正答の発表はありません。》

一　問1　①　眼前　②　属　問2　同じです。　問3　イ　問4　イ　問5　ホ
問6　ニ　問7　ホ　問8　ロ　問9　ロ

二　問1　a　ホ　b　ホ　問2　ハ　問3　ハ　問4　イ　問5　バーバ～です。
問6　ニ　問7　ニ　問8　ロ　問9　ハ

○推定配点○

各5点×20　計100点

＜国語解説＞

一　**(論説文一要旨・論理展開・細部の読み取り，空欄補充，漢字の書き取り)**

基本 問1　===線①は目の前のこと。②はその種類や分類にふくまれること。

問2　設問の一文は，「言うまでもなく，……」で始まる段落の「目や脳の構造の基本的な部分は人間という生物種において大体みな同じです。」の直後に入り，これらの内容をふまえて「人間が

持つ認識は，そうした身体構造や欲求を前提として……」という流れになっている。

問3　――線(1)の説明として(1)前で，「『リンゴ』が何を指しているのかには，無数の可能性があ」り，「その名前が……どれを指しているのかを決定することは」(1)である，と述べているのでイが適切。(1)前の内容をふまえていない他の選択肢は不適切。

重要　問4　――線(2)直後から続く3段落で，(2)であるのは「子どもが『名前で呼ばれるべきもの』がどんなものかをあらかじめ知っていると考えるほかな」く，「言語とは何なのかについての知識があらかじめ子どもの側に備わっていなくてはならない」ため「子どもの側からあらかじめ知っているからこそ，子どもは短い期間で言語を獲得することができる」と述べているのでイが適切。これらの段落内容をふまえていない他の選択肢は不適切。

問5　――線(3)は言語を学ぶために「前提となる知識が……どのような形で遺伝子に書き込まれているのかといった点について」のことで，直後で「あきらかに無理のある主張」や「一般的な能力……なら遺伝的だといってよいかもし」れないといったことを例として挙げながら説明しているので，ホが適切。言語を学ぶために必要な「経験」や「前提となる知識」を説明していない他の選択肢は不適切。

問6　Ⅰは「このように……」で始まる段落内容から「経験」，Ⅱは生まれたときから備わっているという意味の「生得」がそれぞれ入る。

問7　「言うまでもなく，……」から続く3段落で，「人間の身体は遺伝子によって形作られ……基本的な部分は……大体みな同じで」あり，「人間が世界について持つ認識は，そうした身体構造や欲求を前提として，世界との関わりあいによって作り上げられてい」くことを「赤ちゃん」にあてはめて説明し，「人間の感覚器官や身体の構造や欲求に対応するものなので，おおむねみな同じにな」ると述べていることからホが適切。「人間の身体は遺伝子によって形作られ」ることなど，これらの段落内容をふまえていない他の選択肢は不適切。

重要　問8　「遺伝子のおかげである」とあるロは「もちろん，……」で始まる段落内容から適切でない。イは「そもそも……」から続く2段落，ハは「生まれたばかりの……」から続く3段落，ニは「このような……」で始まる段落，ホは「しかも……」で始まる段落でそれぞれ述べている。

やや難　問9　本文は，子どもには言語とは何なのかについての知識があらかじめ備わっているため「物には名前がある」ということを理解し，このような基本的な世界理解は人類普遍だといって間違いないと述べているのでロが適切。イの「必要な条件」と「人の言語感覚」の説明，ハの「子どもに言葉を教えるための方法」，ニの「言語によって物の名前を理解することの難しさ」，ホの「経験と知識が言語獲得において重要である」はいずれも不適切。

二　(小説―心情・場面・細部の読み取り，ことばの意味)

基本　問1　〜〜線aは，はずかしそうな表情をすること。bは相手を敬って礼儀正しくていねいな様子。

問2　――線(1)は，冒頭でも描かれているように「幼い子供に話しかけるような口調」で接しているのでハが適切。冒頭の描写をふまえていない他の選択肢は不適切。

問3　バーバは「窓の向こうを指差」して，くり返し「『ふ』」と言っていたが，ようやく「『もしかして，ふって富士山の，ふ？』」と孫娘に伝わったことで，――線(2)のようになっているのでハが適切。ようやく自分の気持ちが伝わったことを説明していない他の選択肢は不適切。

問4　――線(3)直後の「私」の言葉，また，少し後で(3)の店は「やっぱりここも，ものすごい人だかりだ。店の前に，長い行列ができている」と描かれていることから，イが適切。(3)直後の「私」の言葉と，店の様子をふまえていない他の選択肢は不適切。

重要　問5　――線(4)は，バーバの容体がどんどん悪くなってしまうようで，という意味なので，かき氷の店のおじさんに話しかけている場面の「『バーバが，いえ祖母が，もうすぐ死にそうなんです。

……』」が具体的に言いかえている一文になる。

問6　――線(5)前で「一秒でも早くバーバにかき氷を届けなければ……」と思いながら，くり返し呼びかけたことでようやくお店のおじさんに気づいてもらえたが，うまく「言葉が繋がらない」「私」の様子が描かれているのでニが適切。(5)前の「私」の心情と様子をふまえていない他の選択肢は不適切。

問7　ママは「『マユが，一人で買いに行ってくれたんですよ』」とバーバに話しかけながら――線(6)のようになっているのでニが適切。バーバにかき氷を食べさせてあげたいというマユの思いがこめられたかき氷を，少しでもバーバに食べてほしいということを説明していない他の選択肢は不適切。

問8　母親が幼い子どもに食べさせるように，バーバがママの口にかき氷を含ませてくれたことで，ママは――線(7)のようになっているのでロが適切。(7)の「私よりも年下の少女の顔」を，母であるバーバの娘として説明していない他の選択肢は不適切。最後の場面の「バーバとママ，二人の世界を邪魔しないよう」という「私」の心情も参考にする。

やや難　問9　本文は全体を通して「私」すなわちマユの視点で描かれているので，ハが適切。「飴色」は「カーテンが閉じてい」る部屋の様子を表しているので「明るい気持ちにさせる」とあるイは不適切。「驚いたことに」はマユ自身の驚きの気持ちなので「『ママ』も『驚いた』ことを暗に示している」とあるロも不適切。ニの「バーバを怒らせ」，ホの「迷いの気持ちが全て消え去り大人へと成長したことを示す」も不適切。

★ワンポイントアドバイス★

論説文では，段落同士のつながりも意識しながら，全体の論の進め方を読み取っていこう。

2022年度

★★★★★★★★★★★★★★★★★★★★★★★

入　試　問　題

2022年度

東邦大学付属東邦中学校入試問題（推薦・帰国生）

【算　数】（45分）　＜満点：100点＞

1　次の □ にあてはまる最も適当な数を答えなさい。

(1)　$4\times\frac{6}{5}-\frac{1}{10}\times(50-24\div 6)=$ □

(2)　$\left\{0.56\times\frac{1}{5}\div\left(125\times\frac{7}{1000}\right)\right\}\div$ □ $=\frac{1}{125}$

(3)　$2022\times3.14+2021\times3.26-2020\times6.4=$ □

2　次の問いに答えなさい。

(1)　７％の食塩水Ａが50ｇ，６％の食塩水Ｂが100ｇ，濃度のわからない食塩水Ｃが100ｇあります。食塩水Ａ，Ｂ，Ｃをすべて混ぜ合わせたところ，濃度が5.4％になりました。食塩水Ｃの濃度を求めなさい。

(2)　あるお菓子を生徒たちに４個ずつ配ると11個余り，６個ずつ配ると７個足りません。このお菓子を５個ずつ配るとき，何個余るか求めなさい。

(3)　ある小学校の６年生全員に国語と算数のテストをそれぞれ行いました。両方のテストに合格した人は全体の$\frac{2}{19}$で，どちらも不合格の人は全体の$\frac{1}{9}$でした。また国語に合格した人と算数に合格した人の人数比は３：２でした。算数だけに合格した人が50人のとき，この小学校の６年生全員の人数を求めなさい。

3　家から学校までの道のりは３㎞あり，その道のりの途中《とちゅう》にＡ地点があります。家からＡ地点までは平らな道で，Ａ地点から学校までは登り坂になっています。

ある日，兄は７時ちょうどに家を出て，歩いて学校へ向かいました。弟は７時10分に家を出て，自転車で学校へ向かいました。弟は７時16分に平らな道の途中で兄を追いこしましたが，登り坂の途中で兄に追いこされ，兄より５分遅れて学校に着きました。兄の歩く速さは平らな道でも登り坂でも分速60ｍです。弟の登り坂での自転車の速さは，平らな道での自転車の速さの$\frac{1}{4}$となります。

このとき，次の問いに答えなさい。

(1)　弟の平らな道での自転車の速さは分速何ｍか求めなさい。

(2)　Ａ地点から学校までの道のりは何ｍか求めなさい。

4　右の図のような，AD：BC＝２：３となる台形ＡＢＣＤがあります。点Ｅ，Ｆを辺ＡＤ上にAE：EF：FD＝１：１：１となるようにとります。また，点Ｇを辺AB上にAG：GB＝４：１，点Ｈを辺DC上にDH：HC＝４：３となるように

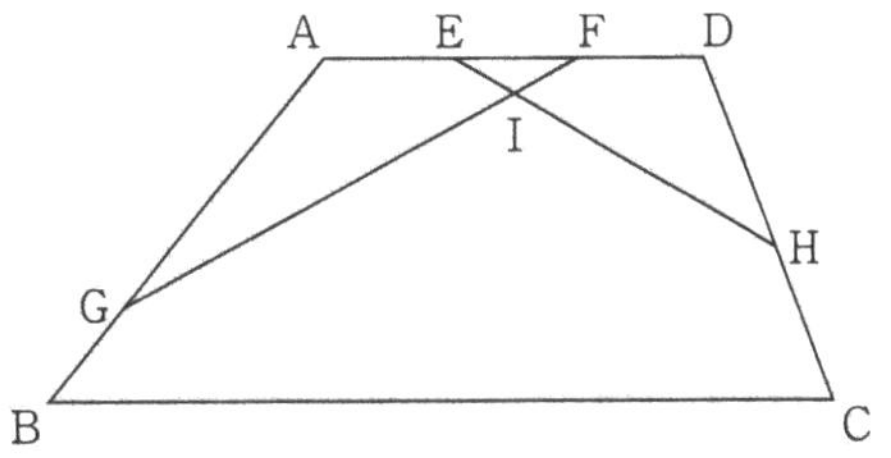

とります。EHとFGが交わる点をＩとするとき，次の問いに答えなさい。

(1) 台形ABCDの面積は三角形AGFの面積の何倍か求めなさい。

(2) FI：IGを最も簡単な整数の比で表しなさい。

5 下の【図１】のような，色のついた１辺15cmの正方形のタイルＡとタイルＢがたくさんあります。かべにある縦15cm，横45cmの長方形のわくに，同じ色がとなり合わないように３枚のタイルを並べて貼《は》ります。【図２】のように，タイルＡの向きを変えた貼り方は，別の貼り方とします。また，【図３】のように，180°回転した貼り方も，別の貼り方とします。さらに，１種類のタイルのみを貼ってもよいとします。

このとき，次の問いに答えなさい。

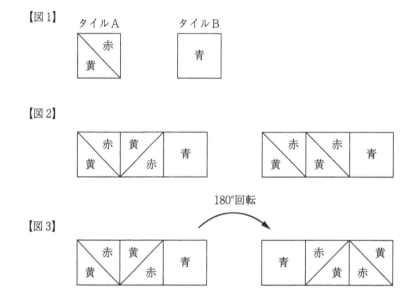

【図１】

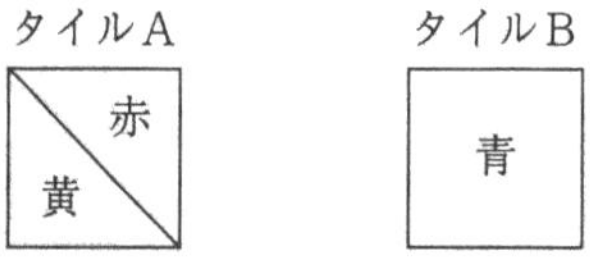

【図２】

【図３】

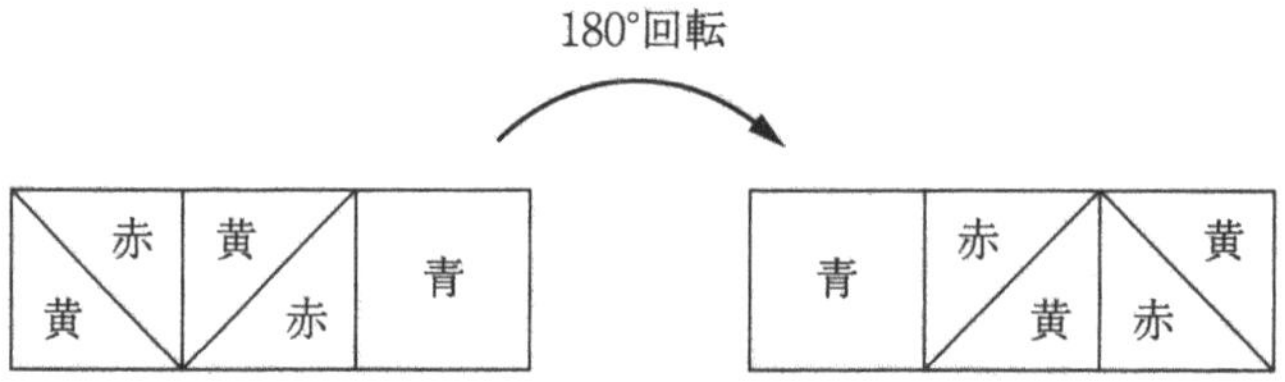

(1) タイルＡを１枚，タイルＢを２枚使って貼るとき，この貼り方は何通りあるか求めなさい。

(2) タイルＡを２枚，タイルＢを１枚使って貼るとき，この貼り方は何通りあるか求めなさい。

(3) 貼り方は全部で何通りあるか求めなさい。

6 右の図のような，高さ10cmの三角柱ABCDEFがあります。三角形ABCはAB＝ACの二等辺三角形で，BC＝３cmです。この三角柱を３点Ａ，Ｅ，Ｆを通る平面で切ると，頂点Ｂを含む立体の体積は40cm^{3}になります。

このとき，次の問いに答えなさい。

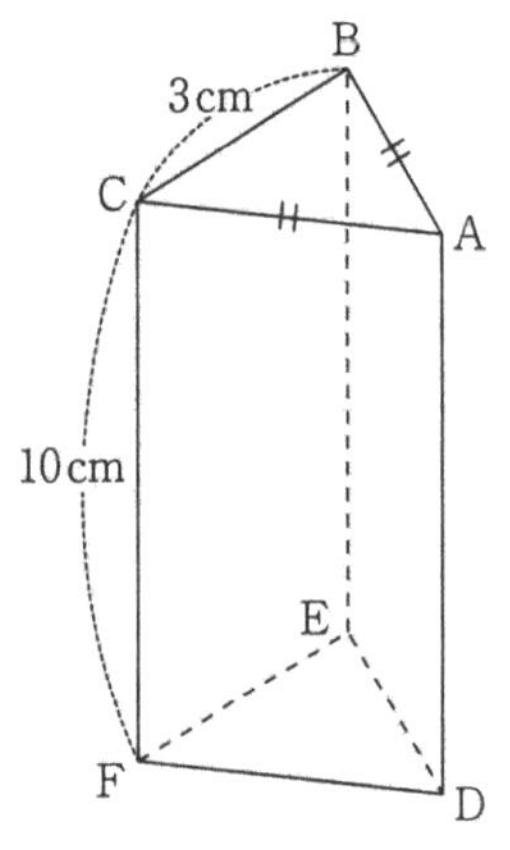

(1) この三角柱を３点Ａ，Ｅ，Ｆを通る平面で切るとき，頂点Ｄを含む立体の体積を求めなさい。

(2) BFとCEが交わる点をＯ，辺ADを二等分する点をＭとします。OMを軸にこの三角柱を90°回転させた立体と，もとの三角柱が重なる部分の体積を求めなさい。

7　太郎さんと花子さんは，次の 問題 について，以下のような会話をしています。【会話１】から【会話３】を読んで，(1)から(3)の問いに答えなさい。ただし３つの会話の中にまちがった考え方で問題を解いているものがあります。

問題　A組，B組，C組の３クラスに対し，５点満点のテストを行いました。下の表は，各クラスの得点とその人数の関係を表したものです。A組とB組の平均点はともに３点で，３クラス全員の平均点は3.1点でした。また，どのクラスの人数も45人以下です。

このとき，下の表の a ～ h にあてはまる整数を求めなさい。

A組

得点（点）	0	1	2	3	4	5	計
人数（人）	2	4	7	10	9	a	b

B組

得点（点）	0	1	2	3	4	5	計
人数（人）	c	7	d	e	18	5	40

（c の数は d の数より大きい）

C組

得点（点）	0	1	2	3	4	5	計
人数（人）	2	f	7	4	13	g	h

【会話１】

太郎：まず，A組の表から完成させていきましょう。

花子：a の数がわかれば解決ですね。

太郎：そうですね。ここでは，平均点よりも点数が低いグループと高いグループに分けて考えて，それぞれで平均点との差の合計を計算すると，［低いグループの合計］と［高いグループの合計］が等しくなることを利用しましょう。

花子：どういうことですか。

太郎：A組の平均点は３点なので，平均点よりも点数が低いグループは０点，１点，２点の人たちです。０点の人は，平均点よりも３点低く，A組には０点の人が２人いるので，$3 \times 2 = 6$ 点が０点の人たちの平均点との差の合計になります。

花子：なるほど，

$$[低いグループの合計] = 3 \times 2 + 2 \times 4 + 1 \times 7 = 21\ (点)$$

となるわけですね。

太郎：そうですね。あとは，［低いグループの合計］＝［高いグループの合計］となるので，このことを a を使って式に表せますか。

花子：つまり，こういうことですね。

$$21 = 9 + 2 \times a$$

太郎：その通りです。これで a の数がわかるので，b の数もわかりますね。

【会話２】

花子：同じように考えて，Ｂ組の表を完成させればいいですね。
太郎：そうですね。c，d を使って［低いグループの合計］＝［高いグループの合計］を式で表すと，

$$3\times c+14+d=28 \quad \cdots①$$

となります。①にあてはまる c，d にはどんな数があるかわかりますか。
花子：$c=0$，$d=14$はどうですか。
太郎：たしかにそれもあてはまりますね。でも，Ｂ組の人数は40人ですので…。
花子：なるほど，c と d はあわせて10以下にならないといけませんね。それでもまだ①にあてはまる c，d は何通りかありますよね。
太郎：その通りですね。でも，「c の数は d の数より大きい」にもあてはまるのは１通りしかありません。これで，c と d の数がわかるので，ｅの数もわかりますね。

【会話３】

太郎：最後にＣ組の表を完成させましょう。
花子：Ａ組とＢ組の平均点はともに３点で，３クラス全員の平均点は3.1点です。Ｃ組の平均点を x 点とすると，$(3+3+x)\div 3=3.1$ですから，$x=3.3$となります。
太郎：そうですね。f，g を使って［低いグループの合計］＝［高いグループの合計］を式で表すと，

$$16.9+2.3\times f=9.1+1.7\times g \quad \cdots②$$

となり，②にあてはまる f，g を見つければいいですね。
花子：でも，②にあてはまる f，g はたくさんありますよ。
太郎：そうなんですよ。しかし，「どのクラスの人数も45人以下」にあてはまるのはたった１通りしかありません。これで，f と g の数がわかるので，h の数もわかりますね。

(1)　３つの会話の中でまちがった考え方をしている会話を，次の(ア)～(キ)の中から選び，記号で答えなさい。

(ア)　【会話１】　(イ)　【会話２】　(ウ)　【会話３】　(エ)　【会話１】と【会話２】

(オ)　【会話１】と【会話３】　(カ)　【会話２】と【会話３】　(キ)　すべての会話

(2)　正しい考え方で解いたとき，a，c にあてはまる数を答えなさい。

(3)　正しい考え方で解いたとき，f にあてはまる数を答えなさい。

【理　科】（30分）　＜満点：50点＞

1　ヒトの心臓と血液について，次の文章を読み，(1)～(5)の問いに答えなさい。

図１は体の血液の流れを示した図です。心臓は**図１**の**Ａ～Ｄ**のように４つの区画に分かれた構造をしており，**図１**の区画**Ａ**には肺以外の臓器（以下，臓器とする）から血液が入ってきます。

血液には，とけこんだ酸素を全身に運ぶ役割があり，血液に含まれるヘモグロビンという物質が血液にとけこんでいる酸素と結びつくことで，全身の臓器へ効率よく酸素を運ぶことができます。酸素と結びついているヘモグロビンが多い血液はあざやかな赤色，そうでない血液は暗い赤色をしています。

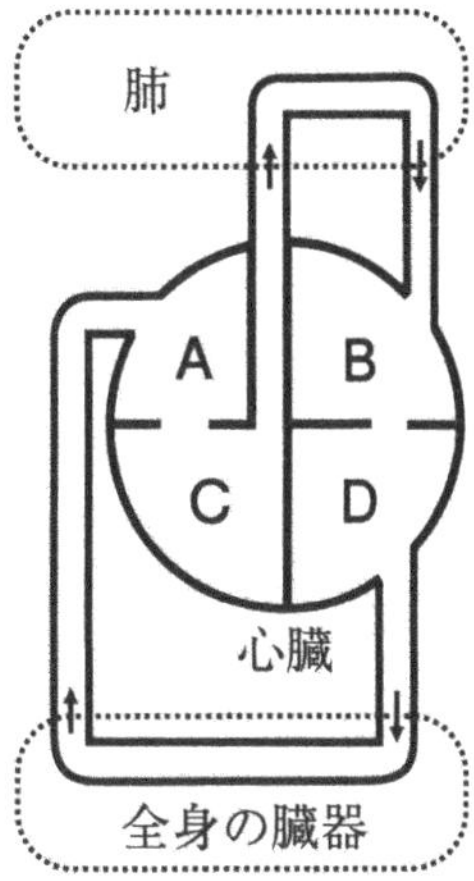

図１

(1)　**図１**の心臓の区画**Ｂ～Ｄ**の中から，区画**Ａ**を流れる血液と比べてあざやかな赤色の血液が流れていると考えられる区画はどれですか。すべて選んだ組み合わせとして，もっとも適切なものを次の１～７の中から一つ選び，番号で答えなさい。

1. Ｂ　　2. Ｃ　　3. Ｄ　　4. ＢとＣ　　5. ＢとＤ　　6. ＣとＤ　　7. ＢとＣとＤ

(2)　母親の子宮の中で育つ子どもの心臓では，**図１**の心臓の区画**Ａ**と**Ｂ**をつなぐ孔《あな》が開いています。この子どもの心臓では，血液が心臓の区画**Ａ**に入り，各区画を通り心臓の外に流れていくまでの順序として考えられるものは，次の**ア～カ**の中に何通りあるか答えなさい。

ア．Ａ → Ｃ

イ．Ａ → Ｂ → Ｃ

ウ．Ａ → Ｂ → Ｄ

エ．Ａ → Ｃ → Ｄ

オ．Ａ → Ｂ → Ｄ → Ｃ

カ．Ａ → Ｃ → Ｄ → Ｂ

(3)　酸素と結びついたヘモグロビンは，臓器まで移動すると酸素をはなし，臓器に酸素をとどけます。**図２**は血液にとけこんでいる酸素の量と，その血液中のヘモグロビンが酸素と結びついている割合の関係を図示したものです。ただし，酸素の量は肺の血液にとけこんでいる酸素の量を100％としたときの割合で表しています。血液にとけこんでいる酸素の量が多いほど，ヘモグロビンは酸素と結びつきやすくなり，血液にとけこんでいる酸素の量が少ないほどヘモグロビンは酸素をはなしやすくなることが示されています。

ヘモグロビンと酸素が結びつく割合は，酸素の量だけではなく，血液にとけこんでいる二酸化炭素の量によっても変化します。次のページの**図２**の２種の曲線は二酸化炭素が肺の血管内と同じ量のときと，二酸化炭素が臓器の血管内と同じ量のときを実線と点線でそれぞれ示しています。

図２の点**ａ～ｄ**のうち，**図１**の区画**Ａ**，**Ｂ**を流れる血液中のヘモグロビンが酸素と結びついている割合を示している点の組み合わせとして，もっとも適切なものをあとの１～８の中から一つ選び，番号で答えなさい。

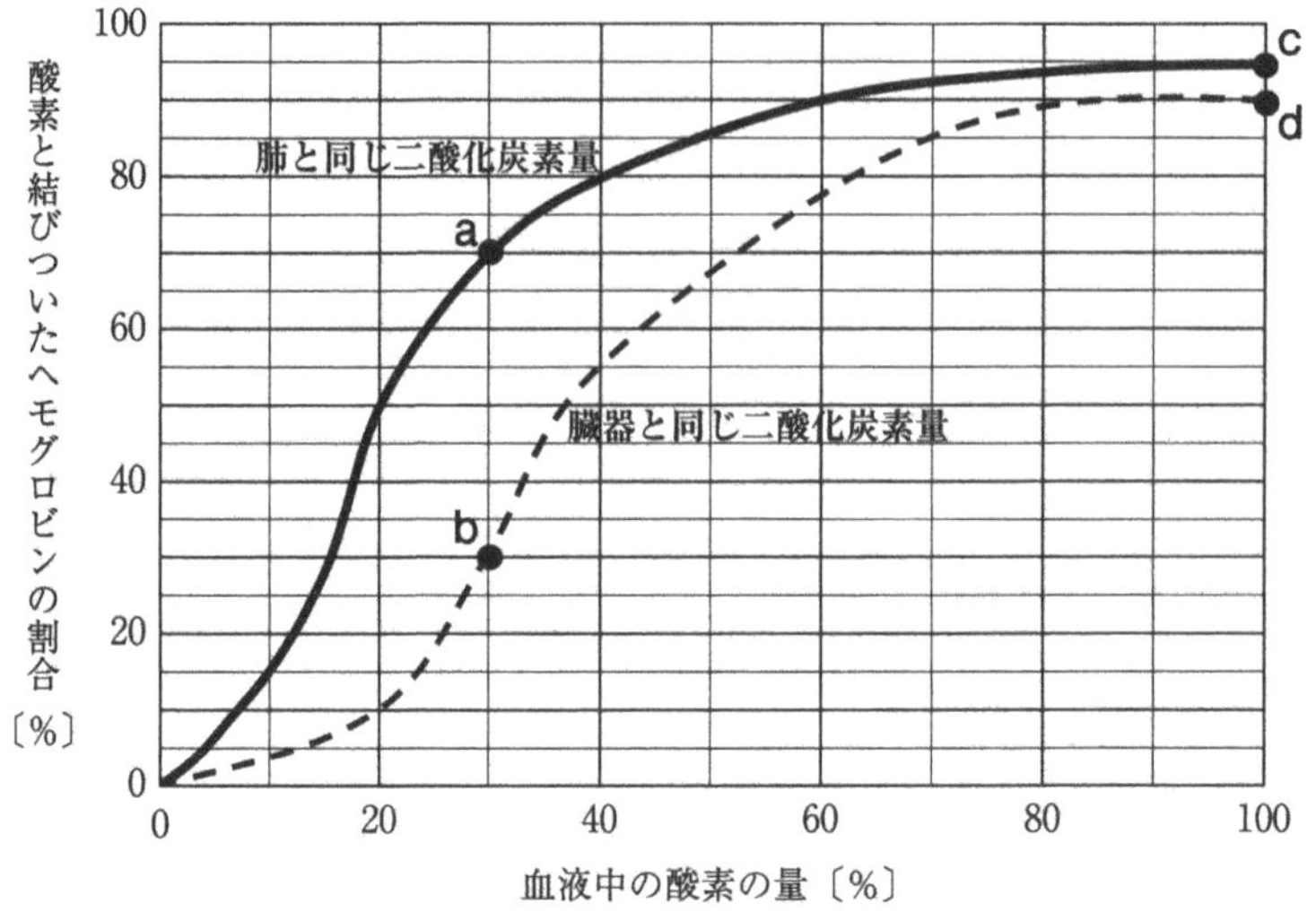

図2

	区画 A	区画 B
1	a	c
2	c	a
3	b	c
4	c	b

	区画 A	区画 B
5	a	d
6	d	a
7	b	d
8	d	b

(4) **図2**を参考にして，肺で酸素と結びついたヘモグロビンの何%が臓器で酸素をはなすと考えられますか。小数点以下を四捨五入して答えなさい。

ただし，肺，臓器の酸素と二酸化炭素の量は，**図2**の点a～dのいずれかの値と等しいものとします。また，肺で酸素と結びついたヘモグロビンは，臓器に移動する途中では酸素をはなさないものとします。

(5) 母親の子宮の中で育つ子どもは，栄養や酸素をたいばんという臓器を通して受けとっています。たいばんでは，**図3**のように母親の血液から子どもの血液へと酸素が受け渡されています。このとき，酸素を母親から効率よく受け取り，子どもの臓器にとどけるため，子どものヘモグロビンは母親とは異なる特徴《とくちょう》を持っています。この特徴を表している曲線として，もっとも適切なものを次のページの**図4**の母親の肺の血液中の酸素の量を100%としたときの酸素の量と，酸素と結びついたヘモグロビンの割合の関係を図示した曲線1～4の中から一つ選び，番号で答えなさい。

ただし，**図4**の点線は臓器と同じ二酸化炭素量のときの母親の血液中の酸素の量と，母親のヘモグロビンが酸素と結びついている割合の関係を図示したものです。また，子どもの血液中の酸素の量は，少ない場所では20%ほどになります。

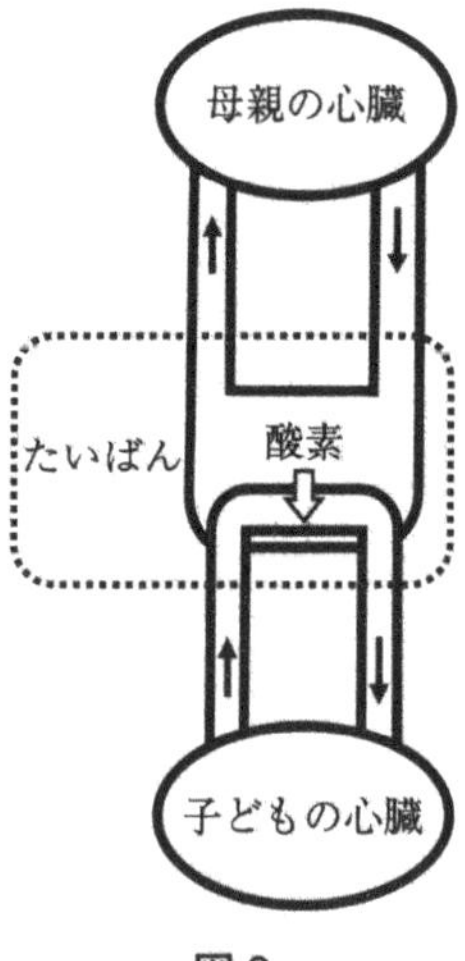

図3

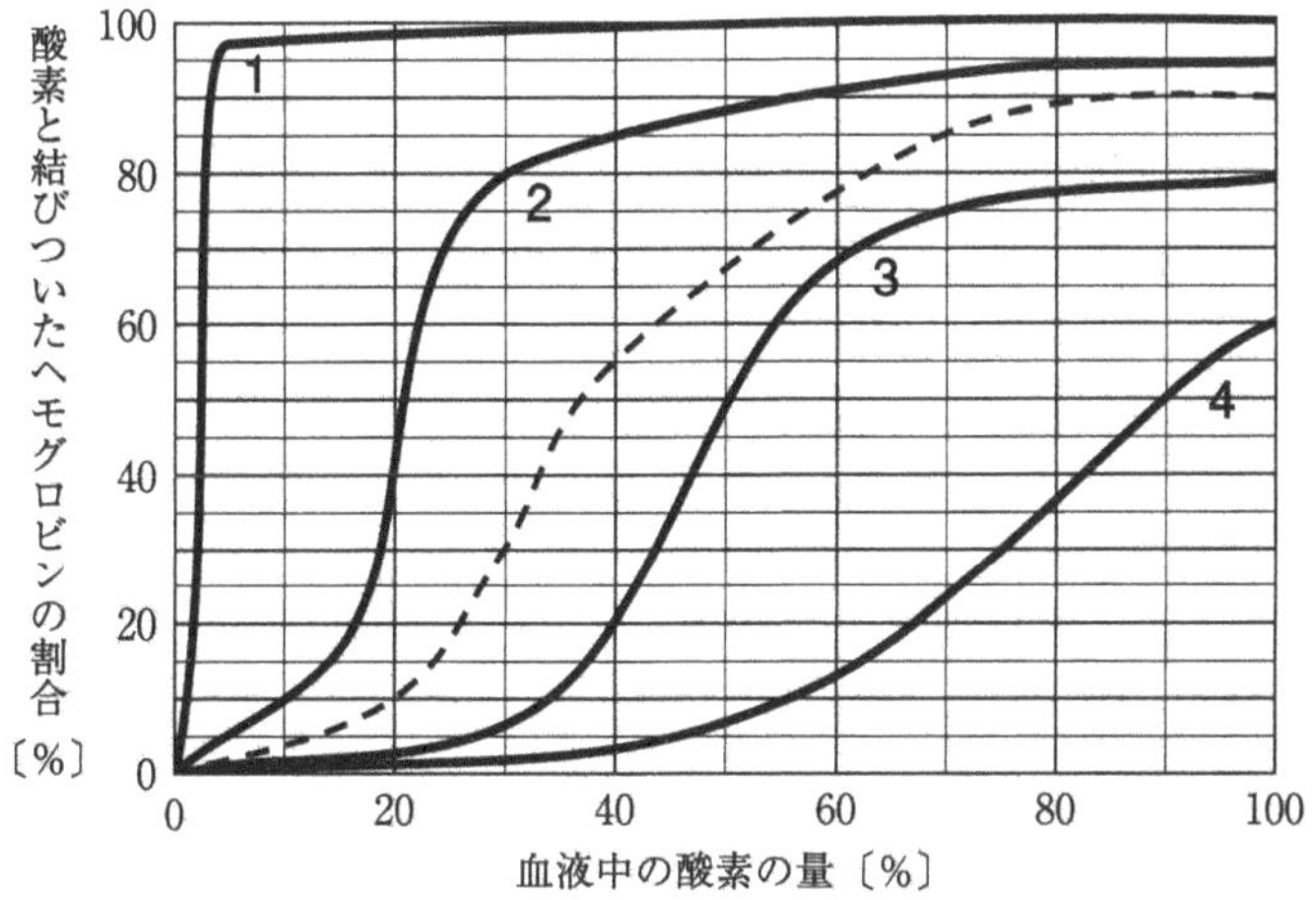

図4

2　次の文章を読み，あとの(1)～(5)の問いに答えなさい。

炭酸カルシウム，炭酸ナトリウム，炭酸水素ナトリウムはどれも塩酸と反応して空気より重い気体を発生させます。また，亜鉛とマグネシウムも塩酸と反応して気体を発生させますが，この気体は空気より軽く，燃やすことができます。

十分な量の塩酸を用意し，前に述べた5つの物質のうち2つを塩酸と反応させ気体を合計1L発生させたいとおもいます。2つの物質の重さを様々に変えながら塩酸と反応させ気体が何L発生するか調べました。その結果，表1のような組み合わせと重さで塩酸と反応させると，気体は1L発生することがわかりました。

例えば，**表1**の実験1は，炭酸カルシウム3gと炭酸ナトリウム1.4gを塩酸と反応させると気体が1L発生したということを表します。

表1

	炭酸カルシウム	炭酸ナトリウム	炭酸水素ナトリウム	亜鉛	マグネシウム	発生する気体の体積
実験1	3g	1.4g				1L
実験2		2g		2g		1L
実験3			1.6g	2g		1L
実験4		3g			0.5g	1L
実験5			0.8g		1g	1L

(1)　気体を1L発生させるためには，マグネシウム1gと炭酸ナトリウム何gを塩酸と反応させればよいですか。

(2)　炭酸ナトリウムだけを塩酸と反応させて気体を1L発生させるためには，炭酸ナトリウムは何g必要ですか。

(3)　炭酸カルシウム1gを塩酸と反応させると何Lの気体が発生しますか。

(4)　この5つの物質を全て1gずつ使用して塩酸と反応させると何Lの気体が発生しますか。

(5)　炭酸ナトリウムと炭酸水素ナトリウムとマグネシウムを同じ重さずつ使用して塩酸と反応させ，気体を1L発生させたい。何gずつ使用すればよいですか。

【社　会】（30分）　＜満点：50点＞

1　日本の地理に関する次の各問いに答えなさい。

問１　次の**図１**は，**東邦中学校**のおよそ南側に広がる地理院地図であり，**図２**は同範囲《はんい》の1966年の空中写真である。**図１・図２**から読み取れることを述べたものとして**明らかに誤っているものを**，あとの**ア～エ**から１つ選び，記号で答えなさい。

図１　現在の地理院地図

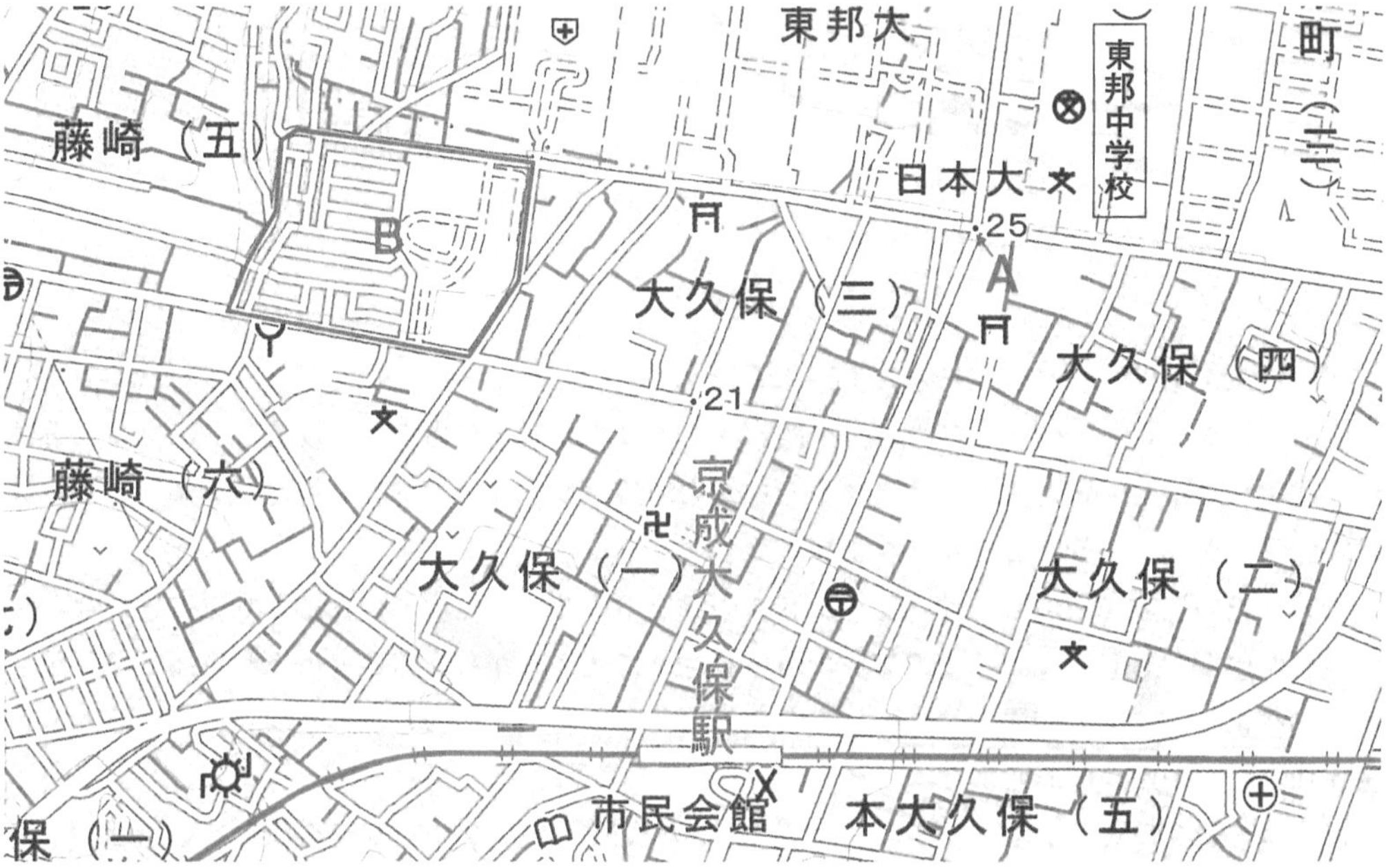

図２　1966年に撮影《さつえい》された空中写真

ア．**図１**の**東邦中学校**や**東邦大**と**日本大**の敷地《しきち》内には，**図２**では細長い建物が多くみられるが，何に使用されていたかはわからない。

イ．**図１**の**A**の標高点25mが示されている付近は，**図２**では南側に建物がみられるが，現在は一部が道路として活用されている。

ウ．**図１**の**大久保（一）**や**大久保（二）**の地域は現在市街地が広がっているが，**図２**では多くの場所で沼《ぬま》地がみられる。

エ．**図１**の**B**の範囲には，**図２**では建物のない広いスペースがあるが，現在では道が整備されて建物がみられる。

問２　次の図の直線**A**～**C**は，各都市間の最短距離《きょり》を示したものである。これらの直線上の平均標高が，もっとも高いもの（高位），もっとも低いもの（低位），その中間にあたるもの（中位）の組み合わせとして正しいものを，あとの**ア**～**カ**から１つ選び，記号で答えなさい。

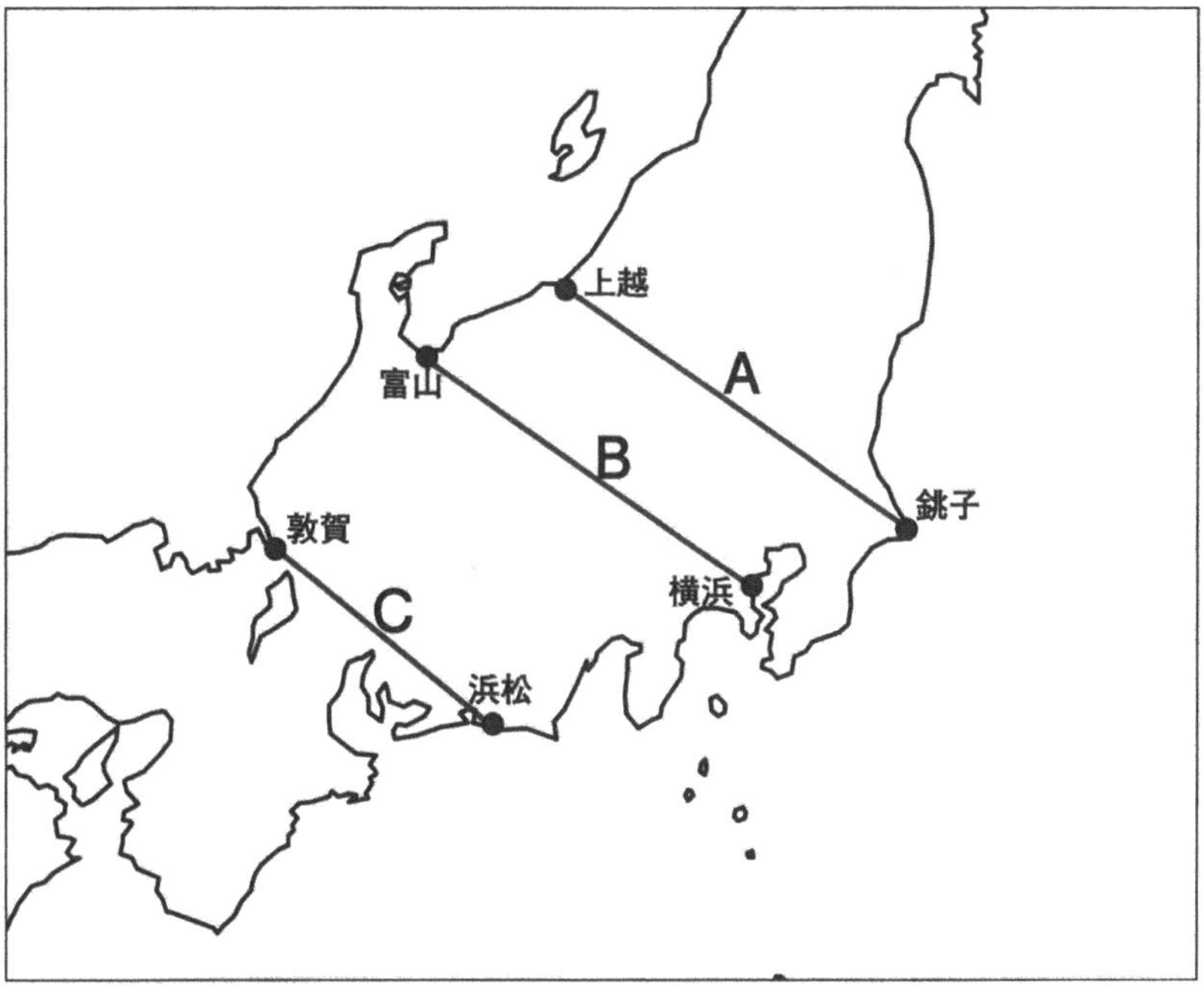

国土地理院「地理院地図」により作成。

	ア	イ	ウ	エ	オ	カ
高位	A	A	B	B	C	C
中位	B	C	A	C	A	B
低位	C	B	C	A	B	A

問３　近年，新型コロナウイルスの感染《かんせん》拡大に伴《ともな》い，病院の数や病床《びょうしょう》（ベッド）の数が話題になった。10～11ページの３つの図は，それぞれ一般《いっぱん》病院の都道府県別の病院数や病床数に関して示したものである。これらの**資料から判断**して，一般病院の医療《いりょう》の状況《じょうきょう》の説明として**明らかに誤っているもの**を，あとの**ア**～**エ**から１つ選び，記号で答えなさい。なお，図中の凡例《はんれい》の５つの数値の中央の数は，それぞれのおよその平均値を示している。

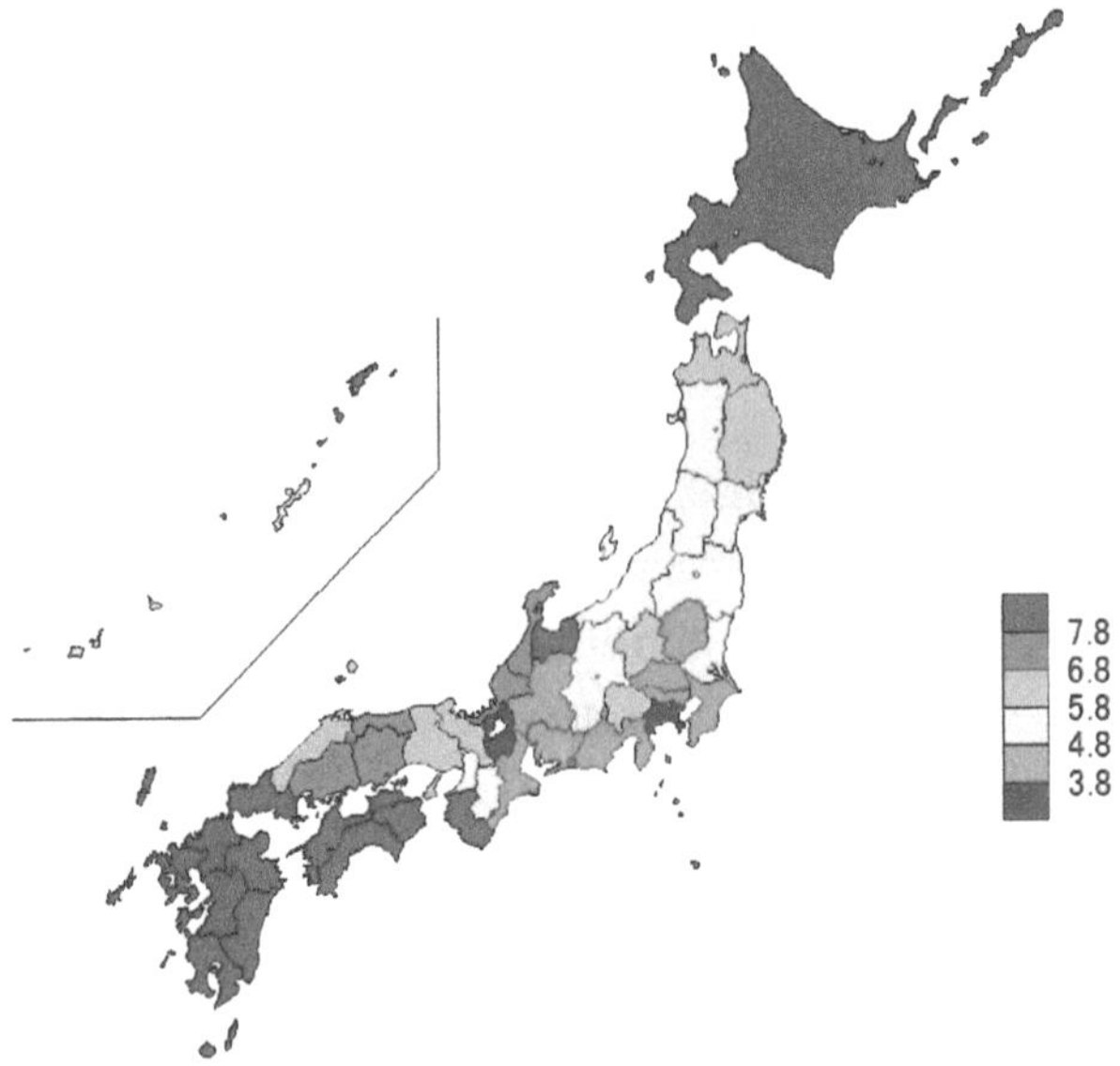

人口10万人あたりの一般病院数（2018年）

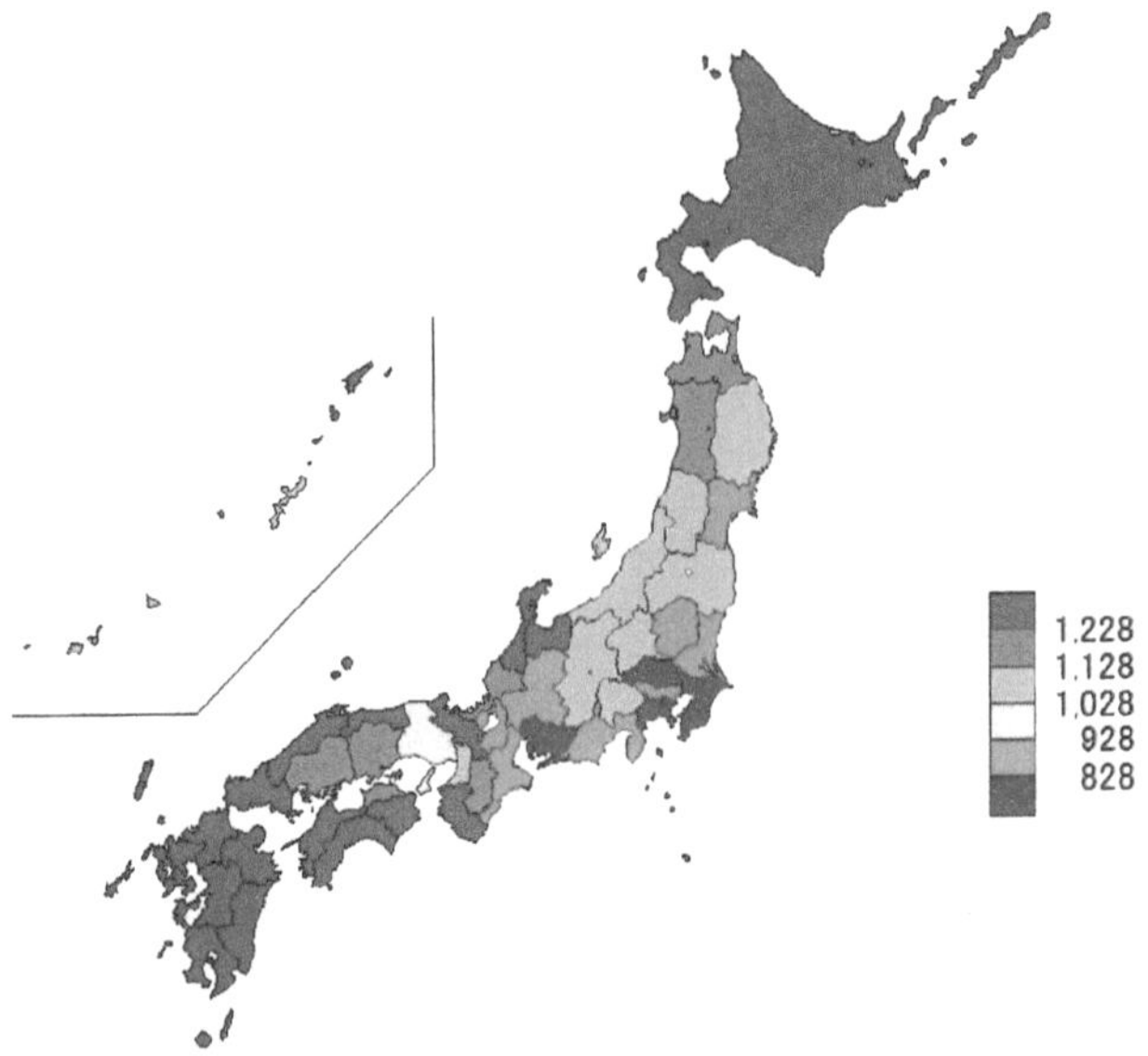

人口10万人あたりの一般病院病床数（2018年）

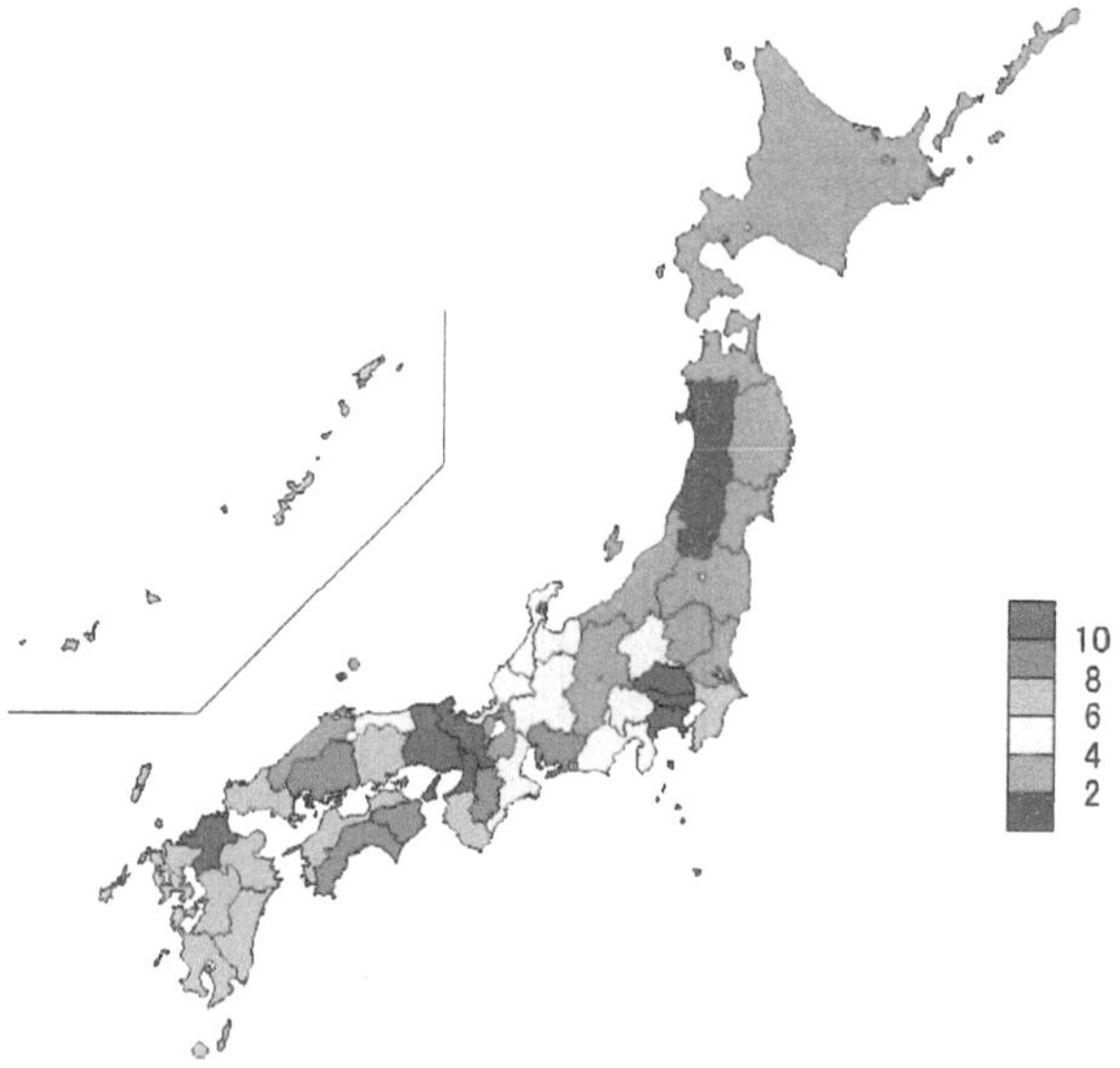

可住地面積※100㎢あたりの一般病院数（2018年）

「総務省ＨＰ」により作成。

〔語句解説〕

※可住地面積…総面積から林野面積と主要湖沼《こしょう》面積を差し引いた，人が住み得る土地の面積のこと。

ア．九州地方や四国地方は，他の地域に比べて一般病院の医療体制が充実《じゅうじつ》している。

イ．宮城県や滋賀県はいずれの資料も値が低く，他の都道府県に比べて年少人口の割合が高いため，一般病院の医療体制にはあまり負荷《ふか》がかかっていない。

ウ．秋田県は一定の人口あたり比較《ひかく》的規模が大きい一般病院が多いが，およそ居住地から一般病院までの距離が遠い地域が多い。

エ．首都圏《しゅとけん》では居住地の近くに一般病院がある場合が多いが，その人口規模に対して病床数が少ない傾向《けいこう》にある。

問４　キャベツの栽培《さいばい》時の適温は15～20℃ぐらいである。季節によって産地をかえながら，安定して消費者に届くように供給される。次のページの図は，東京都中央卸売《おろしうり》市場におけるキャベツの入荷《にゅうか》先産地別数量を月別（2020年）に示したものである。図中の**あ**～**う**と県名との組み合わせとして正しいものを，あとの**ア**～**カ**から１つ選び，記号で答えなさい。

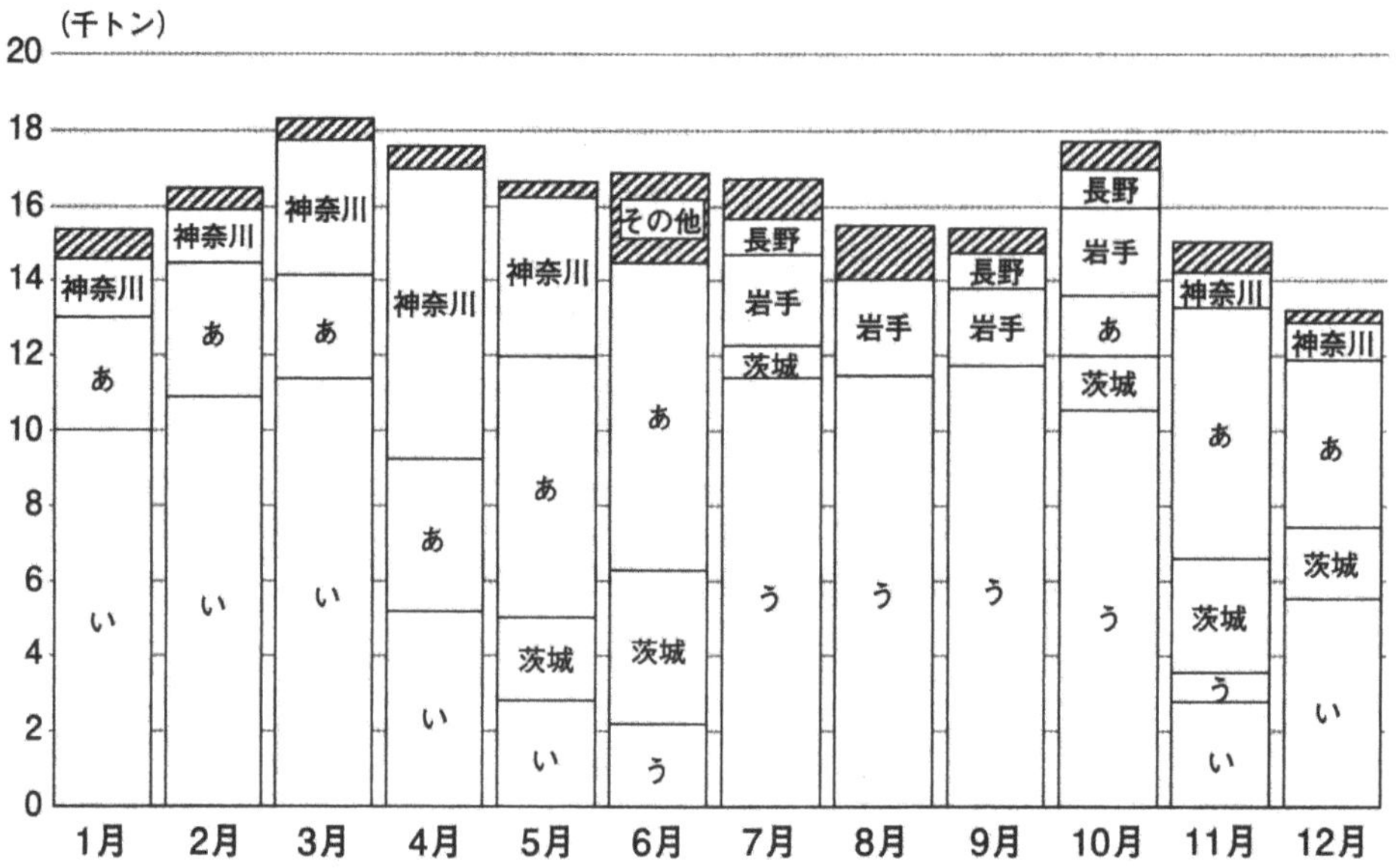

「東京都中央卸売市場ＨＰ」により作成。

	ア	イ	ウ	エ	オ	カ
あ	愛知	愛知	群馬	群馬	千葉	千葉
い	群馬	千葉	愛知	千葉	愛知	群馬
う	千葉	群馬	千葉	愛知	群馬	愛知

問５　近年，世界では脱炭素《だつたんそ》社会に向けて様々な対策がとられようとしている。次の図は，消費活動からみた日本の温室効果ガス排出《はいしゅつ》割合（2015年）を示している。これをみて，家計消費の中で割合のもっとも高い項目《こうもく》「住居」について，二酸化炭素の発生を減らすために，日頃《ひごろ》の生活の中でできる取り組みを，**８字以上15字以内**で答えなさい。

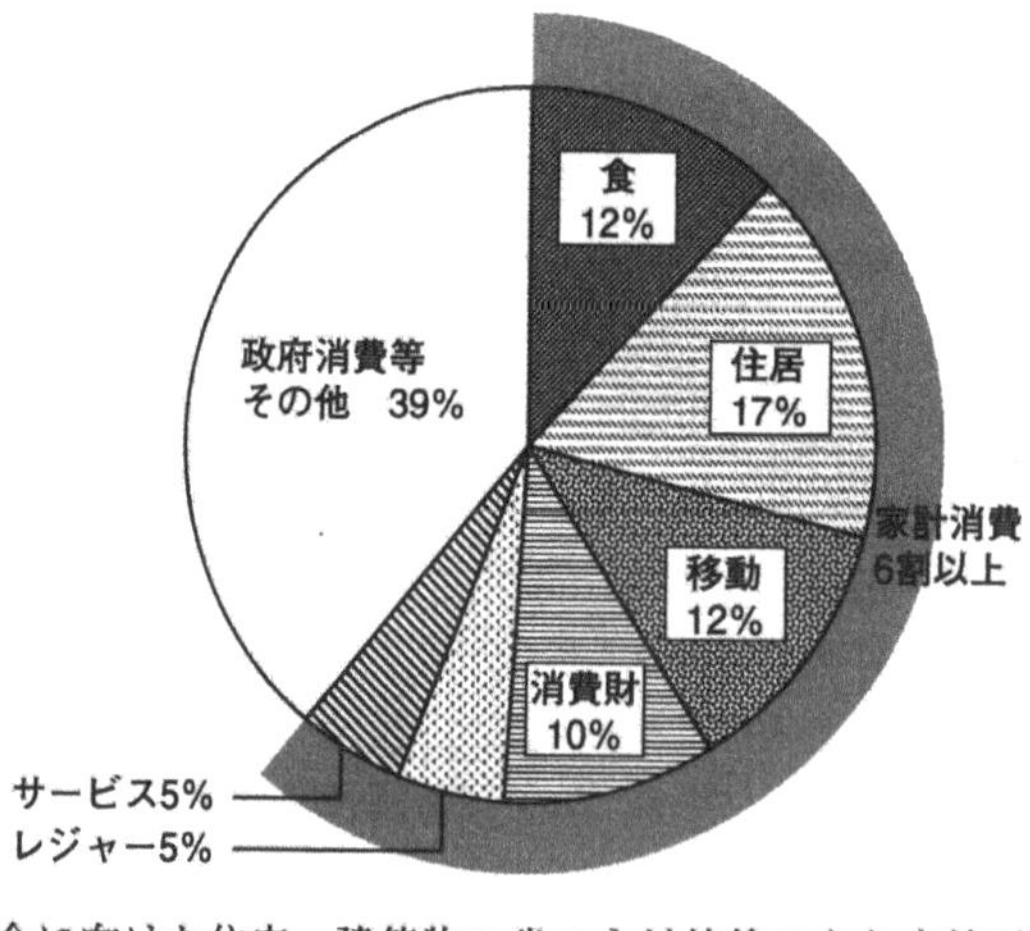

「脱炭素社会に向けた住宅・建築物の省エネ対策等のあり方検討会，環境《かんきょう》省資料」より。

2　来年は西暦《せいれき》2022年で，下２桁《けた》が同じ数字の年です。次の年表の**あ**～**す**は，来年のように西暦の下２桁が同じ数字の年におこったできごとについて並べたものです。ただし，千の位と百の位の数字は隠《かく》してあり（千の位には数字の入らないものもあります），また，年代順に並んでいません。これをみて，あとの各問いに答えなさい。

あ	□□２２年	上げ米の制が始まる
い	□□９９年	藤原道長が長女彰子《しょうし》を一条天皇のきさきにする
う	□□００年	伊能忠敬が①蝦夷地《えぞち》の測量を始める
え	□□３３年	日本が国際連盟を脱退する
お	□□７７年	②鹿ケ谷《ししがたに》の陰謀《いんぼう》がおこる
か	□□００年	関ヶ原の戦いで，徳川家康が勝利する
き	□□９９年	③応永《おうえい》の乱がおこる
く	□□１１年	日本が関税自主権を回復する
け	□□７７年	モースが来日し，④大森貝塚《かいづか》を発掘《はっくつ》・調査する
こ	□□３３年	島流しにされていた後醍醐《ごだいご》天皇が隠岐《おき》を脱出する
さ	□□８８年	⑤飛鳥寺《あすかでら》の建設が始まる
し	□□４４年	聖武天皇が難波宮《なにわのみや》に都をおく
す	□□８８年	加賀の一向一揆《いっこういっき》がおこる

問１　下線部①に関して，蝦夷地または北海道に関するできごとについて述べたものとしてもっとも適しているものを，次の**ア**～**エ**から１つ選び，記号で答えなさい。

ア．不当な方法で交易を行う松前藩《はん》に対し，アイヌのコシャマインが蜂起《おうき》した。

イ．ロシアのラクスマンが根室《ねむろ》にやってきて，鎖国《さこく》中の日本に通商を求めた。

ウ．日ソ共同宣言により，千島列島を日本領に，樺太《からふと》をソ連領にすることが決まった。

エ．箱館《はこだて》（函館）の五稜郭《ごりょうかく》の戦いで戊辰《ぼしん》戦争が終わり，徳川慶喜《よしのぶ》は大政奉還《ほうかん》を行った。

問２　下線部②は，平清盛の政治に不満を持つ後白河上皇の側近らが，京都近くの鹿ケ谷で平家打《だ》倒《とう》の話し合いをしたとされる事件である。平清盛または後白河上皇について述べたものとしてもっとも適しているものを，次の**ア**～**エ**から１つ選び，記号で答えなさい。

ア．平清盛は，娘《むすめ》を天皇のきさきとし，自らは武士として初めて摂政《せっしょう》・関白となるなど，藤原氏と同様の政治を行った。

イ．平清盛は，瀬戸内海の宮島にある厳島《いつくしま》神社を平家の氏神《うじがみ》としてうやまった。

ウ．後白河上皇は，天皇の位をゆずった後も上皇として実権をにぎる院政を最初に始めた。

エ．後白河上皇は，政治の権力を取り戻《もど》そうとして執権《しっけん》北条義時を討《う》つ命令を全国の武士に出した。

問３　下線部③に関して，応永の乱とは，現在の山口県あたりを中心に勢力を持っていた守護大名大内義弘《よしひろ》がおこした乱を，最終的には足利義満が大内義弘を堺《さかい》で敗死させた事件である。次の二重線内の**ａ**～**ｃ**は山口県のあたりでおこったできごとについて，**ｄ**～**ｆ**は堺に関して述べたものである。**ａ**～**ｃ**，**ｄ**～**ｆ**から**誤っているもの**をそれぞれ１つ選び，その組み合わせとして正しいものを，あとの**ア**～**ケ**から１つ選び，記号で答えなさい。

a．日清戦争の講和会議が下関で開かれ，日本の代表として伊藤博文と小村寿太郎《じゅたろう》が参加した。

b．源義経らは壇ノ浦《だんのうら》の戦いで平氏一族を滅《ほろ》ぼした。

c．関門海峡《かいきょう》を通る外国船を長州藩が砲撃《ほうげき》したため，欧米《おうべい》四か国は下関砲台を占領《せんりょう》した。

d．織田信長は城下町の経済力に着目し，楽市・楽座をしいた。

e．最大級の前方後円墳《ふん》である，仁徳天皇の墓との伝えがある大仙《だいせん》（大山）古墳がある。

f．日明貿易の拠点《きょてん》で，大商人たちが市政を担当し，自治を行った。

ア．aとd　イ．aとe　ウ．aとf　エ．bとd　オ．bとe

カ．bとf　キ．cとd　ク．cとe　ケ．cとf

問４　下線部④について，大森貝塚が営まれていた時代に属するものを，［**遺物**］A～Cと二重線内の文a～cから，それぞれ１つ選び，その組み合わせとして正しいものを，あとのア～ケから１つ選び，記号で答えなさい。

［**遺物**］

A.

B.

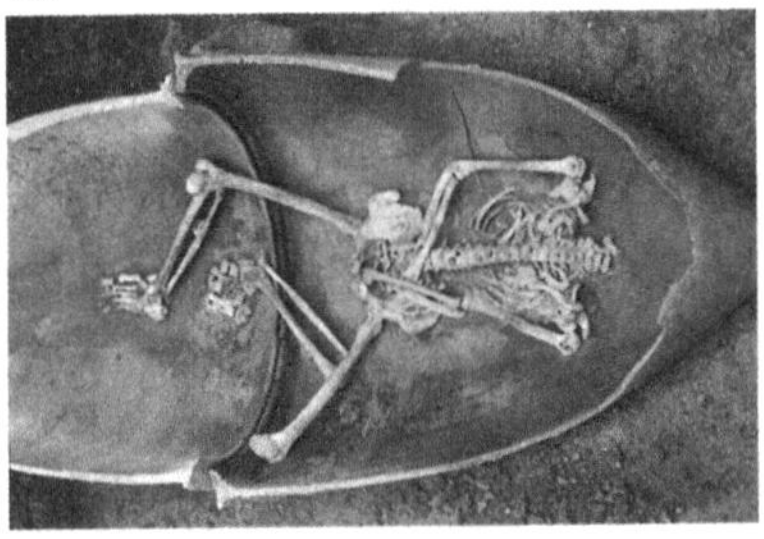

C.

a．豊かな実りを得るため，青銅器を使って儀式《ぎしき》を行っていた。

b．骨角器や弓矢などで，魚や小動物をつかまえていた。

c．大陸から鉄製農具が伝わり，ドングリやクルミの栽培を始めていた。

ア．Aとa　イ．Aとb　ウ．Aとc　エ．Bとa　オ．Bとb

カ．Bとc　キ．Cとa　ク．Cとb　ケ．Cとc

問５　下線部⑤に関して，飛鳥寺の本尊（飛鳥大仏）は，渡来人《とらいじん》の子孫がつくったとされている。次の二重線内の**a**～**c**は，仏教や渡来人に関して述べたものである。**a**～**c**の[X]～[Z]にあてはまる語句の組み合わせとして正しいものを，あとの**ア**～**ク**から１つ選び，記号で答えなさい。

a．仏教の受け入れをめぐって，蘇我《そが》氏と[X]が対立した。蘇我氏の馬子《うまこ》は反対派の[X]の守屋《もりや》をたおし，仏教は急速に広まった。

b．聖徳太子は仏教や儒教《じゅきょう》の教えを取り入れて十七条の憲法をつくり，[Y]が守るべき心がまえを示した。

c．渡来人の子孫の[Z]は，飛鳥寺の本尊や法隆寺の釈迦《しゃか》三尊像をつくった。

	X	Y	Z
ア	大伴《おおとも》氏	農民	鞍作鳥《くらつくりのとり》（鞍作止利《とり》）
イ	大伴氏	役人	鞍作鳥（鞍作止利）
ウ	大伴氏	農民	吉備真備《きびのまきび》
エ	大伴氏	役人	吉備真備
オ	物部《もののべ》氏	農民	鞍作鳥（鞍作止利）
カ	物部氏	役人	鞍作鳥（鞍作止利）
キ	物部氏	農民	吉備真備
ク	物部氏	役人	吉備真備

問６　13ページの年表の**あ**～**す**を，年代の古い順に並べたとき，**５番目**と**10番目**にあたるものをそれぞれ１つ選び，記号で答えなさい。

[3]　次の文章は，アメリカの公民権運動のきっかけとなったローザ･パークス事件に関して説明したものです。これを読んで，あとの各問いに答えなさい。

今から66年前の1955年12月１日，アメリカ合衆国南部のアラバマ州モントゴメリーで，黒人女性ローザ･パークスさんが，乗っていた市営バスの座席を白人に譲《ゆず》らなかったことで逮捕《たいほ》されました。これを聞いた①キング牧師らは市営バスの乗車ボイコット運動を行いました。当時のアメリカ南部ではきびしい人種差別が行われ，特に黒人の②権利が認められていませんでした。この事件は，黒人の権利を求める③公民権運動のきっかけのひとつとなり，1964年には公民権法が成立するなどして差別は禁止されました。しかし，現在も人種差別は解消せず，アメリカ社会の大きな問題となっています。

問１　下線部①について，次の二重線内の文章は，キング牧師の演説の一部である。文章中の[X]・[Y]にあてはまる語句の組み合わせとして正しいものを，あとの**ア**～**カ**から１つ選び，記号で答えなさい。

いまや，われわれのいだく信念はその正しさを証明されたようにみえる。今朝，待望のバスの人種隔離《かくり》に関する合衆国最高裁判所の命令書がモントゴメリーに到着《とうちゃく》した。この命令書は，きわめて明瞭《めいりょう》な言葉で公共の交通機関の人種的隔離は法律上からも社会上からも無効であるとのべている。この命令書（中略）の趣旨《しゅし》にしたがって，一年の永きにわたった市バスに対する抗議《こうぎ》運動は公《おおや》けに中止を宣告され，モントゴメリーのニグロ※市民は，明日の朝 X ように勧告《かんこく》された。

わたしは，一言注意せずにこのスピーチをおえることはできない。非暴力的な抗議運動にあけくれた過去一年の間にわれわれが得た経験とわれわれがとげた成長とはきわめて大きいので，われわれは，わが白人同胞《どうほう》にたいする裁判所の「勝利」だけに満足しているわけにはゆかない。われわれは，かつてわれわれを抑圧《よくあつ》した人々を十分に理解し，裁判所の命令が彼《かれ》らに加えた新しい調整を十分に評価してこの決定にこたえねばならぬ。われわれは，白人とニグロとが，利益と理解の真の調和にもとづいて協力することができるように行動せねばならない。われわれは相互《そうご》の Y を求めているのだ。

いまこそ，われわれが冷静な威厳《いげん》と賢明《けんめい》な抑制を表明せねばならぬ時だ。感情の激するがままにゆだねてはならない。何人《なんぴと》にも暴力を振《ふる》ってはならない。なぜなら，もし暴力的な意図の犠牲《ぎせい》にされるならば，われわれはいくら歩いても無駄《むだ》であろうし，われらの光栄ある威厳の十二ヵ月は陰鬱《いんうつ》な破滅《はめつ》の夕にかわるだろう。再びバスにかえるときは，敵を友にかえるにたりるほど親切にふるまおうではないか。

〔語句解説〕

※ニグロ…黒人を意味する学術用語。近年はあまり好まれない。

M. L. キング『自由への大いなる歩み－非暴力で闘《たたか》った黒人たち』により作成。

	X	Y
ア	人種的隔離を廃止《はいし》したバスに再びのる	不干渉による独立
イ	人種的隔離を廃止したバスに再びのる	対立からなる分断
ウ	人種的隔離を廃止したバスに再びのる	尊敬にもとづく融和《ゆうわ》
エ	人種ごとに異なったバスに改めてのる	不干渉による独立
オ	人種ごとに異なったバスに改めてのる	対立からなる分断
カ	人種ごとに異なったバスに改めてのる	尊敬にもとづく融和

問２　下線部②に関して，次の(1)・(2)の各問いに答えなさい。

(1)　日本国憲法における精神の自由にあてはまるものとして正しいものを，次の**ア～オ**から**すべて選び**，記号で答えなさい。なお，記号は**五十音順**に答えること。

ア．婚姻《こんいん》は，両性の合意のみに基《もと》づいて成立し，夫婦《ふうふ》が同等の権利を有することを基本として，相互の協力により，維持《いじ》されなければならない。

イ．何人も，いかなる奴隷《どれい》的拘束《こうそく》も受けない。又《また》，犯罪に因《よ》る処罰《しょばつ》の場合を除いては，その意に反する苦役《くえき》に服させられない。

ウ．信教の自由は，何人に対してもこれを保障する。いかなる宗教団体も，国から特権を受け，又は政治上の権力を行使してはならない。

エ．思想及《およ》び良心の自由は，これを侵《おか》してはならない。

オ．検閲《けんえつ》は，これをしてはならない。通信の秘密は，これを侵してはならない。

(2)　人権問題に関する取り組みについて述べた，次の二重線内の文章中の X ～ Z にあてはまる語句の組み合わせとして正しいものを，あとの**ア～シ**から１つ選び，記号で答えなさい。

平和・人権問題などで国際的な協力活動を行っている組織に [X] がある。2019年に [Y] で何者かに銃撃《じゅうげき》されて亡《な》くなった医師の [Z] さんは，[X] 「ペシャワール会」の現地代表を務め，医療活動に従事していた。しかし，干ばつを目《ま》の当たりにして水と食料がなければ命を救えないと考え，「100の診療所《しんりょうじょ》よりも１本の用水路」を持論に，活動するようになった。[Z] さん率いる「ペシャワール会」は，約1600本の井戸を掘《ほ》り，用水路を引いて，東京の山手線の内側の面積の2.6倍にあたる１万6500ヘクタールの農地をよみがえらせた。これにより，ふるさとに帰還《きかん》した難民は推定で15万人にのぼる。

	X	Y	Z
ア	NGO	アフガニスタン	緒方貞子《おがたさだこ》
イ	NGO	アフガニスタン	中村哲《てつ》
ウ	NGO	ミャンマー	緒方貞子
エ	NGO	ミャンマー	中村哲
オ	PKO	アフガニスタン	緒方貞子
カ	PKO	アフガニスタン	中村哲
キ	PKO	ミャンマー	緒方貞子
ク	PKO	ミャンマー	中村哲
ケ	UNHCR	アフガニスタン	緒方貞子
コ	UNHCR	アフガニスタン	中村哲
サ	UNHCR	ミャンマー	緒方貞子
シ	UNHCR	ミャンマー	中村哲

問３　下線部③に関して，次の**ア**～**エ**は近年の抗議運動について述べたものである。このうち，非暴力的な抗議運動の具体例として**あてはまらないもの**を１つ選び，記号で答えなさい。

ア．環境活動家のグレタ・トゥーンベリは，学校を休んで大人たちに温暖化対策を急ぐよう訴《うった》える「未来のための金曜日」活動を開始し，これが世界の若者たちに広がった。

イ．アメリカで白人警察官によって黒人の命が奪《うば》われる事件がおこり，テニスの大坂なおみ選手は，試合で犠牲者の名前が記されたマスクを着用し，人種差別への抗議を行った。

ウ．安倍政権が東京高等検察庁検事長（当時）の定年延長を決めたのち，検察官の定年を政府の判断で延長できる案を国会に提出したことに対し，SNSでの抗議の投稿《とうこう》が急速に広がった。

エ．トランプ大統領（当時）が，大統領選挙への抗議のために支持者に連邦《れんぽう》議会議事堂に向かって行進することを呼びかけたところ，暴徒化した支持者が多数，議事堂に乱入し，一時占拠《せんきょ》した。

問8　――線（6）「ただ連れ立って歩き回りたかったのだ」とありますが、この時の「私たち」の気持ちの説明としてもっとも適切なものを次の**イ**～**ニ**の中から一つ選び、記号で答えなさい。

イ　大人と同じことが自分にもできることを示したくて、初めての出来事に出会いたかった。

ロ　教室に居場所がなかったために、だれにもじゃまされない場所で自由を味わいたかった。

ハ　未知のものとの出会いを求めて、まるで冒険者にでもなったように行動してみたかった。

ニ　みんなとの友情の強さを確かめるために、さまざまな困難に立ち向かっていきたかった。

問9　本文の内容の説明としてもっとも適切なものを次の**イ**～**ニ**の中から一つ選び、記号で答えなさい。

イ　教室の中でいじめを受けていた小学生時代、そのつらさをだれにも知られないように小説の世界に入り込んだことを前半で描いている。そして、読書のすばらしさに気づき、読書を通して知り合って友だちになった仲間たちとの田舎に向けての冒険の旅について後半で描いている。

ロ　自分が小学生だったころの出来事を大人になった現在の視点から振り返っている。当時のことを思い出しながら、そのころの自分に対するいとおしさ、大人になっても変わらない思いを盛り込みつつ、友だちとすごした放課後の冒険について子供らしいエピソードを交えて描いている。

ハ　いじめにあっていた自分のために両親が買い与えてくれた文学全集によって小説の世界に入り浸ることを覚えて現実のいじめから逃げられるようになった。そして、新たに出会った友だちとの交流によって学校や家から遠く離《はな》れた自然の中にすっかり溶け込んだ様子を描いている。

ニ　涙を流して感動した文学作品を紹介《しょうかい》することで、小学生の時に出会った文学全集が作家になるきっかけであることを表している。その読書がきっかけとなって自分の生活が一新して新しい友だちと出会い、ようやく楽しい学校生活を送れるようになったことをユーモラスに描いている。

るようにした。

問3　――線（2）「なーんか、もったいぶってる感じがする、と思って、これは後に回そうと思った」とありますが、この時の「私」の気持ちの説明としてもっとも適切なものを次の**イ**～**ニ**の中から一つ選び、記号で答えなさい。

イ　名前がわからない登場人物の話ではいつまでも内容がはっきりしないと予想して、読み終えられないことを恐《おそ》れている。

ロ　話の内容が難しいから読まないのではなくて、作者の書き方が良くないから今回はやめようと自分に言い訳をしている。

ハ　あやふやな書き出しで頭が混乱しているため何度も読み直す可能性があり、大人になってから読むべきだと考えている。

ニ　自分の読みたい内容が書かれていない予感がするので、もっとおもしろい話が書かれている本を見つけようとしている。

問4　――線（3）「子供の本じゃない」とありますが、では、どのような本だと考えられますか。その説明としてもっとも適切なものを次の**イ**～**ニ**の中から一つ選び、記号で答えなさい。

イ　子供向けにひらがなの題名をつけているが、中身は大人しかわからないことが書かれているような本。

ロ　子供のために書かれたものではなく、大人が読んで感動してもらうために難しい内容を盛り込んだ本。

ハ　子供を主人公としているものの、そのまわりの大人たちに起こった出来事を中心に話が進んでいく本。

ニ　子供が読んですぐにわかる話ではなく、登場人物の心の中に入り込むことで深く理解できるような本。

問5　［Ⅰ］・［Ⅱ］にあてはまる言葉をそれぞれ本文中から**五字以内**（すべてひらがな）でぬき出して答えなさい。

問6　――線（4）「かなり後ろ向きの読書の仕方」とありますが、この「読書の仕方」の説明としてもっとも適切なものを次の**イ**～**ニ**の中から一つ選び、記号で答えなさい。

イ　いじめをやらせないという目的のために本を読むという読書の仕方。

ロ　現実の困難から逃げるための手段として本を読むという読書の仕方。

ハ　現在ではない時代の中に身を置くために本を読むという読書の仕方。

ニ　学校と家とを自由に往復する方法として本を読むという読書の仕方。

問7　――線（5）「急速に調子に乗った」とありますが、この時の「私」の気持ちの説明としてもっとも適切なものを次の**イ**～**ニ**の中から一つ選び、記号で答えなさい。

イ　おとなびた友だちと付き合うようになって、自分もその子のように大人として行動しようと思った。

ロ　孤独だと思ったのは間違いだったことに気づき、親の言いなりになっているのはおかしいと思った。

ハ　ひとりぼっちの自分に友人ができたことで、気が大きくなり、思うままに行動してもいいと思った。

ニ　これまでこそこそ逃げ回っていたことを忘れて、友だちのリーダーとしてみんなを導こうと思った。

の前で手を組み、「可哀相、可哀相」と念仏の代わりに呟《つぶや》くようになったのだ。これまた、そんな言葉は、まだ知る由《よし》もなかったが「慈悲深《じひぶか》い」人間になった気がして誇《ほこ》らしかった。

しかし、ある時、誰かが言ったのだ。

「お墓に向かって、可哀相って言うと、死んだ人が、じゃあ、なんでおまえは助けてくれなかったんだって思って化けて出るんだって！」

それを聞いて震《ふる》え上がった私たちは、墓地通いをすぐさま中止した。

農家の土間に入り浸《びた》ることもした。そこでは、プロパンガスのコンロの上に鉄板を置いて、小麦粉を溶《と》いたものを焼いて食べさせてくれた。やり方を教えてくれたおばさんは、後は自分らでやってごらんと言ったきり、私たちを放って置いた。

東京で言う、もんじゃ焼きのようなものだろうか。確か、十円かそこらだったと記憶《きおく》している。おこづかいをもらったばかりで裕福《ゆうふく》な時は、三十円を出して、庭で産んだ玉子を付けてもらった。薄甘《うすあま》いお焼きに醤《しょう》油《ゆ》を付けて食べた。

鉄板を囲む自分たちが、とてつもなく大人になったような気がした。あの時の［Ⅱ］した思いを、私は、今もキープしたままでいるようだ。傍《かたわ》らに酒のグラスがあるかないかの違いはあるが。

そんな道草をしながら、私たちは、田舎道をさまよった。今、思い出してみると、心持ちは、映画化もされた、スティーブン・キングの「スタンド・バイ・ミー」と同じである。あの作品の少年たちが、死体を捜《さが》す旅に出たように、私たちは連れ立って歩いていた。彼らとは違って、あてもない旅であったが。

田畑の間を歩いたり、橋を無視して水の中を移動して渡《わた》ったりする時、自然は、私の全身を抱《だ》き締《し》めてくれた。その心地良《ここちよ》さに浸りながら、私は、仲間たちに本から得たさまざまな知識を披露《ひろう》して偉《えら》ぶった。

（山田詠美《やまだえいみ》『私のことだま漂流記《ひょうりゅうき》』より。）

問1 〰〰線a「うってつけの」、b「こまっしゃくれた」の本文中の意味としてもっとも適切なものを次のイ～ニの中から一つずつ選び、それぞれ記号で答えなさい。

a「うってつけの」

イ なんとなく身についた　ロ いきなりあらわれた

ハ ちょうどぴったり合った　ニ 自力で見つけ出した

b「こまっしゃくれた」

イ おさないのに大人のようなふりをした

ロ みんなとの違いを見せつけた

ハ わかりもしないことを知ったかぶった

ニ 難しいことばをちりばめた

問2 ――線(1)「気にしない術」とありますが、どのようにして「気にしない」ようにしたのですか。その説明としてもっとも適切なものを次のイ～ニの中から一つ選び、記号で答えなさい。

イ 嫌がらせをする子を無視して今まで気づかなかった友だちをさがすようにした。

ロ 自分に親しみを感じてくれる友だちを見つけて教室の中にいられるようにした。

ハ 小説の主人公になりきることで教室とはちがう世界ですごしているようにした。

ニ 学校にいる時間をできるだけ短くして家で一人で小説を読みふけ

の関係について」という感想文を書いて、昼の校内放送で読まれることになるのだが、それはまた後の話だ。何故《なぜ》、そんな事態になったのかは不明だが、私のbこまっしゃくれた読書感想文を放送部員がつっかえながら読み、皆《みな》、それを聞きながら、まずそうに給食を食べていたのを羞《しゅう》恥心《ちしん》と共に思い出す。

次に手を出したのは、井上靖《いのうえやすし》の「しろばんば」だ。これには夢中になった。子供を描《えが》いているのに、(3)子供の本じゃない。うんと昔の話なのに、今、隣《とな》りにいる誰《だれ》かの物語のように思える。

主人公の洪作《こうさく》が、二階の窓から、おぬいばあさんの棺《ひつぎ》を送ってやるところで、私は泣いた。まったく異なる時代の、実在していない少年のために私は涙《なみだ》を流していたのだった。

本を読むって不思議なことだなあ、と思った。物語の中の登場人物に心動かされて涙したのは、これが初めてではなく、私は少し前に読んだ怪盗《かいとう》ルパンシリーズの「奇巌城《きがんじょう》」でも大泣きしたのだった。南洋一郎《みなみよういちろう》による少年少女向けの訳だったが、男と女の間に起きる悲劇に［ I ］来た。このモーリス・ルブランの書く世界なんて、それこそ自分とは無縁のもの。でも、解るのだ。解ってしまうのだ。愛する女を失って胸をかきむしらんばかりになるルパンの気持ちが。

読書は、タイムマシンに乗るようなものだ。ここではないどこかへ。現在ではない時の流れの中へ。自分ではない誰かの心へ。

自由自在だ。そして、それを選ぶ権利を持っているのは自分自身なのだ。人にコントロールされたり、強制されている訳じゃない。

私は、何かこつをつかんだような気がした。どういう「こつ」かというと、自分を失わずに現実逃避《とうひ》するこつだ。この先も、きっと本は、その恰好《かっこう》のツールになるだろうと予見した。嫌なことがあったって、本さえ読めばいいんだ。そこに飛び込みさえすれば、逃げ切れる。追手《おって》から身を守るかのように、私は真剣《しんけん》にページをめくったのだった。

(4)かなり後ろ向きの読書の仕方だった。しかし、その効用を知ってから、私の学校生活は少しずつ変化して行った。

困難が待ち受けているとしてもどうってことない。そう開き直った私には、ある種の落ち着きが出て来たのだと思う。気が合いそうだ、と感じてくれた子たちが話しかけてくれるようになった。

私は、(5)急速に調子に乗った。

小学校の高学年から、定年退職後に父の元上司が開いた英語塾《えいごじゅく》に通っていたのだが、さぼりがちになった。放課後を一緒に過ごす仲間のひとりに、とても大人っぽい声音《こわね》の子がいたので、電話をかけてもらうのだ。

「えー、山田の母ですが、うちの子が、また風邪《かぜ》を引いてしまいまして……」

その背後で、私は、ゲホゲホと咳《せ》き込む演技をする。横で、二人ほど腹を抱《かか》えて笑いたいのをぐっとこらえる。

そんな浅知恵《あさぢえ》を働かせてまで、私たちは何をしたかったのか。

(6)ただ連れ立って歩き回りたかったのだ。私たちは、田舎道《いなかみち》を縦横《じゅうおう》無尽《むじん》に歩き回り、それを冒険《ぼうけん》と称《しょう》していた。

川を流れて来る犬の死骸《しがい》を棒きれで引き寄せて橋の下に墓を作ってやったり、そんなことをしていたら墓場に強烈《きょうれつ》に引き付けられ、いくつも並ぶ木の十字架《じゅうじか》の前に順番に跪《ひざまず》いて祈《いの》りを捧《ささ》げてみたりした。そういう言葉は、まだ知らなかったが「敬虔《けいけん》」な自分たちを演出したのだった。

死んじゃって可哀相《かわいそう》、と誰かが口にしたのを皆が真似《まね》をし始めた。胸されてしまうこともある。だからこそ言葉の意味を深く考え、時には疑うことで、他人から干渉《かんしょう》されない自分だけの人生を送ることができる。

ニ　言葉にはその意味するもの以外を捨ててしまう性質があるため、印象が良い言葉ばかりを使っていると使用者の世界もせまくなってしまう。だからこそ多様な言葉を知り、使っていくよう努めなければならない。

問8　本文の表現および内容の説明として**適切でないもの**を次の**イ**～**ニ**の中から一つ選び、記号で答えなさい。

イ　現代人の「愛」や「夢」といった言葉に対する一般的な認識と、それらの言葉が持つ本来の意味を対比することで、言葉の持つ危険性を浮《う》き彫《ぼ》りにしている。

ロ　耳ざわりの良い言葉を安易に受容する現代人の風潮を批判するために疑問文を多用してはいるものの、聞き手である若者の柔軟《じゅうなん》な態度に希望を見出している。

ハ　若者にとってもわかりやすい具体例とユーモアを交えて話の聞き手の興味をひきつけながら、言葉というものに対する筆者自身の見解をはっきりと述べている。

ニ　「多くの日本語が死滅しかけている」「どれだけ多くの日本語がくらまされてしまったか」等の表現からは、現代の日本語が置かれた状況《じょうきょう》に対する筆者の危機意識がうかがえる。

〔二〕　次の文章を読んで、あとの問いに答えなさい。

小学校を卒業するまで、私は、ちまちまといじめられていた。しかし、その内、(1)気にしない術《すべ》を覚えて行った。すると、どこに隠れていたのか、私に親近感を持ってくれる子たちが現われ、教室の片隅《かたすみ》に居場所が出来たのである。

Kさんが転校してしまった後も、私に嫌がらせをする子供はいたが、もう、どうってことなかった。自分の孤独《こどく》な心にaうってつけの逃《に》げ場所を与《あた》えられたのである。

それは、両親がクリスマスのプレゼントとして毎年買い与えてくれた文学全集だった。私は、そこで初めて、大人の小説に出会い、その世界に逃げ込んだのである。

学校が終わると、一目散に家に帰った。そして、本棚《ほんだな》が足りないために段ボールに詰《つ》めたままの本の背表紙をながめる。これほどわくわくしたことはなかった。一冊を選んだだけで、別世界に旅立てるのだ。

初めは、前に買ってもらった「少年少女世界の名作文学」のようにピカピカしている訳ではない地味な装丁《そうてい》の本のどれを選んで良いのか、さっぱり解《わか》らずに困惑《こんわく》した。読めない漢字の題名も多かった。

まずは、平仮名のやつから始めてみよう。そう思った私は、「こころ」というのからやっつけようと思った。夏目漱石《なつめそうせき》という作者は聞き覚えがある。猫《ねこ》が喋《しゃべ》る話を書いた人だ。童話の人か。

そう予想して胸を高鳴らせて扉《とびら》を開いた私は愕然《がくぜん》とした。難しくて全然歯が立たないのである。

〈私はその人を常に先生と呼んでいた。だからここでもただ先生と書くだけで本名は打ち明けない〉

(2)なーんか、もったいぶってる感じがする、と思って、これは後に回そうと思った。それから数年後、私は「漱石の『こころ』と信じることこともあること。

ハ　自分の恋人《こいびと》や友人を大切に思う気持ちと憎《にく》しみは、元をたどれば同じであること。

ニ　自分に近い間柄《あいだがら》の人やものに強く心ひかれたり、その逆に嫌悪《けんお》したりすること。

問4　――線（3）「非常に便利です」とありますが、どのような点が「非常に便利」なのですか。もっとも適切なものを次の**イ**～**ニ**の中から一つ選び、記号で答えなさい。

イ　一般《いっぱん》的な観点からはあまり良い意味に思われないような言葉を、美しい意味の言葉にかえることができる点。

ロ　だれもが家族や親しい人に当たり前のように持っている感情を、絶対的なものへと変化させることができる点。

ハ　あまり好ましいものに思われないような感情を、ちがった印象をあたえる言葉へと言いかえることができる点。

ニ　仏教においては否定的に考えられている言葉を、人間にとってこの上なく大切なものへと作りかえることができる点。

問5　――線（4）「言葉のマジックです」とはどのようなことですか。もっとも適切なものを次の**イ**～**ニ**の中から一つ選び、記号で答えなさい。

イ　「愛」という言葉を用いてはいるが、人間は自らが地球を破壊しているという現実を、認めていないということ。

ロ　「愛」という言葉を用いることで、人間の人間に対する執着を、地球をいたわる気持ちにかえているということ。

ハ　「愛」という言葉を用いてはいるが、実際には「愛」はまったく存在せず、単なる人間の身勝手だということ。

ニ　「愛」という言葉を用いることで、人間の自分勝手な行いと自らに対する執着を見事に隠《かく》しているということ。

問6　――線（5）「夢は絶対にかないません」とありますが、その理由としてもっとも適切なものを次の**イ**～**ニ**の中から一つ選び、記号で答えなさい。

イ　「夢」は一つかなうとまたすぐにあらたな「夢」があらわれ、際限なく追求し続けなければならなくなるから。

ロ　「夢」は実現してしまうと「夢」とは言えなくなるので、自分から進んでかなえようと願うべきではないから。

ハ　「夢」という言葉を使う人々は、「夢」は「目標」と違って実現不可能であるとあきらめてしまっているから。

ニ　「夢」とは本来夜眠っている最中に見るものであって、そもそも現実にかなえられる性質のものではないから。

問7　筆者の主張としてもっとも適切なものを次の**イ**～**ニ**の中から一つ選び、記号で答えなさい。

イ　日本語には様々な表現があるものの、それらがかえりみられることなく、耳に聞こえの良い言葉ばかりがもてはやされる傾向《けいこう》がある。だからこそ様々な言葉を獲得《かくとく》し、使いこなしていく必要がある。

ロ　具体的な対象を持たず、イメージのみが先行した言葉を安易に使用する人が多い。だからこそあえて自分自身の固有の表現を探し求めることで、他者とは違った豊かな人生を送っていくべきである。

ハ　深く考えもせず印象だけで言葉を受け止めていると、相手にだまを持つべきです。そうでなくてはやってられません。

次々と夢がかなったら、あなたたちは次々と夢を失うことになるんですよ。世界平和とか宇宙征服《せいふく》とか、まずかなわないくらいの夢を持って、それを夜に見ていればいいんです。現実に持たなければいけないのは、きちんと達成できる目標です。それを夢だ、希望だみたいなことで美化してしまうのは、非常に危ないと思います。

「愛」と「夢」と「絆」でき上がっている人生ってどうですか。執着と薄暗がりにつながれた人生ですよ。この手の言葉は、具体的な対象を持たないうえにイメージが先行するので、目眩《めくらま》しには最適です。たった一文字、「愛」という字だけで、どれだけ多くの日本語がくらまされてしまったか。

また、それを使わないで表現しようと努力することによって、どれだけの語彙《ごい》が培《つちか》われることか。言い換えてみましょう。そうした包括的《ほうかつてき》によさげな言葉、何でもかんでものみ込んでしまってよく見せかけるような、耳に聞こえのいい言葉は疑いましょう。聞く時に疑うだけでなく、使う時にも疑いましょう。安易に「愛」だの「夢」だの使わないで、ほかの言葉を探してみましょう。言い換える言葉がなかったら探してみましょう。辞書には何万語、何十万語という言葉が載《の》っています。それを手に入れることは、自分の人生を豊かにすることです。語彙は、その数だけ世界をつくってくれるんです。たくさんの言葉を知って、その言葉を使いこなすことが、どれだけ豊かな人生をつくってくれるか、それははかり知れないことでしょう。

（注）　※1　ヒューマニズム……ここでは「人間味」という意味。
※2　汎用性……様々な場面ではば広く活用できる性質。

問1　═══線「エンメイ」の「エン」と同じ漢字を使うものを次のイ～リの中から選び、記号で答えなさい。なお、正解は一つとは限りません。いくつかある場合には、そのすべての記号を書きなさい。

イ　家庭サイエンを営む。　ロ　エンセンに住む住民。
ハ　エンケイからながめた絵。　ニ　素晴らしいエンソウ。
ホ　公開をエンキする。　ヘ　エンチョウ先生のあいさつ。
ト　エンガイが発生する。　チ　大ダンエンをむかえる。
リ　周りからケイエンされる。

問2　――線（1）「『愛』という言葉」についての筆者の考えとしてもっとも適切なものを次のイ～ニの中から一つ選び、記号で答えなさい。

イ　一見すると良い言葉のように思えるが、時には人をおとしめる意味にもなるため、使用には気を配る必要がある。
ロ　多くの人が良い言葉だと思って多用しているが、言葉の意味を深く考えると、けっして良い言葉とは言い切れない。
ハ　筆者自身も良い言葉だとは考えているが、語源をたどると必ずしも良い意味とは言えないため、危険な言葉の代表と言える。
ニ　日本では悪い意味にはならない言葉だが、外国では必ずしも受け入れられるとは限らないので、使う時には注意すべきだ。

問3　――線（2）「これ」の指示内容としてもっとも適切なものを次のイ～ニの中から一つ選び、記号で答えなさい。

イ　自分の家族を大事に思う感情を、「愛」という言葉にかえて表現してしまうこと。
ロ　自分の好きな人を強く思うあまり、結果的に嫌《きら》いになってしまう救う」というキャッチフレーズのもとに行われる一連のイベントは、非常に※1ヒューマニズムあふれる、人間に対する「愛」に満ちあふれたものばかりです。

そう、愛しているのは地球ではなく、自分たちなんです。公平性を保つため、地球上にすむ人間全部という意味で「地球」としたんですね。身も蓋《ふた》もない言い方をするなら、あれは人類が生きのびるために、もしくは豊かな生活をするために、地球の資源を一日でも、一分でも、一秒でもいいから長もちさせよう、親のすねをかじり続けるために親をエンメイしようキャンペーンということになってしまいます。

でも、「愛」という言葉を使うことで、実にクリーンで崇高《すうこう》なものに感じられてしまうんですね。これ、(4)言葉のマジックです。「愛」は危ないですね。

最初に言いましたが、自分の気持ちを言葉に置きかえると、その言葉があらわすもの以外のものが全部捨てられてしまいます。そしてその言葉が持つ他の要素を囲い込《こ》むことになる。「愛」という言葉を使うと、その段階ですべてが「愛」に変換《へんかん》されてしまうんです。「愛」は雰囲気《ふんいき》使いのできる、便利で、しかも良い響《ひび》きの言葉ですから、使い勝手がとてもいい。※2汎用性《はんようせい》がある。でも、それでいいんでしょうか。

日本語には言葉がたくさんあります。たとえば「慈《いつく》しむ」、「情けをかける」、「かわいがる」、「大事にする」、「好き」、いくらでも言葉があります。「愛」なんか使わなくたっていい。言葉を選びましょう。「愛」で済ませることをやめましょう。（中略）

「愛」のような言葉のせいで、多くの日本語が死滅《しめつ》しかけているんです。ほかの言葉に言い換えてみましょう。違《ちが》う言葉のほうが伝わるかもしれないし、そのほうがより自分の気持ちに近いかもしれないじゃないですか。

たとえば「絆《きずな》」。フン。鼻で笑ってしまいました、すいません。絆、大事ですね。絆があればだいたい乗り切れますね。「絆」は、もともとは牛や馬をつないでおく綱《つな》のことですよ。犬が逃げないようにつけているリードです。「絆」は、足かせでしかないんです。今はいい意味で使われることが多いですが、いい意味でない使い方だってあったんです。何でも「絆」で済ませるのも危ないと思います。

それから、「夢」。「夢」はさすがにいい言葉だと思うでしょう。「夢は大きく」、「夢を捨てるな」、「夢を諦《あきら》めちゃいけない」と、みんな言うじゃないですか。

でも(5)夢は絶対にかないません。かなった途端《とたん》に、夢は夢でなくなっちゃうんです。そこを忘れていませんか。「宝くじに当たって、すてきな彼氏《かれし》ができました。夢みたい」、夢「みたい」です。「みたい」なんだから夢じゃないですね。現実です。かなう夢は全部夢じゃないんです。努力してかなうなら、それは「目標」です。運良く転がり込んでくるようなムシのいい幸運を望んでいるなら、それは「妄想《もうそう》」ね。

夢は、寝《ね》ている時に見ればいいんです。「夢」という字は、「くらい」とも読むのです。夢の真ん中の部分は「目」です。上は「草」で、下は「月」。薄暗《うすぐら》くてよく見えない夜に見るのが夢です。

手の届く目標をかかげ、それを達成していくのはすばらしいことです。その目標をして「夢」としてしまうことは、夢の矮小化《わいしょうか》にほかなりません。それ、達成した段階で行き止まりですよ。「夢がかなった」って、じゃあ、もう後がないでしょう。夢を持つなら、絶対かなわない夢

【国　語】（四五分）〈満点：一〇〇点〉

一　次の文章は作家の京極夏彦《きょうごくなつひこ》が10代の若者を相手におこなった講演を書籍《しょせき》化した『地獄《じごく》の楽しみ方』の一部です。これを読んで、あとの問いに答えなさい。（設問の都合上、一部省略した箇所《かしょ》、表記を改めた箇所があります。）

(1)「愛」という言葉があります。いい言葉ですね。何かにつけ、愛が足りないとか、愛がないからだとか言いますね。愛があればだいたい解決すると思われている。しかも愛は年に一遍《いっぺん》は地球を救ってくれる。

今この日本で「愛」を悪い意味で使う人はいません。「愛」はほぼ100パーセントいい言葉として使われています。それ、本当にいいのでしょうか。

「愛」という漢字は三つのパートに分かれます。まず、真ん中に「心」がありますね。下にあるのは足です。上のほうにチョンチョンチョンと冠《かんむり》みたいなのがある。あれは「立ちどまって振《ふ》り返る」という象形文字なんです。わかりますか。

「愛」は、仏教で言うなら「執着《しゅうちゃく》」です。夫婦《ふうふ》愛は伴侶《はんりょ》に対して執着を持つこと。家族愛は家族に執着を持つこと。愛国心は国に執着を持つこと。仏教においては、これら執着は全て捨て去るべきものと説かれます。「あなたが好きです」は、「あなたに執着しています」という意味です。これ、気持ち悪いでしょう。ほぼストーカーですね。言い換《か》えると、決していい言葉ではなくなる。

でも、よく考えてみてください。自分の好きな人や家族に執着を持つのは、至極《しごく》当然のことなんです。だって、家族は大事でしょう。いや、中には、家族が嫌《いや》だという人もいるかもしれませんし、俗《ぞく》に言う毒親《どくおや》に困っている人もいるかもしれない。あるいは兄弟仲が著《いちじる》しく悪い人もいるかもしれないんですが、それは同じことです。愛憎《あいぞう》はともに執着のうちですからね。それに、(2)これは血縁《けつえん》の問題でもありません。

一緒《いっしょ》に住んでいる人、あるいは一緒にいる仲間、友達、ペット、そうしたものに執着を持つのは当たり前のことです。「愛」という言葉でごまかされてしまっているけれど、それは執着なんです。美しく言い換えているんですね。

「愛」という言葉を使うと、おおむねごまかせるんです。(3)非常に便利です。

では、それをふまえて、「愛は地球を救う」というキャッチフレーズを考えてみましょう。考えナシだと非常にわかりやすいんですが、考えてみましょう。

まず、なぜ地球は救われなければならないのか。地球の資源は限られています。森林伐採《ばっさい》や資源の採掘《さいくつ》などで地球はどんどん痩《や》せ細っていく。しかも、環境汚染《かんきょうおせん》も著しいですね。地球はむしばまれ、瀕死《ひんし》です。

でもこれ、全部人間の仕業《しわざ》ですね。人が生きて行くために地球を壊《こわ》しているんです。本当に地球を救おうとするなら、それをやめればいいんです。地球に「執着」するというのであれば、人間を滅《ほろ》ぼせということになっちゃいますね。ま、人間も地球の一部ではあるんだけども。

そうじゃないんですね。「地球を愛する」じゃなくて、「愛は地球を救う」ですからね。「執着」が地球を救うということになりますね。いや、執着なんかが地球を救うわけないじゃないか。

それではこの「愛」は何に対する「愛」なんでしょう。「愛は地球を

【英　語】（45分）　＜満点：100点＞

Ⅰ　次の英文を読んで，後の問いに答えなさい。

Gretchen was walking down the street. It was 9 pm in the evening. She was on her way home from a meeting at the community center. She was walking down the dark street to her house. She heard footsteps behind her. The footsteps seemed to be getting closer and closer. She tried to walk faster, but her old legs didn't move as well as they used to. The footsteps were coming closer. She turned around to see who was behind her. She came face to face with a man. The man was dressed all in dark clothing with a cap pulled down over his face. Gretchen's old heart beat faster. The man pushed her to the ground and took her purse. [A] He ran off into the night.

Gretchen found herself sitting on the ground. Her heart was beating very fast and her hands were shaking. [B] She looked around but didn't see anyone. Then she looked at her arms and her legs. She didn't seem to be hurt. She wasn't in any pain. Slowly she picked herself up. She was very lucky not to be hurt. But what about her purse? What was she going to do now? [C]

She walked the rest of the way home as fast as she could. [D] When she got inside, she went straight to the phone and called the police.

"Dayton Police Department, how may we be of service?" the voice said through the phone.

"I'd like to report a ①[　　　]," Gretchen said.

"Okay, tell us what happened, ma'am," the police officer asked.

"My purse, it was stolen from me by a man. It happened as I was walking home just now," Gretchen said.

"Were you able to get a good look at the man?" the police officer asked.

"No, no I didn't. He was dressed all in black, and had a cap pulled down over his face," Gretchen said. Her hands were starting to shake again as she tried to remember the incident.

"Hmmm... Well, if you could give me your full name, address and telephone number, I can file a report for you. I need you to describe what happened ②[　　　] as much detail as possible," the police officer said.

Gretchen told the police officer all she could. She didn't have many details to add. She told the police officer where she had been walking. She described her purse ②[　　　] as much detail as she could.

"Were you carrying anything of value inside the purse, ma'am?" the police officer said.

"Yes, I had one hundred dollars," Gretchen said. Over the phone she could hear the sound of pen on paper.

"I'll get this report filed, ma'am. But I'm going to tell you right now that there's little chance that we'll be able to get your purse back. That's usually the ③case with these sorts of thefts. However, if we do find anything, we will let you know. I'm sorry there isn't much more we can do for you," the police officer said.

"Yes, I understand," Gretchen said.

Gretchen thanked the police officer and put the phone down. She put her head in her hands and began to cry softly. What was she supposed to do now? She had no friends or family to ask for help. After crying for a little while, she got up and went to her desk. She pulled out a piece of paper and a pen and began to write:

Dear God,

My name is Gretchen and I am 87 years old. Tonight a young man stole my purse from me. In that purse was one hundred dollars. That was the only money I had for the rest of the month. I have no friends or family who can look after me. If there is some way for you to help me, I would be very thankful. There is no one else I can ask for help.

Sincerely,
Gretchen

She placed the letter in an envelope and addressed it "to God." She placed a stamp on the envelope and put it into the mailbox on the corner.

* * *

Phil worked at the post office. His job was to go through all the letters that couldn't be delivered. Some were written poorly. Others didn't have the correct stamps. In his stack of letters, he found an envelope that was addressed "to God." Phil had heard that, years ago, people would often write "to God." These days it wasn't very common. There used to be a charity that would open letters addressed "to God" and try to help those people if it was possible. But that charity had long since closed.

Phil was supposed to send the letter back to its sender. But something made Phil decide to open the letter. As he read it, he felt very sorry for the old woman. He showed the letter to the rest of the workers in the post office. They felt very sad for the old woman, too. They decided to try to help her. There were only a small number of people who worked at the post office. But they managed to collect ninety-six dollars between all of them. Phil put the money in an envelope addressed to the woman and put it with the mail to be delivered.

Several days passed when another letter arrived from the woman. This was also addressed "to God." Phil opened it and read it. It said:

Dear God,

How can I ever thank you for what you've done for me? Because of your gift of love, I will have enough to eat for the rest of the month. I will never forget what you've done for this poor old woman. I will pray every night that you might continue to help others who need it. By the way, there were four dollars missing. 【＿＿＿＿＿＿＿＿】 I wonder how they spent it.

Sincerely,
Gretchen

問 1　次の英文が入る最も適切な位置は A ～ D のうちどれか，記号で答えなさい。

Her keys were in her purse, but she had a spare key under the doormat.

問 2　本文の流れから判断し，空所①，②に入る最も適切な**1語**をそれぞれ英語で答えなさい。ただし，①は本文中の語を必要に応じて形を変えて答えなさい。また，2カ所ある②には同じ語が入ります。

問 3　下線部③と同じ意味で使われている“case”を含むものを次の**ア～エ**の中から**1つ**選び，記号で答えなさい。

ア　Without knowing the background of the case, the lawyer couldn't possibly make any comments.

イ　Customs officers found the amount of gold exceeding ¥1,000,000 concealed inside the case.

ウ　As is often the case, the engineers complain that their skills are underestimated.

エ　The dentists reported the successful use of the brand-new medical device to eradicate a case of intractable disease.

問 4　次の質問にそれぞれ**15語程度の英文で**答えなさい。ただしピリオド，カンマは語数に数えません。

1　Why did Gretchen try to walk faster on her way home?

2　What were some characteristics of the culprit Gretchen could describe?

3　What could be a possible reason Phil opened the first letter addressed “to God”?

4　After receiving the cash, what did Gretchen hope God would do?

問 5　本文の内容をふまえて，【＿＿】に入ると考えられる英文を**10語～20語で**書きなさい。ただしピリオド，カンマは語数に数えません。

問 6　本文の内容と一致《いっち》するものを次の**ア～キ**の中から**2つ**選び，記号で答えなさい。

ア　Finding herself sitting on the ground, Gretchen felt very sad because her body ached,

イ　Gretchen told the police officer how important her purse was because she was asked to explain its value.

ウ　The police officer gave Gretchen hope that her purse would be recovered.

エ Gretchen began to cry after writing a letter “to God” asking for help.

オ Gretchen was going to scrape by for the rest of the month with the one hundred dollars that was stolen from her.

カ Phil would often deliver letters to a charity with the address “to God” on them.

キ Phil and his co-workers decided to help the old woman out of sympathy for her.

Ⅱ 次の英文を読んで，後の問いに答えなさい。

The most transcultural sound in the whole world is the sound of laughter. It transcends all borders and is immediately recognizable no matter what country you are in. But why do we laugh? What is the purpose of laughter? Nobody is able to answer these questions with 100% confidence, although the predominant school of thought is that laughter is a social communication tool designed to put other people at ease by displaying a sense of trustworthiness and strengthening bonds of friendship. This explanation, [X], is nothing more than a simplification and it does not cover the whole story. If it were true, the villain in B movies, for example, would not laugh diabolically just before initiating plans to destroy a large proportion of the world.

[A] Despite the fact that laughter is generally associated with humor, Robert R. Provine, a professor of psychology and neuroscience at the University of Maryland Baltimore County and the author of the book *Laughter: a Scientific Investigation*, ran a study of conversations in public places and discovered that < ① > were generated by humorous comments. < ② > were in response to mundane comments or statements. This seems to suggest that laughter is used for communication purposes, as opposed to simply a reaction to something that we find amusing.

It appears as if the human race is hard-wired for laughter. [Y] It triggers healthy physical changes within the body to strengthen our immune systems, boost our energy and protect us from stress. It also releases endorphins in the body, which are chemicals that promote an overall sense of well-being and temporarily alleviate pain.

[B] It has been proven that apes, rats, and maybe even dogs have this ability, although the sound of their laughter is not the same as ours owing to differently structured vocal chords. Like humans, apes and rats are ticklish and certain areas of their bodies are more susceptible to tickling than others. When being tickled, they emit high frequency sounds that are very similar to the ones they

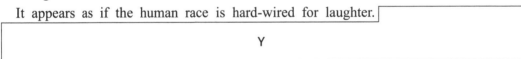

emit during play, which suggests the sensation of mirth. They also appear to prefer spending time with others of their species that are laughing.

[C] This is much more difficult to pinpoint. Humor itself is essentially subjective, and something that is considered amusing by one person will be considered bad taste by others. Comedy is also influenced by cultural backgrounds. In order for a person to find a certain joke or action amusing, it is necessary to be acquainted with【　　　　　　　　】in question. An example of this is the slapstick style of humor that is common in Japan, which usually involves a lot of slaps to the head of one member of a comedy duo. While this may earn laughs in Japan, hitting another person on the head in certain cultures is considered to be extremely insulting and is more likely to leave the viewers cringing, not chuckling.

Head slapping notwithstanding, visual comedy featuring ridiculous situations, [Z] spoken comedy with culturally complex punchlines, seems to have a universal attraction throughout most cultures of the world. A man slipping on a banana skin seems to hit the funny bone in any country. Some examples of visual comedy styles that have achieved popularity throughout the globe include *Charles Chaplin, _*Monty Python's Flying Circus, and, more recently, *Mr. Bean._

注） Charles Chaplin「チャールズ・チャップリン：『喜劇王』と言われるイギリスの映画監督・俳優」
Monty Python's Flying Circus「空飛ぶモンティ・パイソン：イギリスで製作・放送したコメディ番組」
Mr. Bean「Mr. ビーン：イギリスで放送されたコメディ番組」

問１ ［X］と［Z］に入れるのに最も適切なものを次のア～エの中から１**つずつ**選び，記号で答えなさい。

［X］ ア therefore　イ but　ウ however　エ besides

［Z］ ア in terms of　イ similar to　ウ as a result of　エ as opposed to

問２ [A] ～ [C] に入れるのに最も適切なものを次のア～エの中から１**つずつ**選び，記号で答えなさい。

ア But what of comedy and other things that make us laugh?

イ It has not become clear yet why we human beings laugh though many scientists have done a lot of investigations.

ウ Humans are not the only animals with the ability to laugh.

エ However, there is no doubt that laughter, together with smiles, is a form of communication.

問３ <①>と<②>に入るものの組み合わせとして最も適切なものを次のア～エの中から１つ選び，記号で答えなさい。

ア ① more than 80% to 90% of laughs　② The remaining 10% to 20%

イ ① about 50% to 60% of laughs　② The remaining 40% to 50%

ウ ① only 10% to 20% of laughs　② The remaining 80% to 90%

エ ① about half of the laughs　② The rest of them

問４　Y　には，次のア～エの英文が入る。本文が自然な流れとなるように，ア～エの英文を適切な順番に並べかえ，記号で答えなさい。

ア　This is thought to be a function that allows the baby to interact with its mother and other people.

イ　Babies first begin to smile and laugh at around four-months old, which far precedes speech and comprehension.

ウ　It is also known that laughing is good for us.

エ　In other words, it is not something we do intentionally (although we can if we try), it is instinctive.

問５　【＿＿】に入るように下の語（句）を並べかえるとき，３番目と５番目にくるものを次のア～キの中から選び，それぞれ記号で答えなさい。

ア　considered　　イ　within　　ウ　to be　　エ　what

オ　the culture　　カ　humorous　　キ　is

問６　本文の内容と一致《いっち》するものを次のア～カの中から２つ選び，記号で答えなさい。

ア　A villain laughing proves that humans laugh to show positive feelings to others.

イ　Laughter is the only reaction we have when we feel amused.

ウ　Laughter brings us not only physical but also mental benefits.

エ　Animals are able to laugh and the sound of their laughter is similar to ours.

オ　Even if a certain style of comedy or humor is accepted in one country or society, it doesn’t mean that people in other countries will find it funny.

カ　A man slipping on a banana skin doesn’t seem to be universally funny compared to other examples of visual comedy styles.

問７　人とコミュニケーションをとる上で，あなたが大切だと考えるものは何ですか。その理由も含めて，**60語～70語程度の英語**で答えなさい。ただしピリオド，カンマは語数に数えません。

2022年度

東邦大学付属東邦中学校入試問題（前期）

【算　数】（45分）　＜満点：100点＞

[1] 次の □ にあてはまる最も適当な数を答えなさい。

(1) $1\frac{1}{110}+\frac{1}{5-\frac{3}{5}}=\square$

(2) $\left\{2\frac{4}{5}-\left(\frac{3}{2}-\frac{5}{14}\right)\times 0.625\right\}\times\frac{1}{146}=\square$

(3) $\frac{3}{8}+\frac{27}{8}\div\left(\frac{4}{5}-\frac{1}{8}\right)+\square-\frac{11}{25}\times\left(1\frac{5}{6}-\frac{2}{9}-\frac{3}{2}\right)\div\frac{11}{9}=5.5$

[2] 次の問いに答えなさい。

(1) 45をある整数で割った余りは11です。そのような整数をすべて求めなさい。

(2) 濃度１％の食塩水Ａを200ｇと，濃度８％の食塩水Ｂを何ｇか混ぜ合わせたところ，濃度が３％になりました。

このとき，食塩水Ｂを何ｇ混ぜ合わせたか求めなさい。

(3) ある商品を200個仕入れて，仕入れ値に10％の利益を見込んだ値段で売り出しました。この商品を150個売ったところで，残りを１個あたり５円値下げして売り出しましたが10個売れ残りました。売れ残った商品をすてるのに１個あたり８円の費用がかかりました。そのため利益は1160円でした。この商品１個の仕入れ値を求めなさい。

[3] 下の図のような辺ADと辺BCが平行である台形ABCDがあります。点Ｅは辺AB上の点，点Ｆは辺CD上の点，点Ｈは辺BC上の点で，DF＝４㎝，CF＝１㎝，BH＝２㎝，CH＝４㎝で，ABとDHは平行です。また，点ＧはEFとDHが交わる点です。

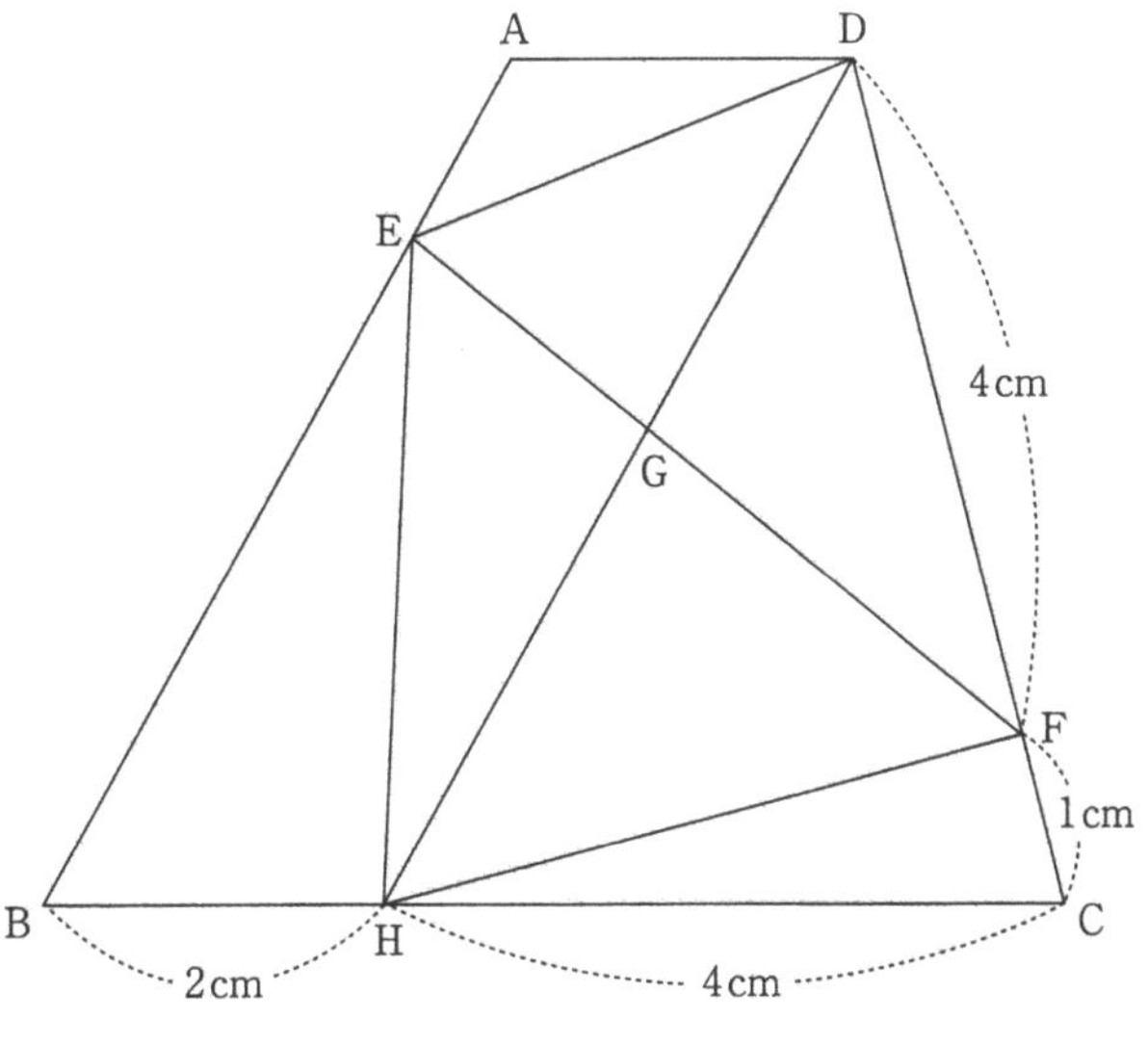

このとき，次の問いに答えなさい。

(1)　三角形DHFの面積と台形ABCDの面積の比を最も簡単な整数の比で求めなさい。

(2)　EG：GFを最も簡単な整数の比で求めなさい。

4　ある電気ポットは，スイッチを入れると設定した水の温度に調節できます。このポットは水の温度を１℃上げるのに９秒かかります。また，設定温度より２℃高くなると水の温度を上げる機能は止まり，設定温度より２℃低くなると水の温度を上げる機能が再び動き始めます。水の温度を上げる機能が停止しているとき，水の温度は30秒で１℃下がります。

いま，このポットに35℃の水が入っています。設定温度を95℃にして，スイッチを入れました。

このとき，次の問いに答えなさい。

(1)　２回目に水の温度が95℃となるのは，スイッチを入れてから何分何秒後か求めなさい。

(2)　スイッチを入れてから30分間で，水の温度を上げる機能が何回停止したか求めなさい。

5　右の図のような１辺の長さが６cmの立方体があります。

このとき，次の問いに答えなさい。

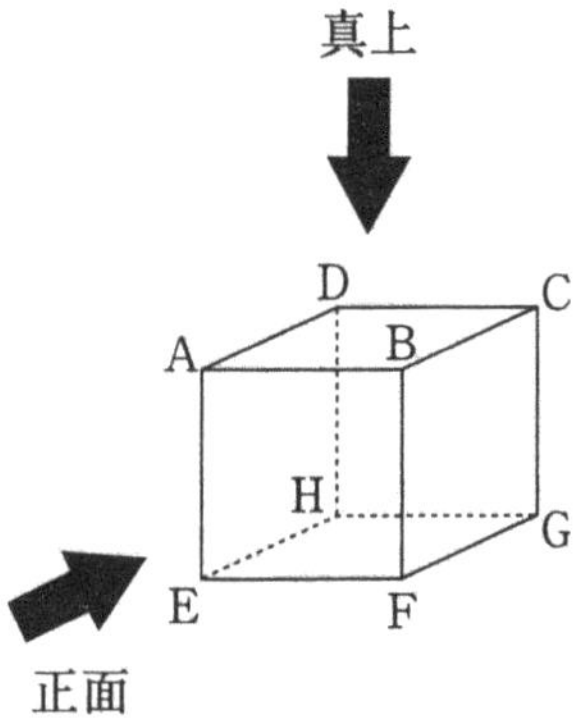

(1)　【図１】において，点Pは辺BF上の点，点Qは辺CG上の点，点Rは辺DH上の点です。

APとPQとQRとREの長さの和が最も短くなるとき，四角形BPQCの面積を求めなさい。

(2)　この立方体を，ある３つの頂点を通る平面で切断してできる立体の１つを正面から見たのが【図２】，真上から見たのが【図３】です。この立体の体積を求めなさい。

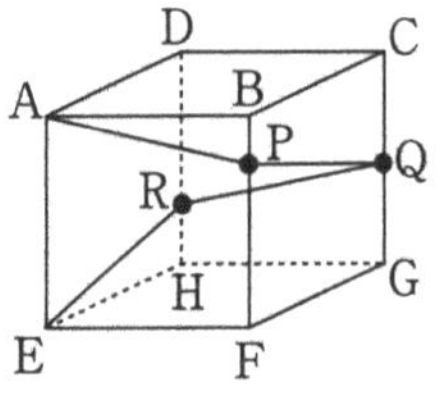

【図１】

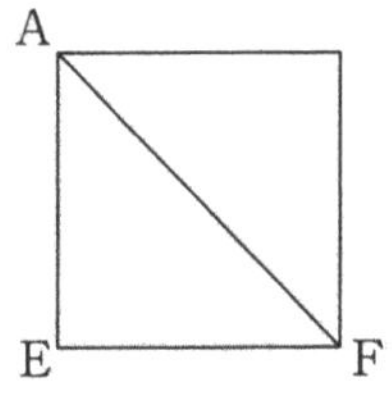

【図２】

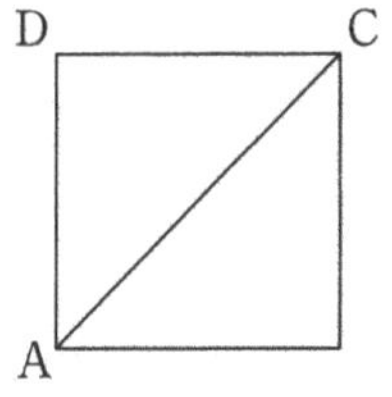

【図３】

6　整数AをB個かけあわせた値をA●B，また，ある整数をD個かけあわせてCとなる値をC▲Dと表すことにします。例えば，

２●４＝２×２×２×２＝16

16▲４＝２

（３●２）▲２＝（３×３）▲２＝９▲２＝３

となります。

このとき，□にあてはまる最も適当な整数を求めなさい。

(1)　□●４＝2401

(2)　３●６＝□●３

(3)　２●□＝（８●18）▲６

7 次のグラフＡ～Ｅは，あるクラスの生徒全員の国語と算数のテストの得点を集計したものです。グラフＡ，Ｂは国語または算数の円グラフを，グラフＣ，Ｄは国語または算数の柱状グラフを表します。グラフＥはそれぞれの生徒全員の国語と算数の点数を表したグラフです。なお，グラフＡ～Ｄの区間は○点以上○点未満を表し，また次のページのグラフＥの１目もりの大きさは２点です。例えば，グラフＥで矢印がさす点は国語58点，算数95点の生徒を表します。

このとき，次の問いに答えなさい。

(1) 算数の得点を集計したグラフをＡ，Ｂの中から１つ，またグラフＣ，Ｄの中から１つそれぞれ選びなさい。

(2) 国語の得点が算数の得点より高い生徒の人数を求めなさい。

(3) 次の文で，正しいものを(ア)～(カ)の中からすべて答えなさい。

(ア) 国語の最高点をとった生徒と算数の最高点をとった生徒は同じである。

(イ) 国語の得点が上から28番目の生徒の得点は42点である。

(ウ) 国語の中央値は算数の中央値より高い値である。

(エ) 算数の得点が60点以上の生徒の割合はクラスの52.5％である。

(オ) 国語の平均点は算数の平均点より高い。

(カ) 60点以上の生徒の人数は，国語より算数の方が多い。

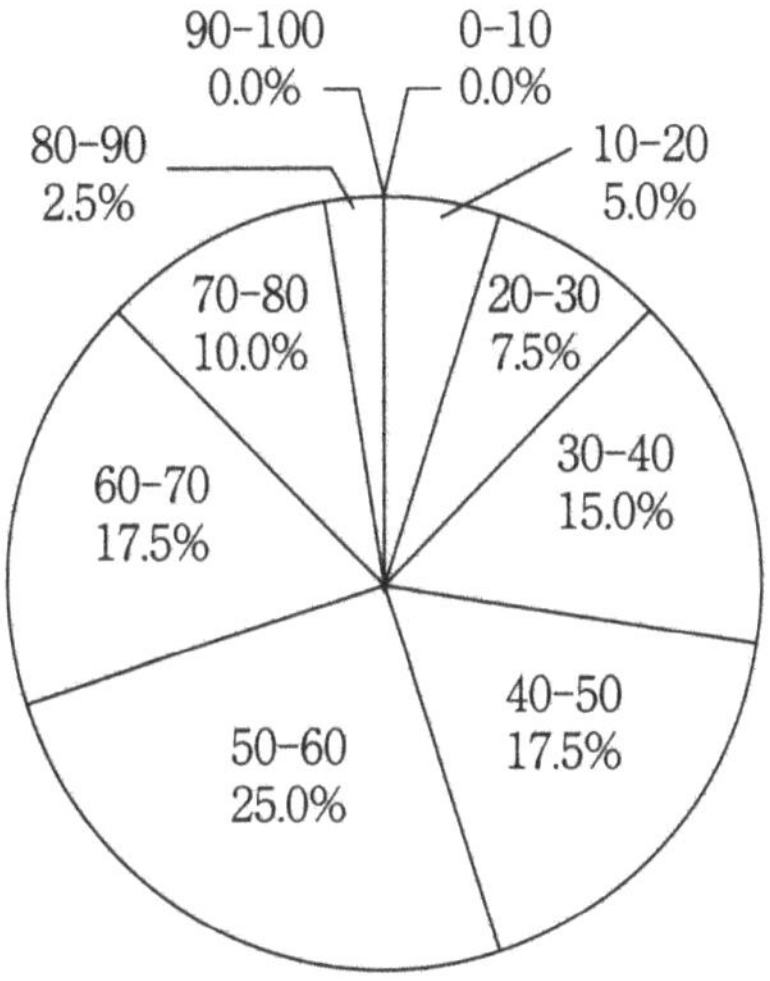

グラフＡ

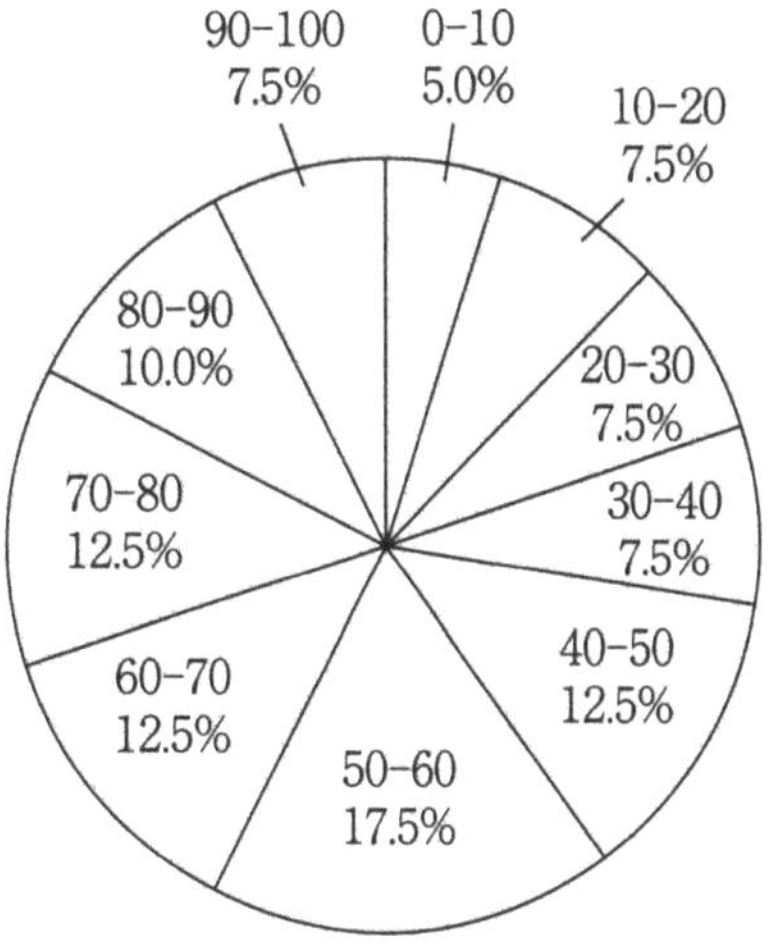

グラフＢ

グラフＣ

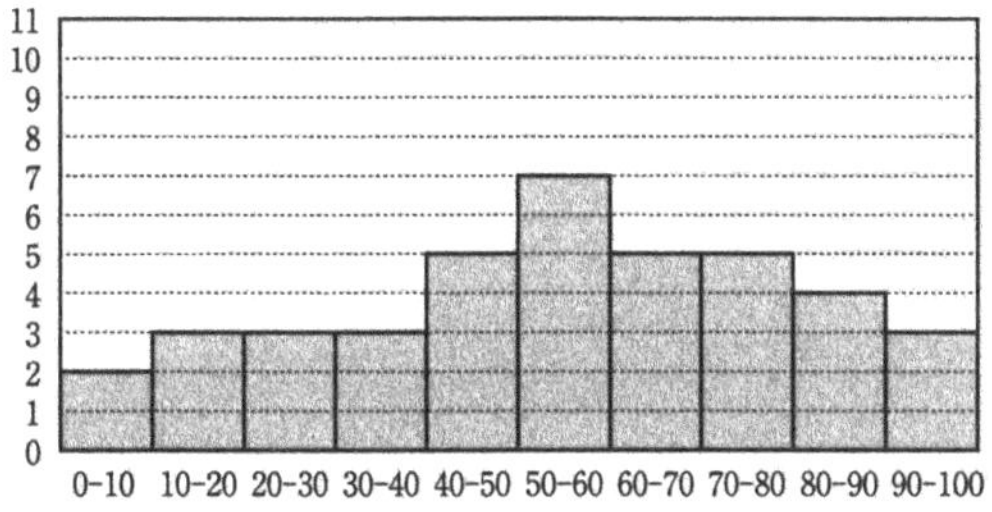

グラフＤ

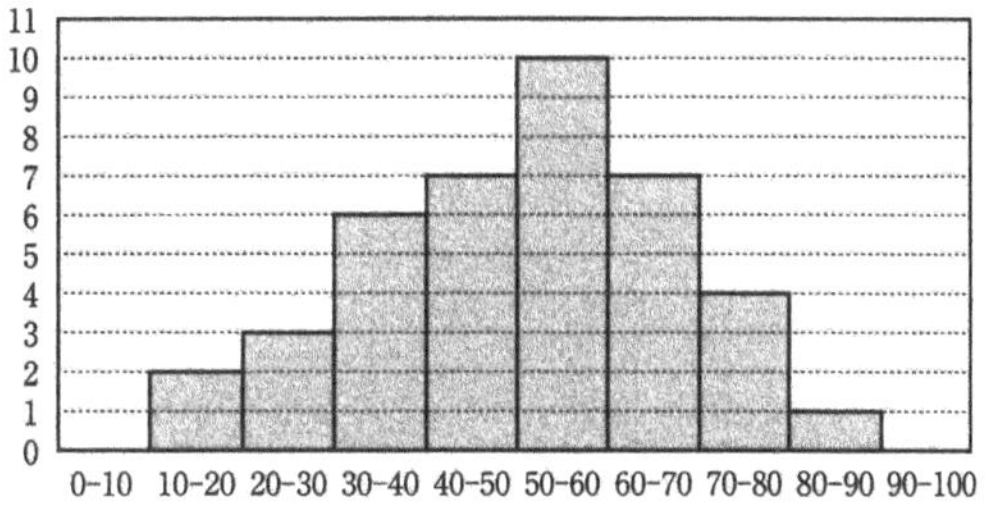

グラフE

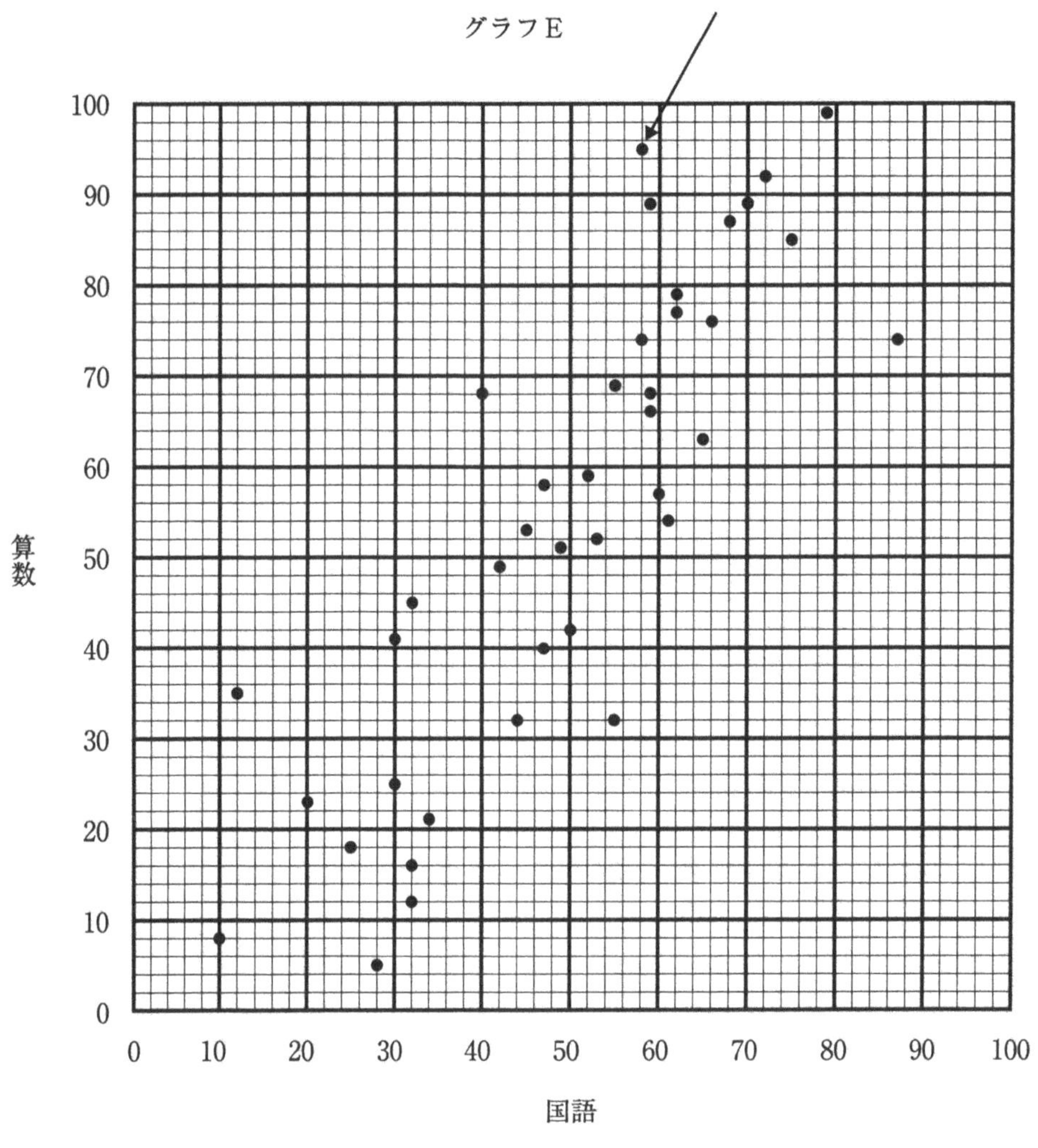

【理　科】（45分）　＜満点：100点＞

1　次の文章を読み，あとの(1)～(3)の問いに答えなさい。

あるAという動物と，Bという動物が，同じ地域に生息しています。Aは生息地域の植物を食べる動物で，BはAを食べる動物です。

(1)　あるとき，Aの個体数が減少しました。Aの個体数が減少したときの生息環境《せいそくかんきょう》の状態が，次の①または②である場合，その後，AとBの生息する地域ではどのようなことが起こると考えられますか。考えられる結果ア～エの組み合わせとしてもっとも適切なものを，あとの1～12から一つ選び，番号で答えなさい。

①　特に生息環境に変化はない

②　人間活動により生息地域の植物が回復の見込《みこ》みがないほど衰退《すいたい》している

ア．いずれBの個体数も減るので，Aの個体数はそれに遅《おく》れて回復する。

イ．Bの個体数は増える一方なので，Aは絶滅《ぜつめつ》に追いやられる。

ウ．やがてBの個体数も減り，AもBも絶滅に追いやられる。

エ．Aの個体数は減ったまま維持《いじ》され，Bの個体数に変化はない。

	①	②		①	②		①	②		①	②
1	ア	イ	2	ア	ウ	3	ア	エ	4	イ	ウ
5	イ	エ	6	イ	ア	7	ウ	エ	8	ウ	ア
9	ウ	イ	10	エ	ア	11	エ	イ	12	エ	ウ

(2)　Aの集団の中には，体毛の様子だけが異なる同じ種類の動物A′が，オス・メスともに数個体ずつ存在します。ふつう，長い年月を重ねて子孫を残し世代交代を続けても，Aに対してA′は，個体数が少ないままとなります。しかし場合によっては，A′がAの個体数と同じくらいになったり，Aより個体数が多くなったりすることもあります。Bとの関係をふまえて，次のア～カのうち，A′がより増えやすくなる場合の組み合わせはどれですか。もっとも適切なものを，次の1～9から一つ選び，番号で答えなさい。

ア．BがAやA′を認識する手段が主に音である場合。

イ．BがAやA′を認識する手段が主ににおいである場合。

ウ．BがAやA′を認識する手段が主に色である場合。

エ．Aに対してA′の体毛の長さが変化し，生息環境で体温調節がしやすくなった場合。

オ．Aに対してA′の体毛の太さが変化し，生息環境ですべりにくくなった場合。

カ．Aに対してA′の体毛の色が変化し，生息環境で目立ちにくくなった場合。

1	ア	エ	2	ア	オ	3	ア	カ
4	イ	エ	5	イ	オ	6	イ	カ
7	ウ	エ	8	ウ	オ	9	ウ	カ

(3)　2030年までに持続可能でよりよい世界を目指す国際目標を「持続可能な開発目標（SDGs）」といいます。この目標は17項目《こうもく》に分かれており，その1つに「陸生資源」に関するものがあります。この「陸生資源」に関する目標では，「陸域生態系の保護，回復，持続可能な利用の推進，持続可能な森林の経営，砂漠化《さばくか》への対処，ならびに土地の劣化《れっか》の阻止《そし》・回復及《およ》び生物多様性の損失を

阻止する」ことがかかげられています。この生物多様性とはどのようなことを示していると考えられますか。生物多様性の説明として**適切でないもの**を，次の1～4から一つ選び，番号で答えなさい。

1. さまざまな種類の生物が生息していること。
2. さまざまな生物の生息環境が存在していること。
3. さまざまな国や人種の人々が，生物資源保護のために多様な意見を出し合うこと。
4. 同じ種類の生物においても，さまざまな特徴《とくちょう》（遺伝子）のちがいがあること。

2 次の文章を読み，あとの(1)～(3)の問いに答えなさい。

パン作りなどに用いるベーキングパウダーや，掃除《そうじ》などに使う重曹《じゅうそう》の主成分は炭酸水素ナトリウムという白色の粉末です。炭酸水素ナトリウムは，試験管に入れて十分に加熱すると，二酸化炭素と水と炭酸ナトリウムに変化します。この変化を熱分解といいます。

邦夫くんは，次に示す炭酸水素ナトリウムの熱分解の［**実験方法**］を教わり，自分で試してみました。

［**実験方法**］

操作1　炭酸水素ナトリウム2gを乾《かわ》いた試験管に入れ，**図**のような，試験管の口を少し下に向けた装置を組み立て，弱火で加熱する。

操作2　加熱によって発生した気体を試験管に集め，ゴム栓《せん》をする。このとき，はじめに出てくる気体は集めない。

操作3　気体の発生がなくなったら，ガラス管先端《せんたん》を水から取り出した後，加熱をやめる。

操作4　発生した気体を集めた試験管に石灰水を入れ，ゴム栓をつけよく振《ふ》って変化を調べる。

操作5　熱した試験管が冷えたら，試験管の口の周辺についた液体をよくふき取り，試験管の内側に残った物質を薬包紙にとる。

操作6　加熱する前の物質（炭酸水素ナトリウム）と加熱した後の物質（試験管の内側に残った物質）をそれぞれ別の試験管に入れ，それぞれの試験管に2mLの水を加えてよく振り，水への溶《と》け方を比べる。

操作7　**操作6**のそれぞれの試験管にフェノールフタレイン溶液《ようえき》を数滴《すうてき》加え，色の変化を観察する。

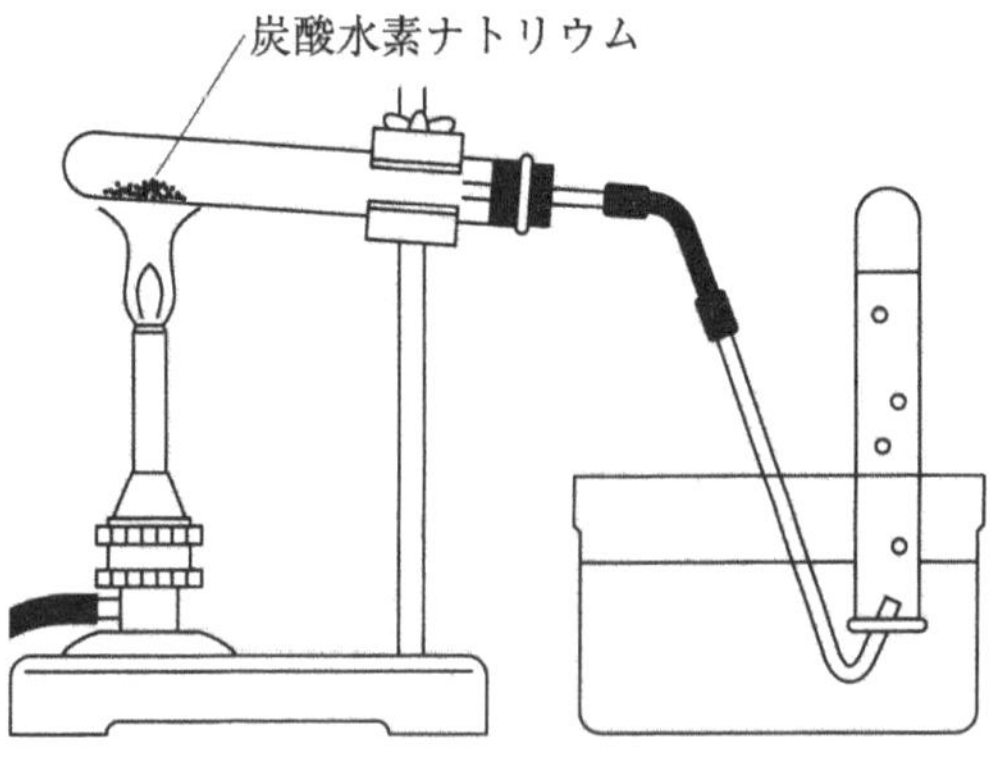

図

実験後，邦夫くんはレポート（実験報告書）を作成することにしました。レポートを作成するにあたって，この実験について複数の書物やインターネットで調べ，その実験結果を自分の実験結果と比べ，**表**にまとめました。

表

	邦夫くんの実験結果	書物やインターネット などで調べた実験結果
操作４ 石灰水を加えた時の変化	変化なし （無色透明《むしょくとうめい》のまま）	白く濁《にご》る
操作６ 水への溶け方	加熱前：溶けない 加熱後：あまり溶けない	加熱前：溶けにくい 加熱後：よく溶ける
操作７ フェノールフタレイン溶液を 加えた時の変化	加熱前：薄《うす》い赤色 加熱後：薄い赤色	加熱前：薄い赤色 加熱後：濃い赤色

邦夫くん　「ぼくの実験結果と調べた実験結果はずいぶん違《ちが》うなあ。ぼくは注意事項《ちゅういじこう》をあまり守らずに実験しちゃったから，失敗しちゃったかもしれないなあ。」

(1)　**操作６**の実験結果において，炭酸水素ナトリウムが水に「溶けない」のか「溶けにくい」のかを容易に判断する方法としてもっとも適切なものを，次の１～５から一つ選び，番号で答えなさい。

1. 炭酸水素ナトリウムに加える水の量ができるだけ多くなるように，試験管の口ぎりぎりまで水を加える。
2. 溶けたかどうかを判断しやすくするために，できるだけ少ない量の炭酸水素ナトリウムを水に加える。
3. 溶けたかどうかを判断しやすくするために，できるだけ多い量の炭酸水素ナトリウムを水に加える。
4. 炭酸水素ナトリウムに水を加えて試験管を振る前と後とで，全体の質量をはかって比べる。
5. 炭酸水素ナトリウムに水を加えて試験管を振る前と後とで，全体の体積をはかって比べる。

(2)　**操作７**において，邦夫くんの実験結果が書物やインターネットなどで調べた実験結果と異なってしまった理由としてもっとも適切なものを，次の１～６から一つ選び，番号で答えなさい。

1. **操作１**で試験管に入れた炭酸水素ナトリウムの量が少なすぎた。
2. **操作１**で試験管の口を上に向けて加熱をした。
3. **操作３**で試験管の加熱をやめるのが早すぎた。
4. **操作５**で熱した試験管が冷える前に中の物質を取り出した。
5. **操作５**で試験管の口の周辺についた液体をよくふき取らずに中の物質を取り出した。
6. **操作６**で試験管をよく振らなかった。

(3)　実験のレポート作成に関する次の**ア**～**オ**のうち，適切なものはどれですか。あとの１～９から一つ選び，番号で答えなさい。

ア．自分で行った実験結果と，書物やインターネットなどで調べた実験結果とが異なるときには，自分で行った実験結果を書き直すことが必要である。

イ．レポートを書くときには，自分で考えることが大切なので，書物やインターネットなどで調べないことが望ましい。

ウ．書物やインターネットで調べた内容をレポートに書く時には，何を引用・参考にしたのか，書物の題名や著者，URLなどを明記する。

エ．インターネットの情報は必ず正しい。

オ．インターネットの情報は正確でないこともあるが，書物の情報は必ず正しい。

1	アのみ	2	イのみ	3	ウのみ
4	エのみ	5	オのみ	6	アとエ
7	アとオ	8	ウとエ	9	ウとオ

3 次の文章を読み，あとの(1)，(2)の問いに答えなさい。

植物が刺激《しげき》の来る方向に対して，決まった方向に曲がって成長する性質を屈性《くっせい》といいます。例えば，光の来る方向やその反対方向に曲がって成長するようなとき，この屈性を光屈性といいます。

光屈性について調べるために，イネ科植物の一種であるマカラスムギの芽生えを用いて，次の**[実験]** ①～⑦をそれぞれ行いました。

[実験]

① **図1**のように，芽生えに横から光を当てると，先端部《せんたんぶ》よりも下部が光の来る方向に曲がって成長した。

② **図2**のように，芽生えを暗所に置くと，成長はしたが，曲がらなかった。

③ **図3**のように，芽生えの先端部を切り取り，横から光を当てると，成長せず，曲がらなかった。

④ **図4**のように，芽生えの先端部に不透明《ふとうめい》な覆《おお》いをかぶせ，横から光を当てると，成長はしたが，曲がらなかった。

⑤ **図5**のように，芽生えの先端部以外の部分に不透明な覆いをかぶせ，横から光を当てると，先端部よりも下部が光の来る方向に曲がって成長した。

⑥ **図6**のように，芽生えの先端部近くで，光の来る方向に(注)雲母片《うんもへん》を水平に差しこむと，先端部よりも下部が光の来る方向に曲がって成長した。

⑦ **図7**のように，芽生えの先端部近くで，光の来る方向とは反対側に雲母片を水平に差しこむと，ほとんど成長せず，曲がらなかった。

（注） 雲母片は液体とそれに溶《と》けている物質を通さない性質があります。

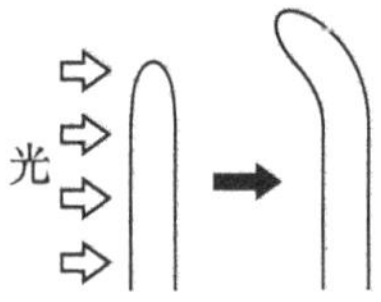

図1

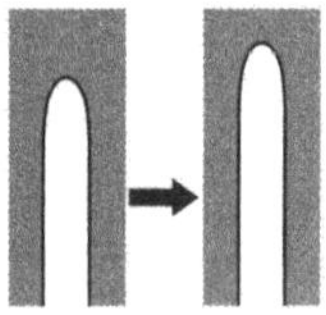

図2

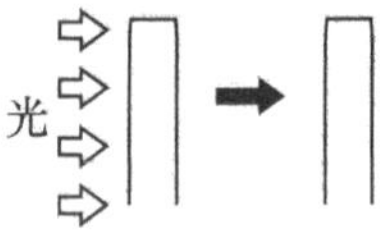

図3

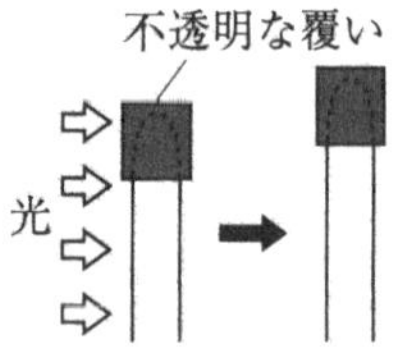

図4

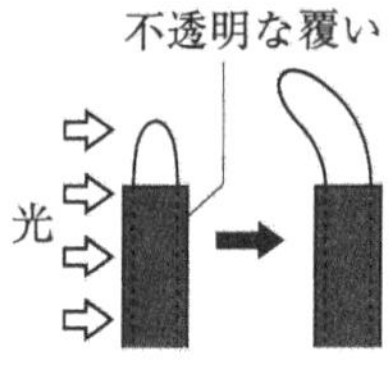

図5

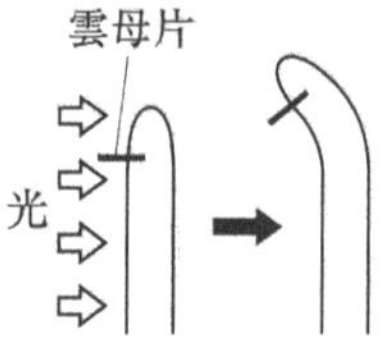

図6

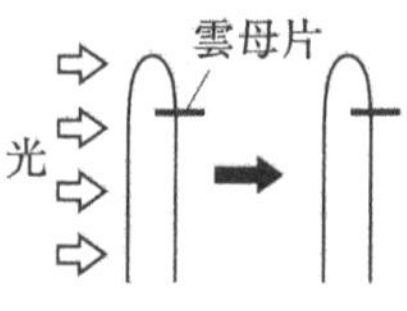

図7

(1)　**［実験］**からわかることを次の**ア**～**ク**から三つ選び，その組み合わせとしてもっとも適切なものを，あとの1～16から一つ選び，番号で答えなさい。

ア．芽生えの先端部で光を感じ取る。

イ．芽生えの先端部よりも下部で光を感じ取る。

ウ．芽生えの成長をうながす物質があり，光を感じる部分でつくられる。

エ．芽生えの成長をうながす物質があり，光を感じない部分でつくられる。

オ．芽生えの成長をうながす物質は，光の当たる側の先端部を成長させる。

カ．芽生えの成長をうながす物質は，光の当たらない側の先端部を成長させる。

キ．芽生えの成長をうながす物質は，光の当たる側の先端部よりも下部を成長させる。

ク．芽生えの成長をうながす物質は，光の当たらない側の先端部よりも下部を成長させる。

1	ア	ウ	オ	2	ア	ウ	カ	3	ア	ウ	キ	4	ア	ウ	ク
5	ア	エ	オ	6	ア	エ	カ	7	ア	エ	キ	8	ア	エ	ク
9	イ	ウ	オ	10	イ	ウ	カ	11	イ	ウ	キ	12	イ	ウ	ク
13	イ	エ	オ	14	イ	エ	カ	15	イ	エ	キ	16	イ	エ	ク

(2)　マカラスムギの芽生えの先端部近くで，雲母片を片側にのみ水平に差しこみ，暗所に置いたとき，結果はどのようになりますか。もっとも適切なものを，次の1～4から一つ選び，番号で答えなさい。

1．雲母片を差しこんだ側に曲がって成長する。

2．成長したり，曲がったりしない。

3．雲母片を差しこんだ側とは反対方向に曲がって成長する。

4．成長するが，曲がらない。

4　次の文章を読み，あとの(1)～(3)の問いに答えなさい。ただし，物質を溶《と》かしたときの水溶液《すいようえき》の体積変化は考えないものとし，発生する熱はすべて水溶液の温度変化に使われるものとします。

物質が水に溶ける時には熱の出入りをともないます。このときの熱は溶ける物質の量に比例し，種類によって異なります。また，この熱によって物質を溶かす前の水の温度と，溶かしたあとの水溶液の温度に差が生じます。この温度差は，溶かした物質の量が同じなら水の量に反比例し，発生した熱に比例します。

塩酸に水酸化ナトリウムを加えたときにも熱が発生します。また，水に溶かしたときに水酸化ナトリウムと同じようにアルカリ性を示す水酸化カリウムという物質があり，塩酸に水酸化カリウムを加えたときにも熱が発生します。これらによって，加える前と後とて水溶液の温度に差が生じます。この温度差は水溶液中の水の量に反比例し，発生した熱に比例します。また，同じ濃さ，同じ体積の塩酸の酸性をちょうど打ち消したときに発生する熱は，水酸化ナトリウムと水酸化カリウムで同じになります。

水，塩酸，水酸化ナトリウム，水酸化カリウムを用いて，次の実験を行いました。

［実験1］

20℃ の水50mLに水酸化ナトリウム2 gを溶かすと，できた水酸化ナトリウム水溶液**A**の温度が30.4℃ になりました。

［実験２］

20℃ の塩酸**B** 50mLに水酸化ナトリウム２gを溶かすと，塩酸と水酸化ナトリウムがたがいの性質をちょうど打ち消し合い，できた水溶液の温度が43.8℃ になりました。

［実験３］

20℃ の水50mLに水酸化カリウム２gを溶かすと，できた水酸化カリウム水溶液**C**の温度が29.8℃ になりました。

(1) 20℃ の水300mLに，ある量の水酸化ナトリウムを溶かしたところ，その温度が22.6℃ になりました。このとき加えた水酸化ナトリウムは何gですか。

(2) 20℃ の水酸化ナトリウム水溶液**A** 50mLに，20℃ の塩酸**B** 50mLを加えると，水溶液の温度は何℃ になりますか。

(3) 20℃ の塩酸**B** 50mLに，水酸化カリウム２gを溶かすと，できた水溶液**D**の温度が39.3℃ になりました。水溶液**D**はまだ酸性を示していました。この水溶液**D**の酸性をちょうど打ち消すために必要な水酸化ナトリウムは何gですか。小数第３位を四捨五入して，小数第２位まで答えなさい。

5 次の文章を読み，あとの(1)～(4)の問いに答えなさい。

宇宙から見たとき，地球は**図１**のように太陽のまわりを１年かけて１周しています。これを，地球の公転といいます。また，公転する道すじをふくむ平面を公転面といいます。

さらに地球は自らも１日に１回転しており，これを地球の自転といいます。地球から見ると，太陽が動くことで昼（日の出から日の入りまで）と夜（日の入りから日の出まで）がくり返しているように見えます。しかし，そのように見えるのは，太陽が動いているからではなく地球が自転しているからです。

地球が自転するときの回転軸《かいてんじく》は地軸《ちじく》とよばれ，**図２**のように，地軸は地球の北極点と南極点を結ぶ位置にあります。

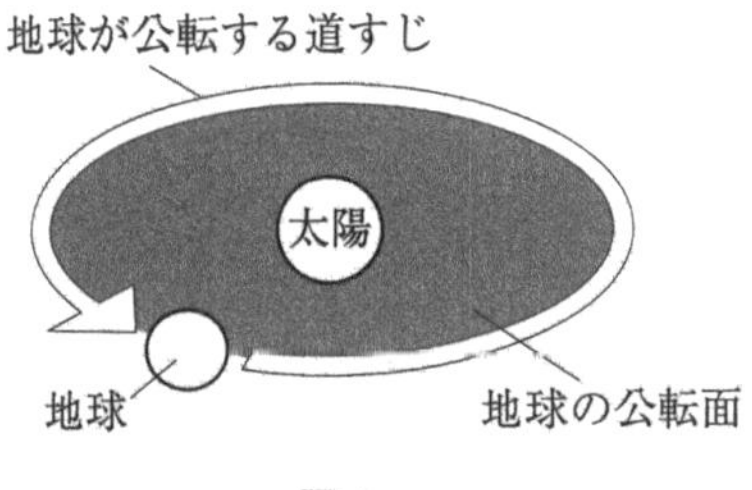

図１

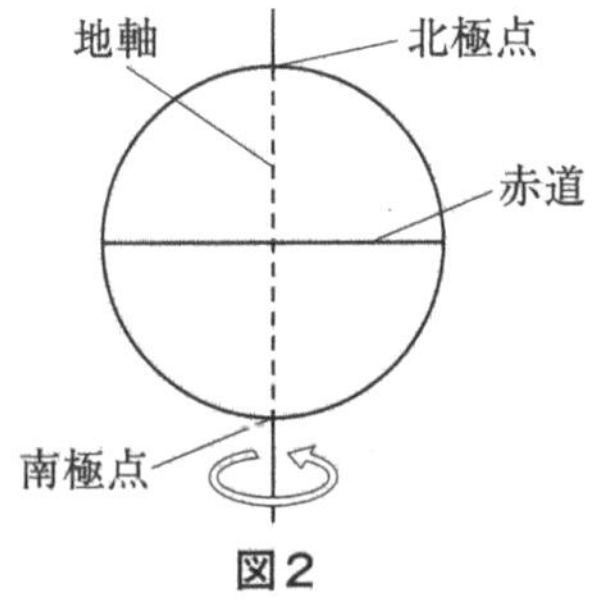

図２

(1) いま，次のページの**図３**および**図４**のように，太陽の光が地軸に対して垂直に地球にあたっているものとします。このとき，太陽の光があたっている部分は，太陽がある方向の側面（地球の半分）です。地球は自転しているので，**図３**に示した地球上の地点**A**～**C**は，太陽の光があたっている昼の部分と太陽の光があたっていない夜の部分の両方を通過していきます。自転する速さが一定であるとき，地点**A**～**C**における昼と夜の時間の関係についての説明としてもっとも適切なものを，あとの**1**～**8**から一つ選び，番号で答えなさい。ただし，地点**A**と**C**の緯度《いど》は同じものとします。

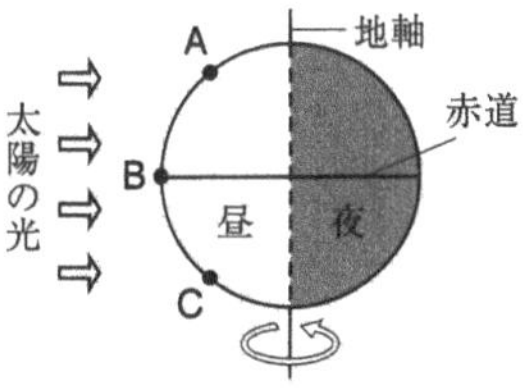

図3　赤道を真横からみた様子

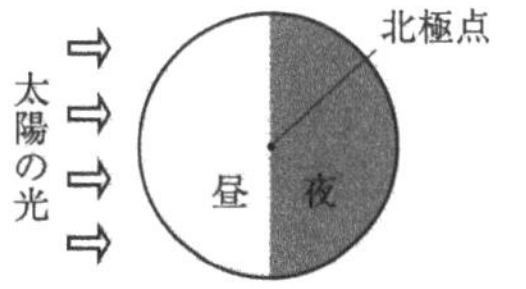

図4　北極点を真上からみた様子

1. 地点Aの昼は他の地点よりも長時間であり，地点Cの夜は他の地点よりも長時間である。
2. 地点Bの昼は他の地点よりも長時間であり，地点Aの夜は他の地点よりも長時間である。
3. 地点Bの昼は他の地点よりも長時間であり，地点AとCの昼の長さは同じある。
4. 地点Bの昼は他の地点よりも長時間であり，地点Cの夜は他の地点よりも長時間である。
5. 地点Cの昼は他の地点よりも長時間であり，地点Aの夜は他の地点よりも長時間である。
6. 地点A～Cの昼の長さはそれぞれ同じであり，すべての地点において昼のほうが夜よりも長時間である。
7. 地点A～Cの昼の長さはそれぞれ同じであり，すべての地点において昼と夜の長さも同じである。
8. 地点A～Cの昼の長さはそれぞれ同じであり，すべての地点において夜のほうが昼よりも長時間である。

(2)　実際には，**図5**や**図6**のように太陽の光が地軸に対して垂直に地球にあたらないことがほとんどです。地軸の向き以外の条件がすべて(1)と同じであるとき，**図5**の地点D～Fにおける昼と夜の時間の関係についての説明としてもっとも適切なものを，あとの1～8から一つ選び，番号で答えなさい。ただし，地点DとFの緯度は同じものとします。

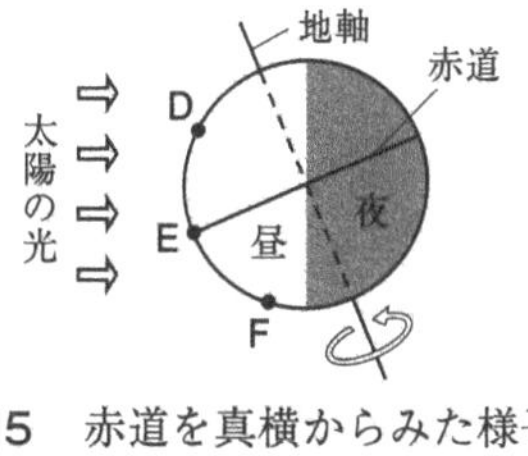

図5　赤道を真横からみた様子

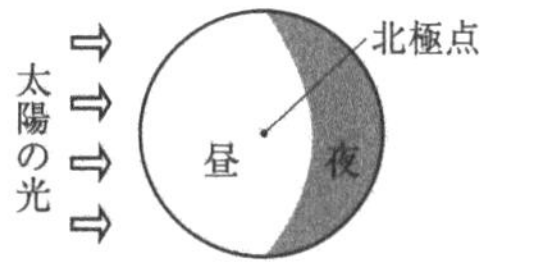

図6　北極点を真上からみた様子

1. 地点Dの昼は他の地点よりも長時間であり，地点Fの夜は他の地点よりも長時間である。
2. 地点Eの昼は他の地点よりも長時間であり，地点Dの夜は他の地点よりも長時間である。
3. 地点Eの昼は他の地点よりも長時間であり，地点DとFの昼の長さは同じある。
4. 地点Eの昼は他の地点よりも長時間であり，地点Fの夜は他の地点よりも長時間である。
5. 地点Fの昼は他の地点よりも長時間であり，地点Dの夜は他の地点よりも長時間である。
6. 地点D～Fの昼の長さはそれぞれ同じであり，すべての地点において昼のほうが夜よりも長時間である。
7. 地点D～Fの昼の長さはそれぞれ同じであり，すべての地点において昼と夜の長さも同じである。
8. 地点D～Fの昼の長さはそれぞれ同じであり，すべての地点において夜のほうが昼よりも長時間である。

(3) 次の**図7**は，地球が公転しているようすを表したものです。地球の位置が**G**や**I**のときは，(1)のように太陽の光に対して地軸は垂直です。地球の位置が**J**のときは，(2)のように，太陽の光に対して地軸は傾《かたむ》いています。地球の位置が**H**のときは，位置が**J**のときと同様に太陽の光に対して地軸は傾いていますが，傾いている向きが異なります。**図8**の**ア**～**ウ**は，地球の位置が**G**～**J**のとき，北半球の地点**X**から，太陽が昇って沈むまでの道すじを観察した結果です。地球の位置が**G**～**J**のそれぞれの場合で，地点**X**から見ると太陽の道すじは**ア**～**ウ**のどれになりますか。もっとも適切なものを，あとの1～12から一つ選び，番号で答えなさい。

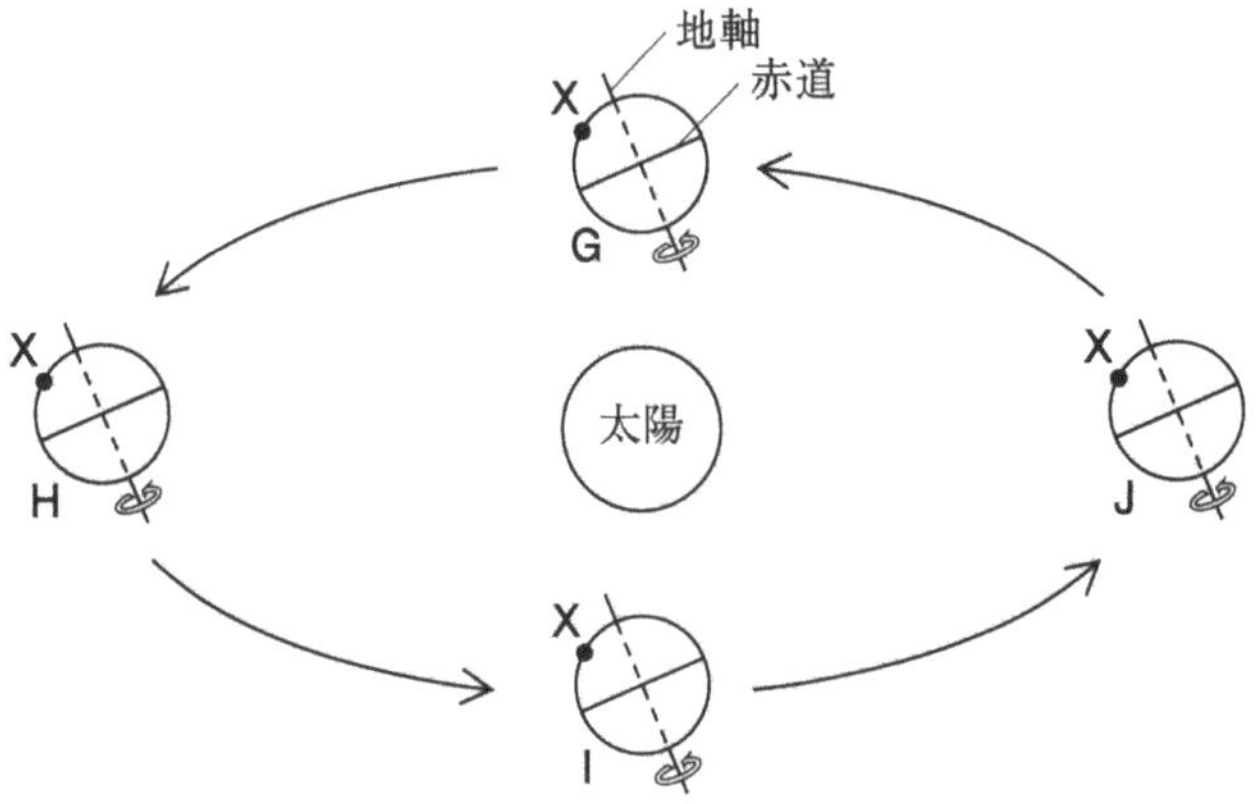

図7

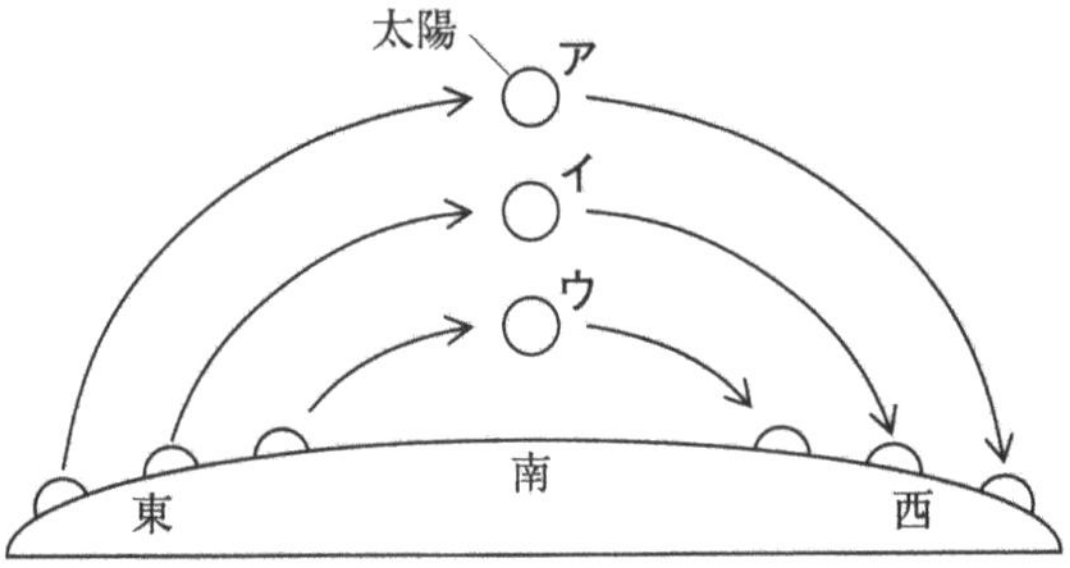

図8

	G	H	I	J		G	H	I	J		G	H	I	J
1	ア	イ	ア	ウ	2	ア	ウ	ア	イ	3	イ	ア	イ	ウ
4	イ	ウ	イ	ア	5	ウ	ア	ウ	イ	6	ウ	イ	ウ	ア
7	イ	ア	ウ	ア	8	ウ	ア	イ	ア	9	ア	イ	ウ	イ
10	ウ	イ	ア	イ	11	ア	ウ	イ	ウ	12	イ	ウ	ア	ウ

(4) (3)で示した**図8**のように，太陽が昇《のぼ》ってから沈《しず》むまでの道すじは，太陽に対する地球の位置によって変わることがわかります。これは太陽だけでなく，月が昇ってから沈むまでの道すじについても，同じことが言えます。**図7**の地点**X**において，満月が**図8**の**ア**のように動いて見えるのは，地球の位置が**図7**の**G**～**J**のどの位置に近いときですか。もっとも適切なものを，次の1～4から一つ選び，番号で答えなさい。ただし，月は地球のまわりを公転しており，月の公転面は，地球の公転面と同一平面上にあるものとします。

1. **G**の位置　2. **H**の位置　3. **I**の位置　4. **J**の位置

6 次の文章を読み，あとの(1)~(5)の問いに答えなさい。

図1のように，バケツに水を入れて勢いよく振《ふ》り回《まわ》すと，水はこぼれません。これは，円の中心から遠ざかる向きの力が水に対してはたらいているためです。このように回転している物体にとって，その回転の中心から遠ざかる向きにはたらく力を遠心力と言います。

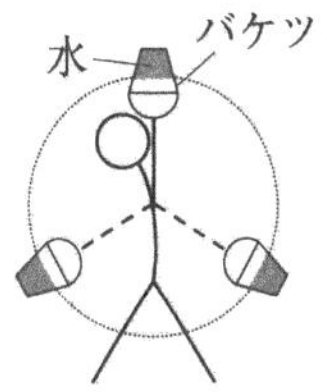

図1

遠心力のはたらきについて調べるために，ばね，細い筒《つつ》，おもり，糸を用意しました。水平な床《ゆか》にばねを固定し，もう一方に糸をつけて筒に通し，その先におもりをつけ，**図2**のような装置を作りました。筒を床に対して垂直に持ち，おもりを振り回して水平面内で円運動させ，おもりの回転とばねの伸《の》びの関係について調べました。

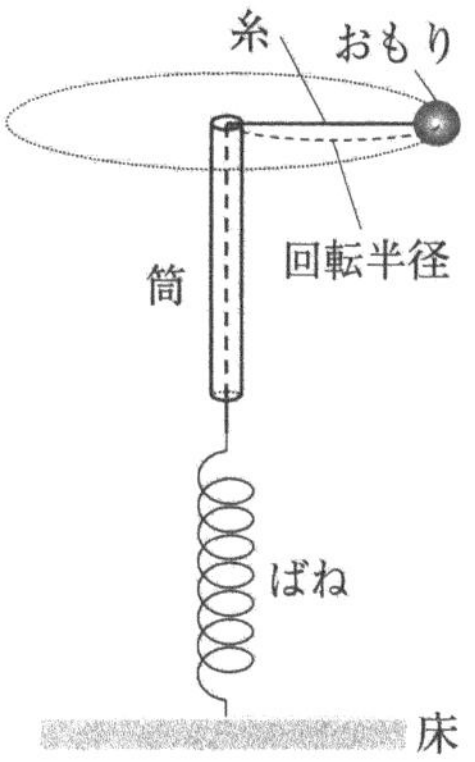

図2

重さ10ｇのおもりを糸につなげ，回転半径が5㎝になるように筒の高さを調節しながら，おもりを回転させました。1秒あたりの回転数とばねの伸びの関係を調べたところ，**図3**のようになりました。

次に，重さ10ｇのおもりを糸につなげ，おもりを1秒間に2回転させ，回転半径を様々な長さに変化させたときのばねの伸びについて調べました。同様に，おもりの重さが20ｇ，30ｇの場合についてもばねの伸びについて調べたところ，次のページの**図4**のようになりました。

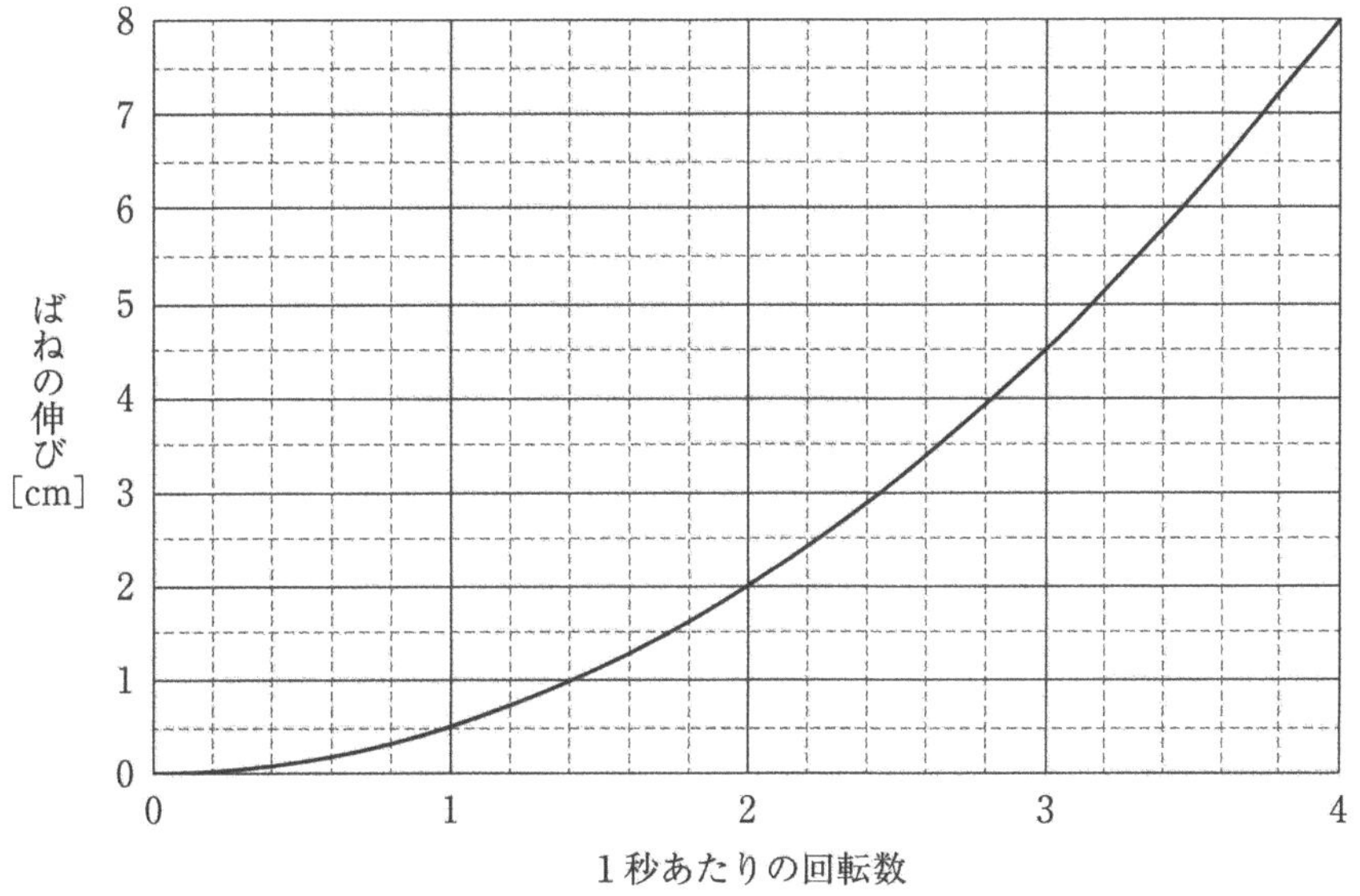

図3

(1) おもりの重さ10ｇ，回転半径5㎝で1秒間に2回転させたときのばねの伸びは，1秒間に1回転させたときのばねの伸びの何倍ですか。

(2) おもりの重さ10ｇ，回転半径12㎝で1秒間に2回転させたとき，ばねの伸びは何㎝ですか。

(3) おもりの重さ20ｇで1秒間に3回転させたところ，ばねの伸びは18㎝でした。このときの回転半径は何㎝ですか。

(4) ある重さのおもりを糸につなげ，回転半径24cmで１秒間に1.5回転（１回転半）させたところ，ばねの伸びは13.5cmでした。おもりの重さは何ｇですか。

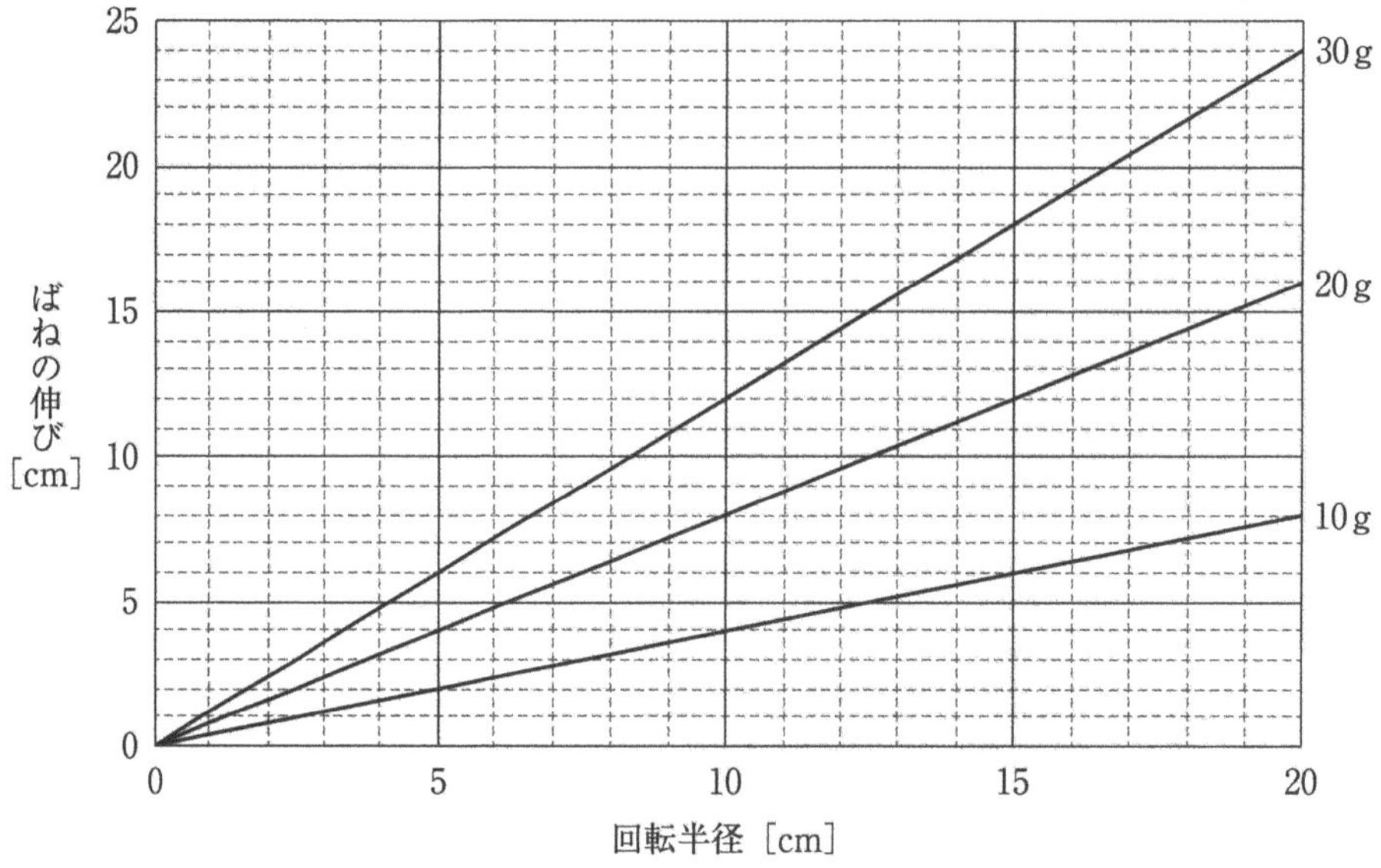

図４

図５のように，水で満たされたペットボトル内に，発泡《はっぽう》スチロール球を空気の泡《あわ》が入らないように入れ，栓《せん》をしました。このペットボトルを**図６**のように水平面内で振り回しました。

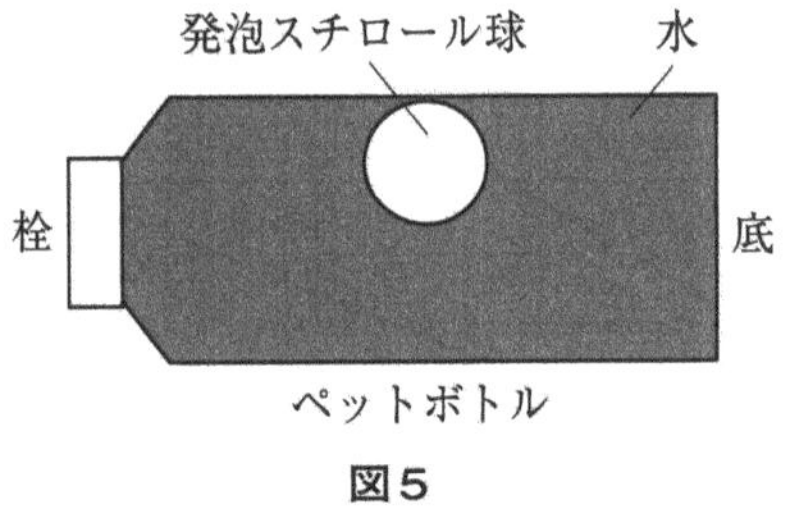

図５

図６

(5) 振り回している間，発泡スチロール球の位置はペットボトル内のどこになりますか。また，前のページの**図３**と**図４**の結果からわかる遠心力の大きさの性質のうち，発泡スチロール球の位置を決めるもっとも大きな原因となる性質は何ですか。組み合わせとしてもっとも適切なものを，次の**１**～**６**から一つ選び，番号で答えなさい。

	発泡スチロール球の位置	遠心力の大きさの性質
1	栓側	遠心力の大きさは，１秒あたりの回転数が多いほど大きい。
2	栓側	遠心力の大きさは，回転半径が長いほど大きい。
3	栓側	遠心力の大きさは，重い物体ほど大きい。
4	底側	遠心力の大きさは，１秒あたりの回転数が多いほど大きい。
5	底側	遠心力の大きさは，回転半径が長いほど大きい。
6	底側	遠心力の大きさは，重い物体ほど大きい。

【社　会】（45分）　＜満点：100点＞

1　テレビの旅番組で郷土料理に興味をもった邦平《くにへい》さんは，日本各地の郷土料理を調べて，カードにまとめました。次に示すものは，そのカードの一部です。これをみて，あとの各問いに答えなさい。なお，【①】～【⑥】には，それぞれ都道府県があてはまります。

【①】の郷土料理

うどんとカボチャにさまざまな野菜を加えた味噌味《みそあじ》の鍋《なべ》料理。戦国時代，米が貴重なこの地で，武田信玄《しんげん》が米に代わる料理として考案したなどの説がある。

【②】の郷土料理

マスと酢飯《すめし》をつめ，笹《ささ》で包んで作られる押《お》し寿司。江戸時代に越中《えっちゅう》米と神通《じんづう》川のアユで作ったものが始まりとされ，のちにマスで作られるようになった。

【③】の郷土料理

良質な小麦と塩田の塩，小豆《しょうど》島のしょう油など，うどんやだしの素材が地元で生産することができ，古くから郷土料理として定着した。

【④】の郷土料理

つぶした米を棒の先に巻きつけて焼いたものを，地鶏《じどり》や野菜などと煮込《にこ》んだ鍋料理。奥羽《おうう》山脈北西側に位置する【④】北部が発祥地《はっしょうち》。【④】は稲庭《いなにわ》うどんも有名。

【⑤】の郷土料理

サケとキャベツやタマネギなどの野菜を入れた味噌味の鍋料理。江戸時代から石《いし》狩《かり》地方でさかんであったサケ漁の漁師の料理が起源とされる。

【⑥】の郷土料理

江戸時代に開港地があったことで生まれた麺《めん》料理。名前の由来は中国語ともポルトガル語ともいわれる。海産物が豊富な【⑥】ならではの料理。

「一般《いっぱん》社団法人和食文化国民会議ＨＰ」などにより作成。

問１　【①】～【⑥】の都道府県に関して，次の(1)～(5)の各問いに答えなさい。

(1)　**【①】・【④】の郷土料理**は，いずれも鍋料理である。これらの鍋料理の名称《めいしょう》の組み合わせとして正しいものを。次の**ア～カ**から１つ選び，記号で答えなさい。

	【①】の郷土料理	**【④】の郷土料理**
ア	ぼたん鍋	ほうとう鍋
イ	ぼたん鍋	きりたんぽ鍋
ウ	ほうとう鍋	ぼたん鍋
エ	ほうとう鍋	きりたんぽ鍋
オ	きりたんぽ鍋	ぼたん鍋
カ	きりたんぽ鍋	ほうとう鍋

(2)　次の表は，6つの都道府県の都道府県庁所在地から，もっとも近い都道府県庁所在地と２番目に近い都道府県庁所在地の直線距離をまとめたものである。表中の**A～C**にあてはまる都道府県名の組み合わせとして正しいものを，あとの**ア～ク**から１つ選び，記号で答えなさい。

都道府県	もっとも近い都道府県庁所在地		２番目に近い都道府県庁所在地	
	都道府県	距離（km）	都道府県	距離（km）
A	山形県	１２３.４	福島県	１２８.３
宮城県	山形県	４４.６	福島県	６７.７
【①】	静岡県	７８.１	**B**	９２.１
長野県	**B**	８３.９	【②】	８６.８
【③】	岡山県	３７.０	**C**	５６.５
和歌山県	兵庫県	５１.６	**C**	５８.８

「国土地理院ＨＰ」により作成。

	A	B	C
ア	岩手県	群馬県	愛媛県
イ	岩手県	群馬県	徳島県
ウ	岩手県	栃木県	愛媛県
エ	岩手県	栃木県	徳島県
オ	新潟県	群馬県	愛媛県
カ	新潟県	群馬県	徳島県
キ	新潟県	栃木県	愛媛県
ク	新潟県	栃木県	徳島県

⑶　次の図は，【②】の都道府県庁所在地，松本市（長野県），静岡市（静岡県），与那国町《よなぐにちょう》（沖縄県）の月別降水量の平年値を示している。このうち，静岡市として正しいものを，図中の**ア**～**エ**から１つ選び，記号で答えなさい。

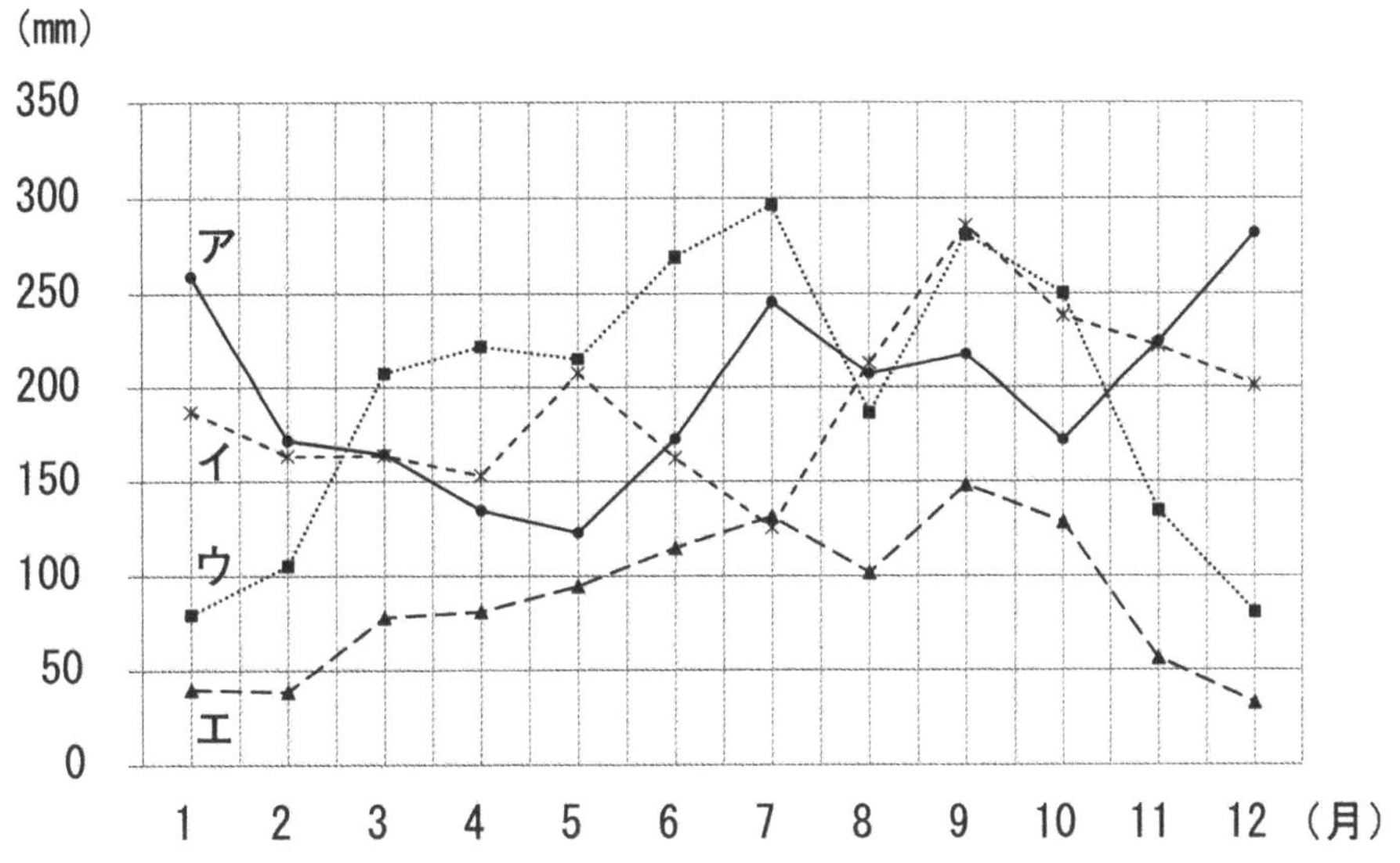

「気象庁ＨＰ」により作成。

⑷　次の表は，【⑤】，【⑥】，宮城県，静岡県，広島県における魚種別漁獲《ぎょかく》量を示しており，表中の**ア**～**オ**にはいずれかの都道府県があてはまる。このうち，宮城県にあてはまるものを，**ア**～**オ**から１つ選び，記号で答えなさい。なお，かき類のみ海面養殖《しょく》業の収穫《かく》量を示し，その他はすべて海面漁業の漁獲量を示している。

都道府県	かつお類（百ｔ）	いか類（百ｔ）	さば類（百ｔ）	さけ・ます類（百ｔ）	かき類（百ｔ）
ア	…	1	0	…	960
イ	76	66	487	…	11
ウ	0	109	200	582	42
エ	186	44	117	4	182
オ	486	2	377	…	2

統計年次は2020年。表中の「…」はデータがないことを意味する。
「令和２年漁業・養殖業生産統計」（農林水産省）により作成。

⑸　次のページの２つの資料は，【①】～【⑥】のうち，いずれかの都道府県庁所在地の昭和時代のあゆみに関するものである。**資料１**は，この都市の中心地域を描《えが》いた古地図（1931年出版）で，**資料２**は，約半世紀前に制作された，この都市にまつわるできごとに関するポスターである。２つの資料が共通して示す都市を，**ひらがな**で答えなさい。なお，ポスターには一部修正を加えてある。

資料１

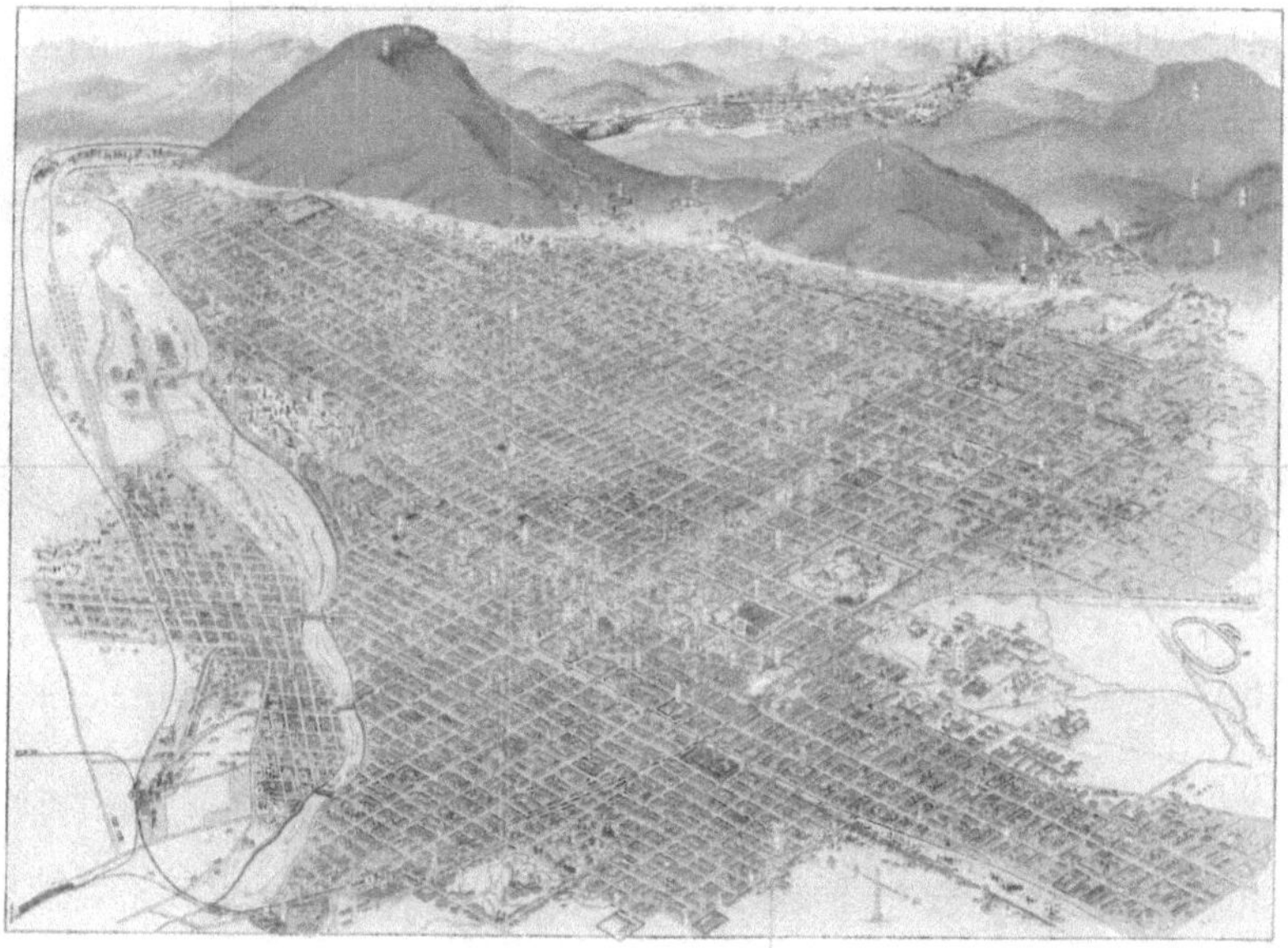

資料２

問２　郷土料理は，地元で生産される農作物や畜産物《ちくさんぶつ》または水産物などから作られることが多い。次のページの図は，米，小麦，キャベツの収穫量および豚《ぶた》の飼養頭数について，全国にしめる地方別の割合を示したものである。このうち，豚の飼養頭数を示すものを，図中の**ア**～**エ**から１つ選び，記号で答えなさい。

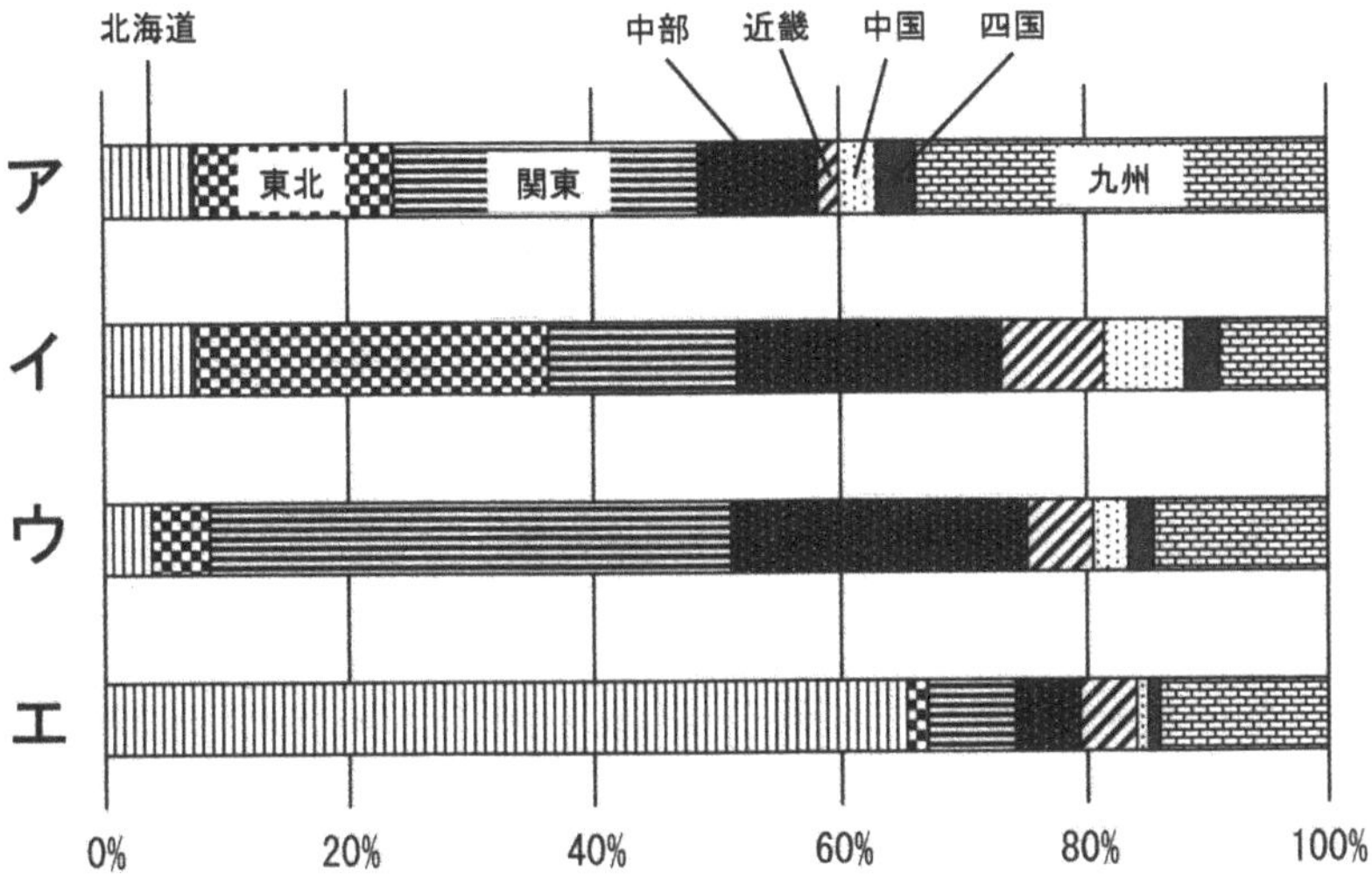

統計年次は2019年（キャベツのみ2018年）。
『データブック オブ・ザ・ワールド2021年版』により作成。

問３　邦平さんは，郷土料理以外にも，日本の工業に興味をもった。次の図は，３つの工業製品の国内生産量について，1990年の生産量を１として，2015年までの５年ごとの生産量の変化を示したものであり，図中の**あ**～**う**は，レトルト食品，新聞用紙，テレビのいずれかである。工業製品と**あ**～**う**の組み合わせとして正しいものを，あとの**ア**～**カ**から１つ選び，記号で答えなさい。

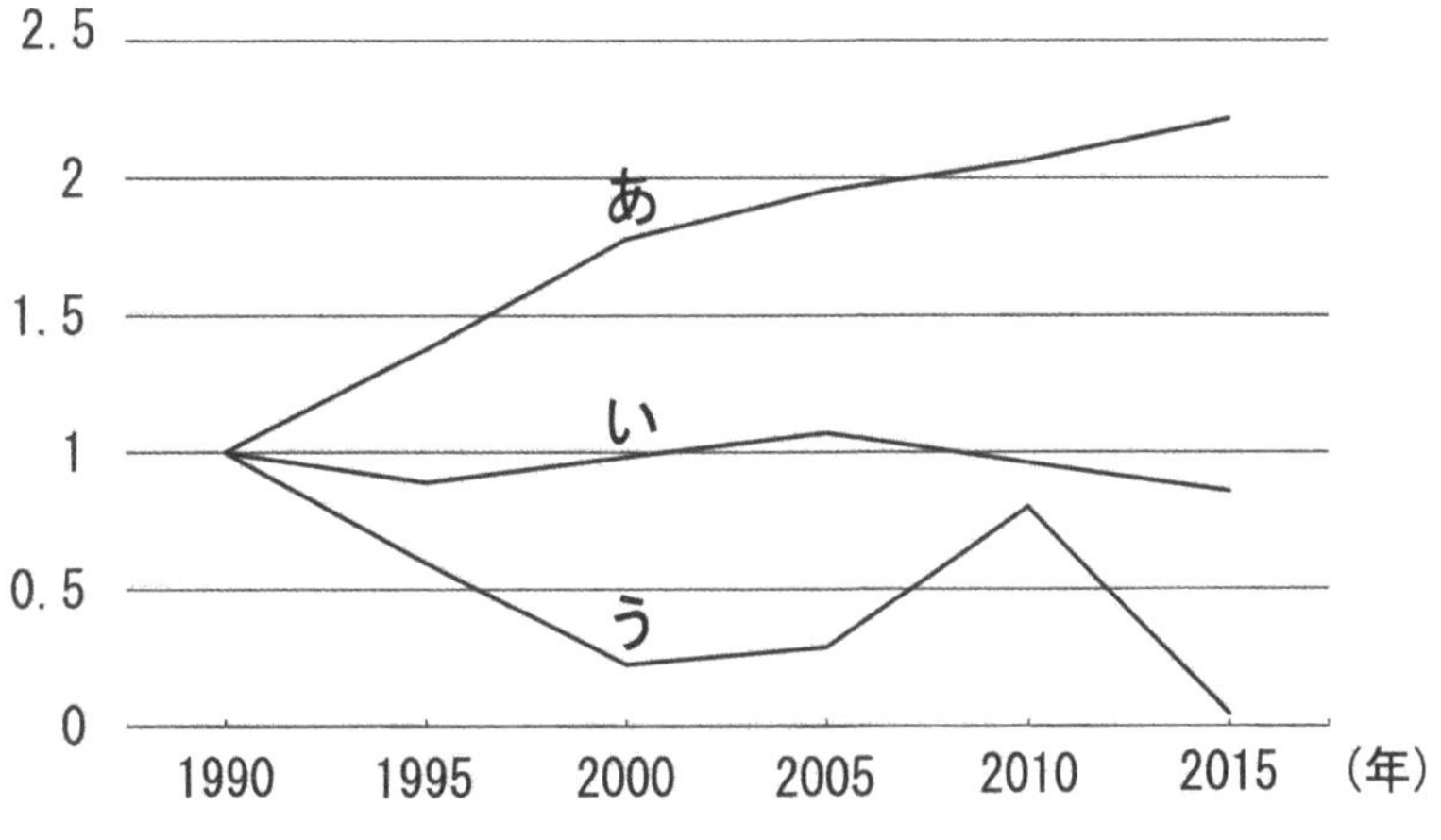

『データブック オブ・ザ・ワールド2021年版』により作成。

	ア	イ	ウ	エ	オ	カ
レトルト食品	あ	あ	い	い	う	う
新聞用紙	い	う	あ	う	あ	い
テレビ	う	い	う	あ	い	あ

問４　邦平さんは，2021年に亡《な》くなった俳優の田中邦衛《くにえ》さんを偲《しの》ぶドラマの再放送をみて，【⑤】に位置する富良野《ふらの》市周辺の観光について調べることにした。次の図の**あ**～**う**は，1975年，1990年，2005年の富良野市の月別観光客数の移り変わりを示しており，あとの二重線内の文章は，この期間における観光客数の移り変わりについての説明である。図中の**あ**～**う**を，年代の古い順に並べたものとして正しいものを，あとの**ア**～**カ**から１つ選び，記号で答えなさい。

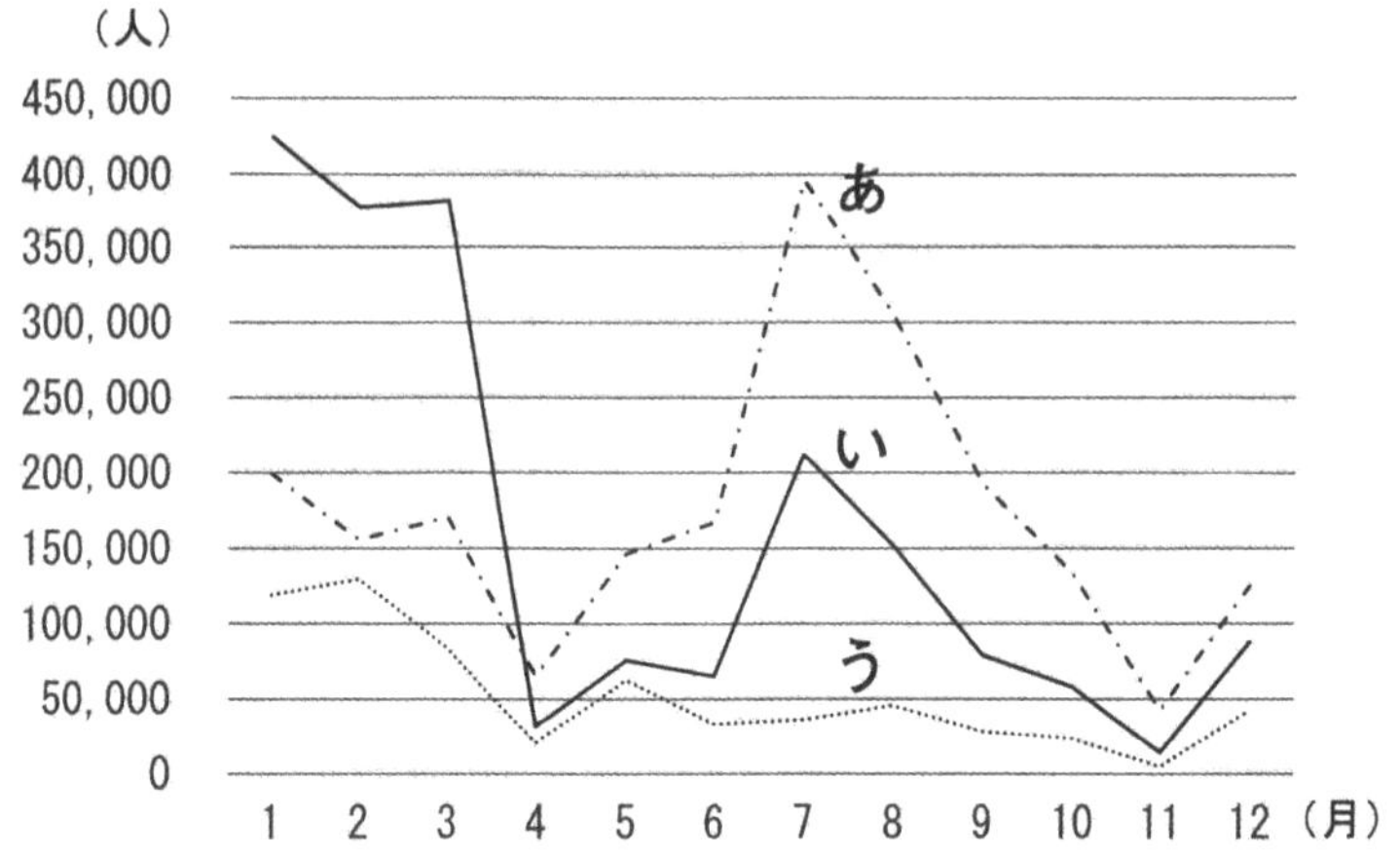

「富良野市ＨＰ」により作成。

【⑤】のほぼ中心に位置する富良野市は，多くの観光客にとって遠い地域であったため，1980年頃《ころ》まではスキー観光が中心であった。1980年代なかば頃から，スキーリゾートの整備が進んできたことに加え，テレビドラマの大ヒットなどにより，観光客数が増加していった。バブル経済崩壊後は，スキーブームの低下や遠い地域であることから冬の観光客数は減少したものの，他のドラマの舞台として認知度が上がったことなどを背景に，ラベンダー畑や自然を生かしたアクティビティなどの観光開発が進んだ。

ア．あ→い→う　　**イ**．あ→う→い　　**ウ**．い→あ→う
エ　い→う→あ　　**オ**．う→あ→い　　**カ**．う→い→あ

2　日本の歴史に関する次の各問いに答えなさい。

問１　次のページの**資料１**・**資料２**について述べた，下の二重線内の文章中の □ にあてはまる語句としてもっとも適しているものを，あとの**ア**～**エ**から１つ選び，記号で答えなさい。

資料１は，奈良県の箸墓古墳《はしはかこふん》である。箸墓古墳は３世紀後半につくられた，日本でもっとも古い大型の前方後円墳である。前方後円墳は，日本列島独自の形の墓である。**資料２**は全国に広がる前方後円墳の分布を示したものである。前方後円墳には，各地の有力者が埋葬《まいそう》されている。以上を参考にすると，□ と考えられる。

ア．全国を統一する政権が，関東を中心に形成された
イ．仏教が広まったことにより国家が統一された
ウ．これらの地域が中国皇帝《こうてい》の支配下に置かれた
エ．地方の政治勢力が次々と大和政権に結びついた

資料１

資料２

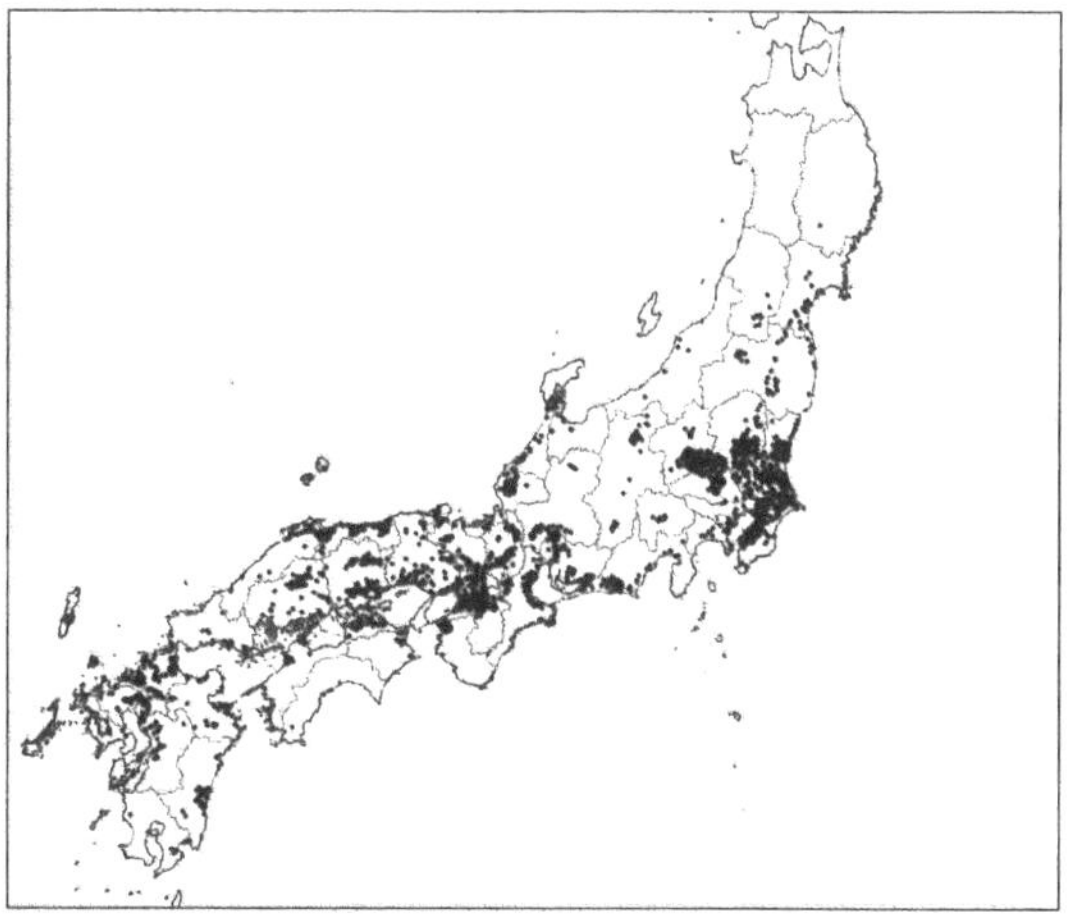

「奈良女子大学古代学学術研究センターＨＰ」などにより作成。

問２　次の年表は，飛鳥時代から奈良時代にかけてのできごとを示したものである。また，あとの二重線内の文章は，年表内のできごとについて述べたものである。二重線内の下線部**ア**～**サ**のうち**誤りがあるもの**を１つ選び，記号で答えなさい。

	できごと
607年	遣隋使《けんずいし》が派遣される
645年	大化の改新が開始される
701年	大宝律令《りつりょう》が制定される
710年	平城京に都が移される

遣隋使は，倭《わ》の五王の遣使から途絶《とだ》えていた中国との外交を**ア**推古天皇のもとで再開するものだった。**イ**小野妹子が派遣され，隋の皇帝に渡《わた》された国書には，**ウ**対等な外交関係をめざすことが記されていた。

大化の改新は，**エ**唐《とう》にならって，土地と人民をすべて**オ**天皇のものとする国づくりをめざした。また，この年に初めて**カ**日本独自の年号が定められた。

大宝律令は，刑部《おさかべ》親王や**キ**藤原不比等《ふじわらのふひと》らにより定められ，唐にならった中央集権国家の基礎《きそ》が確立した。**ク**律は政治制度，令は刑法《けいほう》に関する規定だった。

平城京は，律令国家の新しい都として建設された。唐の都である**ケ**長安にならい，碁盤《ごばん》の目のように区画された**コ**都市の北端《ほくたん》に天皇の宮殿《きゅうでん》が置かれ，市では**サ**和同開珎《わどうかいちん》《ほう》が売買に用いられた。

問３　次の二重線内の文章は，鎌倉幕府の成立について述べたものである。文章中の A ～ C にあてはまる語句の組み合わせとして正しいものを，あとの**ア**～**シ**から１つ選び，記号で答えなさい。

鎌倉幕府がいつ成立したかという問題は，源頼朝がいつ，どの程度の政治権力をもっていたかという点で判断が分かれる。1185年説は，平家滅亡後，頼朝が奥州へ逃げた源義経を追《つい》討《とう》するために，各国に [A] を置き，荘《しょう》園などにも [B] を置いたことから，実質的全国政権となったとみる考えである。また，1192年説は，頼朝が幕府開設に必要な [C] の地位に任命されたことから，名実ともに新しい政権となったとみる考えである。

	A	B	C
ア	国司	守護	将軍
イ	国司	守護	太政大臣《だいじょうだいじん》
ウ	国司	地頭	将軍
エ	国司	地頭	太政大臣
オ	守護	国司	将軍
カ	守護	国司	太政大臣
キ	守護	地頭	将軍
ク	守護	地頭	太政大臣
ケ	地頭	国司	将軍
コ	地頭	国司	太政大臣
サ	地頭	守護	将軍
シ	地頭	守護	太政大臣

問４　沖縄に住む小学生の邦平さんは，学校の授業で，昆布《こんぶ》の漁獲量のほとんどは北海道がしめていることを学習したが，昆布のとれない沖縄に昆布を使った伝統料理かあることに疑問をもち，昆布が沖縄に定着した歴史について調べた。次の二重線内の文章は，邦平さんがまとめたものである。文章中の [A] ～ [C] にあてはまる語句の組み合わせとして正しいものを，あとの**ア**～**ケ**から１つ選び，記号で答えなさい。

　江戸時代，昆布は生産地である蝦夷《えぞ》地から [A] によって大坂（大阪）まで運ばれていたことから，西日本には昆布を使った文化が定着した。しかし， [A] の交易ルートだけでは，琉球《りゅうきゅう》まで昆布を運ぶことはできない。

　一方，江戸時代後期，財政の悪化により借金に苦しんでいた [B] は，その支配下にあった琉球を中継地《ちゅうけいち》として [C] との貿易の拡大をはかっており，蝦夷地の昆布を交易品として輸出したのである。しかし，蝦夷地や大坂から遠く離れた [B] が昆布を手に入れるのは容易ではなかったため，その仲立ちとして現れたのが，富山の薬売り※だった。彼らは [A] から仕入れた昆布を [B] に売り，そのみかえりとして [B] から [C] の高価な薬の原料を手に入れたのである。こうして，沖縄に大量に昆布が流入し， [C] への輸出品として用いられる一方，料理にも取り入れられ沖縄に定着した。

〔語句解説〕

※富山の薬売り…富山でさかんだった薬の行商。江戸中期より富山藩の保護を受けて発展し，全国に得意先を広めた。

	A	B	C
ア	菱垣廻船《ひがきかいせん》	対馬《つしま》藩	中国
イ	菱垣廻船	薩摩《さつま》藩	ロシア
ウ	菱垣廻船	松前藩	朝鮮
エ	北前船	松前藩	ロシア
オ	北前船	対馬藩	朝鮮
カ	北前船	薩摩藩	中国
キ	樽《たる》廻船	薩摩藩	朝鮮
ク	樽廻船	松前藩	中国
ケ	樽廻船	対馬藩	ロシア

問５　幕末期，江戸幕府の大老を務めた井伊直弼《いいなおすけ》が日米修好通商条約に調印したことをきっかけに，欧米《おうべい》諸国との貿易が始まった。次の二重線内の文章は，欧米諸国との貿易により生じた問題について述べたものである。あとの「**金・銀交換《かん》比**（重量）」の資料を参考に文章中の [A] ～ [C] にあてはまる語句の組み合わせとして正しいものを，あとの**ア**～**カ**から１つ選び，記号で答えなさい。

> 欧米諸国との貿易が始まると，日本から [A] が大量に流出するようになった。これは，外国からもちこんだ [B] を，日本で [A] に交換し，その [A] を外国で [B] に交換すると，もとの量の [C] 倍になることに気がついた外国人が，[A] を日本の国外に大量にもちだしたためであった。

	金・銀交換比（重量）
外国	金１：銀15
日本	金１：銀５

	ア	イ	ウ	エ	オ	カ
A	金	金	金	銀	銀	銀
B	銀	銀	銀	金	金	金
C	3	5	15	3	5	15

問６　右の二重線内の歌は，近代日本の代表的な歌人がよんだ歌の一部である。この歌に関する次のページの(1)・(2)の各問いに答えなさい。

> あゝ《あ》を《お》とうとよ，
> 君を泣く，
> 君死にたまふ《う》ことなかれ，
> 末に生《うま》れし君なれば
> 親のなさけはまさりしも，
> 親は刃《やいば》をにぎらせて
> 人を殺せとを《お》しへ《え》しや，
> 人を殺して死ねよとて
> 二十四までをそだてしや。

(1)　この歌をよんだ歌人として正しいものを，次の**ア**～**エ**から１つ選び，記号で答えなさい。なお，写真の下にはその人物の代表的な作品や書籍《しょせき》を記してある。

ア．

『たけくらべ』

イ．

『みだれ髪《がみ》』

ウ．

『わたしと小鳥とすずと』

エ．

雑誌『青鞜《せいとう》』

(2)　この歌がよまれた当時の日本の様子を述べたものとしてもっとも適しているものを，次の**ア**～**エ**から１つ選び，記号で答えなさい。

ア．自由民権運動がさかんになっていた。

イ．官営工場が設立され，軽工業が発達してきた。

ウ．八幡《やはた》製鉄所が操業を始め，重工業が発達してきた。

エ．関東地方で大震災《だいしんさい》が発生し，恐慌《きょうこう》がおこった。

問７　次の資料は，1928（昭和３）年の衆議院議員総選挙に関連するポスターである。このポスターには「国政は舟《ふね》のごとく，一票は櫂《かい》（舟を漕《こ》ぐための道具）のごとし」※と書いてあるが，当時この舟に乗ることができた国民の条件として正しいものを，次の**ア**～**エ**から１つ選び，記号で答えなさい。

※ポスターの言葉をやさしく書きあらためたもの。

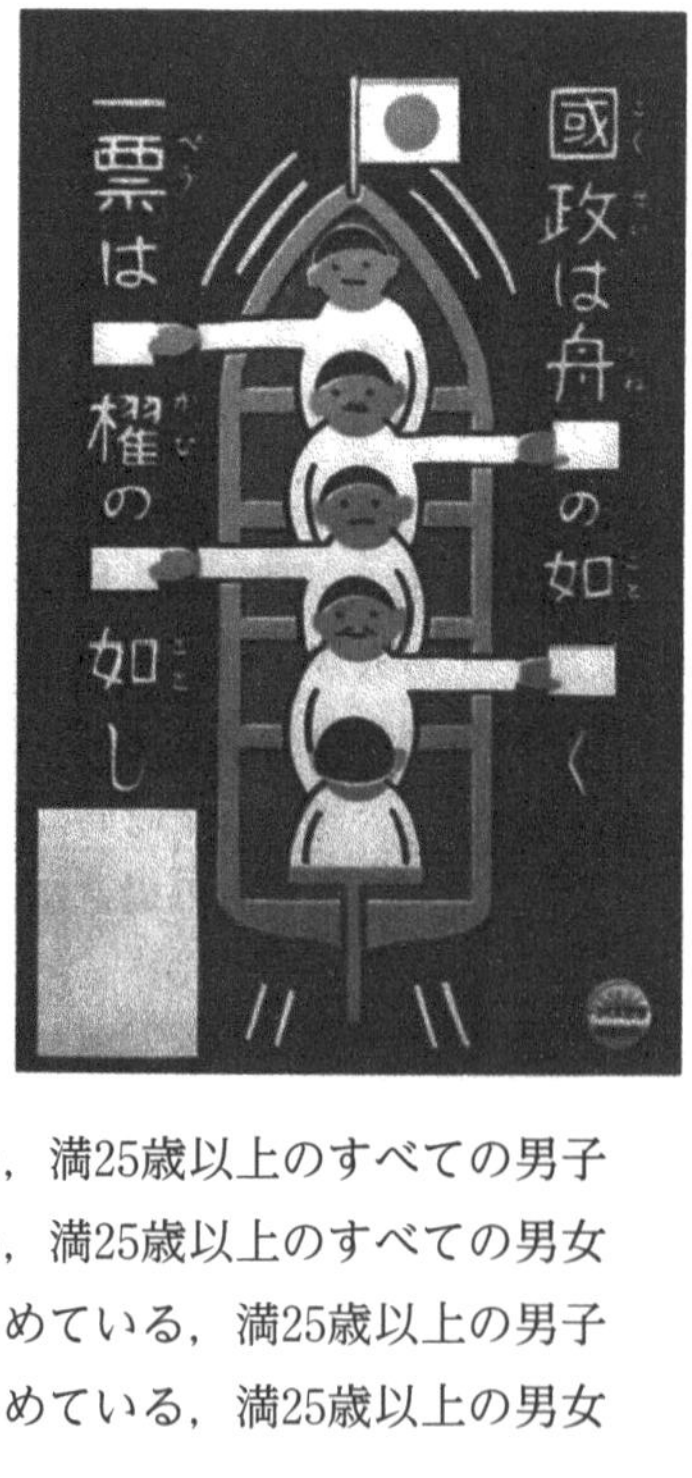

ア．納税額による制限のない，満25歳以上のすべての男子

イ．納税額による制限のない，満25歳以上のすべての男女

ウ．直接国税15円以上をおさめている，満25歳以上の男子

エ．直接国税15円以上をおさめている，満25歳以上の男女

3　次の文章を読んで，あとの各問いに答えなさい。

①ドイツの国民は，2011年３月11日の東日本大震災に伴《ともな》う原発事故に即座《そくざ》に反応した。全国各地で日本の震災被害者《ひがいしゃ》を追悼《ついとう》・支援《しえん》する催《もよお》しが開かれる一方，反原発・脱《だつ》原発を掲《かか》げた市民集会や抗議《こうぎ》デモが繰《く》り広げられたのである。彼ら自身が被害を受けた［あ］原発事故（1986年４月26日）から25周年の日が近づき，当時の記憶《きおく》が［い］と重なって反原発の思いが強化された。メディアも連日連夜，原発事故の話題をトップに取り上げ，繰り返し討論番組を組んだ。②連邦議会《れんぽうぎかい》でも議論が続き，［う］連邦首相《しゅしょう》は新たに「エネルギー安全供給のための倫理《りんり》委員会」を設置した。他方，電力産業界は性急な脱原発に警告を発したが，世論を抑《おさ》えることはできなかった。2011年３月末におこなわれたバーデン・ヴ《ビ》ュルテンベルク州③議会選挙では，環境《かんきょう》保護や反原発を訴《うった》える「緑の党」が第一党に躍《おど》り出たのである。最も保守勢力の地盤《じばん》が強かった州に，ドイツで初めて「緑の党」の首相※1が誕生し，これを機に脱原発ムードがさらに高まっていく。

当時，ドイツの脱原発に向けた迅速《じんそく》な動きに，国の内外から「集団ヒステリーだ」と揶揄《やゆ》※2する声が上がった。極端《きょくたん》に過激な反応をする人がいたことも事実である。しかし，単に「ヒステリー」の一言で片づけてはいけない。倫理委員会は脱原発に向けたさまざまな課題や問題について，各界代表を呼んで公聴会《こうちょうかい》を開き，賛否両論，長時間にわたる討論をテレビとインターネットで公開した。こうして協議を重ねた倫理委員会の提言に基《もと》づき，連邦政府は早期脱原発（④2022年全原発永久停止）に踏《ふ》み切ったのである。

ドイツの国民は，⑤ヒロシマ・ナガサキの記憶，［あ］の記憶，［い］の記憶から引き出された力により脱原発を選択《せんたく》し，政府を突《つ》き動かしたと言えるのではないか。その際，自由でオープンな議論が激しく戦わされた。これが「過去の克服《こくふく》」を成し遂《と》げた戦後ドイツ民主主義の本質だ。その結果，政府は早期に脱原発を望む国民の声を支持するに至った。［う］連邦首相自身「ヘラクレスの難題だ（超《ちょう》難題の意）」と言いつつ，世紀の大プロジェクトとしてエネルギー転換にドイツの未来の命運を懸《か》けたのである。

この国の選択を見る限り，やはり「記憶」には未来への希望という大きなエネルギーがこめられているようだ。

岡裕人《ひろと》『忘却《ぼうきゃく》に抵抗《ていこう》するドイツ』より（一部改）。

〔語句解説〕
※1「緑の党」の首相…バーデン・ヴュルテンベルク州の首相。ドイツは各州に首相が存在する。
※2 揶揄…からかうこと。

問１　文章中の［あ］・［い］にあてはまる語句の組み合わせとして正しいものを，次の**ア**～**カ**から１つ選び，記号で答えなさい。

	あ	い
ア	チェルノブイリ	ビキニ環礁《かんしょう》
イ	チェルノブイリ	フクシマ
ウ	ビキニ環礁	チェルノブイリ
エ	ビキニ環礁	フクシマ
オ	フクシマ	チェルノブイリ
カ	フクシマ	ビキニ環礁

問２　文章中の [う] にあてはまる，2005年から2021年までドイツの首相を務めた人物を，次の**ア**～**エ**から１つ選び，記号で答えなさい。

ア．アンゲラ・メルケル　　**イ**．エマニュエル・マクロン

ウ．ジョー・バイデン　　**エ**．ボリス・ジョンソン

問３　下線部①に関して，次の二重線内の資料は，ドイツの憲法にあたる「ドイツ連邦共和国基本法」の条文である。これと同様の内容が含《ふく》まれている日本国憲法の条文として，もっとも適しているものを，あとの**ア**～**オ**から１つ選び，記号で答えなさい。

> ドイツ連邦共和国基本法　第８条
> (1)　すべてのドイツ人は，届出または許可なしに，平穏《へいおん》かつ武器を持たないで集会する権利を有する。

ア．日本国民は，正義と秩序《ちつじょ》を基調とする国際平和を誠実に希求し，国権の発動たる戦争と，武力による威嚇《いかく》又《また》は武力の行使は，国際紛争《ふんそう》を解決する手段としては，永久にこれを放棄《ほうき》する。

イ．すべて国民は，個人として尊重される。生命，自由及《およ》び幸福追求に対する国民の権利については，公共の福祉《ふくし》に反しない限り，立法その他の国政の上で，最大の尊重を必要とする。

ウ．何人《なんぴと》も，損害の救済，公務員の罷免《ひめん》，法律，命令又は規則の制定，廃止《はいし》又は改正その他の事《じ》項《こう》に関し，平穏に請願《せいがん》する権利を有し，何人も，かかる請願をしたためにいかなる差別待遇《たいぐう》も受けない。

エ．集会，結社及び言論，出版その他一切《いっさい》の表現の自由は，これを保障する。検閲《けんえつ》は，これをしてはならない。通信の秘密は，これを侵《おか》してはならない。

オ．何人も，現行犯として逮捕《たいほ》される場合を除いては，権限を有する司法官憲が発し，且《か》つ理由となっている犯罪を明示する令状によらなければ，逮捕されない。

問４　下線部②に関して，次の**(1)**・**(2)**の各問いに答えなさい。

(1)　ドイツは連邦議会と連邦参議院の二院制である。次の**ア**～**エ**は，アメリカ，イギリス，ドイツ，日本の二院の選出のしくみについての説明である。このうち，日本の説明として正しいものを１つ選び，記号で答えなさい。なお，二院の表記はすべて上院，下院としてある。

ア．下院は，国民の直接選挙により選出される。上院は，貴族らにより構成される。

イ．下院は，国民の直接選挙により選出される。上院は，各地方政府の代表により構成される。

ウ．上院，下院とも国民の直接選挙により選出される。各地方から，上院は２名ずつ，下院は人口比例で議席が割り当てられる。

エ．上院，下院とも国民の直接選挙により選出される。両院とも全国民を代表し，同時に両院の議員となることはできない。

(2)　日本では，法律案は憲法に特別の定めのある場合を除いては，両議院で可決したとき法律となる。衆議院で可決した法律案のその後の取りあつかいについての説明として正しいものを，次の**ア**～**エ**から１つ選び，記号で答えなさい。

ア．法律案について，参議院で衆議院と異なった議決をした場合に，法律の定めるところにより，両議院の協議会を開いても意見が一致《いっち》しないときは，衆議院の議決を国会の議決とする。

イ．法律案について，参議院で衆議院と異なった議決をした場合に，国会が国民に提案して法律案の賛否を問わなくてはならない。この法律案の制定には，国民投票において，その過半

数の賛成を必要とする。

ウ．参議院が，衆議院の可決した法律案を受け取った後，国会休会中の期間を除いて30日以内に，議決しないときは，衆議院の議決を国会の議決とする。

エ．参議院が，衆議院の可決した法律案を受け取った後，国会休会中の期間を除いて60日以内に，議決しないときは，衆議院は，参議院がその法律案を否決したものとみなすことができる。

問５　下線部③に関して，次の表は，現在の日本の衆議院議員総選挙のしくみを説明するための架《か》空《くう》の投票結果である。［比例代表］には３つの政党が候補者をたてており，そのうちの〔人間党比例名《めい》簿《ぼ》〕を示している。［小選挙区］では，人間党の候補者が重複立候補する小選挙区の投票結果を示している。これらの表をもとに，あとの「手順」に従い，人間党の**比例代表での当選者**をあとの**ア**～**オ**から**すべて**選び，記号で答えなさい。なお，記号は**五十音順**に答えること。

［比例代表］　**定数８**

政　党	自然党	生命党	人間党
得票数	33,000	7,200	24,000
÷１	33,000	7,200	24,000
÷２	16,500	3,600	12,000
÷３	11,000	2,400	8,000
÷４	8,250	1,800	6,000
÷５	6,600	1,440	4,800

〔人間党比例名簿〕

順位	候補者	
1	**佐藤　みお**	比例単独
2	**鈴木はると**	重複立候補（小選挙区①）
2	**高橋　めい**	重複立候補（小選挙区②）
2	**田中そうた**	重複立候補（小選挙区③）
2	**伊藤いちか**	重複立候補（小選挙区④）

［小選挙区］

	小選挙区①		小選挙区②		小選挙区③		小選挙区④	
当選	渡辺みなと	500	中村はるき	300	加藤いつき	400	**伊藤いちか**	600
次点	**鈴木はると**	300	小林あかり	250	**田中そうた**	280	山田あおい	160
3位	山本　ゆい	150	**高橋　めい**	240	吉田　はな	200	佐々木りこ	140

「**手順**」

手順１　ドント方式を用いて，**定数８**のうちの人間党の比例代表の議席配分を決定する。

手順２　小選挙区で当選した重複立候補者を比例名簿から除く。

手順３　小選挙区で落選した重複立候補者得票数の「同じ小選挙区の当選者の得票に対する割合（**惜敗《せきはい》率**）」を求める。

手順４　比例名簿の上位から人間党の比例代表の当選者を決定する。同一順位の候補者は**惜敗率**の高い順に当選者を決定する。

ア．佐藤　みお　　イ．鈴木はると　　ウ．高橋　めい　　エ．田中そうた　　オ．伊藤いちか

問６　下線部④に関して，日本では2018年に民法が改正され，2022年４月１日より成年年齢《れい》が引き下げられる。2022年４月１日に成年に達する人の生年月日を，解答欄に合うように**算用数字**で答えなさい。

問７　下線部⑤に関して，次の二重線内の文章を読んで，あとの⑴・⑵の各問いに答えなさい。

2021年１月，核《かく》兵器の開発や実験，保有などを全面的に禁じる［　X　］が発効した。この条約は，2017年７月にニューヨークの国連本部で行われた会議で，124か国中122か国という圧倒《あっとう》的多数の賛成により採択された。右の写真は，話し合いに不参加だった日本政府代表の席に置かれた折《お》り鶴《づる》を撮影《さつえい》したものである。折り鶴には「#wish you were here（あなたがここにいてほしい）」と書かれている。このメッセージには，戦争において世界で［　Y　］である日本にこの条約に参加してほしいという願いがこめられている。

⑴　文章中の［　X　］にあてはまる条約を，次の**ア**～**エ**から１つ選び，記号で答えなさい。

ア．部分的核実験禁止条約　　**イ**．核兵器拡散防止条約

ウ．包括《ほうかつ》的核実験禁止条約　　**エ**．核兵器禁止条約

⑵　文章中の［　Y　］にあてはまる言葉を，**ひらがな９～11字**で答えなさい。ただし，句読点は用いないこととする。

イ　「わたし」自身、かつては「阿子ちゃん」と同じように、プライドの高さがもとで生きづらさを感じていて、そういう意味で「阿子ちゃん」に対して親近感をいだいていたが、「阿子ちゃん」から自分の気持ちは「わたし」にわかりっこないと言われたことで、自分と「阿子ちゃん」を同一視するような考えは捨てようと決意したから。

ロ　「わたし」自身、かつては「阿子ちゃん」と同じように、「わたし」の気持ちを理解することができない周囲の人々を見下すような態度をとる少女であったが、「阿子ちゃん」の態度に不快感をおぼえたことで、いつの間にか自分も「傲慢だ、謙虚さを身につけろ」と思う側の人間になってしまったのだと実感したから。

ハ　「わたし」自身、かつては「阿子ちゃん」と同じように、気が強く自意識過剰だったこともあり、周囲の人々を傷つけることもたびたびあったが、「阿子ちゃん」の横暴な態度に怒りをおぼえたことで、当時の自分がいかに傲慢であったかを改めて思い知り、これから先は決してあのような態度をとるまいとかたく心に決めたから。

ニ　「わたし」自身、かつては「阿子ちゃん」と同じように、頭が良いことを鼻にかけて、周囲の人たちに対して生意気な態度をとる傲慢な少女であったが、「わたし」が貸してあげた本を「阿子ちゃん」が傷つけたことで、「阿子ちゃん」に対する憎しみが生まれるとともに、今の自分はさすがにそこまでひどくはないと思い直したから。

ホ　「わたし」自身、かつては「阿子ちゃん」と同じように、自分は周囲の友だちと比べて能力が高いという自負心をもって生きていたが、しだいに「阿子ちゃん」の我の強さや傲慢さ、過剰な自意識が鼻につくようになり、本を汚された一件が決め手となって、「阿子ちゃん」に共感することはもうできないと強く感じたから。

だから、「わたし」もわざと汚したとは思うまいと高をくくっている。

ホ　借りた本をうっかり汚しはしたものの、自分から弁償すると申し出たのだから、「わたし」も自分のことを見直すだろうと期待している。

問6　——線**（4）**「誇っていたのだ」とありますが、このときの「わたし」の気持ちを説明した次の文にあてはまる言葉を本文中から**十一字**でぬき出して答えなさい。（句読点・記号等も字数に数えます。）

> ほかのクラスメートに対して、［　　　］を持っていた。

問7　——線**（5）**「なるほど、わたしは傲慢だった」とありますが、「わたし」のどのようなところが「傲慢だった」のですか。その説明としてもっとも適切なものを次の**イ**～**ホ**の中から一つ選び、記号で答えなさい。

イ　無邪気な人がらゆえに他人の悪意に鈍感で、「わたし」に嫌われていることにも気づけない「彼女」の幼さを、心の内で見下しているところ。

ロ　勉強もスポーツもでき、芸術の才能まであるにもかかわらず、人間的なおもしろみに欠ける「彼女」のきまじめさを、馬鹿にしているところ。

ハ　先生に叱られ傷ついた「わたし」に対し、さらに傷つけるような言葉をかけてしまう「彼女」の鈍感さを、心の底から軽蔑しているところ。

ニ　成績も良く容姿にも才能にもめぐまれている「彼女」のことをうらやましく思いつつ、プライドの高さからそれを素直に認められないところ。

ホ　友達思いで善意にあふれているものの、「わたし」の気持ちには合わない「彼女」の的外れな言動を、うとましく思ってみくびっているところ。

問8　——線**（6）**「嘘っぱちの世界」とは、具体的にはどのような世界ですか。その説明としてもっとも適切なものを次の**イ**～**ホ**の中から一つ選び、記号で答えなさい。

イ　やさしさを身につけろと言いながら、相手の都合を考えずに自分の考えるやさしさだけを主張する人しかいないような悪意に満ちた世界。

ロ　やさしさを身につけろと言いながら、少しでも反抗的な態度をとる人間はすぐに仲間外れにされるような親しみのかけらもない世界。

ハ　やさしさを身につけろと言いながら、相手が本当に求めていることに気づこうとしないような、他人に対する無関心さにあふれた世界。

ニ　やさしさを身につけろと言いながら、目の前にいる相手を傷つけることを言う人が野放しになっているような殺伐《さつばつ》とした世界。

ホ　やさしさを身につけろと言いながら、生意気な態度をとる人だけをねらいうちにして責め立てるような道理に合わない世界。

問9　——線**（7）**「自分の少女時代が終わった」とありますが、なぜ「わたし」はそのように思ったのですか。その理由としてもっとも適切なものを次の**イ**～**ホ**の中から一つ選び、記号で答えなさい。

全員がその家と絶交すること。転じて仲間外れにすること。

※5　『オズの魔法使い』……アメリカのL・F・ボーム作の児童小説。少女ドロシーが竜巻《たつまき》に巻き上げられて魔法使いオズの支配する国を旅する。

※6　矜持……自分の能力を信じていだく誇り。プライド。

問1　Ⅰ・Ⅲ にあてはまる言葉をそれぞれ**漢字一字**で答えなさい。

問2　Ⅱ にあてはまる言葉としてもっとも適切なものを次の**イ**～**ホ**の中から一つ選び、記号で答えなさい。

イ　自尊心　**ロ**　敵対心　**ハ**　向上心　**ニ**　嫉妬《しっと》心

ホ　好奇《こうき》心

問3　——線（1）「手強そうな子」とありますが、その説明としてもっとも適切なものを次の**イ**～**ホ**の中から一つ選び、記号で答えなさい。

イ　いっしょに勉強をする友達に対して、思いやりのなさそうな子。

ロ　見るからに気が強そうで、すぐにかんしゃくを起こしそうな子。

ハ　簡単には他人の言いなりにならない、一筋縄《ひとすじなわ》ではいかなそうな子。

ニ　教えるべきことがほぼないように見える、いかにも利発そうな子。

ホ　精神年齢《ねんれい》が高く、同年代の子どもより数倍のみこみの早そうな子。

問4　——線（2）「彼女はしだいに反抗的な態度をとりはじめた」とありますが、それはなぜですか。その理由としてもっとも適切なものを次の**イ**～**ホ**の中から一つ選び、記号で答えなさい。

イ　のみこみの遅い「おしんちゃん」にあわせて授業が進んでいくため、自分の勉強を思うように進められずあせりを感じてきたから。

ロ　気の強い自分よりも、素直でかわいい「おしんちゃん」を「わたし」がえこひいきしているように感じられてさびしく思ったから。

ハ　自分のほうが「おしんちゃん」よりずっと優秀なのに、「わたし」が自分を高く評価してくれないことにいらだちをおぼえたから。

ニ　能力の低い「おしんちゃん」が授業の足を引っ張っているのに、「わたし」が彼女を厳しく注意しないことを腹立たしく思ったから。

ホ　ゆっくりしたペースの「おしんちゃん」にあわせて授業が進んでいくので、まじめに勉強をするのがばからしくなってしまったから。

問5　——線（3）「不敵に笑いながら」とありますが、このときの「阿子ちゃん」の気持ちの説明としてもっとも適切なものを次の**イ**～**ホ**の中から一つ選び、記号で答えなさい。

イ　借りた本を故意に汚したわけではないし、自分から弁償すると申し出たのだから、「わたし」への謝罪は十分にできたと安心している。

ロ　借りた本をわざと汚した証拠《しょうこ》はないうえ、自分から弁償すると申し出たのだから、「わたし」も怒《おこ》るに怒れないはずだと確信している。

ハ　借りた本を誤って汚してしまったが、自分から弁償すると申し出たのだから、「わたし」は優しく許してくれるだろうと楽観している。

ニ　借りた本をあてつけに汚したが、自分から弁償すると申し出たの女にお手本を書かせるほどだった。

それはもう、眩《まばゆ》いばかりの美と技《わざ》をもち、けれど残念なことに、心をゆさぶるものがなかった。わたしの［Ⅱ］を刺激《しげき》するものがなかった。犯人のわかったミステリーを読むようなものだった。

わたしは、傲慢だ、謙虚さを身につけろといわれて、［Ⅲ］の気が失《う》せるほど打撃《だげき》をうけたけれど、かといって、気にしちゃダメだよと優しく慰《なぐさ》めてくれる彼女の鈍感《どんかん》さ、といって悪ければ幼さや無邪気《むじゃき》さには、うんざりさせられた。(5)なるほど、わたしは傲慢だった。

あるとき、理由は忘れたけれど、彼女にまつわりつかれるのがほとほと嫌《いや》になって、

「あたし、ひとりになって、いろいろ考えたいこともあるし。あたしたち、しばらくともだちづきあい、止《や》めない？」

と昼休みの教室で、彼女にいい放った。彼女は呆然《ぼうぜん》とし、みるみるうちに目に涙《なみだ》をうかべ、顔を歪《ゆが》めて泣きだした。

クラスの女の子たちがわっと周りに集まってきて、どうしたの、どうしたのと騒《さわ》いだ。彼女はすすり泣きながら、

「サエちゃんが、絶交するって……」

ととぎれとぎれにいった。女の子たちはいっせいにわたしを睨《にら》みつけ、その後しばらく※4ムラハチブになってしまった。

絶交宣言はいちはやく教師の耳にとどいたらしく、その学期の通信簿《ぼ》の通信欄《らん》に、

「ともだちの気持ちを思いやる、やさしさを身につけてほしい」

というようなことが書いてあった。

わたしは彼女の善意を疑っていなかったし、たぶん、彼女のほうが大人の世界では正しいのだろうと思ったけれど、なにか理不尽《りふじん》な怒《いか》りを覚えた。〝やさしさを身につけろ〟という世界は、誠実な顔つきで、真綿で首をしめてくる、いやな世界だった。(6)嘘《うそ》っぱちの世界だった。わたしはすべてに苛立ち、もがいていた。

そういった我の強さ、傲慢さ——といって悪ければひりひりするような過剰《かじょう》な自意識。たしかに阿子ちゃんはわたしに似ていた。

コーヒーでごわごわになった。※5『オズの魔法使《まほうつか》い』を眺《なが》めながら、

「阿子ちゃんはきっと、あたしの気持ちなんか、おまえにわかるもんかと思ってるんでしょうね」

とわたしは呟《つぶや》いた。阿子ちゃんは。※6矜持《きょうじ》というものを知っている少女の目を、まっすぐにわたしに当てたまま、

「そりゃそうでしょ。わかりっこないよ」

と頰《ほお》をゆがめて笑った。確信にみちた言い方だった。わたしはそのとき、(7)自分の少女時代が終わったことを知った。彼女を一瞬《いっしゅん》、生意気なくそガキが！　と憎《にく》むことによって。

（氷室冴子《ひむろさえこ》「さようなら女の子」より。）

（注）※1　興福寺の阿修羅像……国宝。三つの顔と六本の腕《うで》を持ち、細身の体つきや少年のような顔立ちなどに特色がある仏像。

※2　『おしん』……テレビドラマ。貧しい農家に生まれた少女・おしんが、明治・大正・昭和という激動の時代を必死に生きる姿をえがく。

※3　サディスティック……相手に苦痛を与《あた》えることに喜びをおぼえるような性質。

※4　ムラハチブ……村八分。村のおきてにそむいた者に対して、村民

性格がよくて、宿題はかならずやってきたし、単語の書き取りも、飽《あ》きることなく書きつづけた。

阿子ちゃんのほうは、

「もう、これ覚えちゃったよ、センセ」

といってシャーペンを放り出してしまい、のたのたしているおしんちゃんを軽蔑《けいべつ》するように、ふん、と笑うのだった。

彼女はあきらかに、ふたり同時に、おなじ速度で教えてもらうことで、みずからの優位性に確信をもちはじめていた。

にもかかわらず、家庭教師のわたしはいつも公平で、ふたりを差別したり、阿子ちゃんだけを褒《ほ》めそやしたり、

「阿子ちゃんをみならいなさい」

とおしんちゃんを叱《しか》ったりすることはなかった。

それに対して、阿子ちゃんが不満を募《つの》らせてゆくのが、[I]にとるように感じられた。彼女は正当に(すくなくとも彼女が望むやり方で)認められることを望んでいた。

(2)彼女はしだいに反抗的な態度をとりはじめた。時間に遅れてくるようになり、覚えのおそいおしんちゃんにくり返し説明していると、これみよがしにアクビをして、歌を口ずさむ。注意すると、とうにやり終えた問題を投げてよこす。

おしんちゃんがわたしから本を借りて、その感想を遠慮《えんりょ》がちにしゃべる習慣ができたころ、彼女も、

「センセイが好きな本、どれ」

といって、借りていった。数日後、コーヒーをこぼしちゃったといって、全ページが汚《よご》れた本を返してきた。汚しちゃった、弁償《べんしょう》するよと(3)不敵に笑いながら。

彼女は、中学生のころのわたしに、ちょっと似ていた。

当時のわたしは顔こそ阿修羅には似てもにつかない童顔だったけれど、かなり気がつよく、年上の姉の影響《えいきょう》もあって、中学生が読まないような雑誌や本をよみ、レコードを聴《き》いていたわりに、それについて、おしゃべりできるクラスメートがいないことに苛立ち、たぶん、ひそかに(4)誇《ほこ》っていたのだ。

好きな男の子がいながら、その子がおもしろみのない優等生であることに苛立ち、校則のことばかりいう教師にも不満がいっぱいで、その不満を口にすることに躊躇《ちゅうちょ》がなかった。

そういうわたしを、ハラハラして見守る優しい姉のようなクラスメートがいて、彼女はわたしを親友だといって憚《はばか》らなかった。

わたしが生意気な口をきいて職員室によばれ、

「おまえは傲慢《ごうまん》だ。謙虚《けんきょ》さってものを身につけろ」

と叱られ、めちゃめちゃになったプライドを抱《かか》えて、青ざめて教室に戻《もど》ると、彼女はすぐに走りよってきて、とても心配そうに、

「気にしちゃダメだよ、サエちゃんは根がいい人なんだから」

とトンチンカンなことをいうのだった。

彼女がやさしいこと、悪意というものがないことを、わたしはよく知っていたし、だから彼女を嫌いはしなかったけれど、ときどき、とても苛々させられた。

彼女は目のぱっちりしたコで、成績はトップクラスで、だれに対しても優しく、しかもスポーツ万能《ばんのう》で、六歳のときから絵画の個人レッスンにつき、お習字教室に通っていて、習字のクラスのとき、書道講師が彼

が過ぎると他者との交際のさまたげとなり、「けち」が過ぎると自分の生活を保つことが難しくなる。この「見栄っぱり」と「吝嗇」を見分ける基準が「倹約」である。

問9　本文の説明としてもっとも適切なものを次の**イ**～**ホ**の中から一つ選び、記号で答えなさい。

イ　最初に本文のテーマに軽くふれたのちに、まず前置きで設定したテーマの正しさを証明し、テーマの内容についてくわしく述べている。

ロ　最初にテーマにいたる前提を確認したうえで、改めて本文のテーマを提示し、テーマの示す問題点について具体例をあげて解説している。

ハ　最初にテーマの示す問題点を具体的に述べたのちに、テーマが成り立つ根拠《こんきょ》を前置きで論証し、テーマが正しいことを明らかにしている。

ニ　最初に本文のテーマを設定したうえで、そのテーマを設定するにいたった経緯《けいい》を説明し、最後に改めてテーマを論じる意義を説いている。

ホ　最初に本文のテーマを明らかにしたのちに、テーマと関わる事柄《ことがら》について説明し、その内容に沿った形で改めてテーマについて論じている。

二　次の文章を読んで、あとの問いに答えなさい。

彼女《かのじょ》は――もう名前も忘れてしまったけれど、十三歳《さい》で、中学一年生になりたてだった。わたしは大学四年生だった。

いろいろな事情から、彼女と、その友だちの家庭教師をすることになったときの第一印象は、頭がよさそうで、(1)手強《てごわ》そうな子だなということだった。人をまっすぐに見る目が、そう思わせた。

　色は浅黒く、まっくろな長い髪《かみ》、目は切れ長で、ちょっと※1興福寺《こうふくじ》の阿修羅像《あしゅらぞう》にていた。一目で、相手に強く印象づけるものをもっていた。全身から、もやもやした苛《いら》だちのようなものを発散していた。急激に成長してゆく精神に、体がついていかない感じだった。

　一方の友だちは、ちょっと※2『おしん』の子ども時代の子役女優ににていた。小学生のなごりのある、かわいい子だった。そうして気の強い、ピリピリした阿修羅少女が、教師や大人とぶつかるのをはらはら見守っているふうだった。

　男の子の世界ではどうなのか知らないけれど、阿修羅&おしんちゃんコンビは、女の子の世界では、そう珍《めずら》しいものではない。

　女王と侍女《じじょ》、まま娘《むすめ》とシンデレラ、奔放《ほんぽう》な妹とジミで優《やさ》しい姉というパターンはよくある。そうして、しばしば、それらは影《かげ》の構図をもつ。

　実は孤独な女王をあやつる※3サディスティックな侍女、けなげさに逃《に》げこむシンデレラと欲望に忠実であるために誤解されるまま娘、権力欲をやさしさの中で行使する姉と、我《が》を通すことでしか抵抗《ていこう》できない不器用な妹、というふうに。

　だから阿修羅少女とおしんちゃんの関係の内実も、どうだったのかは未《いま》だにわからないけれど、ともあれ、ふたりは週二回、わたしの自宅に通ってきて、数学だの英語だのを勉強した。

　よくあるように、阿修羅少女――かりに阿子ちゃんのほうが、だんぜん、のみこみが早かった。一方のおしんちゃんはのみこみが遅《おそ》いぶん、問7 ――線（3）「これがなかなかに悩ましい問題なのです」とありますが、「悩ましい問題」とはどのようなことですか。その説明としてもっとも適切なものを次の**イ**～**ホ**の中から一つ選び、記号で答えなさい。

イ 贅沢の度合を決めるのは他者への配慮であるが、そこで表現された個人の気持ちは、どのようなものでも受け入れるべきであるということ。

ロ 贅沢の程度を決めるのは個人の気持ちであるが、個人の気持ちは尊重されなければならないので、評価基準を設けることは適切ではないということ。

ハ 贅沢の適切さを決めるのは個人の気持ちであるが、個人の気持ちは他者との関係によって変わるので、一定の基準を設けることができないということ。

ニ 適切な贅沢を決めるのは個人の気持ちであるが、個人の気持ちを具体的な数字を基準にすることは他者の気持ちをないがしろにすることになるということ。

ホ 贅沢の基準を決めるのは他者への配慮であるが、他者の気持ちを理解して適切な行動をとることは他者の気持ちが読めない以上不可能であるということ。

問8 本文中の「倹約」という語の説明としてもっとも適切なものを次の**イ**～**ホ**の中から一つ選び、記号で答えなさい。

イ 人間がヒトとして生きていく中で他者へ配慮するための支出が「交際費」である。「交際費」が多すぎる場合が「見栄っぱり」であり、少なすぎる場合が「けち」である。「見栄っぱり」では自分の生活に不足が出てしまい、「けち」の場合は他者との交際が難しくなる。この「見栄っぱり」と「けち」の違いをあらわすのが「倹約」である。

ロ 人間がただ生きるのではなく他者とかかわるための必要経費が「交際費」である。「交際費」が多すぎることが「奢侈」であり、交際費が少なすぎることが「けち」である。「奢侈」も「けち」も程度が過ぎると他者との関係を築くためのさまたげとなる。この「奢侈」と「けち」とのバランスをとって、他者との関係を保つのが「倹約」である。

ハ 人間が他人と交際しながら生きていくための必要経費が「交際費」である。「交際費」が多すぎる場合「吝嗇」であり、少なすぎる場合は「見栄っぱり」となる。「吝嗇」であると人と交際ができず、「見栄っぱり」が過ぎれば生活すること自体が難しくなる。この「吝嗇」と「見栄っぱり」のバランスをとるための基準となるのが「倹約」である。

ニ 人間が社会的動物として生きていくための必要経費が「交際費」である。交際費が多すぎる場合には「見栄っぱり」といわれ、少なすぎる場合は「けち」とみなされる。「見栄っぱり」だと生活のためのお金が不足し、「けち」だとお金がそのまま残ってしまう。この「見栄っぱり」でも「けち」でもない適切な「交際費」を定める基準が「倹約」である。

ホ 人間が自分の生存を保つ以外に社会的に他者と交わるための必要経費が「交際費」である。「交際費」が多すぎると「見栄っぱり」といわれ、少なすぎる場合は「吝嗇」といわれる。「見栄っぱり」

そこで問題になってくるのは、対他関係に要する社会的費用は、どのくらい必要なのかということです。ところが困ったことに、(3)これがなかなかに悩《なや》ましい問題なのです。（第18段落）

身を保つための必要ということなら、摂取カロリーやら何やらで、ともかくも一定の計算は可能です。しかし、プラスアルファの使い道が適当であるかどうか、つまりは適切な贅沢がどの程度かという計算はとても難しいのです。（第19段落）

そもそも贅沢は他者への配慮から生じるものです。しかし、他者への配慮が、どの程度あれば十分といえるかどうかは、カロリー計算のように算定できるものではありません。（第20段落）

他者への配慮とは、要は気持ちです。気持ちが要求する費用に、元来相場などはありません。大切な人への贈《おく》り物に、バラの花一本で適当だともいえますし、ダイヤモンドでも足りないという考え方もありましょう。（第21段落）

「倹約」という徳は、実はこうした相場のない交際費の適度な水準をとらえるために、古人が編み出してきた大切な知恵の一つなのです。（第22段落）

（菅野《かんの》覚明《かくみょう》『日本の元徳』より。出題にあたり、文章の構成を一部改めました。）

（注）※ロビンソン・クルーソー……イギリスの作家デフォーの小説、およびその主人公の名前。物語の中でロビンソンは無人島に漂着《ひょうちゃく》し、「フライデー君」があらわれるまでたった一人で無人島で過ごした。

問1 ══線「カソウ」の「ソウ」と同じ漢字を使うものを次の**イ**～**リ**の中から選び、記号で答えなさい。なお、正解は一つとは限りません。いくつかある場合には、そのすべての記号を答えなさい。

イ 機械をソウサする。　**ロ** リソウを持つ。
ハ 意見をソウゴウする。　**ニ** ドウソウ会を開く。
ホ チソウの年代。　**ヘ** ソウテイ外の出来事。
ト 曲をエンソウする。　**チ** ソウリツ記念日。
リ ヘンソウして出歩く。

問2 本文を大きく三つに分けるとすると、二つ目はどの段落からどの段落までになりますか。**最初と最後の段落番号を算用数字で**答えなさい。なお、一つの段落だけの場合は同じ数字を書きなさい。

問3 ――線（1）「得」と同じ意味で使われているものを次の**イ**～**ホ**の中から一つ選び、記号で答えなさい。

イ 取得　**ロ** 得意　**ハ** 習得　**ニ** 損得　**ホ** 得心

問4 ――線（2）「今日の我々の生活に要するかかりのほとんどは、余計なもの、つまりは贅沢だということがわかるでしょう」とありますが、「余計なもの」とはどのようなものですか。本文中から**八字**でぬき出して答えなさい。（句読点・記号等も字数に数えます。）

問5 Ⅰ・Ⅳにあてはまる言葉としてもっとも適切なものを次の**イ**～**ホ**の中から一つずつ選び、それぞれ記号で答えなさい。

イ 仮に　**ロ** さらに　**ハ** むしろ　**ニ** 要するに
ホ あたかも

問6 Ⅱ・Ⅲにあてはまる言葉の組み合わせとしてもっとも適切なものを次の**イ**～**ホ**の中から一つ選び、記号で答えなさい。

イ Ⅱ 肉体的　Ⅲ 全体的　**ロ** Ⅱ 個人的　Ⅲ 本質的
ハ Ⅱ 人工的　Ⅲ 文明的　**ニ** Ⅱ 個性的　Ⅲ 共同的
ホ Ⅱ 本能的　Ⅲ 社会的

人目を気にしなければ、どんな粗末《そまつ》な着物でも用は足ります。美しい着物、洒落《しゃれ》た着物が欲しいと思うのは、他人の目を意識するからにほかなりません。人前へ出るためのよそゆきこそが、贅沢を生んでいるのです。（第9段落）

贅沢を要求するのは、自分の体に備わった［Ⅱ］な欲望なのではありません。むしろ、我々が欲望だと思っているもののほとんどは、他者との関係に根ざしているのです。たとえば、おいしいものが食べたいというのは、自分の体の自然な要求であると考えられがちです。しかし、身を保つために体が要求するのは、空腹なときに十分に食べるという一事にすぎません。もし体が美味を求めるのだとしても、それは空腹にまずいものなしという美味にすぎません。（第10段落）

材料を吟味《ぎんみ》し、上手に調理された料理の美味は、しかしそれとは異なります。そこで求められているのは、単に食べることではなく、食べる楽しみです。それは、ご馳走《ちそう》をする楽しみ、ご馳走になる楽しみ、他の料理と比べる楽しみ等々、要するに他者との関係における楽しみなのです。どんな美味な料理でも、無人島で一人食べるなら味気ないものになるでしょう。贅沢を求める我々の欲望自体が、本来［Ⅲ］なものなのです。（第11段落）

［Ⅳ］、ただ生きるため以上の余分なかかり（贅沢）は、すべて他者への配慮、対人関係の産物なのです。このことは衣食住すべてについていえるのですが、なかでも、余計な消費の典型である「遊び」をみると、その間の事情がよくわかります。古くは歌舞管弦《かぶかんげん》の優雅《ゆうが》な遊びから、さまざまな競技・ゲームまで、遊びはまさに生きるための用を離れて、ただただ他者との交わり、関係を楽しむための営みです。現代の孤《こ》独《どく》なテレビゲームでさえ、たとえカソウ的な形であれ、他と競い戯《たわむ》れるという要素がなければ、とうてい楽しむことはできないはずです。（第12段落）

さて、大分前置きが長くなりましたが、そろそろ「倹約」という本題に入っていきましょう。（第13段落）

我々の消費生活において、身を養うための「必要経費」はほんのごく一部分で、残りの大半は、対人関係のための支出、つまりは「交際費」なのだということを申し上げました。つまり、よそゆきもいらないし、会食も来客も遊び相手もない※ロビンソン・クルーソー（ただしフライデー君があらわれる前の）が必要としない支出、それが我々の余分なかかりに相当するということです。（第14段落）

この余分なかかりは、しかし全くの無駄な支出であるというわけではありません。人間は社会的動物でありますから、社会的な支出もまた、生きていくための必要経費とは別の意味での必要経費には違《ちが》いないのです。（第15段落）

ですから、身を保っていく以外はすべて無駄な費用だといって、一切の交際費を否定するような考えは、昔から「吝嗇」という一種の悪徳と考えられてきました。しかしその一方で、むやみに交際費を費やすあり方もまた「奢侈《しゃし》」という悪徳として嫌《きら》われました。今流にいえば、けちと見栄っぱりは、ともに適度を失していると考えられてきたのです。（第16段落）

けちな一方では、プラスアルファが使い道がないままそっくり残り、また見栄っぱりに過ぎれば、身を保つ最低限度まで不足をきたすことになります。（第17段落）

【国　語】（四五分）　〈満点：一〇〇点〉

一　次の文章を読んで、あとの問いに答えなさい。なお、設問の都合上、段落の終わりに番号を付けてあります。

「倹約《けんやく》」は美徳である。そういわれても、今日の人にはいま一つピンとこないかもしれません。倹約は、「徳」というよりも「(1)得」のことだと思うのが、おそらく今日の常識であるようです。しかし、倹約とは本来「贅沢《ぜいたく》」を否定する思想ではありません。倹約と「けち」、すなわち「吝嗇《りんしょく》」との間には、はっきりした区別がありました。（第1段落）

贅沢とは、衣食が足りている上で、さらに余分な消費をすることだといえるでしょう。とすると、贅沢は、一体何のためになされているのでしょうか。「衣食足《た》って礼節を知る」という慣用句がありますが、実はその余分は、本質的には「礼節」、すなわち社会秩序《ちつじょ》を保つためのかかり（必要な費用）なのだと考えられるのです。そうして、その社会的費用の適正な水準をとらえる知恵《ちえ》が、倹約というものにほかなりません。道徳としての倹約をとらえ直す。それが、ここでのテーマです。（第2段落）

縄文《じょうもん》時代の人間と比べて、今日の人間が進歩したのか退化したのかは知りませんが、少なくとも人一人が身を養い、生きていくために必要なかかり（物質の量）は、大昔も今もほとんど同じなのではないでしょうか。同じヒトという生き物なのですから、一日のうちに吸収する空気や水の量、食物エネルギーの摂取《せっしゅ》量、雨露《あめつゆ》をしのぎ、温度を保つ住居・衣類などの必要最低限度の量に、おそらく変わりはないはずです。（第3段落）

かりに、身を養うための最低限度のかかりを算出してみたなら（たとえば、電気は不要、車もいらない等々と引き算していくと）、(2)今日の我々の生活に要するかかりのほとんどは、余計なもの、つまりは贅沢だということがわかるでしょう。（第4段落）

もちろん、その余計な分がただちに無駄《むだ》であるといいたいわけではありません。また、実際に最低限度のライフスタイルを試してみようにも、厳密にそれを行うことは、今の世の中の仕組みからして不可能であるのも確かでしょう。そもそも国土のすべてが誰《だれ》かの土地ですから、地代なしで掘《ほ》っ立《た》て小屋に住むわけにはまいりませんし、腰蓑《こしみの》ひとつで往来を歩けばたちまち軽犯罪法に引っかかってしまいます。（第5段落）

［　Ｉ　］考えてみたいのは、最低限度がどうこうではなく、余分なかかり（贅沢）の中身は一体何かというほうにあります。我々の消費生活において、余分なかかりは、本質的には何のために費やされているのかということです。（第6段落）

結論を先に申し上げるなら、我々の消費支出の大半は、他の人々とのかかわりのために費やされる、いわば社交のための費用であるといえるでしょう。（第7段落）

たとえば、衣服について考えてみましょう。身体を保護し、温度を保つという生きていくための必要だけを考えるなら、身につけるものはそれこそ木の葉や新聞紙であっても構わないはずです。色やデザインが美しいとか、着心地がよいといったことは、生きていく必要からみれば、全く余計なことに属します。では、この余計なものを、何ゆえに人は求めるのでしょうか。それはすべて、他の人々への配慮《はいりょ》、すなわち対人関係から生じるのです。（第8段落）

2022年度

東邦大学付属東邦中学校入試問題（後期）

【算　数】（45分）　＜満点：100点＞

1　次の $\square$ にあてはまる最も適当な数を答えなさい。ただし，⑵の２つの $\square$ には同じ数が入ります。

⑴　$5.75 \div \left(\frac{7}{3}+1.5\right) \times \left(1.5-\frac{5}{4}\right) = \square$

⑵　$\left(\frac{1}{3}+\frac{1}{5}\right) \div \left(\frac{1}{5}+\frac{1}{6}\right) = \frac{\square}{\square - 10}$

2　次の問いに答えなさい。

⑴　40人の生徒のうち，兄のいる生徒は16人，姉のいる生徒は22人，兄も姉もいない生徒は６人です。このとき，兄も姉もいる生徒は何人か求めなさい。

⑵　下の図において，●の印がついている角の大きさが等しいとき，ECの長さを求めなさい。

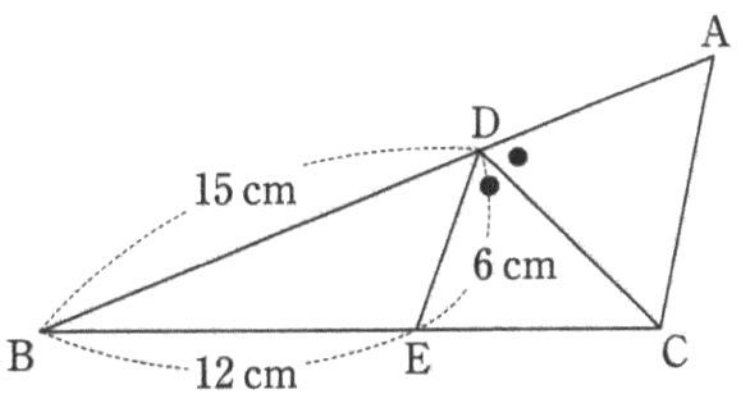

⑶　７でわると６あまり，13でわると８あまる３けたの整数のうち，最も小さい数を求めなさい。

⑷　３つの容器A，B，Cには，すべて異なる量の水が入っています。この３つの容器に同じ重さの食塩をそれぞれ加えて濃度を調べたところ，容器Aは２％，容器Bは４％，容器Cは５％の食塩水になりました。このとき，はじめに容器A，B，Cに入っていた水の量の比を，最も簡単な整数の比で求めなさい。

3　あるクラスの生徒36人の算数のテストの平均点は60点でした。このとき，次の問いに答えなさい。

⑴　このクラスの生徒を２つのグループに分け，それぞれの平均点を計算したところ，50点と65点でした。平均点が65点のグループの人数を求めなさい。

⑵　このクラスの生徒を３つのグループに分け，それぞれの平均点を計算したところ，52点と56点と65点でした。平均点が65点のグループの人数を求めなさい。

4　右の図のように三角形ABCの辺AB，辺AC上にそれぞれ点M，Nがあり，AM：MB＝１：1，AN：NC＝２：１です。

また，辺BC上に点Qをとり，AQとMNの交点をPとすると，三角形APNの面積と四角形MBQPの面積が等しくなりました。

このとき，次の問いに答えなさい。

⑴　BQ：QCを最も簡単な整数の比で求めなさい。

⑵　三角形AMNと三角形MQNの面積の比を，最も簡単な整数の比で求めなさい。

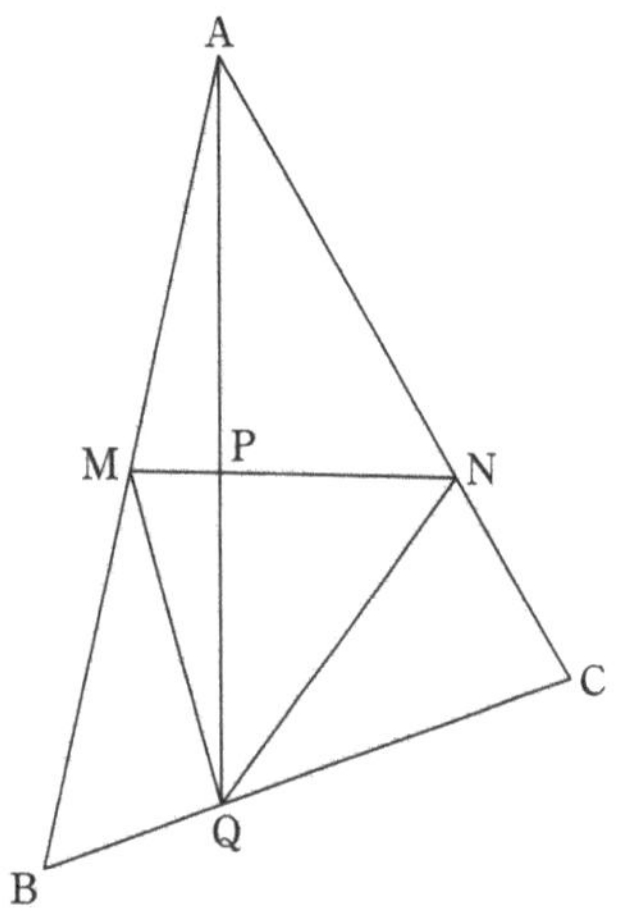

5　【図】のように，１から100までの整数が１つずつ書かれている100枚のカードがあります。このカードはすべて，表面が赤色，裏面が青色にぬられており，同じ数字が両面に書かれています。

はじめ，すべてのカードが，赤色の面を上にして置かれています。

ここで次の【操作】を，操作１から操作100まで続けて行います。なお，カードが表面ならば裏面に，裏面ならば表面にすることを「カードをひっくり返す」といいます。

【図】

【操作】

操作１　：１の倍数が書かれているカードをすべてひっくり返す。
操作２　：２の倍数が書かれているカードをすべてひっくり返す。
操作３　：３の倍数が書かれているカードをすべてひっくり返す。
・
・
・
・
操作100　：100の倍数が書かれているカードをすべてひっくり返す。

このとき，次の問いに答えなさい。

⑴　操作３まで行ったとき，赤色の面を上にして置かれているカードは全部で何枚あるか求めなさい。

⑵　操作100まで行ったとき，30の数字が書かれたカードは何回ひっくり返したか求めなさい。

⑶　操作100まで行ったとき，赤色の面を上にして置かれているカードは全部で何枚あるか求めなさい。

6　右の図のような，底面が１辺４㎝の正方形で，高さが12㎝の直方体ABCDEFGHがあります。

この直方体に，糸Ｐと糸Ｑを次のように巻き付けました。

まず，この直方体の頂点Ａには糸Ｐの先端をつけ，頂点Ｃには糸Ｑの先端をつけました。

次に，糸Ｐは直方体の側面を，上面から見て反時計回りに３周させて頂点Ｅまで巻き付け，糸Ｑは直方体の側面を，上面から見て時計回りに２周させて頂点Ｇまで巻き付けました。

糸Ｐと糸Ｑがそれぞれもっとも短くなるように巻き付けたとき，次の問いに答えなさい。

ただし，糸の太さは考えないものとします。

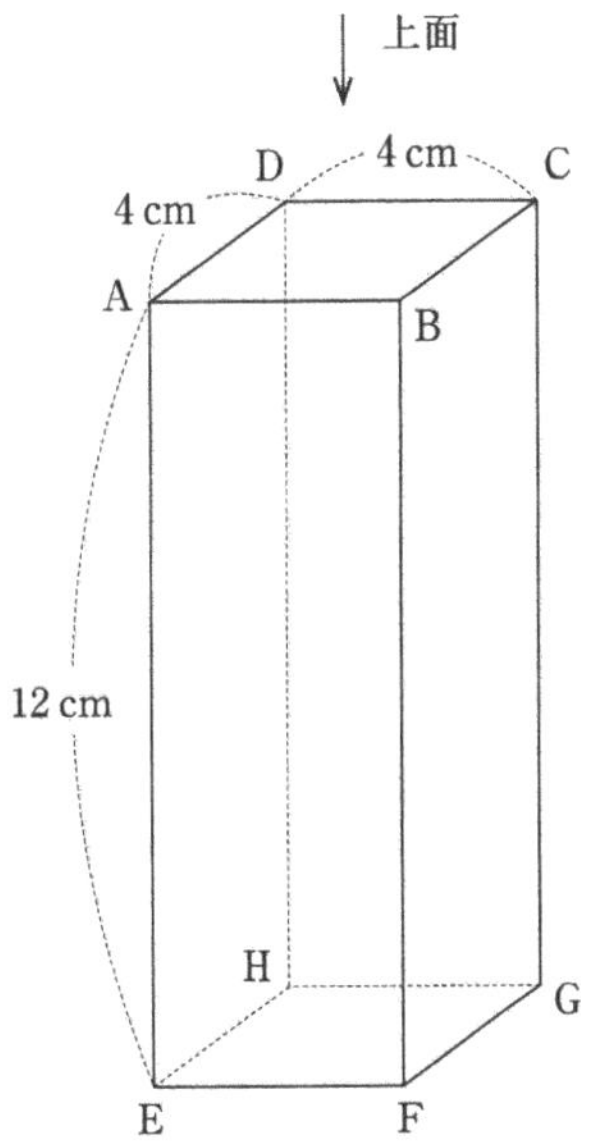

⑴　糸Ｐと糸Ｑは何回交わっているか求めなさい。

⑵　側面AEFBにおいて，２周目に側面AEFBを通った糸Ｐ，糸Ｑと，辺AE，辺BFとで囲まれている部分の面積を求めなさい。

⑶　糸Ｐが辺AEを最初に通過する点をＸとします。また，糸Ｑが辺BFを最初に通過する点をＹ，辺ＣＧを最初に通過する点をＺとします。

３点Ｘ，Ｙ，Ｚを通る平面でこの直方体を切断したとき，頂点Ａを含む立体の体積を求めなさい。

7　右の図のように，円形の机の周りに４つのいすＡ，Ｂ，Ｃ，Ｄがあります。

初めにいすＡに座って，さいころをふって出た目の数だけ時計回りに数えたいすに移動して座るゲームをします。

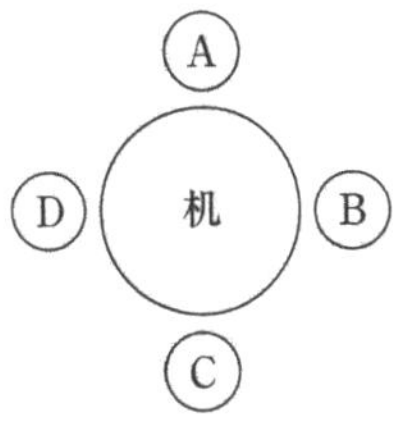

例えばさいころを２回ふって，１回目に３の目が出て，２回目に２の目が出たときは，１回目で，いすＡからいすＤに移動して座り，２回目で，いすＤからいすＢに移動して座ります。

このとき，次の問いに答えなさい。

⑴　さいころを２回ふった後に　いすＡに座っているようなさいころの目の出方は，何通りあるか求めなさい。

⑵　さいころを３回ふったとき，いすＣに１回も座らないようなさいころの目の出方は，何通りあるか求めなさい。

【理　科】（30分）　＜満点：50点＞

1　次の文章を読み，問いに答えなさい。

地震《じしん》の発生の仕組みの一つとして，地下での岩盤《がんばん》のずれによるものがあります。岩盤にずれが生じると，そのずれによるゆれが地面に伝わり地震が起こります。地表にはまず小さなゆれが伝わり，その後に大きなゆれが伝わります。また，岩盤がずれはじめた点を震源《しんげん》といいます。

ある時刻に地震が起こり，その地震の震源は，地表のＡ点の真下の深さ60kmの位置にありました。Ａ点では，震源でゆれが生じてから10秒後に小さなゆれを，さらに2.5秒後に大きなゆれを観測しました。また，Ａ点で大きなゆれを観測した時刻と同時刻に地表のＢ点では小さなゆれを観測しました。Ａ点とＢ点の間の直線距離は何kmですか。

ただし，ゆれはそれぞれ一定の速さで真っすぐ伝わるものとし，地表は高低差のない平らな面として考えます。また，**図1**のように，3辺の長さの比が3：4：5となる三角形は，長さの比が3：4の2辺がつくる角が直角であることを利用してよいものとします。

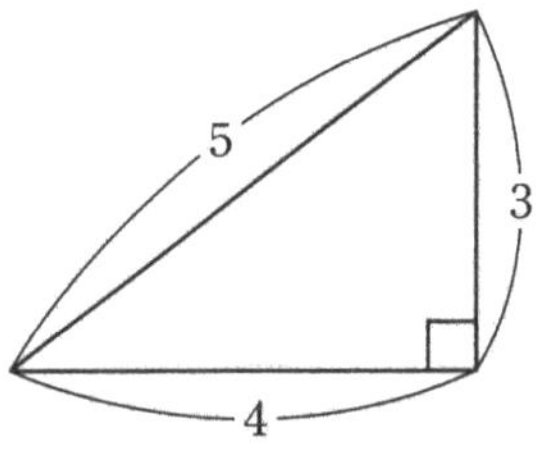

図1

2　次の文章Ⅰ・Ⅱを読み，あとの(1)～(3)の問いに答えなさい。

Ⅰ　千葉県の小川や水田用の水路などでもみられるメダカは，春にめすが卵をうみます。受精はめすのからだに卵をつけたままおこなわれ，その後，卵を水草などにうつします。

図1は，メダカのめすのようすを表したものです。この図では，せびれとしりびれの形はかかれてなく，せびれとしりびれの場所を点線で示してあります。

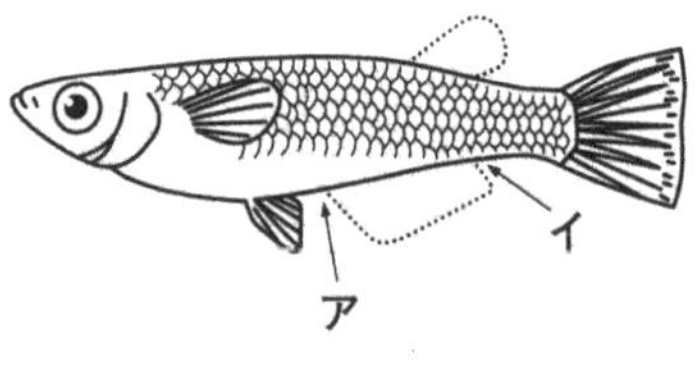

図1　メダカのめす

(1)　メダカのめすがうんだ卵をつけているからだの部分と，せびれとしりびれの形として適したものはどれですか。正しい組み合わせを，次のページの1～8の中から一つ選び，番号で答えなさい。なお，**ウ**と**エ**はおすまたは，めすのせびれを，**オ**と**カ**は，おすまたは，めすのしりびれをあらわしています。

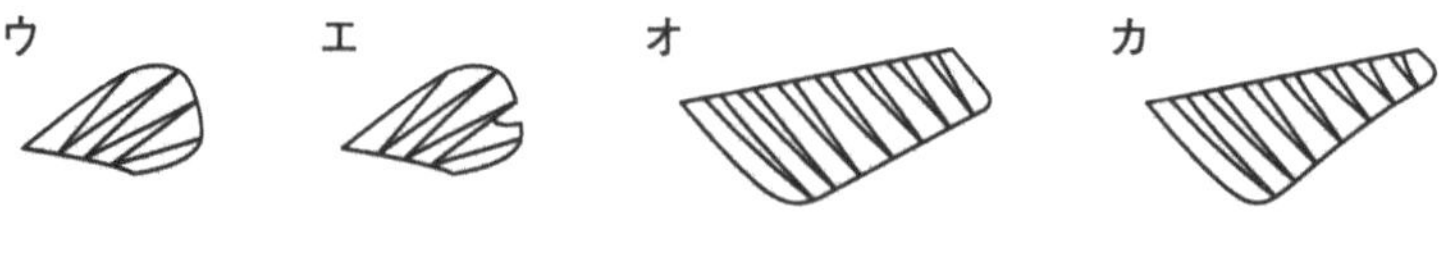

	卵をつけている部分	せびれ	しりびれ		卵をつけている部分	せびれ	しりびれ
1	ア	ウ	オ	2	ア	ウ	カ
3	ア	エ	オ	4	ア	エ	カ
5	イ	ウ	オ	6	イ	ウ	カ
7	イ	エ	オ	8	イ	エ	カ

Ⅱ　**表1**はメダカと同じく，受精した卵から子どもがかえる2種類（A種・B種）の魚について，それぞれ卵からかえって死亡するまで，2ヵ月ごとに生きていた数（生存数）を調べ，まとめたものです。

この2種類の魚はともに3月に卵からかえり，12月にはすべて死亡していました。また，A種もB種も，生存数のうち半数はめすでした。

表1　2種類の魚の生存数

	A種の魚	B種の魚
3月	8000	10000
5月	400	3000
7月	160	900
9月	80	270
11月	60	84

⑵　調べた時期の生存数に対する，次に調べる時期までに死亡した数の割合を，その時期の死亡率とします。A種，B種の死亡率についてのべた文として，もっとも適切なものをあとの**1**～**5**の中から一つ選び，番号で答えなさい。

例：A種の魚の3月の時期の死亡率

$$\frac{8000-400\text{（3月から5月の間の死亡数）}}{8000\text{（3月の生存数）}}=0.95$$

1．A種の死亡率は，5月の時期が最も小さい。
2．B種の死亡率は，5月の時期が最も小さい。
3．2種の5月の時期の死亡率を比べると，A種の死亡率のほうが大きい。
4．2種の7月の時期の死亡率を比べると，A種の死亡率のほうが大きい。
5．2種の9月の時期の死亡率を比べると，B種の死亡率のほうが大きい。

⑶　A種の魚は，9月に生存していためすが卵をうみ，生命をつないでいます。めすのうんだ卵はすべて受精し，その受精した卵から子どもが必ずかえるとした場合，このA種の魚の数が前の年と同じになるには，生存していためすは，1匹あたり何個の卵をうめばよいですか。**表1**を参考にして答えなさい。

3　水を入れた容器の中に電熱線を入れ，電流を流して水をあたためる**［実験］**を行いました。この**［実験］**の結果を参考にして，あとの⑴～⑶の問いに答えなさい。

［実験］　次のページの**図1**の①～⑦のように電池，スイッチ，電熱線を使い，電熱線に電流を流して水の温度を上げる実験をしました。**表1**は，電流を流す前の水温，スイッチを閉じて電流を流

し始めて10分後の水温，スイッチを閉じて電流を流し始めて20分後の水温を測った結果をまとめたものです。電熱線と電池はすべて同じものであり，容器内の水の温度はどの部分も同じで，熱のやりとりは電熱線と水との間だけで行われているものとします。

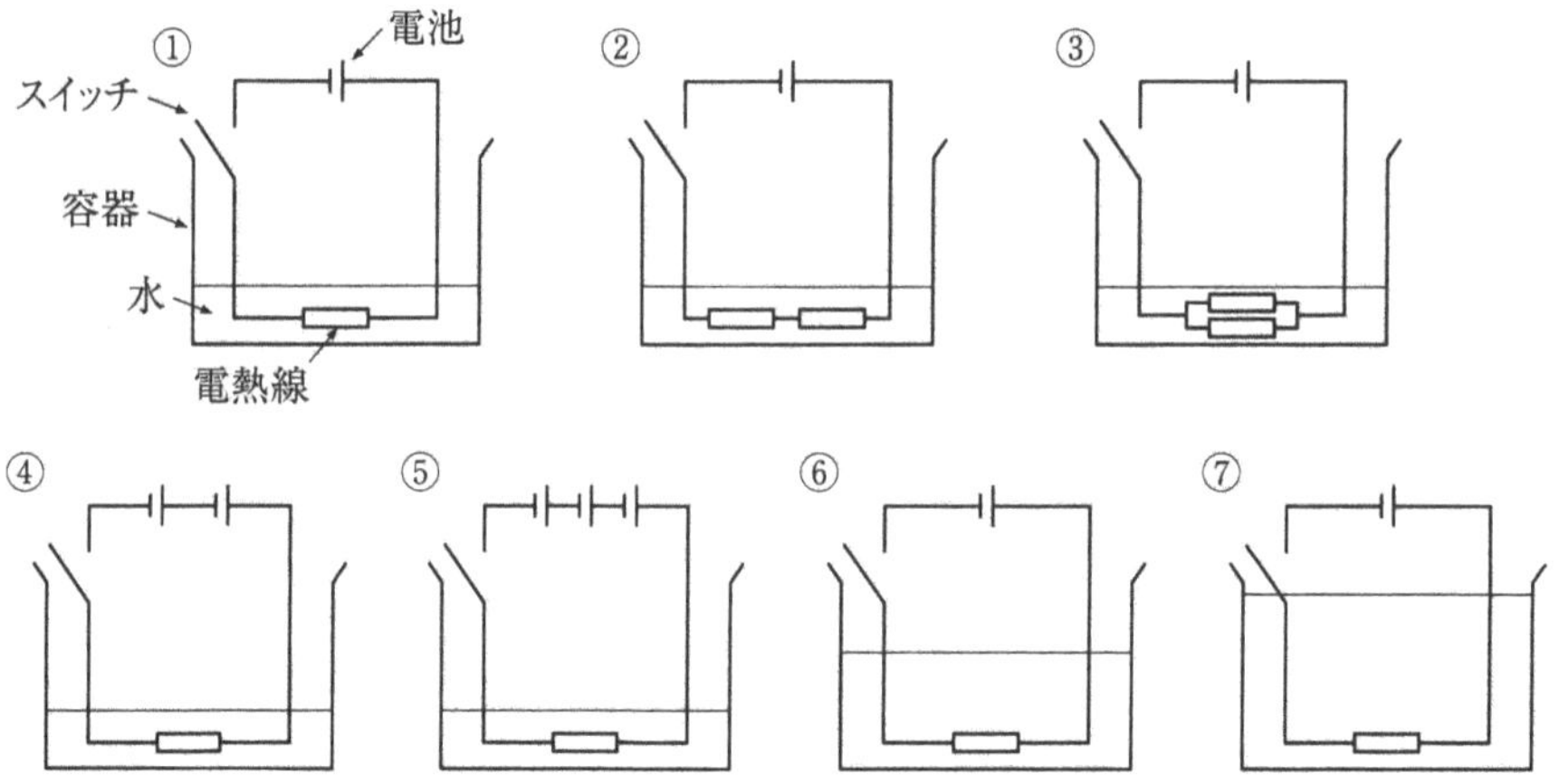

図1

表1

	水の体積	電流を流す前の水温	スイッチを閉じて10分後の水温	スイッチを閉じて20分後の水温
①	100mL	14℃	20℃	26℃
②	100mL	21℃	24℃	27℃
③	100mL	18℃	30℃	42℃
④	100mL	16℃	40℃	64℃
⑤	100mL	16℃	70℃	（ふっとうする）
⑥	200mL	20℃	23℃	26℃
⑦	300mL	20℃	22℃	24℃

(1) **図2**のように電池と電熱線をつなぎ，200mLの水に入れた電熱線に電流を10分間流しました。電流を流す前の水温は20℃でした。10分間電流を流した後の水温は何℃になりますか。

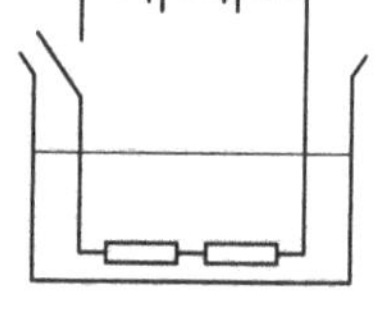

図2

(2) **図3**のように電池と電熱線をつなぎ，水に入れた電熱線に電流を40分間流しました。電流を流す前の水温は16℃，電流を流した後の水温は70℃でした。水の体積は何mLですか。

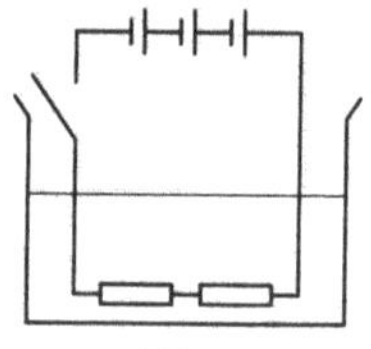

図3

(3) **図4**のように電池と電熱線をつなぎ，300mLの水に入れた電熱線に電流を流しました。電流を流す前の水温は14℃，電流を流した後の水温は62℃でした。電流を流した時間は何分何秒ですか。

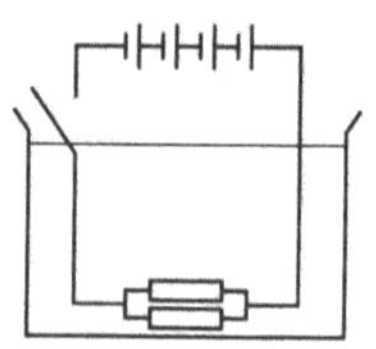

図4

4　次の文章を読み，あとの⑴～⑶の問いに答えなさい。

　銅の粉末をよくかき混ぜながら空気中で熱すると，空気中の酸素と結びついて黒色の酸化銅ができました。**図１**は用いた銅の粉末の重さと，反応によってできた酸化銅の重さの関係を表したものです。

　また，銅は塩酸に入れても反応せずとけ残りますが，酸化銅は十分な量の塩酸にはとけて，とけ残りはできません。

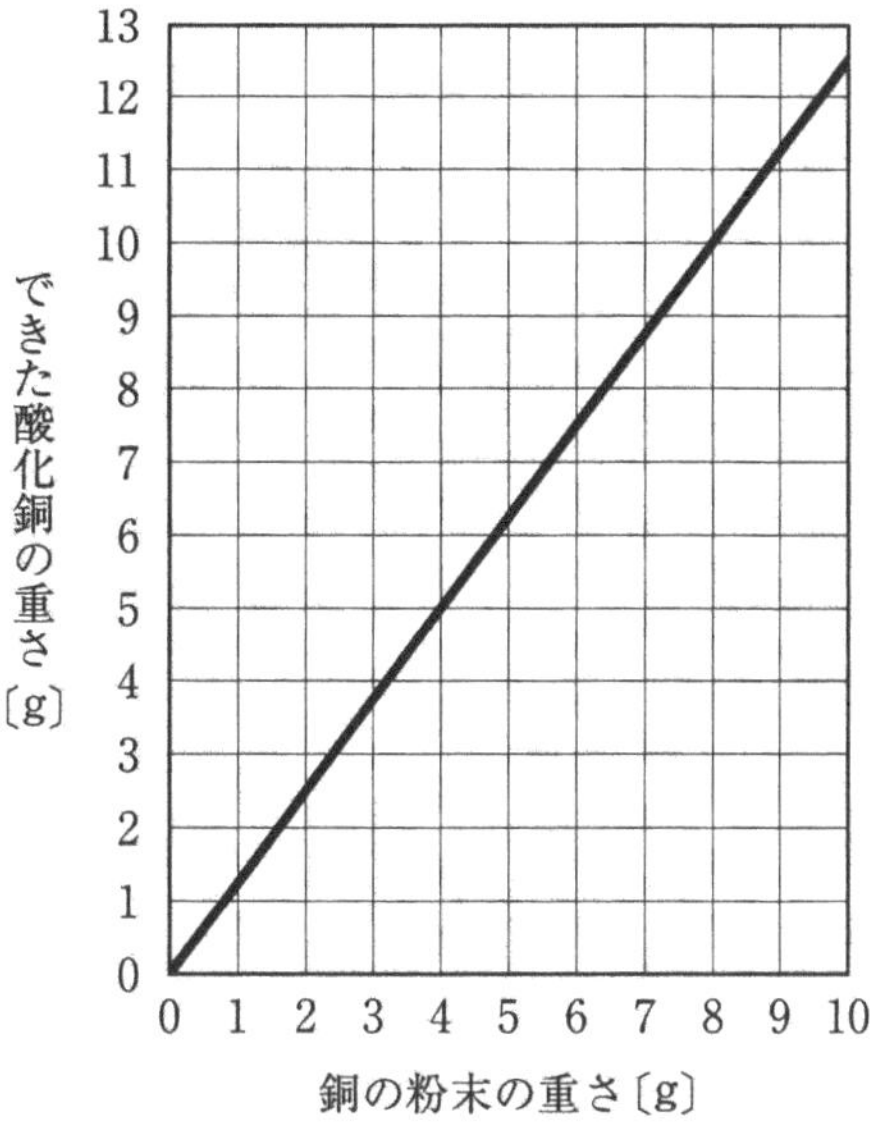

図１

　銅と酸化銅について，次の実験を行いました。なおすべての実験に同じ塩酸を使っています。

実験１：銅の粉末8.0 gをかき混ぜながら空気中で熱して，すべて反応し終わる前に加熱をやめた。加熱後の粉末の重さは9.2 gだった。

実験２：酸化銅の粉末10 gをビーカーに入れ，塩酸250mLを加えると，酸化銅の粉末はすべてとけた。

実験３：実験１でできた粉末9.2 gをすべてビーカーに入れ，塩酸250mLを加えると，粉末の一部はとけたがすべてはとけきらず，とけ残りができた。

実験４：銅の粉末と酸化銅の粉末をよく混ぜて，均一な混合粉末Ａをつくった。

実験５：混合粉末Ａをかき混ぜながら空気中で熱して，空気中の酸素と完全に反応させると，すべて酸化銅の黒い粉末となり，加熱前に比べて重さが11％ふえた。

⑴　銅の粉末4.4 gを酸素と完全に反応させると，すべて酸化銅の黒い粉末になりました。このとき，銅の粉末4.4 gと反応した酸素は何 gですか。

⑵　実験３でできたとけ残りは何 gですか。

⑶　熱する前の混合粉末Ａ5.0 gの中に酸化銅は何 gありましたか。

【社　会】（30分）　＜満点：50点＞

1　関東平野に関する次の文章を読んで，あとの各問いに答えなさい。

関東地方の大部分をしめる①関東平野は日本最大の平野で，北側と西側に山地や高地などがあります。関東平野の地形の特徴《とくちょう》として，利根川や江戸川などの河川《かせん》周辺の低地だけでなく，②下総《しもうさ》台地や武蔵野《むさしの》台地といった台地が広いことがあげられます。気候については，内陸部が年降水量が少なめで寒暖の差が大きいのに対して，南部の沿岸部が黒潮の影響《えいきょう》などによって，年降水量が多めで冬でも比較《ひかく》的あたたかいことが特徴となっています。

関東平野にはたくさんの人が住んでいて，③関東地方は日本でもっとも人口の多い地方となっています。東京都には，日本国内だけでなく，世界各地から人・物・資金などが集まっています。さらに，おもに鉄道に沿って住宅地などの開発が進み，④神奈川県・埼玉県・千葉県・茨城県などにかけての大都市圏《けん》が形成されています。このような大都市圏では，⑤野菜・果物・鶏卵《けいらん》（ニワトリの卵）・肉類・牛乳・花などの，特に新鮮《しんせん》さが大切な農畜産物《のうちくさんぶつ》を生産する近郊《きんこう》農業が発展しています。また，パンや弁当などの食品工場が多く，重くて輸送費のかかる飲み物の工場もたくさん立地しています。⑥海外からの資源の輸入に便利な東京湾《わん》岸には製鉄所や石油化学コンビナートなどが立地し，さらに⑦北関東にも電気機械や自動車関連などの工場がたくさん進出しています。

問1　下線部①について，次の表は，関東平野に次いで面積の広い4つの平野についてまとめたものである。このうち，表中の あ ・ い にあてはまる平野の名前を，それぞれ**ひらがな**で答えなさい。

平野	面積※	説明
石狩《いしかり》平野	約3800㎢	北海道の中西部にあり，日本海に面している。明治時代の屯田兵《とんでんへい》制度以来，開拓《かいたく》が進んで，北海道の中心地となった。稲作《いなさく》を始めとして，畑作や酪農《らくのう》もさかんである。
あ 平野	約3600㎢	北海道の南東部にあり，太平洋に面している。北海道を代表する畑作地で，農家一戸当たりの経営面積が広いことに特徴がある。農産物の種類・生産量ともに多い。
越後《えちご》平野	約2030㎢	北陸地方の北部にあり，日本海に面している。日本有数の稲作地として知られるが，果物や花などを栽培《さいばい》する園芸農業もさかんである。
い 平野	約1800㎢	東海地方の西部にあり，伊勢《いせ》湾に面している。日本の平野の中で特に人口の多い平野の1つであり，近郊農業が発展している。また，工業の発展もいちじるしい。

※面積は「百科事典マイペディア」より。

問2　下線部②について，下総台地について述べたものとしてもっとも適しているものを，次の**ア**～**エ**から1つ選び，記号で答えなさい。

ア．周辺の火山からもたらされた火山灰がつもったシラス台地と呼ばれる台地に分類され，落花生・さつまいもをはじめ，様々な農作物の栽培がさかんに行われている。

イ．日当たりがよく，水はけがよくて水害の心配も少ないことなどから，周辺の低地よりも早くから農用地や住宅地としての開発が進んだ。

ウ．台地上は広い土地が確保しやすいことなどから，国際空港が開設されたり，大規模な住宅地開発や大型商業施設《しせつ》の建設が進められている。

エ．台地の西部は東京都と接しているため，都市化が特に進行して住宅地や商工業地の開発が進んでおり，東京都心部と同じように農用地はまったくみられない。

問３　下線部③について，次の図は，日本全国を北海道・東北・中部・関東・近畿・中国・四国・九州の８つの地方に分けて，それぞれの地方の人口と面積の全国に対する割合を示したものである。図中の**ア**～**オ**には，北海道・東北・中部・近畿・四国のいずれかの地方があてはまる。このうち，中部地方にあてはまるものを**ア**～**オ**から１つ選び，記号で答えなさい。

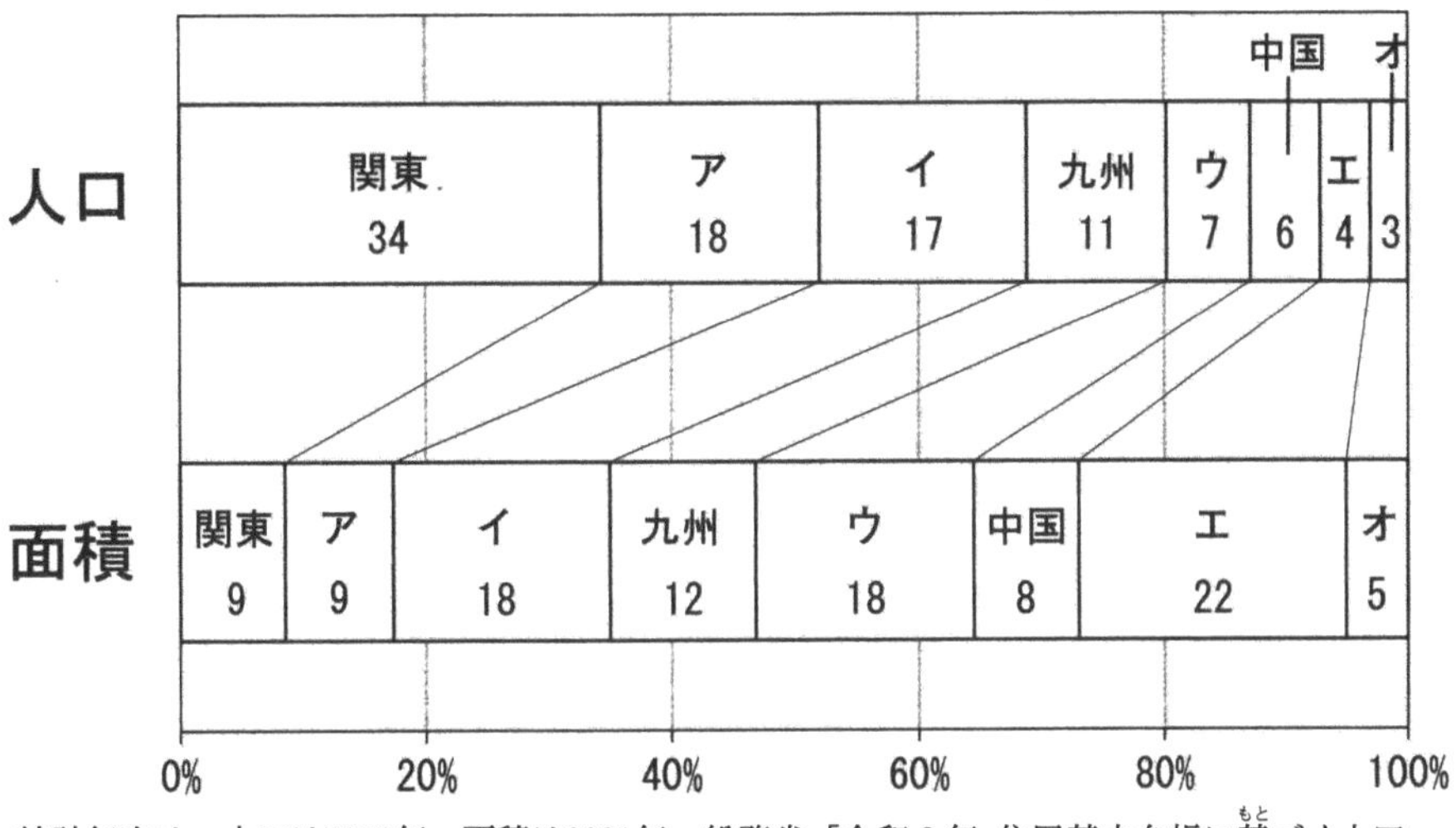

統計年次は，人口は2020年，面積は2021年。総務省「令和２年 住民基本台帳に基《もと》づく人口，人口動態及《およ》び世帯数」，国土地理院「令和３年 全国都道府県市町村別面積調」により作成。
※割合の合計は，100％にならない場合がある。

問４　下線部④について，次の表は，東京都周辺の神奈川県・埼玉県・千葉県・茨城県と，大阪府周辺の兵庫県・京都府・滋賀県についてのさまざまなデータをまとめたものである。このうち，千葉県と京都府にあてはまるものを，表中の**ア**～**キ**からそれぞれ１つ選び，記号で答えなさい。

	面　積 (㎢) 2021年	耕地面積 (ha) 2020年	府県庁所在地の人口(万人) 2020年	海岸線の長さ (㎞) 2016年	最高地点の標高（m）
ア	2416	18400	375	432	1673
イ	3798	74100	131	0	2483
ウ	4017	51200	34	0	1377
エ	4612	29800	141	315	971
オ	5158	123500	97	534	408
カ	6097	163600	27	195	1022
キ	8401	73000	153	850	1510

国土地理院「令和３年 全国都道府県市町村別面積調」「都道府県の最高地点」，農林水産省「令和２年 耕地及び作付面積統計」，総務省「令和２年 住民基本台帳に基づく人口，人口動態及び世帯数」，環境《かんきょう》省「平成29年版 環境統計集」により作成。

問５　下線部⑤について，次の表は，千葉県で生産がさかんな農畜産物に関して，じゃがいも・だいこん・日本梨《なし》の収穫量《しゅうかくりょう》と鶏卵の生産量・豚《ぶた》の飼養頭数の，上位５位までの都道府県を示したものである。表中の**a**～**c**にあてはまる農作物の正しい組み合わせをあとの**ア**～**カ**から，表中の**d**～**f**にあてはまる都道府県の正しい組み合わせをあとの**キ**～**シ**から，それぞれ１つ選び，記号で答えなさい。

	a の収穫量 2020年	**b** の収穫量 2019年	**c** の収穫量 2019年	鶏卵の生産量 2020年	豚の飼養頭数 2019年
１位	千葉県	**e**	**e**	**d**	**f**
２位	長野県	千葉県	**f**	**f**	宮崎県
３位	**d**	青森県	長崎県	千葉県	**e**
４位	福島県	**f**	**d**	広島県	群馬県
５位	栃木県	神奈川県	千葉県	岡山県	千葉県

「農林水産省ＨＰ」により作成。

	a	**b**	**c**
ア	じゃがいも	だいこん	日本梨
イ	じゃがいも	日本梨	だいこん
ウ	日本梨	だいこん	じゃがいも
エ	日本梨	じゃがいも	だいこん
オ	だいこん	日本梨	じゃがいも
カ	だいこん	じゃがいも	日本梨

	d	**e**	**f**
キ	茨城県	北海道	鹿児島県
ク	茨城県	鹿児島県	北海道
ケ	鹿児島県	北海道	茨城県
コ	鹿児島県	茨城県	北海道
サ	北海道	鹿児島県	茨城県
シ	北海道	茨城県	鹿児島県

問６　下線部⑥について，日本が輸入しているおもな資源として石炭・液化天然ガス・鉄鉱石があげられる。次のページの図は，それらの資源の日本のおもな輸入相手国と輸入額全体にしめる割合を示したものである。図中の**X**にはいずれも同じ国があてはまるが，**X**の国について述べたあとの二重線内の文章中の（　）の中から正しいものをそれぞれ１つ選び，**その３つの番号の合計**を答えなさい。例えば，１と４と７が正しい場合は，答えは12となる。

> この国の面積は約769万㎢で，日本の面積の（１．約20倍　２．約25倍　３．約30倍）もある。その広い国土から産出する多くの鉱産資源や生産されるさまざまな農畜産物の輸出が，この国の重要な産業である。人口は国の南東部に集中していて，首都の（４．ワシントンD.C.　５．ペキン　６．キャンベラ）もその南東部にある。首都を含《ふく》むこの国の東部の標準時は，日本標準時よりも（７．１時間早い　８．７時間遅《おそ》い　９．14時間遅い）。

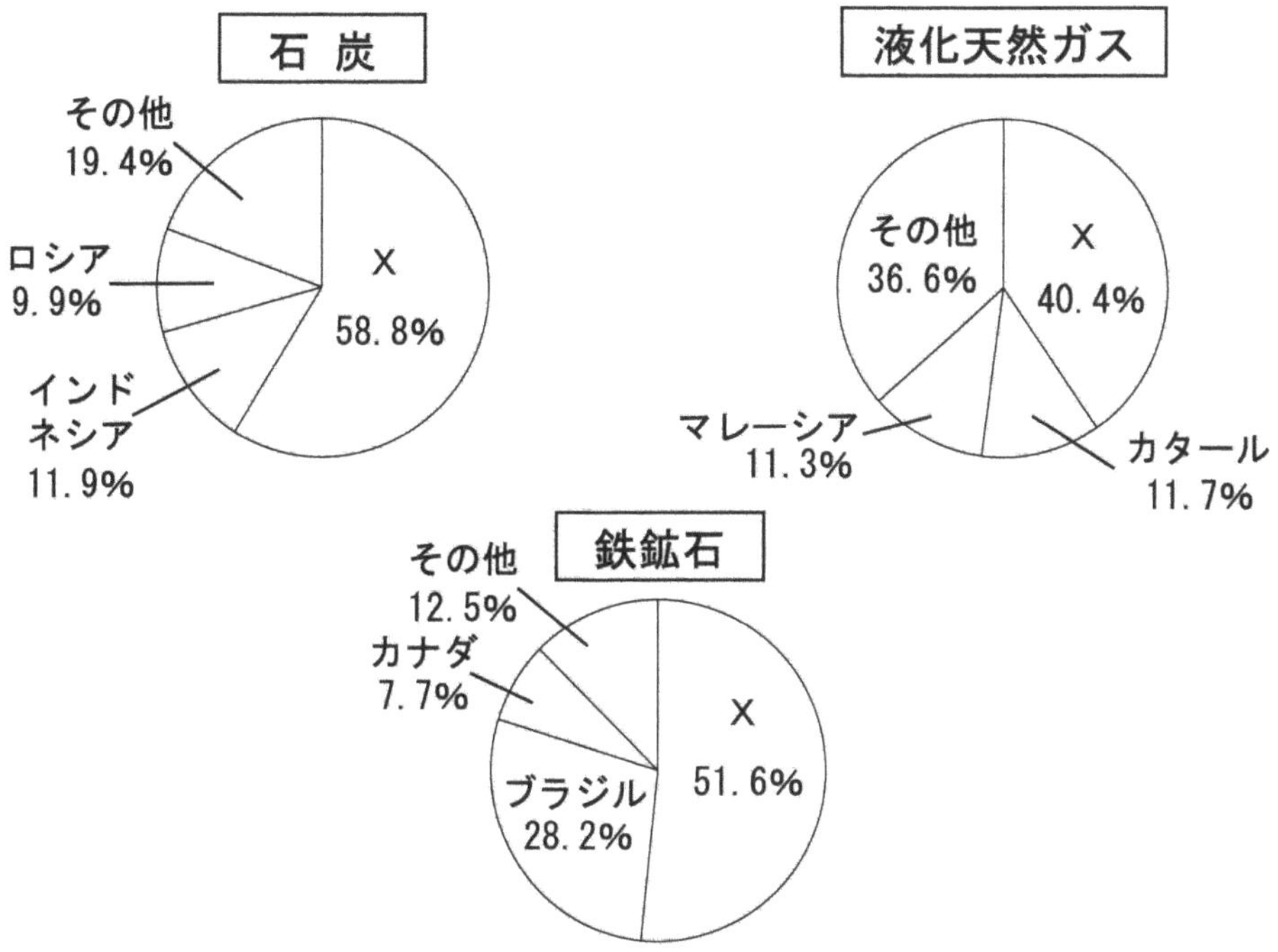

統計年次は2019年。『データブック オブ・ザ・ワールド 2021年版』により作成。

問７　下線部⑦について，次の**表１・表２**はそれぞれ1997年と2017年の，北関東工業地域が分布する埼玉県・茨城県・栃木県・群馬県の製造品出荷《しゅっか》額の総計とその内訳を示したものである。これらから読み取れることを述べたものとして正しいものを，次のページの**ア～エ**から１つ選び，記号で答えなさい。

表１　1997年 製造品出荷額　　　　（十億円）

	出荷額総計	食料品	パルプ・紙・紙加工品	化学工業	輸送用機械器具	その他
埼玉県	15562	1190	539	1438	2318	10077
茨城県	11750	928	288	1275	170	9089
栃木県	8544	483	203	451	1281	6126
群馬県	8400	581	89	336	2112	5282

『データブック オブ・ザ・ワールド 2000年版』により作成。

表２　2017年 製造品出荷額　　　　（十億円）

	出荷額総計	食料品	パルプ・紙・紙加工品	化学工業	輸送用機械器具	その他
埼玉県	13507	1889	474	1688	2521	6935
茨城県	12279	1474	230	1603	926	8046
栃木県	9233	657	279	680	1535	6082
群馬県	9029	829	83	643	3675	3799

『データブック オブ・ザ・ワールド 2021年版』により作成。

ア．2017年の食料品の出荷額については，埼玉県と茨城県の額が栃木県と群馬県に比べて大きいが，1997年と比べた増加額については栃木県と群馬県の方が大きい。

イ．2017年のパルプ・紙・紙加工品の出荷額については，4県の中で埼玉県の額が特に大きいが，1997年と比べると埼玉県の出荷額は減少しており，また，他の３県の出荷額もそれぞれ減少している。

ウ．2017年の化学工業製品の出荷額については，埼玉県と茨城県の額が栃木県と群馬県に比べて大きいが，2017年のそれぞれの県の出荷額総計に対する化学工業製品の出荷額の割合がもっとも高いのは群馬県である。

エ．2017年の輸送用機械器具の出荷額については，4県の中で群馬県の額がもっとも大きく，2017年のそれぞれの県の出荷額総計に対する輸送用機械器具の出荷額の割合がもっとも高いのも群馬県である。

2　次の文章は，日本の茶の歴史についてまとめたものです。これを読んで，あとの各問いに答えなさい。

【茶の起源】

茶は中国で生まれた飲み物で，①漢王朝のころに茶の栽培が始まったと考えられています。日本にははじめ薬草として８世紀に伝来し，僧《そう》や貴族の間で徐々《じょじょ》に広まっていったとされます。しかし，②平安時代に入ると，茶は貴族たちから忘れ去られていきました。

【武士に根付いた茶】

鎌倉時代に入るころには，中国にわたった③栄西が，茶の種と抹茶《まっちゃ》を日本に持ち帰り，貴族階級に茶の作法を広めました。また，栄西らが禅宗《ぜんしゅう》を武士に説いていく中で，禅宗とともに茶の文化は武士の社会にも強く根付き，茶は薬としてだけでなく飲料として味わうものになっていきました。④室町時代に入ると，武士たちは他者をもてなすために茶会を開くようになり，優《すぐ》れた茶会を催《もよお》せること，美しい茶器を持っていることが社会的地位を表すものになっていきました。

【茶の湯の完成】

戦国時代には，武士たちを中心に豪勢《ごうせい》な茶会が開かれた一方で，茶の湯と呼ばれる文化も広まっていきました。茶の湯は，飾《かざ》り気のない簡素な茶会を通じて禅の精神を実践《じっせん》し，静かな心の境地にひたるというもので，⑤千利休らによってつくられました。これは伝来元の中国にはみられない日本独自のものでした。

【大衆飲料へ】

江戸時代になると，簡単な製法で加工した茶葉を煮《に》出した煎茶《せんちゃ》という形で，庶民《しょみん》の間に広まりました。明治維新《いしん》後には，茶は日本の主力輸出品のひとつになりましたが，イギリスが植民地で栽培した茶を世界中に輸出するようになると，⑥日本の茶の輸出は落ち込《こ》みました。茶は，次第《しだい》に日本国内での消費に向けられ，日常的な飲料になっていきました。

【茶の現在】

1980年代以降，緑茶や紅茶に加えて烏龍《うーろん》茶がブームになったり，缶《かん》やペットボトルに入った茶が販売《はんばい》されたりと，茶の種類や販売形態も多様化しました。その一方で，2000年代以降は日本国内の茶の消費量は徐々に減少しており，これを克服《こくふく》するため，⑦スマート農業を導入して，生産費をおさえつつ品質の高い茶を生産しようとする農家も現れてきています。

問１　下線部①に関して，漢王朝でつくられた歴史書に記された日本のようすについて述べたものとしてもっとも適しているものを，次の**ア**～**エ**から１つ選び，記号で答えなさい。

ア．百余りの小さな国があった。

イ．邪馬台国《やまたいこく》の卑弥呼《ひみこ》が，まじないで人々を治めていた。

ウ．五人の王が，中国に使者を送った。

エ．田をつくり，米を高床《たかゆか》倉庫に蓄《たくわ》え，収穫高を文字で記録した。

問２　下線部②に関して，次の二重線内の文**a**～**c**は，平安時代のことがらについて述べたものである。これらの文の正誤の組み合わせとして正しいものを，あとの**ア**～**ク**から１つ選び，記号で答えなさい。

a．かな文字を使った『古今和歌集』が，藤原定家らによって編さんされた。
b．貴族がもつ荘園《しょうえん》には，不輸・不入の権が認められるものもあった。
c．朝廷《ちょうてい》は，僧兵をかかえた寺院の要求をのむこともあった。

	ア	イ	ウ	エ	オ	カ	キ	ク
a	正	正	正	正	誤	誤	誤	誤
b	正	正	誤	誤	正	正	誤	誤
c	正	誤	正	誤	正	誤	正	誤

問３　下線部③に関して，栄西らが開いた，鎌倉時代に生まれた新しい仏教について述べたものとしてもっとも適しているものを，次の**ア**～**エ**から１つ選び，記号で答えなさい。

ア．臨済宗は，「南無阿弥陀仏《なむあみだぶつ》」という念仏を唱えるだけで救われると説いた。

イ．時宗は，源平の戦いのなかで全国を巡《めぐ》り歩いた法然により広まった。

ウ．日蓮《にちれん》宗は，座禅を組む修行《しゅぎょう》を通じてさとりを開くことを目的とした。

エ．浄土《じょうど》真宗は，親鸞《しんらん》によって開かれ，戦国時代には信者たちが大きな一揆《いっき》をおこした。

問４　下線部④に関して，武士による茶会は次第に，現在の和室の元となった書院造の部屋で行われるようになった。この書院造のもっとも早い例として慈照寺《じしょうじ》（銀閣寺）がある。慈照寺が建立《こんりゅう》された時期としてもっとも適しているものを，次の年表中の**ア**～**エ**から１つ選び，記号で答えなさい。

	できごと
1392年	南北朝が統一される
	ア
1404年	勘合《かんごう》貿易が始まる
	イ
1467年	応仁《おうにん》の乱がおこる
	ウ
1543年	鉄砲《てっぽう》が伝来する
	エ
1573年	室町幕府が滅《ほろ》ぶ

問５　下線部⑤に関して，千利休が仕えた武将が行ったことについて述べたものとしてもっとも適しているものを，次の**ア**～**エ**から１つ選び，記号で答えなさい。

ア．すぐれた役者の観阿弥《かんあみ》・世阿弥《ぜあみ》親子を保護し，能を発展させた。

イ．税さえ払《はら》えばだれもが自由に市で物を売ることができる，楽市令を出した。

ウ．本能寺の変のあと，山崎《やまざき》の戦いで明智光秀《あけちみつひで》を破った。

エ．各大名を親藩《しんぱん》，譜代《ふだい》，外様《とざま》の３つに区別した。

問６　下線部⑥に関して，次の図は，日本における明治から昭和初期までの茶の年間輸出量を示したものである。これをみると，1891年頃《ごろ》から輸出量は徐々に減少傾向《けいこう》にあるが，ある年の輸出量が例外的に最高値を記録した。その時期に茶の輸出量が急増したことに影響をあたえたできごととして，もっとも適しているものを，**本文を参考にして**，あとの**ア**～**カ**から１つ選び，記号で答えなさい。

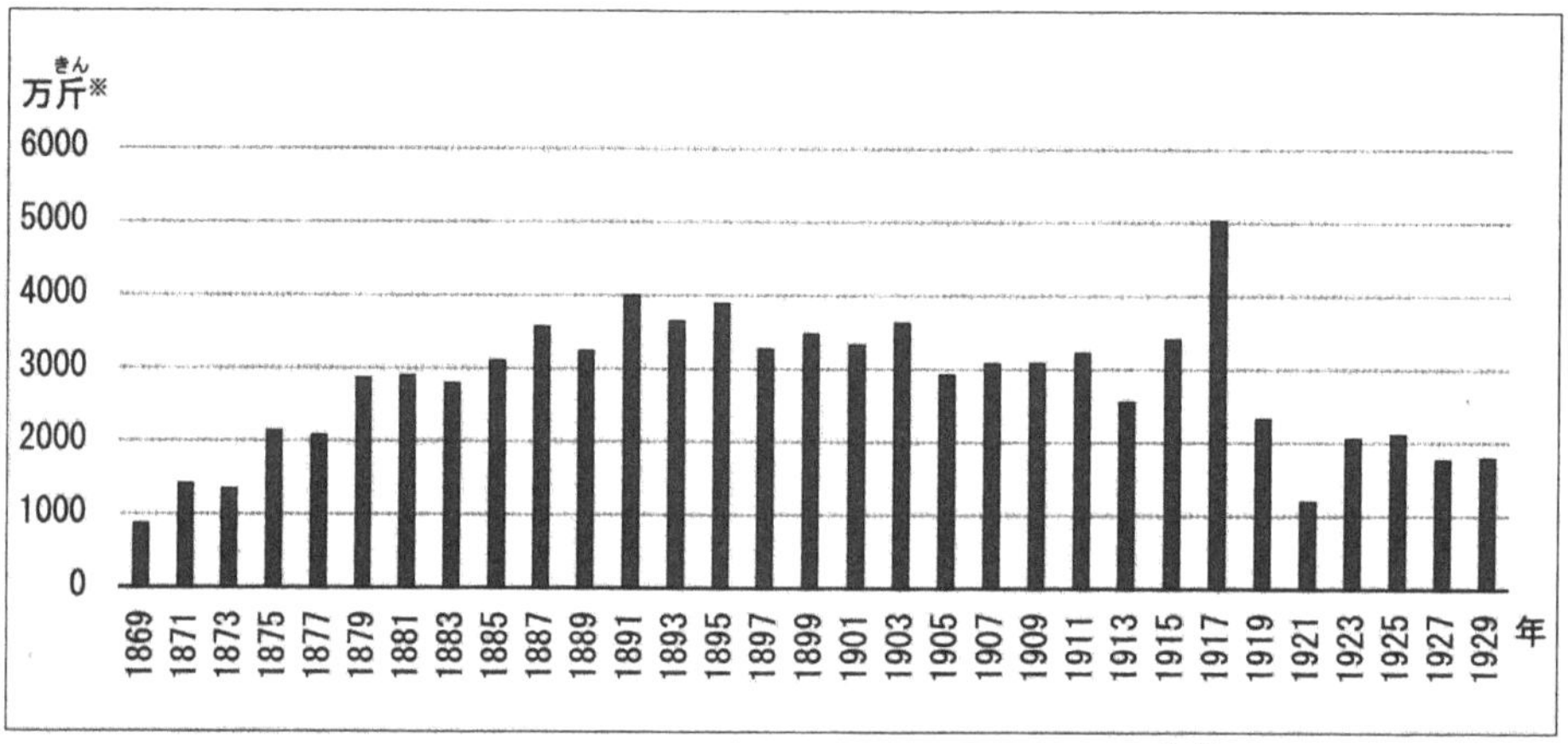

※当時の重さの単位。

『日本農業基礎《きそ》統計』により作成。

ア．日本の産業革命　　**イ**．韓国併合《かんこくへいごう》　　**ウ**．米騒動《そうどう》

エ．大正デモクラシー　　**オ**．第一次世界大戦　　**カ**．ロシア革命

問７　下線部⑦に関して，次の二重線内の文章は，スマート農業について述べたものである。文章中の X ・ Y にあてはまる語句の組み合わせとして正しいものを，あとの**ア**～**エ**から１つ選び，記号で答えなさい。

> スマート農業とは，ロボット技術や X ， Y などの先端《せんたん》技術を活用して，省力化・精密化や高品質生産を実現する等を推進している新たな農業のことです。ロボットによる農作業の自動化や X による分析《ぶんせき》を行ったデータの活用， Y を用いた関係者間の情報共有の簡易化などにより，政府は，農業分野におけるソサエティ 5.0の実現を目指しています。

「農林水産省ＨＰ」により作成。

	ア	イ	ウ	エ
X	AI	AI	LSI	LSI
Y	eコマース	IoT	eコマース	IoT

3　次の2020年10月１日の新聞記事を読んで，あとの各問いに答えなさい。

①日本航空は１日から，機内や空港で使用していた「ladies and gentlemen（レディース・アンド・ジェントルメン）」の英語アナウンスを廃止《はいし》し「all passengers（オール・パッセンジャーズ）」「everyone（エブリワン）」など②ジェンダーに中立的な表現に変更《へんこう》した。

日航は「無意識に性別を前提とする言葉を使っていた。これからは③誰《だれ》もが利用しやすい環境をつくりたい」としている。

日航ではこれまで，客室乗務員が機内でのサービスを始める前のアナウンスで使用。国際線だけでなく，外国人の乗客が搭乗《とうじょう》する国内線などでも使われていた。

日航は2014年に「④ダイバーシティー宣言」を出し，性別や性的指向などの属性によらず，多様な人材が活躍《かつやく》できる会社づくりを推進。同性パートナーを配偶者《はいぐうしゃ》と同等に扱《あつか》う社内制度を導入するなどしている。（後略）

問１　下線部①に関して，右の切手は，かつて日本航空が世界一周航空路線を開設したことを記念して発行されたものである。また，次の二重線内の資料は，切手に示された就航都市を航路に沿って2021年の夏にオンラインで旅行した際の旅行記のうち，都市Ａ～Ｅに関する部分を抜き出したものである。これをみて，あとの(1)・(2)の各問いに答えなさい。

Ａ．東京の羽田空港を出発して，東廻《まわ》りで世界一周航路をめぐった。２つの都市を経由し，都市Ａに到着《とうちゃく》した。この都市は，国際経済・金融《きんゆう》の中心都市で，多くの国際機関もおかれている。右の写真の「自由の女神《めがみ》」は，都市Ｃのある国から，独立100周年を記念して贈《おく》られたものだ。この都市は，いわゆる「9.11同時多発テロ」により大きな被害《ひがい》を受けた。

Ｂ．次に都市Ｂに到着した。写真は国会議事堂で，その時計塔《とう》はこの都市のシンボルのひとつとなっている。この都市の近郊には，世界標準時子午線が通る旧グリニッジ天文台があり，「河港都市グリニッジ」は世界遺産に指定されている。近年，この国はこれまで加盟していたＥＵからの離脱《りだつ》が合意に至り，１年間の移行期間を経て「ブレグジット」が完了《かんりょう》した。

Ｃ．都市Ｂから都市Ｃへのフライトは１時間ほどだった。今は鉄道での移動が便利なようだ。芸術や文化を語るのに欠かせない都市で，たくさんの美術館や建造物を目的に観光客が訪《おとず》れる。近年，加速する地球温暖化にブレーキをかけるための新協定がこの都市で締結《ていけつ》された。

D.　ヨーロッパを離《はな》れ，アフリカの都市に到着した。この都市は，世界最大規模のイスラム都市として発展し，この都市を拠点《きょてん》に写真のような世界遺産をめぐる観光客も多く訪れる。日本で東日本大震災《だいしんさい》がおこった年，民主化を求める「アラブの春」と呼ばれる運動の結果，長期独裁政権が倒《たお》れた。

E.　アジアの諸都市をめぐり，最後に都市Eを訪問した。この都市は，19世紀から都市Bのある国の植民地となっていたが，1997年に現在の国に返還《へんかん》された。返還時より50年間は民主的な政治制度が維持される「一国二制度」が約束されていたが，近年，現在の国からの統制が強まり，この都市の反政府的な活動を取り締《し》まる「国家安全維持法」が施行され，民主政治は大幅《おおはば》に後退した。

(1)　切手が発行された頃の日本経済のようすとして正しいものを，次のア～エから１つ選び，記号で答えなさい。

ア．石油危機による戦後初のマイナス成長を経験し，日本経済は低成長時代に移行した。

イ．バブル景気がおこり，日本企業《きぎょう》が海外の企業や不動産を買収していった。

ウ．高度経済成長により経済が大きく発展したが，各地で公害などの環境問題も発生した。

エ．朝鮮《ちょうせん》戦争の特需《とくじゅ》景気により経済は復興し，「もはや戦後ではない」といわれた。

(2)　二重線内のA～Eの文章中の下線部は，各都市の21世紀におこったできごとを示している。これらのできごとを年代の古い順に並べたとき，**3番目**にあたるものとして正しいものをA～Eから１つ選び，記号で答えなさい。

問２　下線部②に関して，性別を前提とした表現を中立的に改めた言葉として，**誤っているもの**を，次の**ア～オ**から**すべて**選び，記号で答えなさい．なお，記号は**五十音順**に答えること。

ア．看護師　　**イ**．家政婦　　**ウ**．ウェイトレス　　**エ**．保育士　　**オ**．助産師

問３　下線部③に関して，社会的支援《しえん》を必要としている人々が，日常的に社会に参加し生活できるようにする「ノーマライゼーション」，または，すべての人々を孤独《こどく》や孤立，排除《はいじょ》や摩擦《まさつ》から援護し，健康で文化的な生活の実現につなげるよう，社会の構成員として包み支え合う「ソーシャル・インクルージョン」という考え方がある。これに関する次の(1)・(2)の各問いに答えなさい。

(1)　これらの目的のために用いられているマークとして**適切でないもの**を，次の**ア～エ**から１つ選び，記号で答えなさい。

ア.

イ.

ウ.

エ.

(2)　次の写真は，ある自治体が導入した公園の砂場である。砂場がテーブル状であることの長所を述べた，あとの二重線内の文中の［　　］にあてはまる語句を**5字以上10字以内**で答えなさい。

「株式会社コトブキＨＰ」より。

［　　　　］が遊びやすくなる。

問4　下線部④に関して，次の(1)・(2)の各問いに答えなさい。

(1)　ダイバーシティは「多様性」を意味する。次の二重線内は，多様性を尊重する内容を持つ日本国憲法の条文である。条文中の［X］・［Y］にあてはまる語句の組み合わせとして正しいものを，あとの**ア～カ**から1つ選び，記号で答えなさい。

第13条　すべて国民は，［X］尊重される。生命，自由及び幸福追求に対する国民の権利については，公共の福祉《ふくし》に反しない限り，立法その他の国政の上で，最大の尊重を必要とする。

第26条　すべて国民は，法律の定めるところにより，その能力に応じて，ひとしく［Y］を有する。

	X	Y
ア	国家の一員として	教育を受ける権利
イ	国家の一員として	納税の義務
ウ	国家の一員として	勤労の義務
エ	個人として	教育を受ける権利
オ	個人として	納税の義務
カ	個人として	勤労の義務

(2)　多様性の尊重について，2021年の日本においておこった象徴的なできごととして正しいものを，次の**ア～エ**から1つ選び，記号で答えなさい。

ア．「政治分野における男女共同参画の推進に関する法律」の施行後初めての衆議院議員総選挙では，各政党の女性候補者の数が男性とほぼ同数となった。

イ．最高裁判所は，「夫婦《ふうふ》は，婚姻《こんいん》の際に定めるところに従い，夫又《また》は妻の氏を称《しょう》する。」とした民法の規定を違憲《いけん》とし，選択《せんたく》的夫婦別姓《べっせい》制度の導入をうながした。

ウ．「多様性と調和」を掲《かか》げた東京オリンピック・パラリンピックでは，入場行進の旗手や宣《せん》誓《せい》も男女でつとめ，LGBTQを公表した選手も過去最多となった。

エ．国会は，LGBTQなど性的少数者に対する差別を禁止する「性的指向および性同一性に関する国民の理解増進に関する法律」を成立させた。

た雰囲気《ふんいき》をいっそう強調することに成功している。

ハ　げんの目にはフェスがまるで人間と同様の感情を持つ存在であるかのように映っており、「人を失った哀しみ」「はいりきれない切なさ」といった表現にげんの思いを見ることができる。

ニ　フェスの外見は部分を少しずつ描写し、組み合わせながら全体におよぶ手法でえがかれ、「花綱の尻尾と房のような耳」「円い頭、長い耳」からは堂々とした姿が自然と読者に浮《う》かんでくる。

ロ　フェスが利口で優しい犬だからこそ、げんも飼い犬に対して愛情をもっているということ。

ハ　フェスの気持ちがわからない以上、げんはフェスが利口で優しいと思い込むしかないということ。

ニ　フェスの性質を理解しようとせず、げんの勝手な思い込みだけでフェスを飼っていたということ。

問5　——線（4）「案の定」とありますが、げんはどのようなことを予想していましたか。次の文の［　　］にあてはまる言葉を**十五字以内**で答えなさい。（句読点・記号等も字数に数えます。）

> 自分が走り出せば、フェスも［　　］だろう、ということ。

問6　——線（5）「うまく行った、と思った」とありますが、それはなぜですか。次の文の［　　］にあてはまる言葉を本文中から**六字**でぬき出して答えなさい。（句読点・記号等も字数に数えます。）

> りこうなフェスをまんまと［　　］から。

問7　——線（6）「登校の道と犬とどっちなのだ」とありますが、この説明としてもっとも適切なものを次の**イ〜ニ**の中から一つ選び、記号で答えなさい。

イ　学校に行くこととフェスの去ったあとを追いかけることのどちらを優先すべきだったかと、答えの出ない問いを繰り返したということ。

ロ　学校に行くことよりもフェスの去ったあとを追いかけることのほうがずっと大事ではなかったかと、今さらながらに気づいたということ。

ハ　学校に行くよりもフェスを探しに行くことが何より重要なのに、なぜか行動に移せない自分に対してふがいなさがこみあげているということ。

ニ　学校に行く道が歩いたり船に乗ったりと複雑なことが悪いのか、勝手についてきたフェスが悪いのか、自分でもわからなくなったということ。

問8　——線（7）「はっとさせられた」とありますが、げんがそのように思ったのはなぜですか。その理由としてもっとも適切なものを次の**イ〜ニ**の中から一つ選び、記号で答えなさい。

イ　フェスを安心してまかせた船頭が、実はフェスに対してかなり悪意を待った対応をしていたとわかり、心が強く痛んだから。

ロ　船頭たちの態度を見て、家族だけでなく船頭たちまでもげんの軽はずみな行いを非難しているかのように疑ってしまったから。

ハ　船頭たちはフェスが家に帰ったものと思っており、本当のことを言うと船頭の対応のまずさを責めることになると気づいたから。

ニ　フェスをほめる船頭の言葉を聞いたとたんに、その対応ではフェスが家に戻ることはいよいよ難しいのではないかと思い知ったから。

問9　本文の説明としてもっとも適切なものを次の**イ〜ニ**の中から一つ選び、記号で答えなさい。

イ　フェスとげんの繋がりの強弱の変化が情景描写《びょうしゃ》によってたとえられており、「うすい朝霧が川面を這っていた」という表現からはフェスに対するげんの愛情の弱まりが見て取れる。

ロ　「選びわけた」を「選みわけた」、「ぎくりと」を「きくりと」と記すなど、独特な言葉の使用によって小説全体の持つ現実ばなれし諦めるどころでなく、執着《しゅうちゃく》は深くなっていた。牛乳屋は仲間の蔓《つる》を引っ張って捜《さが》してくれて、甲斐《かい》がなかった。そこへ端書《はがき》が来た。川下の小工場地からで、犬を預かっている知らせだった。げんは鎖と食物を持って受《うけ》取《と》りに行った。うわずっていて、嬉《うれ》しいより殺伐《さつばつ》になっていた。

（出題にあたり、本文の表記を一部改めました。）

（注）※1 伺候……尊い人の近くにいて仕えること。
※2 三遍まわってたばこにしよ……犬にやらせる芸の一つ。
※3 畜犬票……飼い大登録後に与えられる許可証のこと。
※4 花綱……花を編んでつくったかざり。
※5 あとがえっている……後ろにもどっている。

問1 〰〰線a「拾いもの」、b「もてあまされた」の本文中での意味としてもっとも適切なものを次のイ～ニの中から一つずつ選び、それぞれ記号で答えなさい。

a 拾いもの
イ 思いがけない得
ロ 偶然のきっかけ
ハ 予想をこえる結果
ニ 予期しないできごと

b もてあまされた
イ 軽くあしらわれた
ロ じゃまにされた
ハ 同情をさそわれた
ニ あつかいに困られた

問2 ——線(1)「めいめいの位置も品格もきまる」とはどのようなことを表していますか。その説明としてもっとも適切なものを次のイ～ニの中から一つ選び、記号で答えなさい。

イ フェスと「よその犬」はいつでも飼い主の愛情の強さを競《きそ》う関係であるということ。
ロ フェスと「よその犬」ではどちらが大事か飼い主にはわかりきっているということ。
ハ フェスと「よその犬」がそれぞれ庭のどこにいればいいのか通じ合っているということ。
ニ フェスと「よその犬」とてどちらがより上位の存在であるかわかり合っているということ。

問3 ——線(2)「フェスがげんをたしなめているところがあった」とはどのようなことですか。その説明としてもっとも適切なものを次のイ～ニの中から一つ選び、記号で答えなさい。

イ 途方にくれてしまうようなことをやらせるなと、フェスが目で言っているようにげんには思われたということ。
ロ 自分は下等な芸をしこまれるような犬ではないと、フェス自身が教えているようにげんには思われたということ。
ハ 自分の飼い犬の能力をどのくらい知っているか、フェスが試《ため》しているかのようにげんには感じられたということ。
ニ げんが来客のよしあしをうまく見ぬけないことを、フェスがとがめているようにげんには感じられたということ。

問4 ——線(3)「げんの愛情は犬の利口さと優しさの上に定着していた」とはどのようなことですか。その説明としてもっとも適切なものを次のイ～ニの中から一つ選び、記号で答えなさい。

イ フェスが利口で優しいのは、げんが愛情をこめて接していることによるものだということ。

を行って、ふと後ろにけはいを感じてふりかえると、フェスがそくに駈《か》けて追って来たのだ。爽快《そうかい》で大元気で追いついて来た。連れ戻すだけの時間の余裕《よゆう》はないし、もう慣れきって心配はなし、こんなに喜んでいるし、それにちらりと、もう正式に届けは済んで※3畜犬票《ちくけんひょう》もつけているからということが、げんをルーズにした。犬と女学生は土手道を行った。※4花綱《はなづな》の尻尾《しっぽ》と房《ふさ》のような耳がはでりっぱだった。げんは河を越えて町へ行くのだが、渡船《わたしぶね》を利用する。犬とはそこで別れなければならない。それでげんは考えていきなり駈けだした。(4)案の定、犬は勢いづいてどっと駈けるとはるかに先へ行った。げんはちょろっと横の桟橋《さんばし》へ降りると渡船へ移った。毎日なじみの船頭さんは駈けて来るげんを待っていたようなものだから、舟《ふね》はすいと岸を離《はな》れた。

(5)うまく行った、と思ったのは束《つか》の間《ま》だった。犬は土手の上を不可解なようすでうろうろし、地を擦《す》って嗅ぎ、急に鼻をあげて嗅ぎ、たちどまってきっと見、また地を嗅ぎして※5あとがえっている。渡《わた》し場《ば》でうろついているところを牛乳屋に拾われたことが鮮明《せんめい》にきくりと、げんに思いだされていた。犬の、おそらくはまだ記憶《きおく》にあるだろう「人を失った哀しみ」が、そこに実際で、見せられていた。と、犬はとうとう桟橋道を見つけて嗅ぎ下りた。桟橋の端《はし》は水である。水をすかした。船を見た。げんを見た。うおおおと細い口を明けて遠吠《とおぼ》えをした。頸《くび》を水すれすれにさげて瀬《せ》を計っている。水勢は突《つ》き出た桟橋へ当《あた》って、底は浅くないのだ。はいりかねて二、三歩脇《わき》へ寄ったところを計ってみている。大きな耳の根がぐいともちあかって顔か細くなっている。うおおおと鳴いた。水勢が強くて、はいりきれない切なさがぴりぴりと響《ひび》いた。「お帰り！　お帰り！」とげんはありったけ叫《さけ》んだ。入れかわりになる休み番の船頭が気がついてフェスの頸輪《くびわ》をおさえてくれた。ほっとした。こちらの船頭が、「なあに、犬は利口だからさっさと帰る」と慰《なぐさ》めてくれた。河幅《かわはば》は広く、うすい朝霧《あさぎり》が川面を這《は》っていた。犬はいい塩梅《あんばい》に諦《あきら》めたか、桟橋を小さくあがって行った。(6)登校の道と犬とどっちなのだ？　げんはしおれきっていた。

一日じゅう気は晴れなかった。そして帰って来て、はたして犬はいなかった。家でもみなが不機嫌で、繋がなかった女中さんと、連れて行って渡し場ではぐらかした無神経なげんとが、無言で責められた。げんは渡し場へ行った。そこで又《また》(7)はっとさせられた。頸輪をつかまえてくれた老船頭は、犬をなだめてうちの方角を指し、「うちへ帰れ、な、あっちだ、あっちだ、といったら、えらいもんだ、さっさと聴《き》きわけて行っちまった」と感心していた。あっちとはどっちへ行った、――我慢《がまん》しても涙《なみだ》が出た。交番へ行った。そんな犬は見ないといわれた。犬のあっちはげんには見当がつかなかった。怪訝《けげん》そうに見る人をかまわず、「フェス、フェス」と呼んで歩き、日は急に昏《く》れてきて小家の台処は油こい魚を焼く煙《けむり》が漂《ただよ》っていた。いつもならこんな時間に犬は、あかりと食物と人のいる台処の前で腹這《はらば》っていたが、いまはげんにも灯《ひ》のある台処がなつかしくて、小路《こうじ》小路の小暗さにひょいひょいと円《まる》い頭、長い耳が見えるような気がした。

ひっそりして日が過ぎた。交番の巡査《じゅんさ》は交替《こうたい》だからいろんな人が替《かわ》るけれど、どの人にもげんはbもてあまされた。あまりしつこく訊《き》きに行くからなのだ。ゆくえはなかった。もう生きて飼われていることが考えられず、どこかで死んでいると考えられてきた。屍体《したい》でいいから見きわめたかった。「あんまりよすぎたから」などと母がいうので、なおさら、トのような高度な社会を営む生物は遺伝的な多様性を損なわない教育が必要となるので、年長者が少しでも長生きして次の世代を育てていかなければならないと論じている。

ニ　多様性の獲得には有性生殖による進化が必要なことを説明したうえで、ヒトの進化のためには親の死の経験や社会を理解するための教育が必要なので、年長者がその大役を引き受けるために長生きする必要があると論じている。

□二　次の文章は、幸田文《こうだあや》が一九五六（昭和三一）年に発表した小説「町の犬」の一節です。「げん」は女性の名前、「フェス」はめす犬の名前です。これを読んで、あとの問いに答えなさい。

雀《すずめ》ばかりでない、このうちへはちょいちょいよその犬の訪問があるが、それらへも寛大だった。久しく飼犬《かいいぬ》がいなかったので、どこの犬にでもお菓子《かし》くらい投げてやるのを彼等《かれら》はおもいだし、ときどきやって来るのだ。そうした犬くぐりが裏の垣根《かきね》には二つ三つできていたし、まるで自分の領分のうちといった顔で侵入《しんにゅう》して来る。フェスはそれらを一応嗅《か》いで調べるが、それだけのことでちゃんと(1)めいめいの位置も品格もきまるものらしい。お客犬は主人犬に上越《こ》す紳士淑女《しんししゅくじょ》がいないからである。したがって彼等は※1伺候《しこう》といった恰好《かっこう》になってしまう。捨犬《すていぬ》迷い犬としてここに連れて来られたのではあるが、ひがみ根性《こんじょう》やこせつきや荒《あら》っぽさがなくて、生《うま》れか育ちか知らないが、品と優《やさ》しさが具《そな》わっていた。

こういうのをこそa拾いものというのだろう、父親もげんもすっかり上機嫌《じょうきげん》になって日とともに深く惚《ほ》れこんで行った。ただしげんは父親からきつくいいつけられた。「犬が利口だからといって下らないことなんぞ仕込《しこ》むな。曲馬の犬じゃないんだからな。こういう奴《やつ》はそっと見ていれば、自然にこっちがどうしてやればいいかがわかってくるんだ。」

不服である。※2三遍《さんべん》まわってたばこにしよ、くらいは何でもなさそうだし、お使いだってじき覚えそうなのである。でもげんは父のいうことを守った。父親の犬に対する知識と経験を信用していたし、もう一つは(2)フェスがげんをたしなめているところがあった。なぜならフェスは、このうちへ来る相当数の来客をどこで鑑別《かんべつ》するのか、吠《ほ》える人と吠えない人に選《えら》みわけたからである。取次《とりつぎ》はおもにげんの役ときめられていたが、げんも父親も好ましくないと思っている客が来たとき、犬は唸《うな》ったり吠えたりした。そういう能力のまえに、げんは三遍まわってなどということを教えるのは恥《は》ずかしくもなるのだ。教えたのではなく、教えたいと思っただけなのだが、そのげんの気もちを感じ知って、彼女《かのじょ》はあっちとこっちをまちがえずに覚えるほど鋭《するど》いのである。台処《だいどころ》であっちといえば犬は茶の間の縁《えん》へ行く。こっちといえばむろん声のするところへ来る。座敷《ざしき》にいてこっちといえば沓脱《くつぬぎ》へすわるが、もうひと声励《はげ》まして強く、「こっちよ」といえば、はなはだ困惑《こんわく》しながらてれながら座敷へあがって来る。そういうときげんの弟が、「こら！」といえば、たちまちそこへ平伏《へいふく》し、命令者のげんのほうを哀《かな》しく見、どうすればいいか途方《とほう》にくれて素直《すなお》なのである。(3)げんの愛情は犬の利口さと優しさの上に定着していた。

すっかり慣れて、しかし朝から午後までは繋《つな》いであった。近処《きんじょ》へ連れだすときもげんがかならず鎖《くさり》をとった。それがひと朝、げんが登校の道

問5 Ⅰ・Ⅱ にあてはまる言葉としてもっとも適切なものを次のイ～ヘの中から一つずつ選び、それぞれ記号で答えなさい。

イ もし　ロ また　ハ そして
ニ しかし　ホ あるいは　ヘ そのうえ

問6 [ ] にあてはまる言葉としてもっとも適切なものを次のイ～ニの中から一つ選び、記号で答えなさい。

イ 単一的　ロ 積極的　ハ 効率的　ニ 利己的

問7 ――線(3)「親にはできない個性の実現」とありますが、「親にはできない」のはなぜですか。その理由としてもっとも適切なものを次のイ～ニの中から一つ選び、記号で答えなさい。

イ 日本の親は少子化か進む社会にあって「家」の役割の重要さを十分にわかっているために、しつけや教育を「家」の中で完了《かんりょう》させてしまう傾向《けいこう》が強くなってしまうから。
ロ 日本の親はしつけや教育を「家」のみで行うことには限界を感じてはいるか、日本古来の文化として子どもを育てるという「家」の役割を捨て去ることなどできないから。
ハ 日本の親はしつけや教育を自分たちの「家」だけで完結させようとする文化の中で生きてきたので、そのようなしつけや教育をそのまま子どもに与えようとするから。
ニ 日本の親は社会全体で子どもの教育に関わるという文化を知らないため、しつけや教育は「家」でするものだという社会からの求めに応じないわけにはいかないから。

問8 ――線(4)「少しでも長生きしよう、という発想」とありますが、その発想の根底にあるものは何ですか。その説明としてもっとも適切なものを次のイ～ニの中から一つ選び、記号で答えなさい。

イ 死ぬという人間のさだめを受け入れ、残された時間を少しでも長く、次の世代の多様性を生かすために使わなければならないという感情。
ロ 多様性を持たせつつ、次の世代、またその次の世代が社会の中で生きていけるように、環境《かんきょう》を整えて育てあげなくてはならないという感情。
ハ 自分の長生きが次の世代の多様性をさまたげる原因となる後ろめたさを和《やわ》らげるために、次の世代が生きるための環境作りを手伝いたいという感情。
ニ おたがいに多様性を認め合いながら、自分と同じ失敗を繰《く》り返さないような社会基盤を作っていけるように次の世代を支えていきたいという感情。

問9 この文章の内容や論の進め方の説明としてもっとも適切なものを次のイ～ニの中から一つ選び、記号で答えなさい。

イ 有性生殖による多様性の確保は社会生活を営むヒトにとって不可欠なものであることを説明したうえで、子どもの個性は親の死と多様性を重視した教育によって育まれるから、親以外の大人が長生きして子育てに関わる必要があると論じている。
ロ 多様性の獲得には有性生殖が必要であることを説明したうえで、子どもは親より多様性に満ちている優秀な存在であるから、親や年長の世代は長生きして優秀さを損なわない教育を子どもたちに等しく与えていかなければならないと論じている。
ハ 有性生殖による多様性の獲得と死との関係を説明したうえで、ヒこうしてお話ししてきたように、ヒトのように社会を持つ生き物は、まず社会を生き抜く作法を覚える必要があり、教育に時間がかかります。そのため、どうしても教育する側の親やコミュニティの年長者は簡単には死ねません。加えて先にお話ししましたが、ヒトは悲しみを共有する「※5感情の動物」であり、死にたくはないと思うものなのです。それでアンチエイジング、つまり(4)少しでも長生きしよう、という発想が出てきます。

死ぬこと自体はプログラムされていて逆らえませんが、年長者が少しでも元気に長生きして、次世代、次々世代の多様性の実現を見届け、そのための社会基盤《きばん》を作る雑用を多少なりとも引き受けることは、社会全体にとってプラスとなります。ですので、長生き願望は決して利己的ではなく、当然の感情です。またヒトの場合、長生き願望は死に対する恐《きょう》怖《ふ》という側面もありますが、その恐怖の根源には、しっかりと次世代を育てなければならない、という生物学的な理由があります。最低でも、子供がある程度大きくなるまでは頑張って生きないといけないのです。

（小林武彦《たけひこ》『生物はなぜ死ぬのか』より。
出題にあたり、文章の構成を一部改めました。）

（注）※1 マイナー……規模が小さいこと。
※2 有性生殖……哺乳類などに見られる、卵が受精することによって子孫を残していく方法。
※3 コンセプト……考え。
※4 ビジョン……未来の見通し。
※5 感情の動物……筆者はヒトが進化する過程の中で、同情したり共感したりする能力を、他の動物よりも抜きん出て強く獲得していったと考えていることから生まれた表現。

問1 ═線①・②のカタカナを漢字に直しなさい。

問2 ――線(1)「進化は結果であり目的ではない」とありますが、これはどのようなことについて述べたものですか。その説明としてもっとも適切なものを次の**イ～ニ**の中から一つ選び、記号で答えなさい。

イ 有性生殖という仕組みを獲得した生物が子孫の多様性を生み出して生物界において生き残ってきたということを述べている。

ロ 子孫の多様性を獲得するために有性生殖という仕組みをうまく作り変えて自然界の中で生き続けてきたということを述べている。

ハ 有性生殖という仕組みを見つけ出した生物が子孫の多様性を獲得して他の生物との生存競争を勝ちぬいてきたということを述べている。

ニ 子孫の多様性を生み出すために有性生殖の仕組みを完成させた生物が新たな進化をとげて世界中で今も生きているということを述べている。

問3 [A]・[B]にあてはまる言葉をそれぞれ**漢字一字**で答えなさい。

問4 ――線(2)「親は進化の過程で、子より早く死ぬべくプログラムされている」とありますが、その理由を説明した次の文の[ ]にあてはまる言葉を本文中から**十七字**でぬき出して答えなさい。（句読点・記号等も字数に数えます。）

[ ]から。

ならず、大型の哺乳類《ほにゅうるい》は成長して①ジカツするまで親やコミュニティの保護が必要なので、基本的には同じです。［Ⅱ］重要となってくるのは、親の存在のみならず「子育て（教育）の質」です。これは「社会の質」と言ってもいいかもしれません。

ここまでを一旦《いったん》整理します。

生物は、常に多様性を生み出すことで生き残ってきました。有性生殖はそのための手段として有効です。親は子孫より多様性の点で劣《おと》っているので、子より先に死ぬようにプログラムされています。ただ、死ぬ時期は生物種によって異なります。大型の哺乳動物は大人になるまで時間がかかるため、その間、親の長期の保護が必要となります。ヒト以外の大型哺乳動物、例えばゾウなども、生きる知恵《ちえ》を、親を含めた集団（コミュニティ）から学びます。

このような生物学の死の意味から考えると、ヒトの場合、親や学校なども含めたコミュニティが、子供に何を教えるべきか自《おの》ずと見えてきます。まず、必要最小限の生きていくための知恵と技術を伝えるのは当然です。昔で言うところの「読み・書き・そろばん」で、現代の義務教育の教科になります。これは社会のルールを理解し、協調して生活するための最低限必要な教育です。

ここからが重要ですが、次に子供たちに教えないといけないのは、せっかく有性生殖で作った遺伝的な多様性を損《そこ》なわない教育です。ヒトの場合には、多様性を「個性」と言い換えてもいいと思います。親や社会は、既存《きそん》の枠《わく》にとらわれないようにできるだけ多様な選択肢《せんたくし》を与《あた》えること、つまりは［　］な尺度で評価をしないことです。

加えて、この個性を伸《の》ばすためには親以外の大人の存在が、非常に重要になってきます。自分の子供がいなくても、自分の子供でなくても。社会の一員として教育に積極的にかかわることは、(3)親にはできない個性の実現に必須《ひっす》です。特に日本は、②デントウ的に「家」を重んじ、しつけや教育をそこで完結させる文化があります。子供が小さいときには、基本はそれでいいのですが、個性が伸び始める中学・高校生くらいからは積極的にたくさんの「家の外のいい大人」と関わらせるべきです。私は、少子化が進む日本にとって社会全体で多様性を認め、個性を伸ばす教育ができるかどうかが、この国の命運を分けると思っています。

他人と違《ちが》うこと、違う考えを持つことをまず認めてあげないといけませんね。残念なことに日本の教育は、戦後の画一化したものに比べて良くはなっていますが、まだそこまで若者の個性に寛容《かんよう》ではありません。若者が自由な発想で将来の※4ビジョンを描《えが》ける社会が、本当の意味で強い社会になります。

正直に言って、個性を伸ばす教育というものは、ともすれば型にはまらないことを良しとする教育なので難しいです。それを達成するための一番簡単で効率的な方法は、「本人に感じさせること」でしょう。親やコミュニティが自ら見本を見せることです。また、親の世代も含めた社会全体で多様性（個性）を認め合うことが大切です。「君は君らしく生きればいいよ、私かやってきたみたいにね」という感じです。子供の個性の実現を見て、親はその使命を終えることができるのです。

補足ですが、個性的であることを強要するのは、違います。何が個性か、何が正解かは、誰《だれ》も答えを知らないのです。それが多様性の一番の強みであり、予測不可能な未来を生きる力なのです。

【国　語】（四五分）　〈満点：一〇〇点〉

一　次の文章を読んで、あとの問いに答えなさい。

多様性を生み出す仕組みについてですが、体の構造が複雑になると、生命誕生時に行われていたような、偶然《ぐうぜん》に任せてバラバラにして組み直すようなフルモデルチェンジは、マイナス面のほうが大きくなりました。もっと巧《たく》みな方法で、ある程度変化を抑《おさ》えつつ多様性を確保する※1マイナーなチェンジが必要です。

そこで登場したのが、オスとメスがいる「性」という仕組みです。性の目的は※2有性生殖《せいしょく》です。（中略）有性生殖は、マイナーチェンジの多様性を生み出すために進化した仕組みです。本書的に言うと、(1)進化は結果であり目的ではないので、有性生殖が多様性を生み出すのに有効だったから、この仕組みを持つ生物が選択《せんたく》されて生き残ってきたということになりますね。生物のほとんどがこの有性生殖の仕組みを［A］なり［B］なり取り入れています。

（中略）

さて本題に戻《もど》り、この性による多様性の獲得《かくとく》と死ななければいけない理由の関係です。

ここからは私の考えですが、生物の成り立ちは「変化と選択」による進化の賜物《たまもの》であるとお話ししてきました。性に関しては、卵・精子・胞《ほう》子《し》などの配偶子の形成および接合や受精が「変化」を生み出します。

一方「選択」は、もちろん有性生殖の結果生み出される多様な子孫に対して起こりますが、実は子孫だけではなく、その選択される対象に、それらを生み出した「親」も含《ふく》まれているのです。つまり親は、死ぬという選択によってより一族の変化を加速するというわけです。

当然ですが、子供のほうが親よりも多様性に満ちており、生物界においてはより価値がある、つまり生き残る可能性が高い「優秀《ゆうしゅう》な」存在なのです。言い換《か》えれば、親は死んで子供が生き残ったほうが、種を維持《いじ》する戦略として正しく、生物はそのような多様性重視の※3コンセプトで生き抜《ぬ》いてきたのです。

となると、極端《きょくたん》な話、子孫を残したら親はとっとと死んだほうがいいということにもなります。(2)親は進化の過程で、子より早く死ぬべくプログラムされているわけです。

ご存じのように、確かにそのような生き物はたくさんいます。前にお話ししたサケなどはまさにそうですね。サケは川の最上流まで頑張《がんば》って行って、そこで卵さえ産めば「親はすぐ死ぬ」でいいのです。昆虫《こんちゅう》などの多くの小動物は、サケ同様、子孫に命をバトンタッチして「あとはお任せします」といった具合に死んでいきます。

［I］、例えばヒトのような、子供を産みっぱなしにできない生き物の親は、そう単純ではありません。自分たちよりも（多様性に富んでいるという意味で）優秀な子孫が独り立ちできるようになるまでは、しっかり世話をする必要があります。つまり子育ては、遺伝的多様性と同程度に重要ということになります。

ヒトのような高度な社会を持つ生き物は、単なる保護的な子育てに加えて社会の中で生き残るための教育が重要です。そのために、親は元気に長生きしないといけません。親だけではなく、祖父母や社会（コミュニティ）も教育、子育てに関わります。ですのでヒトの場合は、親や祖父母の元気さ、加えて周りのサポートが大切になってきます。ヒトのみ

MEMO

大切なことはメモしておこうネ！

推薦・帰国生

2022年度

解　答　と　解　説

《2022年度の配点は解答欄に掲載してあります。》

＜算数解答＞ ≪学校からの正答の発表はありません。≫

1　(1)　0.2　(2)　16　(3)　9.54　2　(1)　4%　(2)　2個　(3)　171人

3　(1)　分速160m　(2)　1400m　4　(1)　$4\frac{11}{16}$倍　(2)　1：5

5　(1)　4通り　(2)　32通り　(3)　52通り　6　(1)　20cm^3　(2)　12cm^3

7　(1)　(ウ)　(2)　a　6　c　4　(3)　5

○推定配点○

1～3　各5点×8　他　各6点×10(7(2)完答)　計100点

＜算数解説＞

1　(四則計算)

(1)　4.8－46÷10＝0.2

(2)　$\square=\frac{14}{125}\times\frac{8}{7}\times125=16$

(3)　2020×(3.14＋3.26－6.4)＋6.28＋3.26＝9.54

重要　2　(割合と比，濃度，過不足算，集合，相当算)

(1)　50g：100g＝1：2より，1×7＋2×6＋2×□＝(1＋2＋2)×5.4

したがって，□は{5×5.4－(7＋12)}÷2＝4(%)

(2)　生徒の人数…(11＋7)÷(6－4)＝9(人)

したがって，5個ずつ配ると4×9＋11－5×9＝2(個)余る

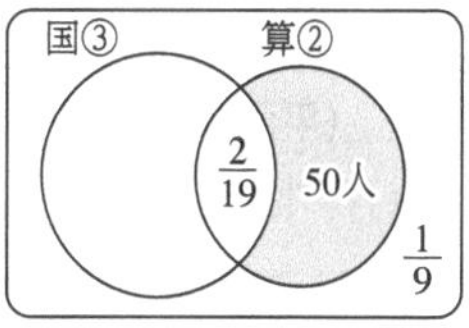

(3)　右図より，算数合格は50人＋$\frac{2}{19}$，

国語合格は50人×$\frac{3}{2}+\frac{2}{19}\times\frac{3}{2}$＝75人＋$\frac{3}{19}$

全体は50人＋$\frac{2}{19}$＋75人＋$\frac{3}{19}-\frac{2}{19}+\frac{1}{9}$＝1すなわち125人＋$\frac{46}{171}$＝1

したがって，全体の人数は125÷$\left(1-\frac{46}{171}\right)$＝171(人)

3　(速さの三公式と比，鶴亀算，単位の換算)

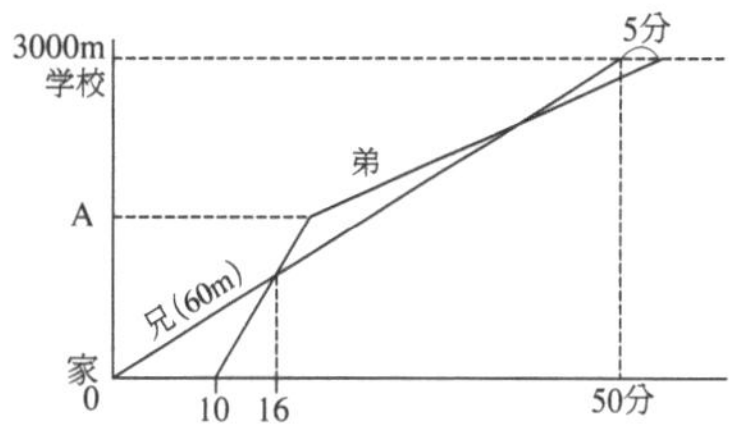

基本　(1)　弟の最初の分速は60×16÷(16－10)＝160(m)

重要　(2)　弟が登り坂を進んだ分速…160÷4＝40(m)

弟が3000m進んだ時間…3000÷60＋5－10＝45(分)

弟が登り坂を進んだ時間…(160×45－3000)÷(160－40)

＝35(分)

したがって，A地点から学校までは40×35＝1400(m)

重要　4　(平面図形，割合と比)

(1)　次のページの図1より，ADを2×3＝6にすると，AFは6÷3×2＝4，

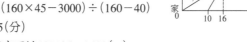

BCは6÷2×3＝9
台形の面積の割合…（6＋9）×5＝75
三角形AGFの面積の割合…4×4＝16
したがって，求める倍率は$\frac{75}{16}$倍

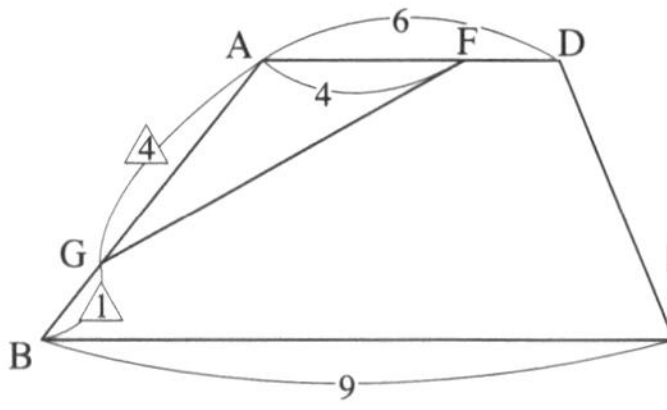

図1

（2） 図2より，DCを（4＋1）×（4＋3）＝35
にすると，DHは35÷7×4＝20，HKは
35－（20＋35÷5）＝8
三角形EHDとJHKの相似比より，
20：8＝4：1.6
また，GKは6＋（9－6）÷5×4
＝8.4
したがって，三角形EIFとJIGにおいて
FI：IGは2：（8.4＋1.6）＝1：5

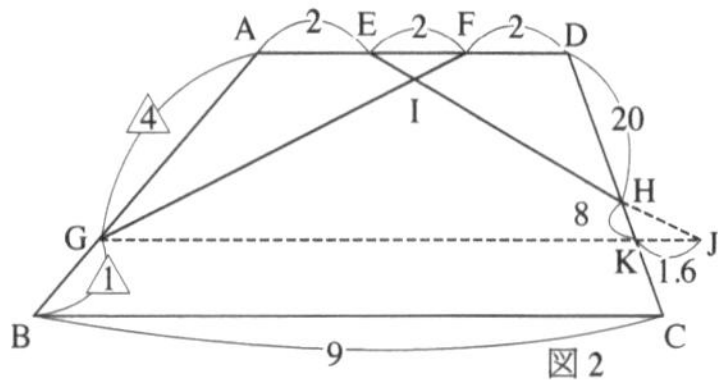

図2

5 （平面図形，場合の数）

赤・白・青をそれぞれ■，□，▨で表す。…同じ色が隣合わないように配置する。

基本 （1） 以下の4通りがある。

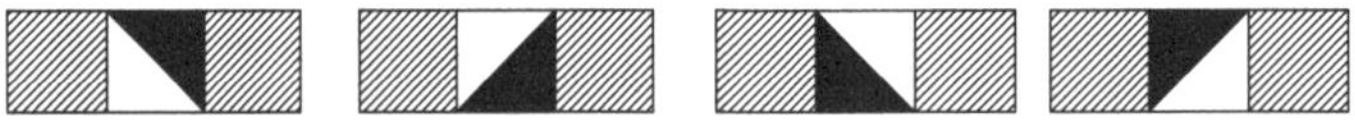

重要 （2） タイルBが端にある場合…2×4×2＝16（通り），タイルBが中央にある場合…4×4＝16（通り）
したがって，全部で16×2＝32（通り）

（3） タイルBが2枚…（1）より，4通り
タイルBが1枚…（2）より，32通り
タイルBが0枚… 4×2×2＝16（通り）
したがって，全部で4＋32＋16＝52（通り）

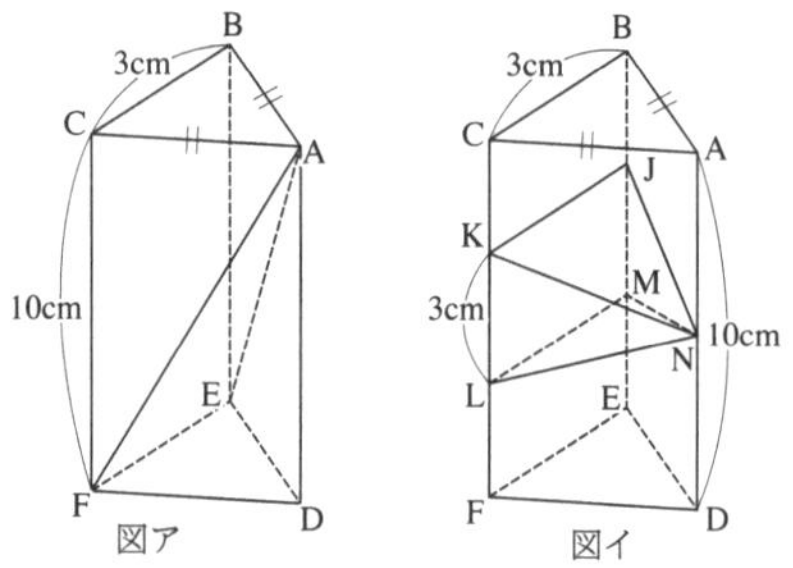

図ア　図イ

重要 6 （平面図形，立体図形，割合と比）

（1） 図アより，三角柱の体積＝底面積×高さ，
三角錐A－EDFの体積＝底面積×高さ×$\frac{1}{3}$
四角錐A－BCFEの体積＝底面積×高さ×$\frac{2}{3}$
したがって，四角錐A－BCFEの体積が$40cm^3$のとき，三角錐A－EDFの体積は40÷2＝20（cm^3）

（2） （1）より，三角柱の体積は40＋20＝60（cm^3），二等辺三角形ABCの面積は60÷10＝6（cm^2）
二等辺三角形ABCの底辺がBCのとき，高さは6×2÷3＝4（cm）
したがって，図イより，四角錐N－JKLM
の体積は3×3×4÷3＝12（cm^3）

7 （統計と表，平均算，消去算，論理）

A組

得点（点）	0	1	2	3	4	5	計
人数（人）	2	4	7	10	9	*a*	*b*

B組

得点（点）	0	1	2	3	4	5	計
人数（人）	*c*	7	*d*	*e*	18	5	40

（*c*の数は*d*の数より大きい）

C組

得点（点）	0	1	2	3	4	5	計
人数（人）	2	*f*	7	4	13	*g*	*h*

基本 （1） 3クラス全員の平均点は
「全員の得点の合計÷総人数」
で求められるので（ウ）【会話3】
はまちがい。

重要 （2） A組の得点が低いグループの合計…3×2＋2×4＋1×7＝21（点）
A組の得点が高いグループの合計…2×a＋1×9＝2×a＋9（点）
したがって，aは（21－9）÷2＝6（人）

B組の得点が低いグループの合計…3×c+2×7+1×d=3×c+d+14(点)
B組の得点が高いグループの合計…2×5+1×18=28(点)
3×c+d+14=28より，3×c+d=14(点)
したがって，cがdよりも大きい場合，c=4，d=2より，c=4

やや難 (3) A・B組の人数の合計…(2)より，38+40=78(人)　C組の人数の合計…26+f+g(人)
3組の総得点…3×78+1×f+2×7+3×4+4×13+5×g=3×78+78+f+5×gが3.1×78+3.1×(26+f+g)=3.1×78+80.6+3.1×f+3.1×gに等しい
すなわち，(3.1−3)×78+80.6−78+3.1×f+3.1×g=f+5×gより，10.4+2.1×f=1.9×g，104+21×f=19×g…ア
アより，g=7，f=1のとき，両辺の差は133−125=8　g=8，f=2のとき，152−146=6　g=9，f=3のとき，171−167=4
したがって，g=11，f=5のとき，あてはまる。

★ワンポイントアドバイス★

全体として，かなり難度が高い問題が目につく。3(2)「速さの鶴亀算」や，4「台形・相似」で差がつきやすい。また，5「タイル並べ方」は，問題文のなかの条件を読み飛ばすと失敗する。7(3)「fの人数」は難しい。

＜理科解答＞ ≪学校からの正答の発表はありません。≫

1 (1) 5　(2) 2通り　(3) 3　(4) 68%　(5) 2
2 (1) 1g　(2) 5g　(3) 0.24L　(4) 1.79L　(5) 0.8g

○推定配点○
1 各5点×5　2 各5点×5　計50点

＜理科解説＞

1 (人体－胎児の心臓)

(1) 区画Aは右心房であり，全身から二酸化炭素の多い静脈血が戻ってくる。静脈血は，右心室Cを通って肺に向かう。血液は肺で，二酸化炭素を放出し酸素を吸収すると，あざやかな赤色の動脈血になる。動脈血は再び心臓に向かい，左心房B，右心房Dを通って全身へ向かう。

重要 (2) 胎児は胎盤から酸素を吸収するため，血液のすべてが肺を通る必要がない。そのため，AとBの間に穴があり，血液が肺を通らずに全身に向かうこともできる。つまり，A→C→肺(ア)という通常の順序とともに，A→B→D→全身(ウ)という順序でも血液が流れる。なお，この穴はふつう産まれたときに閉じる。

(3) 右心房Aは，全身の臓器から，酸素が少なく二酸化炭素の多い静脈血が戻ってくる(b)。左心房Bは，肺から，酸素が多く二酸化炭素の少ない動脈血が入ってくる(c)。

(4) 肺では，酸素と結びついたヘモグロビンは図2のcで95%である。一方，臓器では，酸素と結びついたままのヘモグロビンは図2のbで30%である。よって，95−30=65(%)のヘモグロビンが酸素を手放して臓器に与えている。その割合は，65÷95=0.684…で，四捨五入により68%である。

やや難 (5) 胎盤で，母親と胎児の血液どうしは直接には混ざらない。胎盤の組織を通じて，母親のヘモ

グロビンが酸素を手放し，胎児のヘモグロビンが酸素と結びつく必要がある。そのため，図4の同じ酸素量のときに，母親のヘモグロビンよりも胎児のヘモグロビンの方が，酸素と多く結びつく必要がある。これは，選択肢1か2である。ところが，選択肢1だと，胎児の体内の臓器で酸素が必要になっても，ヘモグロビンが酸素をなかなか手放さず，酸素を供給できないので不適である。よって，選択肢2が正しい。

2　**（水溶液の性質－気体の発生量）**

(1)　実験2と実験3から，炭酸ナトリウム2gと炭酸水素ナトリウム1.6gから発生する気体の体積は同じである。次に実験5で，炭酸水素ナトリウム0.8gを炭酸ナトリウムに置き換えるには，2：1.6＝□：0.8　より，炭酸ナトリウムは□＝1gであればよい。

(2)　(1)の結果と実験4を比べると，次のようになる。

	炭酸ナトリウム	マグネシウム	発生する気体の体積
(1)	1g	1g	1L
実験4	3g	0.5g	1L
(2)	?	0g	1L

マグネシウムが0.5g減るとき，炭酸ナトリウムが2g増えれば，発生する気体の体積は同じになる。よって，本問では実験4よりもさらにマグネシウムを0.5g減らすことを考えればよい。炭酸ナトリウムは実験4よりもさらに2g増やして5gとなる。

(3)　(2)の結果から，炭酸ナトリウム5gを塩酸と反応させると，気体が1L発生する。よって，実験1で，炭酸ナトリウム1.4gから発生する気体の体積は，5：1＝1.4：□　より，□＝0.28Lである。よって，炭酸カルシウム3gから発生する気体の体積は，1－0.28＝0.72(L)となる。炭酸カルシウム1gなら，発生する気体の体積は0.72÷3＝0.24(L)となる。

やや難　(4)　(2)(3)の結果から，炭酸カルシウム1gから気体は0.24L発生する。炭酸ナトリウム5gから気体は1L発生するので，炭酸ナトリウム1gから気体は0.2L発生する。次に，(1)で考えたように，炭酸ナトリウム2gは炭酸水素ナトリウム1.6gと置き換えられるので，炭酸水素ナトリウム1.6gから気体が0.4L発生する。炭酸水素ナトリウム1gならば0.4÷1.6＝0.25(L)発生する。また，実験2を半分にすると，炭酸ナトリウム1gと亜鉛1gをあわせたものから，気体は0.5L発生する。さらに，(2)で考えたように，マグネシウム0.5gと炭酸ナトリウム2gで発生する気体の体積は同じである。よって，マグネシウムが0.5gから気体が0.4L発生する。マグネシウム1gならば0.4÷0.5＝0.8(L)発生する。以上より，すべて1gずつ使用したときに発生する気体の体積は，0.24＋0.5＋0.25＋0.8＝1.79(L)となる。

(5)　炭酸ナトリウムと炭酸水素ナトリウムとマグネシウムを1gずつ使用したときに発生する気体の体積は，0.2＋0.25＋0.8＝1.25(L)となる。発生する気体の体積を1Lにするには，それぞれの重さを1÷1.25＝0.8(g)ずつ使用すればよい。なお，炭酸カルシウム，炭酸ナトリウム，炭酸水素ナトリウムが塩酸に溶けたときに出る気体は二酸化炭素である。また，亜鉛，マグネシウムが塩酸に溶けたときに出る気体は水素である。

★ワンポイントアドバイス★

1問1問がたいへん重い。問題に与えられた条件をていねいに読み取り，手を動かして整理し，根気よく考え抜こう。

＜社会解答＞ ≪学校からの正答の発表はありません。≫

[1] 問1 ウ　問2 ウ　問3 イ　問4 オ
問5 (例) エアコンの使用をひかえる。

[2] 問1 イ　問2 イ　問3 ア　問4 イ　問5 カ
問6 (5番目) こ　(10番目) う

[3] 問1 ウ　問2 (1) ウ・エ・オ　(2) イ　問3 エ

○推定配点○
[1] 各4点×5　[2] 各3点×6(問6完答)　[3] 各3点×4(問2(1)完答)　計50点

＜社会解説＞

[1] (日本の地理－地形図の見方，自然，産業など)

問1 図1の大久保(一)や大久保(二)の地域は，図2では沼地ではなく，畑(∨)が広がっている。

基本 問2 Bは，途中，飛騨山脈や木曽山脈を通過するので，A～Cの中で最も平均標高が高い。Cは，途中，広大な濃尾平野を通過するので，A～Cの中で最も平均標高が低い。残ったAが中位となる。

問3 宮城県，滋賀県は，いずれの資料も値が低く，一般病院の医療体制に大きな負担がかかっていると考えられる。また，宮城県の年少人口(0～14歳)の割合は11.9％。全国平均が12.2％であるから，この割合が高いとはいえない。

重要 問4 群馬県の嬬恋村は，夏でも涼しい高原の気候を利用して，キャベツの栽培が盛ん。夏季に東京に出荷されるキャベツの大半は嬬恋村のキャベツである。よって，「う」は群馬県。一方，冬季は，気温が温暖な愛知県の出荷が多くなる。よって，「い」は愛知県。残った「あ」が千葉県である。

問5 エアコンの使用をひかえることにより，電気の使用量が減少する。発電には，石油，石炭，天然ガスなどの化石燃料を大量に使用しており，これらの使用量を削減することによって，二酸化炭素の発生を減らすことが期待できる。

[2] (日本の歴史－年表を題材にした日本の通史)

問1 ラクスマンは，ロシア皇帝の命令により，1792年，大黒屋光太夫らを伴って根室に来航。日本人漂流民を引き渡すとともに，通商交易を要求したが，受理されず帰国した。しかし，長崎入港の許可証を与えられ，レザノフ来航のきっかけとなった。アーコシャマインではなく，シャクシャイン。ウー日ソ共同宣言ではなく，千島・樺太交換条約。エー大政奉還(1867年)，五稜郭の戦い(1869年)の順。

基本 問2 厳島神社は，市《いち》杵《き》嶋姫命《しまひめのみこと》を主神とする神社。平安時代から宮廷の信仰が厚い安芸国の一宮。平清盛が安芸守在任中に崇敬し，平氏一門の支援により現在の規模になった。一門が納めた『平家納経』は有名。アー摂政・関白ではなく，太政大臣。ウー院政を開始したのは白河上皇。エー後白河上皇ではなく，後鳥羽上皇。

問3 a：小村寿太郎ではなく，陸奥宗光。d：堺は城下町ではなく，港町。また，織田信長が楽市・楽座をしいたことで有名なのは近江の安土や美濃の加納。

問4 Aは縄文土器。縄文時代，骨角器や弓矢を使い，魚や小動物をつかまえていた。なお，Bは甕《かめ》棺《かん》墓《ぼ》，Cは銅鐸で主に弥生時代。また，青銅器や鉄器などの金属器の使用が始まったのは弥生時代である。

問5 X：物部氏は，大和政権の豪族で，大伴氏とともに軍事を担当。仏教の受容をめぐって蘇我氏と争い，物部守屋のときに衰亡した。Y：十七条の憲法は，聖徳太子の制定による日本最古の成文法。大和政権の役人が守るべき道徳的訓戒で，仏教，儒教の影響を強く受けている。604年成立。Z：鞍作鳥(鞍作止利)は飛鳥時代の仏師。彫刻・金工にすぐれ，飛鳥寺の釈迦像(飛鳥大仏)や法隆寺金堂釈迦三尊像が現存し，その厳格端正な作風を知ることができる。

やや難 問6　さ(588年)→し(744年)→い(999年)→お(1177年)→こ(1333年)→き(1399年)→す(1488年)→か(1600年)→あ(1722年)→う(1800年)→け(1877年)→く(1911年)→え(1933年)。

3　**(政治－基本的人権，非暴力的な抗議運動など)**

問1　X:｢公共の交通機関の人種的隔離は法律上からも社会上からも無効｣という記述から考える。Y:｢利益と理解の真の調和にもとづいて協力することができるように行動せねばならない｣という記述から考える。

重要 問2　(1)　ウ：信教の自由，エ：思想及び良心の自由，オ：通信の秘密はいずれも精神の自由に分類される。アは平等権(両性の平等)，イは身体の自由に分類される。　(2)　X：NGOは，non-governmentalorganizationの略称で，非政府組織と訳される。政府間の協定によらず民間で設立される国際協力機関である。Y・Z：中村哲は，福岡県生まれの医師。日本での病院勤務を経て，1984年に国際NGO｢ペシャワール会｣現地代表としてパキスタンに赴任。2000年にアフガニスタンで大干ばつが発生して以降は，井戸の掘削や灌漑用水路の建設に尽力した。その功績により，2003年，アジアのノーベル賞と称されるマグサイサイ賞を受賞。2018年にはアフガニスタン政府から勲章が授与され，2019年には名誉市民権も与えられた。同年12月4日，現地で銃撃を受けて死去。

問3　｢暴徒化した支持者が多数，議事堂に乱入｣したのであるから，非暴力的な抗議運動とはいえない。

★ワンポイントアドバイス★

地形図の読み取り問題が出題されている。よって，地図記号，等高線，縮尺などの基本的な知識は確実におさえておく必要がある。

＜国語解答＞ ≪学校からの正答の発表はありません。≫

一　問1　ホ　問2　ハ　問3　ニ　問4　イ　問5　ロ　問6　ニ　問7　ニ
問8　ロ

二　問1　a　ハ　b　イ　問2　ニ　問3　ロ　問4　ニ
問5　Ⅰ　ぐっと　Ⅱ　わくわく　問6　ロ　問7　ハ　問8　ハ　問9　ロ

○推定配点○

一　問7・問8　各7点×2　他　各5点×6
二　問1　各4点×2　問9　8点　他　各5点×8　計100点

＜国語解説＞

一　**(論説文－主題・表題，細部の読み取り，指示語の問題，漢字)**

重要 問1　｢延命｣。イ｢菜園｣。ロ｢沿線｣。ハ｢遠景｣。ニ｢演奏｣。ホ｢延期｣。ヘ｢園長｣。ト｢塩害｣。チ｢団円｣。リ｢敬遠｣。よって，ホだけが｢延｣表記をする。

問2　直後に｢いい言葉ですね｣とは言っているが，次の段落の最終文では｢本当にいいのでしょうか｣とその使い方に疑問を述べている。さらに｢『愛』は，仏教～｣で始まる段落では｢決していい言葉ではなくなる｣とまで言っている。また，語源や使い方を考えたあと，｢でも，『愛』という～｣で始まる段落では｢危ないですね。｣としている。この流れから考えるとハが適切だ。

問3 「でも，よく考えて～」で始まる段落に着目する。仏教の言葉で言うなら「執着」心を持ったり，逆に「嫌い」と思ったりするのは血縁の問題だけではないということになる。愛憎を持つのは近い間柄のことだけではないということになるのでニである。

問4 「愛」とは実際には「執着」だと述べている筆者である。しかし，「愛」という言葉で美しく言い換えればおおむねごまかせることを便利と表現している。ここでは言葉の問題なのでハではなくイを選択する。

問5 「そう，愛しているのは～」で始まる段落に着目する。愛しているのは地球ではなく自分たちなのだとしている。「愛」を「執着」としている筆者だから，人間が人間を愛しているということは，人間が人間に対する執着を持つ，ということになる。そして，自分が生きるために地球を生き延びさせようとしているのに，「地球を救う」などといたわるような気分にさせてしまうのが「言葉のマジック」ということだ。

基本 問6 線5を含む段落と，続く「夢は，寝ている～」で始まる段落に着目する。「かなう夢は夢ではない」，「夢は寝ている間に見るもの」というとらえ方をしているのだからニである。

問7 イとニで迷うところである。イの内容も誤りではないが，もてはやされる傾向があるから様々な言葉を獲得しようでは，獲得すべき理由がはっきりしない。「最初に言いましたが～」で始まる段落にあるように，「自分の気持ちを言葉に置きかえるとその言葉があらわすもの以外のものが捨てられ，他の要素を囲い込む」とある。この文章の例で挙げているような，印象の良い言葉のせいで多くの日本語が死滅していることを嘆いている。最終段落にあるように，他の言葉で言い換えるようにすることで「自分の人生を豊かにすれば，新しい世界をつくれる」とある。この説明が述べられているのはニである。

問8 「適当でないもの」という条件に注意しよう。「愛は地球を救う」や「夢は大きく」などの例はどちらかと言えば若者が無条件で飛びついてしまいそうな話題で説明している。したがって，「若者の柔軟な態度に希望を見いだしている」が不適切である。

二 (随筆ー論理展開・段落構成，心情・情景，細部の読み取り，空欄補充，ことばの意味)

重要 問1 a 「うってつけ」とは，それに合うものはほかにないほどぴったりであることという意味の言葉だ。同じような意味の言葉として「おあつらえ向き」がある。 b 「こまっしゃくれた」は，子供が変に大人ぶってふるまう生意気な言動を形容する表現なのでイである。

問2 「学校が終わると一目散に家に帰り」，家にある本を読んだのだからニだ。

問3 童話の人かと思って開いた本だったが「難しくて歯が立たない」というのが本当のところだが，素直に「難しそうだから」としないで，いかにも重々しくふるまう，つまり「もったいぶった感じ」が気に入らないから今回はやめておこうと自分に言い訳しているのだ。

問4 イ 「大人しかわからない」わけではない。 ロ 現に自分自身読んで感動しているのだからロの内容は誤りだ。 ハ 「そのまわりの大人たちに起こった出来事」が誤りである。 ニ 「実存していない少年のために私は涙を流した」とある。童話のようにすぐわかる話ではなく，登場人物の心情に入り込むことで感情が揺すぶられたのだからニを選ぶ。

基本 問5 Ⅰ 悲劇を読んで，強い思いに胸がいっぱいになったということになる。「その背後で～」で始まる段落にある「ぐっと」が入る。 Ⅱ 大人になったような思いとは，うれしさを感じたということなので，「学校が終わると，～」で始まる段落にある「わくわく」を入れる。

問6 どうして本に熱中するようになったのかのいきさつから，「私は，何かこつ～」で始まる段落までから考える。特に「私は，何かこつ～」で始まる段落には，「逃げ切れる」と表現されている。つまり，逃れるために読書に没頭したということになるのでロ。

問7 調子に乗った行動の様子は線5の次の段落から述べれられている。声をかけてくれるようになった友達と，歩き回る楽しみを見つけ，通っていた英語塾にウソの電話をかけてサボったりする，これまでやらなかった行動をするようになったということなのでハが適切だ。

問8　ロの「だれにもじゃまされない場所」という表記にもひかれるものがあるが，気が合う友達ができているので，教室での居場所にこだわっているわけではない。できた友達との関係を楽しんでいるのだ。特に目的もなく，そこで出会ったものに熱中したり，急激に冷めてみたり，冒険と称してさまざまな動きをしている。それ自体がたのしかったのだからハということになる。

やや難　問9　文章中の内容はすべて，自分の子供時代を大人になった現在の視点から振り返って述べている書き方である。この点をその内容でロを選ぶことができるが，イは「そのつらさをだれにも知られないように」は誤りである。ちまちまいじめられていたことは決して楽しい思い出ではないが，筆者はそれほど苦痛に感じていたとは読み取れない。ハは「いじめにあっていた自分のために」が誤りだ。ニは「作家になるきっかけであることを表している」が誤りだ。

★ワンポイントアドバイス★

各選択肢問題の言葉遣いで迷いが出るものが多い。また，長い文の選択肢も多く，決定するのに時間がかかりそうだ。時間配分に気を配ろう。

＜英語解答＞　≪学校からの正答の発表はありません。≫

Ⅰ　問1　D　問2　①　theft　②　in　問3　ウ　問4　1　Because she was afraid that someone was following her and wanted to get away from the person.
2　He was dressed all in black, and had a cap pulled down over his face.
3　Because he thought someone who wrote the letter asked for help and wanted to do something for the person.　4　She hoped God might continue to help those who were in need.　問5　I think the people at the post office took the money.　問6　オ，キ

Ⅱ　問1　[X]　ウ　[Z]　エ　問2　A　イ　B　ウ　C　ア　問3　ウ
問4　エ→イ→ア→ウ　問5　3番目　ア　5番目　カ　問6　ウ，オ
問7　(例)　I think listening is really important when we communicate with other people.　When we are talking with others, we are often half-listening and waiting for the chance to speak to make our points.　But in order to understand the other person well, we should listen carefully.　The fact that we have two ears and one mouth reminds me of which is more important.　(63語)

○推定配点○

Ⅰ　問4・問5　各5点×5　問6　各4点×2　他　各3点×4

Ⅱ　問1～問3　各3点×6　問4　5点(完答)　問7　20点　他　各4点×3(問5完答)

計100点

前期

2022年度

解　答　と　解　説

《2022年度の配点は解答欄に掲載してあります。》

＜算数解答＞ ≪学校からの正答の発表はありません。≫

1　(1)　$1\frac{13}{55}$　(2)　$\frac{1}{70}$　(3)　$\frac{33}{200}$

2　(1)　17, 34　(2)　80g　(3)　160円

3　(1)　2：5　(2)　5：8

4　(1)　10分18秒後　(2)　8回

5　(1)　13.5cm²　(2)　180cm³

6　(1)　7　(2)　9　(3)　9

7　(1)　B, C　(2)　16人　(3)　イ, カ

○推定配点○

1～3　各5点×8　他　各6点×10(2(1), 7(1)・(3)各完答)　計100点

＜算数解説＞

1　(四則計算)

(1)　$1\frac{1}{110}+1\div\frac{22}{5}=1\frac{1}{110}+\frac{5}{22}=1\frac{26}{110}=1\frac{13}{55}$

(2)　$\left(2\frac{4}{5}-\frac{5}{7}\right)\times\frac{1}{146}=\frac{73}{35}\times\frac{1}{146}=\frac{1}{70}$

(3)　$\square=5.5+\frac{11}{25}\times\frac{9}{11}\times\left(\frac{15}{18}-\frac{4}{18}-\frac{9}{18}\right)-\frac{3}{8}-\frac{27}{8}\div\frac{27}{40}=5.5+\frac{11}{25}\times\frac{9}{11}\times\frac{1}{9}-\frac{3}{8}-5=\frac{1}{2}+\frac{1}{25}-\frac{3}{8}=\frac{1}{8}+\frac{1}{25}$
$=\frac{33}{200}$

2　(数の性質, 割合と比, 売買算)

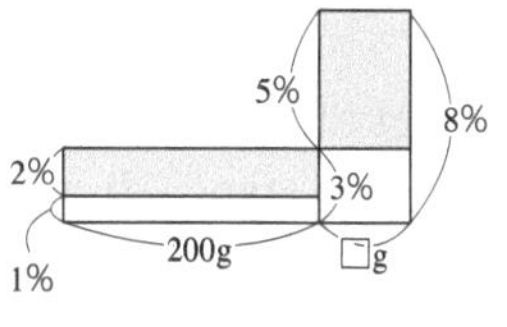

基本　(1)　45−11＝34より, 34の約数のうち割る数は17, 34

重要　(2)　右図より, 色がついた部分の面積は等しく□は200×(3−1)÷(8−3)＝80(g)

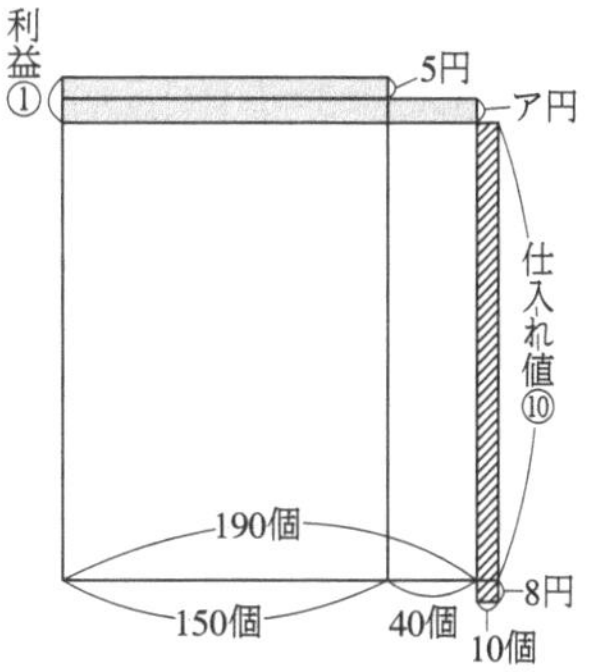

やや難　(3)　右図より, 仕入れ値が⑩, 1個の利益が①のとき, 利益全体(色がついた部分)と損失(斜線部分)についてア×190＋5×150−1160が⑩×10＋8×10に等しいので, ア×190が⑩×10＋80＋1160−750＝⑩×10＋490に等しい。

①はア＋5, ⑩はア×10＋50, ⑩×10＋490はア×100＋500＋490＝ア×100＋990であり, これがア×190に等しい。

したがって, アは990÷(190−100)＝11(円), 仕入れ値は(5＋11)×10＝160(円)

重要 ③ (平面図形，相似，割合と比)

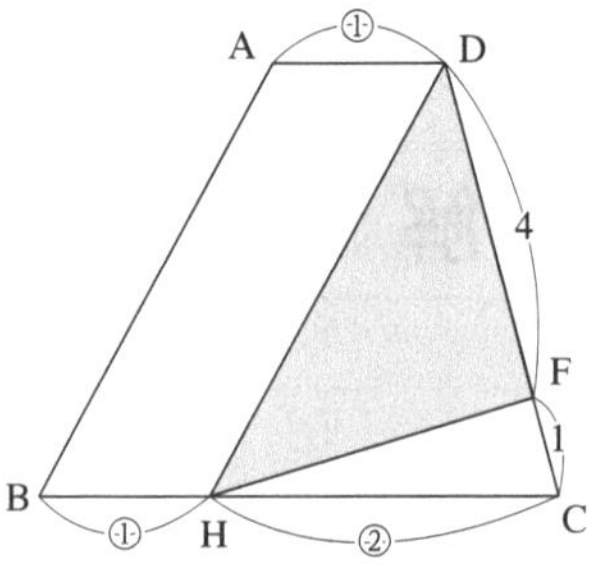

(1) 右図より，台形全体と三角形DHC
の面積比は(1＋1＋2)：2＝2：1
したがって，三角形DHFと台形全体
の面積比は{1÷(4＋1)×4}：2＝
2：5

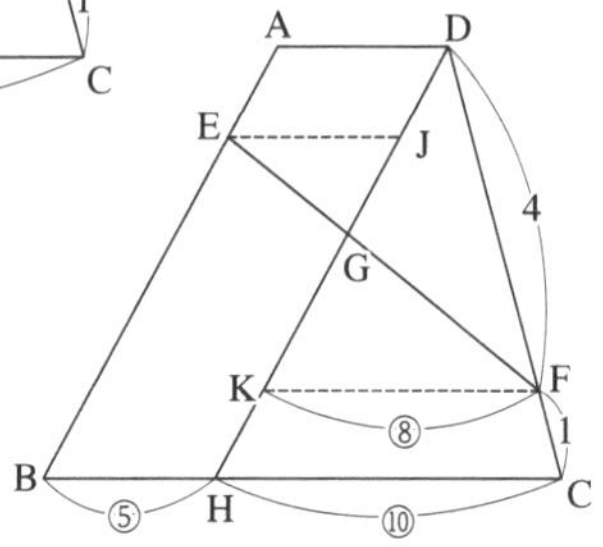

(2) Eは辺AB上のどこにあってもよい。
右図より，三角形DKFとDHCの相似比が4：5
HCの長さを5×2＝10にすると，KFは8
したがって，三角形EGJとFGKの相似比は5：8
であり，EG：GFも同じ比になる。

重要 ④ (割合と比，規則性，単位の換算)

(1) 加温機能が停止する時刻…9×(95＋2－35)＝558(秒後)
2回目に95度になる時刻…558＋30×2＝618(秒後)
したがって，2回目に95度になる時刻は10分18秒後

(2) 1回目に加温機能が停止する時刻… (1)より，558秒後すなわち9.3分後
2回目に加温機能が機能するまでの時間…30×2×2＝120(秒)すなわち2分
2回目に加温機能が停止するまでの時間…9×2×2＝36(秒)すなわち0.6分
したがって，30分で停止する回数は(30－9.3)÷(2＋0.6)＋1
＝20.7÷2.6＋1より，8回

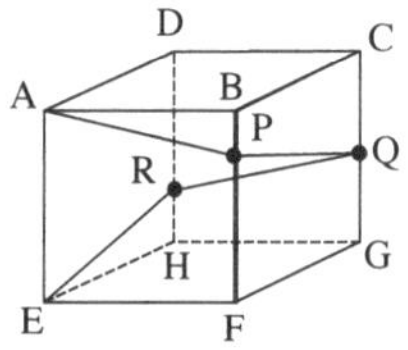

図1

⑤ (平面図形，立体図形，相似)

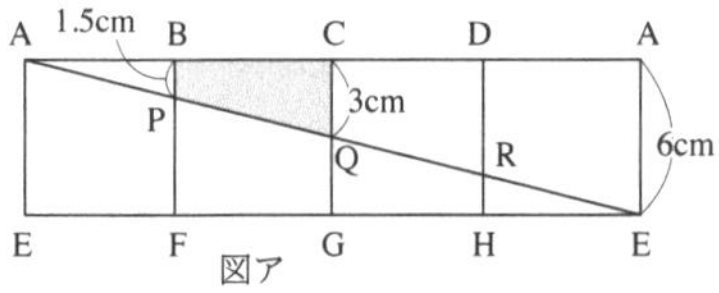

図ア

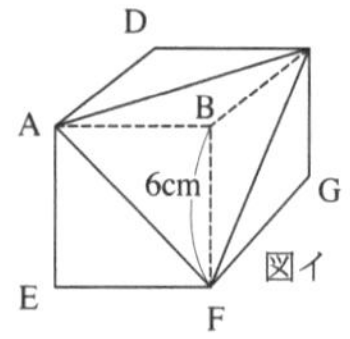

図イ

重要 (1) 図アより，直角三角形APB，
AQC，AECの相似比は
1：2：4＝1.5：3：6
したがって，台形BPQDは
(1.5＋3)×6÷2＝13.5(cm^2)

(2) 図イより，求める体積は6×6×6－6×6÷2×6÷3＝216－36
＝180(cm^3)

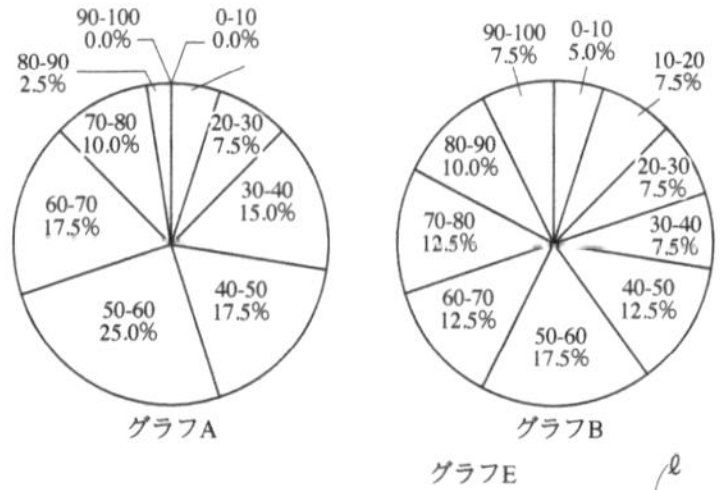

重要 ⑥ (演算記号，数の性質)

(1) 2401＝7×343＝7×7×49より，□＝7
(2) 3×3×3×3×3×3＝□×□×□より，□＝9
(3) 8を18＝3×6(個)かけ合わせた値が，△を
6回かけ合わせた値に等しいとき，△＝8×8×8
2●□＝8×8×8，8＝2×2×2
したがって，□＝3×3＝9

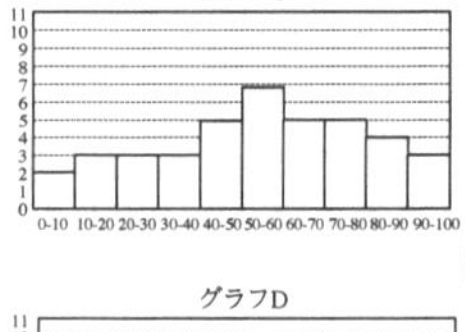

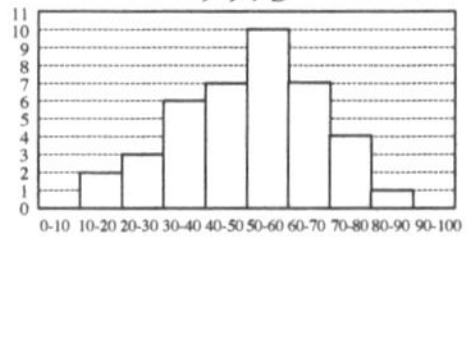

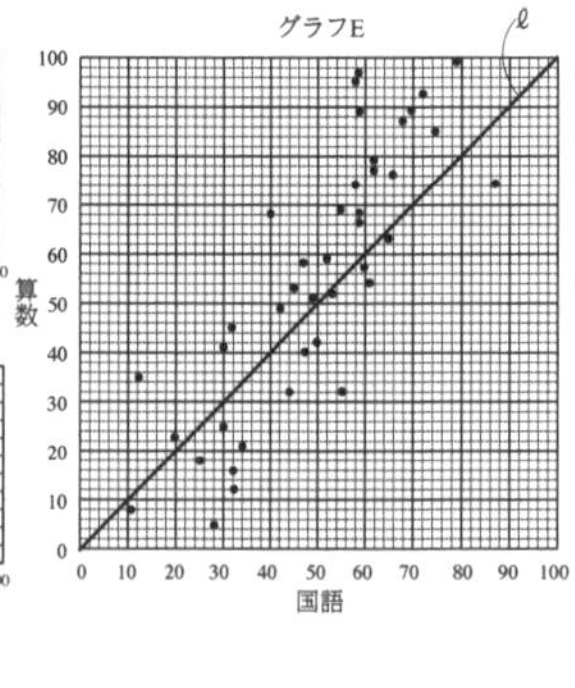

⑦ (統計と表，論理)

基本 (1) グラフE…算数では90点以上の生徒がおり，
国語では90点以上の生徒がいない
したがって，算数のグラフはBとC

重要 (2) グラフEにおいて，直線ℓより下にある黒丸の
の数より，16人

やや難 (3) (ア)… (1)より，×

(イ)…グラフDより，40点以上の生徒は7＋10＋7＋4＋1＝29(人)

したがって，グラフEより，国語が40点以上で2番目に低い得点は42点 ○

(ウ)…グラフCより，全員の生徒数は2＋9＋5＋7＋10＋4＋3＝40(人)

得点が20番目の生徒と21番目の生徒の得点の平均値で比較する。

グラフC(算数)の20・21番目の生徒は50点以上で4・5番目であり，グラフEでは54点と57点　グラフD(国語)の20・21番目の生徒は50点以上で2・3番目であり，グラフEでは52点と53点　したがって，国語の中央値は算数よりも高くない。×

(エ)…グラフB(算数)より，12.5×2＋10＋7.5＝42.5(％)×

(オ)…グラフC・Dにおいて，階級値5，15，～，95を1，3，～，19として，各値×階級の人数で計算する。

算数：1×2＋(3＋5＋7)×3＋9×5＋11×7＋(13＋15)×5＋17×4＋19×3＝434

国語：3×2＋5×3＋7×6＋9×7＋11×10＋13×7＋15×4＋17＝404

したがって，国語の平均点は算数よりも高くない。×

(カ)…グラフA(国語)より，17.5＋10＋2.5＝30(％)

したがって，(エ)より，60点以上の割合は算数のほうが多い。○

★ワンポイントアドバイス★

2(3)「売買算」が容易ではなく，7(3)「統計と表」について正誤を判定する問題は計算が面倒である。3「平面図形・相似」，5「立体図形・相似」でしっかりと得点すべきである。4「電気ポット」の問題は，問題文をよく読むこと。

＜理科解答＞

≪学校からの正答の発表はありません。≫

1 (1) 2　(2) 9　(3) 3

2 (1) 2　(2) 3　(3) 3

3 (1) 4　(2) 1

4 (1) 3g　(2) 26.7℃　(3) 0.58g

5 (1) 7　(2) 1　(3) 4　(4) 2

6 (1) 4倍　(2) 4.8cm　(3) 10cm　(4) 25g　(5) 3

○推定配点○

1 各5点×3　2 各5点×3　3 各5点×2　4 各5点×3　5 各5点×4

6 各5点×5　計100点

＜理科解説＞

1 (生態系－生物の個体数の変化)

(1) ①の場合，草食動物Aが減少すると，えさである植物は増え，Aを食べる肉食動物Bは減ってしまう。その後，草食動物Aにとってえさが増え天敵が減っているので，Aの個体数は回復する。しかし，②の場合，草食動物Aが減っても，えさである植物は増えないので，その後，草食動物Aの数は回復できない。そうなると，Aを食べる肉食動物Bも減ったままとなり，やがて絶滅の可能性がある。

(2)　肉食動物Bとの関係を踏まえて考える。草食動物Aにとって，肉食動物Bから見つけやすいかどうかは，個体数の増減に大きく影響する。A'がAよりも見つけにくい場合，肉食動物Bに食べられにくく，Aよりも個体数が多くなる場合がありうる。

(3)　生物多様性は，選択肢1「種の多様性」，選択肢2「生態系の多様性」，選択肢4の「遺伝子の多様性」の3つを指すことが多い。種の多様性は，動植物や菌類，細菌類など，さまざまな種類の生物が存在すること，生態系の多様性は，森林，里山，海岸，干潟，浅海などさまざまなタイプの環境があること，遺伝子の多様性は，同じ種でも個体ごとに個性があることである。選択肢3は大切なことではあるが，生物多様性を指す内容ではない。

2　（物質の性質－炭酸水素ナトリウムの熱分解）

(1)　溶けないのか溶けにくいのかを区別するのだから，少量を水に加えて，固体が見え続けるのか見えなくなるのかを確かめればよい。選択肢3で多量に入れると，そのうち少量が溶けても見た目ではわからない。選択肢5で，溶けたときの体積変化はわずかなので，見た目ではわからない。なお，選択肢1で，試験管に入れる液量は多くても2～3割である。選択肢4で，溶けても溶けなくても質量〔g〕は変わらない。

(2)　表で邦夫君の実験結果を見ると，加熱後でも加熱前とほとんど変わっていない。つまり，加熱が不充分で，炭酸水素ナトリウムが変化しなかった可能性が高い。選択肢では3のみが考えられる。他の選択肢では，炭酸水素ナトリウムの変化そのものは起こっているはずなので，3つの結果すべてが失敗になることはない。

(3)　書物やインターネットで調査することは大切である。しかし，インターネットには誤ったままの情報が多数あり，書物でも誤りはあるので，情報を使う場合には注意が必要である。書物やインターネットからの情報について，レポートでは自分の書いた文と区別し，出典を記す。また，自分の実験結果を書き直してはいけない。書物やインターネットの情報と異なっていても，それが適切な結果の場合もある。また，実験が失敗だった場合に，その失敗の原因を考察することには価値がある。

3　（植物のはたらき－芽生えの成長と光屈性）

(1)　実験③④⑤から，光を感じるのは芽生えの先端とわかる。また，光と反対側が伸びることで，芽生え全体では光に向かって曲がるのだから，実験⑥では，芽生えの成長を促す物質が，光と反対側の下部へ移動して伸びたのに対し，実験⑦では，芽生えの成長を促す物質が，光と反対側の下部へ移動できなかったため，伸びなかったことがわかる。

(2)　実験②から，暗所でも成長しており，芽生えの成長を促す物質がある程度は作られていることがわかる。芽生えの段階なので光合成は関係がない。雲母片を差し込んだ側では，芽生えの成長を促す物質が下部へ移動できないため，雲母片を差し込んだ側と反対側の下部が伸びる。すると，芽生え全体では雲母片を差し込んだ側へ曲がる。つまり，図6と同じような状態になる。

4　（水溶液の性質－溶解熱と中和熱）

(1)　実験1では，2gの水酸化ナトリウムを水に溶かすことで，50mLの水の温度が10.4℃上がった。この熱量を，50×10.4＝520とする。一方，本問では，300mLの水の温度が2.6℃上がったので，熱量は300×2.6＝780である。よって，溶かした水酸化ナトリウムの量は，2g：520＝□g：780より，□＝3gとなる。

(2)　実験2では，50mLの液の温度が23.8℃上がっている。このうち，実験1と同じく10.4℃ぶんが，水酸化ナトリウムが水に溶けた熱量だから，中和反応で発生した熱は，23.8－10.4＝13.4（℃）ぶんであり，熱量は50×13.4＝670である。次に本問の場合，水酸化ナトリウムはすでに水溶液となっており，その温度は20℃である。中和反応の量は実験2と同じなので，発生した熱量は670である。ただし，液の量は50＋50で100mLになっているので，温度の上昇は，100×□＝670　で，□＝6.7℃である。はじめ20℃だから，反応後の温度は26.7℃となる。

やや難 (3)　実験3では，2gの水酸化カリウムを水に溶かすことで，50mLの水の温度が9.8℃上がった。本問では，50mLの液の温度が19.3℃上がっている。このうち，実験3と同じく9.8℃ぶんが，水酸化カリウムが水に溶けた熱量だから，中和反応で発生した熱は，19.3−9.8＝9.5(℃)ぶんであり，熱量は50×9.5＝475である。ここで，実験2と本問では塩酸の量が同じなので，中和反応が完了するまでに発生する熱量も同じ670である。本問で中和完了するには，670−475＝195の熱量がまだ発生していない。そのために必要な水酸化ナトリウムの量は，2g：670＝□g：195　より，□＝0.582…で，四捨五入により0.58gである。

5　(太陽と月−季節と太陽の動き)

(1)　A～Cの各地点の動きは，下図左のようになる。それぞれの動きで，昼の部分と夜の部分の長さを比べればよい。A～Cの各地点ともに，昼の長さと夜の長さは等しい。

重要 (2)　D～Fの各地点の動きは，下図右のようになる。それぞれの動きで，昼の部分と夜の部分の長さを比べればよい。D地点の経路では昼の長さが長く，F地点の経路では夜の長さが長い。赤道上のE地点では，どの季節でも，昼の長さと夜の長さは等しい。

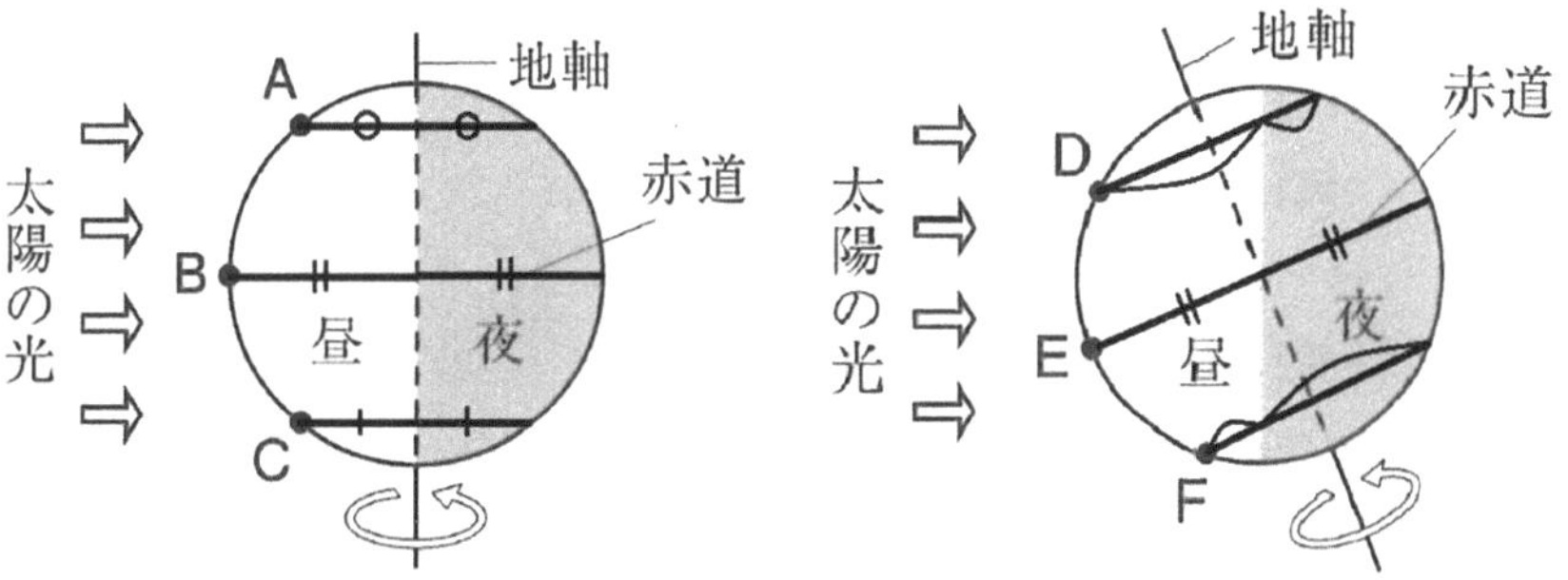

(3)　北半球のX地点では，図7のHが冬至で，図8では太陽の南中高度が低いウがあてはまる。また，図7のJが夏至で，図8では太陽の南中高度が高いアがあてはまる。

(4)　地球から見て，太陽と満月は正反対の位置にある。そのため，満月が図8のアのように高い季節は，太陽がウのように低い。これは冬至のころであり，図7では地球がHの位置にあるときである。

6　(物体の運動−遠心力の大きさ)

(1)　図3は，おもりの重さが10gで，回転半径が5cmのときの結果である。1秒あたり2回転のときのばねの伸びは2cmで，1秒あたり1回転のときのばねの伸びは0.5cmだから，求める値は2÷0.5＝4倍である。

(2)　図4は，1秒あたり2回転のときの結果である。おもりの重さが10gで，回転半径が12cmのときを読み取りたいが，目盛りが半端なので，きれいに読めるところから比例計算する。回転半径が10cmのときばねの伸びが4cmだから，10cm：4cm＝12cm：□cm　より，□＝4.8cmとなる。

(3)　図3のことから，1秒あたり2回転のときと3回転のときのばねの伸びの比は(2×2)：(3×3)＝4：9である。だから，本問で1秒間に3回転のときばねの伸びが18cmの場合，他の条件を変えずに1秒間に2回転にすると，ばねの伸びは，4：9＝□cm：18cm　より，□＝8cmとなる。そこで図4において，おもりの重さが20gで，ばねの伸びが8cmを読み取ると，回転半径は10cmとなる。

やや難 (4)　図3のことから，1秒あたり2回転のときと1.5回転のときのばねの伸びの比は(2×2)：(1.5×1.5)＝4：2.25である。だから，本問で1秒間に1.5回転のときばねの伸びが13.5cmの場合，他の条件を変えずに1秒間に2回転にすると，ばねの伸びは，4：2.25＝□cm：13.5cm　より，□＝24cm である。次に，図4で回転半径24cmは読めないので，半分の12cmに直す。ばねの伸びも半分になるので，24÷12＝12(cm)となる。以上より，1秒あたり2回転，回転半径12cmのときのばねの伸びが12cmとわかったので，図4を読んで20gと30gのちょうど中間で，25gとなる。

(5)　ペットボトルの中には，水と発泡スチロールが入っており，同じ体積あたりでは水が重く，発泡スチロールが軽い。ペットボトルを振り回すと，1秒間の回転数や回転半径は一定だが，重い水には大きい遠心力がはたらき，軽い発泡スチロールには小さい遠心力がはたらく。よって，外側に水，内側に発泡スチロールが移動する。

★ワンポイントアドバイス★

与えられた実験結果が何を意味するのか，よく把握したうえで，上手に活用して解き進めよう。

＜社会解答＞ ≪学校からの正答の発表はありません。≫

[1]　問1　(1)　エ　(2)　カ　(3)　ウ　(4)　エ　(5)　さっぽろ(市)

問2　ア　問3　ア　問4　カ

[2]　問1　エ　問2　ク　問3　キ　問4　カ　問5　ア

問6　(1)　イ　(2)　ウ　問7　ア

[3]　問1　イ　問2　ア　問3　エ　問4　(1)　エ　(2)　エ　問5　ア，ウ，エ

問6　(20)02(年4月1日～20)04(年4月1日)

問7　(1)　エ　(2)　(例)　ゆいいつのひばくこく

○推定配点○

[1]　各4点×8　[2]　各4点×8　[3]　各4点×9(問5・問6各完答)　計100点

＜社会解説＞

[1]　(日本の地理－郷土料理を題材にした日本の自然，産業など)

重要　問1　(1)　①は山梨県のほうとう鍋，②は富山県のマス寿司，③は香川県の讃岐うどん，④は秋田県のきりたんぽ鍋，⑤は北海道の三平汁，⑥は長崎県のちゃんぽん。なお，ぼたん鍋は，イノシシの肉，野菜，豆腐などを具材にした味噌味の鍋料理である。　(2)　①(山梨県)の県庁所在地である甲府から最も近い都道府県庁所在地は静岡市，2番目に近い都道府県庁所在地は群馬県の前橋市である。よって，Bは群馬県。③(香川県)の県庁所在地である高松市から最も近い都道府県庁所在地は岡山市，2番目に近い都道府県庁所在地は徳島市である。よって，Cは徳島県。岩手県の県庁所在地である盛岡市，新潟県の県庁所在地である新潟市のうち，最も近い都道府県庁所在地が山形県の県庁所在地である山形市，2番目に近い都道府県庁所在地が福島県の県庁所在地である福島市なのは新潟市。よって，Aは新潟県。以上のことから，正解はカである。　(3)　アは冬季の降水量が多いことから，日本海側の気候である富山市，イは年中降水量が多いことから南西諸島の気候である与那国町，エは年中降水量が少ない内陸性の気候である松本市。残ったウが静岡市で，夏季の降水量が多い太平洋側の気候である。　(4)　宮城県は，かき類の収穫量が広島県に次いで

全国第2位。よって，エである。なお，アは広島県，イは長崎県，ウは北海道，オは静岡県である。
(5)　資料2は，1972年に開催された札幌オリンピックに関するポスター。北海道の先住民であるアイヌ民族のすがたがデザインされている。なお，資料1は，札幌市の碁盤目状の町並みを示している。

問2　豚の飼育頭数は，鹿児島県が最も多く，全国の13.9%（2019年，以下同様)を占め，これに宮崎県(9.1%)が次いでいる。よって，九州の割合が最も高いアである。なお，イは東北地方が全国の約4分の1を占めていることから米。ウは関東，中部の割合が高いことからキャベツ(例年，群馬県と愛知県が全国一を争っている)。エは北海道地方が半分以上を占めていることから小麦。

やや難　問3　レトルト食品は，気密性，遮光性を有する容器で密閉し，加圧加熱殺菌を施した食品。保存がきき，調理も簡単なため，生産量は増加傾向にある。よって，レトルト食品は「あ」である。テレビは,人件費の安い海外での生産が増加したため,その生産量は減少傾向にある。ただし,日本では,2011年7月，テレビ放送が，それまでのアナログ式からデジタル方式に完全移行したため，一時的に新方式に対応したテレビの需要が高まり，生産量も増加した。よって，テレビは「う」である。残った「い」が新聞用紙で，発行部数の減少を受けて，基本的に生産量は減少傾向にある。

やや難　問4　「1980年頃まではスキー観光が中心であった」という記述に注目し，1975年は「う」。「1980年代なかば頃から，スキーリゾートの整備が進んできたことに加え，テレビドラマの大ヒットなどにより，観光客数が増加していった。」に注目し，1990年は「い」。残った「あ」が2005年。

2　(日本の歴史－古墳時代～昭和時代の通史)

問1　箸墓古墳のような日本で最も古い大型の前方後円墳が近畿地方にあり，ここからこの形式の古墳が全国に広がっていったということは，地方の政治勢力が次々に大和政権に結びついていった過程を示すものと考えられる。ア－全国を統一する政権(大和政権)は近畿(畿内)を中心に形成された。イ－仏教が伝来したのは6世紀前半。ウ－中国に朝貢したが,その支配を受けたわけではない。

問2　律は刑法にあたる規定，令は行政法にあたる規定であった。

基本　問3　源頼朝は,1185年,国ごとに守護,荘園ごとに地頭を配置し,全国支配のしくみをつくった。また,1192年，頼朝は征夷大将軍(将軍)に任命され，名実ともに武士のリーダーとして全国を支配する地位に就いた。

問4　A　北前船は，江戸時代中期～明治時代前期，北海道や東北地方の物資を，松前(北海道南西部)や日本海沿岸各地に寄港しながら，下関を廻って大阪に運んだ船のこと。　B・C　薩摩藩の島津家久は,1609年,琉球に兵を派遣して首里城を陥落させ,国王尚寧を捕え服属させた。これによって,琉球は日本と中国(最初は明，後に清)に両属する形となった。そして，琉球は中国に朝貢する形式で貿易を継続し，その利益は薩摩藩が収奪した。

問5　江戸時代の末期，外国と日本では，金・銀交換比率が異なっていた。これを利用すると，例えば,外国から銀5gを日本に持ち込み,金に交換すると,金1gが得られる。この金1gを外国に持ち出し,銀に交換すると，銀15gが得られる。つまり，日本と外国を往復するだけで，銀がもとの3倍に増えたのである。

問6　(1)　二重線内の歌は，日露戦争の戦場にあった弟の無事を祈った与謝野晶子の長歌。与謝野晶子は明治・昭和前期の歌人・詩人で，代表作は1901年に刊行された歌集『みだれ髪』。アは樋口一葉，ウは金子みすゞ，エは平塚雷鳥。　(2)　二重線内の歌が発表されたのは1904年。八幡製鉄所が操業を開始したのは1901年。アは1874～1881年ごろ，イは1872年ごろ，エは1923年。

重要　問7　1925年，普通選挙法が制定され，満25歳以上のすべての男子に選挙権が与えられた。これによって，有権者数はこれまでの約4倍に拡大した。

3 (政治－日本，世界の政治，時事問題など)

問1　チェルノブイリ原子力発電所は，ウクライナの首都キエフの北方約100kmに位置する原子力発電。1986年4月，4号機の建物が破壊される大事故が発生し，多数の被爆者を出したほか，国境を超えた地球規模の放射能汚染をもたらした。2011年3月11日，東北地方太平洋沖地震と津波による福島第1原子力発電所のメルトダウンの事故は，チェルノブイリ原子力発電所の事故と同じレベル7の深刻な事故である。

問2　アンゲラ・メルケルは，ドイツ初の女性首相。1954年ハンブルク生まれ。1990年政界入りを果たし，2005年に首相に就任。国際問題では，2014年3月に発生したウクライナ危機に際して，対ロシア関係で微妙に立場の異なるEU諸国をまとめ，アメリカ合衆国とともにロシアに圧力をかける難しい役割を演じている。2021年末，首相を退任。イ－フランスの大統領。ウ－アメリカ合衆国の大統領。エ－イギリスの首相。

重要　問3　ドイツ連邦共和国基本法第8条(1)，エの日本国憲法第21条①は，いずれも集会の自由を規定している。ア－第9条①(戦争の放棄)，イ－第13条(個人の尊重と公共の福祉)，ウ－第16条(請願権)，オ－第33条(逮捕の要件)。

問4　(1)　日本国憲法第43条①は「両議院は，全国民を代表する選挙された議員でこれを組織する。」とし，さらに同48条は「何人も，同時に両議院の議員たることはできない。」と明記している。ア－イギリス，イ－ドイツ，ウ－アメリカ合衆国。　(2)　エは日本国憲法第59条④に明記されている。

やや難　問5　手順1により，自然党の当選者は4人，生命党の当選者は1人，人間党の当選者は3人。手順2により，小選挙区で当選した「伊藤いちか」の名を，人間党比例名簿から除く。手順3により，小選挙区で落選した人間党の重複立候補者の惜敗率を求める。すると，「鈴木はると」が60%，「高橋めい」が80%，「田中そうた」が70%。手順4により，比例名簿の最上位の「佐藤みよ」が当選。同一順位の候補者は，惜敗率の高い「高橋めい」，「田中そうた」が当選。以上のことから，人間党の比例代表での当選者は，「佐藤みよ」，「高橋めい」，「田中そうた」の3名となる。

やや難　問6　2018年に民法が改正され，2022年4月1日より成年年齢は20歳から18歳となった。

問7　核兵器禁止条約は，核兵器の使用や開発，実験，生産，製造，保有などを禁止する条約で，2017年7月に国連本部で採択された。「核兵器を使用する」と威嚇することも禁じており，核保有国が主張する核抑止の考え方を否定する内容となっている。核兵器を違法とする条約が国連で採択されたのは初めてで，前文には「ヒバクシャ」という文言がもりこまれた。2020年10月に批准国が50か国に達し，2021年1月22日に発効した。日本は，1945年8月6日広島，8月9日長崎に原爆を投下され，甚大な被害を受けた戦時における世界で唯一の被爆国であるが，アメリカ合衆国のいわゆる「核の傘」によって守られていることから，日本政府はこの条約には参加していない。

★ワンポイントアドバイス★

郷土料理を題材にした大問が出題された。日頃から，このような題材にも興味をもってテレビや新聞などを見たり，読んだりしておきたい。

＜国語解答＞ ≪学校からの正答の発表はありません。≫

一 問1 ロ・ヘ 問2 3～12 問3 ニ 問4 社交のための費用
問5 Ⅰ ハ Ⅳ ニ 問6 ホ 問7 ハ 問8 ニ 問9 ホ

二 問1 Ⅰ 手 Ⅲ 血 問2 ホ 問3 ハ 問4 ハ 問5 ロ
問6 みずからの優位性に確信 問7 ホ 問8 ハ 問9 ロ

○推定配点○
一 問5 各4点×2 問7～問9 各6点×3 他 各5点×5
二 問1 各3点×2 問7～問9 各6点×3 他 各5点×5 計 100点

＜国語解説＞

一 (論説文ー論理展開・段落構成，細部の読み取り，接続語の問題，空欄補充，ことばの意味)

基本 問1 「仮想」。 イ「操作」。ロ「理想」。ハ「総合」。ニ「同窓」。ホ「地層」。ヘ「想定」。ト「演奏」。チ「創立」。リ「変装」。よって「想」表記するのはロとヘ。

やや難 問2 2段落で「贅沢は何のために～でしょうか。」と問いかけている。そして「道徳としての倹約をとらえ直す」ことがテーマだと，この文章のテーマを掲げているので，3段落からが二番目の段落の始まりだ。13段落の冒頭が「さて，大分前置きが長く～」とあるので，大きく分ければ，12段落までが筆者のいう前置きとなるので，二つ目の段落の最後は12段落になる。

基本 問3 この場合の「得」は「利益・もうけ」のような意味合いとして使っているので「損得」の二である。

問4 「余計なもの」とはどのようなものかという設問である。2段落で「本質的には『礼節』，すなわち社会秩序を保つためのかかり」とあるが，字数に合わない。この部分について3段落からの説明が続く。6段落にある「余分なかかり」について，結論として述べている7段落に「社交のための費用」とまとめている。

重要 問5 Ⅰ 前部分では余計な分，最低限度がどの程度かわからないことを説明している。後部分は，最低限度を考えたいわけではなく中身を考えたいのだという比較になるのでハの「むしろ」を入れる。 Ⅳ 前部分までで「贅沢」について考えている。後部分では，それをまとめている内容なのでニの「要するに」が入る。

問6 Ⅱ 直前が「自分の体に備わった」で，文末は「ありません。」だ。もともと備わったものではないと言いたいのだ。「もともと持っている」という意味になる言葉は「本能的」ということになるので，ホが候補になる。Ⅲで確認すると，「他者との関係における楽しみ」・「無人島で一人食べるなら味気ない」とある。つまり，人との関わりが必要ということになるので「社会的」が当てはまるのでホが確定する。

問7 ロとハで迷うところである。非常に似通った選択肢であるが，ロの「適切ではない」を誤りとする。「適切ではない」では，やろうと思えばできるがやることは不適切だということになる。しかし，この文章では，「基準を設けることは難しい」，すなわち「できない」ということなのでハを選ぶ。

問8 ロとニで迷うところであるが，ロの「『豪奢』も『けち』も程度が過ぎると他者との関係を築くさまたげ」が誤りと言える。確かにけちは関係を築くさまたげになると説明されているが，豪奢は，17段落にあるように「身を保つ最低限度まで不足する」ということなので，他者との関係ではなく，自身を保てないという説明である。したがってニを選択する。

問9 イ「正しさを証明」が誤りだ。 ロ「テーマの示す問題点について」述べている文章ではない。ハ 「問題点を具体的に述べた後」も合わない。さらに，「テーマについて正しい」ことを論じてもいない。　ニ「テーマを設定するにいたった経緯を説明」している部分はない。　ホ　テーマを明らかにした後，そのことについて説明を加え，改めてテーマに戻ってくるという形なのでホがふさわしい。

二　(随筆一主題・表題，心情・情景，細部の読み取り，空欄補充，慣用句)

基本　問1　Ⅰ　よくわかるの意味になる慣用句で「『手』にとるよう」がある。　Ⅲ　衝撃を受けることを「『血』の気が失せる」・「『血』の気が引く」という。

問2「心をゆさぶられる」という表現からだけだと，ハとホで迷うところであるが，「犯人のわかったミステリーを読むようなもの」から考えれば「向上心」ではなく「好奇心」である。

問3「一方の友だち～」で始まる段落には「教師や大人とぶつかるのを見守っているふう」とある。見守られているほうが阿子ちゃんということは，阿子ちゃんが「教師や大人とぶつかる」子ということになる。また，阿子ちゃんを自分と似ているとしているのだから，作者自身の子どものころと重なる部分から考えると，やはり周囲に対して何らかのいらだちを持つ「言いなりにならない，一筋縄ではいかない」子であったことがわかる。

問4「それに対して～」で始まる段落に，「彼女は正当に(すくなくとも彼女が望むやり方で)認められることを望んでいた」とある。彼女が望むやり方ということを考えるということだ。これは，作者自身が当時自分のプライドが満たされる対応を望んでいたことと同じだ。したがって，能力がある自分を高く評価するべきだという思いが満たされないためのいらだちということになる。

重要　問5　イ「謝罪は十分できたと安心」が誤りだ。そもそも謝罪をする気持ちを持っていない。
ハ　本当に誤って汚してしまったのかも不明であるが，イ同様，許してくれることを期待して「不敵に笑う」は合わない。　ニ　おそらくわざと汚したと感じ取れるが，わざと汚したことがバレることを気にしているわけではない。　ホ　自分のことを見直す期待で不敵に笑うは合わない。
ロ「不適」とは大胆で恐れを知らないこと，無法で乱暴なことという意味の言葉だ。この場面の場合では「ふてぶてしい」という感じになる。借りた本が汚れたという事実はあるが，その責任が自分にあるとは明らかにできない上，弁償まで申し出ているのだから，文句は言えないだろうというふてぶてしさなのでロが適切だ。

問6　——線4の「わたし」は，作者自身の中学生時代のことで，大人びた本や音楽に触れ，それについて話し合うことができるクラスメートがいないことにいらだち誇っていたというのは，自分のほうが上であるという意識だ。「わたし」と阿子ちゃんと重ねて見ているのだから，阿子ちゃんの上から目線の行動を探す「彼女はあきらかに，～」で始まる段落に「自らの優位性に確信」とある。

問7「彼女」の慰めの言葉を「トンチンカン」だと思ったり，「彼女」はやさしく悪意がないことは知りつつ「ときどき苛々させられ」たりしていた。線5直前にも，悪く言えば鈍感さに「うんざり」したとある。自分の思うレベルの言葉をかけてこないことに苛立ったり，鈍感と感じること自体自分を上に見た傲慢さである。ロとホで選ぶことになるだろうが，「やさしく悪意がない人」という評価はできるのだから「馬鹿にしている」は合わないのでホを選ぶ。

やや難　問8　イ・ニ「悪意に満ちた」・「殺伐とした」が大げさすぎるので不適切。　ロ「親しみのかけらもない」が誤り。自分がどう思うかは別として「彼女」は親しみを示してくれている。
ホ「真綿で首をしめる」は，じわじわと苦しめるということなので「ねらいうち」が合わない。
ハ　問7で考えたように，自分が求めるレベルに達していないことに苛立ったりしていた。今となればこれを傲慢ととらえることができるが，当時は「相手(自分)の求めていることに気づこうとしない」こと，つまり，無関心だと感じ，それを嘘っぱちといていると考えてハを選ぶ。

やや難　問9　今の阿子ちゃん，当時の自分自身を重ねて考える。着目点は「彼女を一瞬，生意気なくそガキが！と憎む」感情を持ったのだ。これは，自分自身が子どもだったころ，おそらく周囲の大人が自分に対して抱いていた言葉だったのだろう。それを今，当時の自分のような阿子ちゃんに抱くということは，自分自身が「傲慢だ，謙虚さが大事だ」と言っていた大人の側の発想をしたことに気づいたことを，「少女時代が終わった」と表現したのであるからロである。

★ワンポイントアドバイス★

なかなか決めかねる選択肢が多い。選択肢問題を苦手にしないようにしよう。

後期

2022年度

解　答　と　解　説

《2022年度の配点は解答欄に掲載してあります。》

＜算数解答＞ ≪学校からの正答の発表はありません。≫

[1]　(1)　$\frac{3}{8}$　(2)　32

[2]　(1)　4人　(2)　8cm　(3)　34　(4)　49：24：19

[3]　(1)　24人　(2)　20人

[4]　(1)　1：2　(2)　6：5

[5]　(1)　51枚　(2)　8回　(3)　90枚

[6]　(1)　5回　(2)　15cm^2　(3)　80cm^3

[7]　(1)　9通り　(2)　74通り

○推定配点○

[1]～[3]　各5点×8　他　各6点×10　計100点

＜算数解説＞

[1]　(四則計算)

(1)　$5.75\div\left(\frac{7}{3}+\frac{3}{2}\right)\times\left(\frac{3}{2}-\frac{5}{4}\right)=\frac{23}{4}\times\frac{1}{4}\times\frac{6}{23}=\frac{3}{8}$

(2)　$\square\div(\square-10)=1\div\left(1-\frac{10}{\square}\right)=\frac{8}{15}\times\frac{30}{11}=\frac{16}{11}$

$1-\frac{10}{\square}=1\div\frac{16}{11}=\frac{11}{16}$　$\frac{10}{\square}=\frac{5}{16}$　$\square=32$

[2]　(集合，平面図形，相似，数の性質，割合と比，濃度)

基本　(1)　16＋22＋6－40＝4(人)

重要　(2)　右図より，FEとDCが平行であるとき，

三角形DFEは二等辺三角形

三角形BEFとBCDの相似比は(15－6)：15

＝3：5

したがって，ECは12÷3×(5－3)＝8(cm)

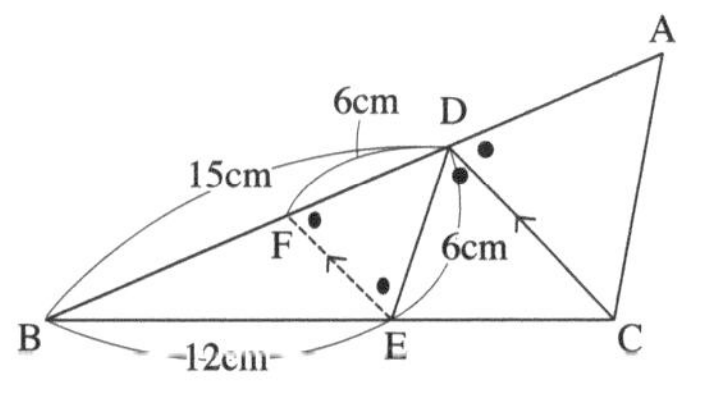

基本　(3)　7で割って6余る数…6，13，20，27，34，～　13で割って8余る数…8，21，34，～

したがって，求める数は34

重要　(4)　加えた食塩の重さを1gにすると，それぞれの水の重さは1÷2×(100－2)

＝49(g)，1÷4×(100－4)＝24(g)，1÷5×(100－5)＝19(g)

したがって，これらの比は49：24：19

重要　[3]　(割合と比，平均算，消去算，数の性質)

(1)　右図より，色がついた部分の面積が等しく，各グループの人数の

比は(65－60)：(60－50)＝1：2

したがって，平均点が65点のグループの人数は36÷(1＋2)×2

＝24(人)

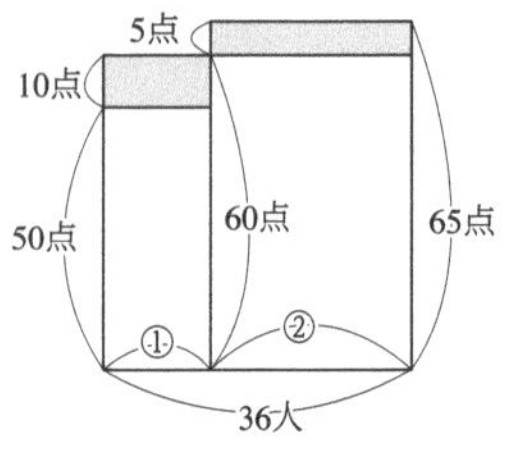

(2) 右図より，色がついた部分と斜線部分の面積は等しい。
8×ア＋4×イ＝5×ウより，4×イ＝5×ウ－8×ア…A
ア＋イ＋ウ＝36より，4×ア＋4×イ＋4×ウ＝4×36＝144…B
AとBより，4×ア＋5×ウ－8×ア＋4×ウ＝9×ウ－4×ア＝144
9×ウ＝4×(36＋ア)より，ア＝9，ウ＝20
したがって，求める人数は20人

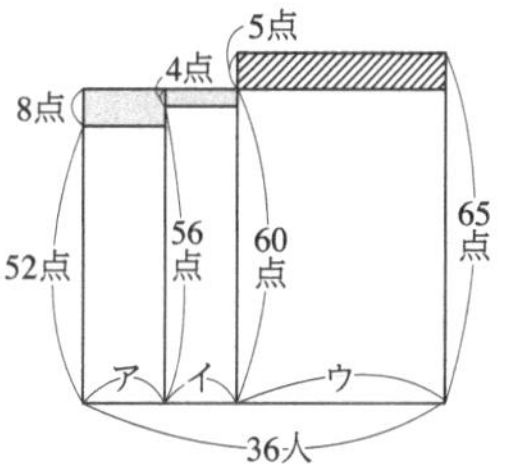

や難 4 **(平面図形，相似，割合と比)**

(1) 図1より，三角形AMNとABQの面積は等しい。DQ，EC，MNが平行のとき，
AB：AMは2：1，DQ：MNは1：2
DQ：ECは1：3
したがって，三角形DBQとEBCにおいて
BQ：QCは1：(3－1)＝1：2

(2) 図2より，AMの長さを(1＋1)×(2＋1)＝6にする。ME…6÷2＝3
ED… (1)より，3÷(2＋1)×2＝2
したがって，AP：PQは6：(3＋2)＝6：5，求める面積比もこれと同じ。

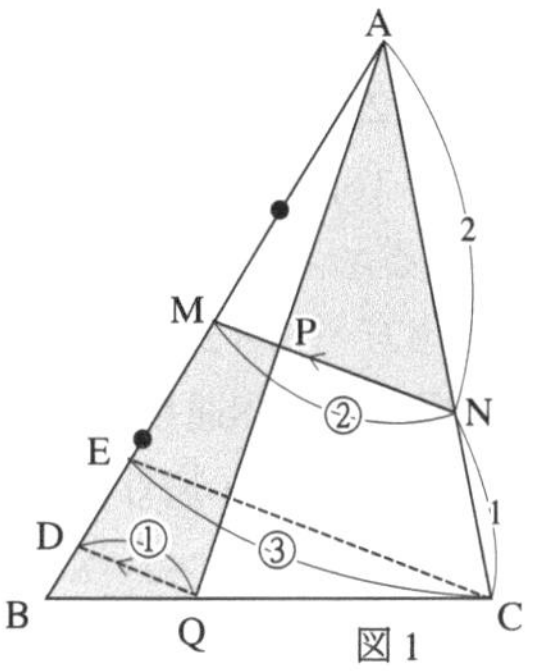

図1

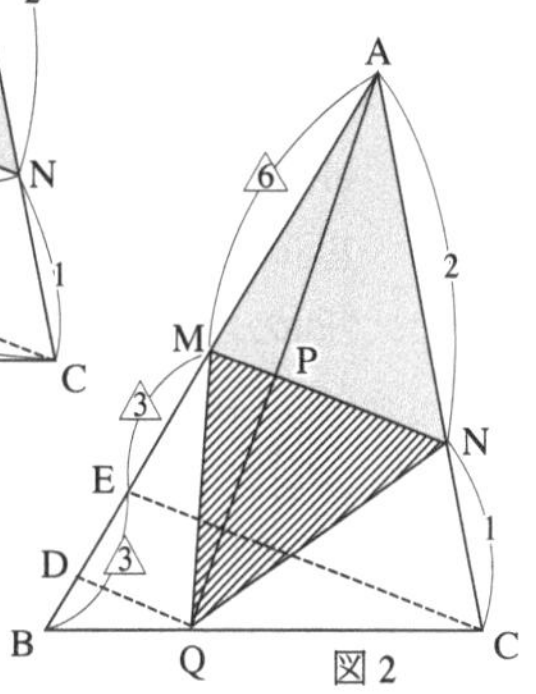

図2

重要 5 **(数の性質)**

(1) 2×3＝6までの数…1の倍数，2の倍数，3の倍数を裏返しにして赤(表)になっている数は2，3，4の3枚
96＝6×16までの数…1の倍数，2の倍数，3の倍数を裏返しにして赤(表)になっている数は3×16＝48(枚)
97～100までの数…1の倍数，2の倍数，3の倍数を裏返しにして赤(表)になっている数は98，99，100の3枚
したがって，全部で48＋3＝51(枚)
【別解】100までの偶数…100÷2＝50(枚)　99までの3の倍数…99÷3＝33(枚)
96までの6の倍数…96÷6＝16(枚)　奇数の3の倍数…33－16＝17(枚)
したがって，全部で50－16＋17＝51(枚)

(2) 30＝2×3×5より，約数の個数が 2×2×2＝8(個)　したがって，8回

(3) 平方数1，4，9，～，100の10枚についてはそれぞれの約数の個数が奇数個である。
したがって，赤になっている枚数は100－10＝90(枚)

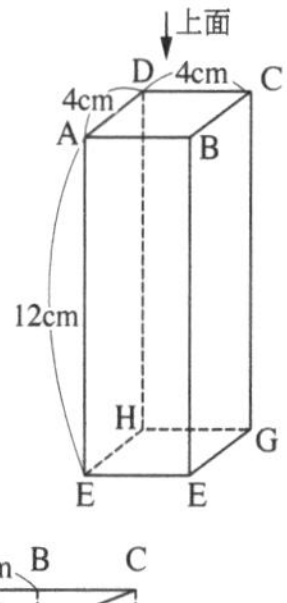

重要 6 **(平面図形，立体図形，相似)**

(1) 図アより，5回

(2) 図イより，ASは12÷3＝4(cm)
KEは12÷2÷2＝3(cm)
JKは12－(4＋3)＝5(cm)
MLは5÷2＝2.5(cm)
したがって，台形JKLMは
(5＋2.5)×4÷2＝15(cm^2)

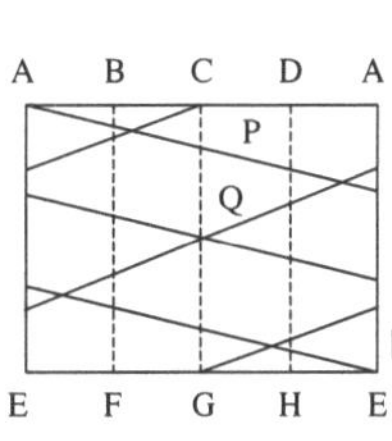

図ア

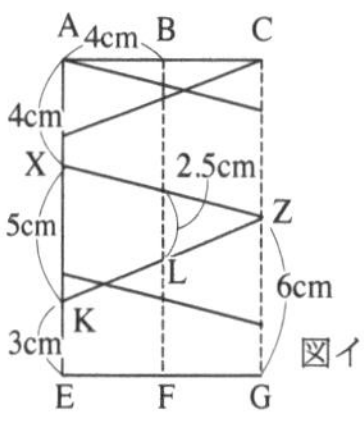

図イ

(3) 図ウ・エより，4×4×(4＋6)÷2
＝80(cm³)

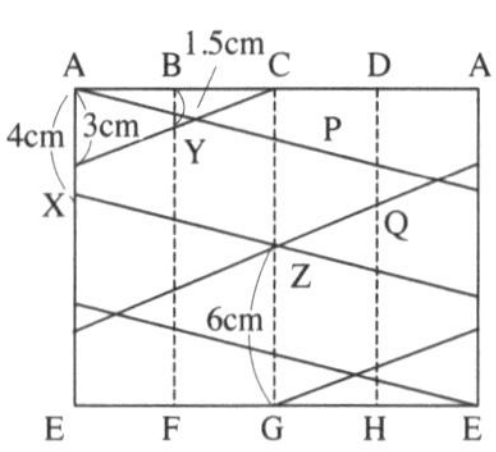

図ウ

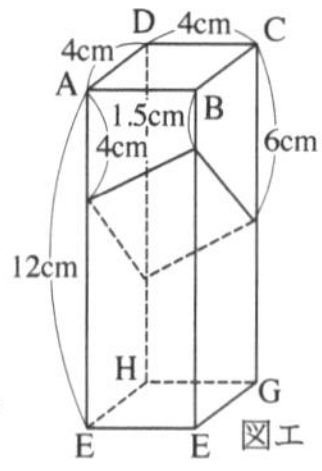

図エ

重要 7 **(場合の数)**

(1) 以下の9通りがある。
2回の目の和が4… (1, 3)(2, 2)(3, 1)
2回の目の和が8… (2, 6)(3, 5)(4, 4)(5, 3)(6, 2)
2回の目の和が12… (6, 6)

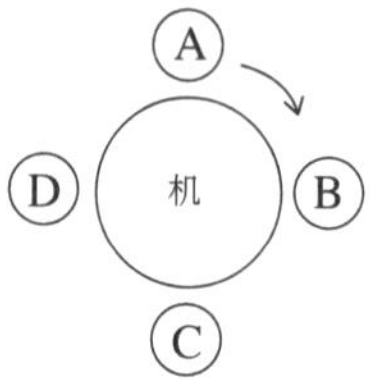

(2) 以下の74通りがある。
Cに座らない目の出方…18×2＋21＋17＝74(通り)
〈1回目の目が1の場合〉…18通り
2回の目の和が1・5のとき…0通り　2回の目の和が2・6のとき…5×2＝10(通り)
2回の目の和が3・4のとき…4×2＝8(通り)
〈1回目の目が2の場合〉…0通り
〈1回目の目が3の場合〉…21通り
2回の目の和が1・2・5・6のとき…4×4＝16(通り)　2回の目の和が3のとき…0通り
2回の目の和が4のとき…5通り
〈1回目の目が4の場合〉…17通り
2回の目の和が1・4・5のとき…4×3＝12(通り)　2回の目の和が2・6のとき0通り
2回の目の和が3のとき…5通り
〈1回目の目が5の場合〉…18通り
2回の目の和が1・5のとき…0通り　2回の目の和が2・6のとき…5×2＝10(通り)
2回の目の和が3・4のとき…4×2＝8(通り)
〈1回目の目が6の場合〉…0通り

★ワンポイントアドバイス★

2(2)「平面図形」，4「三角形・相似」はそれなりの難度があり，6(1)「糸を巻き付ける」問題は展開図を利用するが，3周，2周をどう描くかがポイントになる。5「倍数・約数」の(1)・(2)，6「サイコロの目」は難しくない。

＜理科解答＞

≪学校からの正答の発表はありません。≫

1　45km　2　(1) 2　(2) 5　(3) 200個
3　(1) 26℃　(2) 200mL　(3) 7分30秒
4　(1) 1.1g　(2) 3.2g　(3) 2.8g

○推定配点○
1　5点　2　各5点×3　3　各5点×3　4　各5点×3　計50点

＜理科解説＞

1　(大地の活動－地震)

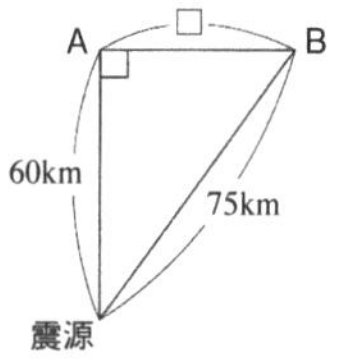

A点の真下60kmに震源があり，小さい揺れを起こす波は震源からA点まで10秒で伝わっているので，その速さは60÷10＝6(km/秒)である。また，小さい揺れを起こす波は震源からB点まで10＋2.5＝12.5(秒)で伝わっているので，震源からの距離は6×12.5＝75(km)である。A点，B点の位置関係は右図のようになるので，3:4:5の直角三角形を考えて，A点とB点の距離は45kmとなる。

2　(動物－魚の生存数)

(1)　メスが産卵し，卵をつけている部分は，腹びれと尻びれの間(ア)である。メスの背びれは切れ込みがなく(ウ)，尻びれは後ろが細くなるような三角形に近い(カ)。

重要　(2)　それぞれの死亡率を計算すると次の通りである。これをもとに，正誤を判断する。選択肢1, 2は，9月が最も小さい。選択肢3，4，5はB種の方が大きい。

	A種の魚	B種の魚
3月	$\frac{8000-400}{8000}=0.95$	$\frac{10000-3000}{10000}=0.70$
5月	$\frac{400-160}{400}=0.60$	$\frac{3000-900}{3000}=0.70$
7月	$\frac{160-80}{160}=0.50$	$\frac{900-270}{900}=0.70$
9月	$\frac{80-60}{80}=0.25$	$\frac{270-84}{270}=0.69$

(3)　A種の魚では，9月に生存していた80匹のうち半分の40匹がメスである。翌年の3月に8000匹の子どもがふ化するには，メス1匹あたり，8000÷40＝200(個)の卵をうめばよい。

3　(電流と回路－電流による発熱)

(1)　図1，表1の結果を整理すると，次のようになる。電圧と電流は①のときを1とする。

	水の体積	電池の数(電圧)	電池から流れ出る電流	10分間あたりの温度上昇
①	100mL	1	1	6℃
②	100mL	1	0.5	3℃
③	100mL	1	2	12℃
④	100mL	2	2	24℃
⑤	100mL	3	3	54℃
⑥	200mL	1	1	3℃
⑦	300mL	1	1	2℃

上表から，温度上昇は，(電圧×電流)に比例し，水の体積に反比例している。

図2は，図1の④と比べて，電池の数は同じだが，電熱線が2つ直列になっており，電流が半分である。よって，水の量が同じ100mLだとすれば，10分間で12℃上昇する。しかし，水量が200mLなので，温度上昇はさらに半分の6℃となる。最初の20℃から10分間で6℃上昇して26℃となる。

(2)　図3は，図1の⑤と比べて，電熱線が2つ直列になっており，流れる電流が半分である。ところが，図3の場合40分間で，図1の⑤の10分と同じ54℃の温度変化である。4倍の時間がかかったのは，流れる電流が半分であるだけでなく，水の量が2倍の200mLだったためである。

なお，図1，表1の他のデータから計算しても同じ解答が得られる。例えば，図1の①は，40分間で24℃上がる。図1の①をもとにすると，図3はかかる電圧が3倍，流れる電流が1.5倍だから，水の量が同じで沸騰を考えなければ40分間で24×3×1.5＝108(℃)上がる。図3では半分の54℃上昇だから，水の量が図1の①に比べ2倍の200mLである。

やや難 (3) 図3は，図1の③と比べて，電池が4つ直列になっており，電圧が4倍，流れる電流が4倍である。図1の③に比べて水の量が3倍の図4では，10分間で12×4×4÷3＝64(℃)上がる。ところが，本問では14℃から62℃まで48℃上がっている。電流を流した時間は，10分：64℃＝□分：48℃　より，□＝7.5分，つまり7分30秒である。なお，他のデータから計算しても同じ解答が得られる。

4　(燃焼－銅の酸化と重さの変化)

(1) 図1から，銅が酸化銅になるときの重さの比は，銅：酸化銅＝4：5と読み取れる。よって，銅と結びつく酸素の重さの比は，銅：酸素＝4：1である。銅の粉末4.4gを酸素と完全に反応させると，反応する酸素は，4：1＝4.4：□　より，□＝1.1gである。

重要 (2) 実験1で，増えた重さは9.2－8.0＝1.2(g)である。銅と結びつく酸素の重さの比は，銅:酸素＝4:1だから，結びついた銅は，4：1＝□：1.2　より，□＝4.8gである。つまり，酸素と結びつかなかった銅は，8.0－4.8＝3.2(g)となり，これが塩酸を加えても溶け残る。

(3) 実験5で，混合粉末Aの5.0gを加熱すると，重さが11％増えたので，増える分は5.0×0.11＝0.55(g)である。銅と結びつく酸素の重さの比は，銅:酸素＝4：1だから，結びついた銅は，4：1＝□：0.55より，□＝2.2gである。つまり，混合粉末Aの5.0gのうち2.2gが銅だったとわかり，酸化銅は5.0－2.2＝2.8(g)だったとわかる。

★ワンポイントアドバイス★

実験データに現れる数値が何を表しているのか，正しく把握したうえで，計算に使っていこう。

＜社会解答＞ ≪学校からの正答の発表はありません。≫

1　問1　あ　とかち　　い　のうび　　問2　ウ　　問3　イ
　問4　(千葉県)　オ　　(京都府)　エ　　問5　(農作物)　ウ　　(都道府県)　キ
　問6　14　　問7　エ

2　問1　ア　　問2　オ　　問3　エ　　問4　ウ　　問5　ウ　　問6　オ　　問7　イ

3　問1　(1)　ウ　　(2)　C　　問2　イ，ウ
　問3　(1)　エ　　(2)　(例)　車いすの利用者　　問4　(1)　エ　　(2)　ウ

○推定配点○

1　各2点×10　　2　各2点×7
3　問3(2)　4点　　他　各2点×6(問2完答)　　計50点

＜社会解説＞

1　(日本の地理－関東平野を題材にした日本の自然，産業，貿易など)

基本 問1　あ　十勝平野は，北海道南東部，十勝川の流域に広がる平野。日本有数の畑作地帯で，豆類やてんさいなどの生産が多い。中心都市は帯広市。　い　濃尾平野は，岐阜・愛知両県にまたがる広大な平野。木曽川，長良川，揖斐川などが流れ，下流には輪中が発達している。

問2　下総台地は，千葉県北部に広がる台地。大部分は明治時代以降に開拓された畑作地帯で，近年は都市化が著しい。成田国際空港，成田ニュータウン，千葉ニュータウンなどが位置している。

問3　中部地方は，人口では関東地方，近畿地方に次ぐ。また，面積では，北海道地方，東北地方に次ぐ。アは近畿地方，ウは東北地方，エは北海道地方，オは四国地方である。

重要　問4　解き方の一例を示す。イ・ウは海岸線の長さが0kmなので，内陸県の埼玉県，滋賀県のいずれか(県庁所在地の人口が100万人を超えているイが埼玉県，100万人未満のウが滋賀県)。アは県庁所在地の人口が300万人を超えていることから神奈川県。エ，キは，県庁所在地の人口が100万人を超えていることから京都府，兵庫県のいずれか。エ，キのうち，面積が広いキが兵庫県，狭いエが京都府。残ったオ，カのうち，海岸線が長いオが千葉県，短いカが茨城県。

やや難　問5　解き方の一例を示す。豚の飼育頭数が日本一であるfは鹿児島県。鶏卵の生産量が日本一であるdは茨城県。aは千葉県が日本一で，関東地方の茨城県，栃木県の生産も多いことから日本なし。cは鹿児島県の生産量が日本第2位であることからじゃがいも。eはじゃがいもの生産量が日本一であることから北海道。残ったbはだいこんとなる。

問6　Xはオーストラリア。オーストラリアの面積約769km^2は，日本の面積約38万km^2の約20倍である。また，首都キャンベラを含むオーストラリア東部の標準時は，日本標準時よりも1時間早い。

問7　2017年の輸送用機械器具の出荷額は，4県の中で群馬県が最も大きい。また，同年のそれぞれの県の出荷額総計に対する輸送用機械器具の出荷額の割合は，埼玉県が18.7%，茨城県が7.5%，栃木県が16.6%，群馬県が40.7%で，群馬県が最も高い。アー1997年と比べた増加額は埼玉県，茨城県の方が大きい。イー1997年と比べると，埼玉県，茨城県，群馬県は減少しているが，栃木県は増加している。ウー2007年の出荷額総額に対する化学工業の出荷額の割合がもっとも高いのは群馬県ではなく，茨城県である。

[2]　(日本の歴史－茶を題材にした日本の通史)

問1　中国の漢(前漢)の歴史書である『漢書』地理誌には，紀元前1世紀ころの日本について，「楽浪(現在の平壌付近)のむこうの海の中に倭という国があって，100あまりの国に分かれていた。毎年きまったときに，みつぎものをもってきた。」という記述がある。

問2　a：『古今和歌集』は紀貫之らによって編さんされた。一方，藤原定家は，鎌倉時代の和歌集である『新古今和歌集』の編者である。　b：不輸の権は，租税の納入を免除する権利。不入の権は，国司らの立ち入りを拒否することができる権利。荘園をもつ有力者は，平安時代の前期，これらの権利を次々に獲得していった。　c：僧兵は武装した僧侶で，しばしば朝廷に強訴し，奈良法師とよばれた興福寺，山法師とよばれた延暦寺の僧兵は政治を動かすほどの力をもっていた。

重要　問3　浄土真宗は，親鸞が開いた，阿弥陀仏の他力本願を信ずることで往生成仏できるとする仏教の一派。中世末期には，門徒組織の拡大，農民層の成長を背景に，強力な一向一揆が起こった。アー臨済宗ではなく，浄土宗，浄土真宗。イー法然ではなく，一遍。ウー日蓮宗ではなく，禅宗(臨済宗や曹洞宗)。

問4　慈照寺は，京都市左京区にある寺院。足利義政が，1482年から数年にわたって建設した別荘である東山殿を，義政の死後，寺に改め，慈照寺と称した。

問5　千利休は安土桃山時代の茶人で，日本の茶道の大成者。織田信長，豊臣秀吉に仕えたが，秀吉の怒りにふれて自刃した。ウー本能寺の変を受けて，秀吉は毛利輝元と講和して備中高松城から急ぎ帰り，山崎で明智光秀軍と戦い，これを打ち破った。アー足利義満，イー「税さえ払えば」ではなく「税は免除され」，エー徳川家康ら。

問6　図から1917年に茶の輸出が急増していることが読み取れる。第一次世界大戦は1914年～1918年。第一次世界大戦によって，イギリスの植民地からの茶の輸出が減少し，これを穴埋めするかたちで，日本からの輸出が増えたと考えられる。

問7　AIは人口知能。Iotは「物のインターネット」で，さまざまな物がインターネットに接続され情報交換することにより相互に制御するしくみである。なお，LSIは大規模集積回路の略称。eコマースは電子商取引(インターネットを利用して行うさまざまな商取引)。

3 **(総合－新聞記事を題材にした地理，歴史，政治，時事問題など)**

やや難 問1 (1) 切手が発行された1967年は高度経済成長期の真っ只中。日本の経済は大きく発展したが，公害問題が深刻化した。ア－1970年代，イ－1990年代初頭，エ－1956年ごろ。 (2) A(2001年)→D(2010年)→C(2015年)→E(2020年6月)→B(2020年12月)。

重要 問2 イ－家政婦は，家事手伝いのために雇われる女性。ウ－ウェイトレスは，レストラン・喫茶店などの女性の給仕人。ア－看護婦が看護師に改称。エ－保母が保育士に改称。オ－助産婦が助産師に改称。

問3 (1) エは「グッドデザイン」。主に一般家庭用品，事務用品などの市販商品の中から，意匠性にすぐれ，生産性や市場性も高いものに貼付される証紙で，Gマークと略称される。「ノーマライゼーション」や「ソーシャル・インクルージョン」とは直接の関係はない。 (2) 車いすを利用している子どもが砂遊びをしている写真に注目する。

問4 (1) X：日本国憲法第13条は，個人の尊重を最高の人権価値とし，生命，自由及び幸福追求の権利を保障している。すべて国民一人一人が最大限尊重されるが，同時に他人の人権も侵害してはならないことを訴えていると解される。 Y：日本国憲法第26条は，国民に教育を受ける権利を保障している。「その能力に応じて，ひとしく」は，日本国憲法第14条の「法の下の平等」を確認するだけでなく，個人の能力や適性に応じた教育を可能とするという意味をもつ。 (2) 東京オリンピック・パラリンピックで，日本選手団の入場行進の旗手は男女のペアで，また選手宣誓も男女のペアで行われた。なお，IOC(国際オリンピック委員会)は，2020年3月，男女平等の観点から，夏季オリンピックの開会式の旗手に，男女1人ずつをペアで起用できる新ルールを決定している。ア－男性候補者が圧倒的に多かった。イ－違憲とは判断していない。エ－2021年現在，法律は成立していない。

★ワンポイントアドバイス★

面倒な計算が必要な統計資料の正誤判定問題が出題されている。時間がかかることが予想されるので，このような問題は後回しにした方がよいだろう。

<国語解答> ≪学校からの正答の発表はありません。≫

一 問1 ① 自活 ② 伝統 問2 イ 問3 A 大 B 小
問4 親は子孫より多様性の点で劣っている 問5 Ⅰ ニ Ⅱ ヘ 問6 イ
問7 ハ 問8 イ 問9 ロ

二 問1 a イ b ニ 問2 ニ 問3 ロ 問4 ロ
問5 駆けだすからうまく別れられる 問6 はぐらかした 問7 ロ
問8 ニ 問9 ハ

○推定配点○

一 問1・問3 各3点×3(問3完答) 問2・問4・問6 各5点×3 問5 各4点×2
他 各6点×3

二 問1 各3点×2 問2～問4・問6 各5点×4 他 各6点×4 計100点

＜国語解説＞

一 (論説文ー論理展開・段落構成，細部の読み取り，接続語の問題，空欄補充，漢字の書き取り)

基本 問1 ① 「活」は全9画の漢字。4画目ははらう。6画目と8画目はつける。 ② 「統」は全12画の漢字。12画目はまげてはらう。「レ」のようにしない。

問2 イとハが残ることになるだろう。「『有性生殖』はマイナーチェンジの多様性を生み出すために進化した仕組み」であり，「有性生殖が多様性を生み出すのに有効」だったから「この仕組みを持つ生物が選択され生き残った」という記述から考えると，「子孫の多様性を獲得して」・「生存競争を勝ち抜いて」というハではなく，獲得した生物が生み出し生き残ったというイのほうがふさわしい。

基本 問3 程度の差はあるがという意味なので「大なり小なり」である。

問4 なぜなのかは「当然ですが～」で始まる段落にあるように，「子供のほうが親より多様性に満ちている」からである。親のほうから言い換えれば「親のほうが劣っている」と言える。が，字数に適する語がない。この文章では，「ここまでを一旦整理します。」で始まる段落で，それまでの流れを整理しているので，理由になる部分を探すと，「親は子孫より多様性の点で劣っている」とある。

問5 Ⅰ 前部分は子孫を残したらすぐ死ぬ例を挙げている。後部分は，例えばヒトのようにすぐに死んではいけない話なのでニの「しかし」である。 Ⅱ 前部分は，ヒトばかりでなく大型哺乳動物は，親の養育やコミュニティが必要であることを説明している。後部分は，さらに重要な要素を挙げているのでへの「そのうえ」だ。

重要 問6 直前にある内容は，「多様な選択肢を与えること」で，直後は「～尺度で評価しないで」と否定形でまとめている。つまり，「多様」と対義になる言葉が入ることになるので「単一的」だ。

問7 ハとニで考えることになる。――線3直後に「～完結させる文化がある」としている。この部分はハとニともに読み取れるが，ニの「社会の求めに応じるしかない」は，現状に疑問を感じているが，しかたがないということになる。このような問題意識を持っているのにかなわないというのではなく，これまでの文化を受け継いだままでいるという意識を言っているのだからハだ。

問8 最終段落に着目する。死は避けられないが，多様性の実現を見届けるために，雑用を多少なりとも引き受けるという内容はイである。

問9 イ 「親以外の大人が長生きして」が誤りだ。 ハ 「遺伝的な多様性を損なわない教育が必要」が誤りである。 ニ 「ヒトの進化のためには親の死の経験や社会を理解する教育が必要」が誤り。ロ 「優秀さを損なわない教育」に戸惑うが，この「優秀さ」とは，多様性においてということは文中から読み取れる。質のよい社会を等しく子どもに与えることが大事だと述べているとしてロを選択する。

二 (物語ー論理展開・段落構成，心情・情景，細部の読み取り，空欄補充，ことばの意味)

基本 問1 a この場合の「拾いもの」は，落とし物を拾うということではなく，「もうけもの」のような意味である。つまり，思いがけない得ということだ。 b 「もてあます」とは，取り扱い方や処置に困るという意味の言葉なのでニである。

問2 ――線1直後の，たがいの犬の様子から読み取る。侵入してきた犬は伺候という恰好になるというのだから，フェスの上，位が瞬時に決まるということだからニだ。

重要 問3 「たしなめる」には，苦しめる，いじめなやませるという意味の他に，(主に，目上の人が目下の人に対して)それはいけないことだとおだやかに注意を与えるという意味がある。この文章の場合では「注意を与える」という意味だ。フェスが目上ではないが，まるで，げんがそのように受け止めざるを得ない様子がフェスにはあるのだ。

問4　――線2直後からいかにフェスが利口で，素直かを具体的に表している。そのような利口で優しい犬であるからこそなおさらフェスに愛情をもったということでロである。

やや難　問5　「家にもどる」のような言葉を入れたくなるが，ここでのげんは，最終的には帰るだろうと思ってはいるが，どうしたら家に帰るかを考えているのではない。だからこそ，帰らないフェスを船の中から見て「お帰り！お帰り！」と叫んでいるのだ。――線4直前の「犬とはそこで別れなければならない」に着目する。げんは別れさえすれば帰って行くだろうと思うから，自分が走れば，フェスも走ってうまく別れることができるだろうと考えたのだ。

問6　問5で考えたように，うまく別れられればいいと考えたげんだ。この時点では思った通り別れられた，しかも，利口なフェスをまんまとだませたという気持ちだ。「一日じゅう～」で始まる段落に「はぐらかした」とある。「はぐらかす」は，相手に気づかれないようにはぐれるようにするという意味の言葉だ。

問7　イとロで迷うところである。「どっちなのだ」という疑問形をそのまま疑問として読めば，イになるが，少し考えればわかることではないかという後悔の表現として読めばロということになる。直後のげんは「しおれきって」いるのだから，もう答えはわかっているということでロを選択する。

重要　問8　「不服である。」で始まる段落にある出来事を思い出して考える。フェスは「あっちとこっち」をまちがえずに覚えるほど鋭い犬だ。自分と弟がいるところで，「あっち」と「こっち」を使い分けるとそれがわかるというエピソードだ。「はっと」したのは，船頭が「あっちだ」と教えたということを聞いたからだ。その対応ではフェスはどこが「あっち」なのかわからないので家に帰ってくることができないではないかという思いであるのでニである。

問9　問3の「たしなめられる」，問6の「はぐらかす」からもわかるように，日常生活でもフェスに対して，単に家の犬というより，自然に人間に対応しているような接し方をしていることが読み取れる。自分がはぐらかし，家に帰ってこられなくなっているフェスのことを思う場面では，張りさけるほどの悲しさや後悔にうちのめされていることがよくわかる表現であるのでハだ。

★ワンポイントアドバイス★

非常にまぎらわしい選択肢問題をしっかり確定できるように練習しよう。

データ対応

収録から外れてしまった年度の
問題・解答解説・解答用紙を弊社ホームページで公開しております。
巻頭ページ＜収録内容＞下方のQRコードからアクセス可。

※都合によりホームページでの公開ができない内容については，
次ページ以降に収録しております。

から一つ選び、記号で答えなさい。

イ　自分にとっての理想的な「明かり」が得られずに「苛々が募っていた」り「腹立たしい」と思っていたが、全てが思い過ごしであったことに気づき、今後のホテルの過ごし方について語っている。

ロ　国が変われば「明かり」に対する考え方も変わるという事実について、ドイツ留学の出来事から帰国して日本でのホテル暮らしの苦労を通して初めて知ることができたということを語っている。

ハ　ドイツ人と日本人とでは「明かり」のもたらす雰囲気の感じ方が異なっていることを、「壁のスイッチ」や「ホテルの個室」を例に挙げて示し、両者の目の色の違いが原因であると語っている。

ニ　自分の勝手な思い込みによる「明かり」に関する失敗談を、「おフランスざんす」や「光を、もっと光を！」という読者がどこかで聞いたことがあるような言葉によるユーモアを交えて語っている。

二　※問題に使用された作品の著作権者が二次使用の許可を出していないため、問題を掲載しておりません。

（出典：新井紀子「ポトスが買えない深いわけ」より。）

問4　――線(1)「己れの考えの足りなさ加減」とありますが、どのような点について考えが足りなかったのですか。その説明としてもっとも適切なものを、次の**イ～ニ**の中から一つ選び、記号で答えなさい。

イ　自分にとっての明るさがドイツの友人にとってはまぶしいことに気づかなかったため、電気代を気にしてくれたと思って友人の本当の思いについて考えることができなかった点。

ロ　壁のスイッチで明かりをつけて自動的に消える仕組みはドイツ人がつくり出したものだと思っていたが、ヨーロッパではそれがあたりまえのことだと考えることができなかった点。

ハ　欧米のホテルで明かりが薄暗いのはロマンティックな気分を高めるためだと知りながら、日本のホテルの個室もそれを真似して薄暗くしていると考えることができなかった点。

ニ　欧米人にとっては真夏の太陽が日本人以上にまぶしいものであることを知りながら、そのために室内の照明でも見え方がちがうことにつなげて考えることができなかった点。

問5　――線(2)「このやり方は合理的だ」とありますが、その説明としてもっとも適切なものを、次の**イ～ニ**の中から一つ選び、記号で答えなさい。

イ　必要な時に必要なだけの明かりをつけるのはロマンティックなことで、心が落ち着く明るさを大切にする良いやり方である。

ロ　階段のスイッチの場所はすぐに見つかる位置にあるので、ヨーロッパに住む人ならだれもが知っている良いやり方である。

ハ　階段を上ったり下りたりする時に、スイッチを押してつけた明かりが各階に着くごとに自然と消えるのは良いやり方である。

ニ　常時明かりをつけておくのはもったいないことであり、薄暗い程度の明かりと大人の雰囲気を作り出す良いやり方である。

問6　――線(3)「ドイツ人気質」とありますが、その説明としてもっとも適切なものを、次の**イ～ニ**の中から一つ選び、記号で答えなさい。

イ　経済的な部分においてむだを極力少なくしようとする性質。

ロ　理論的に物事を考えて最善の方法を見つけようとする性質。

ハ　親しい友人に対しては常に変わらない気配りができる性質。

ニ　だれであっても間違った考え方には決して賛同しない性質。

問7　[Ⅰ]にあてはまる言葉を本文中から**八字**でぬき出して答えなさい。（句読点、記号等も字数に数えます。）

問8　[Ⅱ]・[Ⅲ]には、対《つい》になる**漢字**が入ります。それぞれ**一字**で答えなさい。

問9　――線(4)「それにしては引き出しに聖書が入っているが……」とありますが、最後の「……」の表していることとしてもっとも適切なものを、次の**イ～ニ**の中から一つ選び、記号で答えなさい。

イ　客に対する欧米系列のホテルの深い思いやりを知って心打たれた気持ちを表している。

ロ　自分が考える暗さの理由と合わない出来事を前にしていぶかしむ気持ちを表している。

ハ　同じような体験を以前にもしたはずなのに思い出せずもどかしい気持ちを表している。

ニ　仕事ができず引き出しを開けたら聖書があっておどろいたという気持ちを表している。

問10　本文の内容の説明としてもっとも適切なものを、次の**イ～ニ**の中おフランスざんすじゃあるまいし、何ゆえ個室まで仄暗くしてロマンティックをツイキュウするのか、それともホテルは読書させまいとしているのか、(4)それにしては引き出しに聖書が入っているが……。

そんなこんなの末に、遂《つい》にわたしは衝撃《しょうげき》の事実（？）を知る。

たまたま医学雑誌をめくっていた時だ。アジア人の黒い眼《め》と欧米人の青い眼の違《ちが》いについて書かれていた。彼《かれ》らは暗い照明でも平気なのだという。いや、「暗い」というのは我々黒目の人種が感じるだけで、彼らにはちっとも暗くない。彼らにちょうどよい明かりは我らに暗く、我らにちょうどよい明かりは、彼らにはまぶしいのだ！なんだ、そんな単純な話だったのか！

大人の雰囲気だの、ロマンティックだの、そんなものはこちらの思い込《こ》みで、彼らにはあたりまえの明るさというにすぎなかった。どうしてもっと早く気づかなかったのか。だいたい青い眼の一族は太陽の眩《まぶ》しさに耐《た》えきれず、真夏はサングラスをかけている。一方、黒い眼の一族たる我々は、ぎらつく日の元で存外平気だ。そのことはとっくに知っていたのに、室内照明にまで思い至らなかったのが口惜《くちお》しい。薄暗い欧米ホテル、イコール高級感、との刷《す》り込みが強烈《きょうれつ》だったに違いない。

今にして思えば壁のスイッチも、彼らの薄い眼の色によって容易に見つけられるものだった。夕暮れの室内は彼らには昼間と同じ。ホテルの個室の照明も、本を読むのに充分な明るさなのだ。改めて腹立たしい。

何ゆえ我ら黒い眼の一族が、青い眼の一族の真似をして余計な苦労をしなければならないのか。黒い眼にちょうどいい明かりを取りもどそう。ホテルに「光を、もっと光を！」。

（中野京子「ロマンティックな薄明り」より。）

(注) エントランス……入り口。

問1　＝線「ツイキュウする」の「キュウ」と同じ漢字を使うものを次の**イ**〜**ヌ**の中から選び、記号で答えなさい。なお、正解は一つとは限りません。いくつかある場合には、そのすべての記号を書きなさい。

イ　大雨のためウンキュウする。
ロ　おぼれた人をキュウシュツする。
ハ　エイキュウ不変の真理。
ニ　災害のキキュウを伝えるニュース。
ホ　新聞のキュウジン広告。
ヘ　曲がった線路をフッキュウする。
ト　建設のキュウシを決める。
チ　戦時中の米のハイキュウを学ぶ。
リ　平和な世界をキキュウする。
ヌ　カイキュウによって差をつける。

問2　〜〜線「やっかいになった」の本文中での意味としてもっとも適切なものを、次の**イ**〜**ニ**の中から一つ選び、記号で答えなさい。

イ　めんどうな仕事をさせた　**ロ**　手のかかるせわをかけた
ハ　いらない気がねをさせた　**ニ**　大きなめいわくをかけた

問3　本文に次の一文を入れるとすると、どこが適切ですか。この文が入る直前の**四字**をぬき出して答えなさい。（句読点、記号等も字数に数えます。）

不便といったらありはしない。

【国　語】（四五分）〈満点：一〇〇点〉

［一］　次の文章を読んで、あとの問いに答えなさい。

「明かり」という言葉で真っ先に思うのは、(1)己《おの》れの考えの足りなさ加減に対する情けなさだ。

学生時代、ドイツ留学中の友人宅にしばらくやっかいになったことがある。そこは古い集合住宅で、(注)エントランスはいつも薄暗《うすぐら》かった。おまけに階段部は常に消燈《しょうとう》してあり、階上へのぼるときは壁《かべ》のスイッチを押《お》さねばならない。スイッチを押すと天井《てんじょう》の電気が、やはり薄ぼんやりと点《つ》くのだが、二階分ほど上ったあたりで自然に消えてしまう。そこでまた壁を手探《てさぐ》りしてその階のスイッチを押し……と、くり返してやっと五階の彼女《かのじょ》の部屋へ辿《たど》りつく。

同じ建物で顔見知りになったドイツ人に、スイッチの場所が見つけにくくて困りますよね、と挨拶《あいさつ》がわりに言うと、そんなことはない、(2)このやり方は合理的だ、と返事がかえってきた。さすがケチと名高いドイツ人だけあると感心した。

それからずいぶん月日が流れ、知人のドイツ人が我《わ》が家へ遊びに来た。夕方になり、室内にも闇《やみ》が近づいてきたので電気を点けると、まだ外は明るいのにもったいない、フロアスタンドだけで充分《じゅうぶん》だと言われた。他人の家の電気代まで考慮《こうりょ》してくれるとはさすがドイツ人、と以前と同じ感想を持った。

そのうちスイッチ式建物が、ヨーロッパ各国で昔はたくさんあったことを知り、(3)ドイツ人気質とは関係ないことがわかる。同時に、欧米《おうべい》映画における夜の室内シーンが、ずいぶん暗いのにも気づくようになる。書斎《しょさい》で読書する場面など、ほぼ必ずといっていいほど手元のスタンドしか点けない。おまけにその明度自体、かなり低い。日本の子どもがこういう状態で勉強していれば、母親から「目を悪くしますよ」と叱《しか》られるのではないかと思うほどだ。

そしてホテル。昔も今も現地のホテルは、薄闇のごとく照明を落としている。レストランやバーなら、その仄暗《ほのぐら》さがムードを高めるだろうから良しとして、個室まで明度が足りないので、照明を全部点けてもまだ読書には不向きだ。いったい全体、どうしてこうも暗いのか。

何かの雑誌でこんなエッセーを読んだ。日本の旅館は煌々《こうこう》と明かりが点《とも》り、下品である、それに比べて欧米のホテルは、しっとりした大人の雰囲気《ふんいき》が醸《かも》しだされて素晴《すば》らしい、云々《うんぬん》。

なるほど、明るすぎるより少し暗いほうが心が鎮《しず》まるし、自然に声も低くなり、集中しやすいのは確かだなと納得《なっとく》した。そのエッセーを読んだころにはすでにもう日本中に欧米系列のホテルが建ちならび、現地に倣《なら》ってロビーもレストランも個室も薄暗いのだった。やがて日本原産のホテルや旅館の一部まで真似《まね》をしだしたので、エントランスに一歩踏《ふ》み入ると［　Ⅰ　］になること、この上ない。

しかし実をいえば、だんだん個室での苛々《いらいら》が募《つの》っていた。［　Ⅱ　］的空間ではできるだけ騒《さわ》がしくならないよう、明かりを落とすのはわかる。でも［　Ⅲ　］的空間ではもっと勝手にふるまわせてほしい。明るい部屋で陽気になりたい場合だってあるだろう。少なくともわたしには、我が家におけるのと同等の光量が必要だ。なぜなら仕事でホテルに泊《と》まるときは、資料に目を通すことが多いのに、こんなうすらぼんやりした中で文字を追うと、集中するより先に疲《つか》れてしまう。

ドレスを着ようとしている思いを理解することができない。また、全が次第に水青との心の距離を縮めていくことにも心おだやかではいられない。「吹いてくる風に鳥肌が立つ」は、そんな黒田の、全に対するねたみを象徴《しょうちょう》した表現である。

ロ　全は「無口で無表情」な人間として登場するが、我が子である水青と久々に話をかわし、結婚式の時に着るドレスを考えることを通じて生気があふれてくる。黒田の発した「おかえり」は、デザイナーとしての熱情がよみがえり、自分の世界に没頭《ぼっとう》する全の姿を心から待っていた気持ちの素直な表れだと言える。

ハ　水青はドレスのデザインや装飾すべてを「似合わない」とかたづけたり、清澄のデザインしたドレスを「給食着」と切り捨てたりするかたくなさを持つ。だがそれは単に自分の外見を見ただけでの結論ではなく、心の深いところにある気持ちの表れであった。そのことを見抜いたのは父親である全一人しかいなかった。

ニ　水青に声をかけるのに「滑稽なほど声を裏返らせて」しまう全であったのに「力強い声」で接することができるようになる。これは水青が着る側、全が作る側の人間であるからである。一方、全が最後まで清澄に接することがないのは、清澄が作る側の人間であるため、競争相手としか考えられないからである。

問7　——線(6)「胸がぎゅっと痛んだ」とありますが、その理由としてもっとも適切なものを次の**イ**～**ニ**の中から一つ選び、記号で答えなさい。

イ　自分がいなければ全はもっと父親らしい行動をとれたはずだと思って申し訳なくなったから。

ロ　ささいな動作にもかつての勘《かん》を取りもどしつつある全のありさまが見られて感動したから。

ハ　水青も全も互《たが》いのことを思っているのに態度に出せないことがわかってもどかしかったから。

ニ　水青への気づかいに長く会っていなかった父親の遠慮《えんりょ》がうかがえてせつなくなったから。

問8　——線(7)「足元が揺れるのを感じる。水面が震え、湖畔の木々がざわめき、吹いてくる風に鳥肌が立つ」とありますが、ここからどのようなことが読み取れますか。その説明としてもっとも適切なものを次の**イ**～**ニ**の中から一つ選び、記号で答えなさい。

イ　黒田が心の中で、悪いことが起きるか良いことが起きるか、全くわからないという不安を持ったこと。

ロ　黒田が心の中で、計画していたことが思い通りに実現したという、確かな手ごたえをつかんだこと。

ハ　黒田が心の中で、全く予想されていなかった何か悪いことが起こりそうな感じをいだいたこと。

ニ　黒田が心の中で、これまでとはちがう、何かが確実に変わっていきそうな気配をとらえたこと。

問9　——線(8)「水青の眉間からいつのまにか力が抜けている」とありますが、その理由としてもっとも適切なものを次の**イ**～**ニ**の中から一つ選び、記号で答えなさい。

イ　全の言葉によって自分のこれまでのかたくなな生き方をふり返り、反省する気持ちになったから。

ロ　全が自分の思いを受け止めながら布地を選択してくれているのがわかり、気持ちがほぐれたから。

ハ　全が自分に似合うドレスを本気で作ってくれそうだということがわかり、心からうれしくなったから。

ニ　全の言葉は自分に親身になってくれているからだと感謝はするが、応対にはつかれ果ててしまったから。

問10　——線(9)「目を大きく見開いて父親の手元を注視していた」とありますが、この時の清澄の気持ちの説明としてもっとも適切なものを次の**イ**～**ニ**の中から一つ選び、記号で答えなさい。

イ　父の手元を見つつ、自分とは経験年数が違うのだとあきらめ半分の思いでいる。

ロ　将来の自分の技能として手にするべく、父の手の動きを冷静に観察している。

ハ　今まで父を軽視していたことをすっかり忘れ、尊敬の思いがあふれている。

ニ　プロとしての父の技術の見事さに圧倒《あっとう》され、驚きをもって見つめている。

問11　本文の説明としてもっとも適切なものを次の**イ**～**ニ**の中から一つ選び、記号で答えなさい。

イ　黒田は男性であるため、水青が結婚相手の母親の気持ちをくんで

b おずおずと
イ 疑い深く
ロ 心配そうに
ハ 気になりつつ
ニ ためらいながら

問2　――線(1)「つまさきで全の足を蹴る」とありますが、この時の黒田の行動の説明としてもっとも適切なものを次の**イ**～**ニ**の中から一つ選び、記号で答えなさい。

イ　水青と話をしたいと思っている全に会話をするきっかけを与えてやろうとしている。

ロ　全の役割の一つに水青の体調の悪さを見ぬくことがあるのだと知らせようとしている。

ハ　ぐずぐずせずに全の方から先に何か行動を取るべきだということを伝えようとしている。

ニ　いつも以上にやる気のなさそうな全をはげまし自分の仕事を思い出させようとしている。

問3　――線(2)「重い空気に耐えきれず、まだうろうろしている清澄を呼び戻した」とありますが、この時の黒田の気持ちの説明としてもっとも適切なものを次の**イ**～**ニ**の中から一つ選び、記号で答えなさい。

イ　水青の全身から伝わってくる全に対する反感を、清澄を呼んでなだめてもらおうとした。

ロ　間が持てないため、本題である清澄の作ろうとしている水青のドレスの話に入ろうとした。

ハ　自分だけでは荷が重いので、清澄を呼び話に加わってもらって全を元気づけようと考えた。

ニ　いくら無口な全でも、自分の子供二人を目の前にすれば喜んで話し始めるだろうと考えた。

問4　――線(3)「『給食着』という印象」とはどのようなことですか。その説明としてもっとも適切なものを次の**イ**～**ニ**の中から一つ選び、記号で答えなさい。

イ　実用性ばかりを重んじたデザインだということ。

ロ　ドレスの清潔感だけが強調されているということ。

ハ　ドレスの持つはなやかさからはほど遠いということ。

ニ　軽々しい流行に左右されない強さがあるということ。

問5　――線(4)「だから」の後に省略されている言葉を本文中から**六字**でぬき出して答えなさい。（句読点、記号等も字数に数えます。）

問6　――線(5)「清澄を押しのげてボディの前に立つと、引きはがすようにしてドレスを脱がしはじめた」とありますが、この時の全の行動の説明としてもっとも適切なものを次の**イ**～**ニ**の中から一つ選び、記号で答えなさい。

イ　水青の着るドレスを一から考え直すために、不要な情報を目の前から取りのぞこうとしている。

ロ　水青の着るドレスについて何かひらめくものが生まれて、動き出さずにいられなくなっている。

ハ　清澄の作るドレスを根本から否定しようとする思いがまさり、つい強い行動に出てしまっている。

ニ　清澄の作るドレスに姉への愛情を感じ取って、自分も父としてできることがないかと探している。

がら、自在にかたちを変えていく。ギャザーが生まれたと思ったら今度は、プリーツが出現する。花が咲く。風をはらんだカーテンのように膨《ふく》らむ。平面の布がまたたくまにドレスのかたちに変化する。どこにもはさみを入れることなく。

隣《となり》に立っている清澄は、(9)目を大きく見開いて父親の手元を注視していた。

「黒田」

ボディに向かったままの全から呼ばれ、思わずびくりと身体が震えた。

「幸田さんか和子さんか、誰《だれ》でもええから呼んで。採寸してほしい」

和子さんはつかまらなかったけれども、幸田さんはすぐに電話に出た。わけを話すと、すっ飛んできた。

俺《おれ》と全と清澄は応接室から追い出され、廊下《ろうか》で待たされている。中から幸田さんの「あんたが全さんの娘さん！　へえ！」とか「お勤めは！　塾《じゅく》！　まあ！」という大きな声が聞こえてくる。ひとりでも十四人分ぐらいやかましい。

全がぶつぶつ言いながらスケッチブックをめくりはじめた。机まで歩く時間が惜《お》しいのか、床にしゃがみこんでいる。そのまま這《は》いつくばるようにして、鉛筆《えんぴつ》を走らせはじめた。

いっさいの装飾のないドレスだった。トラペーズラインと呼ばれる、裾に向かって台形に広がるシルエット。襟《えり》は控《ひか》えめなUの字を描《えが》いている。長袖《ながそで》のカフスは大きめにとられていて、クラシカルな印象を与える。

左右非《ひ》対称《たいしょう》な裾は三角形をかたちづくる。下にもう一枚、スカートを重ねるつもりのようだ。シンプルでいて、地味ではない。カジュアルな素材を用いても、くだけすぎない。きっとあの子の良さを引き立てるドレスになる。

「全」

おかえり、と言うべきか迷った。どうにも芝居《しばい》がかっているような気がして、口に出すのは照れくさい。でも、どっちにしろ今の全の耳には届かないだろう。

（寺地《てらち》はるな『水を縫う』より。）

（注）※1　全……水青と清澄の父。離婚をして子供たちとは別々に暮らしている。

※2　清澄……高校生。姉の水青のウェディングドレスを自分で作ろうとしている。

※3　工場……縫製工場。全の友人であり、全をデザイナーとしてやとっている黒田の工場。黒田の自宅も兼《か》ねていて、全を住まわせている。

※4　ボディ……洋裁用の人体模型。

※5　パターン……服を作るための型紙。

問1　～～～線a「ちなみに」、b「おずおずと」の本文中での意味としてもっとも適切なものを次のイ～ニの中から一つずつ選び、それぞれ記号で答えなさい。

a　ちなみに
- イ　簡単に言うと
- ロ　くわしく言うと
- ハ　ついでに言うと
- ニ　具体的に言うと

「ちょっとどいて」

ふいに放たれた力強い声が全のものだと、最初わからなかった。全は(5)清澄を押《お》しのけてボディの前に立つと、引きはがすようにしてドレスを脱《ぬ》がしはじめた。

部屋を出て行った全はやがて、大量の生地《きじ》を抱《かか》えて戻ってきた。

「こっち来て」

壁際《かべぎわ》の鏡の前に、パイプ椅子《いす》を引っぱっていって、水青に向かって手招きした。水青がbおずおずとそこに腰《こし》かける。

「同じ※5パターンでも、生地ですいぶん変わるんやで」

水青の肩《かた》にふわりと、シルクの布がかけられる。真っ白な生地が滝《たき》のようにまっすぐに床《ゆか》に垂れ下がった。

「どう?」

「……ちょっと苦手」

全は、そうやろな、と呟《つぶや》き、今度はジョーゼットの生地を重ねる。薄く透《す》けて、やからかく身体に添《そ》う。

「そしたら、これもあんまり気に入らんのちゃう?」

「うん」

鏡の中で、水青の眉根がぎゅっと寄る。

「じゃあ、次。これは『タフタ』っていうねん」

ぱりっとしたはりのある、美しい布だ。縫製《ほうせい》の加減で、おもしろい陰《いん》影《えい》を生むだろう。しかし水青はかたくなに首を振る。

「たぶん、光沢《こうたく》のある生地が苦手《にがて》なんやな」

チュール、シフォン、オーガンジー。つぎつぎと水青の肩に重ねられていく。さきほどこの娘は「似あわない」と言ったが、そんなことはない、どれもよく似あう。

けれどもきっと、そういう表面的な問題ではないのだ。

「落ちつかない、はあかんな、水青。その感覚は大事にしたほうがええ」

全がコットンリネンの布を水青の肩にかける。指先が触《ふ》れないように気をつけていることが、動きでわかる。ただそれだけのことなのに、(6)胸がぎゅっと痛んだ。

「他人の目にかわいらしくうつるのは、けっこう簡単なことやねん。女の子って基本みんなかわいいからな。存在自体がかわいい。けどな、本人が着とって落ちつかへんような服はあかん。座っとるだけでいらいらして、肩に力が入ってしまって、疲《つか》れてしまう。疲れると自分で自分が嫌《きら》いになる。良うないわ水青、それは良うない」

全がこれほど長い言葉を一度に口にするのは、ひさしぶりかもしれない。

(7)足元が揺《ゆ》れるのを感じる。水面が震《ふる》え、湖畔《こはん》の木々がざわめき、吹いてくる風に鳥肌《とりはだ》が立つ。

「これはガーゼ」

(8)水青の眉間《みけん》からいつのまにか力が抜《ぬ》けている。ためらいがちに指を伸《の》ばして、布地に触れた。

「ふわふわしてる」

「うん、気持ちいいやろ」

そのやわらかさと軽さから、ガーゼはよくベビー服に用いられる。吸湿性に優《すぐ》れ、重ねれば暖かい。

ガーゼの生地がボディに巻きつけられた。全は口に咥《くわ》えたピンをつぎつぎと留めていく。平面の布は、つままれたり、折りたたまれたりしな

二 次の文章を読んで、あとの問いに答えなさい。

玄関《げんかん》のドアを開けたら、濡《ぬ》れた草の匂《にお》いがした。最近やけに雨が多い。約束した時間ぴったりにやってきたふたりは、言葉少なに傘をたたんでいる。※1全《ぜん》もまた、いつも以上に無口で無表情で、ほとんど眠《ねむ》そうですらある。

一緒《いっしょ》に入ってきたはずの※2清澄《きよすみ》の姿がない。どうも※3工場がめずらしいらしく、あちこち見てまわっているようだ。水青《みお》はよほど心細いのか、応接室のソファーの手すりに掴《つか》まるようにしてうつむいていた。

(1)つまさきで全の足を蹴《け》る。よほど驚《おどろ》いたらしく、ソファーの上で身体が軽く跳《は》ねた。

「ひさ、ひ、ひさしぶりやな」

滑稽《こっけい》なほどに声を裏返らせて、全がようやく娘《むすめ》に声をかける。まともに顔を合わせるのは、数年ぶりのことだろう。

「うん」

会話とも呼べないような会話が、すぐに途切《とぎ》れる。(2)重い空気に耐《た》えきれず、まだうろうろしている清澄を呼び戻した。

清澄が取り出した仮縫《かりぬ》いのドレスを、※4ボディに着せかける。実物を見てもやはり(3)「給食着」という印象は変わらない。仮縫いはこれが二着目だという。一着目はすでに「納得《なっとく》いかなくて」ほどいてしまったらしい。

「aちなみにこれが着たとこ」

清澄のスマートフォンの画面の中で、できそこないのドレスを着せられた水青が不機嫌《ふきげん》そうに眉根《まゆね》を寄せていた。

「……ドレスにこだわる必要はないんやで」

花嫁《はなよめ》も花婿《はなむこ》もタキシード姿の、海外の結婚《けっこん》式の写真を見たことがある。水青はしかし「紺《こん》……相手のお母さんが、ぜひ花嫁姿を見たいらしくて。(4)だから」と首を振る。そんなもの無視してしまえばいいと思うが、これからつきあっていく相手の要望となるとそうもいかないものなのか。

「でも水青ちゃんは、ドレスを着ることに抵抗《ていこう》があるわけやろ?」

膝《ひざ》を折った清澄が、給食着の裾《すそ》をしきりに引っ張っている。そうすれば、なにかヒントが見つかると信じているみたいに。

しっかりしていて、堅実《けんじつ》。悪く言えば地味。かたくな。水青からはいつも、そんな印象を受ける。

きつく唇《くちびる》を結んでこちらをまっすぐに見ている化粧《けしょう》っ気《け》のないこの娘は、美しく装《よそお》うことをなにかちゃらちゃらした行為《こうい》のようにとらえているのかもしれない。

そうなんか? と問うと、水青が顔を上げた。

「そんな単純な話ではありません」

ドレスに罪がないことは知ってます、と続ける。罪ときたか。ずいぶんおおげさな言葉を使う。

「でも、リボンやレースやフリルやビーズの装飾《そうしょく》も、身体の線が出るかっこうも、とにかく自分には似あわない気がするし、着てると落ちつかないんです」

「でも、とにかくドレスを用意せなあかん、そういうことやな?」

「そうです」

「そうです」

清澄と水青の声がそろった。

イ　人とまったく無関係な　　ロ　人にとって不愉快《ふゆかい》な

ハ　未《いま》だ確認《かくにん》されていない　　ニ　むしろ人が守られる

問4　**Ⅲ** にあてはまる言葉を本文中から見つけ、**漢字一字**で答えなさい。

問5　――線(1)「彼は大丈夫だと言って出かけた」とありますが、「彼」はなぜそうしたのですか。その理由としてもっとも適切なものを次の**イ～ニ**の中から一つ選び、記号で答えなさい。

イ　「彼」が出会ったばかりの「私」の忠告を軽く見ていたから。

ロ　「彼」が日本の山に登るのは野外調査のためではなかったから。

ハ　「彼」は見たことがない竹という植物の特性を知らなかったから。

ニ　「彼」自身が持っている知識をたよりに行動できると考えたから。

問6　――線(2)「夏になるともう緑に呑み込まれるという感じ」と同じ表現の方法が用いられている文を次の**イ～ニ**の中から一つ選び、記号で答えなさい。

イ　金の切れ目が縁《えん》の切れ目とはよくいわれる言葉である。

ロ　先生が鬼《おに》のような顔でいたずらをした子をにらんでいる。

ハ　旅行の思い出は心の宝石箱の中に大切にしまっておこう。

ニ　朝から空はどんよりとくもって今にも泣き出しそうだった。

問7　――線(3)「時間的な面」とはどのようなものですか。それを表す言葉を本文中から**八字**でぬき出して答えなさい。（句読点、記号等も字数に数えます。）

問8　――線(4)「私は今でも冬にイチゴを食べるのは『ルール違反』というか、本来すべきでないことをしているような気持ちを払えないでいる」とありますが、それはなぜですか。その理由としてもっとも適切なものを次の**イ～ニ**の中から一つ選び、記号で答えなさい。

イ　イチゴをおいしいと感じながら食べられる時期は、今も昔も暖かくなった季節しか考えられないから。

ロ　時代とともに生活スタイルが変わっても、先祖代々からの伝統を変えるべきではないと考えているから。

ハ　本来の自然の法則に逆らうようなことをしてまで、自分の欲望を満たそうとすることはしたくないから。

ニ　科学技術の発達で特殊な栽培が可能になったが、食べると人体に健康上の危険も伴うと思っているから。

問9　――線(5)「都市的生活が自然との距離を隔たせるものであることによる」とはどのようなことですか。その説明としてもっとも適切なものを次の**イ～ニ**の中から一つ選び、記号で答えなさい。

イ　自然と密接であった日本人の今までの暮らしが、現代の生活スタイルによって利便性の高いものへと一気に改善されているということ。

ロ　自然の中にとけこんでいた日本人の今までの暮らしが、現代の生活スタイルによって自然を支配していこうとするものになったということ。

ハ　自然の脅威《きょうい》にさらされてきた日本人の今までの暮らしが、現代の生活スタイルによっていつでも安心・安全に過ごせるようになったということ。

ニ　自然とともに過ごしていた日本人の今までの暮らしが、現代の生活スタイルによって自然の営みを感じることができないものに変わったということ。

し、夏のスイカ、秋のカキ、冬のミカンとそれぞれの季節に楽しむ果物があった。

(4)私は今でも冬にイチゴを食べるのは「ルール違反《いはん》」というか、本来すべきでないことをしているような気持ちを払《はら》えないでいる。私たちの祖父母の世代の人々の心の中にはいつでも「おてんとうさま」があって、倫理《りんり》的によくないことを「おてんとうさまに恥《は》ずかしいことをしてはいかん」とよく言っていたが、冬にイチゴを食べるのは、そのおてんとうさまに申《もう》し訳《わけ》ないような気持ちがある。それは冬に食べられるイチゴを作るのは特殊《とくしゅ》な栽培《さいばい》をする贅沢《ぜいたく》なことだから、おてんとうさまに申し訳ないということもあるが、イチゴは初夏にできるという自然の季節の摂理《せつり》に無理をさせてまで食の欲望を満たす自分に恥ずかしい思いがあるからであろう。

食べ物には食べておいしいタイミングがある。これを私たちの先人は「Ⅲ」と呼んだ。

私が子供だった昭和三〇年頃、イチゴはなかなかの貴重品だった。暑くなってきたある日、「今日はイチゴを買ってきたよ」とⅣ告げるほどのものだった。イチゴは小さな木箱の中にきれいに並べられていて、それを母が取り出して一人一人の皿に並べてくれたものだ。「どうぞ」と言われて口に入れると、その甘さがひろがり、うっとりするようなおいしさだった。

エンドウ豆もそうだった。モモ、ブドウ、カキと、果物はその旬《しゅん》のときしか食べられず、だからそのときが貴重だったように思う。

「目には青葉、山ほととぎす、初がつお」

この句ほど、日本人の旬への気持ちを表すものは少ないだろう。そこに読み取れるのは、「初夏のカツオを食べる季節がまた来た。今年も元気で夏を迎えることができた。生活が楽とはいえないが、家族は健康で仲良く暮らしている。カツオはちょっと高いが、それを食べられるほどの暮らしはできている。ありがたいことだ」という喜びであろう。

現代の、寒ければ暖房、暑ければ冷房、おいしいものはいつでも、という生活スタイルは、こうした旬の喜びという点からいえば、それを失わせているという面がある。それはとりもなおさず、(5)都市的生活が自然との距離を隔《へだ》たせるものであることによる。

（高槻成紀《たかつきせいき》『唱歌「ふるさと」の生態学』より。
出題にあたり、原文の表記および構成を一部改めました。）

問1 ＝＝線「ヒョウコウサ」の「ヒョウ」と同じ漢字を使うものを次のイ～ヌの中から選び、記号で答えなさい。なお、正解は一つとは限りません。いくつかある場合には、そのすべての記号を書きなさい。

イ 池がヒョウケツする。　ロ 虫のヒョウホンを作る。
ハ 議長をトウヒョウで決める。　ニ ドヒョウ入りをする。
ホ 意見をヒョウメイする。　ヘ 会社にジヒョウを出す。
ト ヒョウザンの一角だ。　チ 作品のヒヒョウをする。
リ 人生のシヒョウとなる本。　ヌ ヒョウバンが良い店。

問2 Ⅰ・Ⅳにあてはまる言葉としてもっとも適切なものを次のイ～チの中から一つずつ選び、それぞれ記号で答えなさい。

イ くどくど　ロ よぼよぼ　ハ わくわく　ニ わざわざ
ホ いやいや　ヘ はきはき　ト のろのろ　チ へとへと

問3 Ⅱにあてはまる言葉としてもっとも適切なものを次のイ～ニの中から一つ選び、記号で答えなさい。

るが、日本の家屋は開放的で、柱はあるが、壁《かべ》は最小限にし、雨戸などは取り外すものだし、障子などもドアというより、硬《かた》めのカーテンといったふうである。日本家屋の最大の課題は、暑くて湿度《しつど》の高い夏をいかに過ごすかにあり、その開放的な家は、野外と隔離するのを目的とするヨーロッパの家とは大きく違う。

日本人の自然との距離の近さは、空間的なこと以上に(3)時間的な面に見いだすことができると思う。

中緯度《ちゅういど》にある日本は、夏は熱帯並みに高温多湿であるが、冬は寒さが厳しく、雪も降り、地方によっては数メートルという世界でも屈指《くっし》の多雪地となる。それだけに四季の変化が鮮やかに見られ、日本人の生活のリズムはそれに合わせたものとなった。

冬が過ぎれば北日本ではさわやかな新緑に被《おお》われるし、南日本では常緑樹の中に鮮やかな薄緑《うすみどり》が重なる生命感溢《あふ》れるものとなる。そして緑が濃《こ》くなるにつれて、さまざまな色の花が咲《さ》き、昆虫《こんちゅう》が生まれ、夏鳥が渡って来て、森も野もにぎやかになる。そして雨がちになって、梅雨を迎《むか》える。大人も子供も今日は傘《かさ》を持っていったほうがよいだろうかと、天気を気にするようになる。梅雨があければ青い空に入道雲が輝《かがや》くようになる。衣替《ころもが》えをして、気持ちを新たにし、生活は夏モードに入る。森の緑は濃くなり、セミの声が輪唱《りんしょう》のように響《ひび》く。子供たちは夏休みになって、川で遊んだり、虫とりをして遊ぶ。うだるようであった夏の光に少し力がなくなって、空気に透明感《とうめいかん》が感じられるようになると、雲のようすが変わり、高い空に絹雲《けんうん》が見られるようになる。やがて木々の葉が色づき、秋の野草がカラフルな花を咲かせるようになる。農家では刈り入れの季節になる。中でも稲《いね》刈りは春からの日々の農作業の文字通りの集大成であった。日照りの夏に水の心配をすることもあれば、台風の大雨に洪水《こうずい》の心配をすることもあった。その日々の努力が稲穂《いなほ》に集約されるのだ。無事に収穫《しゅうかく》できれば、天に感謝《かんしゃ》した。しばらく気持ちのよい季節が続き、黄葉が進むと、夏物では肌《はだ》寒く感じられるようになる。北日本では木枯《こが》らしが吹《ふ》くたびに木々の葉が少なくなり、年も暮れになると雪が降るところもある。質素に暮らしていた昔日《せきじつ》の日本人にとって正月を迎えることはまことに晴れやかで喜びに満ちていた。大晦日《おおみそか》に一年を振り返り、元旦《がんたん》を迎えるのは新しい年への希望に満ちた時間であった。

形は変えながらも、そうした四季の移り変わりは現代生活にも引き継《つ》がれている。雨の多いこの国では天気予報は国民の大きな関心事であり、予報は詳細《しょうさい》で、正確でもある。まちがいなく世界最高レベルであろう。都市住民が多くなったから、農作業はなくなったものの、学校も会社も年度は四月のサクラの季節に始まる。季節の始まりが人の生活のスタートなのである。入学式、衣替え、夏休み、運動会、文化祭、冬休みと、学校は季節のリズムで進み、大人の社会も花見やお盆《ぼん》、忘年会《ぼうねんかい》などで区切りをつける。

だが、現代生活は、冬は暖房《だんぼう》、夏は冷房をして、要するに一年中をできるだけ同じ環境《かんきょう》にしようとする。振《ふ》り返れば、わずか半世紀ほど前の日本では、暖房は火鉢《ひばち》とこたつ、冷房はなく団扇《うちわ》と扇子《せんす》であおいでいた。その頃は、冬は寒いもの、夏は暑いものであり、それが自然なのだから受け入れるものだという気分があった。あきらめというのではないが、生きるとはそういうことなのだという受け入れがあった。そうであるから、汗《あせ》をかくような季節になって食べるイチゴは本当においしかった

【国　語】（四五分）〈満点：一〇〇点〉

一　次の文章を読んで、あとの問いに答えなさい。

私はよく野外調査に行くが、実際の野外調査は決して快適なものばかりではない。日本にはササが密生する山も多く、そういう場所での移動はたいへんで、「藪漕《やぶこ》ぎ」といわれる。まさにササを漕ぐように進まなければならず、一時間も藪漕ぎをすると [Ⅰ] になる。若い頃《ころ》、青森県の八甲田山《はっこうださん》でドイツから来た青年が地図を見ながら、あるピークに行こうとして、距離《きょり》とヒョウコウサを見ながら二時間ほどで行けると判断した。私は日本の山にはササがあるから、その見積もりは甘《あま》いと言ったのだが、(1)彼は大丈夫《だいじょうぶ》だと言って出かけた。しかし彼はしばらくすると戻《もど》って来て言った。「こんなに植物が密生していて、しかも丈夫な竹が隙間《すきま》なく生えているとは思わなかった。ヨーロッパではありえないことだ」と疲労困憊《ひろうこんぱい》のようすだった。日本の森林は、とても赤ずきんちゃんがとことこ歩くような森林ではないのである。

それに日本の夏は雨が多いから、数日の調査に行けば一日は雨に降られるということが多い。雨の中の調査はつらいものである。また夏であればカ（蚊《か》）がよくいて、刺《さ》されるとかゆくてかなわない。ハチの危険もあるし、マムシやクマもいる。私の調査地はシカがいるところが多いから、ヤマビルがいて、これに咬《か》まれると血が出て止まらなくなる。

日本の自然とはそういうものであり、生物多様性が高いのだが、生物多様性が高いということは守りたくなるような動植物が多いということではなく、[Ⅱ] 動物植物もたくさんいるということである。

ある農業者が言った。「(2)夏になるともう緑に呑《の》み込《こ》まれるという感じ」と。日本の自然は保護しなければならないようなヤワなものではないのである。

違《ちが》う自然に暮らして来た日本人がヨーロッパ人と同じように自然を保護しようと考えるはずがない。

日本人は自然に接して生きてきた。たとえば居住空間も自然との境界が明快でなかった。一八五八年に日英修好通商条約締結《ていけつ》のために来日したエルギン卿《きょう》使節団の一員であったL・オリファントの記録（一九六八）によれば、江戸郊外《えどこうがい》では

「果樹や、息がつまらんばかりにしめつける蔦《つた》の中に、藁《わら》屋根をもたげている小さな田舎家《いなかや》は、風雅《ふうが》にしつらえた色鮮《あざ》やかな花壇《かだん》にとり囲まれ、丹念《たんねん》に刈《か》られた生垣《いけがき》の間に通路があった」

（オリファント『エルギン卿遣日使節録《けんにちしせつろく》』雄松堂出版《ゆうしょうどうしゅっぱん》）

自然と人間空間が不明瞭《ふめいりょう》なばかりか、むしろ意図的にそうしていたようだ。日本の庭園では

「庭の入口が通りに面しているときには、前を流れる掘割《ほりわり》にひなびた橋を渡《わた》し、こんもり茂った喬木《きょうぼく》や灌木《かんぼく》で橋が隠《かく》れるようにし、そこに足を一歩踏《ふ》み入れると、人里遠く離《はな》れた原生林にいるような気がしてくる」

（アンベール『幕末日本図絵』雄松堂出版）

とある。このことは、日本人が生活空間を自然と隔離《かくり》することで快適にすることよりも、むしろ自然をとりこむ、あるいは一体化することのほうを好んだのではないかと思わせる。

ヨーロッパのがっちりした建物は洞窟《どうくつ》の延長線上にあるような気がす

を次の**イ**～**ニ**の中から一つ選び、記号で答えなさい。

イ　家から離《はな》れたところまで来て一度は安心したものの、ここでもまだ誰かに見られてしまうのではないかと不安にかられている。

ロ　小学生の二人が神社にいるところを誰かに見られたら不審《ふしん》に思われてしまうので、すぐに境内の奥まで移動しようと用心している。

ハ　まずは予定していたところまで来ることができてほっとしたが、二人とも着こんでこなかったので寒さにたえられなくなっている。

ニ　二人で計画した遠出を何とか実行することはできたものの、お互《たが》いにいつもの服装で来てしまったことに気づいてあわてはじめている。

問9　本文の説明としてもっとも適切なものを次の**イ**～**ニ**の中から一つ選び、記号で答えなさい。

イ　一年生のときに八重樫先生から一生結婚しないという言葉を聞いていた郷子は、八重樫先生の結婚にいまひとつ納得ができずにいた。しかし、母親に人の気持ちは時間とともに変わるものであることを言い聞かされ、先生の心変わりを許そうという気持ちに変わってきた。

ロ　八重樫先生の結婚を知った郷子は結婚相手がどのような人物であるかということがどうしても知りたくなり、ヒロミと二人で遠出をする話に応じた。その遠出が家族に気づかれないように気をつけていたものの、ばれてしまったのではないかと思うときも何度かあった。

ハ　結婚する八重樫先生の学校の外での姿に興味をひかれた郷子は、ヒロミの誘いに乗って先生の住む町まで遠出をすることにした。到《とう》着《ちゃく》が遅《おく》れてしまい予定どおりにいかない中、どうすべきか決めかねている郷子に対してヒロミはまだあきらめずに先に進もうとしている。

ニ　郷子とヒロミは、今度結婚することになった八重樫先生の家を二人でたずねてみることを思い立った。出発に際して頼《たよ》りとなるものはヒロミが以前この町に来たときの記憶だけしかなかったが、移動手段や手みやげを用意することなどもふくめて綿密に計画していた。

郷子と共有しようとしている。

ロ　先生が結婚することをにわかには信じられなかったので郷子の口から確証を得ようとしている。

ハ　先生が結婚することを話さなかった郷子が自分にかくそうとしていることをあばこうとしている。

ニ　先生が結婚するという知らせを郷子がすぐに教えてくれなかったことを問いただそうとしている。

問5　――線(4)「だって……嘘だと思ってたんだもん」とありますが、この時の郷子の気持ちを説明した次の文の Ⅰ ・ Ⅱ にあてはまる言葉をそれぞれ**漢字二字**で答えなさい。

> ヒロミと二人で遠出をするという Ⅰ をかかえている郷子は、八重樫先生が自分との Ⅱ を破るはずがないことを母親に伝えようとしている。

問6　――線(5)「先生は、黒板に大きな文字で小森と書いて、みんなをちょっと振り返ると、急いで消した」とありますが、この時の先生の気持ちの説明としてもっとも適切なものを次の**イ**～**ニ**の中から一つ選び、記号で答えなさい。

イ　いつもは元気な子どもたちが落ち着いて自分の話を聞いているのでとまどったが、新しい名字の話で子どもたちの関心を惹《ひ》きつけようと試みている。

ロ　自分の結婚の報告に対する子どもたちの反応が予想したほどでもなかったことに動揺《どうよう》する一方で、新しい名字になることへの違和感《いわかん》をいだいている。

ハ　自分が学校を数日休むことを残念に思ってくれている子どもたちを見て、新しい名字を話題にすることでその場を盛り上げようと必死になっている。

ニ　結婚して変わる新しい名字を披露《ひろう》することへのはずかしさを感じながら、子どもたちとはこれからも今までどおりの関係でありたいと考えている。

問7　――線(6)「ようやく短い笑い声が湧いた」とありますが、この時のクラスの様子の説明としてもっとも適切なものを次の**イ**～**ニ**の中から一つ選び、記号で答えなさい。

イ　先生が結婚して六日間ほどクラスに来ないことに納得《なっとく》がいかなくて静かにはしていたが、「先生の相手はどんな人？」という質問によってクラスがやっと落ち着いた様子。

ロ　先生が結婚するということを突然《とつぜん》聞かされて、クラス全体がどうふるまうべきかわからなくなってしまったが、先生の「ハンサム」という言葉によってやっと場がなごんだ様子。

ハ　先生が結婚することによって、横地先生が代わりをつとめることになったことにクラス全員が不満をいだきながらも、ヒロミの質問によってクラスの雰囲気《ふんいき》が明るくなった様子。

ニ　先生の名前が「小森先生」に変わってしまうという出来事を急に聞かされ、クラス全員が不安のあまり静まりかえってしまったが、先生の言葉によっていつもどおりになった様子。

問8　――線(7)「二人は、どちらからともなく自分の家の方を振り返ると、急に犬にでも追われたように鳥居の奥の石段を駈け昇った」とありますが、この時の二人の気持ちの説明としてもっとも適切なものぬ顔をしていようと思っていた。

ところが、実際に歩いてみると、見当違いも甚《はなはだ》しくて、代原に着いたときはもう二時近くになっていた。その上、ヒロミが通っていた接骨院は代原一丁目で、先生の家のある三丁目はそこからまだかなり奥だということがわかった。二人は、ためしに一丁目の外れまで歩いてみたが、それだけでも随分《ずいぶん》な道程であった。けれども、ここから引き返してしまうのでは、これまで歩いてきたことが無駄骨《むだぼね》になる。それにもう、どうせ三時のおやつには間に合わないのだ。

「我慢して、もうすこし歩こうよ。それで、帰りは先生の車で送って貰おうよ。」

とヒロミがいった。

（三浦哲郎《みうらてつお》『遠出』より。）

問1　〰〰線a「まじまじとみた」、b「だしぬけに」の本文中の意味として、もっとも適切なものを次のイ～ニの中から一つずつ選び、それぞれ記号で答えなさい。

a　まじまじとみた
- イ　ためらいながら目を向けた
- ロ　身を投げ出してのぞきこんだ
- ハ　何度もくり返して見なおした
- ニ　目をそらさずにじっと見つめた

b　だしぬけに
- イ　ありのままに
- ロ　前ぶれもなく
- ハ　だまそうとして
- ニ　いつわらないで

問2　――線(1)「乾くでしょう、このお天気なら。どうして?」とありますが、この時の「ママ」の気持ちの説明としてもっとも適切なものを次のイ～ニの中から一つ選び、記号で答えなさい。

- イ　いつもと様子の違う郷子に疑いの目を向けつつ洗濯の手伝いをしてくれたことに感謝している。
- ロ　ふと耳にした郷子の呟きを聞いて生じた怒《いか》りをおさめるために何事もなかったように装《よそお》っている。
- ハ　庭の池をきれいにしようと掃除《そうじ》をしながら郷子がなぜ洗濯物の心配をするのか不思議に思っている。
- ニ　郷子が嘘をついていることに気づいたものの郷子のためにこのまま天気が崩れないことを願っている。

問3　――線(2)「べつに真似したんじゃないんだけど……」とありますが、この時の郷子の気持ちの説明としてもっとも適切なものを次のイ～ニの中から一つ選び、記号で答えなさい。

- イ　自分の本心をまったく理解しようとしてくれない母親の態度にいらだっている。
- ロ　今までかくしていたことが母親に知られてしまったのではないかとおそれている。
- ハ　ヒロミの真似をしていると母親が決めつけて見ていたことが分かって落ちこんでいる。
- ニ　先生が結婚することを母親がすでに知っていたことにおどろいてふてくされている。

問4　――線(3)「どうして話してくれなかったの?」とありますが、この時の「ママ」の気持ちの説明としてもっとも適切なものを次のイ～ニの中から一つ選び、記号で答えなさい。

- イ　先生が結婚するという大きな出来事におどろいた気持ちをはやく

先生の家を訪ねてみようというヒロミの誘《さそ》いに乗ったのではなかった。ヒロミは、先生の結婚相手が本当にハンサムかどうか、よくみてこようといっていたが、郷子はそんなことよりも、学校の外で極《ご》く普通《ふつう》に暮らしている先生をみるということに、なぜだかひどく好奇心《こうきしん》をそそられたからであった。

翌日も、予想通りに朝からよく晴れていたが、昼近くなって風がすこし出てきた。これから遠出をするのだから、しっかり腹拵《はらごしら》えをしておかなければならなかったが、両親ばかりではなく姉たちの目も晦《くら》まして家を出なければならないと思うと、さすがに気が重くて、食べるものが碌《ろく》に喉《のど》を通らなかった。

一時すこし前に、郷子は、川むこうの小公園へブランコ乗りをしにいくといって家を出た。姉たちは中学と高校だから、そういえば間違っても仲間に入るなどといい出すおそれがないからである。ただ、外へ出てみると風が意外に冷たくて、日が傾《かたむ》くと寒くなりそうだったが、ブランコ乗りにオーバーを着ていくというのはおかしい。郷子は、洗濯したてのセーターにカーディガンを重ねて、遊び着のジーンズに運動靴を履いていた。それで我慢するより仕方がなかった。

家を出てから、最初のコンクリート橋を渡るまでは、軀が揺《ゆ》れるほどの動悸《どうき》がして、ゆっくり歩こうとすればするほど足がもつれそうになったが、川むこうの路地へ入って駈《か》け出すと、急に気が楽になった。小公園から迂回《うかい》して八幡《はちまん》様の森を目指していくと、ヒロミが先にきて鳥居の根元にしゃがんでいた。やはり膝の擦《す》り切れそうなジーンズに赤いナイロンジャンパーを着ている。

(7)二人は、どちらからともなく自分の家の方を振り返ると、急に犬にでも追われたように鳥居の奥《おく》の石段を駈け昇《のぼ》った。

「あれ、持ってきた？」

「持ってきたわ。」

郷子は、カーディガンのポケットから、この夏、八重樫先生から貰った暑中見舞いの葉書と、百円玉を三つ取り出してみせた。ヒロミもジャンパーのポケットから三百円出してみせた。二人合わせて六百円もあれば、途中でおやつを食べた残りで、花ぐらいは買える。二人は、人気のない境内《けいだい》を通り抜《ぬ》けると、裏の鳥居から道へ出て、歩きはじめた。

先生の家は、おなじ区内の代原という町にあって、そこのくわしい所番地は暑中見舞いの葉書に印刷してあった。二人とも、先生の家を訪ねるのは初めてで、郷子など代原という町の方角さえわからなかったが、ヒロミの方は代原までの道順だけは知っていた。まだ幼稚園《ようちえん》のころ、といっても、ほんの数年前のことだが、ジャングル・ジムから転げ落ちて手首を骨折したとき、父親の車でしばらくそこの接骨院に通ったことがあるからである。二人は、代原に着いたら、あとは町の人たちに先生の葉書をみせて道を尋《たず》ねるつもりであった。

先生は、代原から車で学校へ通っていたが、バスの便もあるらしかった。けれども、馴《な》れない乗物は、降りるところで降りそこなうと厄介《やっかい》なことになる。歩ける距離《きょり》なら歩くのが一番安全だから、二人は最初から歩いて往復することにきめていた。ヒロミの見当では、代原までは歩いても三十分そこそこの道程であった。すると、往復一時間、家を探すのに手間取ったり、途中で道草を食ったりしても、せいぜい二時間もあれば充分《じゅうぶん》である。郷子は、三時のおやつに間に合うように帰って、素知ら

ママは、くすっと笑って、

「前にって、いつのこと？」

「去年。一年生のとき。」

「じゃ、一年も一年半も前のことじゃない。その間に、先生の気持《きもち》が変ったんだわ、きっと。先生だって、時間が経つと気持も変るし、まわりの事情も変るのよ。」

「じゃ、先生は本当に結婚するの？」

「そうよ。だって、クラスのみんなにも、先生の口からはっきりそうおっしゃったんでしょう？」

それは、つい三日前の水曜日のことで、最後の五時間目の授業が終《おわ》ったとき、

『ちょっと、みんな、静かにして聴《き》いて頂戴《ちょうだい》』

と八重樫先生がいった。みんなが静かになると、

『実はねえ、こんど先生、結婚することになったんです。お嫁《よめ》にいくの。それで、今週の金曜日から来週の水曜日までお休みをして、木曜日からまた出てきます。先生がお休みしている間は、家庭科の横地先生が代わりをしてくれますから、横地先生のいうことをよく聴いて、事故のないように勉強をつづけていてください。わかった？』

みんなは、返事をするのも忘れて、きょとんと先生の赤く上気した顔を眺《なが》めていた。

『それからねえ、先生は、来週出てくるときはもう八重樫じゃないの。こんどは小森。こう書きます』

(5)先生は、黒板に大きな文字で小森と書いて、みんなをちょっと振《ふ》り返ると、急いで消した。

『ですから、これからは小森先生、小森克子《かつこ》先生です。でもねえ、小森先生になっても、先生の中身はこれまでとちっとも変らないの。ただ呼び方が変っただけ。だから、先生はこれからもずっとみんなと一緒なの。はい、なにか訊《き》きたいことは？』

先生は片方の手のひらをみせて、みんなの顔を見渡した。ヒロミが勢いよく手を挙げた。

『先生の相手は、どんな人？』

『相手？』と先生は鳩《はと》のように目をまるくして、顎《あご》を引いた。『ああ、お婿《むこ》さんのことね？　先生のお婿さんはねえ、どんな人かを一《ひ》と言《こと》でいうと……ハンサム』

(6)ようやく短い笑い声が湧《わ》いた。

「そんなら本当にきまってるじゃないの。」とママがいった。「先生が教室で、そんな嘘をいうはずがないじゃない？　それに、今朝の電話だって、お母さんたちで五百円ずつ出し合ってなにかお祝いを上げましょうっていう相談だったのよ。」

「……せっかく、ゆびきりしたのにな。」

と、すこし間を置いてから郷子はいった。

「先生と？」

「そう。一生結婚しないっていったとき。」

「針千本で？」

「板チョコ二枚で。」

「じゃあ、あとで先生にそういって板チョコ二枚貰ったら？」

とママは笑っていった。

けれども、郷子は、その二枚の板チョコが欲《ほ》しくて、二人でこっそり

二　当初は、左足をないものとして考えて体を動かす方法をとっていたが、右足を壊して以降は、積極的に左足を使い、体のつくりを意識して全身を動かす方法をとることで、人間にはやはり足が必要なのだという認識《にんしき》に至ったということ。

二　次の文章を読んで、あとの問いに答えなさい。

　案の定、自分の家の物干しにも竿《さお》いっぱいに洗濯物《せんたくもの》が並んでいるのが、川べりの道から塀越《へいご》しにみえた。郷子は、その洗濯物のなかに、明日着ていこうと思っていた気に入りの紺《こん》のセーターが混じっているのをみて、がっかりした。こんなことなら、昨日のうちに、畳《たた》んで机の引出しにでも隠《かく》しておくのだったが、今朝家を出るまでは、まさか明日の日曜日にヒロミと二人で誰にも内緒《ないしょ》の遠出をすることになるとは思わなかったのだ。

　洗面所で手を洗いながら、郷子は、前の鏡に映っている自分の顔をaまじまじとみた。子供が嘘《うそ》をついても、お父さんやお母さんにはすぐわかるんです。嘘がちゃんと顔に書いてあるから——いつか、どこかで聞いたそんな言葉が、ふっと思い出されたからである。けれども、顔はいつもと変《かわ》りがなかった。

「明日はママに嘘いって知らない街へいくんだけど。」

　心のなかでそう呟《つぶや》いてみたが、顔にはなんの変化も現れなかった。

　ママは、庭の池に落ちた白木蓮《はくもくれん》の落葉を網《あみ》で掬《すく》い上げていた。ママの目がちょっとこわかったが、こわいことは早く済ませた方が後が楽になるから、サンダルを履いて出ていって、

「お手伝いしようか？」

「あら、珍《めずら》しいこと。でも、いいの、もうすぐお仕舞《しま》いだから。」

「あたしの紺のセーター、明日までに乾《かわ》くかしら。」

「(1)乾くでしょう、このお天気なら。どうして？」

「なんでもないの。ただ、どうかなと思っただけ。」

　実際、なんでもなさそうに軽くスキップをしてみせたが、軀《からだ》が思うように弾《はず》まないので、すぐよした。やはり秘密で膝が重たくなっている。

　三時のおやつのとき、ママが、

「八重樫《やえがし》先生、結婚《けっこん》なさるんですってね。」

　bだしぬけにそういうので、郷子は、ぎくりとした拍子《ひょうし》に、ただ掻《か》き廻《まわ》すだけのつもりだったスプーンで思わず紅茶を掬って飲んで、叱《しか》られた。

「お行儀《ぎょうぎ》が悪くなったわ。誰の真似《まね》？」

「(2)べつに真似したんじゃないんだけど……。」

　遊びにきたヒロミに紅茶を出すと、給食のスープでも飲むようにいちいちスプーンで掬ってはぴちゃぴちゃ音をさせるから、ママは猫《ねこ》みたいだといって嫌《きら》っている。

　先生の結婚話とヒロミのことが並んでママの口から出てきたので、てっきり、明日の遠出が見破られたと思ったら、そうではなかった。

「今朝、クラス委員のお母さんから電話を貰《もら》って、びっくりしたのよ、なんにも知らなかったから。(3)どうして話してくれなかったの？」

「(4)だって……嘘だと思ってたんだもん。」

「先生が結婚するってことが？」

「だってね、前に先生、私は一生結婚しないって、そういってたんだから。」

明としてもっとも適切なものを次の**イ**～**ニ**の中から一つ選び、記号で答えなさい。

イ 障害を得てから長い年月が経過しているため、手順を増やしマニュアルで制御することは容易にはできないということ。

ロ 以前は何気なく行っていた動作も、障害を得てからは当たり前のこととして行うことはできなくなっているということ。

ハ 健常者からは「工夫してやりなさい」と心ないことを言われ、障害者側の苦労がなかなか理解してもらえないということ。

ニ 以前は何も考えずにできたことが今はできなくなっているという事実に直面し、精神的に追いつめられているということ。

問6 ――線（4）「甘やかしていた」とは、どのようなことですか。その説明としてもっとも適切なものを次の**イ**～**ニ**の中から一つ選び、記号で答えなさい。

イ 体を鍛えるプロであるため、上半身の筋肉を中心に鍛えることで障害を乗り越えようとしていたこと。

ロ 立ったり歩いたりする時、足にかかる負担を少なくするために、上半身中心で動作を行っていたこと。

ハ 両足をきちんと使いながら歩くために、クッションがあり足の痛みをやわらげる義足を用いていたこと。

ニ 足に体重をかけないような動き方をすることで、マニュアル的に体を制御する方法を追求していたこと。

問7 ――線（5）「足もきちんと使って動く、というやり方へとアプローチを変えます」とありますが、それはなぜですか。その理由としてもっとも適切なものを次の**イ**～**ニ**の中から一つ選び、記号で答えなさい。

イ 足には腕の三倍の力があるため、片足と両腕の力だけで動くよりも両足で動いた方が効率が良いから。

ロ 上半身だけが発達し、下半身が弱ってしまっては、ダンサーとして再起できなくなると思ったから。

ハ 右足にばかり負担をかけることは、自然の法則に反することでもあり、望ましくないと思ったから。

ニ 人体の動かし方の基本的なところを無視した結果、左足だけでなく右足まで壊してしまったから。

問8 ――線（6）「足を再発見していること」とは、どのようなことですか。その説明としてもっとも適切なものを次の**イ**～**ニ**の中から一つ選び、記号で答えなさい。

イ 当初は、切断した部分への負担を軽くするために自分を甘やかす方法をとっていたが、右足を壊して以降は、積極的に左足を使って自分の体を追いつめる方法をとり、これまで以上に優れた表現のできる左足へと成長したということ。

ロ 当初は、不自由な部分をかばって痛みや困難をやりすごすといった方法をとっていたが、右足を壊して以降は、積極的に左足を使って全身のバランスを整える方法をとり、一度は失われていた足の存在意義を回復したということ。

ハ 当初は、義足による衝撃の強さに耐えかね、義足の材質等に工夫を重ねる方法をとっていたが、右足を壊して以降は、積極的に左足を使い、筋肉を鍛えるという方法をとることで、痛みに負けない強《きょう》靱《じん》な足を手に入れたということ。

して、器用なことは上半身でする、というのが基本的な人のつくりだとぼくは思っています」。

興味深いのは、大前さんがここで(6)足を再発見していることです。それまでは、切断した足をかばって、それ以外の部分の働きを増やすことを考えていた。足に仕事をさせないようにし、その存在意義を減らそうとしていた。変な言い方になりますが、ない足を、ないものとして扱《あつか》っていたのです。

けれどもそれでは結局、足を失ったという条件が(注)ボトルネックになり、動きが制限されてしまう。他の部位にも負担がかかる。「できる動きをすればいいじゃないか」という発想もありえるはずですが、大前さんはダンサーとして踊《おど》るところにゴールがあります。

そのためには、ない足を、あるものとして扱う必要がある。義足を積極的に使って、体重をかけ、それで立つようにしたのです。足の「再発見」です。

（伊藤亜紗《いとうあさ》『記憶《きおく》する体』より。出題にあたり、原文の表記および構成を一部改めました。）

（注）ボトルネック……物事の進行のさまたげとなるもの。

問1 ＝線「ドウセン」の「ドウ」と同じ漢字を使うものを次の**イ**～**ヌ**の中から選び、記号で答えなさい。なお、正解は一つとは限りません。いくつかある場合には、そのすべての記号を書きなさい。

イ ドウドウとした態度。
ロ ジドウ会長に選出。
ハ モンドウ無用でしかられた。
ニ ドウガを配信する。
ホ カンドウ的な映画。
ヘ 公私コンドウもはなはだしい。
ト ドウメダルをとる。
チ 渡《わた》し舟《ぶね》のセンドウ。
リ ドウチュウの無事をいのる。
ヌ 男女ビョウドウ。

問2 [Ⅰ]・[Ⅱ]にあてはまる言葉としてもっとも適切なものを次の**イ**～**ヘ**の中から一つずつ選び、それぞれ記号で答えなさい。

イ なぜなら　**ロ** あるいは　**ハ** たとえば
ニ ところが　**ホ** つまり　**ヘ** さらに

問3 ――線(1)「オートマ制御からマニュアル制御への移行」とは、具体的にはどのようなことですか。それを説明した次の文の[a]・[b]にあてはまる言葉を本文中からそれぞれ**漢字二字**でぬき出して答えなさい。

体を動かすことを[a]にできる状態から、[b]に行わなければできない状態に変化すること。

問4 ――線(2)「めんどくさい」とありますが、どのようなことが「めんどくさい」のですか。それを説明した次の文の[　]にあてはまる言葉を本文中から**二十五字以上三十字以内**でぬき出し、**最初と最後の二字ずつ**を答えなさい。（句読点、記号等も字数に数えます。）

一つの動作を実行する際、それにまつわる様々な事柄《ことがら》について[　]こと。

問5 ――線(3)「難易度が高い」とは、どのようなことですか。その説れでも調整は必要だと言います。年齢《ねんれい》による体の状態の変化も、調整を要する要因のひとつでしょう。

　とはいえ、そこはダンサーです。マニュアル的に体を制御する感覚に非常に敏感《びんかん》であるのに加え、求道的なまでに体を鍛《きた》えるプロとしてのストイックさがあります。

　その目に見える成果が筋肉です。現在の大前さんの左足の断端《だんたん》（切断部）は、一般《いっぱん》の切断者にくらべて硬《かた》く、筋肉で覆《おお》われています。

　もっとも、左足を切断した当初は、大前さんも自分の足を「（４）甘《あま》やかしていた」と言います。

「椅子から立ちあがるときも、足に負担をかけないように、まず肘掛《ひじかけ》に手をついて、それから上半身で立つ、というような癖《くせ》がついてしまっていた。上半身主導の使い方だったんです」。

　誰《だれ》だって、痛いところや不自由なところがあれば、そこをかばうように動くものです。大前さんも、切断した直後は、足に体重をかけないような動き方になっていた。しかも切断後には肉体労働をしていたので、義足を装着している箇所《かしょ》が痛みやすかったと言います。

　大前さんの義足は、断端を覆うような形になっています。断端の下に義足が生えているわけではなく、ソケットというお椀《わん》のような構造が断端にカポッとはまるような作りになっている。義足というと竹馬に乗っているようなイメージを持ちますが、そうではなく、履《は》いている感じ。「スキー靴《ぐつ》」あるいは「石膏《せっこう》で固めている」感じだと大前さんは言います。

　だから、まず痛くなるのは、そのソケットにはめている箇所の、骨がちょっと出ているところ。「腓骨《ひこつ》と頸骨《けいこつ》が出っぱっているので、ソケットの内側にクッション材を当てたりして、衝撃《しょうげき》を逃《にが》しています」。こういう説明をするときにすぐに骨の名前が出てくるのも、大前さんらしいところです。

　クッションがある義足だと、地面に着地した衝撃が直接体にひびかないので、「ムニュ」という感触《かんしょく》になるのだそう。最初に義足を使いはじめたころは、硬いものを使っていたので、一歩つくと、衝撃が腰《こし》までくる感じでした。その痛さに耐《た》えかねて、柔《やわ》らかいクッション性のある義足を作ったのです。

　すると、クッションがある義足を使っているうちに、上半身に筋肉がつき始めたと言います。義足の左足をカバーしようとして、上半身を使うようになったのです。「義足側に負担がかからないようにするので、上半身がものすごい発達したんです。今も発達していますが、二〇代後半まではもっとゴツくて（…）上半身と下半身という別のものが組み合わさっている感じでした」。

　上半身が発達するというのはよいように思えますが、そうではなかった、と大前さんは言います。足に力がないので、バランスを崩《くず》しやすかったからです。バランスの悪さは、健側の右足への負担となって現れました。義足の左足を使わないようにしていたために、右足に体重がかかるようになり、右足を壊《こわ》す結果になったのです。

　そこで、大前さんは、上半身だけで動くというやり方をやめて、（５）足もきちんと使って動く、というやり方へとアプローチを変えます。「腕《うで》の三倍の力が足にはある。だから足がエンジンになって、それを主導に

【国　語】（四五分）〈満点：一〇〇点〉

一　次の文章は、事故で左足の膝下《ひざした》を失って義足のダンサーとして活躍《かつやく》している大前光市《おおまえこういち》さんへのインタビューをもとに書かれたものです。これを読んで、あとの問いに答えなさい。

そもそも、人生の途中《とちゅう》で障害を得ることは、体に対して意識的な関わりを要求するものだ、と大前さんはいいます。

この変化を一言で言うなら、「(1)オートマ制御《せいぎょ》からマニュアル制御への移行」ということになるでしょう。つまり、それまで特に意識せずにできていた、立つ・歩く・見る・話す、といった動作を、意識的に調節しながら行わなければならなくなるのです。

そのことについて、大前さんはこんなふうに語っています。「向こうで『はい集合！』と言われたら、ふつうの人は無意識に『はーい』と行くけど、ぼくらは『分かった、ちょっと待ってね』って、足をはめたり、車椅子《くるまいす》に乗ったり、姿勢をととのえたり、順番があって、ひとつひとつ意識してやるわけです。みんな、(2)めんどくさいことをしてます」。

大前さんがここで「めんどくさい」と述べているように、行為《こうい》がマニュアル化するとは、手順が増えることを意味します。

体がオートマで制御できている健常者の場合、「集合！」と言われたら、「行く」という意識さえ持てばよい。手順は実質ひとつで、あとは放っておいても体がついていきます。

Ｉ　障害があると、義足の装着や車椅子への移動といったタスクが増えるだけでなく、体を動かすときの姿勢や重心の位置、その場所に至るまでのドウセンなどを、適切な順番に従って、ひとつひとつ意識しなければならない。「行く」という大目標をたくさんの小目標に分割《ぶんかつ》し、一段一段クリアしなければならなくなる。大前さんが言うように、「体に障害を持っていると言われている人に共通しているのは、意識する部分が多い」ということです。

手順を増やしてマニュアルで制御するというと、「めんどくささ」さえ我慢《がまん》すればいいように思われるかもしれません。しかし実際には、これは作業としても非常に(3)難易度が高いものです。

何せそれまではオートマで制御できていたことなのですから、やり方を意識するといっても、そもそも不可能に近い相談です。

Ⅱ　「歩く」にしても、「歩くことができる」ことと「どうやって歩いているかを説明できる」ことは全くの別物でしょう。以前、脳梗塞《のうこうそく》を発症《はっしょう》して三年半経《た》つ女性が、その苦労をこう口にしていました。「言葉が違《ちが》っているかもしれないですが、『暗黙知《あんもくち》』みたいなもの、何も考えずにできていたことが、何もできなくなって、そのやり方すら忘れているんですよね。『健側（障害のない側）が模範生《もはんせい》だから、それをよく見て、工夫してやりなさい』とか言われるんですけど、工夫できたらこんな苦労していないです」。

もちろん、障害を得てから長い年月が経てば、意識しなければ制御できなかった動作が次第《しだい》にオートマ化する、ということもあるでしょう。いわゆる「慣れ」です。

けれども社会的な環境《かんきょう》が健常者向けにデザインされている以上、環境と自分の体を埋《う》めるための調整は、多かれ少なかれ残るでしょう。大前さんが左足膝下を切断したのは二三歳《さい》のとき。インタビュー時で事故から一五年が経ち、意識せずとも動かせる領域が増えたといいますが、そ中から一つ選び、記号で答えなさい。

イ　高校生になって環境《かんきょう》が変わったら、これまでとは違う楽しい生活が始まるかもしれないから。

ロ　高校生になりたいと本心から思ってはいないが、今の苦しい状態からは早くぬけ出したいから。

ハ　高校生になっても何も変わらないかもしれないが、「僕」と一緒なら楽しく過ごせると思うから。

ニ　高校生になったら内向的な性格とは決別して、心機一転やり直そうという野心を持っているから。

問８　――線**（６）**「赤く染まった街を、僕らはゆっくりと歩いた」とありますが、このときの「僕」の気持ちの説明としてもっとも適切なものを次の**イ**～**ニ**の中から一つ選び、記号で答えなさい。

イ　中学校生活の中でミネオとの友情だけはただ一つのよい思い出になるだろう。でも高校生になればこの友情も今日の夕焼けのようにはかなく消えてしまうのだろうという気持ち。

ロ　これからもつまらない毎日が続くとは思うが、ミネオと一緒ならきっと乗り越《こ》えていける。たとえ期待が裏切られようとおそれることなく前向きに生きていこうという気持ち。

ハ　ミネオだけは「僕」の気持ちをわかってくれると思っていたがそれも「僕」の独《ひと》りよがりか。結局どんなに親しい間がらでも心からわかりあえることはないのだという気持ち。

ニ　高校生になっても何も変わらないかもしれないし、新しい何かが始まるかもしれない。いずれにしてもミネオとの友情はこれからも大切にしていこうという気持ち。

問９　本文の内容の説明としてもっとも適切なものを次の**イ**～**ニ**の中から一つ選び、記号で答えなさい。

イ　中学校をまもなく卒業する「僕」の目を通して、同じ世代の子ならだれもがいだく将来に対するばくぜんとした不安の気持ちがきめ細かくえがかれている。

ロ　学校にも家庭にも居場所がなく孤独に生きる二人の中学生がしだいに固い友情で結ばれていく姿が、美しい夕焼けを背景としてえがかれている。

ハ　一人の少女をめぐって仲のよかった二人の中学生がやがて争うことになるというこの後の展開を、予想させるようにえがかれている。

ニ　楽天的なミネオと後ろ向きの「僕」という対照的な二人のたわいもないやり取りを通して、集団の中で孤立している「僕」の日常がえがかれている。

イ　教室にしのびこんで遊んでいるところを先生に見つかると、こっぴどくおこられると思ったから。

ロ　いつまでも教室にとどまっていると、誰かがやってきてまた居心地の悪い思いをすることになるから。

ハ　人前では笑顔《えがお》を見せまいとしているので、楽しそうに笑っている姿を見られるのがはずかしかったから。

ニ　ミネオと二人きりでいるところを他の級友が見たら、さらにひどいいじめをしてくるにちがいないから。

問3　――線（2）「別に……、そんなことはないよ」とありますが、このときの「僕」の気持ちの説明としてもっとも適切なものを次のイ～ニの中から一つ選び、記号で答えなさい。

イ　町田すみれに対する気持ちはミネオの思っているようなものとは違うのだという気持ち。

ロ　町田すみれと言葉をかわす機会をみすみすのがしてしまったことがくやしいという気持ち。

ハ　町田すみれと会えてよかったと思うが、それを素直に認めるのはきまりが悪いという気持ち。

ニ　町田すみれに出会ったくらいで大さわぎしているミネオのことが理解できないという気持ち。

問4　――線（3）「本当はとても気になっていた」とありますが、「僕」は町田さんのことをどのように思っていますか。その説明としてもっとも適切なものを次のイ～ニの中から一つ選び、記号で答えなさい。

イ　他のクラスメイトと違って美しく、大人っぽく近寄りがたい雰囲気を持っている少女である。

ロ　静かで目立たない存在であるが、クラスメイトに対するにくしみを心の中にひめた少女である。

ハ　表面的には周囲に合わせているが、心の中では自分自身を見失わない強い意志を持った少女である。

ニ　クラスの中で孤立していてもまったく平気でいられる、「僕」と同じように孤独を愛する少女である。

問5　本文中の□にあてはまる言葉としてもっとも適切なものを、次のイ～ニの中から一つ選び、記号で答えなさい。

イ　大きな障害　　ロ　価値観の違い

ハ　果てしない距離《きょり》　　ニ　奇妙《きみょう》な連帯感

問6　――線（4）「蹴飛ばした小石が、か、かかっ、かっ、と、不規則なリズムで路地を走った」とありますが、この部分が暗示している「僕」の置かれた状況《じょうきょう》としてもっとも適切なものを次のイ～ニの中から一つ選び、記号で答えなさい。

イ　何としてでも町田さんに、自分の気持ちを伝えようとしている状況。

ロ　町田さんのことが気になりながらも、どうすることもできない状況。

ハ　町田さんが「僕」に対して、思わせぶりな行動をとってきている状況。

ニ　いつもあり得ない思いこみにひたっていて、現実からにげている状況。

問7　――線（5）「あーあ、早く卒業したいなー」とありますが、それはなぜですか。その理由としてもっとも適切なものを次のイ～ニの

（4）蹴《け》飛《と》ばした小石が、か、かかっ、かっ、と、不規則なリズムで路地を走った。

だけどときどき※1妄想《もうそう》することはあった。町田さんがある日、クラスメイトのいないところで、僕に話しかけてくる。そんな妄想をしたあとは、自分が卑怯《ひきょう》で汚《きたな》い、虫になったような気持ちになる。

「（5）あーあ、早く卒業したいなー。ボクは早く、高校生になりたいよ」

ミネオが言う横で、さっきの石を続けて蹴った。

「そうか？」

転がった石が側溝《そっこう》に落ちて見えなくなったので、新しい小石を探す。

確かに中学にいても、面白《おもしろ》いことなんて一つもなかった。だけど高校に入ったからといって、何かが根本的に変わるとは思えない。

高校でこのままだったら、高校を出てもこのままなのだろう。それはとても怖《こわ》いことのような気もするけど、ミネオがいるならそれでもいいんじゃないか、という気もする。

用水路に架《か》かった小さな橋を渡ろうとしたとき、夕焼けが異常に赤く染まっていることに気が付いた。

「うわー、凄《すご》い」

顔を上げたミネオが大声をだした。

「……ああ。……凄いな」

大気中の※2浮遊粉塵《エアロゾル》が多いと、時にこんな真っ赤な夕焼けが現れたりする。例えば遠く東南アジアの火山が噴火《ふんか》したときにも、このような現象が起きるという。

「きれいだね」

「そうか？　赤く染まりすぎて気味が悪いけど」

「いや、きれいだって」

横を見ると、ミネオの顔も真っ赤に染まっていた。きっと僕の顔も、赤く染まっているのだろう。

（6）赤く染まった街を、僕らはゆっくりと歩いた。長い影《かげ》が、僕の横に伸《の》びていた。前方に遠く、色をなくした山が見えた。

（中村《なかむら》　航《こう》「さよなら、ミネオ」より。）

（注）※1　妄想……実際にはないことを勝手に思いえがくこと。

※2　浮遊粉塵……空気中にうかんだ小さな塵《ちり》。

問1　～～線a「含み笑い」、b「息が詰まる」の本文中での意味としてもっとも適切なものを次の**イ～ニ**の中から一つずつ選び、それぞれ記号で答えなさい。

a　含み笑い

イ　下を向いたままこっそりと笑うこと。

ロ　口をとじたまま声を出さずに笑うこと。

ハ　相手に調子を合わせて無理に笑うこと。

ニ　相手を見下すように冷ややかに笑うこと。

b　息が詰まる

イ　緊張のあまり息が苦しくなること。

ロ　思わぬ出来事に一瞬息が止まること。

ハ　息苦しくてじっとしていられないこと。

ニ　気持ちが高ぶって息があらくなること。

問2　――線（1）「油断は禁物だった」とありますが、それはなぜですか。その理由としてもっとも適切なものを次の**イ～ニ**の中から一つ選び、記号で答えなさい。

（ねえ……話しかけてみたら？）

ミネオが後ろから、こそこそと言った。

（いいよ。特に用事はないから）

十メートル——、七メートル——、五メートル——、三メートル——、

町田すみれと僕らは、歩速の二倍のスピードで近付き、やがてb息が詰《つ》まるような一瞬《いっしゅん》を迎える。だけど何事もおこらず、遠ざかっていく。

一メートル——、三メートル——、五メートル——、七メートル。

目も合わさなかったし、顔も上げなかった。町田すみれの気配だけを、僕は体の左半分で、濃密《のうみつ》に感じる。

「……町田さん、何しに来たんだろ？」

階段まで着いたとき、ミネオが後ろを振《ふ》り返った。僕も、ちら、と振り返ってみたけど、彼女《かのじょ》の姿はもう見えなかった。

「忘れ物でもしたのかな？」

「そうかもな」

僕とミネオはゆっくりと階段を下りた。

「町田さんはいいよなあ。町田すみれ。すみれ。すみれさん」

ミネオが僕の気持ちを代弁するように言った。

不思議な雰囲気《ふんいき》のある美少女だった。つんとしているわけではないのに、凛《りん》とした意志を感じる。目立ったり、はしゃいだり、でしゃばったりするタイプではなく、クラスの中心から七メートルくらい離れたところで、彼女は静かに佇《たたず》んでいる。

町田すみれはバカみたいなクラスメイトたちとは違うと、僕にはわかる。僕にだけはわかる。

「ワーク忘れてよかったんじゃない？」

「どうして？」

「町田すみれに会えたじゃん」

「(2)別に……、そんなことはないよ」

昇降口《しょうこうぐち》を出ると、部活動をする下級生たちの声が聞こえた。僕らは黙《だま》ったまま校門を抜ける。

「ねえ、町田さんは、どこの高校を目指していると思う？」

「知らないよ」

「でも、一緒《いっしょ》のところだといいね」

「……いや、別に」

「何だよ、素直《すなお》じゃないなあ」

「関係ないよ」

(3)本当はとても気になっていた。

僕の孤独を理解してくれるのは彼女だけなんじゃないか、と思うとき、頭の奥《おく》がとろんとなるような気分だった。何人かの友だちだっている彼女だけど、僕と同じような孤独を隠《かく》し持っているような気がする。

「町田すみれって、名前もいいよね。古風っていうか」

「……ああ。まあ、そうだな」

町田さんのことが気になるといっても、僕から話しかけるとか、そういうことができるわけではなかった。同じクラスにいるのに、僕と町田さんの間には、［　　］があった。町田さんが僕に話しかけることだって、あるわけはない。

自分に都合の良いことが勝手に起こるなんてことは、期待するだけ無駄《むだ》だった。期待したらしただけ、それが起こらなかったとき、がっかりしてしまうのだ。

問8　――線（4）「日常のなかにも、旅は潜んでいる」とありますが、この言葉からわかる筆者の気持ちとしてもっとも適切なものを次の**イ**～**ニ**の中から一つ選び、記号で答えなさい。

イ　「母」が日常の生活の中で行っていることを自分も実践することで、今まで気づかなかったことを発見する日々を重ねて、これからの人生をすごしていきたい。

ロ　海外へ出て異文化に触れることも楽しいけれど、身近な生活の中にも新たな出会いがあることに気づいたので、これからは「母」とともに日常を楽しみたい。

ハ　若い頃は遅刻ばかりしていたが、「母」の生き方を知ったことで自己管理ができるようになったので、これからは「母」の日常を学びつつ「老い」を迎《むか》えたい。

ニ　「母」が用意周到で用心深いのは、「私」が旅の中で学んだことが原因であり、今度は自分が「母」の生き方を参考にして日常の生活の中で旅を進めていきたい。

二　次の文章を読んで、あとの問いに答えなさい。

放課後の三年六組には、誰《だれ》も残っていなかった。

十月になって数日が経《た》っていた。もうすぐ最後の中間テストがあるから、みんな自宅や学習塾《がくしゅうじゅく》で勉強しているのかもしれない。

「……静かだね」

「ああ」

いつもは居心地《いごこち》の悪い教室だけど、今はなかなか開放的な気分だった。教室でミネオと二人きりというのは、考えてみれば初めてかもしれない。

「ねえ、二人で野球でもしようか？」

ミネオは少しはしゃいでいた。

「しないよ」

a含《ふく》み笑いで僕はその提案を却下《きゃっか》する。

雨の日の昼休みなんかに、クラスの男子が丸めた雑巾《ぞうきん》とホウキで野球をしていた。加わりたいなんて思ったことはないけど、ホウキで雑巾をかっ飛ばしたら、どんな気持ちがするんだろう、とは思う。

自分の机の中からワークを回収し、椅子《いす》にもたれて教室を見渡《みわた》した。

ミネオは教壇《きょうだん》に上って、担任教師のマネをしている。

静かーにー、静かーにーしなさーい。

ふ、ふははは、と僕は声にだして笑った。この教室で堂々と笑ったのは、初めてだった。誰もいない教室だったら、僕が孤独《こどく》になることはないのだ。

だが（1）油断は禁物だった。

「ミネオ、そろそろ行こうぜ」

カバンを肩《かた》にかけ、僕は立ち上がった。

「うん」

僕らは連れだって廊下《ろうか》に出た。もうこのまま誰とも出くわすことはないだろうと、気を緩《ゆる》めていたそのときだった。

「あ、」

階段のほうから見覚えある女子が歩いてきた。

「町田……すみれ、だ」

ミネオが小声で言った。間違《まちが》いなく、それは町田すみれだった。

a ひんしゅくを買った

イ まわりの人々に無視された

ロ まわりの人々にきらわれた

ハ まわりの人々にどなられた

ニ まわりの人々に指示された

b いざという時

イ いよいよ大変なことになったという時

ロ 一人ではなにもできないという時

ハ ますます暗くなって見えないという時

ニ どこにいるかわからないという時

問3 [Ⅰ]・[Ⅱ] にあてはまる言葉としてもっとも適切なものを、次の**イ～ト**の中から一つずつ選び、それぞれ記号で答えなさい。

イ しかも　**ロ** さらに　**ハ** だから　**ニ** すると

ホ または　**ヘ** ただし　**ト** ところが

問4 本文に次の一文を入れるとすると、どこが適切ですか。この文が入る直前の**五字**をぬき出して答えなさい。（句読点、記号等も字数に数えます。）

まったく自慢《じまん》にはならない。

問5 ――線（1）「その原因を考える時、思い当たるのは、同居する母の存在なのだ」とありますが、「私」がそのように思うのは、「母」のどのようなところによると考えられますか。その説明として**適切ではない**ものを次の**イ～ニ**の中から一つ選び、記号で答えなさい。

イ 神経痛持ちなので天気や気圧の変化に敏感なところ。

ロ 体調のいい日に多くの買い物を済ませておくところ。

ハ 出かけるときは飲み物とお菓子を持って行くところ。

ニ レジの順番待ちのシミュレーションが入念なところ。

問6 ――線（2）「意外なほど大きな衝撃を受けた」とありますが、それはなぜですか。その理由としてもっとも適切なものを次の**イ～ニ**の中から一つ選び、記号で答えなさい。

イ 「私」が「母」を冷やかして「旅人」と言ったのにその言葉をあっさり受け入れる返事をしたから。

ロ 軽い気持ちで口に出した「旅人」が「母」の日常を的確に言い表すものであることに気づいたから。

ハ 生きているかぎりは万が一の出来事はいつでも起こりうるということを改めて考えさせられたから。

ニ 「母」との日常生活によって『私』は若い時から外国へ旅するようになったことを思い出したから。

問7 ――線（3）「旅人の心境」とありますが、その説明としてもっとも適切なものを次の**イ～ニ**の中から一つ選び、記号で答えなさい。

イ 若い女性として世界を一人旅することで日本がいかに安全かを知り、海外では緊張感を持つ必要があるということ。

ロ 海外ではその土地の言語や文化がわからないため想定外のことが起きるので、自己管理を行うように意識すること。

ハ 旅先で自分が予想しない事態が発生したとしても、あわてずに対応できるように可能な限りの準備をしておくこと。

ニ 人間はとても弱い存在であると自覚し、旅先で起こる不測の事態に確実に対応できるように前もって準備すること。

お年寄りの心境は、その境地に達していない自分には、まだ想像がつかない。しかし(3)旅人の心境なら、思い当たる節があった。

私は大学に入った18歳の年から、頻繁《ひんぱん》に海外旅行へ出かけてきた。学生時代にさほど多くのアルバイトをしたわけではないが、稼《かせ》いだお金はすべてといっていいほど、旅行につぎこんだ。世界を知りたい、様々な異文化に触《ふ》れてみたい、という一心だった。

その背景に、日本の経済力と強い日本円、そして日本のパスポートに対する国際的信用度の高さが存在したことを忘れるわけにはいかない。若者、しかも女性がお金を稼ぎ、自らの意志で、しかもビザの心配をさほどせずに様々な国へ行けること、それはいまだに多くの国で、けっしてたやすいことではない。様々な自由が後押《あとお》ししてくれたことには感謝している。そしてそれを知ったのも、海外へ出たからこそなのだった。

いまでも平均して年に2回は海外で一人旅をする。日常生活では緊張感の欠如《けつじょ》した人間だが、旅に出れば別人のように豹変《ひょうへん》し、厳しい自己管理を行う。母が日々行っていることは、まさに私が旅先でしていることなのだった。

自分の※2テリトリーから遠く離《はな》れた異国では、何が起きるか想像もつかない。そして何かが起きた場合、その地の言語や文化、法則や習慣にうとい旅人は、解決能力が限られる。弱者の立場に立たされるのだ。

だからこそ、想定外のことが起きた際にうろたえないよう、最大限の準備をしておく。

自分の弱さを自覚すること。そうすれば、ダメージは避《さ》けられないが、極力軽減することはできる。母は、自分がだいぶ弱くなったことを自覚している。だから旅人のような周到さを身につけることで、万一の際のダメージを少なくしようと努力しているのだろう。

これは自分にも応用できそうだ、と思った。そして早速《さっそく》始めたのが、日常生活のなかで「旅」を実践することだった。

[Ⅱ] いつしか、遅刻をしないようになり、明日のために余力を残すようになった。

いまだかつて経験したことのない、「老い」という未知の領域で旅をする母。その背中を見て私も、人生という旅を学んでいく。

海外旅行もいいけれど、(4)日常のなかにも、旅は潜んでいる。

（星野《ほしの》博美《ひろみ》「日常のなかの旅」より。）

（注）※1 四半世紀……一世紀の四分の一。つまり、25年。

※2 テリトリー……人や動物の力がおよぶ範囲《はんい》。ここでは、安心していられる場所。

問1 ══線「万全をキす」の「キ」と同じ漢字を使うものを次の**イ**～**ヌ**の中から選び、記号で答えなさい。なお、正解は一つとは限りません。いくつかある場合には、そのすべての記号を書きなさい。

イ 未来にキボウを持つ。　**ロ** キセツの変わり目。
ハ フウキをみださない。　**ニ** ヨキしないできごと。
ホ コウキな身分の人。　**ヘ** フンキをうながす。
ト 海外からキコクする。　**チ** キホンから始める。
リ コッキをかかげる。　**ヌ** 犯行のドウキを知る。

問2 〰〰線**a**「ひんしゅくを買った」、**b**「いざという時」の本文中での意味としてもっとも適切なものを、次の**イ**～**ニ**の中から一つずつ選び、それぞれ記号で答えなさい。

【国　語】（四五分）　〈満点：一〇〇点〉

一　次の文章を読んで、あとの問いに答えなさい。

極力、遅刻《ちこく》をしないようにする（時にはすることもあるが）。大事な会合に出席する際は、早めに現地の界隈《かいわい》に着き、喫茶店《きっさてん》に入って準備をし、心を整えておく。

初めて行く場所の連絡先《れんらくさき》はもちろん、地図は必ず下調べしておく。

仕事の締《し》め切りから逆算して日程を組む。忙《いそが》しくなると見込《みこ》まれる時期には、極力予定を入れないようにする。1日に2つの用事が限度。

これらは私がいま、仕事をする際に心がけているいくつかの事柄《ことがら》だ。いや、社会人になって※1四半世紀以上が経過し、ようやくこれらの実践《じっせん》にこぎつけた、と言ったほうが近い。責任感のある社会人なら、最初から実践しているようなことばかりであろう。

若い頃《ころ》は仕事でもプライベートでも、遅刻の常習犯であった。訪問先の情報をろくに調べず、迷子になってはさらに遅刻をする、という失敗をよくおかした。仕事よりも遊びが優先で、余力を残さずに遊び抜《ぬ》き、仕事に支障をきたしては、よくaひんしゅくを買った。

いまさら改めることなどとうてい無理だと、半ば諦《あきら》めていた数々のことが、最近ようやくできるようになった。（1）その原因を考える時、思い当たるのは、同居する母の存在なのだ。

83歳《さい》の母は、実に用意周到《よういしゅうとう》で用心深い。

神経痛持ちなので、天気や気圧の変化にはとりわけ敏感《びんかん》だ。体を冷やさないよう、多めの衣服を持ち歩いては、こまめに着たり脱《ぬ》いだりして、体調管理に万全《ばんぜん》をキす。

明日を想定し、逆算して今日の行動のペース配分を決める。明日やあさってに体調が悪くなることを見越《みこ》し、調子のいい日には多くの買い物を済ませておく。

歩くのが遅《おそ》いので、出かける際にはものすごく早めに出かける。

バスや電車が長時間止まった場合を考え、飲み物を入れた水筒《すいとう》と、飴《あめ》や甘《あま》いお菓子《かし》を必ず鞄《かばん》の中に潜《ひそ》ませている。私や姉の緊急《きんきゅう》連絡先を書いたメモと、保険証のコピーを常に持ち歩く。また財布《さいふ》を忘れた場合を想定して、鞄のあちこちに少額のお金を分散させている。

そして鞄には、小さな懐中《かいちゅう》電灯と、bいざという時に助けを呼ぶための呼子笛をつけている。日常生活における母なりの、サバイバル術である。

スーパーのレジや駅の券売機、あるいはバスに乗る際などにも準備は怠《おこた》らない。列に並ぶ前にポイントカードやパスを手元に準備し、自分の番が回ってきたらすみやかに取り出せるよう、入念にシミュレーションしておく。

［Ｉ］母はいつも、概《がい》して大荷物である。近所の商店街へ買い物に行く際も、この装備で出かける。万一の事態は、いつどこで起きるかわからないからだ。

ある日、出かける準備をしていた母に向かって私は思わず、「旅人みたいだね」と声をかけた。「そうよ。何が起きるかわからないから、何でも準備しておくの」

この何気ない会話に、私は（2）意外なほど大きな衝撃《しょうげき》を受けた。年を重ねて体力が弱くなると人は、頼《たの》みとするものが何もない、旅人のような心細さを味わうのではないだろうか。

が感じられ、その心のせまさに悲しくなったから。

問10　本文の表現の説明としてもっとも適切なものを次の**イ**～**ニ**の中から一つ選び、記号で答えなさい。

イ　ホームに流れた「無理なご乗車はお止めください」というアナウンスは、学校をさぼろうという朱里から離れようとする希代子を引き留める役割を果たしている。

ロ　「荒々しく消えていく」という描写《びょうしゃ》は、急行列車がいかに速いかを示す表現であるとともに、学校をさぼるという行動をとることになってしまった希代子の心の不安も表している。

ハ　「ガラス越しの朱里は少しずつ遠ざかる」という表現の「ガラス」は、朱里と希代子がお互いに相手のことを思いやっていながらもその思いが相手にはとどかないことのたとえともなっている。

ニ　「シューッと、ダストシュートにゴミが落ちていくような音」は気持ちよい音であり、朱里と一緒に学校をさぼろうという決心をした希代子が、心の落ち着きを取り戻したことをも表現している。

代子の気持ちの説明としてもっとも適切なものを次の**イ**～**ニ**の中から一つ選び、記号で答えなさい。

イ　朱里の提案を拒否《きょひ》するような発言で彼女が気分をそこね、自分を嫌いになったのではないかと不安に思っている。

ロ　朱里が意味のわからない奇妙《きみょう》な笑いを浮かべたので気味が悪くなり、何かたくらんでいるのではないかと疑っている。

ハ　この電車に乗らないわけにはいかない状況《じょうきょう》だが、朱里が乗ろうとしないので自分も乗車できないことに気をもんでいる。

ニ　朱里が学校をさぼって「急行片瀬江ノ島行き」に乗ろうとしていることを直感し、どうすればよいかわからず迷っている。

問6　――線（5）「それとこれとは別だ」とありますが、この言葉をわかりやすく言いかえるとどうなりますか。次の□にあてはまる言葉を**漢字二字**で答えて完成させなさい。

> あこがれることと□することとは別だ。

問7　――線（6）「自分が動けないことに気がついた」とありますが、この時の希代子の説明としてもっとも適切なものを次の**イ**～**ニ**の中から一つ選び、記号で答えなさい。

イ　友人の朱里から一緒にさぼろうとさそわれ、当然同行してくれるはずだという朱里のほほえみを見ると、自分だけ学校に行くのはうらぎりになってしまうと感じている。

ロ　友人の朱里から一緒にさぼろうとさそわれ、日常の生活から飛び出そうという気持ちも捨てきれないまま、学校には行くべきだという常識的な考えも押《お》し出せずにいる。

ハ　友人の朱里から一緒にさぼろうとさそわれ、朱里の恐《おそ》れを知らない様子を見ているうちに、自分の心の底にもさぼりたいという欲求があることを発見し、とまどっている。

ニ　友人の朱里から一緒にさぼろうとさそわれ、朱里の笑い顔の中に自分に対するすがるような思いがあることに気づいたため、自分だけ学校に行ってよいものか迷っている。

問8　Ⅰ・Ⅱにあてはまる言葉としてもっとも適切なものを次の**イ**～**ヘ**の中から一つずつ選び、それぞれ記号で答えなさい。

イ　かみしめる　**ロ**　食い入る　**ハ**　さげすむ

ニ　こびる　**ホ**　値ぶみする　**ヘ**　はじける

問9　――線（7）「希代子の朱里に対する気持ちは、少しだけ曇った」とありますが、なぜそのようになったのですか。その理由としてもっとも適切なものを次の**イ**～**ニ**の中から一つ選び、記号で答えなさい。

イ　朱里が才能あふれていて、自分が心をひかれた存在であるからには、いまの自分がどのような感情をいだいているかということは当然わかっているはずだと思っていたから。

ロ　朱里は自分とは全く違う、他人を必要とせず、一人で何でもやりとげてしまうような人間だと思っていたのに、急にあまえるような言葉をかけてきて不思議に思ったから。

ハ　朱里の昨日の行動は、自分がどれくらい特別なことができるかを試す目的だったことを見ぬき、同じことならもっとじょうずなやり方で試すのが思いやりだろうと考えたから。

ニ　朱里が自分に対して、昨日と変わらないような態度で接してきている裏には、自分をすっかり見限って距離を取ろうとしている意図子自身を完全に嫌《きら》いになってしまうような、強くて毒《どく》のある言葉を。ところが、彼女は何事もなかったかのようにへらへら笑い、おはよー、と話しかけてきた。

「キヨちゃん、昨日はアレから散々だったよ。江の島に着いたのはいいけど、お金なくて、結局改札から出られなかったんだよねー」

呑気《のんき》に笑う朱里は、昨日の朝、希代子にショックを与え、日常も気持ちもかき乱したことにまるで気がついていない。(7)希代子の朱里に対する気持ちは、少しだけ曇《くも》った。筆洗いにほんの一滴《いってき》、黒い絵の具が滴《したた》ったように。

（柚木《ゆずき》麻子《あさこ》『終点のあの子』より。

出題にあたり、本文の表記を一部改めました。）

問1　〰〰線「一目置かれている」の本文中での意味としてもっとも適切なものを次のイ～ニの中から一つ選び、記号で答えなさい。

イ　才能が話題となっている。　ロ　何となく敬遠されている。

ハ　能力をみとめられている。　ニ　大いに頼《たよ》りにされている。

問2　――線(1)「急行片瀬江ノ島行き」とありますが、この言葉を発した朱里の気持ちの説明としてもっとも適切なものを次のイ～ニの中から一つ選び、記号で答えなさい。

イ　あえて短い表現で答えることにより、自分の言語表現のうまさや芸術に対する高い能力を希代子に示そうと思っている。

ロ　あえて短い表現で答えることにより、自分の思ってもみない反応を希代子がしてくれるかどうかを試そうと考えている。

ハ　問いに対する対応としては不完全だが、深い友情で結ばれた自分たちなら、絶対に希代子に通じるだろうと考えている。

ニ　問いに対する対応としては不完全だが、はっきりと自分の考えを言いきらないことで、希代子の興味を引こうと思っている。

問3　――線(2)「その言葉は美しい音楽とか、宝石の名前のように思われた」とありますが、この時の希代子の気持ちの説明としてもっとも適切なものを次のイ～ニの中から一つ選び、記号で答えなさい。

イ　行うことが当然だとみなされていて習慣化されたいつもの生活からはずれることに対し、心が引きつけられている。

ロ　今まで悪いことだと考えていた行いも、朱里が言うと良い行いであるかのように感じられ、正しい判断力を失っている。

ハ　朱里の発した言葉は、今まで自分が全く考えてもみなかったことで、自分の考えのせまさに情けない思いになっている。

ニ　今までやってみたいと思っても行うことができなかったことも親友と共に行えば楽しいだろうと考え、うっとりしている。

問4　――線(3)「義務になったら、なんか嫌になった」とありますが、この時の朱里の気持ちの説明としてもっとも適切なものを次のイ～ニの中から一つ選び、記号で答えなさい。

イ　漫画に対する相手の期待に応えることへの重苦しさを感じてしまった。

ロ　自分の漫画の良さが分かる人だけにしか見せたくないと思いはじめた。

ハ　元々性格的に無理をして描いていたので、根気がもう続かなくなった。

ニ　多くの人に読まれると、漫画を批判する人も出てくるだろうと考えた。

問5　――線(4)「希代子は、少し焦る」とありますが、この時の希強制されているわけではないのに、朱里の提案には退けられない何かがあった。学校をさぼりたいわけではない。しかし今、学校に行くことで何かを失う気がした。

シューッと、ダストシュートにゴミが落ちていくような音をさせて電車のドアが閉まった。ほんの一瞬《いっしゅん》だけれど、ホームは水族館みたいに静かになる。

飛び出しそうだった心臓が、どくんと大きな音を最後に静まった。ホームから同じ制服の女の子たちが綺麗《きれい》に消えた。

「やった、キヨちゃん、これで一日一緒だね」

朱里は嬉しそうに希代子の手を取り、ぴょんぴょんと飛び跳《は》ねた。

曖昧《あいまい》に笑いながら、本当の自分が乗るべき電車が学校めがけて細く消えていくのを、希代子は眺《なが》めている。二人は、その後すぐやってきた「急行片瀬江ノ島行き」に乗り込んだ。確かにいつもの電車と違う。乗っている客がどことなく休日風の出《い》で立ちだし、人数も少ない。シートや手すりの色もレトロだ。

「なんかいいでしょう。この車内」

朱里はとびきりの秘密を打ち明けるようにささやき、青いシートに腰《こし》を下ろし、身を数回弾《はず》ませた。希代子は、電車の窓から見る見慣れた風景が、いつもの数倍のスピードで荒々《あらあら》しく消えていくのを見つめている。知らない世界に連れ去られていく手応えを、はっきりと感じた。

降りるべき学校の最寄《もよ》り駅を通り過ぎた。こんな風にいつものホームを急行から眺めたことなどない。売店も階段の位置も、違って見える。ホームにいる人の群れの中に、自分と同じ制服がいくつか目に飛び込んでくる。

希代子は泣きそうになりながら、あっという間に遠ざかるそれらを［Ⅰ］ように見つめた。自分がどれほど守られ、安心して生活していたのか、はっきりわかった。あの場所に戻《もど》る、なんとしてでも。

「ごめん。朱里」

勇気を振り絞《しぼ》って朱里に告げた。

「私、次の駅で降りる。学校に行くね。行かないと」

必死な形相《ぎょうそう》で叫んだので、数人の客がこっちを見た。朱里は驚いたように、希代子をしばらく見つめた後、明らかに面白くなさそうな顔になった。しぶしぶと「わかった」とつぶやく。次の駅までの短い時間、朱里も希代子も無言だった。

初めて降りるその駅は、半地下で、ひどく寒々としていた。希代子はほっとして、電車のドアが開くやいなやホームに飛び出す。

「ごめんね」

電車内の朱里に向き直ると、［Ⅱ］ように笑い、ぺこっと頭をさげた。

「意気地《いくじ》なし」

ドアが閉まる瞬間、朱里ははっきりとそう言った。希代子は頬《ほお》が熱くなるのを感じる。ガラス越《ご》しの朱里は少しずつ遠ざかる。笑うでもなく、手を振るでもなく、ただ希代子を見ていた。希代子という人間を見透《みす》かすような、冷静で賢《かしこ》い目でずっと希代子を見ていた。

駅から全速力で走ったおかげで、遅刻は免《まぬが》れた。

翌朝、希代子は井《い》の頭《かしら》線の二両目で朱里を見つけたとき、怖《こわ》くて泣きそうになった。朱里はもっとひどいことを言う気がした。希代子が希代が多い彼女を可愛《かわい》がっている。そのせいか、好き勝手しても、不良っぽさなどどこにもない。

「学校来ないとき、どこで何をしているの?」

と訊《き》いたことがある。うふふと笑い、彼女は嬉《うれ》しそうにこう答えた。

「(1)急行片瀬《かたせ》江《え》ノ島《しま》行き」

下北沢《しもきたざわ》駅のホームで、そのアナウンスが流れているのは毎朝聞く。その急行に乗ると、学校がある駅を通過してしまうから、聞き逃《のが》さないよう注意している。

「あのね、急行に乗って、江の島に海を見に行くの。人が少ない平日の砂浜をぶらぶらするの。波を見つめているだけで、すごく自由な気持ちになって楽しいよ」

希代子は完全に朱里に魅《み》せられた。学校をさぼって海に行く——。(2)その言葉は美しい音楽とか、宝石の名前のように思われた。

朱里は、メールの代わりによく手紙をくれる。手紙に添《そ》えられている四コマ漫画《まんが》があまりに面白《おもしろ》いので褒《ほ》めたら、朱里は紺色《こんいろ》の厚い表紙のノートに連載《れんさい》を始めた。朱里に断って、森ちゃんたちに見せた。皆、感心していた。たちまち、口コミで火がつき、彼女の漫画はクラスでまわし読みされるようになった。しかし、朱里は唐突《とうとつ》に、

「(3)義務になったら、なんか嫌《いや》になった」

と言い、続きを描《か》くのを止《や》めた。

「あー、まじだるい。眠《ねむ》い」「行きたくないなあ」

希代子と朱里は笑いながら言い合っていた。朝の下北沢駅の下りホーム。学校に向かうため、各駅停車を待っていた。すぐそばには同じ学校の生徒が何人もいる。

ふいに朱里は目を輝《かがや》かせた。

「いいじゃん、今日さぼろうよ。さぼっちゃおう。創作ダンスの練習なんてたるいし、美術の授業もないじゃん」

アナウンスが響き、各駅停車の電車がホームに滑《すべ》り込む。希代子は笑いながら、

「そうしたいけど、そうもいかんでしょ」

一緒《いっしょ》に乗ろうと促《うなが》した。朱里はにこにこしながら動かない。(4)希代子は、少し焦《あせ》る。この電車を逃せば、遅刻するかもしれない。次にくる電車は「急行片瀬江ノ島行き」なのだから。

「ほら朱里、乗ろう」

希代子は、彼女の手をぐいと引っ張る。朱里は微笑《ほほえ》んだまま動こうとしない。学校をさぼろうとしているのだ。彼女にとって学校をさぼることはなんでもない。しかし希代子にとっては重大事だ。朱里の自由な一日にはあこがれるが、(5)それとこれとは別だ。さぼるのはまずい。冷たい汗が背中を伝う。大声で叫《さけ》びたくなる。

家に連絡がいく。母をうまくごまかせたとしても、今日の創作ダンスの練習はどうなる。希代子なしで進むのか。皆に迷惑《めいわく》をかけるのではないか。

朱里からそっと離《はな》れようとする。

「無理なご乗車はお止めください」

あのアナウンス。もう走らないと。ほんの一メートルの距離《きょり》なんだ。走らないと。朱里は、のんびりと笑っている。やっと(6)自分が動けないことに気がついた。

の中から一つ選び、記号で答えなさい。

イ　原料、素材の質を吟味する能力

ロ　日本の建築産業を守る経済基盤

ハ　文化、文明を支える感覚の土台

ニ　法隆寺や薬師寺などの伝統建築

問8　――線（5）「自分の手技の劣勢を痛感しなくてはならない」とありますが、それはなぜですか。その理由としてもっとも適切なものを次のイ～ニの中から一つ選び、記号で答えなさい。

イ　体得した手技を機械技術者に伝えようとしても、素質が無いため伝えられないから。

ロ　どんなに努力しても、人間の手では機械を使った技術の正確さにはかなわないから。

ハ　どれほど手技の重要性を主張しても、現代の建築関係者はそのことを理解しないから。

ニ　素晴らしい手技であっても、現在ではその手技を生かすことのできる環境が少ないから。

問9　――線（6）「これは文化の重荷を背負わされることである」とありますが、どのようなことですか。その説明としてもっとも適切なものを次のイ～ニの中から一つ選び、記号で答えなさい。

イ　手技の意味を体得する人が少ない現在では、「高橋さん」のような存在が少ないために、好むと好まざるとに関わらず手技によって建築を続けていくしかないということ。

ロ　手技の意義が評価される現在では、「高橋さん」のような存在が少ないために、貴重な技術の保持者としての高い評価にふさわしい行動をとることを要請《ようせい》されるということ。

ハ　手技の価値が認められにくい現在では、「高橋さん」のような存在が少ないために、かえって手技の価値が自覚され、後世に伝えるための責任がのしかかってくるということ。

ニ　手技の必要性を理解しない現在では、「高橋さん」のような存在が少ないために、他人から理解されない孤独《こどく》な状態で伝統的技術を守り続けていかなければならないということ。

問10　本文の内容に合うものとしてもっとも適切なものを次のイ～ニの中から一つ選び、記号で答えなさい。

イ　失われた道具の復元よりも、その道具を使いこなす技術を復活させる方がよほど難しい。

ロ　道具と機械は人間の知覚や感覚に影響《えいきょう》を与えるが、その影響力は機械の方がより大きい。

ハ　どんな道具であれ、使う職人の手技によって材質のかくれた魅力を引き出すことができる。

ニ　職人が愛情をもって建てた家ならば、用いた建築方法に関係なく時間の変化にたえられる。

二　次の文章を読んで、あとの問いに答えなさい。

朱里《あかり》は皆《みな》の注目を集めはじめている。国語と美術の成績が抜群《ばつぐん》にいい。希代子《きよこ》は、強引《ごういん》に同じ美術部に入部させた。休みがちだが、彼女《かのじょ》が少しだけ手を付けた油絵は迫力《はくりょく》がある。

平気で学校をさぼるし、遅刻《ちこく》もするのに、教科によっては、教師の間で一目置かれている。例えば、厳しくて有名な美術の高木《たかぎ》先生も、発言

ホ　今年度のヨサンを決める。　　へ　飲み物をジサンする。

ト　サンミがきつい料理。　　チ　ヨウサン業が盛んな地域。

リ　勢力をブンサンする。

問2　――線（1）「高橋さんは、いや機械のほうが正確だよ、と言って笑っている」とありますが、高橋さんの気持ちの説明としてもっとも適切なものを次の**イ～ニ**の中から一つ選び、記号で答えなさい。

イ　機械による仕事の進歩ぶりを認めつつも、手仕事の真価は別のところにあると思っている。

ロ　機械による仕事の完全さに圧倒《あっとう》され、自分の手仕事の無力さを感じてうちひしがれている。

ハ　機械による仕事の進歩ぶりにまどわされ、手仕事の良さを理解しない人たちをにくんでいる。

ニ　機械による仕事の完全さに目を見張り、現代の技術のすさまじい発展におどろきを感じている。

問3　――線（2）「生きているたくさんの木を、生きているままに組み上げて、その上に家という独特の生きものを作る」とありますが、そのために必要となることはどのようなことですか。次の□にあてはまる言葉を本文中から**十五字以上二十字以内**でぬき出し、**最初と最後の三字ずつ**を答えなさい。（句読点、記号等も字数に数えます。）

□こと。

問4　――線（3）「日本にまだこういう世界があることを、私はほんとうに有り難いことだと思う」とありますが、筆者はなぜそのように思っているのですか。その理由としてもっとも適切なものを次の**イ～ニ**の中から一つ選び、記号で答えなさい。

イ　専門の職人たちが団結してしっかりと山を見張ることで、山の樹木が理想的な状態で保護されるから。

ロ　職人たちが安易に満足をせず仕事に向き合うおかげで、木の本質をわきまえた建築物が生まれるから。

ハ　目利《めき》きたちが材木市場ににらみをきかすことで、日本の伝統文化を理解しない者が自然と排除《はいじょ》されるから。

ニ　熟練の目利きが材木を選抜《せんばつ》することによって、建築物に応じた良質な材木が適正な値段で取引されるから。

問5　Ⅰ　にあてはまる言葉としてもっとも適切なものを次の**イ～ニ**の中から一つ選び、記号で答えなさい。

イ　安直さ　　ロ　鈍感《どんかん》さ　　ハ　単調さ　　ニ　純粋《じゅんすい》さ

問6　――線（4）「こういう逆行」とありますが、どのようなことですか。その説明としてもっとも適切なものを次の**イ～ニ**の中から一つ選び、記号で答えなさい。

イ　昔の道具を復元することで、手技と自然とのつながりを取りもどすこと。

ロ　昔の道具に工夫をこらして、現代人の手技にあった形で復活させること。

ハ　昔の道具を改良して使用することで、現代の建物に「味」を蘇らせること。

ニ　昔の道具を復活させるとともに、それにふさわしい手技を身につけること。

問7　Ⅱ　にあてはまる言葉としてもっとも適切なものを次の**イ～ニ**

大変だっただろう。平面や曲面を作り出すほとんどすべては手の動きということになる。槍鉋はまさに手であって、手が木に触《ふ》れる感覚を深化させる道具そのものである。台鉋は、その手の感覚を台に預ける。その分、職人の作業はずっと楽になり、早くもなる。感覚を台に預けるということは、その感覚を消滅《しょうめつ》させることにほかならない。楽になる、早くなる、ということは、取り返しのつかない一種の［ Ⅰ ］に落ち込むことである。

　西岡さんは、その槍鉋を現代に復元させ、それを使う技術もある程度まで復活させた。そうしなければ、法隆寺《ほうりゅうじ》や薬師寺のような寺の柱を蘇《よみがえ》らせることはできなかった。槍鉋を使わなければ生まれない何かが、そうした古材にはあった。道具という傾向のなかでしか生まれない何かが、作られた物のなかには絶えず現存している。職人さんたちは、その何かをしばしば「味」と言っている。「味」は疑いなく、ひとつの強い魅力《みりょく》であり、自然と手技をつなぐ生きた流れであり、深められた感覚が宿る家である。

　少しだけ機械になっている台鉋では、薬師寺東塔《とうとう》が持っている「味」は出せなかった。大工の感覚の深さは、そこに達しなかった。それなら、もっと道具性の強い道具を復元するしかない。道具を復元しても、それを使い切る手技を復活させられるかどうかはわからない。槍鉋から台鉋への歴史の坂道を逆向きに辿《たど》ることが、厳然とした手技の世界ではたしてできるだろうか。できるとしても、その進み方は、非常に困難な、ゆっくりとしたものになるしかないだろう。

　(4)こういう逆行は、民家を建てる一般《いっぱん》大工の世界では、まず為《な》されない。うちの家は槍鉋でやってくれ、という注文は来るはずがない。それどころか、台鉋を捨てて電動式鉋を使わなければやっていけないような、短い工期と安い費用を要求される。この要求はますます強くなり、コンピューターを使った旋盤でなければ応じられなくなる。これによって捨てられていくのは、道具だけではない。［ Ⅱ ］だと言っていい。

　手鉋で修業《しゅぎょう》した大工は、電動鉋を簡単に使いこなす。その時も、大工は電動鉋と自分の体との間に何とか技の関係を作り出していく。すぐに、その電動鉋を自分だけの道具にして、大事にしていく。しかし、電動式でないと鉋も鋸も使えない大工は、もう大工と呼ぶことができない人になっている。せいぜい工務店の現場担当者である。コンピューターで動く旋盤に数字のデータを入力するのは、機械技術者ということになる。

　大工の高橋さんは、こういう人たちともごく日常的に付き合わなくてはならない。付き合いながら、日々(5)自分の手技の劣勢《れっせい》を痛感しなくてはならない。痛感しつつも、この手技の性質をまた深く知り直すことになるだろう。考えてみれば、(6)これは文化の重荷を背負わされることである。

（前田英樹《ひでき》『独学の精神』より。
出題にあたり、文章の構成を一部改めました。）

（注）旋盤……工作物を主軸《しゅじく》に取りつけて回転させ、往復台上にある刃物を当てて切削などの加工をするための工作機械。

問1　＝＝線「サンニュウ」の「サン」と同じ漢字を使うものを次のイ～リの中から選び、記号で答えなさい。なお、正解は一つとは限りません。いくつかある場合には、そのすべての記号を書きなさい。

イ　新製品をリョウサンする。　　ロ　ばく大なシサンを持つ。

ハ　式にサンレツする。　　ニ　多くのサンドウを得る。

【国　語】（四五分）〈満点：一〇〇点〉

一　次の文章を読んで、あとの問いに答えなさい。

昔気質《むかしかたぎ》の高橋さんも、電動式の道具は盛んに使うようになっている。大工の仕事を始めた頃《ころ》は、鉋《かんな》、鋸《のこぎり》、鑿《のみ》、金槌《かなづち》の仕事をすべて手でやっていた。そういう頃は、大工ひとりが鴨居《かもい》一本の溝《みぞ》を鑿で彫《ほ》るのに、半日かかったそうである。今の電動式では、丁寧《ていねい》にやっても数十分で終わる。出来を見るときれいなものだが、どうもきれい過ぎて、つまらない気もする。半分は手仕事、半分は機械仕事なのだ。これが、コンピューターで動かす(注)旋盤《せんばん》だと、完全な機械仕事になる。ここまで来ると、もう高橋さんの仕事ではない。大工仕事をデジタル記号に翻訳《ほんやく》した、単なる機械の作動結果ということになる。

手でやろうと機械でやろうと、結果が同じならいいではないか、早くて安上がりなほうがいいではないか、ほとんどの人はそう言うだろう。(1)高橋さんは、いや機械のほうが正確だよ、と言って笑っている。とんでもねえ世の中になったもんだ、と。それ以上は何も言わない。だが、この人は知っているはずだ。機械には、木の内に入り込《こ》む力がないことを。つまり、木を愛する力がないことを。木は生きている。(2)生きているたくさんの木を、生きているままに組み上げて、その上に家という独特の生きものを作るのが、大工の仕事である。これは、愛情による木へのサンニュウがなければ、決してできないことだ。

家は天然、自然が建てるのではなく、人間が建てる。しかし、その人間は、自然のなかに入っていって仕事をする、もうひとつの自然の努力なのだ。そうやって建った家は、変化のなかで立ち続ける。樹々《きぎ》のように呼吸をし、空気を循環《じゅんかん》、浄化《じょうか》させて、人の体を養う。コンピューターで木を切削《せっさく》する工場しかなくなった世界では、当然ながら木の生きた性質を細かく読み分けることのできる人はいない。木はコンクリートやプラスチックと同じ、ただの加工材料に、惰性《だせい》的物質にされてしまう。

工務店主や大工が集まる材木市は、今でも大変緊張《きんちょう》したものだそうである。素人《しろうと》はお断り、プロしか入れない決まりになっている。そこで誰《だれ》が何をいくらで買うか、お互《たが》いが厳しい目でにらみ合っている。ここでもまだ納得《なっとく》できる木がないなら、山に入って伐採《ばっさい》前の樹を直接吟味《ぎんみ》するしかない。本格の宮大工なら、当然そうしているだろう。(3)日本にまだこういう世界があることを、私はほんとうに有《あ》り難《がた》いことだと思う。しかし、この世界は、もうすぐなくなるかもしれない。なくなれば、私たちの文化は、どれだけその水準を下げることになるか知れないのである。

〈道具〉と〈機械〉の区別は、もちろんそうはっきりしたものではない。電動の鋸も、それを道具として使う人間の腕次第《うでしだい》で、かなり違《ちが》った結果を出すだろう。けれども、ここには対立する二つの傾向《けいこう》があるとは、はっきり言える。道具は、私たちの身体につながっているが、機械は、知性による計算につながっている。道具は知覚や感覚を深くし、拡大するものだが、機械は知覚や感覚に取って代わる働きをする。道具のなかにも機械の傾向は侵入《しんにゅう》するし、機械のなかにも道具の傾向が強く残っている場合がある。しかし、二つの傾向は別々のものだ。

奈良《なら》の宮大工、西岡《にしおか》常一氏に言わせれば、鎌倉《かまくら》時代まで使われていた槍鉋《やりがんな》に比べたら、後の台鉋《だいがんな》はすでに少しばかり機械なのだそうである。なるほど、そうかと思う。短い槍のような形をした鉋で柱を削《けず》るのは、

のイ～ニの中から一つ選び、記号で答えなさい。

イ　匠自身は時間をかけて丁寧な仕事をしようと思っているが、その家族は雑であってもお金になる仕事をしてほしいと望んでいること。

ロ　匠自身はたとえ時代が変わっても仕事のやり方を変えようとは思わないが、その家族は時代遅《おく》れの仕事のやり方に批判的であること。

ハ　匠自身は自分の納得のいく仕事を最後までやりとげたという達成感を得られるが、そのためにその家族は貧しい生活を強《し》いられること。

ニ　匠自身はひたすら丁寧な仕事をするだけでそれがあたりまえだと思っているが、その家族は完璧《かんぺき》な仕事を目指す匠を誇りに思っていること。

問7　――線（7）「それこそが匠の文化を支えた」とありますが、何が「匠の文化を支えた」のですか。その説明としてもっとも適切なものを次のイ～ニの中から一つ選び、記号で答えなさい。

イ　優れた建造物や技術を貴重な文化遺産として敬う世の人々。

ロ　自分の納得のいくまで妥協《だきょう》しないという職人としての意地。

ハ　たとえ時間がかかっても丁寧な仕事をする人を認める風潮。

ニ　匠が思う存分仕事に打ちこめるように支え続ける家族の存在。

問8　――線（8）「『都会のとき』が『海のとき』をのみこんでしまっている」とありますが、「都会のとき」にも「海のとき」にも**あてはまらないもの**を次のイ～ニの中から一つ選び、記号で答えなさい。

イ　次から次に入ってくる新しい情報を仕入れては忘れていくだけの毎日。

ロ　どこか遠くに旅に出たいと思いながらも休みも取れずに仕事に追われる毎日。

ハ　定まった住居も職業も持たず夢も目標もなくただ成り行きにまかせて過ごす毎日。

ニ　日常のわずらわしさからのがれて何もせずにぼんやりと海や空をながめている毎日。

問9　――線（9）「切ない思い」とはどのような思いですか。その説明としてもっとも適切なものを次のイ～ニの中から一つ選び、記号で答えなさい。

イ　あらゆる場面で競争に勝つことを求められる現代日本人は、いつしか他に対する思いやりの気持ちを持つことを忘れ、自分の利益のみを考えるようになったというかなしみ。

ロ　都会のあわただしい生活にすっかり慣れてしまった現代日本人は、たまに美しい自然の中でゆったりと過ごすときを持てたとしても、すぐに時間を持て余してしまうというかなしみ。

ハ　便利な生活にどっぷりつかっている現代日本人は、環境破壊をくり返す暮らしに疑問を持ちながらも、もはやそこからぬけ出すことができなくなってしまっているというかなしみ。

ニ　移り変わりの激しい社会の中で取り残されずに生きていくのに必死な現代日本人は、自分の生き方を省《かえり》みたり将来のことに思いをはせたりする機会を持てなくなってしまったというかなしみ。

のを次の**イ～ニ**の中から一つ選び、記号で答えなさい。

イ　ものごとを深刻に考えずに何事も適当に済まそうという考え方。

ロ　自己主張はなるべくさけてひかえめな態度で物事に取り組もうという考え方。

ハ　まわりのことは全く気にしないで成り行きに任せて気楽に生きようという考え方。

ニ　あくせくせずにゆとりを持ってあるがままを受け入れて過ごそうという考え方。

問2　――線**（2）**「たまらないなつかしさを覚える」のはなぜですか。その理由としてもっとも適切なものを次の**イ～ニ**の中から一つ選び、記号で答えなさい。

イ　都会に育った筆者には経験できなかった日本本来の姿がニュージーランドには残っているから。

ロ　かつての日本にあったもので今の日本に失われてしまったものがニュージーランドにはあるから。

ハ　しばらく忘れていた幼いころの記憶《きおく》がニュージーランドに来ると昨日のことのようによみがえるから。

ニ　日本で暮らしているときには気づかなかった人間としての生き方がニュージーランドで確認できるから。

問3　――線**（3）**「こういう場合」とはどのような場合のことですか。次の□にあてはまる言葉を本文中から**三字**でぬき出して答えなさい。

□を必要とする場合。

問4　――線**（4）**「刺激的な体験」とはどのようなことですか。その説明として**適切でないもの**を次の**イ～ニ**の中から一つ選び、記号で答えなさい。

イ　さまざまな国の人々とにぎやかに騒ぎながら、歩いて入り江を横切ったこと。

ロ　海辺の道を歩きながら、自然の美しさを守る重要性を身をもって学んだこと。

ハ　橋がないために頭に荷物を乗せて腰まで海水につかりながら対岸に渡ったこと。

ニ　ニュージーランドの透明な海や美しくかがやく波の光景を心ゆくまで味わったこと。

問5　――線**（5）**「『三分の便利』よりも『四十分の遊び』を選ぶ」とありますが、それはどのようなことですか。その説明としてもっとも適切なものを次の**イ～ニ**の中から一つ選び、記号で答えなさい。

イ　便利な暮らしをがまんしてでも、ニュージーランドの美しい自然を後世に残していこうとすること。

ロ　不便で効率の悪い暮らしであっても、人々との交流や美しい風景を楽しむ時間を大切にすること。

ハ　簡単に手に入るものよりも、苦難を乗りこえて得られるもののほうがより価値があるのだということ。

ニ　まわりの自然と共生しながらのんびりと日々を過ごすという、本来の人間らしい生き方を求めること。

問6　――線**（6）**「そういう矛盾」とありますが、どのようなことがかみ合っていないのですか。その説明としてもっとも適切なものを次のかさえが、多忙《たぼう》と破壊《はかい》変動の激しさにまぎれて、考えにくいことになってしまっている」とも書いています。

この文章を読んだとき、ある飛騨《ひだ》の匠《たくみ》のことを思い浮かべました。

明治の初め、名工、川尻治助《かわじりじすけ》は、岐阜《ぎふ》県丹生川《にゅうかわ》村で田上家を建てています。見学していて、長い間立ちつくすほどのできばえです。飛騨では「丁寧《ていねい》な仕事をする人こそ名人だ」という言い方をよく聞きましたが、丁寧に、ひたすら丁寧に造られた屋敷《やしき》でした。

「完成までに十二年かかりました」

といまのご当主から聞き、「えっ、十二年ですか」と聞き返してしまいました。

最後の日、治助は「よう気長にやらせてくださった。もうこんでおれのかまうところはのうなってしまったので、今日でひまもらってゆく」と頭を下げて去るのです。

治助自身は十二年の歳月《さいげつ》を思い、充実した思いで家路についたことでしょう。が、家族は赤貧《せきひん》のなかにあったそうです。(6)そういう矛盾のなかでも飛騨の匠は仕事に誇《ほこ》りを持ちつづけました。いや、昭和の初期までは、そういうゆるやかなときの流れがあって、(7)それこそが匠の文化を支えたのです。時代のせわしさが、丁寧な仕事に敬意を払《はら》う文化を日々、破壊してゆきました。

海が好きで、海を眺《なが》めているのなら一日中でもいいということがよくあります。

海には「海のとき」がある。

潮が満ちて、引いて、また満ちてくるというときの流れは宇宙の営みです。カニや貝は宇宙の営みに身をゆだねて生き、その動きを見て鳥が群れます。大都会に生きるものの哀《かな》しさは、太古から続いている「海のとき」を捨て去ったところで生きざるをえないことです。(8)「都会のとき」が「海のとき」をのみこんでしまっている。

都会でも「海のとき」を感じながら生きている人もいますが、多くの人は干満のゆるやかさを忘れ去って、寸秒のときの刻みに支配されている。私なんかもその一人で、それだけに海への餓《かつ》えが激しく、餓えが極《きわ》まると沖縄《おきなわ》やポリネシアやニュージーランドの海を訪ねることになります。

ニュージーランド南端のスチュアート島を訪《おとず》れたとき、ロンという名の老人が案内役を引き受けてくれました。元は環境省《かんきょうしょう》の森林管理人だった人です。岬《みさき》の草の上に坐《すわ》って昼食をとっているとき、ロンがいいました。

「私はこの海、この岬が好きで、よくここに来ます。ほら、たくさんの長い昆布《こんぶ》がゆったりと波にゆれているでしょう。潮の満干を感じながら、ここでぼんやりしているのが私の最高の歓《よろこ》びです」

鉄やコンクリートの建造物を造るというとき、それが本当に必要なのか、地域の野生を破壊することがないのか、そのことをきちんと考えるときを持ちたい。ロンと私はそんなことを語り合いました。ゆるやかなときの流れに沿うことは、走りだす前にゆっくり考えるという営みにつながります。私たちは戦後、ゆっくり考える暇《ひま》もなく、せわしく動きすぎて、失うべきではない「海のとき」を失ってしまった。そんな(9)切ない思いがあります。

（辰濃和男《たつのかずお》「海のとき、都会のとき」より。）

問1 ——線（1）「やわらかな思い」の説明としてもっとも適切なも

昔の、そう、昭和初期のころの日本には、ゆったりとしたときの流れが生きていました。東京でもそうでした。私のように東京で育ったものでも、ニュージーランドという国に身を置いていると(2)たまらないなつかしさを覚えるのです。幼いころ、つまり昭和ヒトケタの時代に味わったときの流れに似通ったものがそこにあるからでしょう。

人口が日本の三十分の一という国情を考えれば、単純に比較《ひかく》するわけにはいきませんが、それでも、この国の人びとの暮らし方には学びたいと思うことがたくさんあります。

北島を走る鉄道は、ラウリムという場所で、高さ約二百メートルの高台を越《こ》えるため、ゆるやかな勾配《こうばい》の螺旋状《らせんじょう》の鉄路を走っています。しろうとの考えですが、日本だったら(3)こういう場合、大規模なトンネルで一直線に山を貫《つらぬ》いたのではないでしょうか。

橋にしたって、自然のゆたかな地域では大きな、めだつような橋を造っていない。日本なら橋を造るに違いないと思える場所でも橋を造らない。

海辺の道を歩いているとき、歩いて入江《いりえ》を横切ることがときどきあって、これは(4)刺激的《しげきてき》な体験でした。南島北端《ほくたん》のアベルタスマン国立公園でのことです。何日か海辺の森を歩くという旅に参加しました。参加者はイギリス人、オーストラリア人、オランダ人、日本人とにぎやかでした。

丘《おか》の上から見ると、黄金《こがね》色のなぎさが、翡翠《ひすい》色の海を抱《いだ》いている。近づくと午後の日を浴びた海はたくさんの銀の粒《つぶ》を浮《う》かべている。さらに近づいて浅瀬《あさせ》に立つと、足裏を洗う波はおそろしく透明《とうめい》で、砂の一粒一粒、小石の一つ一つの姿を丹念《たんねん》に描きだしている。立ち去り難《がた》い思いにとらわれる風景です。夕食後、女性のガイドさんが、

「明日は入江を渡《わた》ります。水着を忘れずに」というのです。

「子どもでも歩いていけますか？」

「深さは？」

つぎつぎに質問がでます。ガイドは手で首までの高さをしめし、ここまでのときもあるのよ、と笑いながら脅《おど》かしていました。

翌日、頭に荷物を乗せ、腰《こし》のあたりまで海水につかって歩きました。対岸まで百メートルは歩いたでしょうか。子どもははしゃぎながら泳ぎはじめています。

なぜ橋をかけないのか。

「オカネがかかりすぎるし、それに、どんな橋でも海辺の風景をぶち壊《こわ》しにしてしまうでしょう」

ガイドの答えでした。橋ができれば歩いて三分もかからない。その三分の便利さのために、風景を壊してもいいのか。海中を歩けば、着替えの時間もいれて四、五十分はかかります。でもそれがなんだろう。みなでわいわい騒《さわ》いで、海中歩行をたちまちたのしい道草の場にしてしまう。(5)「三分の便利」よりも「四十分の遊び」を選ぶ。そこにはまたウィルダネス（野生）を尊重するこころがあるように思いました。

以前、作家の堀田善衛《ほったよしえ》さんが、一台のギターを作りあげるのに十七年をかけた職人の話を紹介《しょうかい》していました。スペインでの話です。堀田さんは、仕事をやりとげた職人の充足《じゅうそく》感について書き、「今日の日本社会で、仕合わせというものが、どういう人間の在り方に対して報《むく》われるものな

親密な関係の作り方」とありますが、その例としてもっとも適切なものを次の**イ**～**ニ**の中から一つ選び、記号で答えなさい。

イ　全国から人が集まったサマーキャンプで、様々な仕事をしているうちにうちとけあった。

ロ　自分とはちがう仕事をしている人たちとの集まりで、会話をして見識が広がり仲良くなった。

ハ　インターネットのゲームサイトで意気投合して、一緒にイベントへ行くような関係になった。

ニ　最初は気が合わないと感じたメンバーだが、共通の目的をもって役割を果たすうちに良い関係になった。

問7　――線（4）「信頼できる『私と同じ人』を探すというよりは、信頼できる『他者』を見つけるという感覚」とありますが、これはどのような気持ちを持って人づきあいをすることですか。本文中から**三十五字以内**でぬき出し、**最初と最後の三字**で答えなさい。（句読点、記号等も字数に数えます。）

問8　――線（5）「他者ではありません」とありますが、それはどのような人物ですか。もっとも適切なものを次の**イ**～**ニ**の中から一つ選び、記号で答えなさい。

イ　自分を複製した人物か、自分の思いこみで作り上げられた人物。

ロ　自分に服従する人物か、自分が夢見る仮想の世界で描《えが》いた人物。

ハ　自分の親や兄弟か、家族と同等以上に仲の良い関係を築いた人物。

ニ　自分の愛情をかけた人物か、生涯《しょうがい》の親友と言って良いほどの人物。

問9　――線（6）「絶望の終着点なのではなくて希望の出発点だ」とは、どのようなことを意味していますか。もっとも適切なものを次の**イ**～**ニ**の中から一つ選び、記号で答えなさい。

イ　「自分を丸ごと受け入れてくれる人はいない」という絶望感を味わうのではなく、逆に「自分から丸ごと受け入れられるよう努力すべきだ」という希望のはじまりだと考えること。

ロ　「百パーセントわかってもらうのは不可能だ」という絶望感を味わうのではなく、逆に「ほんのわずかでもわかってもらえるならありがたい」という希望のはじまりだと考えること。

ハ　「自分の作った幻想にしばられていたのか」という絶望感を味わうのではなく、逆に「幻想であっても一致している友だちがいると思えるだけ良い」という希望のはじまりだと考えること。

ニ　「すべてを理解されない自分はだめだ」という絶望感を味わうのではなく、逆に「すべてを理解してもらえなくても一人でもやっていくことはできる」という希望のはじまりだと考えること。

二　次の文章を読んで、あとの問いに答えなさい。

ニュージーランドの旅ではいつも、「ときの流れのゆるやかさ」といったものを感ずることになります。

この国の人びとは、鉄道も高速道路も一直線に延ばすことにそうこだわってはいない。むしろ曲がりくねっていたほうが自然だと考えているようでした。山があれば、山の麓《ふもと》に沿って回り道をすればいい。時間が多少かかったとしても、それはまあ、それでいいじゃないか、という（1）やからかな思いを感ずることがたびたびありました。

うのです。

思春期というのは多かれ少なかれそういうものですが、それはなぜかというと、「百パーセントわかってもらいたい」とか、［Ⅱ］「自分の本当のところをすべてきちんと伝えたいじゃないか」と思ってしまうことが原因なのではないかと思います。それもやはり、「百パーセントの自分を丸ごと理解してくれる人がきっといるはずだ」という幻想を、知らず知らずのうちに前提しているためです。

むしろ「人というものはどうせ他者なのだから、百パーセント自分のことなんか理解してもらえっこない。それが当然なんだ」と思えばずっと楽になるでしょう。だから、そこは(6)絶望の終着点なのではなくて希望の出発点だというぐらい、発想の転換《てんかん》をしてしまえばいいのです。

（菅野《かんの》仁《ひとし》『友だち幻想　人と人の〈つながり〉を考える』より。
出題にあたり、原文の表記および構成を一部改めました。）

（注）※1　フレンドリー……親しみやすい感じ。
※2　タメ口……相手と対等の立場で話すこと。
※3　フィーリング……感覚。

問1　＝＝線「ギョウセキ」の「セキ」と同じ漢字を使うものを次の**イ**～**リ**の中から選び、記号で答えなさい。なお、正解は一つとは限りません。いくつかある場合には、そのすべての記号を書きなさい。

イ　ジセキの念が強い。　**ロ**　自分のザセキを確かめる。
ハ　試合のセンセキを報告する。　**ニ**　セキニン能力を問う。
ホ　イッセキを投じる発言。　**ヘ**　セキネンのうらみをはらす。
ト　大きなコウセキを残す。　**チ**　セキショめぐりをする。
リ　はずかしさでセキメンする。

問2　〰〰線**a**「野放図に」、**b**「折り合って」の本文中の意味としてもっとも適切なものを、次の**イ**～**ニ**の中から一つずつ選び、それぞれ記号で答えなさい。

a　野放図に
イ　荒々《あらあら》しく　**ロ**　勝手気ままに
ハ　適当に　**ニ**　気分次第《しだい》で

b　折り合って
イ　気持ちよく切り替《か》えて　**ロ**　よく考えて納得《なっとく》して
ハ　ゆずりあって解決して　**ニ**　冷静に落ち着いて

問3　［Ⅰ］・［Ⅱ］にあてはまる言葉の働きとしてもっとも適切なものを次の**イ**～**ホ**の中から一つずつ選び、それぞれ記号で答えなさい。

イ　前の内容と同様の内容を後に述べることを示す。
ロ　前の内容の具体的な例を後に述べることを示す。
ハ　前の内容と異なる話題を後に述べることを示す。
ニ　前の内容を原因とする結果を後に述べることを示す。
ホ　前の内容から予想される結果と異なる内容を後に述べることを示す。

問4　――線(1)「そういう作法」とありますが、具体的にはどのようなことを指していますか。本文中から**二十字以内**でぬき出し、**最初と最後の三字**で答えなさい。（句読点、記号等も字数に数えます。）

問5　――線(2)「社会的な関係」を築くことで味わえるおもしろさを、本文中から**十字以内**でぬき出して答えなさい。（句読点、記号等も字数に数えます。）

問6　――線(3)「同質性だけに頼って友だちをつなげていくような

いうようなものを少しずつ意識して、それを通してある種の親しさみたいなものを味わっていくトレーニングを少しずつ心がけていくことが大切です。最初からというのは無理かもしれないけれど、少しずつ慣れていくのです。

さらにいえば、フィーリング共有性を重視してつながった関係の友だちでも、やはりその中にもフィーリングの違いが出てくることがあると思います。でもそれはそれとして、また違った形でフィーリングのつなぎ方をより深めていくきっかけとしてお互《たが》い認め合うべきです。ちょっとでも違うと、「あ、この人違う」となって、関係を保つ努力を放棄《ほうき》していては、人と関係を作る力もつきません。ある程度辛抱強《しんぼうづよ》さがないと、どのみち人づきあいはうまくいかないものなのです。

人との関係を作っていきたい、つながりたいという積極的な思いが一方であり、でもやっぱり傷つくのはいやだといった消極的な恐《おそ》れ感情もある、それが人間です。私の印象では、若い世代であればあるほど、傷つきやすさというものを内面的に持っている人が増えているのかなあ、という気がしています。「傷つきやすい私」が増えているように思うのです。

「人とつながりたい私」と、でも「傷つくのはいやだという私」という一見すると矛盾《むじゅん》した自我《じが》のあり方と、自分自身でどうb折り合っていけばいいのでしょうか。やはり基本的には、この人は自分にとって「信頼《しんらい》できる他者」だ、と思える人を見つけるということが絶対必要になると思います。

しかしその場合、(4)信頼できる「私と同じ人」を探すというよりは、信頼できる「他者」を見つけるという感覚が大事です。どういうことかというと、信頼はできるかもしれないけれど、他者なのだから、決して自分のことを丸ごとすべて受け入れてくれるわけではないということを、しっかり理解しておこうということなのです。

さて、この点をもう一度確認しておきましょう。「自分のことを百パーセント丸ごと受け入れてくれる人がこの世のどこかにいて、いつかきっと出会えるはずだ」という考えは、はっきり言って幻想《げんそう》です。「自分というものをすべて受け入れてくれる友だち」というのは幻想なんだという、どこか醒《さ》めた意識は必要です。でもそれは他者に対して不信感を持つことと決してイコールではないということは、ここまで読んでくれた皆《みな》さんになら、きっと理解していただけるはずですね。

価値観が百パーセント共有できるのだとしたら、それはもはや(5)他者ではありません。自分そのものか、自分の〈分身〉か何かです。思っていることや感じていることが百パーセントぴったり一致《いっち》していると思って向き合っているのは、相手ではなく自分の作った幻想にすぎないのかもしれません。つまり相手の個別的な人格をまったく見ていないことになるのかもしれないのです。

きちんと向き合えていない以上、関係もある程度以上には深まっていかないし、「付き合っていても、何かさびしい」と感じるのも無理もないことです。

過剰《かじょう》な期待を持つのはやめて、人はどんなに親しくなっても他者なんだということを意識した上での信頼感のようなものを作っていかなくてはならないのです。

このことと少し関連するのですが、このところ、自分を表現していくことに対して、すごく恐れのある人が多くなっているのではないかと思

【国　語】（四五分）〈満点：一〇〇点〉

[一] 次の文章を読んで、あとの問いに答えなさい。

もう十年ぐらい前の話になりますが、当時私が勤めていた大学でコミュニケーション論を担当している女の先生がこんなことを言っていました。

――今の子たちはこちらが距離《きょり》感を近くして※1フレンドリーにすると、バーッと寄ってくる。ノックもしないで「先生！」と言って研究室に入ってくるようになる。そんなときに「ちょっと君、ノックぐらいしなさい」とか、「いま少し忙《いそが》しいから、オフィス・アワー（＝「この時間なら空いていますよ」と教員が学生に前もって知らせてある時間）の時間に来てくれるかな?」というように、少し注意をすると、とたんに距離を感じて、来なくなったり話さなくなったり、「先生、イメージと違《ちが》う」みたいに言われた――のだそうです。彼女《かのじょ》はアメリカ帰りの先生だったので、とりわけ学生たちのその極端《きょくたん》な反応に戸惑《とまど》ったようです。

つまり、ある程度のルール性をふまえた上での、あるいは先生と生徒ということを意識した上での親密性の作り方が、いまの若い人たちはとても苦手なのですね。

それから、いま福祉系《ふくしけい》の専門学校でも授業をしているのですが、学生たちに「高校時代と今の自分が変わったのはどんなところですか?」というアンケートをとったところ、「高校時代は先生にも※2タメ口だったけれど、今は敬語に変わった」というのです。「部活のコーチだけには敬語で、あとはタメ口だったのが、専門学校に入って言葉遣《ことばづか》いや立ち居振《ふ》る舞《ま》いまで注意されることによって、目上の人に対する話し方や振る舞い方を少し学びました」という学生が結構いるんですね。

高校時代までほとんど何かa野放図にほっておかれているようで、社会に出たときに必要な(1)そういう作法を、家でも学校でも大人が子どもたちにきちんと伝えていないのかなあと、子どもたちにやや同情したい気持ちになりました。

高校生ぐらいまでは、※3フィーリング共有性の高い、同世代で自分と同質の小さな集団のなかで自己完結し、そこで閉鎖的《へいさてき》な仲間集団を作って生活していることが多いと思います。

[Ⅰ]、学校を卒業してやがて社会に出れば、自分たちと同じ属性を帯びる集団以外の、さまざまな世代や違う価値観をもった人たち、違う地方や、場合によっては外国からきた人たちなどと出会い、関係を作っていかなくてはなりません。

気が合うか合わないかというフィーリングの共有というよりは、役割を分担しながら一緒《いっしょ》に仕事をしてギョウセキを上げることが第一に重要になる「(2)社会的な関係」にはいると、フィーリングの合う人とだけ付き合うというわけにはいきません。だからそれまでに、自分のなかに異質なものを取《と》り込《こ》めるようなある種の構えというものが、自分の中にどうしても必要になってくるのです。

となると、やはり単に「こいつは俺《おれ》と同じだ」という(3)同質性だけに頼《たよ》って友だちをつなげていくような親密な関係の作り方だけをしていると、いきなり社会に出たときにどうしても戸惑いが大きくなります。

異質なものをさまざまに取り込む力がないと、つながりを保てなかったり、異質な他者との交流といううま味も、味わえなかったりします。

やはり、関係の作り方のポイントとして、異質性、あるいは他者性とくさせるという物語が、時間を追って書かれている。

イ　みどりちゃんの飼っている芋イモちゃんがお世話になった恩返しにみどりちゃんと石川くんの間を取り持つために一役買うという物語が、みどりちゃんの家の居候に見立てた視点から書かれている。

ウ　石川くんに好意を持つみどりちゃんの家の居候がみどりちゃんも石川くんに好意を持っていることを知って石川くんをゆずってあげるという物語が、擬音《ぎおん》語や擬態語を効果的に用いながら書かれている。

エ　みどりちゃんの飼っている芋イモちゃんがみどりちゃんのために自分の身をぎせいにしながら美しい蝶に身を代えることで石川くんの心を引きつけるという物語が、わかりやすい言葉で書かれている。

るから。

エ　雨の日には石川君の乗っているバスにいっしょに乗ることができるから。

問6　――線**（2）**「たくさん夢を見た」とありますが、これまで語り手が夢の中だけでなく現実に行ったことがある場所を次の**ア～エ**の中から一つ選び、記号で答えなさい。

ア　新宿御苑　　**イ**　広尾のパンやさん

ウ　みどりちゃんの高校　　**エ**　石川くんの演奏会

問7　――線**（3）**「みどりちゃんはため息をついて、目をまっかにして笑っていた」とありますが、この時のみどりちゃんの気持ちの説明としてもっとも適切なものを次の**ア～エ**の中から一つ選び、記号で答えなさい。

ア　友だちと別れることはつらいけれども、出会いも別れも人間にはどうすることもできない運命だからあきらめるしかないという気持ち。

イ　出会いがあれば必ず別れがあり、別れがあればまた次の出会いもあるのだから、きっとまた新しい友だちができるよとはげます気持ち。

ウ　たとえ友だちと別れることになったとしても、その友だちと出会って過ごした期間は自分にとって貴重なものだったと感謝する気持ち。

エ　人生とは出会いと別れのくりかえしであると頭の中では分かっていても、やはり友だちとの別れはたえがたく、悲しみにくれる気持ち。

問8　――線**（4）**「ものすごくいいこと」とはどのようなことですか。そのことを説明した次の文の□にあてはまる言葉を本文中の言葉を用いて**五字**で答えなさい。

みどりちゃんに□ための方法。

問9　――線**（5）**「みどりちゃんの親友」とはだれを指しますか。もっとも適切なものを次の**ア～エ**の中から一つ選び、記号で答えなさい。

ア　藤田さん　　**イ**　石川くん

ウ　芋イモちゃん　　**エ**　神さまやおひさま

問10　――線**（6）**「みどりちゃん、肩がふるえてるよ」とありますが、このときのみどりちゃんの気持ちの説明としてもっとも適切なものを次の**ア～エ**の中から一つ選び、記号で答えなさい。

ア　石川くんとアドレスを交換《こうかん》できることになり、あまりにも意外なことにぼうぜんとする気持ち。

イ　思わぬことで石川くんと親しくなるきっかけが生まれて、動揺《どうよう》しながらも喜びにあふれる気持ち。

ウ　石川くんに近づくことができたが、彼の積極的な態度にどう対応してよいかわからずとまどう気持ち。

エ　とつぜん石川くんに声をかけられておどろくとともに、はずかしさでこの場からにげ出したい気持ち。

問11　本文の内容と表現の説明としてもっとも適切なものを次の**ア～エ**の中から一つ選び、記号で答えなさい。

ア　石川くんに好意を持ちながら行動に移そうとしないみどりちゃんにいやけがさしてしまった芋イモちゃんが一計を案じて二人を仲良

てくれた。

……この子、ずっとうちで飼ってた芋《いも》イモちゃんだと思う。

ほらね、この子。みどりちゃんが、カメラのなかにあったいままでの写真を見せる。

ええっ、それってすごくない。石川くんはびっくりして、この画像も送るから、アドレス教えてといった。こんどはみどりちゃんがびっくりした。**(6)**みどりちゃん、肩がふるえてるよ。どきどきがきこえるよ。ほっぺがあったかいよ。

みどりちゃん、よかったね、ほんとによかったね。

きれいな蝶ちょになって、この子に幸せを運べますように。ずっと願っていたことが初日に**b**かなうなんて、なんて幸せなのかしら。

ふたりは、楽しそうに話している。バスにも乗ってみたいけど、みどりちゃんに負けないように、出会いを見つけなきゃ。あの香りは、くちなしかな。そろそろおなかもすいてきた。

じゃあね、みどりちゃん、はじめて会った新宿御苑で待ってるからね。

こんどは、石川くんといっしょに、会いに来てね。

（石田千「みどりちゃんの友だち」より。）

（注）※1　居候……他人の家に住んで養ってもらうこと。また、その人。

※2　火曜日とわかった……みどりちゃんは、月・水・金曜日は気あいを入れて出かけるが、火・木曜日はぼうっとした顔で出かける。

問1　この物語はいつのころの話ですか。もっとも適切なものを次の**ア**～**エ**の中から一つ選び、記号で答えなさい。

ア　うららかな陽春のころ。　**イ**　梅雨《つゆ》の雨が降り続くころ。

ウ　秋雨前線がとどまるころ。　**エ**　朝霜《あさじも》が降り始めるころ。

問2　〰〰線**a**「おいとま」と同じ意味の言葉を本文中から**四字**でぬき出して答えなさい。

問3　〰〰線**b**「かなう」と同じ意味で用いられているものを次の**ア**～**エ**の中から一つ選び、記号で答えなさい。

ア　剣《けん》で彼にかなう者はいない。　**イ**　月曜日は眠くてかなわない。

ウ　医学部進学の志望がかなう。　**エ**　目的にかなった方法を選ぶ。

問4　**Ⅰ**～**Ⅳ**にあてはまる言葉の組み合せとしてもっとも適切なものを次の**ア**～**エ**の中から一つ選び、記号で答えなさい。

ア　Ⅰ　さらさら　Ⅱ　せいせい　Ⅲ　きりきり　Ⅳ　ふらふら

イ　Ⅰ　ぐいぐい　Ⅱ　まごまご　Ⅲ　じめじめ　Ⅳ　さばさば

ウ　Ⅰ　がつがつ　Ⅱ　はらはら　Ⅲ　さんさん　Ⅳ　とろりとろり

エ　Ⅰ　もりもり　Ⅱ　うろうろ　Ⅲ　とろとろ　Ⅳ　うつらうつら

問5　――線**(1)**「雨はみどりちゃんにとっては、幸せな一日なんだもの」とありますが、それはなぜですか。その説明としてもっとも適切なものを次の**ア**～**エ**の中から一つ選び、記号で答えなさい。

ア　雨の日には自転車で通り過ぎる石川君の勇ましい姿を見ることができるから。

イ　雨の日には写真部が休みなので石川君の演奏会を気がねなく見にいけるから。

ウ　雨の日にはお気に入りのみどりのかさに石川君を入れてあげられ

みどりちゃん、ありがとう。そのとき、まわりがぱっと明るくなって、(4)ものすごくいいことを思いついた。そして、目が覚めた。

具合が悪くなってから、どのくらいたったのか、まぶしくて、のどがかわいてぼんやりしていた。でも、からだはとても心地《ここち》よく伸《の》ばせる。もう治ったんだ。

最初に、早起きのみどりちゃんのお父さんと目があった。

……いいお天気だから、これから出かけます。きょうをのがすと、さよならがもっとつらくなりそうなので。お世話になりました。

おじぎをすると、お父さんは、びっくりしたみたい。あわてて引っこんで、みどりちゃんを起こしにいった。それから、お母さんもお兄さんも、みんなが来てくれた。

……おわかれだね。

みどりちゃんが、カメラを構える。それからみんなで記念撮影《さつえい》をした。気をつけてねって、涙声だった。みんなの顔を見る。両手をひろげて抱《だ》きついた。みなさん、元気にしてくれてありがとう、ほんとうにお世話になりました。

二回、ふりむいた。

ベランダで、みどりちゃんが手を振《ふ》っている。もう会えないって、泣いてくれていた。あたたかくて、お花の香りがする。すばらしい一日の始まりだった。

みどりちゃんに聞いていたとおりに千駄ケ谷《せんだがや》までの道を、ゆっくりいく。大通りや神社のしいの木、コーヒーのにおいもした。ちょっと疲れて木かげにいると、みどりちゃんが来た。

よしよし、予定通り。そうっと、あとをついていく。みどりちゃんが夏に泳ぐプールも、お母さんがお買いものするスーパーと本やさんも、思っていたより近かった。体力も回復しているし、だいじょうぶ。

みどりちゃんは制服のリボンを、きれいにむすんでいた。きょうは金曜日だものね。雨じゃないから確率はひくくなるけど、神さま、おひさま、どうかお願いします。

バス停に着いたみどりちゃんは、いつものように三本だけバスを見送るつもりでいる。そうして三本めがいってしまって、きょうは会えなかったとがっかりすると、かばんからカメラを出した。うつむいて、けさの画像を見はじめた。

つぎのバスまで、あと十五分ある。神さま、おひさま、(5)みどりちゃんの親友です、きょう一回かぎりなんです、どうかチャンスをお授《さず》けください。

息をとめて祈っていると、通りすぎようとした自転車が、ききーっとブレーキをかけた。

……藤田《ふじた》さん、じっとしてて。

ひそめた声におどろいたみどりちゃんが顔をあげようとして、また、動かないでといわれた。

石川くんは、自転車に乗ったまま、ポケットから携帯《けいたい》電話を出した。そして、かしゃっと音がした。

すごい、まだぜんぜん逃《に》げないよ。きれいだなあ。

石川くんは、みどりちゃんに面面を見せた。

……今年はじめて、あげは蝶《ちょう》、見たよ。

やったやった、大成功。

頭のうえから肩《かた》に飛びうつると、みどりちゃんは、ようやく気がつい

エ　絶滅種の再生が可能であったとしても、人間が快適な暮らしを求めてきたことが絶滅の原因であることを考えると、再生された生物が生存し続ける環境を蘇らせることは人間には不可能だと思われるので、絶滅種の再生を推進することには疑問がある。

二　次の文章を読んで、あとの問いに答えなさい。

みどりちゃんがじぶんの部屋にもどってしまい、一日が暮れていく。しいんとなった。窓のむこうに星を見つけた。

学校も忙《いそが》しいし、石川くんのためにおしゃれもしなきゃならないのに、※1居候《いそうろう》のことを気づかってくれる。だから、毎日星を見ると、石川くんがみどりちゃんの気もちに気づいてくれますように祈《いの》る。お月さまにも、おひさまにもおなじようにお願いする。

静かな夜、窓から入る風は、新緑の匂《にお》いが濃《こ》くなった。このごろは、そろそろ a おいとまの支度《したく》をしなきゃなあと思いはじめている。でも、みどりちゃんと離れることを思うと、さびしくてたまらない。みどりちゃんも、うすうす気づいて、口にしない。

さびしいけど、ずっと居候はできないもの。

みかんの香《かお》りの涙がこぼれる。みどりちゃんの知らない、秘密の涙だった。

泣いたまま眠《ねむ》って目が覚めたら、寝相《ねぞう》が悪かったらしく、みどりの服が破れていた。このところ、[Ⅰ] 続きだった食欲もなくなって、サラダを残した。雨のせいかもしれない。

だるいのに落ち着かなくて、部屋を掃除《そうじ》して [Ⅱ] する。雨なのに、なんだかまぶしい。いちばん暗い柱にもたれかかる。(1)雨はみどりちゃんにとっては、幸せな一日なんだもの、元気にお見送りしなくちゃいけない。

そう思っていたら、みどりちゃんも寝坊《ねぼう》して、いってくるねーと声をかけて、あわててでかけた。それできょうは※2火曜日とわかった。

はーっとため息をつくたび、眠たくなっていく。雨のように白い糸が降《ふ》って、[Ⅲ] とからだが重くなる。からだじゅうが熱い。だるくて、起きられなくなった。どうしよう、病気にかかっちゃったんだ。

ときおり痛みに目がさめて、また [Ⅳ] としているあいだも、みどりちゃんの声だけは聞こえた。だいじょうぶとか、しっかりね。心配をかけているのがわかって、返事をしたいのに目があけられない。

(2)たくさん夢を見た。新宿御苑《ぎょえん》に遊びにいったり、みどりちゃんのすきな広尾のパンやさんにいったり、高校にもいった。写真部のみんなにも会ったし、石川くんの演奏会も見た。石川くんは、とってもきれいな曲を弾《ひ》いてくれた。なんていう曲だったのかな。あんまりきれいで、さびしくなって泣いた。みどりちゃんも、となりで泣いていた。

……もうすぐお別れだね。さびしくなるけど、しかたないね。

みどりちゃんがいった。

このさき、みどりちゃんよりやさしい友だちなんてできないのに、どうしてさよならしなくちゃならないの。

夢のなかで悔《くや》しくなった。そういうのを運命っていうんだよ。でも会えたのも運命だものって、(3)みどりちゃんはため息をついて、目をまっかにして笑っていた。

ますが、それはなぜですか。その理由としてもっとも適切なものを次のア～エの中から一つ選び、記号で答えなさい。

ア　絶滅種が復活したあとの人間のおごり高ぶる気持ちが想像され、結果として自然破壊がよりいっそう進むと確信できるから。

イ　絶滅種の復活はごく例外的には起こるだろうが、人間の力だけで確実に復活させられる技術に到達《とうたつ》するとは信じられないから。

ウ　絶滅種が復活しても、人間自身が生活のスタイルを変えない限りその生物にとって幸福な未来がやってくるとは思われないから。

エ　絶滅種の復活は後先のことなど全く考えない人間の自己満足によるもので、世界が滅ぶ天災に見舞《みま》われる予兆が現れているから。

問6　［Ⅱ］にあてはまる言葉としてもっとも適切なものを次のア～エの中から一つ選び、記号で答えなさい。

ア　救済者　イ　被《ひ》害者　ウ　保証人　エ　張本人

問7　［Ⅲ］にあてはまる言葉としてもっとも適切なものを次のア～エの中から一つ選び、記号で答えなさい。

ア　議論を戦わせることはできない

イ　環境を戻すことはできない

ウ　進歩を遅《おく》らせることはできない

エ　人間を守ることはできない

問8　――線（4）「人間が罪を償った気になってはいけない」とありますが、それはなぜですか。その理由としてもっとも適切なものを次のア～エの中から一つ選び、記号で答えなさい。

ア　トキやイリオモテヤマネコを復活させることができたとしても、彼らが生き続ける環境を復活させたわけではないから。

イ　トキやイリオモテヤマネコを復活させることができたとしても、過去に絶滅させてしまった罪を消すことはできないから。

ウ　トキやイリオモテヤマネコを復活させることができたとしても、絶滅していく動物はこれからも増え続けるだろうから。

エ　トキやイリオモテヤマネコを復活させることができたとしても、それはあくまで人間の身勝手な自己満足にすぎないから。

問9　――線（5）「それ」とはどのようなことですか。次の［　］にあてはまる言葉を本文中から十字以内でぬき出して答えなさい。

［　　　　］こと。

問10　本文の内容と合うものを次のア～エの中から一つ選び、記号で答えなさい。

ア　もともと自然界に存在していた生物を復活させようと研究することは尊いことではあるが、滅びゆくべくして滅んでいった生命を人工的に再生することは、その生命にとって不幸であるばかりでなく自然破壊を進めることになるので賛同できない。

イ　絶滅種を再生させるためにバイオテクノロジーを研究することは、人間の未来にとってもたいへん有益なことであり、ましてや何万年も前の生物を復活させることは科学者でなくともおおいにロマンを抱《いだ》かせるので、生命再生の技術開発を応援したい。

ウ　種々の動植物を絶滅に追いやったのは人間が自身の繁栄を最優先したためであり、今さら自然破壊を止めようとするのは人間の身勝手な話ではあるが、科学の発展により自然環境の再生は十分に可能なので、今後の生命科学の研究成果に期待したい。

ただいえることは、トキやイリオモテヤマネコを復活させられるとしても、(4)人間が罪を償《つぐな》った気になってはいけないし、世界が元に戻ったわけでもないということだ。彼等は今の世界では生き続けられない存在で、そんな世界を作ったのは人間たちだ。そして人間たちは、もはやこの世界でしか生きられない。

もちろん、自然破壊が永遠に続くわけではない。いずれは終わりがくるだろう。ただし、(5)それは人間の手によるものではないとスイ③ソクする。人間にはそんな力はないし、それは自己否定でもある。

自然破壊が終わるのは、人間が絶滅した時だろう。そして地球は、その日が確実に来ることを知っているし、それを待ち続けているのかもしれない。

あなたのDNAが保存されていて、人類滅亡後に何者かによって、あなたのクローンが復活させられたとする。

彼あるいは彼女《かのじょ》は、果たして幸せだろうか。

（東野圭吾《ひがしのけいご》「滅びるものは滅びるままに」より。）

(注) ※1 拙作……筆者の書いている作品。

※2 羊のドリー……クローン技術で作られた羊。

問1 ===線①～③と同じ漢字を使うものを次の**ア**～**エ**の中から一つずつ選び、それぞれ記号で答えなさい。

① イデンシ

ア イシツブツをさがす。
イ トクイな才能の持ち主。
ウ 人がらにコウイをいだく。
エ 県外へのイシュツが増える。

② セイチ

ア 谷間のセイリュウ。　**イ** セイミツな設計図。
ウ チュウセイを誓《ちか》う。　**エ** シンセイな場所。

③ スイソク

ア 自然のホウソクに従う。　**イ** 雨量のソクテイをする。
ウ 彼のショウソクを知る。　**エ** 涙《なみだ》もろいソクメンがある。

問2 ――線(1)「黄色い朝顔でなぜ驚くのか、と不思議がるのがふつうだと思う」とありますが、筆者がそのように思う理由としてもっとも適切なものを次の**ア**～**エ**の中から一つ選び、記号で答えなさい。

ア 黄色い朝顔があることはだれでも理解しているはずのことだから。
イ 黄色い朝顔にだけでなく朝顔に興味を持っている人は少ないから。
ウ 黄色い朝顔の研究にみんなが関心を持っているのは当然のことだから。
エ 黄色い朝顔が存在していないことを多くの人は知らないと思われるから。

問3 [I] にあてはまる言葉を次の**ア**～**エ**の中から一つ選び、記号で答えなさい。

ア 夢の花　**イ** 謎《なぞ》の花　**ウ** 夏の花　**エ** 幻の花

問4 ――線(2)「私が真っ先に思い浮かべたのも、そういうことだった」とありますが、「私」は最初どのように思ったのですか。次の□にあてはまる言葉を本文中から**八字**でぬき出して答えなさい。

□と思った。

問5 ――線(3)「あまり浮き浮きとした気分にはならない」とあり

けでもない。しかし絶滅種が蘇った後のことを空想しても、(3)あまり浮き浮きとした気分にはならない。むしろ割り切れない気持ちのほうが強い。

復活したクローン生物たちはどのように扱《あつか》われるのだろうか。もう二度と絶滅しないよう、人間の手によって大切に保護されるのか。それとも、「その気になればいくらでも作りだせるから」という理由で、使い捨てされるのだろうか。いずれにしても、その光景はあまり愉快《ゆかい》なものではない。後者の場合はいうまでもないが、前者の場合においてもだ。日本産最後のトキが保護センターで飼育されていた光景には、もの悲しさが漂《ただよ》っていたように思う。

我々が失ったものはトキそのものだけではない。トキが十分生息できる環境《かんきょう》がまず滅《ほろ》んだのだ。イリオモテヤマネコの絶滅を恐れるのは、珍《めずら》しい動物が消えるのが悲しいからだけではなく、彼等《かれら》がひっそりと暮らしていけるような貴重な環境が、また一つこの世界からなくなってしまうのを受け入れたくないからだ。

仮に彼等を復活させられたとしても、彼等が生息できた小世界は滅んだままだ。それで彼等を救ったことになるのか。彼等はそれぞれの小世界のシンボルにすぎず、それだけを蘇らせたとしても、失ったものを取り戻《もど》したことにはならない。

もちろん、[Ⅱ]は我々人間だ。乱獲《らんかく》、生息地の破壊《はかい》、家畜《かちく》との接触《せっしょく》などが、有史以後に起きた絶滅の主な原因である。

つまり人間が責任をとるとしたら、彼等から奪《うば》った小世界を、まず元に戻さねばならない。だがそんなことは可能だろうか。技術的には不可能ではないかもしれないが、それをするには人間たちが描《えが》く未来図を変える必要がある。

人間は自分たちの繁栄《はんえい》を最優先させるという前提で、いくつかの選択《せんたく》を行ってきた。他の生物の②セイチを破壊してきたのも、そうした選択の結果だ。つまり環境を蘇らせるということは、自分たちの繁栄を最優先しない、というふうに方針転換《てんかん》することを意味する。そんなことに、一体どれだけの人が同意できるだろうか。

ふだんは科学文明に支えられた都会に住んでいて、リフレッシュしたい時だけ人里離《はな》れた場所に行き、そこが文明によって侵食《しんしょく》されてくると、「自然を守れ」と声高《こわだか》に抗議《こうぎ》する人がいる。しかしそこに住んでいる人たちにだって、科学文明を享受《きょうじゅ》する権利はあるのだ。

もはや[Ⅲ]、と私は思う。

『つまり、あるものはあるがままに、というのが私の考えなのです。逆にいえば、消えたものは消えたままに、ということになります。ある種が滅びたということは、滅びるだけの理由があったわけです。人間が考えもつかないような広大な自然連鎖《れんさ》の結果として、黄色い朝顔はこの世界から消えたのだと私は考えています。それを、バイオテクノロジーで復活させようとするのは、何かの映画であったような、恐竜《きょうりゅう》を復活させようとするのと同じことで、滅びた種にとっても人間にとっても、必ずしも幸福なことではない』

これは前述した連載小説の一部だ。黄色い朝顔を復活させようとする主人公に対して、朝顔愛好家がいう台詞《せりふ》だ。今のところ、作者の私にも、主人公と朝顔愛好家のどちらが正しいのか、結論を出せないでいる。

【国　語】（四五分）〈満点：一〇〇点〉

一　次の文章を読んで、あとの問いに答えなさい。

現在、ある雑誌で朝顔に関する小説を連載《れんさい》中である。しかも驚《おどろ》くなかれ、黄色い朝顔だ。

と書いても、たぶん多くの人はぴんとこないだろう。(1)黄色い朝顔でなぜ驚くのか、と不思議がるのがふつうだと思う。

朝顔はその種類において、じつにバラエティに富んだ植物である。多くの人は小学校で習った、例の丸い花を思い浮《う》かべるだろうが、あれは大輪朝顔という代表的な一品種にすぎない。じつは色や模様だけでなく、花や葉が多様に変わる、変化朝顔という一連の品種が存在するのだ。わかりやすくいうと、突然《とつぜん》変異が頻繁《ひんぱん》に起こる種である。それらの中には、花を見ただけでは朝顔とはとても思えないものも多い。

さて、で、なぜ黄色い朝顔に着目するのかというと、それだけ多様な変化を見せる花にもかかわらず、現在、黄色い花を咲《さ》かせる種は存在しないのだ。だから幻《まぼろし》の朝顔ともいわれている。

もちろん、そういった話は他の花でも多い。代表的なのは青い薔薇《ばら》だ。様々な研究機関が、人工的に青い薔薇を作りだそうとしているが、まだ成功例はない。

作りだせた例としてはカーネーションが有名である。サントリーの花事業部が、青色の酵素《こうそ》を持つペチュニアの①イデンシを使って、本来は存在しない青いカーネーションを生み出した。

しかしこれらの［Ⅰ］と黄色い朝顔には根本的な違《ちが》いがある。青い薔薇や青いカーネーションは元々自然界にないものだが、黄色い朝顔はかつて存在したのだ。

朝顔栽培《さいばい》が最も盛んに行われていたのは江戸時代の文化文政期や嘉永《かえい》安政期だが、当時の文献《ぶんけん》には、ちゃんと黄色い朝顔が紹介《しょうかい》されている。鮮《あざ》やかな黄色で、クリーム色とかではない。しかし明治以降、変化朝顔の栽培が中断されていた時期があり、記録に残っている種のいくつかが、もはや再現不能となっている。黄色い朝顔もそうしたもののひとつだ。

※1拙作《せっさく》は、バイオテクノロジーを使い、絶滅《ぜつめつ》した黄色い朝顔を作りだそうとする人間の話である。このテーマを思いついた時、ロマンのある話だと思った。しかし、絶滅種を復活させることの意味を深く考えるうちに、果たしてそんな呑気《のんき》なことをいっていていいのだろうかと思うようになった。

いうまでもなく、世界中のいたるところで多くの生物が絶滅している。日本でもトキがついに絶滅し、イリオモテヤマネコもその道を辿《たど》りつつある。そこでそれらのＤＮＡを保存し、クローン技術によって蘇《よみがえ》らせるという手法が検討されるようになった。

※2羊のドリーが誕生した時、(2)私が真っ先に思い浮かべたのも、そういうことだった。これで貴重な動植物を失わなくて済むと思った。うまくすれば、古代の生物を復活させられるかもしれないと夢想した。実際、マンモスを作りだそうとしている研究者がいる。シベリアで氷づけになっている化石からＤＮＡを取り出してクローンを作るわけだ。状態のいいＤＮＡを見つけるのは困難だろうが、技術的には十分に可能なことである。

それらの研究にけちをつける気はないし、応援《おうえん》したい気持ちがないわ

□ことがまんできないと思ったから。

問10　本文の説明としてもっとも適切なものを次の**ア**～**エ**の中から一つ選び、記号で答えなさい。

ア　子どもたちとの交流を楽しみにしていた孝文だったが、久しぶりにたずねてきた久美子から「ばあちゃん」の話を聞かされ、自分の仕事について持っていた孝文の誇《ほこ》りが揺らぎ始めた。

イ　ミンクのキーホルダーによって、戦争の時に「ばあちゃん」が体験した出来事を孝文は知ることになるが、その話でミンクに対する孝文の後ろめたさが増大し、思わず感情がはじけた。

ウ　孝文と子どもたちは良好な関係であったのだが、孝文があげたミンクのキーホルダーがきっかけとなってお互いに険悪な状態になり、とりかえしのつかない仲になってしまった。

エ　自分の仕事が子どもたちをいつのまにか遠ざけることになったことに気づいた孝文だが、父親に与えられた生業を今さらやめることはできないと自分の道を貫《つらぬ》こうと思い始めた。

とほうに暮れてしまった。

ウ　自分をとがめるような久美子のきつい口調に押されて、頭の中がすっかり混乱してしまった。

エ　久美子へのおくり物が「ばあちゃん」に捨てられて、いかりで落ち着いて考えられなくなった。

問6　――線（3）「その目にはある種の怯えのような揺らぎが宿っている」とありますが、久美子がそのような表情を示した理由としてもっとも適切なものを次の**ア～エ**の中から一つ選び、記号で答えなさい。

ア　これから話そうとする内容があまりにもおそろしくて悲しいことであったから。

イ　「猫の木」のことは話してよいことなのか悪いことなのかわからなかったから。

ウ　大好きな「兄ちゃん」をこれ以上苦しめることになることがつらく感じられたから。

エ　「猫の木」を「兄ちゃん」が知っていたら「ばかにするな」とおこると思ったから。

問7　――線（4）「そうか……」とありますが、この時の孝文の説明としてもっとも適切なものを次の**ア～エ**の中から一つ選び、記号で答えなさい。

ア　日本の兵隊たちはすばらしいと今まで信じていたが、戦争が終わってみて、兵隊たちがいかに人の心をきずつけるようなひどいことをしていたか思い知らされた。

イ　戦争の時代のことは話としては聞いたことがあったが、こんなに身近なところでも戦争のために悲しい出来事が起こっていたことに改めて気づかされた。

ウ　「ばあちゃん」の猫までも兵隊たちの戦闘服のための毛皮にされていたことを教えられ、戦争の悲しみがこんな山奥にまで広がっていることを痛感した。

エ　孝文の父親が生き延びることができたのは毛皮の戦闘服のおかげであったが、こんな地方の動物たちの毛皮であったことに運命めいたものを感じ取った。

問8　――線（5）「ただ、自分の首元を温めてくれた何かの獣の毛皮の話ばかりをしていた」とありますが、この時の孝文の父の気持ちとしてもっとも適切なものを次の**ア～エ**の中から一つ選び、記号で答えなさい。

ア　自分の命を救ってくれた獣たちの毛皮だけが重要で仲間の死は自分の生とは関係ない。

イ　自分以外の仲間たちが全員死んだということはできるだけ思い出さないようにしたい。

ウ　生と死が紙一重であった極寒のシベリアで命を救ってくれた毛皮に感謝すべきである。

エ　自分がすぐ目の前で見たなまなましい死というものは子どもには伝えるべきではない。

問9　＝＝線「ばあちゃんに捨てられちゃったの」とありますが、なぜ「ばあちゃん」は捨てたのですか。次の□にあてはまる表現を本文中から**二十～二十五字**でぬき出し、**最初と最後の三字**で答えなさい。（句読点、記号等も字数に数えます。）

（注）※1 兄ちゃん……若い男の人を呼ぶときの言葉。
※2 ケンペイ……漢字表記は「憲兵」。軍隊の中の組織の一つ。または、それに属する軍人。

問1 本文中の［　　］にあてはまる言葉としてもっとも適切なものを次の**ア～エ**の中から一つ選び、記号で答えなさい。

ア すたすた
イ ふらふら
ウ よろよろ
エ とぼとぼ

問2 ――線（A）「ばつが悪そうに」、（B）「根があった」の意味としてもっとも適切なものを次の**ア～エ**の中から一つずつ選び、それぞれ記号で答えなさい。

（A） ばつが悪そうに
ア 苦しそうに
イ 悲しそうに
ウ はずかしそうに
エ つまらなそうに

（B） 根があった
ア 望みがあった
イ 支えがあった
ウ 困難があった
エ 原因があった

問3 次の連続した二つの文を本文中に入れるとすると、どこがもっとも適切ですか。この二つの文の後に続く文の**最初の四字**をぬき出して答えなさい。（句読点、記号等も字数に数えます。）

子ども相手だ。止《や》めろ。

問4 ――線（1）「足取りが重いだけでなく、どこか顔が暗い」とありますが、それはなぜですか。その理由としてもっとも適切なものを次の**ア～エ**の中から一つ選び、記号で答えなさい。

ア 子どもたちにとっては決して近くはない孝文の家にがんばって歩いてきたのだが、近づくにつれてしばらく来なかったことを気まずく感じ始めたから。
イ 孝文のところにしばらく来られなかった理由について話さなければいけないのだが、その内容は決して孝文にとっては好ましいものではなかったから。
ウ 「ばあちゃん」に孝文に会ってはいけないと止められていたのでここに来ることができなかったのだが、そのことを話しても信じてもらえないと思ったから。
エ 孝文にもらったミンクのキーホルダーを持ってこられなかったことが気になっていたのだが、それ以上に「ばあちゃん」にしかられたことが情けなかったから。

問5 ――線（2）「孝文の思考は凍りついた」とありますが、この時の孝文についての説明としてもっとも適切なものを次の**ア～エ**の中から一つ選び、記号で答えなさい。

ア 考えてもいなかった言葉を聞かされて、どう答えてよいのか、すぐには思いつかなかった。
イ 自分にむけられた「ばあちゃん」の言葉の意味がわからなくて、

「分かるか、孝文。寒い冬の朝、鼻毛が凍るだろう。でもシベリアではな、鼻毛だけでなく眉毛《まゆげ》も睫毛《まつげ》も全部凍る。そして、歯が痛くなるんだ。口を閉じていても、面の皮ごしに骨も歯も冷えていく。ありゃあ参った。前歯が凍ったみてえになって、ずきずき痛むんだ。虫歯でもねえのに。でもそんな時、上着の襟《えり》を引っ張って、顔に当てんだ」

温かく燃えるストーブの近くで、僅《わず》かな酒を舐《な》めながら、それでもどこか楽しげに話していた父親の姿を孝文は思い出す。

「襟の内側には動物の毛皮が張ってあった。ありゃ、何の毛だったんだろうな。ミンクでないのは確かだけど柔らかくて、あったかくてなあ。そん時、その毛皮が当たった部分だけは、シベリアの寒さも敵《かな》わなかった。結局、俺《おれ》達は戦争に負けたよ。完膚《かんぷ》なきまでにってやつだ。外国にも、日本国民全員が望んでいた未来にも負けた。でも、俺の襟は、毛皮がついたあの襟だけは、シベリアに負けなかったんだ」

父は、戦線で嫌《いや》になるほど見たであろう血の話はしなかった。積み上げられたという敵味方の死体の話をしなかった。(5)ただ、自分の首元を温めてくれた何かの獣《けもの》の毛皮の話ばかりをしていた。

終戦を迎《むか》え、ぼろぼろになってシベリアから帰還《きかん》し、孝文と再会してミンクの養殖《ようしょく》を志した父の動機はその戦時体験に(B)根があったのだろう。だがその因果関係が直接彼の口から語られたことはない。

それでも、その仕事の真摯《しんし》さと誠実さ、そしてミンクを扱《あつか》う際の丁寧《ていねい》さから、孝文は父親を尊敬し、その技術をしっかり学ぼうと努めたのだった。父が信じた道だ。生業として選んだ職業だ。孝文の中に迷いはない。そうありたかった。

「ばあちゃんがね、キーホルダー見て、言ったの。戦争も終わったってのに、毛皮の為《ため》に動物を殺生《せっしょう》するなんてろくでなしだ。もう遊んだらいけねえって」

「ねえ姉ちゃん、いいよもう、やめよう」

「戦争終わったのに、もう猫の皮剥《は》がなくていいのに、剥ぐために動物飼う意味はないって」

どん、と、音が先に響《ひび》いた。

頭で考えるより先に、拳が手近な壁《かべ》を殴っていた。久美子と修平が体を強張《こわば》らせる気配があったが、見ることはできなかった。孝文は下を向いたまま、低い声で唸《うな》るように口を開く。

「なんも。婆《ばあ》さんも、お前らも、なんも知らねえ癖《くせ》に、何様だの」

心の中で制止を促す声が聞こえたが、暗い声が喉《のど》から湧《わ》き出るのを止められなかった。

「偉《えら》そうなことを言って。乳や肉とるのに牛ば飼うのと、毛皮とるのにミンク飼うのと、どこの何が違うっちゅうんだ！」

語尾《ごび》が荒《あら》ぶった直後に、二人は小屋の外へと駆《か》けだした。しまった、と火照《ほて》った頭が冷水をぶっかけられたように冷え、彼らを追う。開け放たれた戸口から外に出ると、久美子と修平が自宅への道を走っている背中が見えた。風に紛《まぎ》れて、二人分の泣き声が聞こえてくる。

「…ろくでなし、か…」

急に全身が力を失い、孝文はその場にしゃがみ込んだ。血がうまく回らない頭の中で、過去に生きた人間の価値観と自分の信念とがぐるぐる回る。いくら考えたところで答えの尻尾《しっぽ》を捕《つか》まえられるはずもなく、風はなお冷たく吹《ふ》き付けた。

（河﨑秋子《かわさきあきこ》「頸《くび》、冷える」より。）

「あ、あれね」

目を合わせないまま、久美子は（A）ばつが悪そうに下を向いて言った。

「あたしの、黒いやつは、ばあちゃんに捨てられちゃったの」

「捨てられた?」

　彼らの祖母はいつも自室に籠《こも》っており、孝文は直接会った覚えがない。二人の話から推測するに普通《ふつう》の人だと思っていたのだが、人から貰《もら》った物を捨てるとはどういうことなのか。疑問に思っていると、久美子はさらに暗い声で呟《つぶや》いた。

「毛皮のものなんか、持ってちゃ駄目《だめ》だって。ろくでもないって」

　ろくでもない。思わぬ言葉の強い意味に、（2）孝文の思考は凍《こお》りついた。取り繕《つくろ》うように、修平が「あ、でもね」と無理に明るい声を出す。

「ぼくの白いのはね、しまってあるから大丈夫《だいじょうぶ》だよ」

「ねえ※1兄ちゃん、猫《ねこ》の木って知ってる?」

　顔を上げた久美子が、ふいに奇妙《きみょう》なことを訊《き》いてきた。（3）その目にはある種の怯《おび》えのような揺《ゆ》らぎが宿っている。

「いや。知らない。何さ、猫の木って」

「戦争やってる時、ばあちゃん、※2ケンペイさんと村長さんの命令で、飼ってる猫ば差し出したんだって」

　戦争の時。この子達《たち》はまだ産まれていない頃《ころ》。孝文の父親が、大陸で戦っていた頃のことだ。

「どこさ、それ。ばあちゃん、どこ出身だの」

「札幌《さっぽろ》の近くにあるナンタラっていう集落だって言ってた。猫とか犬、神社の前にある広場に全部連れて来させられて、みんな殴《なぐ》って殺して毛皮にしなきゃいけなかったんだって。お国のためにって。兵隊さんの服にするんだって」

　お国のために。兵隊さんの服。そのために毛皮を。孝文の背をぞわりと寒気が這《は》うが、久美子の話を止められぬまま、耳を傾《かたむ》けた。修平も下を向き、拳《こぶし》を握《にぎ》り締《し》めてそれを聞いている。

「でも、犬だと紐《ひも》引っ張ってくから大丈夫だけど、猫は無理矢理《むりやり》に籠《かご》に押《お》し込んだり、抱《だ》っこして連れて行ったから、逃《に》げたりするの。ひょいって。その猫達が境内《けいだい》の木に登っちゃったんだって。何匹《なんびき》も何匹も。木の上のほうに登って降りて来ないの。飼い主も、ケンペイさんも、みんな下で『早く降りて来い』って怒鳴《どな》るから、よけい猫は降りて来ないの」

「ばあちゃんの猫も、その中にいたのか」

「うん。可愛《かわい》がってる三毛だったって。それが、猫の木に登って、絶対に降りて来なくて、そのままになったって」

「（4）そうか……」

　孝文も聞いたことはあった。戦争中、子どもから老人までもが神国日本の勝利を信じて已《や》まず、釜《かま》から釘《くぎ》まで何もかもを差し出すよう要求されていたあの時代に起きていたことを。学校や各家庭ではウサギを飼育することが推奨《すいしょう》されていた。あの、ふわふわで柔《やわ》らかで可愛らしい生き物をなるべく多く繁殖《はんしょく》させ、飼育せよとの号令が下された。肉は食料に。そして毛皮は北の戦線で戦う兵士たちの戦闘服《せんとうふく》に使われていたのだという。

　実際、孝文の父親はシベリアの戦線に送られた際、北海道の冬など「糞《くそ》ほどの比較《ひかく》にもならない」ほどの寒さの中、毛皮を内側に張った上着のお蔭《かげ》で自分は生き延びられたのだと信じていた。

エ　シロアリの腸にすむ微生物はシロアリにとって大切な存在であるだけでなく、人間にとっても大切な存在であるから。

問7　――線（5）「両者は天と地ほど違う」とありますが、「両者」の違いを説明したものとして**適切でないもの**を次の**ア**～**エ**の中から一つ選び、記号で答えなさい。

ア　微生物は光学顕微鏡で見分けられるサイズだが、ウイルスはそれより小さいため見分けられない。

イ　微生物の感染力は限られているが、ウイルスは微生物に比べてずば抜けて感染力が強く、感染範囲《はんい》も広い。

ウ　ウイルスも微生物も病原体になることがあるが、微生物は人間にとって有益な存在になることもある。

エ　ウイルスは微生物と異なり、細胞を持たず栄養摂取やエネルギー生産を行わないため「生物でない」と言われる。

問8　――線（6）「ウイルスは生物と無生物の間をたゆたう何者かである」とありますが、その説明としてもっとも適切なものを次の**ア**～**エ**の中から一つ選び、記号で答えなさい。

ア　ウイルスは環境に応じて生物にもなったり、無生物にもなったりすること。

イ　ウイルスは生物のようにも感じられるが、無生物の性質もあわせ持つこと。

ウ　ウイルスは生物の一種とされているが、正確には無生物の一種であること。

エ　ウイルスは実体が明らかでないために、生物とも無生物とも言えないこと。

問9　――線（7）「庇を貸して母屋を取られる」とありますが、この言葉の本文中での意味としてもっとも適切なものを次の**ア**～**エ**の中から一つ選び、記号で答えなさい。

ア　初めはおとなしかったものが、しだいに勢力を拡大すること。

イ　かわいがって世話をしていたものに、裏切られてしまうこと。

ウ　一部を提供したことで、そのすべてをうばわれてしまうこと。

エ　同等の力を持っていながら、油断が原因で負けてしまうこと。

問10　――線（8）「ウイルスにだけは寛容になれない」とありますが、それはなぜですか。その理由としてもっとも適切なものを次の**ア**～**エ**の中から一つ選び、記号で答えなさい。

ア　ウイルスは人の弱みにつけ込む悪人としてのイメージが強く、愛敬のあるキャラクターが思いうかばないから。

イ　ウイルスはどこにも弱点がないため、人体に侵入されても抵抗《ていこう》するすべがなくただ増殖させるしかないから。

ウ　ウイルスは人体だけではなく家畜にも感染し、人々の暮らし全般《ぜんぱん》にわたって計り知れない損害を与《あた》えるから。

エ　ウイルスは人間にとっては長所と思われる点がなく、人間との類似性《るいじせい》も感じられず親近感が全くわかないから。

二

次の文章を読んで、あとの問いに答えなさい。

久美子と修平は、その後しばらく孝文《たかふみ》の家に遊びに来ることはなかった。霜《しも》で地面が乾《かわ》き、根雪が地面を硬《かた》く占《し》めてはじめて、□とミンク小屋にやってきた。（1）足取りが重いだけでなく、どこか顔が暗い。

「あれ。前にやった、ミンクのキーホルダー、どうした？」

問2　Ⅰ、Ⅱにあてはまる言葉の働きとしてもっとも適切なものを次の**ア**～**オ**の中から一つずつ選び、それぞれ記号で答えなさい。

ア　前の内容と同様の内容を後に述べることを示す。

イ　前の内容と異なる話題を後に述べることを示す。

ウ　前の内容の具体的な例を後に述べることを示す。

エ　前の内容を原因とする結果を後に述べることを示す。

オ　前の内容から予想される結果と異なる内容を後に述べることを示す。

問3　――線（1）「千差万別」ともっとも近い意味の言葉を次の**ア**～**エ**の中から一つ選び、記号で答えなさい。

ア　千変万化

イ　広大無辺

ウ　大同小異

エ　多種多様

問4　――線（2）「人間の暮らしに深くかかわっている」とはどのようなことですか。その説明としてもっとも適切なものを次の**ア**～**エ**の中から一つ選び、記号で答えなさい。

ア　微生物の作用によって食べ物が人間に害をおよぼすこともあれば、おいしい食べ物、健康的な食べ物になることもあること。

イ　微生物の中には極限環境の中で生きているものも多く、それらの適応能力は人間の医学の発達に大きく役立っていること。

ウ　微生物が人間の腸内で海藻を消化してくれるので、だれでも寿司や味噌汁などの食べ物をおいしく感じることができること。

エ　微生物は人間にとって絶対必要なものだが、シロアリの腸内にすむ微生物のように人間の生活に害をおよぼすものが多いこと。

問5　――線（3）「私は軽い衝撃を受けた」とありますが、筆者はどのようなことに「衝撃を受けた」のですか。その説明としてもっとも適切なものを次の**ア**～**エ**の中から一つ選び、記号で答えなさい。

ア　人間の体内で微生物が消化を助けてくれているように、小さな生き物の体内にも微生物が生きていて同様の働きをしていること。

イ　動物たちが食物を消化できるのは体内にある器官の働きではなく、その器官内で生きている微生物の働きによるものだということ。

ウ　顕微鏡でなければ見えないような微生物が人間の食べる大量の食物や木造家屋を消化してしまうどんよくな食欲の持ち主であること。

エ　生物の体内にはさまざまな微生物がすんでいるが、人間にとって有益な働きをするものばかりではなく害をおよぼすものも存在すること。

問6　――線（4）「猛省を促したい気分だった」とありますが、それはなぜですか。その理由としてもっとも適切なものを次の**ア**～**エ**の中から一つ選び、記号で答えなさい。

ア　人はよく考えもせずに気持ち悪いなどと言うが、微生物もかけがえのない地球生命の一つであるはずだから。

イ　微生物をきらう人も微生物に助けられて生きているのであり、微生物の否定は自分自身の否定につながるから。

ウ　微生物が人間の役に立つ働きをしていることも知らずに、見た目だけで否定的な評価をしてほしくないと思うから。

(5)両者は天と地ほど違う。

一つはサイズの差。微生物が光学顕微鏡で見分けられるのに対し、ウイルスは電子顕微鏡でないと見えない。

だから人類は、一九三五年に米国の学者がタバコモザイクウイルスの結晶化《けっしょう》に成功するまで、ウイルスをこの目で見ることができなかった。千円札でおなじみの野口英世《のぐちひでよ》は、狂犬《きょうけん》病や黄熱病の病原体を「見つけた」として世界的に有名になったが、これらの病原体はウイルスなので、実際には見えるはずがない。彼は別の「何か」を見ていたことになる。

宮崎《みやざき》などで猛威《もうい》を振《ふ》るった※1口蹄疫《こうていえき》の病原体もウイルスだ。家畜《かちく》の伝染《でんせん》病では、ずば抜《ぬ》けて感染力が強い。人間、車、鳥、あらゆるものが運び屋になる。空気感染で数百キロも移動した例もあったという。

口蹄疫の最大の解決法は「処分」だ。つまり焼くか埋《う》めるかしてウイルスの息の根を止める。口蹄疫にかかった牛や豚《ぶた》の肉を食べても人間は感染しないのだが、流通する過程で広がる可能性があるため処分するほかない。

生物学者の福岡伸一《ふくおかしんいち》氏は「(6)ウイルスは生物と無生物の間をたゆたう何者かである」（『生物と無生物のあいだ』講談社現代新書）と書いている。退治しても退治しても、その手をかいくぐるように変異し増殖《ぞうしょく》する様子は※2狡猾《こうかつ》な生き物を思わせる。だがウイルスは細胞《さいぼう》を持たず、栄養摂取《せっしゅ》もせずエネルギーを生産しない。そこが「生物でない」理由だ。

ウイルスは宿主の細胞に入り込《こ》む。さりげなくその細胞に自分の※3DNAを入れ、宿主の細胞分裂《ぶんれつ》と同じ勢いで増殖する。「(7)庇《ひさし》を貸して母屋《おもや》を取られる」という表現がぴったりくる。

一方、病原体となる微生物は、「ばい菌」と呼ばれ、悪者でも憎《にく》めないキャラクターとして描《えが》かれる。黒い全身タイツを着てヤリを持ち、イヒヒと笑いながら人体に侵入《しんにゅう》する様子といい、石けんや消毒薬で手を洗うと「あれー」などと言いながら流れていく様子といい、どこか愛敬《あいきょう》がある。

私はたいていのことには寛容《かんよう》で、どんな悪人にも一つぐらい良いところがあると信じて疑わないのだが、(8)ウイルスにだけは寛容になれない。※4やなせたかしさんだったらどんな風に描いただろう。

（元村有希子《もとむらゆきこ》『気になる科学』より。）

（注）※1 口蹄疫……牛、豚、羊などがかかる伝染病。
※2 狡猾……悪がしこくてずるい様子。
※3 DNA……遺伝子を構成している物質。
※4 やなせたかし……まんが家。「アンパンマン」「ばいきんまん」などのキャラクターの作者として知られる。

問1 ――線①～③と同じ漢字を使うものを次のア～エの中から一つずつ選び、それぞれ記号で答えなさい。

① シンカイ
ア 北西にシンロをとる。　イ メンバーをイッシンする。
ウ 意味シンチョウな言葉。　エ ジュンシンな心の持ち主。

② キョウセイ
ア キョウツウの性質。　イ クラスでキョウリョクする。
ウ キョウソウに負ける。　エ ガスをキョウキュウする。

③ シヤ
ア アパートのオオヤ。　イ ヤネの雪をおろす。
ウ レンヤの作業が続く。　エ ヤシンをいだく。

【国　語】（四五分）〈満点：一〇〇点〉

一　次の文章を読んで、あとの問いに答えなさい。

微生物《びせいぶつ》が気になる。

微生物という呼称《こしょう》に、科学的な定義は実はない。「顕微鏡《けんびきょう》でなければ見えないくらい小さな生き物」という程度に理解してほしい。その構成員たるや（1）千差万別《せんさばんべつ》で、かろうじて肉眼でも見えるゾウリムシも細菌《さいきん》も黴《かび》も微生物。人によってはウイルスまでここに含《ふく》める。

微生物は目に見えないほど小さいくせに、（2）人間の暮らしに深くかかわっている。

Ⅰ、食べ物を暖かい部屋に放っておくと、やがて嫌《いや》な臭《にお》いがしてくる。知らずに食べるとおなかを壊《こわ》す。「腐敗《ふはい》」と呼ばれる現象で、これは腐敗菌という微生物によるものだ。他方、納豆《なっとう》菌や乳酸菌は腐敗ではなく「発酵《はっこう》」を引き起こす。発酵も食べ物の性質を変化させるのだが、腐敗菌のように人間に悪さをするどころか、体を健康に保ったり、食べ物をおいしくしたりする。

微生物には極限環境《かんきょう》を好むものもいる。たとえば①シンカイの底に強酸性の熱水が噴出《ふんしゅつ》しているような場所があって、並の生き物ならすぐに死んでしまうような環境なのだが、そこに生きる微生物や、強い放射線の中で生きる微生物もいる。恐《おそ》るべき環境への適応能力とその多様性には驚《おどろ》くばかりである。

Ⅱ　私たち日本人は、海藻《かいそう》をよく食べる。おむすびや巻き寿司《ずし》にはノリが欠かせないし、酢《す》の物や味噌汁《みそしる》にはワカメが欠かせない。

フランスの研究チームが、英科学誌「ネイチャー」に発表した論文によると、日本人の腸内には、こうした海藻を消化してくれる細菌がすんでいるのだそうだ。一方、米国人の腸内細菌は、同じ消化酵素を作り出せる遺伝子を持っていなかった。

私たちは自力でいろんな食物を消化しているつもりでいるが、実は腸内に②キョウセイしている数百種類もの微生物が消化を助けてくれている。体内に飼っている微生物の種類や性質が、人種や食環境によって違《ちが》うというのも興味深い。

人間だけではない。木造家屋をスカスカにしてしまうシロアリ。彼《かれ》らが木の繊維《せんい》質（セルロース）を消化できるのも、実は腸内にすむ微生物のおかげである。

この事実をシロアリの研究者から聞いた時、（3）私は軽い衝撃《しょうげき》を受けた。「ウソなんて言いませんよ」と、その研究者はシロアリの腹を開き、腸の中身をプレパラート・ガラスに挟《はさ》むと、私に顕微鏡をのぞくように言った。

確かにシ③ヤの中で、微生物がもぞもぞと動いていた。本当に人間を困らせているのはシロアリじゃなくて、こいつらなのか。飽《あ》き足らず、その写真をしばらくパソコンの壁紙《かべがみ》にしていた。それを見た周囲の人々の反応は「わ、かわいー」「わ、気持ちわるぅ」と二分された。私は後者の人々に対して「誰《だれ》のおかげで巻き寿司食べられると思ってるの」と、（4）猛省《もうせい》を促《うなが》したい気分だった。

微生物の話は書いた。今度はウイルスについて書こうと思う。たいていの人にとって、微生物もウイルスも大きな差はない。どちらも生物に病気をもたらす「病原体」というぐらいの認識《にんしき》だ。しかし、

エ　伝染病がさけられるという情報を信じて、マスクを着用すること。

問5　――線**（5）**「さすがの自分も、もうマスクを付けなかった」とありますが、それはなぜですか。その理由としてもっとも適切なものを次の**ア～エ**の中から一つ選び、記号で答えなさい。

ア　暖かくなってきたおかげで、自分が健康を取りもどせたのがわかったから。

イ　感冒になるまいというがんばりは、元々長く続けられるものではないから。

ウ　季節も変わって、もう感冒にかかる時期ではなくなっただろうと思ったから。

エ　新しい季節のおとずれによって、また別の心配ごとが発生してしまったから。

問6　――線**（6）**「さすがの自分も、もうマスクを付ける気はしなかった」とありますが、それはなぜですか。その理由を説明した次の文の□にあてはまる言葉を本文中から**二十五～三十字**でぬき出し、**最初と最後の三字ずつ**を答えなさい。（句読点、記号等も字数に数えます。）

□思えたから。

問7　――線**（7）**「強者」とありますが、「自分」はなぜ「その男」を「強者」と考えたのですか。その理由としてもっとも適切なものを次の**ア～エ**の中から一つ選び、記号で答えなさい。

ア　人前でかなり目立つ姿でいられるのも、若さを持っているからで、若いというだけで全てが自分よりまさっていると考えたから。

イ　何ごとにもこだわることのないかっこうをしているのを見て、心も体もがんじょうにできている人物にちがいないと考えたから。

ウ　マスク姿を周囲に見せることで、自分ほど健康に気をつけている人間はいない、という自信を示そうとしているのだと考えたから。

エ　人から何と思われようとかまわず、自分の思ったとおりのことをするのは、並たいていの精神力でできることではないと考えたから。

問8　本文の説明としてもっとも適切なものを次の**ア～エ**の中から一つ選び、記号で答えなさい。

ア　他人の言動によって「自分」が自らの考えや行動を簡単に変えてしまういきさつが時をおっていねいにえがかれており、「自分」の行いが他人に与えた影響《えいきょう》についても記されている。

イ　人にうつる病気というものがいかに人をこわがらせ、性格まで変えてしまうかということを、「自分」という人物を通してえがき出し、全ての人間にも共通することであると示している。

ウ　他の人物の内面にはふれず、全体を通じ「自分」の目を通してえがくことによって、内容に現実感が生まれ、だれにとっても自分自身がもっとも大事だという考え方に説得力を与えている。

エ　その時その時において生じた「自分」の心の動きについて、他人に対する悪感情を含めて、いつわることなく示されており、「自分」がいだいた気持ちについての細かな考察もなされている。

じっていた。が、そうした心持ちよりも、さらにこんなことを感じた。自分がある男を、不快に思ったのは、強者に対する弱者の反感ではなかったか。あんなに、マスクを付けることに、熱心だった自分までが、時候の手前、それを付けることが、どうにも気はずかしくなっている時に、勇敢《ゆうかん》に※9傲然《ごうぜん》とマスクを付けて、数千の人々の集まっている所へ、押《お》し出して行く態度は、かなり徹底《てってい》した(7)強者の態度ではあるまいか。とにかく自分が世間や時候の手前、やり兼《か》ねていることを、この青年は勇敢にやっているのだと思った。この男を不快に感じたのは、この男のそうした勇気に、圧迫《あっぱく》された心持ちではないかと自分は思った。

（出題にあたり、原文の表記を一部改めました。）

（注）※1　衝心……急性の心臓の病気。
※2　十町……距離《きょり》の単位。一町約109メートル。
※3　チフス……チフス菌《きん》の侵入《しんにゅう》によって起こる感染症。
※4　流行性感冒……インフルエンザ。
※5　頻々と……しばしば。
※6　女中……家事の手伝いなどをする女性。
※7　恐病症……実際には病気ではないのに、心身の不調になやみ、病気ではないかとおそれる状態。
※8　愛惜……手放したり傷つけたりしないように大切にすること。
※9　傲然と……大きな態度で。

問1　——線(1)「オヤオヤ」とありますが、この言葉には「自分」のどのような気持ちがうかがえますか。もっとも適切なものを次の**ア**～**エ**の中から一つ選び、記号で答えなさい。

ア　本当だろうかという疑いの気持ち。
イ　困ったなあというとまどいの気持ち。
ウ　どうでもいいというあきらめの気持ち。
エ　何を言い出すのかというおどろきの気持ち。

問2　——線(2)「自分の心持ちが暗くなった」とありますが、それはなぜですか。その理由としてもっとも適切なものを次の**ア**～**エ**の中から一つ選び、記号で答えなさい。

ア　もし感冒になったら、自分はこのような程度ではすまないような気がしたから。
イ　相手がせきをする様子を見て、どんなにかつらいだろうと気の毒に思ったから。
ウ　病気が治りきらないのに家に来るなんて、何と非常識な人なのだろうと思ったから。
エ　せっかく予防につとめているのに、相手から病気をうつされるような気がしたから。

問3　——線(3)「自重した」の、本文中での意味としてもっとも適切なものを次の**ア**～**エ**の中から一つ選び、記号で答えなさい。

ア　何もしなかった　**イ**　喜びをこらえた
ウ　行いをつつしんだ　**エ**　たやすく信じなかった

問4　——線(4)「文明人としての勇気」の説明としてもっとも適切なものを次の**ア**～**エ**の中から一つ選び、記号で答えなさい。

ア　周りの人の目をおそれることなく、マスクをつけ続けること。
イ　感染の危険がなくなるまでは、マスクを手放さないでいること。
ウ　病気にかかる危険をかえりみず、マスクを外して生活をすること。

三月に、入ってから、寒さが一日一日と、引いて行くに従って、感冒の脅威《きょうい》も段々衰《おとろ》えて行った。もうマスクをかけている人はほとんどなかった。が、自分はまだマスクを除《の》けなかった。

「病気を怖《おそ》れないで、伝染の危険を冒《おか》すなどということは、それは野《や》蛮人《ばんじん》の勇気だよ。病気を怖れて伝染の危険を絶対に避けるという方が、(4)文明人としての勇気だよ。だれも、もうマスクをかけていないときに、マスクをかけているのは変なものだよ。が、それは臆病でなくして、文明人としての勇気だと思うよ。」

自分は、こんなことをいって友達に弁解した。また心の中でも、幾分かはそう信じていた。

三月の終わり頃まで、自分はマスクを捨てなかった。もう、流行性感冒は、都会の地を離《はな》れて、山間僻地《へきち》へ行ったというような記事が、時々新聞に出た。が、自分はまだマスクを捨てなかった。もうほとんどだれも付けている人はなかった。が、たまに停留場で待ち合わしている乗客の中に、一人位黒い布きれで、鼻口をおおうている人を見出《みいだ》した。自分は、非常に頼もしい気がした。ある種の同志であり、知己《ちき》であるような気がした。自分は、そういう人を見付けだすごとに、自分一人マスクを付けているという、一種のてれくささから救われた。自分が、真の意味の衛生家であり、生命を極度に※8愛惜《あいせき》する点において一個の文明人であるといったような、誇《ほこ》りをさえ感じた。

四月となり、五月となった。(5)さすがの自分も、もうマスクを付けなかった。ところが、四月から五月に移る頃であった。また、流行性感冒が、ぶり返したという記事が二三の新聞に現れた。自分は、イヤになった。四月も五月にもなって、まだ充分《じゅうぶん》に感冒の脅威から、ぬけ切れないということが、たまらなく不愉快《ふゆかい》だった。

が、(6)さすがの自分も、もうマスクを付ける気はしなかった。日中は、初夏の太陽が、いっぱいにポカポカと照らしている。どんな口実があるにしろ、マスクを付けられる義理ではなかった。新聞の記事が、心にかかりながら、時候の力が、自分を勇気付けてくれていた。

ちょうど五月の半ばであった。シカゴの野球団が来て、早稲田《わせだ》で仕合《しあい》が、連日のように行われた。帝大《ていだい》の仕合がある日だった。自分も久しぶりに、野球が見たい気になった。学生時代には、好球家の一人であった自分も、この一二年ほとんど見ていなかったのである。

その日は快晴といってもよいほど、よく晴れていた。青葉におおわれている目白台の高台が、見る目にさわやかだった。自分は、終点で電車を捨てると、裏道を運動場の方へ行った。この辺の地理はかなりよくわかっていた。自分が、ちょうど運動場の周囲の柵《さく》に沿うて、入場口の方へ急いでいたときだった。ふと、自分を追いこした二十三四ばかりの青年があった。自分はふと、その男の横顔を見た。見るとその男は思いがけなくも、黒いマスクをかけているのだった。自分はそれを見たときに、ある不愉快な激動《ショック》を受けずにはいられなかった。それと同時に、その男に明らかな憎悪《ぞうお》を感じた。その男が、なんとなく小憎《こにく》らしかった。その黒く突《つ》き出ている黒いマスクから、いやな妖怪的《ようかいてき》な醜《みにく》さをさえ感じた。

この男が、不快だった第一の原因は、こんなよい天気の日に、この男によって、感冒の脅威を想起させられた事にちがいなかった。それと同時に、自分が、マスクを付けているときは、たまにマスクを付けている人に、あうことがうれしかったのに、自分がそれを付けなくなると、マスクを付けている人が、不快に見えるという自己本位的な心持ちも交て修理をしようという店が真の時計屋だということ。

〔二〕 次の文章は菊池寛《きくちかん》「マスク」の一節で、主人公の「自分」は心臓に不安を持っています。これを読んで、あとの問いに答えなさい。

「用心しなければいけませんよ。火事の時なんか、駈《か》け出したりなんかするといけません。この間も、元町に火事があった時、水道橋で※1衝心《しょうしん》をおこして死んだ男がありましたよ。呼びに来たから、行って診察しましたがね。非常に心臓が弱いくせに家から※2十町ばかりも駈け続けたらしいのですよ。あなたなんかも、用心をしないと、いつコロリと行くかも知れませんよ。第一けんかなんかをして興奮してはだめですよ。熱病も禁物ですね。※3チフスや※4流行性感冒《かんぼう》にかかって、四十度位の熱が三四日も続けばもう助かりっこはありませんね。」

この医者は、少しも気休めやごまかしをいわない医者だった。が、うそでもいいから、もっと気休めがいってほしかった。これほど、自分の心臓の危険が、露骨《ろこつ》に述べられると、自分は一種味気ない気持ちがした。

「何か予防法とか養生法とかはありませんかね。」と、自分が最後の逃《に》げ路《みち》を求めると、

「ありません。ただ、脂肪類《しぼうるい》を喰《く》わないことですね。肉類や脂《あぶら》っこい魚などは、なるべく避《さ》けるのですね。たんぱくな野菜を喰うのですね。」

自分は「(1)オヤオヤ。」と思った。喰うことが、第一の楽しみといってもよい自分には、こうした養生法は、致命的《ちめいてき》なものだった。

こうした診察を受けて以来、生命の安全が刻々におびやかされているような気がした。殊《こと》に、ちょうどその頃《ころ》から、流行性感冒が猛烈《もうれつ》な勢いで流行《はや》りかけて来た。医者の言葉に従えば、自分が流行性感冒にかかることは、すなわち死を意味していた。その上、その頃新聞に※5頻々《ひんぴん》とのせられた感冒についての、医者の話の中などにも、心臓の強弱が、勝負の別れ目といったような、意味のことが、幾度《いくど》もくり返されていた。

自分は感冒に対して、おびえ切ってしまったといってもよかった。自分はできるだけ予防したいと思った。最善の努力を払《はら》って、かからないように、しようと思った。他人から、臆病《おくびょう》とわらわれようが、かかって死んではたまらないと思った。

自分は、極力外出しないようにした。妻も※6女中《じょちゅう》も、なるべく外出させないようにした。そして朝夕には過酸化水素水で、うがいをした。やむを得ない用事で、外出するときには、ガーゼを沢山《たくさん》つめたマスクをかけた。そして、出る時と帰った時にていねいにうがいをした。

それで、自分は万全《ばんぜん》を期した。が、来客のあるのは、仕方がなかった。風邪《ふうじゃ》がやっとなおったばかりで、まだ咳《せき》をしている人の、訪問を受けたときなどは、(2)自分の心持ちが暗くなった。自分と話していた友人が、話している間に、段々熱が高くなったので、送り帰すと、その後から四十度の熱になったという報知を受けたときには、二三日は気味が悪かった。

毎日の新聞に出る死亡者数の増減によって、自分は一喜《いっき》一憂《いちゆう》した。日ごとに増していって、三千三百三十七人まで行くと、それを最高の記録として、わずかばかりではあったが、だんだん減少し始めたときには、自分はホッとした。が、(3)自重した。二月いっぱいはほとんど、外出しなかった。友人はもとより、妻までが、自分の臆病を笑った。自分も少し神経衰弱《しんけいすいじゃく》の※7恐病症《ヒポコンデリア》にかかっていると思った。が、感冒に対する自分の恐怖《きょうふ》は、どうにもまぎらすことの出来ない実感だった。

ア　部品を取りかえてみたら、音も動きも正常にもどったから。
イ　時計を見てみたが、針は動いていたので正常だと思ったから。
ウ　時間をかけて動作を確かめたところ、異常はみられなかったから。
エ　分解して中身を見てはみたものの、こわれた部品はなかったから。

問6　――線（5）「もう若夫婦にはだまって」とありますが、「私」がそのようにした理由としてもっとも適切なものを次の**ア**～**エ**の中から一つ選び、記号で答えなさい。
ア　若夫婦も近所の時計屋もどちらも信用できないと思っているので、わざわざ時計がこわれたことを伝える必要はないと思ったから。
イ　近所の時計屋がどこも悪くないと言ったことをうのみにして、「私」の話を信じてくれない若夫婦の態度が気にくわなかったから。
ウ　一度は近所の時計屋に時計を見せにいってくれた若夫婦に、今度は別の時計屋に見せてほしいとお願いするのは申し訳なかったから。
エ　「私」に借りている間に時計の調子はおかしくなったはずなのに、どこも悪くないとうそをつき通している若夫婦に怒《いか》りを感じたから。

問7　――線（6）「試されている」とありますが、何を試されているのですか。そのことを説明した次の文の□にあてはまる言葉を**十字以内**で本文中からぬき出して答えなさい。（句読点、記号等も字数に数えます。）

> 私の時計の□かどうかを試されている。

問8　――線（7）「心配にも思った」とありますが、その説明としてもっとも適切なものを次の**ア**～**エ**の中から一つ選び、記号で答えなさい。
ア　安い料金で修理に時間をかけてくれた時計屋が、短期間で修理をしてくれる時計屋のたくさんある今となってはもう時代おくれなのではないかと心配している。
イ　他の時計屋なら二、三日で済むはずのぜんまいを取りかえる作業に時間をかけていたら、急ぎのお客さんが来なくなってしまうのではないかと心配している。
ウ　どの時計屋にも直せなかった複雑な時計をかんたんに直すことのできる時計屋の修理代が、他の時計屋と同じ程度の修理代でいいのだろうかと心配している。
エ　ぜんまいを取りかえるだけでなく、じっくりと時間をかけて時計を直してくれた時計屋の提示した修理代は、手間に見合わないのではないかと心配している。

問9　――線（8）「この時計屋こそ餅屋だ」の説明としてもっとも適切なものを次の**ア**～**エ**の中から一つ選び、記号で答えなさい。
ア　安さと早さを売りにして時計の修理をする店が増えてきている今の世の中で、すぐれた技術を持っているにもかかわらずすたれていってしまう店が真の時計屋だということ。
イ　専門店とは名ばかりで不誠実な態度で仕事にのぞむ店がある今の世の中で、困ったときには店員が親身になって相談にのってくれる人情あふれる店が真の時計屋だということ。
ウ　入りやすく気軽に利用できるが値段相応の修理しかしない店が増えてきている今の世の中で、入りづらさはあるものの十分に時間をかけて修理をする店が真の時計屋だということ。
エ　修理の技術が未熟なだけでなくこわれていることも見ぬけない店がある今の世の中で、確かな技術があり完全に直すまで責任を持っ

①ドウラク

ア ドウジョウの余地はない。
イ 最新機器をドウニュウする。
ウ ドウリに外れた行いをする。
エ 子どもにドウワを読み聞かせる。

②コショウ

ア 家にショウタイする。
イ ショウジに穴を開ける。
ウ 手をよくショウドクする。
エ ショウガイ事件をおこす。

③リョウシュウ

ア 事態がシュウソクする。
イ ユウシュウの美をかざる。
ウ シュウゴウ時間におくれる。
エ ダンスのレンシュウをする。

問2　――線**（1）**「太陽の運行のもようを相談する」とはどうすることですか。その説明としてもっとも適切なものを次の**ア**～**エ**の中から一つ選び、記号で答えなさい。

ア 時計が示す時間から外の明るさや様子を想像すること。
イ 時間の経過を確かめながら仕事の見通しを立てること。
ウ 時計の進み具合やおくれ具合がどうであるか調べること。
エ 季節の移り変わりに合わせて仕事の時間を調整すること。

問3　――線**（2）**「愛用のを貸してやった」とありますが、それはなぜですか。その理由としてもっとも適切なものを次の**ア**～**エ**の中から一つ選び、記号で答えなさい。

ア これまで使ってきた経験から愛用の時計なら留学期間中もきちんと動き続けるはずだと思ったから。
イ いただいた時計を他人に貸すのは申し訳ないので自分のスイス時計を貸した方がよいと思ったから。
ウ 自分が長年愛用しているスイス時計ならば若夫婦もきっと大切に使ってくれるだろうと考えたから。
エ 長年自分が使い続けてきた時計の方が出版社から記念にもらった時計よりも高価なものだったから。

問4　――線**（3）**「お見それしました」とありますが、この言葉にこめられた「私」の気持ちとしてもっとも適切なものを次の**ア**～**エ**の中から一つ選び、記号で答えなさい。

ア ぼろぼろになるまで使いこまれて、貸した当時のきれいな姿とは似ても似つかない姿になってしまった時計を見て困りきっている。
イ 若夫婦それぞれが「私」の時計を乱暴にあつかったせいで、時計の動作が不安定になってしまったことがわかって腹を立てている。
ウ 長年大事にしてきたスイス時計が、若夫婦によってあっけなくこわされてしまったことを目《ま》の当たりにして、ぼうぜんとしている。
エ 借り物の時計を一年の間に変わり果てた姿にしてしまったにもかかわらず、それを気にせず返せる若夫婦におどろきあきれている。

問5　――線**（4）**「『近所の時計屋さん』は、どこもわるくないといっている」とありますが、「近所の時計屋さん」はなぜそのように判断したのですか。その理由としてもっとも適切なものを次の**ア**～**エ**の中から一つ選び、記号で答えなさい。

からだった。

外から見ると、まったく※3見だてのしないお店だったが、きれいな、※4中僧さんくらいの店員がいて、ていねいにわけを説明してくれるのだった。

しかし、会社勤めをやめてから、あまり遠いので、いったことがなかったが、この目ざまし時計のコ②ショウで、私は、そこへいく気になった。

きれいな中僧さん――若主人になったのかもしれない――は、すこし年とって、やはりお店に坐《すわ》っていて、私をまえに見た顔だと思いだしてくれた。時計は、ぜんまいがだめになっているから、取りかえなければだめだということだった。

私は、それを頼《たの》んで、二、三日すごしてから、当然できていると思っていくと、

「どうも調子が気にくわないんです。もうちょっと見さしてくれませんか」といわれた。

私の時計は、側をはずして、内臓だけになって、机のはしにおいてあった。日頃《ひごろ》、そこで(6)試《ため》されていることがわかった。

私は、暮《くれ》ちかく、また取りにいった。

すると、その人は、頭をかくようにして、

「すみません、もうすこし見たいんですが」ということだった。

お正月になってからは、私もいそがしくなり、むだ足をふむのもと思って電話をかけると、

「もうすこしで、時間がきっちり合うところです」という。

とうとう「できました」という返事をきいて、取りにいったのが、丁度三カ月後だった。

修繕代《しゅうぜんだい》は千百円で、ちゃんとリョウ③シュウ書を書いてくれた。

私はすがすがしい気もちで店を出ながら、この時計屋さん、利益があるのかしらと、(7)心配にも思った。

この目ざまし時計の交渉《こうしょう》のあいだに、私は、この一、二年、とても調子がわるくなってきた腕時計も診断《しんだん》してもらったのだが、これは、私の家の「近所の時計屋」で、あけかたがわからないで、こじあけて、取りかえしのつかないきず物にしてしまっているから、「もうだめです」といわれた。

私は、事ごとに感心し、日本でまだ「餅《もち》は餅屋」ということばが通用するなら、(8)この時計屋こそ餅屋だと思い、時計ひとつにしろ、いまの世の中でたよりになる場所を見つけたことは、ありがたいことだと思った。

（石井桃子《いしいももこ》「近所の時計屋と遠い時計屋」より。出題にあたり、原文の表記を一部改めました。）

（注）※1　はすかい……なのめ。

※2　ケッタイ……「結滞《けったい》」と書いて、心臓の脈拍《みゃくはく》のリズムが乱れることをいう。

※3　見だて……見ばえ。

※4　中僧……「中小僧」の略。「ちゅうぞう」と読み、商店や職人の家などで、年を重ねた小僧や一人前になるすこし前のものをいう。

問1　══線①～③と同じ漢字を使うものを次の**ア**～**エ**の中から一つずつ選び、それぞれ記号で答えなさい。

【国語】（四五分）〈満点：一〇〇点〉

一　次の文章を読んで、あとの問いに答えなさい。

文明の利器のうちでは、私は時計にとても興味をもっている。しかし、時計①ドウラクというのでは、さらさらなく、何型とか、石がいくつというようなことは、ちっとも知らない。ただ体がよわく、ことにこの四、五年、目がわるくなってからは、昼間の時間をやりくりする必要にせまられ、正確な時計をとても愛するようになってしまったのである。

私は、この七、八年、机の上の小ひきだしの上に、小さいおりたたみ式の目ざまし時計を開いて立て、仕事をする時は、ちょいちょい目をあげて、これに(1)太陽の運行のもようを相談することにしている。また、掃除《そうじ》をしたり、外出したりする時には、腕《うで》時計を見る。

この二つは、どちらもスイス製で、目ざましの方は、八年ほどまえ、ある人からもらい、腕時計は、十年まえ、外国旅行をした時、ホンコンで一ばん安い、名まえも聞いたことのないのを買ったのである。

さて、三年ばかりまえのこと、親しくしている若夫婦《わかふうふ》が、一年間、外国留学をするので、目ざまし時計を貸してくれといってきた。その人たちは、私がもう一つ、ある出版社の何十周年記念とかいう時に、目ざまし時計をもらっていることを知っていた。私は、どちらを貸そうかと迷ったが、お金のいる留学生活では、自分で試験ずみのスイス時計のほうがいいだろうと考えて、(2)愛用のを貸してやった。

一年たって、その人たちが帰ってきて、会いにいったら、「どうもありがとう」と、時計を返してよこした。じつのところ、私は、それを見た瞬間《しゅんかん》、ぎょっとした。

側の皮は、色がかわったと思われるばかりすりきれ、折りたたむ個所《かしょ》の蝶《ちょう》つがいの心棒は曲がって、ふたと身が、※1はすかいに合わさっていた。

私はもう少しで、「(3)お見それしました」というところだったが、だまってそれをうけとった。

家へもどって、よくふいてやり、あまり私の耳に快くない音をたてる、出版社からのいただき物ととりかえて、小ひきだしの上においた。すると、動きかたが、どうもおかしい。動いているかと思うと、とまったりする。まるで脈が※2ケッタイしているような気がした。

そこで、若夫婦が家へ来た時、「あの時計、おかしくなってるね」というと、「じゃ、近所の時計屋さんに見てもらう」といって、もって帰った。

そして、またしばらくしてやってくると、(4)「近所の時計屋さん」は、どこもわるくないといっているというのである。

若おくさんは、時計を私の耳にあてて、「ね？　動いてるよ」といった。じっさい動いているので、私はうなずいた。

しかし、それから二、三日すると、時計は、ほんとにとまってしまった。

私は、(5)もう若夫婦にはだまって、その時計を神田の時計屋さんにもっていった。

この時計屋は、私が神田の出版社に勤めていたころ、時どきやっかいになったお店である。そもそもこのお店を知ったのは、ある友人が、そこでなおしてもらった時計が、一秒も狂《くる》わないといっているのを聞いたないという、投げやりな気持ちになっている。

問8　――線**(6)**「お父さんの言葉だからうなずけた」とありますが、「うなずけた」のは「ぼく」が「お父さん」をどのような人物だと見ているからですか。その説明としてもっとも適切なものを次の**ア**～**エ**の中から一つ選び、記号で答えなさい。

ア　自分の責任で多くの仲間たちも病院を去らなくてはならなくなったにもかかわらず、自分の正義を曲げないで「ぼく」に示し続ける心の強い人物。

イ　東京の病院を追われ銚子にやってきてもなおいやがらせが続くつらさを「ぼく」に感じさせることなく、いつも前向きな生き方を見せ続ける人物。

ウ　内部告発をして以来、親しい人や大切だと考えていた人たちから冷たくされることが続いても、信じたことを真心をもってつらぬき続ける人物。

エ　仕事がどんなにいそがしくても「ぼく」の気持ちを第一に考え、つらい時には仕事を後回しにしても相談にのってくれる心のあたたかい人物。

問9　――線**(7)**「佐丸にとってのぼくは、どんなクラスメイトだっただろう」とありますが、「ぼく」はなぜこのように思ったのですか。その理由としてもっとも適切なものを次の**ア**～**エ**の中から一つ選び、記号で答えなさい。

ア　佐丸の話を聞くよりも、自分たち親子のつらい話ばかりを聞かせてはいなかったかと反省したから。

イ　相手が自分にどう接してくれるかより、自分がどのように相手に接したかが重要だと気づいたから。

ウ　相手に気に入ってもらおうとばかりしていた自分の心の弱さを、今さらながらに認識させられたから。

エ　佐丸が自分を気にくわないと思ったのは、結局は佐丸への自分の対応が悪かったからだと考えたから。

問10　本文についての説明としてもっとも適切なものを次の**ア**～**エ**の中から一つ選び、記号で答えなさい。

ア　「ぼく」の視点から物語は語られており、クラスメイトの言葉によってはげしくゆれていた「ぼく」の心がしだいに定まっていく過程をえがいている。

イ　友人の宮本と川口が「ぼく」の気持ちをくみ取れなかったことは、世の中は苦しむ本人たちに結局何の力にもならないことを表す一例となっている。

ウ　「ぼく」には、父の行動に大人の考えを見せる一面と、ゆくえをくらませて父を心配させたり説得されて簡単に考えを変えたりする幼い一面とがある。

エ　中心となる話の流れの中に過去の父の行動をはさむことによって、父の失敗が「ぼく」の心に重くのしかかっている実情がわかるようになっている。

エ　上村をそそのかすことで自分の弱みをつき、その反応を楽しもうとしているだれかに対して、はげしいいかりがこみ上げている。

問４　――線(2)「現実」とありますが、「現実」の説明としてもっとも適切なものを次の**ア**～**エ**の中から一つ選び、記号で答えなさい。

ア　医師としての正義感にかられた父の内部告発が、問題のある医師だけでなく父までも病院を追われる結果をまねいたこと。

イ　医師としての信念をつらぬいた父の意見書が世間に無視されたことに加え、家族全員が世間からの非難を浴びせかけられたこと。

ウ　医師としての進退を賭けた父の提案による病院改革が失敗に終わり、父一人が責任を取らされる結果になってしまったこと。

エ　医師としての良心に従った父のけんめいなうったえを病院にもみ消された上に、勤めていた病院を追われてしまったこと。

問５　――線(3)「恐くてたまらない」とありますが、「ぼく」が「恐くてたまらない」と思った理由としてもっとも適切なものを次の**ア**～**エ**の中から一つ選び、記号で答えなさい。

ア　この場に佐丸がもし現れたら、上村の言ったことを佐丸に伝えることになり、自分が原因で佐丸と上村と仲たがいをしてしまうのではないかと思ったから。

イ　この場に佐丸がもし現れたら、上村の話が本当かどうかを佐丸に聞かなければならず、ばれたと知った佐丸が自分にけんかをしかけてくるのではないかと思ったから。

ウ　この場に佐丸がもし現れたら、上村の言ったことを佐丸に伝えなければならず、うわさとはいえ父をけなす話を口にするのは父に顔向けができないと考えたから。

エ　この場に佐丸がもし現れたら、上村の話について佐丸に確かめることになり、佐丸の言葉しだいでは大事だと思っていた友人を失うことになると考えたから。

問６　――線(4)「ぼくを絡め取ろうとする」とありますが、「絡め取る」とはどのようなことを意味していますか。その説明としてもっとも適切なものを次の**ア**～**エ**の中から一つ選び、記号で答えなさい。

ア　佐丸に対して感じる腹立たしい思いをどうやっても消すことができないということ。

イ　佐丸のことを頭から追い出そうと思っても追い出せなくさせられているということ。

ウ　自分の中に佐丸を許してやるべきだという気持ちがどうしても起きないということ。

エ　自分以外真実をはっきりさせられる者はないという思いが強まっているということ。

問７　――線(5)「このままじっとしていよう」とありますが、この時の「ぼく」の気持ちの説明としてもっとも適切なものを次の**ア**～**エ**の中から一つ選び、記号で答えなさい。

ア　上村たちから話を聞いてびっくりした佐丸が自分を探しに来てくれればいいという、あわい期待を持っている。

イ　だれにもじゃまされない場所が見つかったので、これからの自分のありかたをしっかり考えたいと思っている。

ウ　あれこれと考えをめぐらせたり人と会ったりすることで、自分の気持ちをこれ以上乱したくないと考えている。

エ　自分の周囲の人がみな信じられず、自分などどうなってもかまわ書を提出すると決めてから、まわりの人たちの多くは変わってしまったのだろう。仲がいいと思っていた人にも、心ない態度を取られた。

「でもな、自分は自分で精一杯《せいいっぱい》、誠実にやっていくしかないんだ。フミもだぞ。おまえが優《やさ》しさや思いやりを持っていれば、必ず気づいてくれる人がいる。応えてくれる人がいる。それは信じていいぞ。お父さんが言うんだからな、まちがいない。大丈夫《だいじょうぶ》だ。恐くない。恐くても、投げ出すな。お父さんも投げ出さない。おまえも投げ出すな」

初めての引っ越しで、初めてできた友だち。今、一番大事な友だち。信じろと、父は言わなかった。人の気持ちは人の気持ちだ。自分ではどうにもならない。自分自身の気持ちをなんとかするしかない。

少しでも、誠実に。思いやりを忘れずに。

ぼくにとっての佐丸ではなく、(7)佐丸にとってのぼくは、どんなクラスメイトだっただろう。

あいつのお父さんが銚子に引っ越す前に亡くなったことは知らなかった。※4春をけしかけ、若丸のまねをして、海に向かってワンワンと吠《ほ》えたとき、あいつはお父さんを思い出していたのだろうか。自分を置いて※5逝《い》ってしまった父親のことを。

波の音がふっと静まった。傾《かたむ》いた半月が海原《うなばら》の上に浮かんでいる。

（大崎梢《おおさきこずえ》『よっつ屋根の下』より。）

（注）※1 噂……内科医である「ぼく」の父が東京で医療《いりょう》ミスをしたせいで銚子にやってきたのだという噂。

※2 佐丸……「ぼく」の友人。転校したばかりの「ぼく」に多くのせわをした。

※3 若丸……伝説上の犬の名前。

※4 春……佐丸の飼い犬の名前。

※5 逝ってしまった……死んでしまった。

問1 〜〜線a「ふたつ返事で」、b「なじられても」の本文中での意味としてもっとも適切なものを次のア〜エの中から一つずつ選び、それぞれ記号で答えなさい。

a ふたつ返事で

ア しかたなく　イ ためらうことなく

ウ しばらく考えて　エ いいかげんに

b なじられても

ア とがめられても　イ 軽べつされても

ウ 悪口を言われても　エ しかりとばされても

問2 本文中の Ⅰ ・ Ⅱ にあてはまる体の一部を表す言葉を、それぞれ**ひらがな**で答えなさい。

問3 ――線(1)「いいかげんにしろ」とありますが、この言葉にこめられた「ぼく」の気持ちの説明としてもっとも適切なものを次の**ア**〜**エ**の中から一つ選び、記号で答えなさい。

ア 本当のことを知りもせず、ありもしないことをでっちあげようとしている人たちがどこにでもいることに対し、がまんができなくなっている。

イ もう過ぎ去ったことなのに、いまだにあやまちをむし返してしつこく話題にしようとする者たちに対して、つくづくいやけがさしている。

ウ うわさになっている人の子どもに向かってつらいことを確かめようとしている上村に対し、この上ない腹立たしさを感じている。

の駅である犬吠《いぬぼう》駅のホームが見えてきた。手前で曲がって海に向かう。家には帰れない。宮本や川口が訪ねてくるかもしれない。ぼくに真実を告げるかもしれない。

佐丸がほんとうはぼくを嫌《きら》ってるっていうこと。ちっとも友だちじゃないこと。陥れようとしていること。

ちがうかもしれない。すべてが上村の嘘で、佐丸も佐丸のおばさんも、ぼくの思っている通りの人かもしれない。

どちらかだ。マルかバツか。右か左か。黒か白か。

コインを投げるように簡単。「かもしれない」がすべてなくなる。裏か表か、答えはひとつ。すぐに決着がつく。

ぼくはそれを知りたくなかった。佐丸の本心を知りたくない。決着なんかいらない。

黙々《もくもく》と足を動かしていると横風が強くなる。マリンパークの前を行きすぎると白い灯台が見えてくる。ここも佐丸と一緒に行った。銚子はやつとの想《おも》い出だらけだ。逃げたくても逃げられない。想い出が追いかけてくる。(4)ぼくを絡《から》め取ろうとする。

初めて登った「地球の丸く見える丘展望館」から眺《なが》めた海が、一足ごとに近くなる。灯台のまわりはがらんとしている。誰かにすぐみつかりそうで、岩場に巡《めぐ》らされた遊歩道へと下りることにした。急な階段をたどっていると波音が大きくなる。西の空に雲が広がり、夕陽《ゆうひ》はほとんど隠れてしまった。あたりに人影はなく、暗くて寒い。

ちょうどよかった。ぼくは誰にも気づかれそうもない岩場の窪《くぼ》みをみつけ、遊歩道から離れたそこに身を寄せた。しゃがんで膝《ひざ》を抱《かか》え、背中を丸めて目をつぶる。やっと息がつける。震えが治まりそうだ。逃げられる気がした。(5)このままじっとしていよう。してるから、いっそ岩にしてほしい。義経《よしつね》を思いながら鳴き続け、岩になった※3若丸のように。

どれくらいそうしていただろうか。指先が痛いほど冷えたところで、上着のポケットの振動《しんどう》に気づいた。携帯《けいたい》電話が鳴っていた。取り出してもたもたしている間に止まってしまう。父からだった。何かあったのだろうか。容体が急変した患者さんがいたのか。夕飯までに間に合わないという連絡《れんらく》か。

ディスプレイをみつめているとまたかかってきた。

「もしもし」

「フミか。フミなんだな。今、どこにいる?」

なんだろう。すごくあわてている。

「どうかした?」

「どうかしたじゃない。心配したぞ。今、どこにいる? お父さん、すぐに行くから。今いるところを言いなさい」

学校から連絡が行ったのか。宮本や川口の顔が浮《う》かんだ。

「もしもし、フミ、聞こえるか?」

「お父さん、ぼく、友だちのことが信じられないよ。すごくだいじで、すごく大切な友だちなのに、信じることができないんだ」

少し間を置いてから返事があった。

「それは、とても大切だからだよ。なくしたくない気持ちが強すぎて、恐くなるんだ。お父さんもこの一年、ずっとそうだった」

「うん」

他の誰でもない、(6)お父さんの言葉だからうなずけた。病院に意見頼《たの》まれ、祖父はaふたつ返事で引き受けた。説き伏《ふ》せる自信があったのだろう。それまでは従順な婿《むこ》だった。甘《あま》く見ていたところ、父はどんな説得にも応じなかった。脅《おど》されても屈《くっ》しない。板挟《いたばさ》みになった母が体調を崩《くず》し、家族を犠牲《ぎせい》にするのかとbなじられても曲げない。ぼくや妹や母を自宅の居間に集め、事の顛末《てんまつ》を語ると同時に、一緒《いっしょ》に銚子《ちょうし》に行ってほしいと訴《うった》えた。

「悪いことはしてない。でも人を陥《おとしい》れるやつはいるんだ。くだらない噂話を流しているやつに、おれだって言いたいことがある。お父さんだって黙ってない。誰だよ。教えろ」

「いろんな人よ」

「だから誰。言うまで帰さない」

ドアの前で足に力を入れて肩《かた》をそびやかすと、上村は顔を歪《ゆが》めてべそをかいた。知らないとか、わからないとかごまかそうとするので、腹が立って今にも殴《なぐ》りそうになった。拳《こぶし》を握《にぎ》りしめると、上村は身をすくめ泣きわめくようにして言った。

「※2佐丸《さまる》よ。佐丸のお母さん」

え？

「病院で働いているの。知らない？　聞いてない？　佐丸のお母さんがしゃべってたんだよ」

嘘《うそ》だ。何それ。病院勤めっていうのも聞いてない。働いているのは知っていたけれど。

「佐丸んちはこっちに引っ越してくる少し前に、お父さんが死んじゃったの。だから、お母さんも佐丸も、お父さんと一緒に引っ越してきた平山くんのことが羨《うらや》ましいんだよ。それで、わざと噂を流しているんだよ。ほんとうだよ」

まさか。体中が冷たくなってうまく動かない。握った拳が人の手みたいだ。

そのとき廊下《ろうか》に話し声がした。立ち尽くしている間にも近づいてきて、ドアからひょいと顔がのぞく。宮本と川口だ。

「あ、平山。いたんだ。もう帰ったかと思った」

「よかった。今日の社会の宿題……」

言いかけて、ふたりはぼくと上村のただならぬ雰囲気《ふんいき》に気づいて息を飲んだ。

「どうかした？」

［Ⅱ］をひそめる宮本にぼくは尋ねた。

「佐丸のお母さんって、銚子さくら病院で働いてるの？」

「うん」

「お父さんはここに来る前に亡《な》くなった？」

宮本はぼくと上村の顔を見比べながらうなずいた。それ以上、訊けなかった。今にも佐丸が現れそうで、(3)恐くてたまらない。上村の話が大嘘かもしれないのに、あのおばさんがまさかと思うのに、もしかしてという疑いがぼくのすべてを凍《こお》り付かせる。足元に大きな穴が空《あ》いているようだ。じっと立っているつもりが、吸い込まれるように落ちていく。

気がついたら駆け出していた。廊下を走り、階段を下りて、靴《くつ》を履《は》き替《か》え、学校から飛び出す。地面を蹴《け》って蹴って蹴って、呼吸が間に合わず苦しい。心臓も肺も胃袋《いぶくろ》も吐《は》き出してしまいそうだ。

外川の集落を抜け、電車の駅を通り越し、やみくもに進んでいると次えなさい。

ア　内気な筆者にとって、「妻」のように未知の他人と親しく接することは難しいが、日常のちょっとしたやりとりを通じてであれば、他人との距離をちぢめることはできるだろうと確信した。

イ　物おじせずに他人に話しかける「妻」と、それができない筆者自身とを比べることで、自分が他人に声をかけられないのは、他人と深く関わりたいという強い気持ちの表れだということに気づいた。

ウ　他人をおそれるあまり、たやすく話しかけることができない筆者だが、だからこそいつか他人の人生を大きく変えられるような言葉をかけることができるにちがいないと強く感じた。

エ　筆者は、他人に積極的に話しかける「妻」とそれによって笑顔になった人々に思いをめぐらせることで、これまでの自分を見つめ直し、他人との関わりをさけてきたことを深く反省した。

二　次の文章を読んで、あとの問いに答えなさい。

「言えよ。誰がその、でたらめな※1噂《うわさ》を流している？」

ぼくの頭は真っ白になった。リセットボタンを押《お》したように、ごちゃごちゃ渦巻《うずま》いていたものがすっと消える。

上村《うえむら》は摑《つか》んでいた手を離《はな》し、体を後ろに引いた。

「答えろってば。おまえは誰からその噂を聞いたんだ。家の人？　大人だって言ったな。そうなのか？」

「ちがう。なによ、でたらめって」

「ミスを犯《おか》したのは別の医者だ。病院はそれを隠《かく》そうとした。お父さんは明らかにすべきだと意見して、病院の偉《えら》い人たちを怒《おこ》らせ、こっちに飛ばされたんだ。まだかよ。ここに来ても、まだ悪く言われるのか。(1)いいかげんにしろ」

口惜《くちお》しさと憤《いきどお》りでぼくの頭は再びごちゃごちゃになった。恐《こわ》くて震《ふる》えるのではなく、赤黒いものが体中を駆《か》けめぐり、じっとしていられない。

「黙《だま》ってないで何か言え。噂を流しているのはおまえんちのお父さんか、お母さんか」

「悪くないなら、なんで外川《とかわ》に来たの。こんなド田舎《いなか》。東京にいられなくなったから来たんでしょ」

正しいことをしても、それが認められなければ「正しい」にはならない。ここに来るまでの間にさんざん思い知った(2)現実だ。ベテランの先生が当直を抜《ぬ》け出してどこかに行ってしまい、ひとりきりの研修医が急変した患者《かんじゃ》と運び込《こ》まれた急患にあたふたし、投薬ミスを犯した。これが事実なら、責められるべきははっきりしている。でも病院はすべてをうやむやにしようとした。

父は、医者の個人的なミスに白黒つけたかったわけじゃない。事実を重く受け止めつつ、事故の起きない体制作りに尽力《じんりょく》すべきだと主張した。［ I ］に余ることは今までに何度もあったらしい。見過ごすことがもうできなかったのだ。父だけでなく、声を上げた人は他にもいる。外科医《げかい》がひとりと、看護師が三人、事務員がひとり。このうち内科医の父と外科医は飛ばされ、看護師のひとりは退職した。他の人たちがどうなったのかはわからない。病院のその後も聞こえてこない。

父が自分の進退を賭《か》けて起こした内部告発は、不運なことにぼくらの家族全員を巻きこんだ。母方の祖父は製薬メーカーの重役だった。病院長と旧知の間柄《あいだがら》であり、伯父《おじ》も同様だ。父を説得するよう病院長直々《じきじき》にとしてもっとも適切なものを次の**ア**～**エ**の中から一つ選び、記号で答えなさい。

ア　他人に声をかけなくても、自力で解決できると思ってしまうこと。

イ　自分のプライドが邪魔《じゃま》をして、他人に声をかけられなくなること。

ウ　英語が得意ではないので、旅先では他人に声をかけなくなること。

エ　他人に声をかけるきっかけをつかめず、一人で悩《なや》んでしまうこと。

問4　――線**(2)**「私の妻は外国ですぐに人に話しかける」とありますが、「妻」のこの行動に対して筆者はどのように感じていますか。本文中から**十字以内**でぬき出して答えなさい。（句読点、記号等も字数に数えます。）

問5　――線**(3)**「ぎょっとした」とはどのようなことですか。その説明としてもっとも適切なものを次の**ア**～**エ**の中から一つ選び、記号で答えなさい。

ア　自分には失礼だとしか思えない「妻」の行動を見て、落ち着いてはいられなかったということ。

イ　相手の気持ちをまったく考えないで行動する「妻」に対して失望し、あきれてしまったということ。

ウ　誰とでも気がねなく接する「妻」の行動に感心し、自分にはまねができないと感じたということ。

エ　どこにでもあるものをあげてお礼をしようとする「妻」の行動を理解できず、あ然としたということ。

問6　――線**(4)**「五十円玉」について説明した次の文の□にあてはまる言葉を、本文中から**四字**でぬき出して答えなさい。

> 「妻」が渡した「五十円玉」は、おくり物にはそぐわないように「私」には思われたが、「タクシーの運転手」からは□として受け止められた。

問7　――線**(5)**「問題は『他人に声をかける』こと自体の中にある」とありますが、筆者はどのようなことが問題であると言っていますか。その説明としてもっとも適切なものを次の**ア**～**エ**の中から一つ選び、記号で答えなさい。

ア　他人は自分と価値観が異なるものなので、「他人に声をかける」時には何が良くて何が悪いのかを見極《みきわ》めづらいものだということ。

イ　自分と全く同じ存在である他人はいないので、「他人に声をかける」時には思いがけないことが生じることがあるということ。

ウ　「他人に声をかける」という行為を支障なくできるようになるためには、経験をより多く積み重ねていく必要があるということ。

エ　「他人に声をかける」という行為を何の抵抗も感じずに実行できる人もいるが、緊張してうまくできない人もいるということ。

問8　Ⅱに入る言葉としてもっとも適切なものを次の**ア**～**エ**の中から一つ選び、記号で答えなさい。

ア　今、虹が出ている　　**イ**　私には虹が見えます

ウ　みなさん、虹ですよ　　**エ**　本当は虹は出ていない

問9　本文の内容と合うものを次の**ア**～**エ**の中から一つ選び、記号で答

の育ち方には大差はない。彼女が飼い猫で私が野良猫ということはないのだ。

　私は思い出す。折り鶴を受け取った時、お爺さんの頑固《がんこ》そうなヒョウ③ジョウがぱっと笑顔《えがお》に変わったことを。カフェのウェイトレスもタクシーの運転手も、とっても喜んでいた。もらったモノが嬉《うれ》しかったわけではないだろう。好意の証《あかし》を喜んだのだ。でも、私にはそんな風に振《ふ》る舞《ま》うことはできない。

　電車で席を譲《ゆず》る時も、激しく緊張《きんちょう》する。タイミングよく立てることもあるが、その一瞬《いっしゅん》を逃《のが》すと急に体が動かなくなってしまう。席を譲るのに抵抗《ていこう》があるわけではない、というか、そんなことはどうでもいい。(5)問題は「他人に声をかける」こと自体の中にある。それがおそろしい。席を譲るのは良いこと、良いことをするのに何がおそろしいのか、というのはあまりにも表面的な意見だと思う。良いことだろうが悪いことだろうが、他人という存在の扉《とびら》を叩《たた》く行為は本質的には常におそろしい。何故なら、他人とは、自分とは異なる命の塊《かたまり》だから。そこには眩《まぶ》しいほどの未知性が詰《つ》まっている。それこそが恐怖《きょうふ》の源であり、同時に喜びの源でもあるのだろう。

　本の在りかを尋ねる、サービスのお礼をする、電車で席を譲る、などは社会的に定型性をもった行為であり、それによって「他人に声をかける」ことのハードルが下がる面はある。本屋の店員たちはそのやり取りに慣れている筈。なのに、私はそのハードルすら満足に越《こ》えられない。そのくせ奇妙《きみょう》なことに、自分の心の中に、それよりも遙《はる》かに高いハードルを越えることへの憧《あこが》れを感じる。今ここで声をかけることで未来が決定的に変わってしまうような、一期一会《いちごいちえ》のアプローチをしてみたい。何故なら、我々は「他人に声をかける」ために生まれてきたのだから。その思いはたぶん妻よりも私の方が強い。できないくせに。できないくせに。「他人に声をかける」、その恐怖の正体は憧れの強さの裏返しなのだろう。私に似た誰かが、突然、空を見上げて「虹《にじ》だ」とひとりごとを云う時、それは「　Ⅱ　」という意味にちがいない。

（穂村弘《ほむらひろし》「他人に声をかける」より。）

問1　＝線①～③と同じ漢字を使うものを次の**ア**～**エ**の中から一つずつ選び、それぞれ記号で答えなさい。

①　ケントウ
- **ア**　トウダイもと暗し。
- **イ**　トウセンが決まる。
- **ウ**　トウロン会を開く。
- **エ**　トウセイのとれたチーム。

②　サイシンカン
- **ア**　チョウカンを読む。
- **イ**　映画をカンショウする。
- **ウ**　商品がカンバイする。
- **エ**　シンカンセンが開通する。

③　ヒョウジョウ
- **ア**　薬をジョウビする。
- **イ**　すなおにハクジョウする。
- **ウ**　ジョウヤクの改正。
- **エ**　ジョウカン豊かな小説。

問2　[Ｉ]には、「安全確実な手段をとったほうがかえって早く目的を達することができる」という意味のことわざが入ります。そのことわざをひらがな**七字**で答えなさい。

問3　――線**(1)**「よく似た現象」とはどのようなことですか。その説明

【国　語】（四五分）〈満点：一〇〇点〉

一　次の文章を読んで、あとの問いに答えなさい。

本屋に入って、目当ての本がみつからないことがある。この辺りだろうとケン①トウをつけた棚《たな》の前を行ったり来たり行ったり来たり……、ない。おかしい。もしかしてこっちの棚かな、と思ってまた同じことを繰《く》り返す。やっぱりない。どうしてもみつからない。仕方ない。［　Ⅰ　］とばかりに壁際《かべぎわ》に並んだ検索《けんさく》用の機械に近づくと、なんと全てが使用中だ。なんだか気力が萎《な》えて、諦《あきら》めてしまった。別に今日じゃなくてもいいや。

お店の人に訊《き》けば良かったのだ。『喧嘩《けんか》商売』のサイシン②カンはどこにありますか、と。わかっている筈《はず》なのに、ふとした弾《はず》みで、そのタイミングが狂《くる》ってしまうことがある。軽い気持ちで探し始めてみつからない時、なんとなく自力に執着《しゅうちゃく》して、あれ、あれ、変だなあ、というモードになってくると、何故《なぜ》か声をかけるという行為《こうい》ができなくなる。そんな時こそ誰《だれ》かに頼《たよ》るべきなのに、「他人に声をかける」ことのハードルが妙《みょう》に上がってしまうのだ。旅先で道に迷った時などにも、(1)よく似た現象が起きる。一旦《いったん》誰かに尋《たず》ねるタイミングを逸《いっ》して、自力に拘《こだわ》るモードに入ると、もう駄目《だめ》だ。スマートフォンの地図をくるくる回しながら、永遠に首を捻《ひね》り続けることになる。

「他人に声をかける」ことに関するハードル感覚には、もともとの個人差も大きい。(2)私の妻は外国ですぐに人に話しかける。道を訊いたり、商品を値切ったり。英語が得意なわけではない。聞き取ることも話すことも殆《ほとん》どできないのだ。それなのに、公園のベンチでたまたま隣《となり》に座《すわ》った気難しそうなお爺《じい》さんに、突然《とつぜん》、折り紙の「鶴《つる》」を手渡《わた》したりする。同じく英語のできない私が、よ、よ、よしなよ、と止める間もなく、「ジャパニーズ・ツル・フォー・ユー」って、「ツル」はわかんないと思うよ。

折り鶴ならまだいい。だが、先日シンガポールのカフェのウェイトレスに使いかけのポケットティッシュをあげた時は(3)ぎょっとした。

「さっきまであれで洟《はな》かんでたよね」

「キティちゃんの絵がついてて可愛《かわい》いから」

「相手が小さな子供ならともかく……」

「だって、親切にしてくれたから何かお礼がしたかったけど、何にももってなかったの」

ところが、その直後に利用したタクシーを降りる時、彼女が運転手に向かって「フォー・ユー」と何かを渡したのでさらに驚《おどろ》く。

「あげるものが何もないって云《い》ってたじゃん」

「うん。だから(4)五十円玉をあげたの」

「日本の？」

「穴が開いてて面白《おもしろ》いかと思って」

人間の行動パターンって、なんてちがうんだろう、と思う。そんなに気軽に他人に話しかけてこわくないのか。同じ猫《ねこ》でも飼い猫と野良《のら》猫とでは、対人的な警戒心《けいかいしん》というか距離感《きょりかん》に大きなちがいがある。が、我々

謝の気持ちを伝えなければならない。

問8　――線(8)「今はこうして笑っておくべきだと、しめしあわせたかのように」とありますが、ここから読み取れることとしてもっとも適切なものを次の**ア**～**エ**の中から一つ選び、記号で答えなさい。

ア　「ドクターごっこ」という子どもたちの遊びに笑っている父を見て、明日どんなに悪いことが起ころうとも今日の思い出があれば乗りこえることができるとみんなが思ったということ。

イ　子どもたちは「CT」を写真と同じように思ってしまったが、それが思わぬ父の笑顔につながったので、今はまちがいをあえて直さないままにしておこうとみんなが思ったということ。

ウ　遊びの中で父の病気が治りにくいことをうっかり本人に言ってしまった子どもをしかりたいが、父が気にしてはいないようなので、心からほっとしたようにみんなが思ったということ。

エ　子どもたちとのやりとりで父の笑い声が生まれ、家の中のふんいきが変わったので、この一時だけでも父の病気のことを忘れて笑いの中にうもれていたいとみんなが思ったということ。

問9　本文の説明としてもっとも適切なものを次の**ア**～**エ**の中から一つ選び、記号で答えなさい。

ア　「じめっと」「チャプチャプ」「ぽっかりと」などという感覚的な言葉が多く用いられていて、物語全体に明るくユーモラスな印象を与えるのに成功している。

イ　子どもたちと大人の会話を入れることでテンポの良さが生じて現実感が出ると同時に、父の重い病気によって生まれる暗さを弱めるような効果も生んでいる。

ウ　生まれてきたころを思い出す場面をさりげなく入れ、みんなが健康で楽しかった昔にもどれるものならもどりたいという家族のかなわぬ願いを強調している。

エ　「おじさんみたい」「マグロのような」といったたとえの多用は、父の病気という重い事実から何とかして目をそらそうとする家族の思いの表れとなっている。

に、一つに答えをしぼりきれない質問。

エ　質問者のたずねていることが自分の心をうかがうものであるために、できれば答えたくないような質問。

問4　――線**(4)**「やっぱりね」とありますが、「美奈ちゃん」がこのように言ったのはなぜですか。その理由を説明した次の文の［　］にあてはまる言葉を本文中から**七字**でぬき出して答えなさい。（句読点、記号等も字数に数えます。）

> 脱衣場にいる時、自分と同じように「私」も［　　　］を持つのだと受け取ったから。

問5　――線**(5)**「この話を私以外にも誰か聞いているかなと辺りを見回してみた」とありますが、「私」が「辺りを見回し」たくなった理由としてもっとも適切なものを次の**ア**～**エ**の中から一つ選び、記号で答えなさい。

ア「美奈ちゃん」の話が正しいことなのかまちがっていることなのか判断することができないために、だれか別な人の意見を聞きたいと思ったから。

イ「美奈ちゃん」の熱のこもった話には人間が生まれた時から持っている心が表されているので、他の家族にもぜひとも聞かせたいと思ったから。

ウ　独特の感性がつかみとった「美奈ちゃん」の話から解放されたく思って、だれか別な人に「美奈ちゃん」の話を引き受けてもらいたいと思ったから。

エ　いつのまにか引き込まれてしまった「美奈ちゃん」の話から離れて現実の家の様子を考えなければと思い、父の具合を確かめたいと思ったから。

問6　――線**(6)**「美奈ちゃんは、両手でこめかみを押さえる私にまったく臆することなく」とありますが、ここから読み取れる「美奈ちゃん」の性格としてもっとも適切なものを次の**ア**～**エ**の中から一つ選び、記号で答えなさい。

ア「美奈ちゃん」の話についていけずにいる「私」のとまどいなど一切《いっさい》気にしないマイペースな性格。

イ　体のぐあいが悪くなっている「私」をそのままにして、先へ先へと話を進めていく自分中心な性格。

ウ　考えを整理しようとしている「私」の手助けになるように、わかりやすい話を持ち出す優《やさ》しい性格。

エ「美奈ちゃん」の行動にあきれはてている「私」を見ないようにして次の話を始める計算高い性格。

問7　――線**(7)**「父は大げさにおどけてみせる」とありますが、この時の「父」の気持ちとしてもっとも適切なものを次の**ア**～**エ**の中から一つ選び、記号で答えなさい。

ア　遊びにしっかり参加することで、自分の病気を気にかけてくれている子どもたちの思いにこたえたい。

イ　子どもたちが打った注射が思ったよりも痛かったが、余計な心配をかけないように明るくふるまおう。

ウ　病気で横になっている今の自分にできることは、子どもたちに自分との思い出を残してあげることだ。

エ　病気を治せると本気で信じている子どもたちに対し、ぜひとも感里菜が答える。

「じいじの病気をなおします」

里香がおもちゃの注射器を父の腕《うで》に勢いよく刺《さ》した。

「いたー」
(7)父は大げさにおどけてみせる。
「がんばって下さい、これでじいじの病気はなおります」

「がんばって下さい」

ふたりが交互《こうご》に声をかけるので、どちらが医師でどちらが看護師なのかもわからない状態だ。

「治りますかね？」

父が横目で訊ねる。すると里菜が答えた。

「うーん、ちょっとすぐは難しいですね」

「ではとりますよ。はい、チーズ」

里香が手にしていた子供用カメラのボタンをカシャリと押した。

「※3CT撮《と》るのに、ここのお医者さんは『はいチーズ』って言うんですか？」

父が笑った。

私も、母も、声をききつけてやってきた兄夫婦《ふうふ》も、姉夫婦も皆《みな》が笑った。(8)今はこうして笑っておくべきだと、しめしあわせたかのように。


（砂田麻美《まみ》『音のない花火』より。）

（注）※1　ポジティブシンキング……前向きな考え方。
※2　スピリチュアル……精神的。
※3　CT……エックス線で体の断面を撮影《さつえい》する検査。

問1　――線(1)「二人の姪っ子が放つ甲高い声が響いてきた」とありますが、この時の「私」の気持ちの説明としてもっとも適切なものを次のア～エの中から一つ選び、記号で答えなさい。
ア　父の病気が気になるものの、明るい表情で家に入ろうと気持ちを切りかえるきっかけとして考えている。
イ　ふだんは物音一つないはずの家からにぎやかな声が聞こえるので、どうしたらよいかとまどっている。
ウ　家の中で大声で笑っている子供たちの姿を思い浮かべ、くよくよ悩《なや》んでいるだけの自分を反省している。
エ　通常は不安な気持ちで家に入ろうとするのだが、この日は心配をせずに帰りを伝えられると思っている。

問2　――線(2)「お茶を濁した」の本文中での意味としてもっとも適切なものを次のア～エの中から一つ選び、記号で答えなさい。
ア　良くも悪くもどちらとも取れるような返事をした。
イ　いいかげんなことを言ってその場をやり過ごした。
ウ　説明が難しいために簡単な答えだけで終わらせた。
エ　心配をかけないように事実と異なることを言った。

問3　――線(3)「かなり角度のついた質問」とはどのような質問ですか。もっとも適切なものを次のア～エの中から一つ選び、記号で答えなさい。
ア　質問者のたずねていることの真意がすぐには見えてこないので、どう答えて良いのかわかりにくい質問。
イ　質問者のたずねていることがふだん全く考えていなかったことなので、すぐに答えが見つけづらい質問。
ウ　質問者のたずねていることの内容がさまざまな意味に取れるため

「(4)やっぱりね」

あくまで適当に答えたのに、美奈ちゃんは心底満足そうな顔を見せた。

「私もね、小さい時からそうだったの。なんだかプールとか温泉で、あの濡《ぬ》れたタイルとかじめじめした脱衣場にいると、ものすごく哀しくなってね、心臓がぐわっと摑《つか》まれて、泣き出したいような気持ちになることがあったの。それを大人になってもずっと不思議に思ってたんだけど、この前子供たちをプールに入れながら、急にわかったんだよ」

美奈ちゃんはそこでひと呼吸ついた。

「何が……わかったのかな」

「それはね、生まれてくる哀しみなんだよ」

美奈ちゃんは渾身《こんしん》の力を込めて言った。

「生まれてくる哀しみ」

そう繰り返しながら、(5)この話を私以外にも誰か聞いているかなと辺りを見回してみたけれど、近くに家族は誰もいなかった。

「そう。赤ちゃんがね、お母さんのお腹《なか》の中にいて、水の中を泳いでいるでしょ。でも生まれる時に細くて暗い道を通って、この世に出てくる訳じゃない。ああ出来ればこのままここにいたいな。外に出たら、いっぱい辛《つら》いことあるかもしれないしな。このままチャプチャプやってたいのにって思いながらも、命がけでその道を通ってくるじゃない。それでついに出た時の、まだ体中が濡れている感じ。出ちゃったけど心はまだ水の中にあって、その中途半端《ちゅうとはんぱ》な感じを、プールとか温泉の脱衣場にいると思い出すんだよ」

美奈ちゃんはそこまでを一気に語った。

「美奈ちゃんそれ、ずっと考えてたの？」

「そう。ずっと不思議だったの。でも子供を産んで、子供を通じてわかった。そしてそれが私一人の感覚じゃなかったって今知って、なんだかすごく嬉《うれ》しい」

そう言って美奈ちゃんは再び満面の笑《え》みを浮《う》かべた。

美奈ちゃんがこういう※2スピリチュアルな話をするのは今日に始まったことではなく、根本的に皮肉屋に出来ている私たち家族を度々驚《きょう》愕《がく》させるのだが、本人は至って真面目《まじめ》で心底楽しそうに太陽と月の動きなどを壮大《そうだい》に語り続ける。その上良妻賢母《りょうさいけんぼ》で運動神経が並外れているときたものだから、どの方面から突《つ》っ込んでいいのかわからない。そして私が何よりも驚《おどろ》くのは、現実こそわが命と書かれたマントを四六時中身にまとった夫である兄と美奈ちゃんが、学生時代からの付き合いを経て以来、完璧《かんぺき》な番《つが》いの形を崩《くず》していないことだ。

(6)美奈ちゃんは、両手でこめかみを押さえる私にまったく臆《おく》することなく、この本もう読んだからしぐさちゃんにあげるねと言って『愛の言霊《ことだま》が教える神秘の力』と書かれた単行本を差し出した。

その時、隣室《りんしつ》から子供たちの甲高い笑い声が聞こえてきた。先ほどまでここにいた二人はすでに遊びに飽《あ》きたのか、父が横になっていた和室に移動して遊んでいるようだ。和室をのぞくと、二人の傍《かたわ》らには、ぽっかりと腹の出た父親が、これから解剖《かいぼう》されるマグロのようなぶざまな姿で横たわっていた。

「何してんの？」

私は訊ねた。

「ドクターごっこ」

えなさい。

ア　現在のお掃除ロボットは、何も障害物のないところでは直線的な動きが中心となって小刻みな動きを失ってしまうことになるため、部屋を完全にきれいにしてもらうためには、家具などの障害物をある程度置く必要がある。

イ　現在のお掃除ロボットと、進化したロボットとはそれぞれ人間の行動パターンに重ねることができるが、今のロボットに通じる性質を持つ人間の方が、進化したロボットの性質を持つ人間よりも意外性を持っていてすぐれていると言える。

ウ　現在のお掃除ロボットには、改善すべき欠点が多くあるが、そうした弱点が周りの手助けを上手に引きだし、結果として部屋を掃除するという目的を果たしてしまうという点で、人間と持ちつ持たれつの関係を生み出している。

エ　現在のお掃除ロボットでは、障害物の程度によって作業が進むか中断するかが変わってくるが、将来のロボットではどんな障害も乗り越えて作業するようになることが予想され、人間はロボットへの余計な手助けから解放される。

二　次の文章を読んで、あとの問いに答えなさい。

兄の家の扉《とびら》をあけると、(1)二人の姪《めい》っ子が放つ甲高い声が響《ひび》いてきた。父の病気がわかって以降、この扉をあける度《たび》に漂《ただよ》ってきた死の匂《にお》いは、子供たちの笑い声で一瞬《いっしゅん》にして吹《ふ》き消されたようだった。急いで靴《くつ》を脱《ぬ》ぎ、居間へと向かう。

「あ、しぐさちゃん」

里菜《りな》が手をとめた。

「しぐさちゃん」

里香《りか》もオウムのように姉の言葉を繰《く》り返すが、こちらは手元の粘土《ねんど》が気になって視線をあげようとはしない。

「おかえり」

美奈《みな》ちゃんがにっこりと微笑《ほほえ》んで言った。ただいまと言って荷物を降ろし、私は仕事帰りのおじさんみたいにドスの利《き》いたため息をついた。

「仕事、忙《いそが》しいの？」

「今はそんなでもない」

「やりたいことできてる？」

そう訊《たず》ねる美奈ちゃんの目が輝《かがや》いていた。やりたいことなど入社以来何ひとつ出来ていなかったけれど、まあまあかなと言って(2)お茶を濁《にご》した。美奈ちゃんに何を言っても、宇宙規模の※1ポジティブシンキングで返されることを、私は知っているからだ。美奈ちゃんは言った。

「ちょっと質問なんだけどね、しぐさちゃんさ、プールとか温泉の脱衣《だつい》場《じょう》にいると、どんな気持ちがする？」

(3)かなり角度のついた質問だと思った。少なくとも、久々に交《か》わす身内の会話としてはあまりにも放《ほう》り投げすぎている。

「どんなって、どういう意味？」

「なんだか哀《かな》しい気持ちとか、グズグズした気持ちになる？」

美奈ちゃんの勢いは止まらなかった。

「うーん、なんだか、ちょっと、じめっとしたような、そうだな……あんまり気持ちがよくはないかな。出来れば早くそこから出たい。でもなんだか、出たくないような気も……」

のような点が「不思議」なのですか。その説明としてもっとも適切なものを次の**ア**～**エ**の中から一つ選び、記号で答えなさい。

ア　これまでの家電製品の常識からすると欠点にしか見えない部分が、実は人間が一緒に掃除をするという共同性を引き出してくれている点。

イ　見た目や動きにかわいらしさや健気さが加わることで、今まで家電製品には感じることのなかった愛着の気持ちが自然とわきおこる点。

ウ　お掃除ロボットとしての欠点を見せることで人間を味方につけ、ちゃっかり部屋をきれいにしてしまうしたたかなところを持っている点。

エ　自分の〈弱さ〉を逆手にとって、人間ばかりか部屋の中の家具類までも味方につけて、部屋の中をまんべんなくきれいにしてしまう点。

問5　――線**(3)**「そんなところから生み出されていたのだろう」とありますが、「そんなところ」とはどのようなところですか。その説明としてもっとも適切なものを次の**ア**～**エ**の中から一つ選び、記号で答えなさい。

ア　せまい部屋の中を、小刻みに動きまわりながら、きびきびと掃除をするところ。

イ　せまい部屋の中をせわしなく移動するため、何度も壁にぶつかってしまうところ。

ウ　部屋の中の壁や家具を利用しながら動いているため、ランダムに動きまわれるところ。

エ　部屋の壁や家具にぶつかっても、そのたびに新たな道を探しつつ掃除をしているところ。

問6　――線**(4)**「このようなこと」とありますが、「このようなこと」とはどのようなことですか。その説明としてもっとも適切なものを次の**ア**～**エ**の中から一つ選び、記号で答えなさい。

ア　周囲の状況《じょうきょう》を的確に理解したうえで、その部屋に合った計画を立てつつ、人間の期待に応えようと慎重に掃除をすること。

イ　周囲の状況を科学的に分析《ぶんせき》したうえで、理想的なプランを立てる一方、周りにある壁や椅子を障害物としてとらえること。

ウ　周囲の状況をあらかじめ把握したうえで、その状況に適した合理的な方法を用いて、なすべき仕事を過不足なく行うこと。

エ　周囲の状況を最初に調査したうえで、その状況に最も合った方法で仕事をすることで、人間が要求する以上の結果を出すこと。

問7　［Ⅱ］にあてはまる言葉を本文中から**漢字二字**でぬき出して答えなさい。

問8　［Ⅲ］にあてはまる言葉としてもっとも適切なものを次の**ア**～**エ**の中から一つ選び、記号で答えなさい。

ア　自由自在　**イ**　臨機応変　**ウ**　八方美人　**エ**　単純明快

問9　――線**(5)**「周りにあるモノや制約を生かしつつ」とありますが、お掃除ロボットに対して「周りにあるモノや制約」はどのような役割を果たしますか。それを具体的に述べた部分を本文中から**四十～四十五字**でぬき出し、**最初と最後の四字**で答えなさい。（句読点、記号等も字数に数えます。）

問10　本文の内容と合うものを次の**ア**～**エ**の中から一つ選び、記号で答

否定されているようで、なにも手が出せないのだ。

　部屋の壁や椅子を味方につけながら（そのことを意識しているかどうかはおいておくとして……）、結果として部屋のなかをまんべんなくお掃除してしまうロボット、それとプランをたてながらテキパキとお掃除をするちょっと進化したロボット。前者はちょっとゆきあたりばったりで、あまり深く考え込むことのない［Ⅱ］派タイプだろうか。後者はやや慎重《しんちょう》に行動を選ぶけれど、なかなか［Ⅲ］に振る舞えない熟考派タイプ。さてどちらがスマートといえるのか。（中略）

「［Ⅱ］派か、熟考派か、あなたはどちらを選ぶのか」というのは好みの問題かもしれない。けれども、前者のゆきあたりばったりでの行動様式にも学ぶところはありそうだ。その一つは「とりあえず動いてみよう」という姿勢だろう。いい加減にも思えるけれど、そのことで(5)周りにあるモノや制約を生かしつつ、一つの物事を成し遂げてもいた。それと「偶然《ぐうぜん》の出会いを一つの価値に変えている」というような側面もある。後者の熟考派タイプは、几帳面《きちょうめん》に淡々《たんたん》と物事をこなせるように見えるけれど、こうした意外性には欠けるようなのである。

（岡田美智男《おかだみちお》『〈弱いロボット〉の思考　わたし・身体・コミュニケーション』より。

出題にあたり、原文の表記を一部改めました。）

問1　＝＝線①～③と同じ漢字を使うものを次の**ア**～**エ**の中から一つずつ選び、それぞれ記号で答えなさい。

①　ケイカイ
ア　これはケイシキ的な質問です。
イ　階段から落ちたがケイショウですんだ。
ウ　夜はケイビインが見回りをしている。
エ　ケイケンして初めてわかることもある。

②　チョウフク
ア　フクザツな気持ちになる。
イ　生徒会フクカイチョウに立候補する。
ウ　コウフクをかみしめる。
エ　オウフク運賃は三百円です。

③　ショサ
ア　これがサイショで最後のチャンスだ。
イ　いらなくなった家具をショブンする。
ウ　ショジジョウにより、会議は延期する。
エ　あなたの家のバショを説明してください

問2　［Ⅰ］にあてはまる言葉としてもっとも適切なものを次の**ア**～**エ**の中から一つ選び、記号で答えなさい。

ア　一般《いっぱん》　**イ**　科学　**ウ**　効率　**エ**　計画

問3　――線(1)「これでは主客転倒ということになってしまうではないか」とありますが、この場合の「主客転倒」とはどのようなことですか。その説明としてもっとも適切なものを次の**ア**～**エ**の中から一つ選び、記号で答えなさい。

ア　自分で掃除をするつもりはなかったが、ロボットが掃除をするよう仕向けているということ。
イ　ロボットに掃除をさせているはずだったのに、自分がロボットのために片づけをしていること。
ウ　ロボットのために片づけをすることによって、ほかの大事な仕事ができなくなってしまうこと。
エ　ロボットの気ままな掃除ぶりが見るにたえないので、結局自分も片づけの手助けをしてしまうこと。

問4　――線(2)「なんとも不思議な存在なのである」とありますが、どら、ちゃっかり部屋をきれいにしていたとはいえないだろうか。

　そもそも、部屋の隅のコードを巻き込んでギブアップしてしまう、床に置かれたスリッパをひきずり回したり、段差のある玄関から落ちてしまうとそこから這《は》い上がれないというのは、これまでの家電製品であれば、改善すべき欠点そのものだろう。

　ところがどうだろう。このロボットの〈弱さ〉は、わたしたちにお掃除に参加する余地を残してくれている。あるいは一緒に掃除をするという共同性のようなものを引きだしている。加えて、「部屋のなかをすっきりと片づけられた」という達成感をも与《あた》えてくれる。(2)なんとも不思議な存在なのである。

　それと、このロボットが味方につけていたのは、わたしたちばかりではないようだ。もうすこし、このお掃除ロボットの行動様式を見ておこう。

　このロボットを体育館のような、もうすこし広い部屋で走らせてみたらどうか。なにも障害物のないところでは、とりあえず一直線に走りだすことだろう。しばらくして壁にぶつかると、そこから弾《はじ》かれるようにして、他の方向にまた走りだしていく。

　それはビリヤードの玉の動きのようなものかもしれない。狭《せま》いところを小刻みに動くのとはちがって、その直線的な動きからは、なぜか生き物らしさは消え失せてしまう。このロボットの小刻みな動きにあった、甲斐甲斐《かいがい》しさも薄《うす》れるのである。

　これはどうしてなのか。狭い部屋にあっては、いろいろなところにゴツンゴツンとぶつかりつつ、そのことで部屋のなかを縦横に動きまわることができた。その進行の邪魔《じゃま》になると思われた椅子やテーブルの存在も、ロボットをランダムな方向へと導き、部屋をまんべんなく動き回るような振る舞いを生みだすために一役買っている。つまり、このロボットは部屋の壁や椅子、テーブルなどを上手に味方につけつつ、部屋のなかをまんべんなくお掃除していたのである。

　このロボットの健気さや生き物らしさというのも、(3)そんなところから生み出されていたのだろう。壁にぶつかると先には進めないと判断し、あらたな進行方向を選びなおす。これをくりかえすだけなのに、その忙《せわ》しなさも手伝ってか、それなりに懸命《けんめい》に仕事をしているように見えてしまう。もとを辿《たど》れば、この甲斐甲斐しく働く姿というのは、部屋のなかにある椅子やテーブルなどと一緒に作りだされたものなのだ。

　ではもうすこしこのロボットが進化をして、彼《かれ》（彼女《かのじょ》）なりのプランで部屋のなかを掃除しはじめるならどうだろう。

　まず部屋のなかを一通り動きまわり、その大きさや形を把握《はあく》し、そこでの椅子やテーブルの位置関係を把握する。あとは、この部屋にもっとも適したルートでのお掃除のプランをたて、実行に移すだけだ。その動きに無駄《むだ》はなくなることだろう。そしてホコリを取りこぼすこともすくなくなる。ロボットに知性が備わるとは、本来は(4)このようなことを指していたのだろうと思う。

　ただ、ここですこし気になるのは、この進化したロボットは、周りにある壁や椅子を味方にするのではなく、むしろ障害物ととらえてしまうことだ。その掃除を手助けしてあげようと、椅子を並べなおそうものなら、当初のプランからずれてしまい、その椅子はロボットにとっての邪魔ものになってしまう。いまにも「せっかくのプランが台無しじゃない。邪魔《じゃま》しないでよ！」という声が聞こえてきそうである。なぜか関《かか》わりも

【国語】（四五分）〈満点：一〇〇点〉

一　次の文章を読んで、あとの問いに答えなさい。

ここしばらく、蟻《あり》の姿などをのんびりと眺《なが》めるようなことはなかったなぁ……と思っていたら、いま目の前をそうしたことを思い出させてくれるモノが行き来する。床《ゆか》の上を動きまわりながらホコリを吸い集めてくれる〈お掃除《そうじ》ロボット〉である。子どものころに戻《もど》って、その様子をしばらく眺めてみたい（ロボット技術は日々進化を遂《と》げている。不用意な誤解を避《さ》けるため、本書に登場するのは架空《かくう》のお掃除ロボット〈ルンル〉である）。

電源スイッチらしきボタンを押《お》してみる。すると、ピポッ、ピポッ、プーッ……という①ケイカイな電子音とともに、それは動きだした。「さて、どこからはじめようかな……」とでもいいだけに、クルリとあたりを見わたす。そしてひとたび狙《ねら》いを定めると、クーンと甲高《かんだか》いモータ音をたてて動きはじめるのだ。

ロボットは、テーブルの下や椅子《いす》のあいだをくぐり抜《ぬ》けながら、床の塵《ちり》やホコリをかき集め、それを吸い込《こ》んでいく。ゴツンゴツンと部屋の壁《かべ》や椅子などにぶつかるたびに、その進行方向を小刻みに変える。「それだけなのかな?」としばらく様子を眺めていると、なにか思い立ったように途中《とちゅう》で方向転換《てんかん》をし、部屋の反対方向へと移動しはじめたりする。あるときは壁づたいに小さくコツンコツンと当たりながら、その隅《すみ》にあるホコリを丁寧《ていねい》にかき集めていく。

この気ままなお掃除ぶりは、はたして［ I ］的なものなのか。同じところを行ったり来たりとチョウ②フクも多そうだ。たぶん取りこぼしているところもあるにちがいない。それでも許せてしまうのは、その健《けな》気《げ》さゆえのことだろう。

小一時間ほど走りまわると、ちょっと疲《つか》れたようにして自分の充電《じゅうでん》スタンドへと舞《ま》い戻っていく。そのすこし速度を落としての、小さく腰《こし》を振《ふ》る③ショサがかわいい。塵の収納スペースに集められたホコリや塵の量を見て、思わず「ごくろうさん、よく頑張《がんば》ったね」と労《ねぎら》いの言葉をかけそうになる。

これまでの家電とはどこか趣《おもむき》がちがうようだ。そのロボットの動きを思わず追いかけてしまう。「どこに向かおうとしているのか、なにを考えているのか」と、その行く手をさえぎるなどして、いたずらをしてみたくなる。あるいはすこし先回りをしながら、床の上に無造作に置かれた紙袋《かみぶくろ》を拾い上げ、部屋の片隅にある乱雑なケーブル類を束ねていたりする。これもロボットのためなのだ……。「あれれ？（1）これでは主《しゅ》客転倒《かくてんとう》ということになってしまうではないか」と思いつつも、それはそれで許せてしまう。ロボットにお掃除をしてもらうのはうれしいけれど、ほんのすこし手助けになれているという感覚も捨てがたい。

このロボットが袋小路《ふくろこうじ》に入り込むことのないように、テーブルや椅子を整然と並べなおす。もっと動きやすくしてあげようと、観葉植物の鉢《はち》などのレイアウトを変え、玄関《げんかん》のスリッパをせっせと下駄箱《げたばこ》に戻す。そうしたことを重ねていると、なんだか楽しくなってくる。そして、いつの間にか家のなかは整然と片づいていたりする。

いったい誰《だれ》がこの部屋を片づけたというのか。わたしが一人でおこなっていたわけではないし、このロボットの働きだけでもない。一緒《いっしょ》に片づけていた、あるいはこのロボットはわたしたちを味方につけなが

に同情している。

ウ　「おじいさん」の気持ちもわからなくはないのでなんとかがまんしようとしている。

エ　「おじいさん」が判断力を失い大人としての行動がとれなくなったのを悲しんでいる。

問8　――線**(6)**「何時もの得意の義太夫をかたっていました」とありますが、このときの「おじいさん」の気持ちの説明としてもっとも適切なものを次の**ア**～**エ**の中から一つ選び、記号で答えなさい。

ア　これまで自分をかまってくれなかった家族にかまってもらえて喜んでいる。

イ　自分のことをないがしろにした家族の鼻をあかすことができて良い気分でいる。

ウ　家族に迷惑《めいわく》をかけたかもしれないと思いながらも強がって平気なふりをしている。

エ　久しぶりに自分のやりたい作業をすることができてすっきりした気持ちになっている。

問9　「おじいさん」の人物像の説明としてもっとも適切なものを次の**ア**～**エ**の中から一つ選び、記号で答えなさい。

ア　体を動かすことが好きで、思慮を欠く面もあるが人のために働こうとする気の良い人物。

イ　活動的で、自分のやりたいことはどんなことがあってもやり通そうとする意志の強い人物。

ウ　勤勉ではあるが、周囲の事をあまり考えないで行動する自己中心的でわがままな人物。

エ　行動力はあるが、考えもなく行動するために周りの人たちから軽《かろ》んじられている人物。

問10　本文を説明したものとして**適切でないもの**を次の**ア**～**エ**の中から一つ選び、記号で答えなさい。

ア　登場人物の会話に方言を多くとりいれることで、登場人物の生活環境《かんきょう》や人間関係をいきいきとえがき出している。

イ　「僕」の視点を中心としているが、時に他の人物の視点を取り入れることで登場人物の気持ちが分かりやすくえがかれている。

ウ　「おじいさん」が義太夫を唄う場面を再度えがくことで、「おじいさん」の気持ちが変わったことをあらわしている。

エ　義太夫の歌詞をひらがなで表記することで、「僕」が義太夫の歌詞を音ではなく、意味として理解していることを表現している。

ウ　働きに出る必要もなくなったので、だれにも遠慮《えんりょ》をすることなく悠々《ゆうゆう》と義太夫をうたって楽しんでいる。

エ　だれも自分をかまってくれなくてさびしいので、義太夫をうたうことで家族の興味をひこうとしている。

問４　――線**(2)**「『あッ！　この松、切ってもええん?』僕は叫びました」とありますが、このときの「僕」の気持ちの説明としてもっとも適切なものを次の**ア**～**エ**の中から一つ選び、記号で答えなさい。

ア　「お父さん」の大事な木を切ってしまう「おじいさん」の行動にあっけにとられ、「おじいさん」のおろかさをばかにしている。

イ　「お父さん」が大事にしている木を切った「おじいさん」を非難しつつ、自分も「お父さん」に怒られるかもしれないと恐《おそ》れている。

ウ　「お父さん」が大事にしている木を切ってしまったことに驚《おどろ》くとともに、「おじいさん」が「お父さん」に怒られないかと心配している。

エ　「お父さん」の大事な木を切ってしまうという「おじいさん」にあきれはて、「お父さん」がひどく悲しむのではないかとそわそわしている。

問５　――線**(3)**「鋸を物置にしまいに行きました」とありますが、このときの「おじいさん」の気持ちの説明としてもっとも適切なものを次の**ア**～**エ**の中から一つ選び、記号で答えなさい。

ア　木を切ってしまったのは良くなかったと最初から気づいていたが、自分の失敗を認めるのがいやだったので意地を張っている。

イ　みんなのためにしたことだが余計なことをしてしまったかもしれないと思い直し、「僕」の言うことに対し素直《すなお》に反省している。

ウ　自分のやりたいことをさせてもらえない欲求不満がつのってきて、もうすこしで爆発《ばくはつ》しそうになっているが、なんとかこらえている。

エ　よかれと思ってしたことをとがめられて納得《なっとく》できないではいるが、「僕」に言われたことで松を切ることをしぶしぶあきらめている。

問６　――線**(4)**「今度はお母さんを叱りつけました」とありますが、このときの「お父さん」の気持ちの説明としてもっとも適切なものを次の**ア**～**エ**の中から一つ選び、記号で答えなさい。

ア　「おじいさん」に対するやり場のない気持ちを「お母さん」にぶつけている。

イ　「お母さん」が「おじいさん」の面倒《めんどう》をちゃんと見ていないことを心配している。

ウ　「お母さん」が「おじいさん」の味方をしようとしていることに対して腹を立てている。

エ　「おじいさん」に対する自分の気持ちを「お母さん」が理解していないことに怒っている。

問７　――線**(5)**「本当に仕様のないような顔をしかめて、家の中へ入って行きました」とありますが、このときの「お父さん」の気持ちの説明としてもっとも適切なものを次の**ア**～**エ**の中から一つ選び、記号で答えなさい。

ア　「おじいさん」のことを許そうとは思っているがどうしても許せないでいる。

イ　「おじいさん」の気持ちが理解できるようになって「おじいさん」

「おじいさんにして見りゃ、長いこと畑へも山へも出して貰えなんだんで、久し振りに手近なところで、仕事がして見とうなられたんでしょうなあ！」

お母さんが声に出して、おじいさんの失策に同情すると、お父さんは、

「それはそうかも知れんが、まるで西東の分からん三つ子のようなもんじゃないか！　山の雑木と庭の植木とを一緒こたにしたりして！　……茂助、お前はその枝を拾うて木小屋へ持って行っとけ！」

そう言い棄《す》てると、(5)本当に仕様のないような顔をしかめて、家の中へ入って行きました。けれどもその時、おじいさんはそんなことは夢にも知らず、背戸の一番風呂《ぶろ》につかってざぶざぶと湯の音をたてながら、(6)何時もの得意の義太夫をかたっていました。

「……とはいうものの、なさけなや、すぎしあうよの、むつごとは、みにしみじみとかたときも、おもいわするる、ひまものう……」

僕はやっと胸を※5撫《ぶ》し、五葉松の小枝を片付けていると、おじいさんのその嗄《しわが》れた渋《しぶ》い声が、たのしげに植え込みの中まで響《ひび》いて来るのでした。

（木山捷平《しょうへい》『おじいさんの綴方《つづりかた》』より。
出題にあたり原文の表記を一部改めました。）

(注)※1　帰るさ……帰る時。
※2　三間……長さの単位。一間は約一・八二メートル。
※3　修身……むかし、小・中学校にあった教科の一つ。
※4　尋常五年生……旧制の小学校の五年生。
※5　撫し……なでて。

問1　～～～線a「大目玉を貰った」、b「バツの悪そうな」の本文中での意味としてもっとも適切なものを次の**ア**～**エ**の中から一つずつ選び、それぞれ記号で答えなさい。

a　大目玉を貰った
ア　とても嫌われた　**イ**　ひどくしかられた
ウ　大いにけなされた　**エ**　大変うらまれた

b　バツの悪そうな
ア　思い通りに行かなくてじれったく思っているような
イ　予想がはずれてしまいどうして良いかわからないような
ウ　自分の失敗をなんとかごまかそうと必死になっているような
エ　その場をとりつくろうことができずはずかしがっているような

問2　本文中の Ⅰ ・ Ⅱ にあてはまる言葉としてもっとも適切なものを次の**ア**～**エ**の中から一つずつ選び、それぞれ記号で答えなさい。

Ⅰ　**ア**　ほっとして　**イ**　はっとして　**ウ**　いらついて　**エ**　とまどって

Ⅱ　**ア**　はっきりと　**イ**　こっそりと　**ウ**　やんわりと　**エ**　しんみりと

問3　――線(1)「しゃがれた声で義太夫をかたるのが日課になりました」とありますが、このときの「おじいさん」の気持ちの説明としてもっとも適切なものを次の**ア**～**エ**の中から一つ選び、記号で答えなさい。

ア　することがなくなってつまらないので、せめて義太夫をうたって退屈《たいくつ》をまぎらわせようとしている。
イ　自分の義太夫が下手であることを指摘《してき》されてしまったので、逆に意地になって義太夫をうたっている。

若い時、町の植木屋から買って来て植えたもので、それは※2三間以上にも威勢《いせい》よく伸《の》びて枝を拡《ひろ》げ、お父さんが村で自慢《じまん》の大木になっているのでした。僕はまだ小さい時、その幹を鎌《かま》で削《けず》ってお父さんからa大目玉を貰《もら》った上、小半日も土蔵に閉じ込められたことのある怖《こわ》い木なのでした。

「でも、おじいさん、どうして切るん？」

もう※3修身を四年余りも教わって、※4尋常《じんじょう》五年生になっていた僕は、その理由をたずねました。

「どうしてちうて、こう枝が張っちゃ見っともなえ、手入れをせにゃ！　それに、中庭の日当たりが悪うなって干し物をするのに影《かげ》になって仕様がなえがな！」

「お父っつぁんが怒《おこ》ってじゃなえか？」

僕が更《さら》にそう尋《たず》ねると、おじいさんは暫く黙《だま》ったまま、それでもまだ切り足らぬ風な顔をして、僕と松の木とをかわるがわる見ていましたが、とうとう断念したらしく黙って立ち上がり、(3)鋸を物置にしまいに行きました。

けれども、僕は何だか、自分で松の木を切ったように不安でたまらず、逃《に》げるように正吉君のところへ遊びに出掛《でか》けました。が、やがて夕方になり、裏口からそっと家に帰って見ると、丁度その時お父さんは役場から帰って来たばかりの羽織袴《はおりはかま》の姿で、植え込みの入口につっ立っていましたが、その時はもう、枝振《えだぶ》りの淋《さび》しくなった五葉松を発見していたものらしく、

「こら！　茂助！」といきなり僕を目がけて甲高《かんだか》い声で怒鳴《どな》りつけました。「これは、お前がしたんじゃろう！」

五葉松をぐっと顎《あご》で指しているお父さんの唇《くちびる》はぶるぶると震《ふる》えていました。

僕は内々こんな目にあうのではないかと、予期していたことなので、かえって［　Ⅰ　］、

「ううん、違う！」と、案外平気で答えました。

「違う？　そんなら誰《だれ》じゃ？」お父さんは目をつり上げて、僕を睨《にら》みつけました。

「おじいさんじゃ！」僕は正直に返事をしました。

「ほんとか？」

「はい！」

僕は怖《おそ》ろしいお父さんを前にして自信を持って頷《うなず》きました。拍子《ひょうし》抜《ぬ》けのしたお父さんは少しbバツの悪そうな顔を歪《ゆが》めて、ペッペッと地べたに唾《つば》を吐《は》きかけていましたが、丁度其処《そこ》へ台所口からお母さんがバケツを持って出て来ると、

「おい、こら、オトラ」とお母さんを呼びつけました。

「困るじゃないか！　わしの留守にこがんな大それたことをしでかしては！」

と、(4)今度はお母さんを叱《しか》りつけましたが、お母さんも自分一人で罪のない罪を背負うのは分が悪いという風に、

「それじゃ言うて、わたしも畑へ出とった留守の間のことですけん、仕様がありませなんだんですがな」と大人しく言訳《いいわけ》をしました。

そして親子三人はしばらく無言のまま［　Ⅱ　］、五葉松の切り跡を見つめていましたが、そのうちお父さんの怒りの虫もだんだん治まって来るようでした。

えなさい。

ア 冬の寒さにも負けることのない植物は、自らの体内に糖分や有毒物質を多く含むことによって凍らないような性質を身につけている。

イ 一年中緑色の葉っぱを茂《しげ》らせている常緑樹は、寒くても枯れることのない理由を人々に理解されつつその生命の持続性を印象づけてきた。

ウ 常緑樹はどの季節においても気温の低さに負けないように準備ができているから、一年中緑色の葉っぱをつけることを可能にしている。

エ 糖分を多く含んでいるという寒さに強い植物の特性を利用することによって、私たちは自然のめぐみを味わい楽しむことができている。

二 次の文章を読んで、あとの問いに答えなさい。

ところが、そんなに元気で山や畑に出ていたおじいさんが、何時《いつ》とはなしに野良《のら》行きの日が減るようになって来ました。一日おきが二日おきになり、二日おきが三日おきになり、だんだん野良を休む日が多くなって来ました。そしてとうとう、去年の春の或《あ》る日、たまに出た野良からの※1帰るさ、一寸《ちょっと》した拍子《ひょうし》で踵《かかと》を挫《くじ》いてからは、お父さんやお母さんの忠告に従って、毎日家で暮らすようになりました。そのかわり、おじいさんは毎朝雀《すずめ》と一緒《いっしょ》におき出て顔を洗って東を拝むと、南向きの縁側《えんがわ》に胡座《あぐら》をかいて、縁から見渡《みわた》される田圃《たんぼ》や向こうの山を眺《なが》めながら、(1)しゃがれた声で義太夫《ぎだゆう》をかたるのが日課になりました。

「さいぜんからの、あらましは、ふすまのかげて、ききました。とはいうものの、なさけなや……」

それは、おじいさんが若い時に覚えた文句なのでしょうが、余程《よほど》その文句が好きらしく、脛《すね》をたたいて拍子をとったり、頸《くび》をひとりで振《ふ》ったりしながら、日に何べんとなく繰《く》り返してうなるのでした。前にも書いたように話相手のおばあさんは死んでしまっていたし、隣《となり》近所に遊び友達はなく、唄《うた》でもうたっているより外に仕様がなかったでしょう。或る日僕《ぼく》は学校の帰り道で友達の正吉君から、

「お前ん所のじじいは、何時家の前を通っても、ひとりでへんな唄ばかり唄いよるのう！」

と、冷やかされて顔が赤くなった事がありますが、そう冷やかされたその日も、家へ帰って見ると、おじいさんは縁側の真ん中に坐《すわ》って、先程冷やかされたその唄をうなりながら、一人で留守番をしているのでした。

ところが、そんなことがあって暫《しばら》くして、それは去年の夏の初め頃《ごろ》でした。ある日僕が学校から帰って家の前の坂を上ると、何時ものおじいさんの姿は縁側に見えないのでした。不審《ふしん》に思ってあたりを見廻《みまわ》すと、おじいさんは庭の植え込みの中に腰掛《こしか》けて、ぽかんと空を仰《あお》いでいました。

「ただ今、おじいさん。何をしよるんな？」

僕はその方に近づいて行きました。するとおじいさんは山行き用の鋸《のこぎり》を膝《ひざ》にはさんだまま汗《あせ》のたまった額を僕の方に向けました。僕が何気なく、見ると、おじいさんの前には五葉松の枝が三、四本黄色な切り跡《あと》を見せて、地べたの上に仰向けにころがっているのが目にとまりました。

(2)「あッ！　この松、切ってもええん？」僕は叫《さけ》びました。

「おう！」

おじいさんは何でもなさそうに答えました。が、その松はお父さんが

つ選び、それぞれ記号で答えなさい。

① コライ
ア 台をコテイする。　イ カコにさかのぼる。
ウ コフウな考え方。　エ コガイの空気を吸う。

② キハツ
ア 消化キカンを調べる。　イ 楽団をシキする。
ウ ジョウキの力で走る。　エ 新人をキヨウする。

③ タイカン
ア 堂々たるタイドでのぞむ。　イ 工業チタイが広がる。
ウ 外国の文化とタイヒする。　エ シュタイ的に行動する。

問2 Ⅰ ・ Ⅳ に共通してあてはまる言葉を次の**ア**～**エ**の中から一つ選び、記号で答えなさい。

ア また　イ だから　ウ つまり　エ ところが

問3 ――線(1)「『どんなに苦しいときでも、信念を貫き通す』ことのたとえ」とありますが、「どんなに苦しくても根気よく続ける」ことのたとえとしてもっとも適切なものを次の**ア**～**エ**の中から一つ選び、記号で答えなさい。

ア 石の上にも三年　イ 雨降って地固まる
ウ 失敗は成功の母　エ 千里の道も一歩から

問4 Ⅱ にあてはまる言葉を本文中から**五字**でぬき出して答えなさい。（句読点、記号等も字数に数えます。）

問5 ――線(2)「こんな原理を知って実践している」とありますが、「常緑樹」はどのようなことを「実践している」のですか。その説明としてもっとも適切なものを次の**ア**～**エ**の中から一つ選び、記号で答えなさい。

ア 冬の寒さの影響《えいきょう》をなるべく受けないようにするということ。
イ どんなに気温が低くなったとしてもがまんするということ。
ウ 葉っぱを凍らせないための物質を増やしているということ。
エ 寒い冬でも緑色の葉っぱをつけて過ごしているということ。

問6 Ⅲ にあてはまる言葉を本文中から**漢字二字**でぬき出して答えなさい。

問7 ――線(3)「ウグイスがさえずるころ」とありますが、「ウグイス」はある季節のはじまりを告げる鳥として昔から和歌にも詠《よ》まれる鳥です。その季節を次の**ア**～**エ**の中から一つ選び、記号で答えなさい。

ア 春　イ 夏　ウ 秋　エ 冬

問8 ――線(4)「〝すごい〟と感服せずにいられません」とありますが、それはなぜですか。その理由としてもっとも適切なものを次の**ア**～**エ**の中から一つ選び、記号で答えなさい。

ア 自分が身につけている能力で寒さをしのげるさまざまな植物が存在しているから。
イ 今まで分からなかった常緑樹の葉っぱが一年中緑色である理由が解明されたから。
ウ コマツナのように温室栽培で人工的に甘みを増やすことができる技術があるから。
エ 常緑樹は糖分だけではなく有毒物質も増やすことができる能力を備えているから。

問9 本文の内容と合うものを次の**ア**～**エ**の中から一つ選び、記号で答

ことです。だから、糖分を増やした葉っぱは、冬の寒さでも凍らずに、緑のままでいられるのです。実際には、寒さを受けることによって、ビタミン類などの含有量《がんゆう》が増えるので、それらの物質による凝固点降下の効果によりますます凍りにくくなります。

冬の寒さを緑のままで過ごす植物たちは、(2)こんな原理を知って実《じっ》践《せん》しているのです。外から見れば何の変化もなく、「寒さに強いから、ずっと緑色をしている」と思われがちな常緑樹の葉っぱは、じつは、寒さに耐える工夫《くふう》を凝《こ》らして生きているのです。何にも努力をしないように見えて、じつは〝すごい〟努力家なのです。何の努力もなしに、寒い冬に、やわらかい日差しを浴びて、緑に輝《かがや》くことはできないのです。

ただ、「冬の樹木の葉っぱは、糖分が増えて、ほんとうに甘くなっているのだろうか」と疑っても、葉っぱをかじって確かめないでください。樹木の葉っぱには、虫に食べられるのを防ぐために、有毒な物質が含まれていることが多いからです。葉っぱを食べると、もどしたり、下痢《げり》をしたりすることがあります。ひどい場合には、めまいや意識を失う中毒症状《しょうじょう》が現れるかもしれません。

「寒さに耐えるために、葉っぱの中に糖分を増やす」というしくみは、冬の寒さに耐える多くの植物に共通のものです。ですから、［Ⅲ］で確かめることができます。たとえば、冬の寒さを通り越《こ》したダイコンやハクサイ、キャベツなどは、「甘い」といわれます。糖分が増えて、甘みが増しているのです。

「寒じめホウレンソウ」というのがあります。このホウレンソウは、冬に、暖かい温室で栽培《さいばい》されています。［Ⅳ］、出荷《しゅっか》前に、わざわざ一定期間、温室の中に冬の寒風が吹《ふ》き入れられ、ホウレンソウは寒さにさらされます。糖分を増やし、甘みを増すことが目的です。

コマツナは、アブラナ科の代表的な緑黄色野菜で、ホウレンソウ、シュンギクとともに、「非結球性の三大青菜」の一つです。江戸《えど》時代、江戸の小松川（現在の東京都江戸川区）で栽培されていたので、「コマツナ（小松菜）」と名づけられました。(3)ウグイスがさえずるころから出まわり、色もウグイス色と似ていることから、「ウグイスナ」の別名があります。

冬に出荷されるものは、温室で栽培されたものです。「寒じめホウレンソウ」と同じように、出荷前に、わざわざ一定期間、温室の中に冬の寒風が吹き入れられ、寒さにさらされます。それによって、甘みが増えます。それが、「寒じめコマツナ」とよばれるものです。

「雪下ニンジン」とよばれるニンジンが、早春に出荷されます。これは、秋に収穫《しゅうかく》されずに、冬の寒い間、雪の下に埋《う》められ過ごしてきたニンジンです。とても甘く、精度は、ふつうのニンジンの二倍にもなるといわれます。

果物でも、温州《うんしゅう》ミカンなどは、冬の寒さに出会うと甘くなります。「完熟ミカン」とよばれるのは、冬の寒さを③タイカンしたミカンで、糖分が高くなっています。

緑の葉っぱで冬の寒さに耐える植物だけでなく、食用部が地中にあるダイコンやニンジンでも、また、果実までも、同じしくみで、冬の寒さをしのいでいるのです。冬の寒さに出会わねばならない地域に生きる植物たちは、冬の寒さをしのぐための術《すべ》を心得ているのです。(4)〝すごい〟と感服せずにいられません。

（田中修『植物はすごい』より。）

問1　===線①～③と同じ漢字を使うものを次の**ア**～**エ**の中から一つず

【国　語】（四五分）〈満点：一〇〇点〉

一　次の文章を読んで、あとの問いに答えなさい。

秋になると、多くの植物の葉っぱは枯《か》れ落ちます。［　Ⅰ　］、一年中、緑の葉っぱをつけている樹木もあります。冬の寒さの中を緑の葉っぱのままで過ごす樹木は、スギやマツ、モミ、ツバキやキンモクセイなどです。これらは「常緑樹」といわれます。

昔から、「これらの植物が、どうして、冬の寒さの中で緑の葉っぱのままで過ごせるのか」と、ふしぎに思われてきました。そして、昔の人々は、冬の寒さに出会っても枯れない緑のままの樹木を、「永遠の命」の象徴《しょうちょう》として、崇《あが》めてきました。

神事には、サカキの枝葉が神木として用いられます。仏様やお墓には、シキビが供えられます。サカキもシキビも常緑樹です。これらの樹木は、①コライ、神社やお寺に大切に植栽《しょくさい》され、尊ばれてきました。

「歳寒《さいかん》の松柏《しょうはく》」というたとえがあります。「歳寒」は「寒い冬」を意味し、「松柏」はマツと、ヒノキ科のヒノキやサワラ、コノテガシワなどの樹木を指します。これらは、いずれも常緑樹であり、寒い冬にも緑の色を変えないことから、(1)「どんなに苦しいときでも、信念を貫《つらぬ》き通す」ことのたとえに使われます。マツやヒノキなどの常緑樹は、一年中、緑の葉っぱをつけていることをふしぎに思われ、敬われてきたのです。

「なぜ、一年中、常緑樹の葉っぱは緑色のままでいられるのか」と、質問してみると、多くの場合、即座《そくざ》に「これらの樹木は、［　Ⅱ　］から」との答えが返ってきます。

この答えは、間違《まちが》いではありません。しかし、何か物足りません。その理由は、この答えが、これらの樹木が寒さに耐《た》えるためにしている努力に触《ふ》れていないからです。寒さに強い植物も、何の努力もなしに、寒さに強いわけではありません。

たとえば、一年中、緑のままの木の葉っぱでも、暑い夏に、冬のような低い温度に出会うと、その葉っぱは低温に耐えられず凍《こお》って、枯れてしまいます。しかし、冬の寒さにさらされている緑の葉っぱは、低温で凍ることはありません。ということは、一年中、同じ緑色のままであっても、葉っぱは、冬の寒さに向かって、耐えるための準備をしているのです。どんな準備をしているのでしょうか。

冬の寒さに耐えて生きるためには、冬に凍らない性質を身につけねばなりません。そのため、これらの葉っぱは、冬に向かって、葉っぱの中に凍らないための物質を増やします。たとえば、「糖分」です。

「糖分」というのは、甘《あま》みをもたらす成分で、「砂糖」と考えて差し支《つか》えありません。冬に向かって、葉っぱが糖分を増やす意味は、砂糖を溶《と》かしていない水と、砂糖を溶かした砂糖水とで、どちらが凍りにくいかを考えれば、わかります。

砂糖水のほうが、凍りにくいのです。そして、溶けている砂糖の濃度《のうど》が高くなれば高くなるほど、ますます凍らなくなります。たとえば、水は0℃で凍りますが、一五パーセントの砂糖水はマイナス1℃でも凍りません。葉っぱが含《ふく》んでいる糖分の量が増えれば増えるほど、葉っぱは凍りにくくなります。「凝固《ぎょうこ》点降下」という熱力学の原理です。

「凝固点降下」とは、「純粋《じゅんすい》な液体は、②キハツしない物質が溶け込《こ》めば溶け込むほど、固体になる温度が低くなる」ということです。言い換《か》えると、水の中に糖が溶け込むほど、その液の凍る温度が低くなるという

MEMO

大切なことはメモしておこうネ！

解答用紙集

○月×日 △曜日　天気（合格日和）

◆ご利用のみなさまへ
＊解答用紙の公表を行っていない学校につきましては、弊社の責任において、解答用紙を制作いたしました。
＊編集上の理由により一部縮小掲載した解答用紙がございます。
＊編集上の理由により一部実物と異なる形式の解答用紙がございます。

人間の最も偉大な力とは、その一番の弱点を克服したところから生まれてくるものである。――カール・ヒルティ――

東京学参株式会社

東邦大学付属東邦中学校(推薦・帰国生)　2024年度

◇算数◇

※ 112%に拡大していただくと，解答欄は実物大になります。

1

(1)	
(2)	
(3)	

2

(1)	曜日
(2)	
(3)	
(4)	分後

3

(1)	
(2)	

4

(1)	:
(2)	cm^2
(3)	:

5

(1)	円
(2)	倍
(3)	

6

(1)	cm
(2)	cm^3
(3)	cm^3

※解答欄は実物大になります。

1

(1)	
(2)	
(3)	
(4)	mL
(5)	倍

2

(1)	kJ
(2)	L
(3)	L
(4)	
(5)	

東邦大学付属東邦中学校（推薦）　2024年度

◇社会◇

※解答欄は実物大になります。

1

問１

問２

問３

問４

問５

問６

問７

2

問１

	X	Y
(1)		

問１ (2)

問２

問３

問４

問５

問６

X	Y

3

問１

問２

問３

問４

問５

問６

東邦大学付属東邦中学校(推薦・帰国生)　２０２４年度

※１２５%に拡大していただくと，解答欄は実物大になります。

◇国語◇

一

問1

問2

問3

問4

問5

問6

問7

問8

問9

二

問1　Ⅰ　Ⅱ

問2

問3

問4

問5

問6

問7

問8

問9

東邦大学付属東邦中学校（帰国生）　2024年度

◇英語◇

※ 143％に拡大していただくと，解答欄は実物大になります。

Ⅰ

問1

①	②	③	④

問2

(1)	(2)

問3

問4　解答は右側の解答欄に書きなさい。

問5

(順不同)

Ⅱ

問1

①

問2

i)
ii)

問3

(1)	(2)	(3)	(4)

問4

A	B	C	D

問5

②	③

問6

問7

(順不同)

問8　解答は右側の解答欄に書きなさい。

Ⅰ

問4

1	
2	
3	

Ⅱ

問8

東邦大学付属東邦中学校(前期)　2024年度

◇算数◇

※ 110%に拡大していただくと，解答欄は実物大になります。

1

(1)	
(2)	
(3)	

2

(1)	
(2)	km
(3)	%
(4)	cm
(5)	

3

(1)	時間
(2)	時間　分

4

(1)	通り
(2)	通り

5

(1)	cm^2
(2)	cm^3
(3)	cm^3

6

(1)	：
(2)	：
(3)	cm

東邦大学付属東邦中学校（前期）　2024年度

◇理科◇

※ 118％に拡大していただくと，解答欄は実物大になります。

1

（1）	
（2）	
（3）	

2

（1）	
（2）	
（3）	g

3

（1）	
（2）	
（3）	

4

（1）	cm
（2）	cm

5

（1）	
（2）	
（3）	

6

（1）	g
（2）	mL
（3）	%

7

（1）	
（2）	g
（3）	g

東邦大学付属東邦中学校（前期）　2024年度

◇社会◇

※ 108％に拡大していただくと，解答欄は実物大になります。

1

問1

問2

問3

問4 市

問5 (1)

問5 (2)

問5 (3)

問6

2

問1

問2

問3

問4

問5

問6

問7

３番目	５番目

問8

3

問1

あ	い	う

問2 (1)

問2 (2)

問3 (1)

問3 (2)

問4

a	b	c	d

問5

問6

問7

２０２４年度

東邦大学付属東邦中学校(前期)

※ １２０％に拡大していただくと、解答欄は実物大になります。

◇国語◇

一

問1

問2 a b

問3

問4 Ⅰ Ⅱ Ⅲ

問5 問6 問7

問8 問9

問10 ～

問11

二

問1 問2

問3 問4 Ⅰ Ⅱ

問5 問6 問7

問8 問9

問10

東邦大学付属東邦中学校（後期）　2024年度

◇算数◇

※ 120%に拡大していただくと，解答欄は実物大になります。

1

(1)	
(2)	

2

(1)	
(2)	
(3)	cm
(4)	分速　m
(5)	：

3

(1)	：
(2)	：

4

5

(1)	個
(2)	個
(3)	個

6

(1)	cm^2
(2)	cm^3

7

(1)	ア	イ
	ウ	エ
	オ	
(2)	通り	

東邽大学付属東邦中学校（後期）　2024年度

◇理科◇

※解答欄は実物大になります。

1

2

（1）	
（2）	L
（3）	g

3

（1）	
（2）	
（3）	

4

（1）	m
（2）	秒
（3）	回

東邦大学付属東邦中学校(後期)　2024年度

◇社会◇

※ 118%に拡大していただくと，解答欄は実物大になります。

1

問 1

問 2

問 3

問 4

X	Y
	県

問 5

福岡県	鹿児島県

問 6　作

問 7

a	c

2

問 1

問 2

問 3

問 4

問 5　市

問 6

問 7

3

問 1 (1)

問 1 (2)

問 2

あ	い
	19　年

問 3 (1)

問 3 (2)

問 3 (3)

問 4

◇国語◇

東邦大学付属東邦中学校(後期)　２０２４年度

※１２８%に拡大していただくと、解答欄は実物大になります。

一

問1

問2

問3　問4

問5　イ　ロ

問6　問7

問8

問9

二

問1　問2

問3

問4　～

問5　問6　問7

問8

東邦大学付属東邦中学校(推薦・帰国生)　2023年度

◇算数◇

※ 112%に拡大していただくと，解答欄は実物大になります。

1

(1)	
(2)	
(3)	

2

(1)	km	
(2)	g	
(3)	円	
(4)	が	点高い

3

(1)		m
(2)	分速	m
(3)	分	秒後

4

(1)	cm
(2)	cm

5

(1)	:
(2)	:
(3)	:

6

(1)	通り
(2)	
(3)	通り

東邦大学付属東邦中学校(推薦)　2023年度　◇理科◇

※解答欄は実物大になります。

1

(1)	
(2)	
(3)	
(4)	
(5)	通り

2

(1)	
(2)	g
(3)	g
(4)	g
(5)	g

東邦大学付属東邦中学校（推薦）　2023年度

◇社会◇

※解答欄は実物大になります。

1

問1

問2

問3

秋田県	山形県

問4

問5

2

問1 (1)

問1 (2)

問2

問3

X	Y

問4

X	Y

問5

3

問1

問2

問3

問4

a	b	c

2023年度

東邦大学付属東邦中学校(推薦・帰国生)

※125%に拡大していただくと、解答欄は実物大になります。

◇国語◇

一

問1

問2　問3

問4　〜

問5

問6

問7　問8　問9

問10

二

問1

問2

問3

問4　〜

問5　問6

問7

問8

問9　問10

東邦大学付属東邦中学校（帰国生）　2023年度

◇英語◇

※ 143％に拡大していただくと，解答欄は実物大になります。

Ⅰ

問１

①	③	④

問２　　　問３

問４

問５　解答は右側の解答欄に書きなさい。

問６　解答は右側の解答欄に書きなさい。

問７　　（順不同）

Ⅱ

問１

supply		demand	

問２　　　問３

問４

4番目		7番目	

問５

問６　　（順不同）

問７　解答は右側の解答欄に書きなさい。

Ⅰ

問５

【X】	

問６

1	
2	
3	

Ⅱ

問７

東邦大学付属東邦中学校(前期)　2023年度

◇算数◇

※ 110%に拡大していただくと，解答欄は実物大になります。

1

(1)	
(2)	
(3)	

2

(1)	本
(2)	個
(3)	頭
(4)	cm^2
(5)	cm^2

3

(1)	g
(2)	%

4

(1)	毎分　m
(2)	m
(3)	分　秒

5

(1)	cm
(2)	cm
(3)	cm

6

(1)	
(2)	個

東邦大学付属東邦中学校（前期）　2023年度

◇理科◇

※ 118％に拡大していただくと，解答欄は実物大になります。

1

（1）	
（2）	
（3）	

2

（1）	
（2）	
（3）	
（4）	g

3

（1）	
（2）	
（3）	
（4）	

4

（1）	kg
（2）	cm
（3）	kg

5

（1）	
（2）	

6

（1）	cm
（2）	cm
（3）	cm
（4）	cm

東邦大学付属東邦中学校（前期）　2023年度

◇社会◇

※ 108％に拡大していただくと，解答欄は実物大になります。

1

問１

問２ (1)

問２ (2)

問３

問４ (1)

問４ (2)

問５ (1)

問５ (2)

問６

2

問１

問２

問３

問４

問５

問６

問７

問８

3

問１

問２

問３

問４

問５

問６

問７

問８

2023年度 東邦大学付属東邦中学校(前期)

※120%に拡大していただくと、解答欄は実物大になります。

◇国語◇

一

問1

問2

問3

問4

問5

問6

問7

問8

問9

問10

二

問1

問2

問3

問4

問5

問6

問7

問8

問9

問10

東邦大学付属東邦中学校(後期)　2023年度

◇算数◇

※ 120％に拡大していただくと，解答欄は実物大になります。

1

(1)	
(2)	
(3)	

2

(1)	個
(2)	個
(3)	m
(4)	cm^2
(5)	cm

3

(1)	g
(2)	g

4

(1)	通り
(2)	通り

5

(1)	cm^2
(2)	cm
(3)	cm^2

6

(1)	
(2)	点
(3)	通り

東邦大学付属東邦中学校（後期）　2023年度

◇理科◇

※解答欄は実物大になります。

1

2

(1)	g
(2)	
(3)	

3

(1)	
(2)	
(3)	

4

(1)	cm
(2)	A
(3)	

※解答欄は実物大になります。

1

問1

X	Y

問2

記号	県庁所在地名
	市

問3

香川県	高知県

問4

問5

記号	都道府県名
	県

問6

問7

2

問1

問2

問3

問4

問5

問6

問7

２番目	５番目

3

問1 (1)

問1 (2)

問1 (3)

問2 (1)

問2 (2)

行動	目標	

問3 (1)

問3 (2)

２０２３年度
東邦大学付属東邦中学校(後期)
※１２８％に拡大していただくと、解答欄は実物大になります。

◇国語◇

一

問1 ① ②

問2

問3

問4 問5

問6

問7 問8

問9

二

問1 a b

問2 問3

問4

問5 〜

問6 問7 問8

問9

東邦大学付属東邦中学校(推薦・帰国生)　2022年度　◇算数◇

※ 116%に拡大していただくと，解答欄は実物大になります。

1

(1)	
(2)	
(3)	

2

(1)	%
(2)	個
(3)	人

3

(1)	分速　m
(2)	m

4

(1)	倍
(2)	：

5

(1)	通り
(2)	通り
(3)	通り

6

(1)	cm^3
(2)	cm^3

7

(1)		
(2)	a	c
(3)		

東邦大学付属東邦中学校（推薦）　2022年度

◇理科◇

※解答欄は実物大になります。

1

（1）	
（2）	通り
（3）	
（4）	%
（5）	

2

（1）	g
（2）	g
（3）	L
（4）	L
（5）	gずつ

東邦大学付属東邦中学校（推薦）　2022年度

◇社会◇

※解答欄は実物大になります。

1

問1

問2

問3

問4

問5

2

問1

問2

問3

問4

問5

問6

5番目	10番目

3

問1

問2 (1)

問2 (2)

問3

２０２２年度

東邦大学付属東邦中学校（推薦・帰国生）

※１２７％に拡大していただくと、解答欄は実物大になります。

◇国語◇

一

問1

問2

問3　問4

問5　問6

問7

問8

二

問1　a　b

問2

問3　問4

問5　Ⅰ　Ⅱ

問6

問7　問8

問9

東邦大学付属東邦中学校（帰国生）　2022年度

◇英語◇

※ 154％に拡大していただくと，解答欄は実物大になります。

Ⅰ

問１

問２　①　②

問３

問４　解答は右側の解答欄に書きなさい。

問５　解答は右側の解答欄に書きなさい。

問６　（順不同）

Ⅱ

問１　X　Z

問２　A　B　C

問３

問４　→　→　→

問５　3番目　5番目

問６　（順不同）

問７　解答は右側の解答欄に書きなさい。

Ⅰ

問４

1

2

3

4

問５

Ⅱ

問７

東邦大学付属東邦中学校（前期）　2022年度

◇算数◇

※ 118%に拡大していただくと，解答欄は実物大になります。

1

(1)	
(2)	
(3)	

2

(1)	
(2)	g
(3)	円

3

(1)	：
(2)	：

4

(1)	分　　秒後
(2)	回

5

(1)	cm^2
(2)	cm^3

6

(1)	
(2)	
(3)	

7

(1)	A，B	C，D
(2)	人	
(3)		

◇理科◇

※ 118%に拡大していただくと，解答欄は実物大になります。

1

(1)	
(2)	
(3)	

2

(1)	
(2)	
(3)	

3

(1)	
(2)	

4

(1)	g
(2)	℃
(3)	g

5

(1)	
(2)	
(3)	
(4)	

6

(1)	倍
(2)	cm
(3)	cm
(4)	g
(5)	

東邦大学付属東邦中学校（前期）　2022年度

◇社会◇

※ 120%に拡大していただくと，解答欄は実物大になります。

1

問1 (1)

問1 (2)

問1 (3)

問1 (4)

問1 (5)　市

問2

問3

問4

2

問1

問2

問3

問4

問5

問6 (1)

問6 (2)

問7

3

問1

問2

問3

問4 (1)

問4 (2)

問5

問6 20　　年4月1日～20　　年4月1日

問7 (1)

問7 (2)

2022年度
東邦大学付属東邦中学校(前期)

※120%に拡大していただくと、解答欄は実物大になります。

◇国語◇

一

問1

問2 〜

問3

問4

問5 Ⅰ Ⅳ

問6

問7

問8

問9

二

問1 Ⅰ Ⅲ

問2

問3

問4

問5

問6

問7

問8

問9

東邦大学付属東邦中学校(後期)　2022年度

◇算数◇

※ 114%に拡大していただくと，解答欄は実物大になります。

1

(1)	
(2)	

2

(1)	人
(2)	cm
(3)	
(4)	：　：

3

(1)	人
(2)	人

4

(1)	：
(2)	：

5

(1)	枚
(2)	回
(3)	枚

6

(1)	回
(2)	cm^2
(3)	cm^3

7

(1)	通り
(2)	通り

東邦大学付属東邦中学校(後期)　2022年度

◇理科◇

※解答欄は実物大になります。

1

	km

2

(1)	
(2)	
(3)	個

3

(1)		℃
(2)		mL
(3)	分	秒

4

(1)	g
(2)	g
(3)	g

東邦大学付属東邦中学校(後期)　2022年度

◇社会◇

※解答欄は実物大になります。

1

問1

あ	い

問2

問3

問4

千葉県	京都府

問5

農作物	都道府県

問6

問7

2

問1

問2

問3

問4

問5

問6

問7

3

問1 (1)

問1 (2)

問2

問3 (1)

問3 (2)

問4 (1)

問4 (2)

◇国語◇

東邦大学付属東邦中学校（後期）　２０２２年度

※１２８％に拡大していただくと、解答欄は実物大になります。

一

問1 ①　②

問2

問3 A　B

問4

問5 Ⅰ　Ⅱ

問6

問7

問8

問9

二

問1 a　b

問2

問3

問4

問5

問6

問7

問8

問9

MEMO

大切なことはメモしておこうネ！

MEMO

大切なことはメモしておこうネ！

MEMO

大切なことはメモしておこうネ！

東京学参の

中学校別入試過去問題シリーズ

＊出版校は一部変更することがあります。一覧にない学校はお問い合わせください。

東京ラインナップ

あ　青山学院中等部（L04）
麻布中学（K01）
桜蔭中学（K02）
お茶の水女子大附属中学（K07）
か　海城中学（K09）
開成中学（M01）
学習院中等科（M03）
慶應義塾中等部（K04）
啓明学園中学（N29）
晃華学園中学（N13）
攻玉社中学（L11）
国学院大久我山中学
（一般・CC）（N22）
（ＳＴ）（N23）
駒場東邦中学（L01）
さ　芝中学（K16）
芝浦工業大附属中学（M06）
城北中学（M05）
女子学院中学（K03）
巣鴨中学（M02）
成蹊中学（N06）
成城中学（K28）
成城学園中学（L05）
青稜中学（K23）
創価中学（N14）★
た　玉川学園中学部（N17）
中央大附属中学（N08）
筑波大附属中学（K06）
筑波大附属駒場中学（L02）
帝京大中学（N16）
東海大菅生高中等部（N27）
東京学芸大附属竹早中学（K08）
東京都市大付属中学（L13）
桐朋中学（N03）
東洋英和女学院中学部（K15）
豊島岡女子学園中学（M12）
な　日本大第一中学（M14）
日本大第三中学（N19）
日本大第二中学（N10）
は　雙葉中学（K05）
法政大学中学（N11）
本郷中学（M08）
ま　武蔵中学（N01）
明治大付属中野中学（N05）
明治大付属八王子中学（N07）
明治大付属明治中学（K13）
ら　立教池袋中学（M04）
わ　和光中学（N21）
早稲田中学（K10）
早稲田実業学校中等部（K11）
早稲田大高等学院中学部（N12）

神奈川ラインナップ

あ　浅野中学（O04）
栄光学園中学（O06）
か　神奈川大附属中学（O08）
鎌倉女学院中学（O27）
関東学院六浦中学（O31）
慶應義塾湘南藤沢中等部（O07）
慶應義塾普通部（O01）
さ　相模女子大中学部（O32）
サレジオ学院中学（O17）
逗子開成中学（O22）
聖光学院中学（O11）
清泉女学院中学（O20）
洗足学園中学（O18）
捜真女学校中学部（O29）
た　桐蔭学園中等教育学校（O02）
東海大付属相模高中等部（O24）
桐光学園中学（O16）
な　日本大中学（O09）
は　フェリス女学院中学（O03）
法政大第二中学（O19）
や　山手学院中学（O15）
横浜隼人中学（O26）

千・埼・茨・他ラインナップ

あ　市川中学（P01）
浦和明の星女子中学（Q06）
か　海陽中等教育学校
（入試Ⅰ・Ⅱ）（T01）
（特別給費生選抜）（T02）
久留米大附設中学（Y04）
さ　栄東中学（東大・難関大）（Q09）
栄東中学（東大特待）（Q10）
狭山ヶ丘高校付属中学（Q01）
芝浦工業大柏中学（P14）
渋谷教育学園幕張中学（P09）
城北埼玉中学（Q07）
昭和学院秀英中学（P05）
清真学園中学（S01）
西南学院中学（Y02）
西武学園文理中学（Q03）
西武台新座中学（Q02）
専修大松戸中学（P13）
た　筑紫女学園中学（Y03）
千葉日本大第一中学（P07）
千葉明徳中学（P12）
東海大付属浦安高中等部（P06）
東邦大付属東邦中学（P08）
東洋大附属牛久中学（S02）
獨協埼玉中学（Q08）
な　長崎日本大中学（Y01）
成田高校付属中学（P15）
は　函館ラ・サール中学（X01）
日出学園中学（P03）
福岡大附属大濠中学（Y05）
北嶺中学（X03）
細田学園中学（Q04）
や　八千代松陰中学（P10）
ら　ラ・サール中学（Y07）
立命館慶祥中学（X02）
立教新座中学（Q05）
わ　早稲田佐賀中学（Y06）

公立中高一貫校ラインナップ

北海道　市立札幌開成中等教育学校（J22）
宮　城　宮城県仙台二華・古川黎明中学校（J17）
市立仙台青陵中等教育学校（J33）
山　形　県立東桜学館・致道館中学校（J27）
茨　城　茨城県立中学・中等教育学校（J09）
栃　木　県立宇都宮東・佐野・矢板東高校附属中学校（J11）
群　馬　県立中央・市立四ツ葉学園中等教育学校・
市立太田中学校（J10）
埼　玉　市立浦和中学校（J06）
県立伊奈学園中学校（J31）
さいたま市立大宮国際中等教育学校（J32）
川口市立高等学校附属中学校（J35）
千　葉　県立千葉・東葛飾中学校（J07）
市立稲毛国際中等教育学校（J25）
東　京　区立九段中等教育学校（J21）
都立大泉高等学校附属中学校（J28）
都立両国高等学校附属中学校（J01）
都立白鷗高等学校附属中学校（J02）
都立富士高等学校附属中学校（J03）
都立三鷹中等教育学校（J29）
都立南多摩中等教育学校（J30）
都立武蔵高等学校附属中学校（J04）
都立立川国際中等教育学校（J05）
都立小石川中等教育学校（J23）
都立桜修館中等教育学校（J24）
神奈川　川崎市立川崎高等学校附属中学校（J26）
県立平塚・相模原中等教育学校（J08）
横浜市立南高等学校附属中学校（J20）
横浜サイエンスフロンティア高校附属中学校（J34）
広　島　県立広島中学校（J16）
県立三次中学校（J37）
徳　島　県立城ノ内中等教育学校・富岡東・川島中学校（J18）
愛　媛　県立今治東・松山西中等教育学校（J19）
福　岡　福岡県立中学校・中等教育学校（J12）
佐　賀　県立香楠・致遠館・唐津東・武雄青陵中学校（J13）
宮　崎　県立五ヶ瀬中等教育学校・宮崎西・都城泉ヶ丘高校附属中学校（J15）
長　崎　県立長崎東・佐世保北・諫早高校附属中学校（J14）

公立中高一貫校「適性検査対策」問題集シリーズ

総合編　作文問題編　資料問題編　数と図形編　生活と科学編　実力確認テスト編

私立中・高スクールガイド
THE《ザ》 私立
私立中学＆高校の学校生活がわかる！

東京学参の

高校別入試過去問題シリーズ

＊出版校は一部変更することがあります。一覧にない学校はお問い合わせください。

東京ラインナップ

- あ 愛国高校(A59)
- 青山学院高等部(A16)★
- 桜美林高校(A37)
- お茶の水女子大附属高校(A04)
- か 開成高校(A05)★
- 共立女子第二高校(A40)★
- 慶應義塾女子高校(A13)
- 啓明学園高校(A68)★
- 国学院高校(A30)
- 国学院大久我山高校(A31)
- 国際基督教大高校(A06)
- 小平錦城高校(A61)★
- 駒澤大高校(A32)
- さ 芝浦工業大附属高校(A35)
- 修徳高校(A52)
- 城北高校(A21)
- 専修大附属高校(A28)
- 創価高校(A66)★
- た 拓殖大第一高校(A53)
- 立川女子高校(A41)
- 玉川学園高等部(A56)
- 中央大高校(A19)
- 中央大杉並高校(A18)★
- 中央大附属高校(A17)
- 筑波大附属高校(A01)
- 筑波大附属駒場高校(A02)
- 帝京大高校(A60)
- 東海大菅生高校(A42)
- 東京学芸大附属高校(A03)
- 東京農業大第一高校(A39)
- 桐朋高校(A15)
- 都立青山高校(A73)★
- 都立国立高校(A76)★
- 都立国際高校(A80)★
- 都立国分寺高校(A78)★
- 都立新宿高校(A77)★
- 都立墨田川高校(A81)★
- 都立立川高校(A75)★
- 都立戸山高校(A72)★
- 都立西高校(A71)★
- 都立八王子東高校(A74)★
- 都立日比谷高校(A70)★
- な 日本大櫻丘高校(A25)
- 日本大第一高校(A50)
- 日本大第三高校(A48)
- 日本大第二高校(A27)
- 日本大鶴ヶ丘高校(A26)
- 日本大豊山高校(A23)
- は 八王子学園八王子高校(A64)
- 法政大高校(A29)
- ま 明治学院高校(A38)
- 明治学院東村山高校(A49)
- 明治大付属中野高校(A33)
- 明治大付属八王子高校(A67)
- 明治大付属明治高校(A34)★
- 明法高校(A63)
- わ 早稲田実業学校高等部(A09)
- 早稲田大高等学院(A07)

神奈川ラインナップ

- あ 麻布大附属高校(B04)
- アレセイア湘南高校(B24)
- か 慶應義塾高校(A11)
- 神奈川県公立高校特色検査(B00)
- さ 相洋高校(B18)
- た 立花学園高校(B23)
- 桐蔭学園高校(B01)
- 東海大付属相模高校(B03)★
- 桐光学園高校(B11)
- な 日本大高校(B06)
- 日本大藤沢高校(B07)
- は 平塚学園高校(B22)
- 藤沢翔陵高校(B08)
- 法政大国際高校(B17)
- 法政大第二高校(B02)★
- や 山手学院高校(B09)
- 横須賀学院高校(B20)
- 横浜商科大高校(B05)
- 横浜市立横浜サイエンスフロンティア高校(B70)
- 横浜翠陵高校(B14)
- 横浜清風高校(B10)
- 横浜創英高校(B21)
- 横浜隼人高校(B16)
- 横浜富士見丘学園高校(B25)

千葉ラインナップ

- あ 愛国学園大附属四街道高校(C26)
- 我孫子二階堂高校(C17)
- 市川高校(C01)★
- か 敬愛学園高校(C15)
- さ 芝浦工業大柏高校(C09)
- 渋谷教育学園幕張高校(C16)★
- 翔凜高校(C34)
- 昭和学院秀英高校(C23)
- 専修大松戸高校(C02)
- た 千葉英和高校(C18)
- 千葉敬愛高校(C05)
- 千葉経済大附属高校(C27)
- 千葉日本大第一高校(C06)★
- 千葉明徳高校(C20)
- 千葉黎明高校(C24)
- 東海大付属浦安高校(C03)
- 東京学館高校(C14)
- 東京学館浦安高校(C31)
- な 日本体育大柏高校(C30)
- 日本大習志野高校(C07)
- は 日出学園高校(C08)
- や 八千代松陰高校(C12)
- ら 流通経済大付属柏高校(C19)★

埼玉ラインナップ

- あ 浦和学院高校(D21)
- 大妻嵐山高校(D04)★
- か 開智高校(D08)
- 開智未来高校(D13)★
- 春日部共栄高校(D07)
- 川越東高校(D12)
- 慶應義塾志木高校(A12)
- さ 埼玉栄高校(D09)
- 栄東高校(D14)
- 狭山ヶ丘高校(D24)
- 昌平高校(D23)
- 西武学園文理高校(D10)
- 西武台高校(D06)
- た 東京農業大第三高校(D18)
- は 武南高校(D05)
- 本庄東高校(D20)
- や 山村国際高校(D19)
- ら 立教新座高校(A14)
- わ 早稲田大本庄高等学院(A10)

北関東・甲信越ラインナップ

- あ 愛国学園大附属龍ヶ崎高校(E07)
- 宇都宮短大附属高校(E24)
- か 鹿島学園高校(E08)
- 霞ヶ浦高校(E03)
- 共愛学園高校(E31)
- 甲陵高校(E43)
- 国立高等専門学校(A00)
- さ 作新学院高校
  - (トップ英進・英進部)(E21)
  - (情報科学・総合進学部)(E22)
- 常総学院高校(E04)
- た 中越高校(R03)＊
- 土浦日本大高校(E01)
- 東洋大附属牛久高校(E02)
- な 新潟青陵高校(R02)
- 新潟明訓高校(R04)
- 日本文理高校(R01)
- は 白鷗大足利高校(E25)
- ま 前橋育英高校(E32)
- や 山梨学院高校(E41)

中京圏ラインナップ

- あ 愛知高校(F02)
- 愛知啓成高校(F09)
- 愛知工業大名電高校(F06)
- 愛知みずほ大瑞穂高校(F25)
- 暁高校(3年制)(F50)
- 鶯谷高校(F60)
- 栄徳高校(F29)
- 桜花学園高校(F14)
- 岡崎城西高校(F34)
- か 岐阜聖徳学園高校(F62)
- 岐阜東高校(F61)
- 享栄高校(F18)
- さ 桜丘高校(F36)
- 至学館高校(F19)
- 椙山女学園高校(F10)
- 鈴鹿高校(F53)
- 星城高校(F27)★
- 誠信高校(F33)
- 清林館高校(F16)★
- た 大成高校(F28)
- 大同大大同高校(F30)
- 高田高校(F51)
- 滝高校(F03)★
- 中京高校(F63)
- 中京大附属中京高校(F11)★
- 中部大春日丘高校(F26)★
- 中部大第一高校(F32)
- 津田学園高校(F54)
- 東海高校(F04)★
- 東海学園高校(F20)
- 東邦高校(F12)
- 同朋高校(F22)
- 豊田大谷高校(F35)
- な 名古屋高校(F13)
- 名古屋大谷高校(F23)
- 名古屋経済大市邨高校(F08)
- 名古屋経済大高蔵高校(F05)
- 名古屋女子大高校(F24)
- 名古屋たちばな高校(F21)
- 日本福祉大付属高校(F17)
- 人間環境大附属岡崎高校(F37)
- は 光ヶ丘女子高校(F38)
- 誉高校(F31)
- ま 三重高校(F52)
- 名城大附属高校(F15)

宮城ラインナップ

- さ 尚絅学院高校(G02)
- 聖ウルスラ学院英智高校(G01)★
- 聖和学園高校(G05)
- 仙台育英学園高校(G04)
- 仙台城南高校(G06)
- 仙台白百合学園高校(G12)
- た 東北学院高校(G03)★
- 東北学院榴ヶ岡高校(G08)
- 東北高校(G11)
- 東北生活文化大高校(G10)
- 常盤木学園高校(G07)
- は 古川学園高校(G13)
- ま 宮城学院高校(G09)★

北海道ラインナップ

- さ 札幌光星高校(H06)
- 札幌静修高校(H09)
- 札幌第一高校(H01)
- 札幌北斗高校(H04)
- 札幌龍谷学園高校(H08)
- は 北海高校(H03)
- 北海学園札幌高校(H07)
- 北海道科学大高校(H05)
- ら 立命館慶祥高校(H02)

★はリスニング音声データのダウンロード付き。

都道府県別 公立高校入試過去問 シリーズ

- 全国47都道府県別に出版
- 最近数年間の検査問題収録
- リスニングテスト音声対応

公立高校入試対策 問題集シリーズ

- 目標得点別・公立入試の数学(基礎編)
- 実戦問題演習・公立入試の数学(実力錬成編)
- 実戦問題演習・公立入試の英語(基礎編・実力錬成編)
- 形式別演習・公立入試の国語
- 実戦問題演習・公立入試の理科
- 実戦問題演習・公立入試の社会

高校入試特訓問題集 シリーズ

- 英語長文難関攻略33選(改訂版)
- 英語長文テーマ別難関攻略30選
- 英文法難関攻略20選
- 英語難関徹底攻略33選
- 古文完全攻略63選(改訂版)
- 国語融合問題完全攻略30選
- 国語長文難関徹底攻略30選
- 国語知識問題完全攻略13選
- 数学の図形と関数・グラフの融合問題完全攻略272選
- 数学難関徹底攻略700選
- 数学の難問80選
- 数学 思考力―規則性とデータの分析と活用―

2404A

〈ダウンロードコンテンツについて〉

本問題集のダウンロードコンテンツ、弊社ホームページで配信しております。現在ご利用いただけるのは「2025年度受験用」に対応したもので、**2025年3月末日**までダウンロード可能です。弊社ホームページにアクセスの上、ご利用ください。
※配信期間が終了いたしますと、ご利用いただけませんのでご了承ください。

中学別入試過去問題シリーズ
東邦大学付属東邦中学校　2025年度
ISBN978-4-8141-3216-4

[発行所] 東京学参株式会社
〒153-0043　東京都目黒区東山2-6-4

書籍の内容についてのお問い合わせは右のQRコードから　⇒

※書籍の内容についてのお電話でのお問い合わせ、本書の内容を超えたご質問には対応できませんのでご了承ください。

※本書のコピー、スキャン、デジタル化等の無断複製は著作権法上での例外を除き禁じています。本書を代行業者等の第三者に依頼してスキャンやデジタル化することは、　たとえ個人や家庭内での利用であっても著作権法上認められておりません。

2024年4月17日　初版